本著系

2012年度教育部人文社科规划基金项目结项成果（项目批准号：12YJA850016）

广西高等学校优秀中青年骨干教师培养工程项目资助成果

广西民族大学"相思湖青年学者"创新团队项目资助成果

广西高校人文社科重点研究基地——中国南方与东南亚民族研究中心资助成果

罗宗志 著

信仰之手
——广西盘瑶巫师群体权力研究

中国社会科学出版社

图书在版编目(CIP)数据

信仰之手:广西盘瑶巫师群体权力研究/罗宗志著—北京:中国社会科学出版社,2016.12

ISBN 978-7-5161-8659-6

Ⅰ.①信… Ⅱ.①罗… Ⅲ.①瑶族—民族文化—权利—研究—广西 Ⅳ.①D633.351

中国版本图书馆 CIP 数据核字(2016)第 174962 号

出 版 人	赵剑英
责任编辑	安 芳
责任校对	王佳玉
责任印制	李寡寡

出　　版	中国社会科学出版社
社　　址	北京鼓楼西大街甲 158 号
邮　　编	100720
网　　址	http://www.csspw.cn
发 行 部	010-84083685
门 市 部	010-84029450
经　　销	新华书店及其他书店
印刷装订	北京君升印刷有限公司
版　　次	2016 年 12 月第 1 版
印　　次	2016 年 12 月第 1 次印刷
开　　本	710×1000　1/16
印　　张	35.25
字　　数	596 千字
定　　价	128.00 元

凡购买中国社会科学出版社图书,如有质量问题请与本社营销中心联系调换
电话:010-84083683
版权所有　侵权必究

目 录

第一章 导论 ………………………………………………… (1)
 第一节 选题缘由 ………………………………………… (1)
 第二节 研究回顾 ………………………………………… (4)
 第三节 理论视角 ………………………………………… (36)
 第四节 田野过程 ………………………………………… (39)
 第五节 研究方法 ………………………………………… (48)
 第六节 资料使用 ………………………………………… (51)

第二章 盘瑶的田野图景 ……………………………………… (56)
 第一节 自然环境 ………………………………………… (56)
 第二节 族群历史 ………………………………………… (58)
 第三节 村落空间 ………………………………………… (66)
 第四节 经济生活 ………………………………………… (68)
 第五节 宗教信仰 ………………………………………… (70)
 第六节 权力结构 ………………………………………… (80)

第三章 巫师的生存样态 ……………………………………… (88)
 第一节 身份传承 ………………………………………… (92)
 第二节 日常生活 ………………………………………… (111)
 第三节 活动范围 ………………………………………… (129)
 第四节 社会地位 ………………………………………… (141)

第四章 巫师的权力之路 ……………………………………… (147)
 第一节 从俗世中人到仪式权威 ………………………… (147)

第二节　从公众巫师到政治首领 …………………… (211)
　　第三节　获取和维持权力的基础 …………………… (217)

第五章　巫师的权力分层 ………………………………… (238)
　　第一节　巫师分层的维度 …………………………… (238)
　　第二节　巫师的内部阶序 …………………………… (282)
　　第三节　现世的权力差异 …………………………… (290)
　　第四节　彼岸的等级差序 …………………………… (304)
　　第五节　仪式权力的角逐 …………………………… (314)

第六章　巫师的权力实践 ………………………………… (323)
　　第一节　规范乡土社会的秩序 ……………………… (323)
　　第二节　控制病人的生命危机 ……………………… (393)
　　第三节　巫师与社会动乱活动 ……………………… (473)
　　第四节　巫师与本土主义运动 ……………………… (483)

第七章　巫师的权力再造 ………………………………… (487)
　　第一节　晚清政府对瑶族头人的羁縻管制 ………… (487)
　　第二节　民国政府对瑶族民间权威的改造 ………… (491)
　　第三节　人民民主政权遮蔽下的巫师权力 ………… (497)
　　第四节　宗教复兴背景下的巫师权力重塑 ………… (501)

第八章　结论 ……………………………………………… (510)

附录　盘瑶经书调查表 …………………………………… (516)

参考文献 …………………………………………………… (540)

后记 ………………………………………………………… (556)

Contents

Chapter One   Introduction .... (1)
    Section 1   The Origin of Topic Choice .... (1)
    Section 2   Literature Review .... (4)
    Section 3   Theoretical Perspective .... (36)
    Section 4   Fieldwork .... (39)
    Section 5   Methodology .... (48)
    Section 6   Data Using .... (51)

Chapter Two   The Field Image of Panyao .... (56)
    Section 1   The Natural Environment .... (56)
    Section 2   The History of Ethnic Group .... (58)
    Section 3   Vilage Space .... (66)
    Section 4   Economic Life .... (68)
    Section 5   Religious Belief .... (70)
    Section 6   Power Structure .... (80)

Chapter Three   Living Conditions of the Wizard .... (88)
    Section 1   Inheritage Pattern .... (92)
    Section 2   Mode of Living .... (111)
    Section 3   Activity Space .... (129)
    Section 4   Social Status .... (141)

Chapter Four   The Way to Power of the Wizard .... (147)
    Section 1   From Secular People to Ritual Authorities .... (147)

Section 2	From Public Wizard to Political Leaders	(211)
Section 3	The Foundation of Acquisition and Maintain Power	(217)

Chapter Five Power Stratification of the Wizard ……… (238)

Section 1	Power Allocation	(238)
Section 2	Inner Order Sequence	(282)
Section 3	Hierarchical Difference	(290)
Section 4	Power Differences	(304)
Section 5	Power Competition	(314)

Chapter Six Power Practice of the Wizard ……… (323)

Section 1	Regulating Rural Society Order	(323)
Section 2	Controlling Patient's Life Crisises	(393)
Section 3	Wizard and Social Rebel Activity	(473)
Section 4	Wizard and The Nativism Movement	(483)

Chapter Seven Power Reconstruction of the Wizard ……… (487)

Section 1	Qing Dynasty Central Government t's Formal Keeping	(487)
Section 2	Reformof Folk Authorities by Minguo Government	(491)
Section 3	Wizard's Power under the Shadow of People's Democratic Government	(497)
Section 4	Power Reconstruction on the Background of Religional Renewal	(501)

Chapter Eight Conclusion ……… (510)
Appendix ……… (516)
References ……… (540)
Postscript ……… (556)

第一章 导论

在宗教研究领域中，巫师权力研究是一个应用性很强且具理论指导意义的课题。那么前人是否做过研究？研究情况如何？本书的研究动机何在？有何研究意义？怎么获得材料？以何种理论与方法进行研究？这些都是本章需要阐释的问题。

第一节 选题缘由

巫术是试图借助超自然的力量，通过一定的仪式来控制周遭世界。①中国古代称操此行业的女性为巫，男性为觋，现在一般通称为巫师。巫师的起源可溯至遥远而神秘的远古时代。人类学家发现，早在两万年前已有巫师活动的迹象②。巫师作为传统文化的一个组成部分，在古老的文化传统中扮演着十分重要的角色。他们对古代的天文、历算、医学、法律、农技、哲学、历史、诗词、音乐、舞蹈、绘画、神话等的创造、保存和传播起着重要作用。③由于巫师被认为是鬼神的代言人，能够运用一套奇特的巫术和方技替人测运避灾、驱邪除祟和医治疾病，甚至可以呼风唤雨，因而巫师大都具有非凡的能力，在世俗社会中享有很高的威望。在很多民族志资料中，巫师常集仪式权威与政治首领于一身，享受着双重身份。随着科技的日新月异，巫师日益走向衰落，但迄今仍存在于现代社会之中，继续发挥其古老的魔力，深入影响人们社会生活的各个方面。

巫师是历史学、宗教学、民族学、人类学等学科的一个重要研究对

---

① A. Ю. 格里弋连科：《形形色色的巫术》，吴兴勇译，上海人民出版社1992年版。
② 凯伦·法林顿：《巫怪的传说》，黄凰、何莎等译，希望出版社2007年版，第61页。
③ 参见周策纵《古巫医与"六诗考"：中国浪漫文学探源》，上海古籍出版社2009年版；童恩正《中国古代的巫》，《中国社会科学》1995年第5期，第180—197页。

象。追本溯源，有关巫师的学术研究肇始于19世纪末期，迄今已取得十分丰硕的成果。回顾百年来学者们对巫师的关注，主要集中在对巫师的起源与形成、巫术迫害、信仰与宇宙观、传承模式、人际关系、日常生活、亲属网络、经典法器、仪式操演、治疗方式、治疗仪礼的主要内容、治疗实行状况、公众对巫师的态度、巫师的病源解释，以及治疗中所体现的世界观等领域的探讨之上。[①] 因相关论著汗牛充栋，无法一一列举。我认真研读之后，觉得获益匪浅。深感这些研究能成一家之言，有筚路蓝缕之功。然而，令人遗憾的是，无论是前辈学者的研究，还是最近时贤的探讨，其尽管在巫师的研究上取得了重要成果，但在他们的成果中对巫师权力作专门性的论述并不多见，他们在考察巫师权力时多是将其作为成果中讨论的一部分来看待的，有些甚至是仅在成果中作蜻蜓点水式的介绍，而选取巫师权力作为一个专题进行全面、深入、系统探索的成果迄今仍付阙如，本书的研究即以此为主旨。

具体说到巫师权力，以上研究虽然有参考价值，但因缺乏具体资料和研究事例的支撑，还没有行之有效的理论与方法论模式供我们采用。就目前我所掌握的文献资料来看，尽管已经有了一些可供参考的研究，如有关巫师权力来源的研究、有关巫师政治社会地位的研究、有关巫术与权力关系的研究、有关巫师社会影响力的研究、有关巫师权威建构的研究、有关巫师内部分层的研究等[②]，但这些研究的目的是介绍巫师总体情况和考察其历史作用，而较少论及巫师权力的获取、保持及运作。这样，就留下了一个比较大的学术探讨空间，亟须我们去挖掘和填补。

我于2002年开始在广西大瑶山盘瑶地区考察瑶族宗教习俗，经过长年艰苦的田野调查收集了大量的第一手不易获得的巫师资料，因而有意在本书中通过对广西盘瑶巫师群体权力的实例分析，尝试在复杂的日常社会生活实践中对巫师如何获取权力、行使权力、保持权力、权力如何得以体现以及边缘社会巫师权力与国家权力之间如何纠结交错进行深入的探讨。

---

① 参看罗宗志《百年来西方人类学巫术研究综述》，《广西民族研究》2006年第3期，第73—79页；罗宗志《百年来人类学巫医研究的综述与反思》，《百色学院学报》2007年第4期，第21—25页；罗宗志《近百年来中国巫术研究综述》，曹中建主编《中国宗教研究年鉴·2005—2006》，宗教文化出版社2008年版，第533—547页；吉田祯吾《宗教人类学》，王子今、周苏平译，陕西人民教育出版社1991年版，第7页。

② 相关研究介绍可参看本书"导论"部分第二目之"研究回顾"部分。

本书研究的学术目标有三：一是为巫师权力研究提供系统的第一手资料；二是向学术界展示一种有关巫师权力获取、保持及运作的理解途径；三是帮助人们认识当代社会因信仰危机而引发的各种社会骚乱。这一学术诉求具有重要的理论意义和现实价值。具体表现如下：

第一，对巫师权力进行研究，可以弥补以往学术界因缺乏具体资料、研究事例以及可供参考的理论及方法论而对巫师权力研究不够全面、深入、系统的现状。

第二，对巫师权力进行研究，是对传统巫术研究的继承和拓展。传统巫术研究往往沿着心理的、功能的、象征的途径，沉醉于对巫师的起源与形成、信仰与宇宙观、传承模式、经典法器、符箓咒语、治疗方式、治疗仪礼的主要内容、治疗实行状况以及治疗中所体现的象征性关联及其对治疗效果的作用等方面的描述与分析，而对巫师权力却着墨不多。本书独辟蹊径，从权力的视角切入，对巫师权力的获取、保持、运作及其与国家权力之间的连接互动进行了深层次的探讨，既继承了巫术研究的传统，又拓展了新的巫术研究领域。

第三，对巫师权力进行研究，有助于我们从新的研究视阈来理解中国乡村社会的权力结构。20世纪80年代以来的国际汉学界，都着重于探讨传统中国国家政权与地域社会信仰之间的关系。他们在吸收"二战"后日本学者谷川道雄、川胜义雄等人的"共同体"理论[1]后，更有效地从民间信仰（如庙宇）的角度来审视不同种类地方共同体与国家权力的关系，取得了十分重要的成果。[2] 然而，比庙宇信仰等民间宗教更欠系统和组织的巫师信仰在当代国家与社会中的位置及影响，至今尚未引起学术界足够的重视。本书的研究或许可以显示，我们在探讨国家权力与地域社会关系

---

[1] 指的是日本学者谷川道雄、川胜义雄等人在讨论魏晋南北朝社会结构时所提出的"豪族共同体"理论。"豪族共同体"是指在社会动乱时期，名望家族中的佼佼者挺身而出担当民众领袖，或带领宗族乡民远走他乡，或引领宗族及宾客以武力保卫家园，并进行农业生产。民众为了生存，自愿团结在他们周围，听从他们领导以渡难关。而豪族们亦需要民众之力量来保护自己，以便在乱世中求得生存。双方的需要使他们的利益很好地结合在一起，一个以豪族为核心结成的共同体就此诞生。参见谷川道雄《中国中世社会与共同体》，马彪译，中华书局2002年版；王大建《魏晋南北朝时期的豪族与游侠》，《山东大学学报》2003年第2期，第27—32页。

[2] 其中对中国学术界影响较深的是杜赞奇《文化、权力与国家：1900—1942年的华北农村》，王福明译，江苏人民出版社2004年版；韩森《变迁之神》，包伟民译，江苏人民出版社1999年版。

时，除了注意过往从庙宇角度来审视国家与地域社会的角力外，巫师信仰这种民间文化力量，也许是另一条有效的观察途径。

第四，对巫师权力进行研究，将其置于一种更为深刻的社会、历史、文化以及政治背景下进行审视，从中揭示宗教信仰与社会张力之间的关系，对于帮助人们认识当代社会因信仰危机引发的社会骚乱以及构建和谐社会，具有重要的参考价值。

第二节 研究回顾

本书的文献回顾主要立足于研究主旨，所进行之文献回顾包括以下两个面向：一是权力理论研究谱系；二是巫师权力研究现状。书中为了行文之方便，对诸位前辈、师长均直呼其名，敬祈大家谅解。

一 权力理论研究谱系[①]

权力是社会科学的基本概念。[②] 然而对于它的定义，至今没有一个公认的界定与表述。正如《布莱克维尔政治学百科全书》"权力"词条作者所说的"权力是个很有争议的概念"那样，迄今有关权力概念的争论从未间断过。对此，沃特斯也不得不感叹，由于权力的定义存在广泛的分歧，因而要对它精确加以定位充满了风险。[③] 因此，本书无意给权力下一个明确的定义，而是依据既有的研究路径和政治立场来展现不同的权力观念，以使我们更好地理解权力在社会生活中的复杂运作。

权力理论大致可划分为两个主要的流派，即以马克思为代表的结构主义中心论和以韦伯为代表的能力中心论。前者强调社会结构在权力中的作用，认为权力从根本上是由结构所赋予的，是集体的而非个体的一个面相；后者强调权力的意向性，认为权力源于个体的行动。如韦伯把权力理解为"行动者在一个社会关系中，可以排除抗拒以贯彻其意志的

[①] 参见罗宗志《权力理论的知识谱系——基于意向性视角的解读》，《理论月刊》2010年第5期，第84—86页。

[②] 安东尼·吉登斯：《社会的构成》，李康、李猛译，生活·读书·新知三联书店1998年版，第410页。

[③] 马尔科姆·沃特斯：《现代社会学理论》，杨善华译，华夏出版社2000年版，第231页。

机会，而不论这种机会的基础是什么"①。由于本书研究的是地方社会生活中的权力现象，关注的是社会行动者的权力来源与运作，因而无意论述结构主义视野下的诸种权力理论②，而主要讨论各种意向性③视角下的权力理论。

在韦伯的权力理论中，比较强调权力施予者的意志与能力。不过，他并没有忽视权力接受者，而是将他们放到支配中去讨论。韦伯将支配定义为：一群人会服从某些特定的（或所有的）命令的可能性。这个定义没有统括所有行使权力或影响力的形态。按照这一定义，支配或权威可能基于各种不同的服从动机：从最单纯的习惯性服从直至最纯粹理性的利益权衡。因此，每一种真正的支配形式都包含着最起码的自愿服从成分。④ 从韦伯对权力和支配的区分中不难发现，在支配中一定存在权力，但是权力并不一定导致支配，它完全可以无视权力接受者的意志。基于韦伯以上权力的定义，我们可以把权力分解成两个维度：一个强调权力施予者的意志，另一个强调权力接受者的意志。而后来的诸多权力理论，往往以其中的一个维度为基础⑤来发展自己的权力理论。依据研究者对以上两个维度的不同强调，以及他们所持的不同政治立场，可扦成一种四个象限的权力研究路径示意图。⑥

---

① 韦伯：《社会学的基本概念》，顾忠华译，广西师范大学出版社2005年版，第71—72页。

② 虽然不讨论结构视角下的权力理论，但并不意味着结构性力量对地方权力运作没有影响。事实上，在任何社会经济条件下，结构性力量都会对地方权力产生一定的影响，但是这些影响比较隐蔽，不容易被发现，而且由于它涉及的各种社会力量远远超出村落范围，难以用民族志的方式来表现这一现象，所以在此就不加以讨论。

③ 意向性指的是个体在长期的经验积累过程中积淀形成的一种能动的指向性。权力的意向性是指权力带有一定的目的性和策略性。

④ 韦伯：《经济与历史支配的类型》，康乐、吴乃德、简惠美、张炎宪、胡昌智译，广西师范大学出版社2004年版，第297—298页。

⑤ 这里并不是认为后来所有讨论意向性权力的研究者，都是直接受韦伯的影响，他们也会有自己的理论渊源，如米尔斯就受到莫斯卡等人精英理论的影响。不过，这些不同的理论脉络都可以纳入这两个维度中，所以为了表述方便，就不详述各个不同理论脉络的发展。

⑥ 权力是社会科学的核心主题。相关论著可谓汗牛充栋，因篇幅所限，无法详述，只能举出比较有代表性的学者的主要观点略加叙述。事实上，他们对权力的看法，远比我们叙述的要复杂，因篇幅、能力所限，在此无法详述。有关权力理论更为详尽的叙述可参看卢克斯《权力：一种激进的观点》，彭斌译，江苏人民出版社2008年版；丹尼斯·朗《权力论》，陆震纶、郑明哲译，中国社会科学出版社2001年版；沃特斯《现代社会学理论》，杨善华译，华夏出版社2000年版，第230—264页。

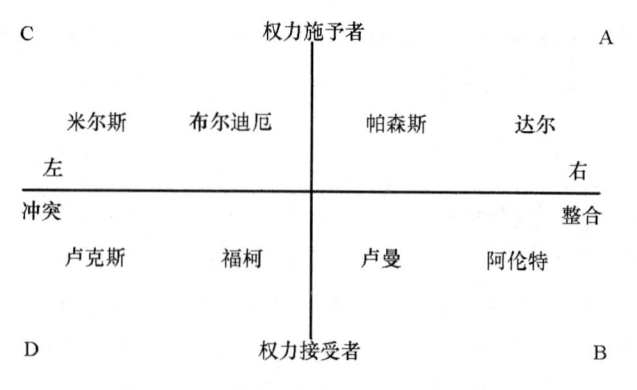

```
        C           权力施予者              A
            米尔斯   布尔迪厄    帕森斯    达尔
        左                                  右
        ─────────────────────────────────────
        冲突                              整合
            卢克斯    福柯      卢曼     阿伦特

        D           权力接受者              B
```

图1-1　意向性视角下的权力研究路径

图1-1所涉及象限A、C里的学者，主要关注权力施予者如何获得和运用权力；象限B、D里的学者更关心权力接受者是如何服从权威的。象限A、B里的学者对社会生活持整合论的观点，政治立场上相当于西方社会的"右派"；象限C、D里的学者对社会生活持冲突论的观点，政治立场上相当于西方社会的"左派"。基于以上两组区别，可将这些学者划分为四类，以下是他们的主要权力观。

第一类代表人物是米尔斯和布尔迪厄。他们认为，权力掌握在权势者手中，社会生活是对权力和掌权位置的争夺，而权力的运作往往表现为高阶层对低阶层的压制。

莫斯卡、帕累托等人的精英理论给了米尔斯很多灵感。他使用位置的方法来研究美国国家层面的权力，声称美国社会由少数权力精英所掌控。[①] 在米尔斯看来，权力位置在权力研究中占据着中心地位。在社会结构的制度化的等级制中，权力处于最上层的位置。制度化的等级制越集中的社会，其权力的分布就越集中。随着信息和权力的集中，某些人在社会中占据了可以向下俯视的位置，即他们的决策强烈地影响普通人的日常生活。[②] 但对米尔斯而言，权力的获取是通过占据社会机构的位置而实现的。他说："权力并不属于个人，财富也不会集中在富有者身上，声望并不是任何人格的内在属性。要想声名显赫，要想腰缠万贯，要想权倾天

[①] 凯特·纳什、阿兰·斯科特主编《布莱克维尔政治社会学指南》，李雪、吴玉鑫、赵蔚译，浙江人民出版社2007年版，第90页。

[②] 米尔斯：《权力精英》，王崑、许荣译，南京大学出版社2005年版，第1页。

下，就必须进入主要机构，因为个体在机构中所占据的位置，很大程度上决定了他们拥有和牢牢把握这些有价值的经历的机会。"[1] 对于权力精英宰治人民的现象，米尔斯坚决给予批判："对掌权者提出要求，并让他们对行动的特定结果负责，在社会学上是现实主义的，在道德上是公正的，而且在政治上是必需的。"[2]

布尔迪厄是当今世界最有影响力的社会学家之一。在布尔迪厄的理论体系中，有一些比较重要的概念，如"惯习""场域""资本""权力"和"冲突"。他用"权力场域"来指称"元场域"和统治阶层[3]，而冲突是社会生活的基本动力，处于社会组织核心的是在权力场域中开展争夺权力的斗争。他认为，斗争是围绕争夺符号资本与物质资源来展开的。现代工业社会的权力斗争依靠两个主要的竞争原则：经济资本的分配与文化资本的分配。个体、群体、机构、家庭等常常利用经济资源或文化资源维护或强化自己在社会秩序中的地位。[4] 但是在权力争斗中，各个社会阶层的命运往往截然不同。社会上层利用手中既有的经济资本和文化资本取得统治地位，而像工人阶层这样的弱势群体则是彻底的被统治者。[5]

第二类代表人物是达尔和帕森斯。他们宣称，权力不是由某些社会团体所垄断的，而是掌握在不同的人手中，权力的运用绝非一种压迫，而是为了让社会更好地运作。

达尔作为权力多元论者的代表，他不同意米尔斯对美国社会权力状况的分析，于是借助韦伯的权力概念框架，将权力定义为控制他人反应的能力。他认为 A 拥有对 B 的权力可表现为：（1）A 有能力通过某种方式让 B 采取行动；（2）这些行动遵循 A 的意愿；（3）如果没有 A 的意愿，B 不会采取这些行动。[6] 他使用这个概念，于 20 世纪 50 年代研究了纽黑文

---

[1] 米尔斯：《权力精英》，王崑、许荣译，南京大学出版社 2005 年版，第 9 页。
[2] C. Mills, *The Cause of World War Three*, London: Secker & Warburg, 1959, p.100.
[3] 布尔迪厄将权力场域界定为"在社会地位之间获得的权力关系，这种关系保证了社会地位的占据者具有一定数量的社会权力，或者一定数量的资本，从而能够进入争夺权力垄断权的斗争，这种斗争的核心方面则是争夺对于合法的权力形式的定义"。参看斯沃茨《文化与权力：布尔迪厄的社会学》，陶东风译，上海译文出版社 2006 年版，第 157 页。
[4] 斯沃茨：《文化与权力：布尔迪厄的社会学》，陶东风译，上海译文出版社 2006 年版，第 157 页。
[5] 同上书，第 163—247 页。
[6] R. Dahl, "The Concept of Power", *Behavioural Science* 2, 1957, pp. 201–205.

市的权力与决策制定，发现由于各种不同的行动者和利益集团在不同的问题领域中居于主导地位，所以不存在统揽一切的统治精英，而且权力也是多元化的。①

帕森斯不赞成把权力视为一个集团的支配力是以另一个集团的服从为基础，他认为权力是一种类似经济资源那样的、可以无限扩张的资源，能够用来交换、积累、分配和积聚，而且可以通过不同方式使其增值。个人可凭借其在产生权力的组织中所处的位置获得大小不等的权力。这种产生权力的位置就是整个社会为了维持秩序、实现集体目标所设计的位置。②他主张从合法性与一致性的意义上将权力定义为：根据各项义务对集体目标的影响而使这些义务合法化，倘若遇到顽抗就理所当然地借助消极制裁予以强制执行，无论这种强制执行实际上能够发挥多少能动作用，权力是一种确保集体组织系统中各个单元履行约束力的义务的普遍化能力。③ 可见在帕森斯的视角下，绝对不存在不正义的权力，权力的运用是为了维护集体利益。

第三类代表人物是卢克斯和福柯。他们主张，权力研究的重心应该放在权力接受者一方，关注权力接受者是如何服从权力的。如卢克斯说："权力是一种能力，而不是那种能力的运用（权力可能从来不会被运用，并且它也可能从来不需要被运用）。"④ 在他们看来，权力接受者服从权力，是受到权力施予者的诱导。

卢克斯是少数专门讨论权力的社会学家，但他却没有给权力一个明确的定义，声称权力的概念是一种"在本质上可争议的概念"。不过归纳起来看，卢克斯的权力观可理解为"强势者诱导、塑造、影响弱者，使弱者同意强者的支配的现象，理论上是可能的，经验上是普遍存在的，在我们认识到这个事实，并且努力运用理性打破这种霸权之前，我们都不是自由的。"⑤ 在卢

---

① 卢克斯：《权力：一种激进的观点》，彭斌译，江苏人民出版社2008年版，第5—6页。
② 李水林：《认识权力——社会科学的一个基本概念》，《理论月刊》2002年第12期，第45页。
③ T. Parsons, *Power and the Social System*, in S. Lukes (ed.), Power Oxford: Blackwell, 1986, p. 103.
④ 卢克斯：《权力：一种激进的观点》，彭斌译，江苏人民出版社2008年版，第14页。
⑤ 吴叡人：《启蒙教授的解放之路》，《权力：基进观点》，商周出版社2006年版，第14—15页。

克斯的权力观中，不难发现葛兰西"文化霸权"① 概念对他的深刻影响。

福柯在对权力话语的表述上独树一帜。他运用后现代思维方式，以一种从下而上的视角，从社会生活的底层出发来说明权力是什么。福柯的权力观要点是：把权力看作一种关系、网络和场，强调权力的弥漫性、多元性。② 在福柯看来，无论是工厂、学校、医院、监狱，还是知识、真理、话语、性、惩罚、规训、宗教、习俗，都充斥着各种不同形态的权力。特别是在现代社会，权力就像毛细血管似的渗透到社会的各个不同的局部领域，弥散到社会结构的每一个角落：权力无处不在，散布于整个社会；权力无时不在发挥作用，其效果绵延不绝。福柯还认为，权力犹如相互交错的网络，只能操作而不能拥有。处于网络中的个人，既可能成为权力支配的对象，又可能同时成为实施权力的角色。③

第四类代表人物是卢曼和阿伦特。他们对权力的看法比较接近第三类学者，而差别在于他们强调权力接受者不是被动地服从权力，而是权力运作中的重要一方，只有他们的意见和利益被充分接纳的情况下，权力才可能正常地运作。

在卢曼的社会系统理论④中，赋予权力与真理或货币一样的交往媒介地位。对卢曼而言，权力的功能在于"确保可行的因果链、不依赖服从权力的参与者意志——不管他是否愿意"；权力的因果关系在于"使意志中立化，没有必要违反下级的意愿"。⑤ 他认为要确保权力的实施，最重要的是要避免强制手段的运用。他说："权力依赖这种事实：存在各种可能性，它们的实现被避免。制裁的避免（这是可能的而且仍是可能的）是权力功能不可或缺的。例如，每一次实际诉诸可避免的抉择，每一次实

---

① 文化霸权意指一个政权的维持，需要政治的强制力加上霸权文化力量的配合，而后者来自在市民社会的配合之下，以包括教育、大众传播媒体等对大众的潜移默化，造成了工人阶级的虚假意识，使此霸权得以维持。在先进工业化国家中，文化霸权的力量尤其隐秘而强大。葛兰西虽然提出了这一重要的概念，但是由于其思想的片段性，在此就不加以详细论说，而是选取受他影响的卢克斯作为这一理论取向的代表。
② 陈炳辉：《福柯的权力观》，《厦门大学学报》2002年第4期，第84—90页。
③ 福柯：《必须保卫社会》，钱翰译，上海人民出版社1999年版，第28页。
④ 卢曼的社会系统理论是在帕森斯的相关论说的基础上发展而来的。不过，他对帕森斯的理论进行了相当大的修正，而且发展出了一系列新的概念。卢曼的社会理论素以难解闻名。相关理论介绍可以参看高宣扬《卢曼社会系统理论与现代性》，中国人民大学出版社2005年版；马尔图切利《现代性社会学》，姜志辉译，译林出版社2007年版。
⑤ 卢曼：《权力》，瞿铁鹏译，上海世纪出版集团2005年版，第13—14页。

施暴力，都以几乎不可逆的方式改变交往的结构。正是为了权力的利益，要避免这类事变。"①

阿伦特出于对极权主义的恐惧，对权力作出新的界定。她认为，"权力对应于人类的不仅是行动的能力，而且是一致行动的能力。权力永远不会成为某一个个人的性质；它属于一个群体并且只有在这个群体聚合在一起的情形下才能维持其存在。当我们说某个人'拥有权力'时，我们实际上是说他被一定数目的人授予以他们的名义行动的权力。权力最初来源的群体（权力在人民，没有一个民族或者群体的存在，也就不会有权力）一旦消失，'他的权力'也就会跟着消失"。②她对暴力和权力作了区分，认为两者实际上是对立的。她说："从政治上说，仅仅说权力和暴力是不同的还是不够的。权力和暴力实际上是相反的；其中一种的绝对统治就是另外一种的绝对消失。暴力出现于权力出现危急之时，然而一旦听任暴力自行发展，最后的结果只能是权力归于消失。"③

社会学、政治学有关权力的讨论大致如上所述。然而，就本书的研究主旨而言，理应更多地关注人类学视域下的权力研究。权力研究是人类学分支学科——政治人类学的一个重要知识领域，因此权力研究自然也会在人类学对政治的研究中有所反映。人类学对政治研究经历了从结构功能论、交易理论、结构论、马克思理论、政治经济学、象征或文化论、文化实践论，到非理性心理层面的解释等理论发展过程。这些理论流派关于权力的不同见解，代表了它们对权力性质的不同看法：组织性的功利主义权力、个人理性选择的功利主义权力、结构性权力、象征性或文化性权力、共享性权力以及依非理性心理机制而产生的权力等。

结构功能论组织性的功利主义权力观的代表人物是福特斯（Forts）、埃文思—普里查德（Evans - Prichard）和拉德克利夫—布朗（A. R. Raddiffe - Brown）。福特斯与埃文思—普里查德合编的《非洲的政治制度》（1940c）是政治人类学诞生的标志。这本论文集所要探讨的问题是：在非国家政治结构的社会，具有政治功能的世系群，如何建立、维持社会秩序？拉德克利夫—布朗在这本论文集序言里对"政治体系"作了重新界定，认为政

---

① 卢曼：《权力》，瞿铁鹏译，上海世纪出版集团 2005 年版，第 25 页。
② 阿伦特：《权力与暴力》，贺照田主编《西方现代性的曲折与展开：学术思想评论第六辑》，洪溪译，吉林人民出版社 2002 年版，第 431 页。
③ 同上书，第 442 页。

治体系是指在特定的土地所有权架构下，通过使用武力来有组织地实施强制权威以维持或建立社会秩序的体系。① 以上观点，在埃文思—普里查德的传世之作《努尔人》（2002b）一书中得到了更为具体的表现。根据埃文思—普里查德对努尔人政治制度的描述，他们的政治关系基本上是一种地缘关系，表现为部落及分支之间既对抗又融合的关系。② 因此，在世系群居支配地位的非洲，世系群结构原则影响了社会秩序的组织方式。在这样的社会，虽然没有任何形式的政府，也没有现代意义上的法律，仍然可以通过世系群来建立及维持社会秩序，组成一个特色鲜明的、有序的、无政府的社会结构。③ 然而在这样的社会里，由于权力是通过世系群间的对抗合作而产生，赋予管理社会的相应人员，因而权力性质完全不属于个人，而是取决于世系群内部的结构位置，由其决定社会的领导人。因此，整个政治社会秩序的维持是来自组织性的权力，并具备功利主义的权力概念之基础与性质——体力或武力。④

交易论个人理性选择的功利主义权力观的代表人物是弗雷德里克·巴斯（Fredrik Barth）和埃德蒙·利奇（Edmung Leach）。巴斯根据其在巴基斯坦斯瓦特地区收集到的政治民族志资料，写出的经典之作《斯瓦特巴坦人的政治过程》（2005b）聚焦于各种行为者建立政治势力、地位的过程。巴斯关于巴坦人的政治权力研究表明，人们所建立起来的政治地位就是他们充分利用社会资本和谋略的结果。⑤ 由于巴斯的研究是从个人的理性选择角度来分析政治权力以及行使这些权力的组织形式的，因而对结构功能论构成了挑战。利奇在其经典政治人类学著作《缅甸高地的政治制度》一书中也对结构功能论组织性的功利主义权力观提出了挑战。在这本书中利奇描述了克钦山地区的三种政治体制：一是最极端而由贵族统治的中央集权社会；二是稳定而平等的社会；三是介于中央集权社会与平等社会之间的中介型社会。这三种政治制度都是流动而不断转变的，使社会不再是稳定而平衡。在这本书中利奇还对结构性权力与象征性权力做了

---

① Fortes, Meyer and E. E. Evans-Pritchard, *African Political Systems*, Oxford University Press, 1940.
② 王铭铭主编：《西方人类学名著提要》，江西人民出版社 2004 年版，第 256 页。
③ 同上书，第 256—258 页。
④ 黄应贵：《反景入深林：人类学的观点、理论与实践》，商务印书馆 2010 年版，第 159 页。
⑤ 巴特：《斯瓦特巴坦人的政治过程：一项社会人类学研究的范例》，黄建生译，上海人民出版社 2005 年版，"中文版序"第 1—2 页。

论述。在利奇看来，社会秩序之所以能够建立与维持，并不只限于结构功能论的组织性之功利主义权力，还涉及因生产工具与主要资源的控制而产生的阶级分类。这就涉及马克思理论因阶级关系或政治经济结构而来的"结构性权力"。利奇更注意到"象征性权力"，包括因象征物而来的权力，以及通过仪式而合法化的权力。最后利奇更进一步指出政治活动背后的基本人性假定：追逐权力是人类的普遍动机。[①]

结构论结构性权力观的代表人物是纽金（Nugent）、阿萨德（Tala Asad）等人。利奇、巴斯的经典研究，引起了包括象征论、马克思理论或政治经济学等的批评。而在这些不同理论的批判中，产生较深远影响的是纽金、阿萨德等人所作的批评。纽金主要批评利奇的研究没有注意历史脉络及政治经济条件，只提到了克钦地区社会内部各种政治形态的转变，忽略了外部历史环境的影响，只分析克钦地区社会结构内在的不稳定性，忽略了外在结构政治经济力量的影响，尤其是受19世纪中后期英国殖民者的影响，忽略了社会与殖民者之间的不断变化关系，而这才是克钦地区社会不断在三种政治体系中转换的最主要动力。这种结构性权力往往受制于内外结构的影响，忽略任何一方都会造成研究结果的偏差。这类政治经济学或马克思理论的批判，同样可见于阿萨德、艾哈迈德（Ahmed）、米克（Meeker）、林霍尔姆（Lindholm）等人对于巴斯的斯瓦特巴坦研究之批评上。如阿萨德对于巴斯以个人理性选择的机制对斯瓦特巴坦人进行政治过程分析，并不认同。巴斯认为，斯瓦特巴坦人的政治或社会秩序是个人理性选择的平衡过程。但阿萨德强调，并不是每个人都可以成为领导人，只有地主才有可能。因此，巴斯的研究路径忽略了巴坦人社会中阶级的存在。因此，阿萨德指出应将研究置于大的历史社会脉络及结构性权力的模式中去分析和了解，以凸显外在政治殖民力量与内在阶级结构内外双重结构的重要性。上述两个例子，都由对过去研究路径之缺陷的批评，凸显出结构性权力的存在与重要性。[②]

象征性或文化性权力观的主要代表人物是格尔兹。关于象征性权力内涵，可见于格尔兹的《尼加拉：19世纪巴厘剧场国家》（1999b）一书对

[①] 参见埃德蒙·利奇《缅甸高地的政治制度》，杨春宇、周歆红译，商务印书馆2010年版。
[②] 由于图书资料所限，我并没有机会研读纽金、阿萨德等人的作品，有关他们的观点转引自黄应贵《反景入深林：人类学的观点、理论与实践》（商务印书馆2010年版）。在此，深表谢意。

权力的异样诠释。这本书试图通过描述一个国王过世后所举行的葬礼仪式来凸显巴厘岛剧场国家的权力性质。根据格尔兹的描述，巴厘岛是一个剧场国家，国家的权力被搬进了剧场，通过舞台剧的表演来展现国王的权力。葬礼就是一部舞台剧，国王是导演兼主演，与祭司共同执导舞台剧，子民们就是积极参与的群众演员。仪式过程中，子民们热情洋溢，狂欢乱舞，仿佛不是来参加国王的葬礼，而是一个大狂欢盛宴。葬礼规模越大，人员越多，国王的声望就越高，政治地位就会越巩固。服饰越华丽，程序越繁复，越能凸显国王的影响力，就能吸引更多的子民追随，而子民们亦能利用此机会靠近上层。正是对国王葬礼的崇拜之情，子民们才会心甘情愿地让出权力，而国王举行声势浩大的奢华仪式，往往是出于对自己地位巩固的考虑，对自己财富的炫耀。由此呈现当地权力的特点：（1）国王对他人的影响并非通过财产控制、政治制度强制或武力胁迫，而是借由自身作为行为表现的典范，成为子民们争相模仿的对象。（2）权力建立在华丽的意象之上。权力不仅通过仪式的实践而建立，而且通过仪式实践证明了它的存在，并产生实际作用。（3）仪式的运作过程不仅再现了权力，参与者更通过视觉而感知，由此而产生的权力基本是建立在感官及情绪的基础之上。这就使国家的统治秩序是奠定在全国人民的热情展现上。因此，巴厘岛国家所展现的并不只是社会秩序，而且是宇宙秩序。

文化实践论权力观的代表人物是黄应贵。黄应贵对东埔布农人的政治与文化关系的研究中发现，传统东埔布农人间的不平等关系与社会秩序的建立与维持是通过三种不同的交换方式而来的。这三种交换方式所建立的不平等关系，实隐含不同性质的权力：竞争性权力和共享性权力和"能"[1]。东埔布农人在被纳入现代国家及资本主义经济体系的过程中，以三种不同交换方式背后所涉及的不同权力，对抗外来的功利性权力及结构性权力，充满各种性质的权力交错运作：为了凝聚内部，内部继续使用原有的共享性权力，但对外则使用竞争性的权力概念。[2]

心理诠释论非理性机制下的权力观代表人物是林霍尔姆、欧弗琳。林霍尔姆重新巴特研究过的民族，对巴特的个人理性选择的功利权力观做了

---

[1] 根据黄应贵先生的研究，"能"的概念很少人做得到而少发生作用，它的出现往往是例外。

[2] 黄应贵：《"政治"与文化：东埔社布农人的例子》，《台湾政治学刊》1998年第3期，第115—193页。

补充，认为权力的建立与运作，背后还有心理的趋力。欧弗琳通过对亚马孙河流域的原住民进行研究发现，情绪作为社会秩序建立与维持的动力与机制在亚马孙地区特别凸显，由此挑战了西方资本主义文化所预设的非理性心理因素的不确定性而难以作为社会秩序维持机制的偏见，开启了从心理机制探讨权力的新途径。[1]

迄今有关人类学权力研究大致如上所述。如今人类学权力研究不仅一步一步打破了传统，而且逐渐剔除了西方资本主义文化的偏见，给人类学政治研究的多元化奠定了丰厚的基础。人类学权力研究的目的是对权力如何产生，又如何在特定的条件下得以保持进行探究。[2] 如此一来，不同地位的参与者如何获取权力、行使权力以及权力、仪式和符号之间的关系已成为当下人类学权力研究的焦点。

二 巫师权力研究现状

巫师信仰历史悠久，对其学术研究由来已久，取得了丰硕的成果。其中，已有少量成果开始关注巫师权力现象，为后人继续深入研究奠定了坚实的基础。

（一）国外巫师权力研究

巫师兼任政治首领在古代社会是一种普遍的现象，早期学者如斯宾塞、摩尔根等人很早就对这一现象予以关注。如斯宾塞在《社会学原理》（1969b）一书中对巫师兼任政治首领的现象做了简要的论述，认为在非文明人口中，军事头领有一个显著的趋势就是成为政治首脑，巫师是他唯一的竞争者。[3] 可见，巫师是当时社会中政治首脑最有力的竞争者之一，在当世中扮演着再分配性首领的角色。摩尔根则在《古代社会》（2007b）一书中对巫师占据着一定的职位现象做了描述。他说："在易洛魁人中，著名的演说家、巫师和军事酋长几乎毫无例外的全都是第二级酋长……因

---

[1] 由于图书资料所限，我并没有机会研读林霍尔姆、欧弗琳等人的作品，有关他们的观点转引自黄应贵《反景入森林：人类学的观照、理论与实践》（商务印书馆2010年版）。在此，深表谢意。

[2] 赫兹菲尔德：《什么是人类常识——社会和文化领域中的人类学理论实践》，刘珩等译，华夏出版社2006年版，第140页。

[3] Spencer H., *Principle of Sociology*, Volum 1, Abridgement, London: Macmilan, 1969, pp. 117, 125.

为酋帅之职是用来酬赏功勋的,所以这种职务必然会落在最有能力的人身上。"① 摩尔根所表达的意思是巫师在当世中的权力出自他动员所在集体资源的能力,扮演再分配性领袖的角色。继摩尔根之后,最早涉足巫师权力研究领域的人类学者首推弗雷泽。尽管弗雷泽没有对巫师权力做专门的研究,但已关注到这一方面的问题。他认为,在人类的巫术活动初期,每个人都是巫术的执行者,同时也是巫术的创造者。当社会发展到需要集体力量的时候,公众利益超出了个人利益,人类逐渐重视社会集团的力量,凭着个人经验的诸多个体巫术,也上升到公众巫术的地位。这样由为个人服务的个体巫术上升到致力于为集团利益服务的公众巫术,使巫师上升到一种更有影响和声望的地位,而且很可能容易地取得首领或国王的身份和权力。因而巫师职业会使部落里一些最能干的、最有野心的人们登上显贵地位。因为这种职业可提供给他们获得尊荣、财富和权力的可能性。② 弗雷泽所描绘的是巫师如何在部落利益的需要下,发展为一种特殊的官吏阶层,以及容易取得首领或国王权力的可能性。在他看来,许多酋长和国王所拥有的权威,在很大程度上应归之于他们兼任巫师所获得的声誉。

莫斯是继弗雷泽之后的巫术研究集大成者,他与贝尔合著的《巫术的一般理论献祭的性质与功能》(2007b)被誉为人类学史上的巫术类经典之作。虽然在这本书中,莫斯关注的中心问题是巫术的神圣性与社会性,但对巫师权力的获取、权力基础、权力传递以及权威与巫师神话的关系也有所涉及。莫斯认为,巫师权力的获取与其身体特征、职业和特殊身份有关。中魔者、有梦魇的女人、身体状况特别的人、特殊职业、特殊人群、社会中的权威人物因其身体特征、特殊职业被社会赋予他们一种凌驾于众人之上的巫术权威。他们通过法定习俗的权威,迫使人们去遵守各种巫术表现及其背后的逻辑。莫斯还发现,在澳大利亚、新几内亚和美拉尼西亚的部落民社会中,巫师往往掌握着最高等级的政治权威,他们能够施加高度的影响,并成为举足轻重的人物。③ 通过分析各民族的巫术神话,莫斯认为像神话这些舆论现象造就了巫师及其威信。因此,在莫斯看来,

---

① 摩尔根:《古代社会》,杨东莼、马雍、马巨译,中央编译出版社 2007 年版,第 101 页。
② 弗雷泽:《金枝》,徐育新、汪培基、张泽石译,上海新世纪出版社 2006 年版,第 48 页。
③ 莫斯、于贝尔:《巫术的一般理论·献祭的性质与功能》,杨渝东、梁永佳、赵丙祥等译,广西师范大学出版社 2007 年版,第 36—40 页。

巫师权力源于社会，由社会所授予。他说，巫师是由社会任命的，社会把它培养巫师的权力委派给一个严格限制的巫师群体，是这个群体在接纳巫师入门，因而巫师也就自然地具备了发挥他们功能的气质，攫取了一个地方官员的威严。[①] 最后，莫斯指出，巫师通过启示、神授和依靠传统把新成员整合进巫师团体，完成权力传递。

马凌诺斯基《文化论》（2002b）以洗练的语言对巫术与权势、巫术神话与权威之间的关系做了理论清算性的论述。马凌诺斯基认为，对个人而言，巫术可以促成人格的完整；对社会而言，巫术是一种组织的力量。巫师靠秘传的知识，控制着团体的社会生活，举凡耕种、海外经商远征、大规模的渔猎、疾病都能看到巫师在其中发挥作用。马凌诺斯基清楚地看到，巫术不仅能给某人以权势，而且还使他身居高位。他以民族志资料来说明巫术是如何与智慧及大人物结下不解之缘的。在澳洲部落，凡筹备和召开大会，举行成年礼，扮演神的戏剧，以及主持公共巫术仪式的首领，他们之所以能担负这种任务，乃是基于其与巫术的传统背景；俾斯麦希腊群岛及西非的秘密结社、苏丹的祈雨者、北美洲印第安巫医都把巫术权力与政治经济的影响合而为一。[②] 马凌诺斯基还论述了黑巫术与权力的缀合。他认为，黑巫术常与权势、声誉及财富同操于一种人之手。黑巫术是一种保守的力量、吓人的手段，常用来推动习惯法的施行和维护统治者的利益。凡背后有权势做后盾的邪术师，他们的法术总会比那些独自卖力或与权门不和的术士，更为有声有色。所以，当超自然的感觉和敬仰威权的意识联合在一起的时候，双方都会由这种联系中得到利益。[③] 马凌诺斯基深入考察了与神话叙述有关的土著人特殊的文化背景以及神话叙述的现实状况，从而得出结论：巫术神话有助于提高巫师的权威。他指出，民众对巫术的信奉通常公开地表现于各种巫术奇迹的神话之中。社区间的争相夸大，某一巫术特显的成功所获的声誉，以及以幸运归功于巫术的信仰，都形成一种活着的传说。这传说便与某著名的巫师或某种巫术体系相关联，而俱享一种超自然的荣誉。[④]

---

① 莫斯、于贝尔：《巫术的一般理论・献祭的性质与功能》，杨渝东、梁永佳、赵丙祥等译，广西师范大学出版社2007年版，第115页。
② 马凌诺斯基：《文化论》，费孝通译，华夏出版社2002年版，第76—77页。
③ 同上书，第76—78页。
④ 同上书，第79页。

拉德克利夫—布朗认为制裁是社会或它的大部分成员对某种行为做出的反应。他把制裁分为泛化的和有组织的两类，再分为伦理的和道德的制裁，进而分为报复的、赔偿的和惩罚的制裁，以及宗教的制裁。① 弗思在布朗分类的基础上，指出非西方社会里最重要的制裁方法有舆论、自食其果、迷信、巫术和武力。这些制裁在各种不同的社会中发挥的效力不同。有些社会充分调动舆论力量以保证人们遵守规则，而赔偿和惩罚条例不起重要作用。在有些社会中，超自然力性质的制裁对约束人们的行为更为有用。② 比特丽斯·惠廷认为，在一个无集权的社会中，巫术是一种有效的社会控制手段。1950年，她用50个社会的民族志材料来证明其假说。结果发现，符合她上述假说的社会占了总数的84%。③

　　埃文思—普里查德在对非洲刚果阿赞德人进行长达20个月的田野考察后写成《阿赞德人的巫术、神谕和魔法》（2006b）一书，旨在分析阿赞德人巫术实践与信仰之间的相互关系，从而揭示它们如何形成一种观念体系，并因此探索这种体系如何在社会行为中体现出来。难能可贵的是，他在书中对阿赞德巫医的权威和政治权力做了一个综合性的一般描述。对阿赞德人来说，巫术是一个始终存在的威胁，而巫医不仅能够确定巫术在哪里而且能够抗击巫术；巫医能够治好病人，能够对任何人将要遭遇的危险发出警告，能够使劳动成果免遭巫术的危害。因此，巫医在阿赞德社会中举足轻重。然而，魔法又使巫医具有看透人的内心以及揭露人的邪恶念头的力量。因而在阿赞德人看来，巫医既能危害人，又能保护人；既能杀死人，又能治好病，所以他们是令人敬畏的人。阿赞德巫医希望别人尊重他们，强使别人关注他们，并努力使他们长期处于权威的地位。在阿赞德社会里，尽管行巫医的人很多，但是很少有人成为权威。虽然亲王尊重巫医并给他们提供赞助，但是贵族们有意回避巫医活动，因而巫医活动主要是平民的实践，主要是平民对它感兴趣。因此，巫医没有政治势力，有政治势力和抱负的平民不会成为巫医，所以巫医很难取得尊贵的社会地位。在日常生活中，巫医与那些不是巫医的人没有角色上的差别。只有在仪式中，

---

　　① 拉德克利夫—布朗：《原始社会的结构与功能》，潘蛟、王贤海、刘文远、知寒译，中央民族大学出版社2002年版，第230—236页。

　　② 弗思：《人文类型》，费孝通译，华夏出版社2002年版，第114—116页。

　　③ 周蔚、徐克谦译著：《人类文化启示录》，学林出版社1999年版，第52页。

巫医才有特殊的社会地位。①

特纳（Victor Turner）也在非洲赞比亚恩登布人中进行长期的田野考察，以其关于恩登布人宗教仪式结构的研究而扬名。在《象征之林》（2006b）一书中，特纳描述了巫医伊黑姆比如何通过在神圣领域获取优势地位以补偿自己在世俗领域所失去的政治权力。伊黑姆比属于一个王室宗族支系——马滕布支系，这个支系曾产生过酋长，但在经历了一场与其他支系的酋长之位争夺战失败后，永久地被排除在继位序列之外。作为补偿，胜利者给予这个被打败的支系一个仪式职位。因此，伊黑姆比属于一个拥有仪式性地位，但从政治角度来说却始终是"边缘人"或"局外人"的社会集团。而在马滕布母系世系群内，伊黑姆比则更有着"被放逐者"的特征。尽管他来自这个世系群中一个高贵支系，从资历来说高于其头人，他却没得到官职。伊黑姆比只好将自己投入伊姆巴巫医的活动中，赚了不少钱，享有很高的盛誉。在仪式领域地位的卓著，终于补偿了他从政治领域权威地位的放逐。②

拉娜《巫术与宗教——公众信仰的政治学》（1991b）通过16—17世纪欧洲的巫术迷狂、巫术诉讼以及官方对巫士迫害等情况的描述，阐述了许多与巫术有关的政治文化问题。当时的欧洲大陆处于文艺复兴和启蒙运动的前夜，人们的理性尚未苏醒，基督教神学作为政治意识形态统治着社会的各个领域。在这种文化氛围中，巫术无疑对王权构成了威胁，而这又是基督教神学所无法容忍的。在拉娜看来，巫术不仅仅是一种通俗信仰，它还是一种政治现象。因为它否定了上帝的信仰，也就等于否定了基督教作为一种政治意识形态的功能。而欧洲中世纪的一个重要文化特征，就是基督教与政权合一。在这样的政治文化氛围中，巫术犯罪就是政治犯罪和意识形态犯罪。通过对巫术迫害的历史描述，拉娜指出欧洲的巫术迷狂、巫术迫害是随着宗教改革、基督教逐渐与政治分离的变化而变化的。随着基督教不再作为主要的社会控制工具，现在的巫术迫害也不能再理解为法律问题，而是社会对亵渎上帝行为的一种谴责。人们对巫术的态度之所以发生这种变化，那是因为西方社会的政治意识形态内容和政治文化发生了

---

① 埃文思—普里查德：《阿赞德人的巫术、神谕和魔法》，覃俐俐译，商务印书馆2006年版，第262—266页。

② 特纳：《象征之林》，赵玉燕、欧阳敏、徐洪峰等译，商务印书馆2006年版，第375—378页。

变化。①

英国资深记者凯伦·法林顿对巫师角色与作用做了全面的评价："在古代，巫师被视作奇迹的创造者、神秘学家、招魂术士、魔法师、驱魔术士、占卜家、预言家或气象家……他们的存在举足轻重，犹如部落跳动的心脏——他们不仅能为其子民提供充足的精神食粮，还可以在部落出现危机的时候扭转乾坤。"②

（二）国内巫师权力研究

中国巫师研究始于20世纪初期，迄今已取得了丰硕的研究成果。然而，有关巫师权力研究大都作为整体性论述的一部分，散见于相关论著之中。回顾国内外学者对中国巫师权力的关注，大致分为历史文献研究层面、社会学研究层面以及人类学田野调查与研究三个层面。

在历史文献研究层面，学者们通过对巫术类历史文献的解读，比较集中地探讨了先秦、两汉、唐宋巫师的政治地位与社会影响力。

对于先秦巫师的政治地位，李安宅（1931b）、陈梦家（1936a）、梁钊韬（1999b）、李宗侗（1954b）、张光直（1983b）、童恩正（1995a）、吕静（1992a）、晁福林（1996a）、陈智勇（1999a）、饶宗颐（2002a）、赵荣俊（2003b）、李零（2006b）、胡新生（2005b）等论著都有所涉及。③ 他们对巫师向巫官进而史官的转变以及巫师与三代国家政治的关系给予高度的关注，并形成不同的看法，如陈梦家、李安宅、李宗侗、张光直、童恩正、胡新生等对巫师在三代尤其是殷商国家政治中的地位和作用

---

① 克里斯蒂娜·拉娜：《巫术与宗教——公众信仰的政治学》，刘靖华、周晓慧译，今日中国出版社1991年版，第1—5页。
② 凯伦·法林顿：《巫怪的传说》，黄凰、何莎等译，希望出版社2007年版，第61页。
③ 详见李安宅《巫术的分析》，四川人民出版社1931年版，第3—11页；陈梦家《商代的神话与巫术》，《燕京学报》1936年第20期，第486—576页；梁钊韬《中国古代巫术》，中山大学出版社1999年版，第219—237页；李宗侗《中国古代社会史》，中华文化出版事业委员会1954年版，第118—125页；K. C. Chang, *Art, Myth, and Ritual: The Path to Political Authority in Ancient China*, Cambridge, Mass: Harvard University Press, 1983, pp. 44-55；童恩正《中国古代的巫》，《中国社会科学》1995年第5期，第180—197页；吕静《春秋战国时期的巫与巫术研究》，《史林》1992年第1期，第17—22页；晁福林《商代的巫与巫术》，《学术月刊》1996年第10期，第82—87页；陈智勇《试析商代巫、史以及贞卜机构的政治意向》，《史学月刊》1999年第2期，第9—14页；饶宗颐《历史家对萨满主义应重新反思与检讨——"巫"的新认识》，《中华文化的过去、现代和未来——中华书局80周年纪念文集》，中华书局1992年版，第396—412页；赵荣俊《殷商甲骨卜辞所见之巫术》，文津出版社2003年版；李零《中国方术续考》，中华书局2006年版，第57—59页；胡新生《中国古代巫术》，山东人民出版社2005年版，第18页。

给予了充分的肯定,特别是张光直对上古巫史做了大量的研究,指出中国古代政教不分,王者是群巫之长①,而饶宗颐、李零等人则认为不宜过于高估。② 不过,他们对于中国古代巫师政治地位在春秋战国以后日渐走向衰落取得了共识。

对于春秋战国巫师的身份社会地位,宋公文、张君《楚国风俗志》(1995b)、张正明《楚文化史》(1987b)、叶立青《楚巫觋考略》(2006a)等在对楚巫觋职官体制、身份地位作了详细的探讨后认为,尽管春秋战国时期中原巫觋的政治社会地位较过去有所下降,但却丝毫没有影响楚地巫觋的政治社会地位,巫觋在楚国仍拥有非常特殊的地位,并形成一个非常庞大的巫官体系。③ 陈炽彬博士论文《左传中巫术之研究》(1998d)以《春秋左传》一书为研究对象,探究其中种种巫术的现象与内涵及其对当时政治、社会礼俗的影响。④

对两汉巫师的研究尽管为后起,但所取得的成就不逊于先秦巫师的研究。从涉及巫师的政治权力和社会影响力的著述来看,台湾学者林富士、韩国学者文镛盛以及大陆学者马新、贾艳红的研究最具代表性。林富士于1988年出版其硕士论文《汉代的巫者》(1988d),通过对汉代巫师的政治地位、职事、社会影响力、活动空间等方面考察后认为,虽然汉代巫者已丧失原先崇高的政治地位,为知识阶层和官吏所看轻,但由于他们的技能可以满足汉人祈福避祸的需求,而世俗观念又相信巫术的效能,所以巫者依然成为世俗所倚重或畏怖的对象,从皇帝、后妃、王侯、将相、大官小吏到庶民奴隶,在各种行事上都求助于巫者,因而巫者还有相当广泛的社会影响力。⑤ 文镛盛《汉代巫人社会地位之研究》(1993d)、《中国古代社会的巫觋》(1999b)以秦汉时期为主,考察了巫觋在古代社会所扮演的角色,并进一步考究其社会参与、社会性格及面

---

① 张光直:《商代的巫与巫术》《从商周青铜器谈文明国家的起源》,张光直:《中国青铜时代》第2集,生活·读书·新知三联书店1990年版,第41—65、113—130页。
② 参见饶宗颐《历史家对萨满主义应重新作反思与检讨——"巫"的新认识》,《中华文化的过去、现在和未来——中华书局八十周年纪念论文集》,中华书局1992年版,第410—411页;李零《中国方术续考》,中华书局2006年版,第57—59页。
③ 参见宋公文、张君《楚国风俗志》,湖北教育出版社1997年版;张正明《楚文化史》,上海人民出版社1987年版;叶立青《楚巫觋考略》,东北师范大学硕士学位论文,2006年。
④ 陈炽彬:《〈左传〉中巫术之研究》,台湾政治大学中文所博士学位论文,1998年。
⑤ 参见林富士《汉代的巫者》,稻乡出版社1988年版。

貌的转变。① 贾艳红《汉代民间信仰与地方政治研究》（2011b）通过对汉代民间信仰具体而微的考察后发现，民间信仰虽然非常松散，也有很大的随意性，但它在地方社会中有很强的生命力，不仅对民众的思想观念、生产生活都产生了很大的影响，而且与地方政治之间也存在非常密切的互动关系。书中还设有专章"汉代的巫与地方政治"详细地论述了巫师对地方政治的影响。② 马新对中国远古时代巫师的产生、分化及其影响，对于上古（夏商周）、中古（秦汉至唐五代）尤其是汉代巫与巫术的地位与作用、发展趋向都做了系统深入的探讨。她指出：商周时代，巫师具有很高的社会、政治地位，他们垄断着在当时社会政治、经济生活中起重要作用的卜、筮、占、祝，是统治者与上天鬼神沟通的唯一执行者。到了春秋战国时代，随着君主专制的加强与中央集权政体的出现，新兴的封建君主们在将世俗权力集于一身的同时，也将神权与其他种种天人之间、神人之间，甚至鬼人之间的权力集于一身，而巫觋则越来越依附于君主集权政治，成为君主的附属品。西汉时代，也选用少数巫觋参与国家祭祀，帮助君主祭祀天帝鬼神。到东汉时代，则完全按照儒家礼制确定国家祀典，改变了西汉以巫祠祭天地鬼神的状况。国家的郊、社、宗庙等大祭，都由太常所属掌握，而各地的祭祀也是太守、令、长侍祠。这样，巫在国家的祭礼活动中，基本上被排除，从而成为纯民间的一种社会阶层。③

对隋唐宋巫师的研究最早始于日本学者中村治兵卫，他从1971年开始围绕唐宋时期的巫觋先后发表5篇论文《中国古代の王権と巫觋》《唐代の巫》《五代の巫》《北宋朝と巫》《宋代の巫の特征》对巫师政治权力有所涉及，现5篇文章均收入其论文集《中国シヤーマニズムの研究》（1992c）一书中。④ 木村明史《宋代の民间医疗と巫觋观——地方官によゐ巫觋取缔の一个侧面》（2001a）也涉及巫觋与国家权力的关系。⑤ 在中国香港及台湾学界，刘佳玲《宋代巫觋信仰研究》（1996d）涉及了宋代巫觋与社会政治既依存又冲突的关系；王章伟《在国家与社会之间——宋

---

① 文镛盛：《汉代巫人社会地位之研究》，中国文化大学史学所硕士学位论文，1993年；《中国古代社会的巫觋》，华文出版社1999年版。
② 参见贾艳红《汉代民间信仰与地方政治研究》，山东大学出版社2011年版。
③ 马新：《论两汉民间的巫与巫术》，《文史哲》2001年第3期，第119—128页。
④ 参见中村治兵卫《中国シヤーマニズムの研究》，刀水书房1992年版。
⑤ 木村明史：《宋代の民间医疗と巫觋观——地方官によゐ巫觋取缔の一个侧面》，《东方学》2001年第101辑，第89—104页。

代巫觋信仰研究》(2005b)、沈宗宪《国家祀典与左道妖异：宋代信仰与政治关系之研究》(2000d) 对巫师与国家权力关系作了论述。① 在中国大陆学界，刘黎明《宋代民间巫术研究》(2004b) 通过分析宋代巫师的社会地位、巫师与宋代政治关系后指出，巫师在宋代民间有相当广泛的社会影响力，在许多领域控制着普罗大众的生活，成为危害宋朝政权稳定的民间势力，由此引发宋朝对其持续不断地打击，因而宋朝政权与巫师的对抗，既是一种对通神权的争夺，也是对世俗社会控制权的争夺。李小红《巫觋与宋代社会》(2004d) 分析了宋代巫师社会地位、职事、活动空间及其与社会的关系，认为宋代巫师的影响力尽管较前代有所下降，但在民间仍有一定的影响力，他们利用自己在信徒中的影响力，轻则阻挠地方政府行事，重则参与、推动甚至领导农民起义或叛乱活动，直接与宋王朝发生冲突，政府、士绅阶层借机利用国家政治权力或社会影响禁巫抑巫，进而消除民众对他们的信仰。赵宏勃《隋代的民间信仰——以巫觋的活动为中心》(2010a) 通过以巫觋的活动为中心的考察可以发现，在隋代民众的信仰生活中，除了佛教道教之外，对巫觋和巫术的崇拜也占有重要的地位。隋时巫觋处于国家职官体系内，参与国家祭祀与医疗活动；而在民间的巫觋则以鬼神代言人的身份活跃，掌控着民众鬼神信仰，并凭借通神视鬼之能主持各种巫术活动，行使医疗的职能，深得民众信赖。② 史继刚《宋代的惩"巫"扬"医"》(1992a)、杨倩描《宋朝禁巫述论》(1993a)、赵章超《宋代巫术妖教犯罪与法律惩禁考述》(2002a) 等论文着重讨论宋朝政府对巫觋的打击。③

除上述几个时期外，其他时期有关巫师的研究成果比较少见，如六朝

---

① 参见刘佳玲《宋代巫觋信仰研究》，"国立"台湾师范大学历史研究所硕士学位论文，1996年；王章伟《在国家与社会之间——宋代巫觋信仰之研究》，中华书局2005年版；沈宗宪《国家祀典与左道妖异：宋代信仰与政治关系之研究》，"国立"台湾师范大学历史研究所博士学位论文，2000年。

② 赵宏勃：《隋代的民间信仰——以巫觋的活动为中心》，《南京师范大学学报》2010年第1期，第69—74页。

③ 参见刘黎明《宋代民间巫术研究》，巴蜀书社2004年版；李小红《巫觋与宋代社会》，浙江大学博士学位论文，2004年；史继刚《宋代的惩"巫"扬"医"》，《西南师范大学学报》1992年第3期，第65—68页；杨倩描《宋朝禁巫述论》，《中国史研究》1993年第1期，第76—83页；赵章超《宋代巫术妖教犯罪与法律惩禁考述》，《宗教学研究》2002年第4期，第134—137页。

时期见有中国台湾学者林富士系列巫术论著①；魏晋南北朝时期，见有法国学者乐维《官吏与神灵》（1998a）、中国学者刘春香《魏晋南北朝时期的巫觋与淫祀》（2006a）；辽金元明清时期，见有尼古拉斯·托马斯（Nicholas Thomas）和卡罗琳·胡里（Caroline Humphrey）编的《萨满主义、历史与国家》（*Wizardsism, History, and the State*）（1996c）、陈高华《元代的巫觋与巫术》（2000a）、孔飞力《叫魂——1768年中国妖术大恐慌》（2002b）。② 林富士以丰富的资料，结合人类学、社会学的方法，全面探讨了汉魏六朝朝代的巫觋信仰，遍及政治、社会及宗教各个层面；尼古拉斯·托马斯（Nicholas Thomas）和卡罗琳·胡里（Caroline Humphrey）编《萨满主义、历史与国家》探讨了在历史发展及政治演变中，巫觋或萨满信仰的嬗变，并讨论其与国家权力及反殖民斗争等问题，于末章讨论了北亚情况时稍稍述及辽金元及满洲之萨满。孔飞力《叫魂》以其独特的视角及知识训练背景，对中国传统社会的叫魂妖术做出了精细的研究。他试图通过发生在1768年的叫魂妖术恐慌，寻求民众思维和行为先导，指出在权力对普通民众来说比较稀缺的社会里，妖术是对每个人的一种潜在的权力补偿，人们可以通过指控某人为妖巫而得到这一权力。此外，庞政梁《先秦和汉代巫师在政治与社会中的作用》（1990a）依据古代汉文典籍对先秦和汉代巫师在政治与社会中作用做了梳理，认为在我国古代尤其是在先秦和汉代，巫师的地位大大高于后世，因而他们在当时的政治与社会中所发挥的作用也远远超过后世的巫师；李瑶《巫蛊方术之祸》（1995b）充分依据史料撰述了形形色色的巫觋、术士如何走入官场、宫廷发迹为祸，揭露他们诒谗主、争宠乱政、结纳群小、擅权误国的行

---

① 参见 Lin Fu-shih, *Chinese Shamans and Shamanism in the Chiang-nan Area During the Six Dynasties Period* (3rd – 6th century A. D.) (unpublished Ph. D. dissertation, Princeton University, 1994)；《试论汉代的巫术疗法及其观念基础》，《史原》1987年第16期，第29—53页；《中国六朝时期的巫觋与医疗》，《中央研究院历史语言研究所集刊》1999年第70本第1分，第1—48页；《试论六朝时期的道巫之别》，周质平、W. J. 佩特森编《国史浮海开新录——余英时教授荣退论文集》，联经出版事业公司2002年版，第19—38页。

② 参见乐维《官吏与神灵》，张立方译，《法国汉学》，清华大学出版社1998年版；刘春香《魏晋南北朝时期的巫觋与淫祀》，《许昌学院学报》2006年第6期，第27—30页；Nicholas Thomas & Caroline Humphrey (eds.), *Wizardsism, History, and the State*, Ann Arbor: The University of Michigan Press, 1996；陈高华《元代的巫觋与巫术》，《浙江社会科学》2000年第2期，第118—122页；孔飞力《叫魂——1768年中国妖术大恐慌》，陈兼、刘昶译，上海三联书店2002年版。

径；刘平《文化与叛乱——以清代秘密社会为视角》（2002b）一书设有专章以巫术、宗教异端为重点，分析民间信仰对清代秘密社会及其叛乱所产生的影响；芮传明《淫祀与迷信——中国古代迷信群体研究》（2005b）通过对古代迷信群体的研究表明，汉唐代以来的诸多社会叛乱与巫术有着千丝万缕的联系；王玉德《长江流域的巫文化》（2005b）对长江流域巫师的内部分层、政治社会地位、审判权力及社会影响力作了一定的论述；刘长旭《巫筮图谶与北魏前期的政治斗争》（2001a）关注统治者如何利用巫筮图谶作为政治斗争的工具；张鸣《华北农村的巫觋风习与义和团运动》（1998a）论述了华北农村的巫术风习与义和团运动之间的关系。[1]

在社会学研究层面，万江红、朱良瑛《巫师：原始社会中的社会分层隐喻——〈金枝〉的社会学解读》（2009a）以弗雷泽传世之作《金枝》为研究文本，从社会学的视角进行解读，指出巫师是原始社会的知识精英、权力领袖和道德英雄。[2]

就人类学视阈下的中国巫师权力研究而言，多集中于巫师的社会地位、巫术与权力关系，以及巫师内部分层的论述。早在20世纪30—40年代，李安宅、陈梦家、梁钊韬等人已提出古代巫师与氏族首领身份重合的观点。20世纪50年代开始的中国少数民族社会历史调查也收集到大量有关巫师兼任氏族首领现象的民族学资料。近四五十年来，举凡研究中国传统社会巫术的人类学论著，均涉及巫师社会地位及巫术与权力关系的内容。在港台学界，吴燕和《排湾族东排湾群的巫医与巫术》（1965a）、宋和《台湾神媒的社会功能——一个医药人类学的例子》（1978d）、郑惠珠《排湾族的巫医——生命危机与社会规范的控制者》（1992d）、刘璧榛《成巫治病仪式与当代认同的展演：噶玛兰人的巫师权力与国家想象》（2008c）、《从Kisaiz成巫治病仪式到当代剧场表演：噶玛兰的女性巫师权力与族群性协商》（2010c）、高雅宁《广西靖西县壮人农村社会中魔婆的

---

[1] 参见庞政梁《先秦和汉代巫师在政治与社会中的作用》，《铁道师院学报》1990年第4期，第68—95页；李瑶《巫蛊方术之祸》，广西民族出版社1995年版；刘平《文化与叛乱——以清代秘密社会为视角》，商务印书馆2002年版；芮传明《淫祀与迷信——中国古代迷信群体研究》，广东人民出版社2005年版；王玉德《长江流域的巫文化》，湖北教育出版社2005年版；刘长旭《巫筮图谶与北魏前期的政治斗争》，《许昌师专学报》2001年第4期，第52—55页；张鸣《华北农村的巫觋风习与义和团运动》，《清史研究》1998年第4期，第82—90页。

[2] 万江红、朱良瑛：《巫师：原始社会中的社会分层隐喻——〈金枝〉的社会学解读》，《中南民族大学学报》2009年第4期，第33—36页。

养成过程与仪式表演》（2002b）等论著都对巫师的仪式权力、社会地位与角色作出了比较详细的论述。[①] 在大陆学界，潘盛之《论苗族巫师的社会职能》（1990a）、张紫晨《中国巫术》（1991b）、宋兆麟《巫觋——人与鬼神之间》（2001b）、朱德普《傣族的巫师及其历史演变》（1994a）、傅安辉等《九寨侗族的巫师、屋山头与款组织》（2000a）、杨兆云等《论彝族毕摩的角色》（2007a）等论著都论及巫师的政治社会地位与历史作用。[②] 邓启耀《中国巫蛊考察》（1999b）、黄世杰《蛊毒——财富和权力的幻觉》（2004b）、色音《萨满教与北方少数民族帝王——兼论中国历史上的政治宗教》（2002a）等论著均涉及巫术与政治权力的关系。[③] 郑宇《箐口村哈尼族社会生活中的仪式与交换》（2009b）通过对云南哈尼族各种仪式交换的深入剖析，从经济、社会、文化等诸多层面论述巫师在仪式中的象征性支配性权力，以及由该权力带来的经济效益、社会地位和声望等。[④] 此外，作为一个特殊的社会群体的巫师，由于其能力、社会地位、职事等方面的差异，内部形成比较清晰的层次差异，因而引起众多学者的关注。如格勒（1984a）、杨万智（1991a）、李世康（1995b）、周锡银和望潮（1998a）、孟慧英（2003b）、白兴发（2001a）、蔡华（2007a）等人对藏族、彝族、哈尼族、傣族、佤族、纳西族、傈僳族等众多西南以及北

[①] 参见吴燕和《排湾族东排湾群的巫医与巫术》，《中央研究院民族研究集刊》1965年第20期，第105—152页；宋和《台湾神媒的社会功能——一个医药人类学的例子》，台湾大学人类学研究所硕士学位论文，1978年；郑惠珠《排湾族的巫医——生命危机与社会规范的控制者》，台湾清华大学人类学研究所硕士学位论文，1992年；高雅宁《广西靖西县壮人农村社会中魔婆的养成过程与仪式表演》，唐山出版社2002年版；刘璧榛《成巫治病仪式与当代认同的展演：噶玛兰人的巫师权力与国家想象》，刘璧榛主编《当代情境中的巫师与仪式展演》，"中央研究院"民族学研究所2008年版，第1—20页；刘璧榛《从Kisaiz成巫治病仪式到当代剧场表演：噶玛兰的女性巫师权力与族群性协商》，胡台丽、刘璧榛主编《台湾原住民巫师与仪式展演》，"中央研究院"民族学研究所2010年版，第505—555页。

[②] 参见潘盛之《论苗族巫师的社会职能》，《贵州民族学院学报》1990年第2期，第81—84页；张紫晨《中国巫术》，上海三联书店1990年版；宋兆麟《巫觋——人与鬼神之间》，学苑出版社2001年版；朱德普《傣族的巫师及其历史演变》，《民族研究》1994年第2期，第51—57页；傅安辉等《九寨侗族的巫师、屋山头与款组织》，《黔东南民族师专学报》2000年第5期，第15—17页；杨兆云等《论彝族毕摩的角色》，《云南民族大学学报》2007年第3期，第113—116页。

[③] 参见邓启耀《中国巫蛊考察》，上海文艺出版社1999年版；黄世杰《蛊毒——财富和权力的幻觉》，广西民族出版社2004年版；色音《萨满教与北方少数民族帝王——兼论中国历史上的政治宗教》，《内蒙古民族大学学报》2002年第1期，第33—39页。

[④] 参见郑宇《箐口村哈尼族社会生活中的仪式与交换》，云南出版集团2009年版。

方少数民族巫师的内部分层作了一定的论述。①

（三）瑶族巫师权力研究

瑶族学术研究由来已久。中国早期的民族学家，如凌纯声、费孝通、杨成志、江应樑、梁钊滔等人，从学科创立初期就对瑶族研究表现出极大兴趣，并做过系统深入的专门研究。20世纪80年代以来，广东、广西和云南等瑶族集中分布地区学术界又形成不同特点的科研团队，研究成果层出不穷。② 其中，论及瑶族巫师信仰的研究很多，有一些值得参考的成果。但就我研习所见，有关瑶族巫师信仰研究多依附于宗教研究主题，散见于论著与调查报告之中，研究领域也多集中在巫师的起源、形成、传承、职事、经书、法器、神像、仪式、符咒这些方面，虽然间或有少量论著涉及巫师权力，但却是语焉不详，文不成篇。尽管直接探讨瑶族巫师权力研究的成果尚未出现，但毕竟前人已做了一些零星的工作，他们对巫师权力现象的关注，给后人研究提供了十分宽阔的思想资源。就现有研究成果来看，瑶族巫师权力主要在以下几个方面的研究中有所涉及。

1. 巫师的社会地位

对于瑶族巫师的社会地位，学者们取得了比较一致的看法，认为巫师是瑶族社会中的知识分子、宗教权威以及政治权威，在社会上享有很高的威望。如广西编辑组《广西瑶族社会历史调查》（第三册）（2009b）述及富川瑶族对道公、师公、巫婆的态度时，认为他们社会地位比较高，多是村中或族内的掌事人。③ 广西编辑组《广西瑶族社会历史调查》（第五

---

① 参见格勒《藏族本教的巫师及其巫术活动》，《中山大学学报》1984年第2期，第91—99页；杨万智《巫师的魔障——哈尼族尼帕行巫心理分析》，《云南师范大学学报》1991年第2期，第55—61页；李世康《彝巫列传·张兴传》，云南人民出版社1995年版；周锡银、望潮《藏族的原始巫师及其传承》，《西藏艺术研究》1998年第3期，第58—64页；孟慧英《彝族毕摩文化研究》，民族出版社2003年版，第8页；白兴发《西南少数民族巫师述论》，《宗教学研究》2004年第3期，第117—125页；蔡华、孙伍嘎、王英武《凉山彝族嬷妮（女巫）现状调查》，王建新、刘昭瑞编《地域社会与信仰习俗——立足田野的人类学研究》，中山大学出版社2007年版，第194—200页。

② 有关瑶族研究综述可参看胡起望、华祖根《瑶族研究概述》，胡起望、华祖根编《瑶族研究论文集》，中南民族学院民族研究所1985年版，第1—18页；刘耀荃、胡起望《1949—1984年我国瑶族研究综述》，乔健、谢剑编《瑶族研究论文集》，民族出版社1988年版，第10—36页；覃乃昌《20世纪的瑶学研究》，《广西民族研究》2003年第1期，第55—67页；袁同凯《走进竹篱教室——土瑶学校教育的民族志研究》，天津人民出版社2004年版，第5—9页；罗宗志《信仰治疗——广西盘瑶巫医研究》，中国社会科学出版社2012年版，第32—37页。

③ 广西编辑组：《广西瑶族社会历史调查》（第三册），民族出版社2009年版，第132页。

册)(2009b)叙述百色蓝靛瑶认为巫师是沟通人神的灵媒,唯有他们能预知鬼神的意志,因而对这些人非常恭敬,认为这样可以减轻他们的罪过。这样巫师们的社会地位就显得比较高,并且过着比较富裕的生活。[①] 广西编辑组《广西瑶族社会历史调查》(第六册)(2009b)对十万大山山子瑶的村老制度作了详细的论述,发现村老作为一村的头人,不仅是村社生产生活的组织者和指挥者以及政治、军事首领,而且还是宗教首领。[②] 周生来《瑶族师公的历史探究及其在现代社会中的调适》论及瑶族师公在社会中的作用时,认为他们是瑶人与鬼神的使者,是瑶族文化的传承者,是瑶族的疾病医治者,是瑶族民间的心理调适者,是瑶族社会早期教育的推动者,是瑶族封建迷信的传播者,也是瑶族民间纠纷的参与者。[③] 杨成志《广东北江瑶人的文化现象与体质型》(2004a)论述瑶族文化现象与体质的同时兼对瑶族巫师的社会地位与作用做了比较全面的评价,他认为,"巫师在瑶人社会中是唯一的智囊(因他能识字念经),他不特占经济上(因对财产比较丰富)、阶级上(因曾经'度身')的特殊地位,且操纵一切占卜的、预言的、历数的、符咒的、仪式的、法术的权力,以支配整个社会幸运及厄运"[④]。

2. 巫师的内部分层

瑶族巫师的包容面十分广泛,内部存在清晰的层次差异。国内外众多瑶族研究学者都对巫师内部的分层给予了一定的关注。触及这一领域的研究成果相当丰富,多集中于广东、广西以及泰国北部瑶族巫师内部阶序的论述。

广东瑶族巫师的内部阶序,早在20世纪30年代就为学者们所关注。庞新民在《两广瑶山调查》(1935b)一书中叙述广东瑶族巫师分为主巫和普通巫两种,他们在仪式中身着不同服饰以资区分。[⑤] 后来江应樑(1936a)、梁钊韬(1936a)、姜哲夫等人(1936a)也证实广东瑶族巫师确有大小之分,他们在仪式中身着不同巫服,使用不同法器。姜哲夫等人

[①] 广西编辑组:《广西瑶族社会历史调查》(第五册),民族出版社2009年版,第176页。
[②] 广西编辑组:《广西瑶族社会历史调查》(第六册),民族出版社2009年版,第218页。
[③] 周生来:《瑶族师公的历史探究及其在现代社会中的调适》,《湖南科技学院学报》2012年第10期,第18—22页。
[④] 杨成志:《广东北江瑶人的文化现象与体质型》,刘昭瑞编《杨成志文集》,中山大学出版社2004年版,第89页。
[⑤] 参见庞新民《两广瑶山调查》,中华书局1935年版。

还发现，在仪式中充当大巫师的一定是村长或甲长。① 庞新民、江应樑、梁钊韬还对不同级别巫师的仪式报偿差异作了叙述。随着瑶族调查的不断深入，20世纪80年代以后学者们对广东瑶族巫师的内部阶序有了更进一步的认识。广东编辑组《连南瑶族自治县瑶族社会历史调查》（2009b）对连南排瑶的巫师做了初步分类，把排瑶的巫师分为"先生公"和"问仙公"两种。② 杨鹤书等人《八排文化》（1990b）认为排瑶的先生公和问仙公在法力来源、社会职掌、社会地位上都存在一定的差异。③ 练铭志等人《排瑶历史与文化》（1992b）对先生公做了更为细致的划分，他们依据法力高低把先生公分为三个级别：第一级别属全能型，即任何仪式都有能力主持；第二级别可以主持送鬼仪式，但诸如耍歌堂、打道箓等大型的法事活动则没有资格和能力主持；第三级别是初出师门或能力较差的先生公，只能充当前两级先生公的助手。④ 李默《韶州瑶人——粤北瑶族社会发展跟踪调查》（2004b）从瑶族内部分类出发指出，韶州瑶族将巫师通称为"师爷"，而师爷内部又分为"师表""师爸""仙公"三类，他们在权能、职事等方面同样存在明显差异。⑤

广西瑶族巫师的内部阶序于20世纪50年代为调查者所发现，其后发表调查报告《广西瑶族社会历史调查（第六册）》（2009b）提及十万大山大板瑶巫师分为"问卦老""喃鬼老""师公"三类。⑥ 张有隽《瑶族宗教论集》（1985c）把广西十万大山瑶族宗教师分为巫师、祭师和师道公三类，而巫师分为占卜师和赶鬼师两类，他们在法力来源、受训程度、知识占有、政治社会地位上都存在差异。郭大烈、黄贵权、李清毅编的《瑶文化研究》（1994b）认为过山瑶师、道不分，其神职人员大小宗教

---

① 参见江应樑《广东瑶人之宗教信仰及其经咒》，刘耀荃、李默编《乳源瑶族调查资料》，广东省社会科学院1986年版，第136页；梁钊韬《粤北乳源瑶民的宗教信仰》，刘耀荃、李默编《乳源瑶族调查资料》，广东省社会科学院1986年版，第279页；姜哲夫《拜王》，刘耀荃、李默编《乳源瑶族调查资料》，广东省社会科学院1986年版，第356页。
② 参见广东省编辑组《连南瑶族自治县瑶族社会历史调查》，民族出版社2009年版，第101—104、195—197页。
③ 杨鹤书、李安民、陈淑濂：《八排文化》，中山大学出版社1990年版，第130—141页。
④ 练铭志、马建钊、李筱文：《排瑶历史与文化》，广东人民出版社1992年版，第464页。
⑤ 李默：《韶州瑶人——粤北瑶族社会发展跟踪调查》，中山大学出版社2004年版，第241页。
⑥ 广西编辑组：《广西瑶族社会历史调查》（第六册），民族出版社2009年版，第530页。

活动无一不精通者称为"sai ke",次之称"大师公",再次之称为"师公"。① 郭维利等人《盘村变迁》(2007b)把金秀大瑶山盘村宗教职能者分为两个等级,一种是已经度戒但还没有能力主持重大仪式的"小师父",另一种是能够有资格有能力主持重大仪式的"大师父",小师父居于从属地位。② 盘福东《东山瑶社会》(2002b)将全州东山瑶的宗教师分为师公、道公、问仙公、仙娘四类,他们在法力来源以及职事等方面都存在一定的差距。③

泰国瑶族巫师的内部阶序于20世纪60年代为日本学者发现,后来白鸟芳郎在《东南亚山地民族志》(1980b)一书中,按能力、成就将泰国瑶族巫师分为高、低两级,低级汉语叫"设鬼人",高级叫"大师公"。④ 差博·卡差·阿南达在《泰国瑶人》(2006b)一书中也认为,泰国瑶族巫师按主持的能力可分为好几级。不过,他没有对巫师进行具体的划分。⑤ 广西民族学院赴泰考察组在《泰国瑶族考察》(1992b)一书中,依据巫师产生的条件、办法、资格及职事,将泰国瑶族宗教师分为"打卦人""设鬼人""社主"和"师人"四类。⑥

法国学者雅克·勒穆瓦纳对瑶族宗教有比较深入的考究。他于1987年撰文《瑶族宗教：道教》认为瑶族的宗教就是道教,因而把瑶族仪式专家称为"道士"。在他看来,瑶族道士分为两类：一类是职位已达到了一定等级,但没有能力主持重大仪式；另一类是够资格的专职祭司,被村民们公认为大"师傅"。⑦

3. 巫师权威的建构

王建新对瑶族传统社会组织有着非常深入的调查研究,先后发表《广南瑶族的父系亲族与村落祭祀——传统文化中权威建构的内部机制研

---

① 郭大烈、黄贵权、李清毅编：《瑶文化研究》,云南民族出版社1994年版,第111页。
② 郭维利、陆进强等：《盘村变迁》,民族出版社2007年版,第325页。
③ 盘福东：《东山瑶社会》,广西民族出版社2002年版,第328—330页。
④ 白鸟芳郎编：《东南亚山地民族志》,云南省历史研究所东南亚研究室1980年版,第48页。
⑤ 差博·卡差·阿南达：《泰国瑶人》,谢兆崇、罗宗志译,民族出版社2006年版,第224页。
⑥ 广西民族学院赴泰考察组：《泰国瑶族考察》,广西人民出版社1992年版,第257页。
⑦ 雅克·勒穆瓦纳：《勉瑶的历史与宗教初探》,《广西民族研究》1994年第4期,第22—25页。

究》（2006）、《阿科瑶寨的社会组织与传统文化》（2008）、《阿科瑶寨的家族、宗教与寨老：权威的传统建构》（2010）等3篇论文，以其独到的研究视角对云南省广南县阿科蓝靛瑶寨老群体的传统权威建构做出了精细的研究，认为瑶族村落的整体运营及整合所赖以进行的社会单位是大小不同的父系家族，基本单位是主干家庭和核心家庭，并以此为基础产生村落内部的权威群体——寨老。寨老多数兼任师傅，在村民中享有特殊威信，被赋予主持各种仪式的特权，在组织各种社会活动的同时，也发挥宗教权威人士的作用。因此，他们既是家族群体的族长，又是宗教仪式活动中的大师父，担负着组织村民社会活动及举行各种宗教仪式的职责。寨老群体权威的确立、展开和延续却很大程度依赖村庙祭祀提供的仪式展演空间。[①] 谷家荣《坳瑶社会变迁：广西金秀大瑶山下古陈村调查》（2010b）对广西金秀大瑶山下古陈村坳瑶跳盘王仪式做了详细的论述，认为跳盘王仪式的展演对师公权威的建构具有十分重要的作用，但是随着文明进程的推进以及坳瑶思想观念的改变，跳盘王仪式的神秘色彩逐渐淡化，主持仪式的师公的权威也逐渐让渡给为村民办实事的村长及村支书。[②]

4. 巫师的仪式权力

对于瑶族巫师在神灵世界中的地位，举凡涉及瑶族挂灯、度戒仪式的论著都有所涉及，学者们围绕挂灯、度戒后所获称号、职位、阴兵以及葬礼待遇等方面进行论述。庞新民《两广瑶山调查》（1935b）、江应樑《广东瑶人宗教信仰及其经咒》（1936a）对"拜王""度身"仪式做了初步考察，认为"拜王""度身"是瑶族取得社会地位的一种阶梯，同时关注瑶族"度身"后所取得的数种资格地位。[③] 广西编辑组《广西瑶族社会历史调查》（第一册）（2009b）对巫师在灵界中的地位做了综合性论述，指出师道公不仅生前受人尊敬，而且死后也有地位，灵魂可以升入天堂，在

[①] 参见王建新《广南瑶族的父系亲族与村落祭祀——传统文化中权威建构的内部机制研究》，日本《文明21》第17集，2006年；王建新《阿科瑶寨的社会组织与传统文化》，王建新编《广南阿科：阿科乡经济发展与社会文化变迁调查研究》，知识出版社2008年版；王建新《阿科瑶寨的家族、宗教与寨老：权威的传统建构》，《思想战线》2010年第5期，第24—29页。

[②] 谷家荣：《坳瑶社会变迁：广西金秀大瑶山下古陈村调查》，云南出版集团2010年版，第253页。

[③] 参见庞新民《两广瑶山调查》，中华书局1935年版；江应樑《广东瑶人之宗教信仰及其经咒》，刘耀荃、李默编《乳源瑶族调查资料》，广东省社会科学院1986年版。

那里充当大小不同的官职，身边还有阴兵保护。① 广西编辑组《广西瑶族社会历史调查》（第六册）（2009b）提及十万大山大板瑶地区存在一种叫"庙会"的社会组织，庙会的头人称为"会长"，会长通常由族长或巫师担任，负责组织社庙的祭祀活动；大板瑶的房长通常由度过身的香火头担任。② 竹村卓二《瑶族的历史和文化》（2003b）一书对瑶族的"挂灯"与"度戒"作了专门论述，内容涉及对"挂灯""度戒"仪式的阶段划分，以及对应每一阶段所获得的称号、阴兵数量。③ 杨鹤书、练铭志、徐祖祥、陈玫妏等人通过对瑶族葬礼的考察，揭示了葬礼待遇与死者生前的社会地位、度戒与否与级别之间的关系。广东编辑组《连南瑶族自治县瑶族社会历史调查》（2009b）对先生公的丧礼做了考察，认为他们的葬礼比普通人来得盛大、隆重，并对先生公的葬礼做了描述。④ 杨鹤书等人《八排文化》（1990b）对排瑶葬礼检视后认为，排瑶葬礼规模与死者生前的社会地位有关，同时提到先生公因在排瑶社会中享有较高地位，死后葬礼比普通人更为隆重。⑤ 练铭志等人《排瑶的历史与文化》（1992b）通过对排瑶葬礼考察发现，死者生前如未度戒，男子不能用红布扎头，女子不能坐尸椅，只能用树皮裹尸，用树干抬葬。⑥ 徐祖祥《瑶族的宗教与社会》（2003b）对云南过山瑶葬礼做了详细的考察，从死后去处、搭桥方式两方面对不同身份死者的葬礼作了对比。⑦ 陈玫妏《从命名谈广西田林盘古瑶人的构成与生命的来源》（2003b）以广西田林盘古瑶为考察对象，论述了盘古瑶死后的搭桥方式、亡灵前往阴府途中的待遇、死后去处、死后地位与死者生前度戒与否与级别之间的关系。⑧ 马建钊《排瑶宗教礼仪

---

① 广西编辑组：《广西瑶族社会历史调查》（第一册），民族出版社2009年版，第370页。
② 广西编辑组：《广西瑶族社会历史调查》（第六册），民族出版社2009年版，第521—524页。
③ 竹村卓二：《瑶族的历史和文化》，金少萍、朱桂昌译，民族出版社2003年版，第147—150页。
④ 广东编辑组：《连南瑶族自治县瑶族社会历史调查》，民族出版社2009年版，第94—95页。
⑤ 杨鹤书、李安民、陈滩书：《八排文化》，中山大学出版社1990年版，第123—124页。
⑥ 练铭志、马建钊、李筱文：《排瑶历史与文化》，广东人民出版社1992年版，第429—437页。
⑦ 徐祖祥：《瑶族的宗教与社会》，云南人民出版社2006年版，第206—210页。
⑧ 陈玫妏：《从命名谈广西田林盘古瑶人的构成与生命的来源》，唐山出版社2003年版，第115—118页。

"旺歌堂"研究》(2007a)通过对排瑶宗教仪式"旺歌堂"的宗教含义和功能分析后认为,仪式中的取"法名"使当事者在宗教和世俗两方面的地位得以稳定,死后亦能享受更高规格的丧葬待遇。①

5. 巫师的政治权力

对于瑶族巫师的政治权力,学者们主要关注巫师兼政治首领的现象。王兴瑞《广东北江瑶人的经济社会》(1936a)、庞新民《广东北江瑶山杂记》(1936a)、姜哲夫等人《拜王》(1936a)对粤北瑶族巫师兼任村长的现象给予关注,指出村长选举的条件除为村人爱戴、能说会道、能办事、粗识文字外,还必须具有挂灯、度戒身份,因而村长多由巫师充任。② 云南省编委会编的《云南苗族瑶族社会历史调查》(1982b)对云南瑶族目老制目老的设置、权限、特权、选举做了考察,发现目老都具有巫师身份,在村寨中不仅享有很高威望,还享有一些特权,有些还被国民党委任为甲长。③ 广西编辑组《广西瑶族社会历史调查》(第一册)(2009b)对大瑶山瑶族巫师政治权力做了初步考察,指出瑶族师道公在政治上于优势地位,大多数石牌头人都由他们充任。④ 广西编辑组《广西瑶族社会历史调查》(第三册)(2009b)论及了南丹瑶族魔公、贺县瑶族师道公的政治权力,指出南丹瑶族魔公常集村寨头人、油锅头人、庙老头人于一身,有个别魔公在国民党统治时期被物色为村长、甲长,成为国民党在基层政权的代理人;贺县瑶族师公、道公虽然多数是不脱产的农民,但也有个别的师公、道公是富户,他们不参加生产劳动,而且在政治上还有一定的地位,如有的将巫师与化瑶局局长合二为一,成为威震一方的瑶族头人。⑤ 广西编辑组《广西瑶族社会历史调查》(第六册)(2009b)对十万大山山子瑶的村老制度进行考察后发现,传统上村寨头人——村老,多由

---

① 马建钊:《排瑶宗教礼仪式"旺歌堂"研究》,王建新、刘昭瑞编《地域社会与信仰习俗——立足田野的人类学研究》,中山大学出版社2007年版,第272—281页。

② 参见王兴瑞《广东北江瑶人的经济社会》,刘耀荃、李默编《乳源瑶族调查资料》,广东省社会科学院1986年版,第101—104页;庞新民《广东北江瑶山杂记》,刘耀荃、李默编《乳源瑶族调查资料》,广东省社会科学院1986年版,第305页;姜哲夫等《拜王》,刘耀荃、李默编《乳源瑶族调查资料》,广东省社会科学院1986年版,第356页。

③ 云南省编委会编:《云南苗族瑶族社会历史调查》,云南民族出版社1982年版,第117—118页。

④ 广西编辑组:《广西瑶族社会历史调查》(第一册),民族出版社2009年版,第370页。

⑤ 广西编辑组:《广西瑶族社会历史调查》(第三册),民族出版社2009年版,第34、45—46、194—195页。

"赶鬼公""禁鬼公"或"管鬼公"来担任,而至清末政府委任村老为"老爷"、团总,民国时期他们又摇身一变成为乡长、村长、甲长。① 广西编辑组《广西瑶族社会历史调查》(第九册)(2009b)对南丹白裤瑶带工制度做考察后发现,带工的头人通常是族长,在劳动生产上起带头作用,同时兼主持祭神活动和任乡长、村长。② 广东编辑组《连南瑶族自治县瑶族社会历史调查》(2009b)对连南瑶族的瑶老制度做了考察,指出巫师常集瑶老、瑶长于一身,甚至有的巫师在新中国成立后成了国家干部,担任副乡长、法院副院长等领导职务。③ 杨鹤书等人《八排文化》(1990)、练铭志等人《排瑶的历史与文化》(1992b)对排瑶巫师兼任清末民国时期的基层官员做了初步介绍和研究。④ 黄钰、黄方平《国际瑶族概述》(1993b)对越老泰缅等国瑶族传统社会组织做了调查,发现社会组织头人既是族长、寨老,又是宗教师,集政权、族权、神权为一体。⑤ 吴永章《瑶族史》(1993b)通过文献梳理瑶族巫师的职能与作用后,认为瑶族巫师集瑶甲、村寨头人于一身,拥有极大权力,瑶族事无大小,都听他们公断。⑥ 黄海《瑶山研究》(1997b)对贵州瑶族的石牌会、油锅组织作了论述,提及石牌头人及油锅头人常合而为一。⑦ 莫金山《瑶族石牌制》(2000b)对石牌头人的产生做了考述,发现多数石牌头人是由师道公转化而来的。李行山《越南高平钱瑶的传统社会组织及其变迁》(1997a)述及越南高平钱瑶的公社头人、族长都由巫师兼任。⑧ 李默《韶州瑶人——粤北瑶族社会发展跟踪调查》(2004b)认为,瑶族上层人物在政治上是保长、瑶甲长,在宗教上是师表、师爷,在宗族上是族长,他

---

① 广西编辑组:《广西瑶族社会历史调查》(第六册),民族出版社2009年版,第150—160页。
② 广西编辑组:《广西瑶族社会历史调查》(第九册),民族出版社2009年版,第93—94页。
③ 广东编辑组:《连南瑶族自治县瑶族社会历史调查》,民族出版社2009年版,第62、202页。
④ 参见杨鹤书、李安民、陈濂书《八排文化》,中山大学出版社1990年版,第93—99页;练铭志、马建钊、李筱文《排瑶历史与文化》,广东人民出版社1992年版,第285—287页。
⑤ 参见黄钰、黄方平《国际瑶族概述》,广西人民出版社1993年版。
⑥ 吴永章:《瑶族史》,四川民族出版社1993年版,第602页。
⑦ 黄海:《瑶山研究》,贵州人民出版社1997年版,第185—232页。
⑧ 李行山:《越南高平钱瑶的传统社会组织及其变迁》,廖玉凤、范宏贵译,《广西民族学院学报》1997年第2期,第66—69页。

们集政权、神权、族权于一身。① 中山大学人类学系民族学实习组《乳源瑶族自治县必背区瑶族社会调查》（1986）对粤北必背瑶宗教从业者调查后发现，民主改革前的必背瑶族社会，神权和地方政权结合，师爷在地方社会事务的管理中，享有较高的威望和一定的特权，执行神判，处置民间纠纷或主持宗教活动，多向当事人收取一定数额的费用，发挥习惯法代言人的作用。师爷在当地政治、社会、经济生活中，处于上层，必背乡8位师爷中，有3位是全乡仅有的地主。师爷由于自身的地位、作用和影响而受到统治者的青睐，成为统治者重要的依靠，瑶族中还有师爷当过韶边县县长。② 徐祖祥的《瑶族的宗教与社会——瑶族道教及其与云南瑶族关系研究》（2006）也涉及师道公担任村、乡、县乃至更高级部门的领导干部的内容。③

6. 巫师的社会影响力

巫师的社会影响力具体表现为对民众生活行事的规范、对病人生命危机的控制，以及煽惑民众从事叛乱④活动。对于瑶族巫师对民众生活行事的规范，凡涉及宗教信仰的论著都有所触及，因相关论著很多，实在难以列举，兹择其要者而述之。如对瑶族巫师规范民众的生活行事，粟卫宏等人《红瑶历史与文化》（2008b）认为，师公在红瑶社会中享有较高的威望，凡砍山、播种、狩猎、建房、生育、死亡、结婚甚至调解族内纠纷，都由师公出面主持。⑤ 对病人生命危机的控制，依其刊发时序先后，计有赵家旺《瑶族招魂简述》（1992a）、雅克·穆勒瓦纳《过山瑶的巫术及自我形象的再设》（1993a）⑥、李筱文《排瑶"送鬼治病"巫术形为》（1999a）⑦、罗宗

---

① 李默：《韶州瑶人——粤北瑶族社会发展跟踪调查》，中山大学出版社2004年版，第91页。
② 参见中山大学人类学系民族学实习组《乳源瑶族自治县必背区瑶族社会调查》，转引自吴国富《穷则思变——粤北必背瑶寨变迁记》，广东人民出版社2010年版，第274页。
③ 徐祖祥：《瑶族的宗教与社会——瑶族道教及其与云南瑶族关系研究》，云南人民出版社2006年版，第43—44页。
④ 本书所使用的"叛乱"一词只是描述性的词汇，并无价值判断之意。
⑤ 粟卫宏、张秋萍、龙政、陆军等：《红瑶历史与文化》，民族出版社2008年版，第219页。
⑥ 雅克·穆勒瓦纳：《过山瑶的巫术及自我形象的再设》，广西瑶学学会编《瑶学研究》第3辑，广西民族出版社1993年版，第299—306页。
⑦ 李筱文：《排瑶"送鬼治病"巫术行为》，李筱文：《瑶族论集》，内部印刊，1999年，第74—81页。

志《生命经验底下的信仰疗法——广西一个盘瑶村落的巫医研究》（2006a）及《信仰治疗——广西盘瑶巫医研究》（2012b）。《信仰治疗——广西盘瑶巫医研究》一书运用人类学的参与观察和深度访谈，辅之以文献资料收集，不仅采用人类学功能学派、象征学派的理论与方法，而且吸取宗教学、心理学、医药学等学科理论，选择广西境内36个盘瑶村寨作为田野考察点，对巫医进行全面深入的考察，全面展现了这一特殊社会群体的传承制度、生活方式、活动空间、社会地位、成巫之路、医疗实践、社会角色，以及医药现代化对巫医的影响及巫医如何应对现代化所带来的巨大冲击，同时对他们未来发展状况做出了展望。① 对于瑶族巫师煽惑民众从事叛乱活动，广西编辑组、向祥海、南跃、徐仁瑶、姚舜安、邓有铭、盘福东、黄钰、莫金山、宫哲兵等在其论著中都有所涉及。广西编辑组《广西瑶族社会历史调查》（第四册）（2009b）、向祥海《北宋黄捉鬼唐和领导的瑶族农民起义》（1987a）、南跃《1933年桂北瑶民起义》（1959a）、徐仁瑶《一九三三年桂北瑶民起义》（1981a）、姚舜安《赵金龙领导的瑶民起义》（1983a）、黄钰等人《略论1933年桂北瑶民起义》（1985a）、邓有铭等人《瑶族农民起义史》（1993b）对宋代黄捉鬼起义、清代赵金龙起义以及1933年桂北瑶民起义的原因、过程、结果及意义做了详细的考述，并对巫者在其中的组织和领导给予了极大关注。② 广西编辑组《广西瑶族社会历史调查》（第一册）（2009b）、宫哲兵《千家峒运动与瑶族发祥地》（2000b）对发生于桂中、桂北、湘南的形形色色的由巫师参与、组织或领导的千家峒运动做了详细的记述，具有一定的资料价值。③ 广西编辑组《广西瑶族社会历史调查》（第六册）（2009b）记述了1941年那坡县下华乡国民党政府对少数民族进行了残酷的压迫，就在人们无以为生

---

① 参见罗宗志《信仰治疗——广西盘瑶巫医研究》，中国社会科学出版社2012年版。
② 参见广西编辑组《广西瑶族社会历史调查》（第四册），民族出版社2009年版；向祥海《北宋黄捉鬼唐和领导的瑶族农民起义》，《贵州民族研究》1987年第3期，第96—102页；南跃《1933年桂北瑶民起义》，《民族研究》1959年第7期，第42—48页；徐仁瑶《一九三三年桂北瑶民起义》，中央民族学院民族研究所编《民族研究论文集》，1981年；姚舜安《赵金龙领导的瑶民起义》，《广西民族学院学报》1983年第2期，第62—67页；黄钰等《略论1933年桂北瑶民起义》，《广西民族研究参考资料》1984年第4辑；邓有铭等《瑶族农民起义史》，漓江出版社1993年版。
③ 参见广西编辑组《广西瑶族社会历史调查》（第一册），民族出版社2009年版，第89—90页；宫哲兵《千家峒运动与瑶族发祥地》，武汉出版社2001年版，第3—119页。

的时候，瑶族巫师陈字达、杨福昌利用民间宗教组织民众进行反抗，参加反抗者达1000余人。① 莫金山《瑶案沉思录》（2005b）收录了中华人民共和国成立以来瑶族地区所发生的20多个政治事件，其中不乏巫师参与、组织或领导的社会叛乱活动的生动案例，给后人研究留下了许多可供追踪的线索。②

迄今国内外巫师权力研究大致如上所述。以上研究成果为我们继续深入探讨巫师权力奠定了深厚的学术基础。然而综观这些成果不难发现，巫师权力研究无论是在深度还是广度方面均有待于进一步增强。基于以上研究现状，我们在充分借鉴、吸收现有成果的基础上，试图对瑶族巫师群体权力进行系统深入的研究。

第三节　理论视角

迄今有关权力研究的理论或学说大致如上所述。以上各种理论流派或学说，尤其是人类学关于巫师权力的研究，在某种程度上对本书的研究都有参考价值。但是由于受研究主题的限制，本书力图在兼顾穿插上述理论的同时，侧重于有关探讨巫师权力来源、权力获取以及权力运作等方面的理论。因此，韦伯关于权力来源的讨论、布尔迪厄关于权力斗争的场域中有关文化资本的讨论以及费孝通关于中国乡土社会长老统治的论述，给本书的研究提供了理论视角。

关于权力来源的讨论，目前最为权威的论述是韦伯关于支配类型的讨论。他认为，正当性的支配有传统型、卡里斯玛型和法制型三种，而且由于正当性基础的不同，导致了不同的服从形态、不同的行政系统以及不同的支配方式，而其效果当然也有基本的差异。③ 当某种正当支配依赖于"极端的个人献身精神，个人对救赎、对英雄业绩的信念，或其他一些个人领袖的素质"④ 时，这种支配就属于卡里斯玛型的支配。在韦伯那里，卡里斯玛表示某种人格特质：他们被认为具有超自然、超人的力量或品

---

① 广西编辑组：《广西瑶族社会历史调查》（第六册），民族出版社2009年版，第61页。
② 莫金山：《瑶案沉思录》，香港展望出版社2005年版，第233—289页。
③ 韦伯：《经济与历史支配的类型》，康乐、吴乃德、简惠美、张炎宪、胡昌智等译，广西师范大学出版社2004年版，第299页。
④ 韦伯：《学术与政治》，冯克利译，生活·读书·新知三联书店2007年版，第56页。

质，因而被视为"领袖"。在比较原始的社会中，这些品质来源于巫术，如先知、号称能驱邪祛病或精通律法的智者、狩猎活动的首领或战争英雄，都被称为卡里斯玛式人物。① 卡里斯玛型支配的主要体现者为巫师，他们的特征是能够沟通神灵，因而被视为神灵在人间的信使，而其权力被认为来源于神灵的凭附。人类学对权力的研究很少论及韦伯关于支配类型的讨论。实际上，人类学有关权力来源的讨论都可纳入韦伯的理论框架之内。人类学在探讨宗教与政治关系时，基本上都涉及权力来源问题，论述卡里斯玛型支配是如何被建构出来的。在不同社会形态下，卡里斯玛型支配分为两类：一是在简单社会中，卡里斯玛地位的获得主要依靠权力施予者的巫术行为；二是在乡民社会中，卡里斯玛地位的获得主要通过更高级的神圣权威所授予。当然，在任何社会中都不会只存在一种支配类型，而且不同社会中不同的支配类型所起的作用是不同的。传统瑶族社会是传统型（瑶老）和卡里斯玛型（巫师）共治的社会②，而且不同权力的施予者是同一个群体。而在现代瑶族社会，三种支配类型都在瑶族社会中出现，并且权力的施予者仍是同一个群体。毋庸置疑，不同的支配类型随着社会文化环境的改变，在瑶族社会中的作用也将会发生变化。

布尔迪厄认为，所有场域都是以市场关系为纽带将不同社会行动者连接而成。权力场域是最重要的场域。在那里，不同场域的支配者相互对峙，不同权利的掌握者为了获取权力而斗争。斗争是通过争夺经济资本和文化资本进行的。社会行动者只有掌握了一定数量的特定资本，才能在各自的领域占据一定的位置。他们在权力场域中的位置差异取决于他们拥有资本的不同。布尔迪厄以上论述对于本书开启瑶族巫师权力获取的研究奠定了理论基础。作为意识形态，文化使某些人拥有权力。瑶族巫师正是因为掌握了大量的文化资本，所以能在社会中占据着支配地位。瑶族巫师在养成训练过程中，熟读汉文经典，通晓神话传说，了解天文地理，掌握巫术方技，因而成为本土民族文化的诠释者与代言人。他们因对地方性知识有丰富的了解而为村民所敬重，也因为拥有本土民族文化资源而掌握本土知识权力，而得以将自己的知识与诠释推广，使之成为社会公认的传统。

---

① 韦伯：《经济与历史支配的类型》，康乐、吴乃德、简惠美、张炎宪、胡昌智等译，广西师范大学出版社2004年版，第353—354页。

② 实际上，瑶族社会中的传统型与卡里斯玛型经常是合二为一的，如瑶老有的本身就是巫师，而巫师多兼任瑶老。

瑶族巫师也因掌握大量此种文化资源，得以借此构建自己的权威，以及对本土事务的诠释权。当然，随着社会文化环境的变化，不同文化资本之间的折算率会发生变化。基于这种变化，瑶族社会中各种支配类型的地位也会发生相应的改变。

　　费孝通在分析中国乡土社会权力结构时，提出"横暴权力""同意权力"和"教化权力"三个概念。他认为，横暴权力发生于社会冲突，以暴力手段为基础，属压迫性质；同意权力发生于社会合作，以社会契约为基础，属民主性质；教化权力发生于社会继替过程，以文化教化为基础，属文化性质。他还进一步指出，中国传统的小农经济，不足以提供横暴权力所需要的大量资源，于是乡土社会中人们切身的公事让给同意权力去活动了，可同意权力是分工体系的产物，而中国传统的自给自足经济，也没有同意权力赖以发展和扩大的分工体系，因而封建帝王通常采用无为而治来平天下，让乡土社会用教化权力进行社会平衡，从而造成农村社会长老统治的局面。① 费孝通以上论点可作为论述瑶族社会传统权力结构的理论基点。瑶族是一个以农耕为主兼渔猎的民族。农事渔猎过程中，比较讲究经验知识，而老人最富有经验。正因为如此，老人普遍受到年轻人的尊重，而且具有崇高的地位。史载瑶族"凡相聚议事，必设凳以延老者。无凳，则以银酬之，名曰坐凳银"②。"有所争不决，则推其乡高年众所严事者往直之，谓之叫老。老人以为不宜，则罚酒食分飨谢罢，故瑶人讼，鲜至官府。"③ 路上遇见老人亲热尊呼问候，主动让路。屋里见老人自觉让座，跟老人说话不跷二郎腿。吃饭时，老人不入席，晚辈不先吃；同桌吃饭，捡最好的菜给老人。老人生病悉心照料，过世打斋送葬，守灵服丧。对死去的祖先，也非常虔诚、尊敬。每逢节日要请法师喃请祖先先吃，如请不到法师的，家主就会用"白话"④ 请"家先"吃饭。⑤ 正是在尊老的基础上，形成了瑶老制的社会组织。充当瑶老者需度过戒，成为师

---

① 费孝通：《乡土中国·生育制度》，北京大学出版社2005年版，第59—68页。
② 《连阳八排瑶风土记》卷三，（清）李来章撰《连阳八排瑶风土记》，中山大学出版社1990年版。
③ （清）嘉庆《广西通志》卷二七八，（清）谢启昆修，胡虔纂嘉庆《广西通志》，（清）嘉庆六年（1801）刻本。
④ 直接道名呼请家先入席吃饭的形式叫"白话"请家先。
⑤ 中共金秀瑶族自治县委员会、金秀瑶族自治县人民政府编：《盘瑶》，德宏民族出版社2012年版，第101页。

道公，上一定年纪，经验丰富，熟悉传统，能说会道，热心公益事业，有一定威望，受群众推崇。[1] 这当中宗教起了重要作用，它在帮助瑶老个人获得社会成员的尊敬的同时，也赋予瑶老个人权力的合法性。[2] 瑶老正是凭借个人能力以及习俗信仰所赋予的教化权力而实行着对瑶族社会的控制与管理。

第四节　田野过程

　　1999 年夏天，我还是一名民族学专业本科生，跟随著名瑶族研究专家时任广西民族学院民族研究所所长的张有隽教授来到广西宁明县爱店镇堪爱村的琴么、丈鸡两个盘瑶村寨做毕业田野实习。在为期 28 天的毕业田野实习中，我对民族学专业产生了浓厚的兴趣。[3] 1999 年冬天，我又跟随张先生来到丈鸡屯蕉如香先生家观看度戒仪式。2000 年夏天，在张有隽先生的倡议下我前往广西金秀大瑶山三角乡做盘瑶传统医疗体系变迁调查。[4] 2000 年秋天，我考上广西民族学院民族学专业研究生，有幸师从张有隽先生攻读瑶族历史与文化方向的硕士，由此开始了瑶族历史与文化的学习和研究。2005 年秋天，我考上中山大学人类学专业博士生，有幸添列著名宗教学家刘昭瑞教授门墙，师从他学习宗教人类学理论与方法。刘先生长期浸润于宗教文化研究，对国内外宗教研究动态非常熟悉，为我提供了十分有益的指导。在先生的悉心指导下，我选择巫师权力作为研究主题。从 2001 年夏季至 2015 年春季持续 14 年的田野调查中，我们[5]考察的足迹遍及广西宁明、金秀、蒙山、永福、灵川、兴安、资源、龙胜、临

---

[1] 莫金山：《瑶族石牌制》，广西民族出版社 2000 年版，第 278 页。
[2] 合法性是指个人或组织运用某项权力时，获得其他社会成员及其权力所指向对象的认可。韦伯把合法性的来源分为三种情况：传统型权威、魅力型权威和法理型权威。参看迪尔克·克斯勒《马克斯·韦伯的生平、著作及影响》，郭锋译，法律出版社 2000 年版，第 193—202 页。
[3] 调查结果形成本科毕业论文《仪式与功能——一个瑶人社区婚姻仪式的透视》，参见罗树杰主编《走进民族学田野》，广西民族出版社 2003 年版，第 1—30 页。
[4] 罗宗志：《瑶族传统医疗体系变迁初探——金秀盘瑶的个案》，徐杰舜主编《人类学与当代中国社会》，黑龙江人民出版社 2002 年版，第 444—465 页。
[5] 本书行文中的"我们"，大部分场合下是指我与台湾陈玫妏博士以及我的硕士生潘用学、陈锦均、高耸耀、李树照、梁宏章，本科生盘丙英、刘志艳、杨芫慧、林荣秀、梁月凤、黄奕强、林宇乾等人。他们对完成本书起到了重要的作用，提供了部分照片、宗教文书以及一些田野分类资料。不过本书的组织、篇章结构、论点的提出乃至初稿至最后定稿均由我完成。

桂、恭城、昭平、田林、荔浦、贺州等县市的48个盘瑶村寨，总调查时间长达1年11个月零9天，收集了大量有关盘瑶社会的医药、巫术、经书、仪式与权力的第一手资料，为研究广西盘瑶巫师群体的权力提供了丰富的原始素材。具体田野过程如下。

2001年夏天，我有幸参加由张有隽先生组织的广西社科基金项目"变迁与调适——广西山地民族医疗卫生变迁中的问题与对策"课题组，同年8月再次前往金秀大瑶山三角乡做了8天的盘瑶传统医疗体系变迁补充调查。2002年在选取硕士论文考察点时，张先生建议我回到金秀大瑶山继续做硕士论文的调查研究，我选择忠良乡六雷屯作为主要的考察点做了为期121天的田野调查，写成硕士论文《生命经验底下的信仰疗法——广西一个盘瑶村落的巫医研究》[①]。2003年夏天，我陪同日本东京学艺大学吉野晃教授来到金秀大瑶山忠良乡十八家、甘子冲，长垌乡岭美屯做盘瑶宗教调查。这三次调查对我的后续研究有着非常重要的意义——它们为我以大瑶山为个案来研究盘瑶群体巫师权力奠定了基础。

2006年夏天，我在张有隽先生及台湾清华大学人类学研究所博士生陈玟奴女士的陪同下到桂北、桂中选取博士论文田野考察点。在当地政府的热情帮助下，我们得以在永福县永福镇、广福乡，灵川县青狮潭镇，兴安县华江瑶族乡，资源县河口瑶族乡，龙胜各族自治县平等乡，临桂县宛田瑶族乡，蒙山县夏宜瑶族乡等地开展广泛调查，全面了解桂北、桂中盘瑶巫师的生存样态。经过8天的摸底调查，以及听取刘昭瑞、张有隽两位先生的意见后，我最终选择金秀大瑶山忠良乡作为博士论文的重点调查区域。

2007年6—12月，我来到金秀大瑶山忠良乡开展博士论文的调查。为弥补金秀大瑶山盘瑶巫师资料的不足，我于2007年12月—2008年1月与吴宁华、黎永励两位女士及肖文朴先生来到贺州市贺街镇联东村盘王殿、黄洞瑶族乡三岐村一组参与观察还盘王愿仪式；2008年2月、7月、11月先后三次与刘昭瑞先生来到贺州市黄洞瑶族乡千金组做盘瑶师公个人生活史调查。

2009年6月，我以"大瑶山盘瑶巫师群体权力研究"为题获得博士

[①] 参见罗宗志《生命经验底下的信仰疗法——广西一个盘瑶村落的巫医研究》，周建新主编《寻山问野》，民族出版社2006年版，第9—94页。

学位。2009年7月—2012年7月，我先后5次带民族学专业本科生、硕士生21人次到金秀、宁明、昭平、贺州等地做关于盘瑶医药、巫师、巫术、仪式、经典、法器、神像画等方面的调查，让我对盘瑶巫师又多了一些资料积累和研究体会。[①] 2012年6月，我以盘瑶巫师群体权力为研究主题申报了教育部人文社会科学研究项目，2013年2月被批准为2012年度教育部人文社会科学研究规划基金项目，从而为我提供了全面调查广西盘瑶巫师群体权力的极好机会。

2012年9月，我与荷兰莱顿大学（Leiden University）博士生陈玫妏女士带陈锦均、田艳青两位硕士生到田林县利周瑶族乡伟好屯做盘古瑶师公个人生活史、宗教仪式以及宗教文书方面的调查。

2012年12月，我带潘用学、陈锦均、高崧耀、梁宏章4位硕士生到贺州市黄洞瑶族乡都江村小千金组做盘瑶还盘王愿仪式调查。

2013年7—11月，我带陈锦均、高崧耀、梁宏章、李树照4位硕士生到宁明、蒙山、金秀、昭平、恭城、荔浦、田林等县做关于度戒仪式、丧葬仪式、问仙仪式、隆童现象、婚姻家庭、巫师个人生活史以及宗教文书等方面的调查。

2014年2月，我带梁宏章、张可欣、程晖、何彩秋4位硕士生前往恭城瑶族自治县莲花镇黄泥岗村小黄泥组做度戒仪式调查。

2014年7—9月，在我的指导下，课题组成员梁宏章、张可欣、杨锦团前往恭城瑶族自治县莲花镇黄泥岗村、三江乡洗脚岭村、西岭乡村新合村，阳朔县福利镇龙尾村做仙娘、仪式与医药卫生调查。

2014年11月—2015年1月，在我的指导下，课题组成员梁宏章、张可欣、陈锦均前往恭城瑶族自治县莲花镇黄泥岗村、三江乡洗脚岭村，宁明县爱店镇丈鸡屯做仙娘、度戒仪式与医药卫生调查。

---

① 我曾发表过关于盘瑶巫师的调研报告。在本书撰写过程中，我部分参考了之前的田野调查报告，参见《信仰的无形之手——大瑶山盘瑶巫师群体权力研究》，中山大学博士学位论文，2009年；《瑶族度戒新视野：权力的视角——立足于金秀瑶族自治县忠良乡盘瑶的考察》，玉时阶主编《跨境瑶族研究——中越跨境瑶族经济与文化交流国际学术研讨会论文集》，民族出版社2011年版，第318—331页；《信仰治疗——广西盘瑶巫医研究》，中国社会科学出版社2012年版；《神圣与世俗——广西一个山地瑶族师公的信仰和生活》，《宗教学研究》2012年第1期，第212—217页；《广西大瑶山盘瑶巫师现状调查》，《云南民族大学民族学报》第十辑，2013年6月，第147—168页；《"七姑姐"别样人生——基于广西昭平县仙回瑶族乡茅坪村的考察》，《宗教学研究》2014年第4期，第160—164页。

2015年4月，在我的指导下，课题组成员梁宏章、张可欣前往恭城瑶族自治县莲花镇黄泥岗村、三江乡洗脚岭村做仙娘、度戒仪式与医药卫生调查。

表1-1　　　　　　　　　　田野调查时间顺序

序号	调查时间	调查地点	调查内容
1	2001.8.5—13	金秀县三角乡小冲屯、六眼屯、高村屯	传统医疗体系变迁
2	2002.7.13—11.14	金秀县忠良乡六卜屯、六雷屯、六桂尾屯、龙表屯、古盘屯	巫医、巫术、医药
3	2003.7.8—15	金秀县长峒乡岭美屯、六架屯	师公、宗教文书
4	2006.7.28—8.5	永福县永福镇下洞碑屯、广福乡白竹枝屯，灵川县青狮潭镇老寨屯，兴安县华江瑶族乡，资源县河口瑶族乡低冲坪屯	巫师存在状况
5	2007.6.19—12.1	金秀县忠良乡六雷屯、古盘屯、龙表屯、大德屯、小德屯、石洋屯、六努屯、六音屯、六门屯、柑子冲屯、能段屯、山界屯、十八家屯	巫师传承、生活方式、活动空间、社会地位、成巫之路、内部阶序、社会职掌、仪式展演
6	2007.12.30—2008.1.7	贺州市贺街镇联东村牛路冲组、黄洞瑶族乡三岐村一组	还盘王愿仪式
7	2008.2.9—23	贺州市黄洞瑶族乡千金组	师公个人生活史
8	2008.7.26—8.12	贺州市黄洞瑶族乡千金组	师公个人生活史
9	2008.11.13—19	贺州市黄洞瑶族乡千金组	师公个人生活史
10	2008.12.20—30	金秀县忠良乡德香村大德屯	度戒仪式
11	2009.7.21—8.11	金秀大瑶山忠良乡石洋屯	师公个人生活史、医疗
12	2010.7.28—8.20	昭平县仙回瑶族乡茅坪村林场口、甲对屯、古定屯、三炉屯、茅坪屯、小林香、小亮屯	女巫、神像画、医药
13	2011.7.16—8.5	昭平县仙回瑶族乡林场口、甲对屯、古定屯、三炉屯、茅坪屯、小林香、小亮屯、贺州市黄洞瑶族乡千金组、杨梅组	仙娘、医药、认契
14	2012.2.26—3.1	宁明县爱店镇琴么屯、丈鸡屯	经济生活、宗教信仰
15	2012.5.9—15	宁明县爱店镇琴么屯、丈鸡屯	婚姻家庭、仪式体系
16	2012.7.15—8.15	宁明县爱店镇琴么屯、丈鸡屯	宗教经济、认契习俗、服饰、婚姻、医疗

续表

序号	调查时间	调查地点	调查内容
17	2012.9.17—22	田林县凡昌村伟好屯	师公个人生活史
18	2012.10.15—30	贺州黄洞瑶族乡千金组	认契习俗
19	2012.11.26—12.7	宁明县爱店镇丈鸡屯	观看度戒仪式
20	2012.12.12—19	贺州黄洞瑶族乡都江村小千金组	还盘王愿仪式
21	2013.3.11—20	田林县利周瑶族乡伟好屯	师公个人生活史
22	2013.7.15—8.5	宁明县爱店镇琴么屯、丈鸡屯	度戒仪式、隆童现象
23	2013.7.15—17	蒙山县夏宜瑶族乡六海村	婚姻家庭
24	2013.7.17—19	金秀县忠良乡六卜村六卜屯	婚姻家庭
25	2013.7.19—25	昭平县仙回瑶族乡茅坪村古定屯	问仙仪式
26	2013.7.25—8.4	恭城县莲花镇油竹冲、三江乡洗脚岭村老屋屯	师公、仙娘个人生活史
27	2013.7.23—8.15	田林县利周瑶族乡凡昌村伟好屯	师公个人生活史
28	2013.8.4—7	荔浦县茶城乡清良村黄泥坝	宗教文书、丧葬仪式
29	2013.8.10	金秀县忠良乡六卜村六卜屯	仙婆
30	2013.10.20—11.11	荔浦县茶城乡清良村黄泥坝	宗教文书
31	2013.11.1—8	宁明县海渊镇华侨农场	度戒仪式
32	2013.12.22—30	恭城县莲花镇黄泥岗村油竹冲组、墨砚田组、龙围村月亮冲组，三江乡洗脚岭村老屋冲，安冲村安冲组	仙娘个人生活史、医疗体系变迁
33	2014.2.26—3.2	恭城县莲花镇黄泥岗村小黄泥组	度戒仪式
34	2014.7.26—9.2	恭城县莲花镇黄泥岗村、三江乡洗脚岭村，阳朔县福利镇龙尾村	仙娘、医药卫生
35	2014.11.30—12.14	恭城县莲花镇黄泥岗村、三江乡洗脚岭村、西岭乡新合村	仙娘、医药卫生
36	2014.12.27—2015.1.3	宁明县爱店镇丈鸡屯	度戒仪式
37	2015.4.5—15	恭城县莲花镇黄泥岗村、三江乡洗脚岭村	仙娘、医药卫生

三十七次的盘瑶山寨考察之旅，让我慢慢学会了盘瑶语言，可以和盘瑶人进行简单的对话，盘瑶人也逐渐熟识并接纳了我。我跟许多盘瑶村民

都比较熟悉，特别是同村寨中的重要代表人物，如巫师、医生、村干部、小学教师等。他们给了我许多热心的帮助，让我感受到盘瑶人的真诚、善良与美好。我利用参加他们的农业生产、入户访谈、一起赶圩、家庭便餐等机会亲身感受、体验和观察了盘瑶人的日常生活实践。在此基础上，访谈村寨中重要的仪式专家以及熟悉民族历史的老人，参加了他们极为丰富的仪式活动，并对仪式中的重要人物做了深度访谈。2015年4月，我完成了对盘瑶巫师群体的传承模式、生活方式、活动空间、社会地位、成巫之路、内部阶序、社会职掌、宗教文本等方面的调查，从而为我完成广西盘瑶巫师群体研究提供了非常丰富的田野调查资料。

表1-2　　　　　　　　　参与仪式一览

编号	仪式名称	举行时间	观看地点	仪式主持人
1	卜阴	2002.7.20	金秀县六雷屯冯文贵家	盘志富
2	赎魂	2002.7.20	金秀县六雷屯冯文贵家	盘志富
3	送白虎太岁	2002.7.21	金秀县六雷屯冯文贵家	盘志富
4	收犯	2002.7.21	金秀县六雷屯冯文贵家	盘志富
5	赶是非鬼	2002.7.21	金秀县六雷屯冯文贵家	盘志富
6	还花皇福	2002.7.21	金秀县六雷屯冯文贵家	盘志富
7	送半夜鬼	2002.7.21	金秀县六雷屯冯文贵家	盘志富
8	送花园太岁白虎	2002.7.22	金秀县六雷屯冯文贵家	盘志富
9	送怪	2002.7.27	蒙山县六雷冲赵文官家	黄金寿
10	收犯	2002.11.13	金秀县古盘屯赵有兴家	赵有兴
11	卜水卦	2006.7.28	永福县下洞碑屯赵如昌家	赵如昌
12	卜水卦	2007.7.25	金秀县古盘屯赵有兴家	赵有兴
13	卜阴	2007.10.15	金秀县六雷屯冯金明家	盘志富
14	送白虎太岁	2007.10.16	金秀县六雷屯冯金明家	盘志富
15	设灶鬼	2007.10.16	金秀县六雷屯冯金明家	盘志富
16	祭外祖公家先	2007.10.16	金秀县六雷屯冯金明家	盘志富
17	送花园太岁白虎	2007.10.17	金秀县六雷屯冯文县家	盘志富
18	送路边鬼	2007.10.17	金秀县六雷屯冯文县家	盘志富
19	送白虎、癫鬼	2007.10.17	金秀县六雷冯文县家门外	盘志富
20	送半夜鬼	2007.10.17	金秀县六雷屯冯文县家	盘志富

续表

编号	仪式名称	举行时间	观看地点	仪式主持人
21	架半路桥	2007.10.18	金秀县六雷屯寨子西头	盘志富
22	祭本祖家先	2007.10.18	金秀县六雷屯黄金富家	盘志富
23	送白虎太岁	2007.10.18	金秀县六雷屯黄金富家	盘志富
24	卜阴	2007.10.20	金秀县六努屯盘志富家	盘志富
25	卜阴	2007.10.20	金秀县六音屯庞成富家	盘志富
26	抢魂	2007.10.20	金秀县六音屯赵成添家	盘志富
27	送百岁太岁	2007.10.20	金秀县六音屯赵成添家	盘志富
28	丧葬	2007.10.21—24	金秀县六音屯庞成富家	赵成德 郑有禄 盘进元
29	卜阴	2007.10.26	金秀县山界屯郑成荣家	盘志富
30	起灶	2007.10.27	金秀县山界屯郑成荣家	盘志富
31	设鸡鹅栏	2007.10.27	金秀县山界屯郑成荣家	盘志富
32	抢魂	2007.10.27	金秀县山界屯郑成荣家	盘志富
33	卜阴	2007.10.28	金秀县山界屯黄进兴家	盘志富
34	送流连鬼	2007.10.28	金秀县山界屯黄进兴家	盘志富
35	还盘王愿	2007.12.31—2008.1.2	贺州市牛路冲盘王殿	黄锦秀 邵顺财 邵顺锦 冯成财
36	还盘王愿	2008.1.4—7	贺州市三岐一组盘宗明	赵有福 赵文甫 李进保 赵贵府
37	还担保愿	2008.2.21	贺州市都江村盘古庙	赵有福
38	招禾	2008.2.22	贺州市龙湾组李进府家	赵贵府
39	满七	2008.7.29	贺州市元炉组冯丙旺家	赵有福 李进保
40	度戒	2008.12.22—24	金秀县小德屯黄通贵家	庞有福 庞有坤 黄金胜 黄金富 赵德福 李文坤 黄金宝 黄通富
41	赎魂	2009.7.30	蒙山县能有李姓人家家里	庞有福
42	赎魂	2009.8.8	金秀县石洋屯庞有福家	庞有福
43	还花桥	2010.8.2	昭平县小亮屯盘有干家	盘成府
44	过火炼	2010.8.11—14	蒙山县桂皮二组黄通法家	盘成府 李贵旺 张建新

续表

编号	仪式名称	举行时间	观看地点	仪式主持人
45	问仙	2010.8.9	昭平县古定组黄秀珍家	黄秀珍
46	架桥	2011.7.17	昭平县古定组	黄元汉 李文官　李文县
47	丧葬	2011.7.17—18	昭平县三六灶组李贵旺家	盘成府 黄元汉　张建新
48	丧葬	2011.7.19—20	昭平县三六灶组	李贵旺　盘成府
49	驱鬼	2011.7.21	昭平县古定组黄元汉家	黄元汉
50	丧葬	2011.7.22—24	昭平县三六灶组	黄元汉 李文县　李文官
51	供太公	2011.8.13	昭平县小林香组盘成府家	盘成府
52	问仙	2011.7.15	昭平县古定组	黄秀珍
53	度戒	2011.12.11—14	昭平县小林香组	盘成府 李金寿　李贵旺 邓有银　李金万 李有才　赵有贵
54	还花	2011.7.18	贺州市黄洞村磨刀组赵君浩家	赵有福
55	认契	2011.7.22	贺州市园林组盘香清家	赵有福
56	丧葬	2011.7.23—24	贺州市都江村杨梅组冯苟妹家	赵有福 李进保　赵文甫
57	还花	2011.7.24	贺州市黄洞村千金组赵明坤家	赵有福
58	架桥	2011.7.29	贺州市黄洞村千金组赵贵府家	李进保
59	问仙	2011.8.4	贺州市杨梅组冯少英家	冯少英
60	打斋	2012.7.12—14	贺州园林组盘德清家	赵有福 李进保　赵文甫
61	解契	2012.7.13	贺州园林组盘德清家	赵文甫
62	满七	2012.8.14	贺州园林组盘德清家	赵有福 李进保　赵文甫
63	占卜	2012.2.29	宁明县丈鸡屯蕉生旺家	蕉生旺
64	送鬼仪式	2012.7.20	宁明县琴么屯赵德情家	赵德贵
65	解关煞	2012.7.22	宁明县丈鸡屯蕉生旺家	蕉生旺
66	卜卦	2012.7.25	宁明县丈鸡屯蕉生旺家	蕉生旺

续表

编号	仪式名称	举行时间	观看地点	仪式主持人
67	解七十二关煞	2012.7.29	宁明县仗鸡屯蕉生朝家	蕉如香 蕉生旺
68	送怪	2012.8.5	宁明县琴么屯赵德情家	蕉生旺 赵德田
69	度戒	2012.11.27—30	宁明县仗鸡屯赵有贵家	赵有兴 邓灯珠 赵有财 赵德田
70	卜阴	2012.9.18	田林县伟好屯李德才家	李德才
71	送白虎 开财路	2012.9.20	田林县伟好屯李德才家	李德才
72	求花	2012.9.20	田林县伟好屯李德才家	李德才
73	还盘王愿	2012.12.12—19	贺州市小千金组赵福强家	赵有福 赵文甫 李进保 赵贵府
74	解三十六关煞	2013.7.10	宁明县仗鸡屯蕉生进家	蕉如香 蕉生旺
75	供太公	2013.7.20	宁明县仗鸡屯蕉生旺家	蕉如香 赵德定
76	送关煞（将军箭）	2013.7.22	金秀县六卜屯盘志先家	盘志先
77	问仙	2013.7.23	昭平县古定组黄秀珍家	黄秀珍
78	和婚	2013.7.26	田林县伟好屯李德才家	李德才
79	赶鬼	2013.8.10	田林县伟好屯李德才家	李德才
80	送白虎	2013.8.5	田林县伟好屯李德才家	李德才
81	寻人	2013.7.24	田林县伟好屯李德才家	李德才
82	看衣裳	2013.7.29	恭城县油竹冲仙娘家	李贵英
83	送鬼	2013.8.2	恭城县洗脚岭赵成刚家	冯玉财
84	丧葬	2013.8.4—6	荔浦县茶城乡黄泥坝	冯金亮
85	过寄	2013.10.28	荔浦县茶城乡黄泥坝李承志家	冯金亮
86	度戒	2013.11.1—5	宁明县华侨农场赵德龙家	邓灯进 赵有兴 邓云德 蕉如香 赵德富 赵德胜
87	看衣裳	2013.12.24	恭城县莲花镇油竹冲李桂英家	李桂英
88	合婚	2013.12.27	恭城县莲花镇黄泥岗村墨砚田	赵益兴
89	起水	2013.12.28	恭城县三江乡安冲村大界厄组周树明家	冯玉财
90	还花愿	2013.12.28	恭城县莲花镇凤凰殿	冯菊英

续表

编号	仪式名称	举行时间	观看地点	仪式主持人
91	度戒	2014.2.26—3.2	恭城县黄泥岗村小黄泥组	赵益兴 冯玉财 何永福 黄通旺
92	埋花根	2014.7.31	恭城县三江乡洗脚岭村里子冲冯新院家	李桂英
93	看衣裳	2014.8.1	恭城县莲花镇凤凰殿	李桂英
94	会期奉神	2014.8.2	恭城县莲花镇凤凰殿	李桂英
95	摸手	2014.8.7	恭城县三江乡老屋冲冯玉财家	冯玉财
96	奉神	2014.8.8	恭城县莲花镇银殿山地母殿	冯玉财 冯英菊
97	吹水	2014.8.8	恭城县莲花镇椅山头李元万家	冯玉财
98	起水	2014.8.9	恭城县莲花镇黄泥岗村牛路冲李福秀家	冯玉财
99	供太公	2014.8.9	恭城县三江乡老屋冲冯玉财家	冯玉财
100	看衣裳	2014.8.17	阳溯县福利镇龙尾村邓华英家	邓华英
101	丧葬	2014.12.1—3	恭城县莲花镇龙围村上龙围组王老秀死者家	黄通旺
102	安神	2014.12.10	恭城县莲花镇盘王庙	赵益兴
103	度戒仪式	2014.12.27—2015.1.3	宁明县爱店镇丈鸡屯	赵有兴 邓灯珠 赵德财
104	看衣裳	2015.4.7	恭城县莲花镇月亮冲黄秀英家	黄秀英
105	看衣裳	2015.4.7	恭城县莲花镇月亮冲黄秀英家	黄秀英
106	看衣裳	2015.4.7	恭城县莲花镇月亮冲黄秀英家	黄秀英

第五节　研究方法

　　本书的重点调查区域是金秀瑶族自治县忠良瑶族乡，恭城瑶族自治县莲花镇、三江乡，贺州市贺街镇、黄洞瑶族乡，昭平县仙回瑶族乡，田林县利周瑶族乡，宁明县爱店镇、海渊镇，荔浦县茶城乡，主要运用人类学的田野调查方法，辅之以文献资料收集。人类学强调研究者必须深入田野中去搜集第一手资料，要求研究者观察当地人的日常生活，学习他们的语言，参加他们的劳动，走访他们的家庭，了解他们的思考方式，最后运用人类学的理论与方法写出反映当地人社会生活的民族志。本书主要采用直接观察、参与观察、深度访谈等田野研究方法。

直接观察是研究者亲临田野现场进行观察。民族志是"建立在田野工作中第一手观察和参与之上的关于文化和习俗的撰写，或者通常说是关于文化的描述"，以此来理解和解释社会，并提出理论见解。[①] 作为民族志工作者必须关注当地人的日常生活、季节性活动或年度性活动等与生产生活有关的事项，观察不同场合下人们的个体或集体行为。进入田野调查点之后，我们除了如实记录下所见所闻做好田野笔记外，每天还坚持写田野日记，将我们对盘瑶文化的感受详细地记录下来。

参与观察是指研究者长期居住在田野调查点，观察当地人在一年内因季节而异的生产活动、生活习俗、宗教仪式和节庆事件，学习当地人的语言，像当地社会成员一样生活，深入当地人的生活之中，真正了解他们的社会与文化。[②] 从走进田野调查现场起，我的参与观察就开始了。对民族志工作者而言，在进行深度访谈前，要先使自己为研究对象所接受，他才可以开始根据早期的观察进行提问。[③] 走进村寨的头两周里，我没有任何刻意的访谈，而是在寨子里转悠。当我在村寨中漫步时，我能看到喂猪、洗衣、做饭、进餐等家庭生活的细节；我能看到村民一天的劳作安排，看到他们去干农活，或者忙于刺绣、编竹。我尽可能频繁地记录着每天的观察与交谈。村民们也慢慢地开始习惯我每天的出现，对我的照相机、手提电脑不再感到新奇，不再因我的出现而好奇或警惕。他们见到我时都会向我打招呼，然后继续他们每天的劳作。后来，无论发生什么事，都无法逃脱我的注意。村寨内的争吵、疾病、治疗、死亡、仪式等事情，我都不必刻意追寻，因为它们就发生在我的眼皮底下。我感觉到自己至少部分地融入了盘瑶群体之中。

深度访谈法是研究者通过直接与调查对象进行对话式访问来收集资料的一种研究方法。两星期的参与观察之后，我开始了深度访谈。受访者主要是那些比较有声望的巫师。我所有的访谈基本上按三阶段法进行。第一次访谈是与受访者建立友好的关系，消除他们的疑虑。我尽可能用当地勉语同受访者寒暄几句，接着几支香烟递来递去，撩起一份友善的气氛，然

[①] 庄孔韶主编：《人类学概论》，中国人民大学出版社2006年版，第381页。
[②] 周大鸣主编：《文化人类学概论》，中山大学出版社2009年版，第49页。
[③] 柯克·约翰逊：《电视与乡村社会变迁——对印度两村庄的民族志调查》，展明辉、张金玺译，中国人民大学出版社2005年版，第56—57页。

后再试着开始我的访谈。访谈先从一些不大可能引起疑心的话题起头，然后再将话题引向巫术领域。第二次访谈因为彼此之间已比较熟悉，所以要讨论一些更深层的问题。第三次访谈回顾访谈已获得的资料，向受访者反复核实访谈资料的准确性。我原来计划在访谈过程中，当场记录下所有的访谈内容。但我很快意识到，当我把笔记本掏出来时，会影响受访者的言行举止。他们因害怕记录下的内容以后会给他们带来麻烦，所以经常变得紧张起来，对我说"这个没有什么好记的"。因此，我只能现场记录与某些受访者的交谈内容。对于没有现场记录的访谈，我都会在访谈过后凭着记忆做好记录。每天晚上，我会留几小时对访谈记录进行分析、组织与分类。

  日常生活中的密切交往，使我逐渐获得盘瑶巫师们的信任，他们热情地与我分享各种地方性知识。调查期间，为了可以更接近考察对象，更频繁地参与观察仪式，我主要的食宿都是在巫师家里。由于巫术为专属性知识，普通民众并不熟知，故访谈的对象以巫师、巫师的家人及仪式接受者为主。考察期间我走访了82位巫师，他们绝大多数都是50岁以上的老年人，最年长者有82岁。文中所呈现的巫术、仪式知识，大部分是金秀瑶族自治县忠良乡六卜村六雷屯赵文县、赵文富，六卜村六卜屯盘志先，六干村六桂尾屯黄金寿和龙表屯赵成寿、庞有坤、赵有先，双合村石洋屯庞有福、庞福银、李文坤，德香村古盘屯赵有兴、兰厂屯黄金宝，车田村六努屯盘进官、盘进元、盘志富、盘志贵，林秀村六音屯庞成富、六门屯赵成德，忠山村新村屯郑有禄，金秀镇共和村十八屯黄金胜、赵德福；昭平县仙回瑶族乡茅坪村林杨口组赵成县，甲对组李文县、李文官，小林香组盘成府、黄元金，茅坪组盘成庆、赵财明、盘成昌、陈秀英，古定组黄元汉、黄秀珍，三六灶组李贵旺、张建兴；宁明县爱店镇堪爱村琴屯么赵德贵，丈鸡屯蕉如香、蕉生旺、赵德定、赵德田、赵有情、蕉生进；贺州市八步区黄洞瑶族乡黄洞村千金组赵有福、赵贵府，三岐村九组赵文甫，都江村元炉组李进保和杨梅组赵文甫、冯少英，贺街镇双树组邵顺财，联东村牛路冲组黄锦秀、大岭组邵顺锦；永福县永福镇银洞村下洞碑屯赵如昌，广福乡广福村百竹枝屯黄元定、李进龙；灵川县青狮潭镇东源村老寨屯赵启凤；资源县河口瑶族乡冲坪村低冲坪屯肖元清；荔浦县新坪镇黄竹屯邓有银、李金寿、李金万、赵有贵，茶城乡清良村黄泥坝屯冯金亮；田林县利周瑶族乡凡昌村伟好屯李德才；恭城瑶族自治县莲花镇油竹冲李进正、李贵英，三江乡洗脚岭村老屋屯冯玉财；阳溯县福利镇龙尾村邓英华等盘瑶仪式专家与我共同合作的结果。

第六节 资料使用

本书所使用的资料主要是文献资料与田野调查资料，两者分别来源于文献检索和田野调查。

一 文献资料

文献资料主要包括相关研究文献、地方史志资料、地方统计资料、民间文献资料、田野调查资料以及图表数据。

（一）相关研究文献

相关研究文献主要指与巫师、巫术、瑶族研究相关的已经正式出版的学术专著、调查报告、研究论文、报刊文章。

（二）地方史志资料

地方史志资料主要来源于中山大学图书馆、广西区图书馆、广西民族大学图书馆、广西瑶学学会资料室等地。具体包括清代以来修订的府志、县志以及1949年后出版的文史资料，如《广西通志·民俗志》《金秀瑶族自治县志》《金秀瑶族自治县概况》《金秀文史资料》《金秀大瑶山瑶族史》《盘瑶》《荔浦瑶族史》《还盘王愿》《昭平县富逻乡志》《昭平县民情风俗》《西宁县志》等。

（三）地方统计资料

地方统计资料主要由调查所在地民族局、县志办、档案局、文化局、乡（镇）政府、村民委等单位提供的涉及人口、经济、土地以及特色民俗活动等内容。

（四）民间文献资料

民间文献资料通常包括传单、账册、笔记、日记、歌谣、碑刻、契据、合同、单据、文稿、私人藏书，以及其他民间秘籍等。本书所涉及的盘瑶民间文献主要有文书、碑文、契据、合同四类。

1. 文书

文书收集了500余部，包括打醮、修斋、挂灯、还愿、送鬼、架桥、开光、祭祖、表奏、法术、占卜11大类，内容涉及建屋、择日、生产、狩猎、婚丧、疾病、生育、占卜等诸多领域。书中引用的文书主要有《送神百合》《解神意书》《造挂三台七星灯》《度师书乙本》《大经书全本》《盘王一本》《法术书》《疏表书》《下禁书》《还愿书一本》《请神书》《盘皇头夜书科一本》《送下桃源用》《送亡法书一本》《法术书》《画符书》《合婚法书》《疏表书》《杂粮书》《雪山水法用》《白话法九水收晒收犯书全本》《弘农堂杨光钊志》等。

2. 碑文

碑文刻于石碑上或抄写于纸上。书中所用碑文有的源于前人所收集，如《庚广村石牌》《滕构石牌》《六段、三片、六定三村石牌》；有的为我在考察期间所收集，如《大共石牌》《龙表石牌》。一些碑文的识文断句，参考了当地人提供的地方资料和官方出版物，无法辨认的在文中统一用"□"符号标注，不能确定的用"?"符号以示存疑，而"△"则表示"某某"之意。

3. 契据

契据主要有借据、租契、过房寄疏、度戒疏表等。

4. 合同

合同主要是婚姻合同，考察期间收集到11份婚姻合同书。

二 田野资料

田野调查资料包括参与观察记录及访谈口述资料两类。参与观察记录及访谈口述资料全部源于我们2001年8月—2015年4月共37次的田野调查访谈与记录。调查期间，我们认真观察当地人们的日常生活，学习他们的语言，参与了106场仪式。此外，还就巫师群体、信仰习俗、社会组织、地方政治等具体问题，对当地的巫师及民众进行了深度访谈。访谈过的巫师有82人，包括师公56人，设鬼人13人，打卦人5人，七姑姐3人，仙娘5人；访谈过的民众约200人，包括医生、干部、农户、个体经营者及在校学生。出于行文的需要，我在文本的叙述上对口述资料进行了整理，部分地方略有删节，但基本上保留了访谈对象的原意，而书中所用的观察记录源于我的田野考察笔记。

表 1-3　　　　　　　　受访盘瑶巫师一览

编号	姓名	年龄	神职	家庭住址	访谈时间
1	赵文县	74	打卦人	金秀县忠良乡六卜村六雷屯	2002 年
2	赵文富	82	设鬼人	金秀县忠良乡六卜村六雷屯	2002 年
3	盘志先	74	设鬼人	金秀县忠良乡六卜村六卜屯	2002 年
4	赵有兴	56	师公	金秀县忠良乡德香村古盘屯	2002 年
5	冯文县	61	打卦人	金秀县忠良乡六卜村六雷屯	2002 年
6	郑有禄	67	师公	金秀县忠良乡忠山村新村屯	2002 年
7	庞成富	66	师公	金秀县忠良乡林秀村六音屯	2007 年
8	赵成德	62	师公	金秀县忠良乡林秀村六门屯	2007 年
9	盘进官	84	师公	金秀县忠良乡车田村六努屯	2007 年
10	盘进元	66	师公	金秀县忠良乡车田六努屯	2007 年
11	盘志富	59	设鬼人	金秀县忠良乡车田六努屯	2002 年
12	盘志贵	56	设鬼人	金秀县忠良乡车田六努屯	2007 年
13	庞有福	65	师公	金秀县忠良乡双合村石阳屯	2009 年
14	李文坤	58	师公	金秀县忠良乡双合村石阳屯	2009 年
15	庞福银	48	师公	金秀县忠良乡双合村石阳屯	2009 年
16	庞有县	42	设鬼人	金秀县忠良乡双合村石阳屯	2009 年
17	郑如金	64	设鬼人	金秀县忠良乡三合村山界屯	2007 年
18	赵文宝	57	师公	金秀县忠良乡三合村柑子冲	2007 年
19	赵成寿	79	师公	金秀县忠良乡六干村龙表屯	2002 年
20	赵有先	57	师公	金秀县忠良乡六干村龙表屯	2002 年
21	庞有坤	64	师公	金秀县忠良乡六干村龙表屯	2002 年
22	黄金寿	72	师公	金秀县忠良乡六干村六桂尾	2002 年
23	黄金胜	60	师公	金秀县金秀镇共和村十八屯	2008 年
24	赵德福	56	师公	金秀县金秀镇共和村十八屯	2008 年
25	黄金宝	65	师公	金秀县忠良乡德香村兰厂屯	2008 年
26	赵成县	47	设鬼人	昭平县仙回瑶族乡林场口	2010 年
27	李文县	69	师公	昭平县仙回瑶族乡甲对组	2010 年
28	李文官	67	师公	昭平县仙回瑶族乡甲对组	2010 年
29	盘成府	66	师公	昭平县仙回瑶族乡小林香组	2010 年
30	黄元金	74	打卦人	昭平县仙回瑶族乡小林香组	2010 年

续表

编号	姓名	年龄	神职	家庭住址	访谈时间
31	盘成庆	64	师公	昭平县仙回瑶族乡茅坪组	2010年
32	赵财明	45	设鬼人	昭平县仙回瑶族乡茅坪组	2011年
33	盘成昌	66	七姑姐	昭平县仙回瑶族乡茅坪组	2011年
34	陈秀英	70	七姑姐	昭平县仙回瑶族乡茅坪组	2010年
35	黄秀珍	64	七姑姐	昭平县仙回瑶族乡古定组	2010年
36	黄元汉	75	师公	昭平县仙回瑶族乡古定组	2010年
37	李贵旺	57	师公	昭平县仙回瑶族乡三炉灶组	2010年
38	张建兴	74	师公	昭平县仙回瑶族乡三炉灶组	2010年
39	赵德贵	72	师公	宁明县爱店镇堪爱村琴么屯	2012年
40	蕉如香	73	设鬼人	宁明县爱店镇堪爱村丈鸡屯	2012年
41	蕉生旺	52	设鬼人	宁明县爱店镇堪爱村丈鸡屯	1999年
42	赵德定	72	说鬼人	宁明县爱店镇堪爱村丈鸡屯	2012年
43	赵德田	62	师公	宁明县爱店镇堪爱村丈鸡屯	2012年
44	赵有情	53	打卦人	宁明县爱店镇堪爱村丈鸡屯	2012年
45	蕉生进	41	打卦人	宁明县爱店镇堪爱村丈鸡屯	2012年
46	蕉如香	65	师公	宁明县海渊镇华侨农场	2012年
47	赵德富	70	师公	宁明县海渊镇华侨农场	2012年
48	赵有程	44	设鬼人	宁明县爱店镇堪爱村丈鸡屯	2012年
49	邓灯珠	78	师公	越南谅山省禄平县爱国社	2012年
50	邓灯进	45	师公	越南谅山省禄平县爱国社	2012年
51	赵有兴	62	师公	越南谅山省禄平县爱国社	2012年
52	邓云德	56	师公	越南谅山省禄平县爱国社	2012年
53	赵有福	62	师公	贺州市黄洞瑶族乡千金组	2008年
54	赵贵府	39	师公	贺州市黄洞瑶族乡千金组	2008年
55	赵文甫	48	师公	贺州市黄洞瑶族乡三岐九组	2008年
56	李进保	55	师公	贺州市黄洞瑶族乡元炉组	2008年
57	赵文甫	48	师公	贺州市黄洞瑶族乡杨梅组	2008年
58	冯少英	76	仙娘	贺州市黄洞瑶族乡杨梅组	2011年
59	黄锦秀	78	师公	贺州市贺街镇牛路冲组	2007年
60	邵顺财	54	师公	贺州市贺街镇双树组	2007年
61	邵顺锦	39	师公	贺州市贺街镇大岭组	2007年

续表

编号	姓名	年龄	神职	家庭住址	访谈时间
62	赵有安	52	设鬼人	贺州市贺街镇牛路冲组	2007 年
63	赵如昌	71	师公	永福县永福镇下洞碑屯	2006 年
64	黄元定	85	师公	永福县广福乡百竹支屯	2006 年
65	李进龙	60	师公	永福县广福乡百竹支屯	2006 年
66	赵启凤	66	师公	灵川县青狮潭镇老寨屯	2006 年
67	肖元清	70	师公	资源县河口瑶族乡低冲坪屯	2006 年
68	邓有银	65	师公	荔浦县新坪镇黄竹屯	2011 年
69	李金寿	68	师公	荔浦县新坪镇黄竹屯	2011 年
70	李金万	52	师公	荔浦县新坪镇黄竹屯	2011 年
71	赵有贵	37	师公	荔浦县新坪镇黄竹屯	2011 年
72	冯金亮	60	师公	荔浦县茶城乡黄泥坝	2013 年
73	李进正	77	师公	恭城县莲花镇油竹冲	2013 年
74	李桂英	73	仙娘	恭城县莲花镇油竹冲	2013 年
75	冯玉财	44	师公	恭城县三江乡老屋冲	2013 年
76	冯英菊	77	仙娘	恭城县三江乡安冲村小安冲组	2013 年
77	李德才	65	师公	田林县利周瑶族乡伟好屯	2013 年
78	赵益兴	49	师公	恭城县三江乡洗脚岭村龙河冲	2014 年
79	何永福	49	师公	恭城县莲花镇黄泥岗村墨砚田	2014 年
80	黄通旺	72	师公	恭城县三江乡洗脚岭村车头厄	2014 年
81	黄秀英	71	仙娘	恭城县莲花镇龙围村月亮冲	2014 年
82	邓华英	68	仙娘	阳朔县福利镇龙尾村	2014 年

三 图表资料

全书配置了大量图表资料，绝大部分为我们在田野现场拍照的照片、绘制的图形和获得的数据，而那些借鉴而来的相片、图形、数据，在书中全都注明了出处。相信这些照片、图形、表格有助于读者更加贴近对广西盘瑶社会与文化的认识和了解。

第二章 盘瑶的田野图景

盘瑶巫师权力的形成、运作和维持与其所处的社会及其文化行为相互依存、相互作用，只有将盘瑶巫师权力置于社会的政治、经济与文化背景之中，通过人类学的田野调查和民族志描述，从更为宽广的社会文化情境中来审视，才能得到较为客观的理解。本章提供基本的背景，就广西盘瑶的生态环境、族群历史、医药卫生、宗教信仰、权力结构等方面进行民族志描述，以提供一幅比较完整的盘瑶图景，在更为广阔的社会政治和经济文化背景中更好地理解盘瑶巫师的权力问题。

第一节 自然环境

自然环境中的各种生物，都是在错综复杂的物质代谢的循环系统中相互关联地生存着。[1] 如同其他生物那样，人类也是他所生存的生态系统的一部分[2]。人类和自然，通过人的活动连在一起。通过人类活动，自然和思考之间存在动态的相互作用关系。自然环境与人类文化紧密联系。"任何一个民族的传统文化，都在对生存于其中的自然生态环境的适应和改造过程中创造和形成的。"[3] 诚如黑格尔所言，要了解一个阿拉伯人"就要了解他的天空，他的星辰，他的酷热的沙漠，他的帐幕以及他的骆驼和马"[4]。要了解瑶族也是如此。瑶族是一个世代"背负大山、

---

[1] 秋道智弥、市川光雄、大塚柳太郎：《生态人类学》，范广融、尹绍亭译，云南大学出版社2006年版，第27页。
[2] Darling, F. F. and R. F. Dasmann, "The Ecosystem View of Human Society", *The Ecology of Man: An Ecosystem Approach*, edited by R. L. Smith, New York: Harper & Row, 1972, p.40.
[3] 麻国庆：《走进他者的世界》，学苑出版社2001年版，第177页。
[4] 黑格尔：《美学》（第一卷），朱光潜译，商务印书馆1997年版，第325页。

艰难地寻找自己脚印"①的民族，大山已深深地嵌入他们的脊骨。然而，在浓厚地保持民族传统的背景下，远徙边远山区的盘族又灵活地与邻近城市及平地其他民族之间保持着互通有无的共生关系。这样，在自然环境、社会条件及小支群体内部环境的交织中，他们构造了自我别他的"瑶族生活世界"。

广西地处云贵高原东南边缘，地势由西北向东南倾斜。四周山地围绕，呈盆地状。盆地边缘多缺口，桂东北、桂东、桂南沿江一带有大片谷地。分中山、低山、丘陵、台地、平原、石山六类。境内石灰岩地层分布广，岩层厚，质地纯，褶纹断裂发育，加上高温多雨的气候条件，形成典型的岩溶地貌。桂北有凤凰山、九万大山、八十里大南山和天平山；桂东北有猫儿山、越城岭、海洋山、都庞岭和萌渚岭；桂东南有云开大山；桂南有大容山、六万大山和十万大山；桂西多为岩溶山地；桂西北为云贵高原边缘山地，有金钟山、岑王老山等。②

瑶族是中国南方的山地民族。瑶族的生活与大山分不开，瑶族是山的民族，是山的子孙。③ 中国瑶族的地理分布，东起广东乳源五岭山脉，西至云南勐腊、金平哀牢山，北起湖南永州九嶷山和辰溪山区，南达云南河口大围山和广西防城港市十万大山的广大山区，都是瑶族辗转活动的地带。④ 越城岭、萌渚岭、骑田岭、都庞岭、大庾岭、十万大山、都阳山、雪峰山、罗霄山、六韶山和哀牢山等山脉，山峦起伏，千溪万涧，纵横交错，山地与坡地相连，这一山岳丘陵地带正是瑶族的主要居住圈。在华南和东南亚，广西是瑶族的最大分布地。广西瑶族多居住在桂东北、桂北、桂西北、桂西、桂中、桂南的山区，著名的山峦有南岭、元宝山、凤凰山、九万大山、十万大山、都阳山等。广西瑶区溪河密布，主要河流有红水河、柳江、黔江、郁江、浔江、西江、左江、右江、漓江、桂江等。气候属亚热带季风气候区，气候温暖，光照充足。广西瑶族地域内，由于山脉走向平行于海岸线，季风带来充沛雨量促使山林茂盛，形成了林产资源地带。

地形、气候、水文、交通条件等都是影响人口分布的自然因素。一般

---

① 蓝怀昌、李荣贞：《瑶族歌堂诗述论》，广西人民出版社1988年版，第1页。
② 星球地图出版社编：《广西壮族自治区地图册》，星球地图出版社2012年版，第5页。
③ 蒲朝军、过竹主编：《中国瑶族风土志》，北京大学出版社1992年版，第12—13页。
④ 奉恒高主编：《瑶族通史》（上册），民族出版社2008年版，第2页。

而言，地势平坦、气候温和、土地肥沃、交通便利的地区，人口密度就大，而地势崎岖、气候恶劣、土地贫瘠、交通闭塞的地区，人口密度就小。广西境内住着壮、汉、瑶等12个世居民族，其人口分布也基本遵循以上规律。但在具体民族分布地域上，因受历史上政治因素的影响，又存在很大差别。汉族多居住在山区边缘沿河沿公路的平坝地区，少数民族多居住在山谷和山腰上。瑶族大部分居住在海拔1000米左右的高山林区，部分居住在大石山区，少部分与汉族杂居在山坡边缘的丘陵或河谷地带。广西现有的瑶族分布结构与历史上的政治因素有着千丝万缕的联系。明代以前，在南岭山脉一带聚居着众多的瑶族，[①] 由于无法忍受封建统治者的歧视与压迫，他们同封建统治势力展开了激烈的斗争。最后一次大规模的武装斗争是发生于明代广西大瑶山附近的大藤峡，当时明朝统治者发动了十几万军队，在一百多年时间里先后三次对瑶民进行大屠杀。幸存下来的瑶族被迫迁徙外逃，有的则溃散、流窜到不同的山区以求自保。为围困逃进山区的瑶族，封建统治者沿大山周围的路口、城镇设置各种机构，对瑶山进行封锁，严禁食盐、大米、布匹、铁器等物品输入瑶山。瑶民则凭借山高、坡陡、谷深的复杂地形进行自卫。山区封闭的自然环境，给瑶人族提供安全保障的同时，也造成山内与外界的长期隔绝，对瑶族社会产生了重要而深远的影响。

广西瑶山境内，山套着山，山叠着山，山挤着山，往往一山之隔，上下则数十里，虽有山路可通往来，但绝大多数是蜿蜒曲折的羊肠小道，回旋于冥岩奥谷之中，形成瑶族与山外其他民族交流的天然屏障，将山内与山外隔绝起来。由于自然环境的封闭，瑶族很难与山外其他民族发生往来，这使他们在相对较小的范围内仍延续着自己较为古朴的生产生活方式。也正是这种自然生态的隔离，使瑶族的一些文化传统（如巫术、神话、语言、服饰）得以保存和保留。

第二节　族群历史

瑶族民间盛行盘王与千家峒传说。恭城瑶族自治县三江乡洗脚岭村竹根冲组过山瑶家中所保存的《唱盘王》记载了盘王与十二姓瑶人的故事。

[①] 费孝通：《盘村瑶族》，民族出版社1983年版，"序"，第6—7页。

歌词如下：

笔头落纸字算真，且唱盘王讲出身。
当由娘娘耳朵起，高辛娘娘耳朵痛。
千般草药都用尽，三年生出是条虫。
盘子装虫把它养，长大变成我盘王。
番邦造反二三春，杀了好多好汉身。
王帝无奈出皇榜，杀了番王女招亲。
高辛皇帝发谕时，四门挂榜尽出示。
谁人取得番王头，第三闺女结为亲。
盘王听得更近前，揭下皇榜藏在身。
直取番邦番王殿，服侍番王二三年。
盘王随王心欢喜，三餐酒食笑眯眯。
番王酒醉睡龙榻，文舞百官无预知。
咬死番王游过河，皇帝殿前个个惊。
六天公主变来看，美男一个发青青。
公证盘王相进殿，皇帝一见好欢心。
高官金银他不要，住进青山建南京。
盘王先生六个仔，又生六女来伴亲。
郎娶媳来女招郎，盘王自此十二姓。
盘沈鲍黄李邓周，赵胡唐雷冯流传。
盘王老来去打猎，山羊撞下石岩边。
七日七夜妹不见，寻着挂在树叉尖。
子孙无爷泪连连，砍下桐木做古身。
又剥山羊皮蒙鼓，年年敲打报仇恩。①

歌词的大致意思是：高辛娘娘耳朵痛，用尽草药都治不好。三年之后，耳朵里竟然生出一条虫，于是用盘子把虫子装起来养，虫子长大后变成了盘王。后来番邦造反，杀死了许多好汉。皇帝无奈张贴皇榜，谁

---

① 张晶晶：《社会群体与信仰习俗——恭城东部瑶民的人类学研究》，中山大学博士学位论文，2014年，第34—35页。

若能取得番王人头，便将三公主嫁给他。盘王知道后立即揭榜起行。他委身服侍番王几年，终于取得了他的信任，后趁番王醉酒熟睡时咬死他，游过河返回皇帝殿前。皇帝如约赐三公主与之为妻，后生六男六女定居南京。六男六女娶妻招郎繁衍，生成盘、沈、包、黄、李、邓、周、赵、胡、冯、雷、唐十二姓瑶人。盘王老的时候上山打猎，被山羊撞到了石岩边，挂在桐树上七天七夜。当子孙找到他时，他已经断气了。于是子孙将桐树砍下做鼓身，剥山羊皮做鼓面，制成了长鼓，每年击鼓以作怀念。

目前全世界有瑶族350万人。其中，分布在中国境内的瑶族有280万人，迁居国外的瑶族约70万人。实际上，瑶族是由来源不同的几部分人组成的民族共同体。按语言和习俗信仰，瑶族内部可划分为盘瑶、布努瑶和茶山瑶三个民族集团。[①] 盘瑶是瑶族中人口最多、分布最广的支群，占瑶族总人口的60%以上，遍布湖南、广东、广西、云南、贵州、江西6省区内的107个县市。盘瑶分布的地域十分广阔，东起广东的始兴，西至云南的勐腊，南达海南岛，北迄贵州的榕江。[②] 盘王传说主要在盘瑶中盛传，可看作盘瑶的起源神话。瑶族中瑶语支瑶族之各地盘瑶、蓝靛瑶，广西全州县东山瑶、金秀大瑶山坳瑶、贺州市土瑶、防城港市板瑶，广东连南瑶族自治县八排瑶与盘王关系最为密切。他们承认盘王是本民族共同的始祖，而自己则是盘王的子孙。直到今天，他们不但保留有关盘王的传说，而且多半保留盘王祖先神位，有的村寨还建有盘王庙以及祭祀盘王的宗教仪式。

中国学界普遍认为瑶族先民是秦汉时期的"长沙、武陵蛮"，也有人认为其源于"五溪蛮"[③] "山越"[④] "古摇民"[⑤] "古尤人"[⑥]。"一部瑶族史便是一部漂泊史。"[⑦] 追溯瑶族的源流，最早见于史籍记载，是在公元2—3世纪的东汉时代。当时瑶族先民主要居住在洞庭湖周围的山间峡谷一带。但是，在汉族开始向南方发展的前提下，那一带已经不是瑶族先

[①] 张有隽：《瑶族历史与文化》，广西民族出版社2001年版，第2页。
[②] 盘朝月：《瑶族支系及其分布浅谈》，《贵州民族研究》1988年第1期。
[③] 广西民族研究所编：《壮、瑶历史科学讨论会论文集》，广西民族研究所1962年印。
[④] 同上。
[⑤] 徐仁瑶：《关于瑶族源于古"摇民"初探》，《民族研究》1983年第5期。
[⑥] 李本高：《"尤人"是瑶族主源初探》，《广西民族研究》1985年第1期。
[⑦] 乔健：《漂泊中的永恒：人类学田野调查笔记》，山东画报出版社1999年版，第109页。

民真正的久居之地,他们开始踏上缓慢的、持续不断的民族分散和移动之路。① 南北朝时期,瑶族先民向北迁徙,到达长江、淮河之间的广大地区,后逐步南迁。② 隋唐时期,瑶族主要居住在湖南境内大部分地区,以及广东北部和广西东北部地区。至宋代,湖南除长沙、湘潭以外的大部分地区,包括西北、西南、中南、东南部,广东北部的韶州、连州,广西东北部的贺州、平乐府,都是瑶族的主要分布地区。元明时期,瑶族大量南迁,不断深入两广腹地。至明代,两广成为瑶族的主要分布地区。明末清初,部分瑶族又自广东、广西迁入贵州及云南南部山区,形成了今天"大分散、小集中"的分布格局。③ 由于大多数瑶族居住在两广与湖南接壤的五岭南北地区,故史有"南岭无山不有瑶"之说。还有部分瑶族明清之际,远徙越南、老挝、缅甸、泰国等东南亚国家。20世纪70年代,部分瑶族经由泰国以难民身份"漂洋过海"到达美国、加拿大、法国、瑞士等欧美国家,瑶族成了国际性民族。

瑶族迁之地,山峦起伏,纵横交错,致使瑶族趋于小规模化,逐渐分裂为多种不同集团。各个集团有着由于各自文化或生态的特色而取的支系名称,以示互相区别。④ 瑶族自称有28种⑤,他称达456种之多。⑥ 由于瑶族能根据各个地域的自然环境和社会条件,灵活地选择不同类型的适应形态,因而生态类型成为划分瑶族支系的重要条件。⑦ 在众多瑶族小支群中,过山瑶是最有代表性的瑶族支系。所谓"过山瑶"之称,实是根据其生产方式和居住环境而称的,意指那些奔波于山地进行刀耕火种的瑶人。他们因信奉始祖盘王而称"盘瑶",又因妇女头饰带板而称"板瑶"。虽然他们在今天分布很广,在湖南、广东、广西、云南、贵州等省区以及东南亚和欧美各国都有分布,但都操同一种语言——勉语。虽然他们是富有流动性的民族,但不是流离山野的难民群,仍较完整地

---

① 竹村卓二:《瑶族的历史和文化》,金少萍、朱桂昌译,民族出版社2003年版,第1—2页。
② 《瑶族简史》编写组:《瑶族简史》,广西民族出版社1983年版,第13页。
③ 张有隽:《瑶历史与文化》,广西民族出版社2001年版,第28—29页。
④ 竹村卓二:《瑶族的历史和文化》,金少萍、朱桂昌译,民族出版社2003年版,第29页。
⑤ 毛宗武、蒙朝吉、郑宗泽:《瑶族语言简志》,民族出版社1982年版,第5—8页。
⑥ 黄钰、黄方平:《国际瑶族概述》,广西民族出版社1993年版,第12页。
⑦ 竹村卓二:《瑶族的历史和文化》,金少萍、朱桂昌译,民族出版社2003年版,第9页。

保持了自我的民族意识，维持着与外部文化的边界。盘瑶是一个汉语总称，除此还有他称数十种。盘瑶他称有"盘古瑶""过山瑶""土瑶""本地瑶""山瑶""小板瑶""大板瑶""坳瑶""民瑶""四大民瑶""蓝靛瑶""花头瑶""山子瑶""八排瑶"，自称有"优勉""董本优""土优""谷岗优""金勉""人敦勉""董遍勉""坳标""标曼""史门""金门""甘迪门"，① 若根据方言来划分，盘瑶支内部还可细分为"优勉""金门""标敏""藻敏"② 等支群。"优勉"支群在广西、湖南、广东、云南、贵州 5 省区都有分布，总人口 1224850 人③。虽然盘瑶支群繁多，但我考察的是广西境内自称为"优勉"的盘瑶，所言者主要限于这一地方的一个支群。④

图 2-1　金秀盘瑶老年夫妇（罗宗志摄）

---

① 张有隽：《瑶族历史与文化》，广西民族出版社 2001 年版，第 13—18 页。
② 毛宗武：《瑶族勉语方言研究》，民族出版社 2004 年版，第 301—307 页。
③ 张有隽：《瑶族历史与文化》，广西民族出版社 2001 年版，第 15—16 页。
④ 在广西大瑶山生活着五个瑶族支系，它们分别是茶山瑶、坳瑶、花蓝瑶、盘瑶和山子瑶。

图2-2 昭平盘瑶中年夫妇（梁宏章摄）

　　盘瑶中的"优勉"支群迁入广西山区之后，便在广袤的山区里辗转迁徙，逐渐繁衍生息。目前，他们主要分布在金秀、龙胜、临桂、灵川、灌阳、永福、阳朔、资源、鹿寨、恭城、蒙山、荔浦、平乐、昭平、贺州、富川、苍梧、罗城、融安、忻城、环江、来宾、都安、宜山、百色、那坡、凌云、上林、田林等县市。广西"优勉"分布广泛，要对各地"优勉"巫师全部进行实地调查，不是短期内所能完成的。我们只能采取"解剖麻雀"的方法，选择几个"优勉"村庄长期居住下来，从村落的视野来透视"优勉"巫师的权力。这种通过对盘瑶村落的巫师作参与观察，并能从中对盘瑶巫师权力有一个整体的认识，首先是选取比较有代表性的盘瑶村落作为田野考察点。我们通过摸底调查，最终选择宗教文化浓厚的金秀瑶族自治县忠良乡，贺州市贺街镇、黄洞瑶族乡，宁明县爱店镇、海渊镇，昭平县仙回瑶族乡，恭城瑶族自治县莲花镇、三江乡，田林县利周瑶族乡，荔浦县茶城乡等地盘瑶山寨作为重点考察的区域来实践本课题的研究目标。

图 2-3　贺州盘瑶少女（罗宗志摄）

图 2-4　贺州盘瑶老年男子
（罗宗志摄）

图 2-5　贺州盘瑶妇女（罗宗志摄）

图 2-6　宁明盘瑶妇女
（梁宏章摄）

图 2-7 宁明盘瑶男子（梁宏章摄）

图 2-8 田林盘瑶少女（高崧耀摄）

图 2-9 阳溯盘瑶老年妇女（杨锦团摄）

图 2-10 恭城盘瑶服饰（罗丽婷摄）

第三节　村落空间

　　瑶族村寨大多位于海拔400—1000米的山麓地带。广西盘瑶村寨分布可分为三种类型：第一种是山巅建村；第二种是在半山腰建村；第三种是在山脚溪畔建村。盘瑶村寨规模一般比较小，少则几户，多则几百户。村寨内道路多半是蜿蜒崎岖的小道，遇上雨天泥泞不堪。盘瑶常为追求更好的土地、更为便利的社会环境而到处移动，因而绝大多数村寨的家户相当分散，形成扩散型的村落形态。

　　广西盘瑶民居散落群山之中，房屋多倚山而建，顺着山势呈阶梯式分布。传统盘瑶民居为长方形，面朝山脚，屋后与山相连。房屋多用黄土夯墙，用杉木作梁和椽，上盖瓦片。房屋结构中为厅堂，两侧为卧室，厨房、澡堂在宅旁，畜栏设在宅外。尽管一些相对先富起来的人家也盖起了与城镇居民相差无几的水泥砖结构的住房，放弃了盘瑶传统的民居形式，新住房的选址也逐渐向山下的道路旁转移，但由于山区缺乏平坦的开阔地，同一村寨中的人们，顶多三五户聚居一处，而且仍遵循传统的喜好，将新屋建在半山腰或小山顶上的一块块促狭的平地上。盘瑶建造房屋时，常请师公择屋址，起水吹六甲，以免犯六甲神。建房破土、上梁、盖瓦等都要择吉日，破土前要祭祀鲁班，请师公喃神，敬请祖先、山神、姜太公、张天师，请求神灵保佑吉祥。[1]

　　险恶的地理环境与闭塞的内外交通给了进山瑶民以安全保障，同时也给瑶山与外界的联系造成相当大的困难。瑶山地处偏远、交通闭塞，过去"蓬蒿没径，无路可通，前进时要把双手环在胸前或剪在背后，缩着肩，弯着头，将帽子做先锋，向茂草中乱钻乱闯。稍不留心便给利如霜的茅草割伤头面，割伤双手；足一滑便滚倒数十步"[2]。瑶山的闭塞交通，曾有人作过如下生动的描述：

　　　　过去，山里既无宽阔、平缓的道路，也没有什么便捷的交通工

---

[1] 张有隽：《瑶族历史与文化》，广西民族出版社2001年版，第268页。
[2] 任国荣：《广西瑶山两月观察记》，"国立"中山大学历史语言研究所1928年版，第27页。

具。仅有迂回弯曲的山间羊肠小道，还得上高坡，下陡岭，行走和运输都十分不便。虽然山里的瑶民爬山越岭已成习惯，但对山外的汉、壮族来说，却是一条十分艰难的路途。尤其是春夏雨季，山水暴涨，河冲多而无桥梁可通，不要说与外界的联系会隔断，就是瑶山内部的各个山村，往往都会成为孤山孤村，无法往来。平时出门要过冲爬岭，跳溪越涧，涉水穿林，连马匹都不能行走。①

新中国成立后，当地政府开始给瑶山建通往山外的公路。经过几十年的修建，如今盘瑶可以搭车往来于山内外各个集镇。但绝大多数盘瑶村寨，至今交通仍然十分闭塞。尽管很多盘瑶村寨至今交通仍然闭塞，还进不去任何带轮子的交通工具，但并不妨碍盘瑶山民之间的往来，因为几乎寨与寨之间都有能行走的山间小道。一条条弯弯曲曲的山间小道犹如一条条蜿蜒飘逸的缎带，在群山环抱中穿梭，网络般地把各个山寨纺织在一张繁复的交通网络中，使山民之间并没有因为空间上的距离而导致互相之间的陌生。在所有山道中，路况最好的要数通往瑶山内外圩市的山道了。盘瑶人吃的米、肉、盐、油及日常生活用品都要从圩市上购买，然后用马驮或肩挑回来。每到赶圩的日子，常看到成群结队的盘瑶人身着艳装，背着网袋，挑着担子，行走在山间小道上，与青山绿水相映成趣，好似丛林中的映山红。近几年来，随着与外界交往的增多，盘瑶人越发体会到路的重要性，开始拓宽和平整通往城镇的山道，但对于拦道的岩崖巨石他们毫无办法，于是向所在地政府写报告以解决修路所用的雷管、炸药。在得不到政府帮助后，部分村寨的居民卖掉山林等集资金请来挖掘机修通从村口至汉区的山区公路。但是由于路是新修的，而且因为投入的资金不足，路基修得相当简单，因此雨季来临时经常发生山体滑坡，是时小型货车就没法通行了，只有摩托车还能勉强出入，有时连人都出不去，需要人清理路面的泥石才能行走。不过，他们的实际行动已经说明，盘瑶人开始渴望走出自我封闭的圈子，去面对外面纷繁复杂的现代社会。虽然现在部分盘瑶村寨都已开辟有可以通农用车或摩托车的山道，但却能于群山万壑中感到当年的蛮荒与孤寂。近一两年来，面包车、农用车、摩托车在山民家庭的普及更加缩短了人们之间的空间距离。

---

① 胡起望、范宏贵：《盘村瑶族》，民族出版社1983年版，第12页。

历史上盘瑶用松枝、煤油取光，以度过漆黑的漫漫长夜。20世纪70年代末，他们有了柴油机发电，各家晚上都亮起了电灯。① 20世纪80年代，开始有人利用溪水用叶轮发电机发电。自从有了电之后，人们又购置了电视机，装上电视卫星接收器收看电视。不过，每到枯水季节，只能供照明用，村民们都期盼着能早日用上高压电。20世纪90年代末，一些地方政府给盘瑶村民安装了高压电。虽然山高谷深的自然环境限制了盘瑶与山外的交流，好在现在少数人家装上了固定电话，大多数村民用上了移动电话，大大弥补了他们对外联系的不足，但是由于山里的通话信号不是很好，有时还需爬上山顶才能正常通话。

第四节　经济生活

广西盘瑶自宋代迁入广西后，过着以刀耕火种为主体，以狩猎、采集、手工业、商业贸易和畜禽饲养为辅的游耕生活。游耕不只是刀耕火种的农业技术，也不只是迁徙不定的生活，而是一个从生产力到生产关系、意识形态的综合性的概念，一种社会经济模式。② 游耕生活既包括迁徙不定的生产特点，也包括宗教等意识形态与经济生产和生产模式之间的互动影响等关系在内。经济生活中居重要地位的事物对人们的观念具有深刻影响，从而对人们的宗教观念和行为有不可忽视的作用。

广西盘瑶直到近代仍过着刀耕火种的游耕生活。20世纪50年代以后，他们过上了定居生活，主要从事定居农业和家畜、家禽饲养。住在林区的盘瑶也从事一些采集和狩猎活动。但近几十年来，由于滥猎、盗猎，动物少了很多，狩猎在经济收入中占的比重很小。他们在山坡上种植旱禾、玉米、芋头、木薯、红薯、花生、黄瓜和蔬菜，在河谷边开辟水田种植水稻。瑶山山势很陡，水田极少，只有沿着溪边的少数平地有些零星分布，现在瑶山里仍有少数人家开垦山地种植岭禾。这种靠天吃饭的种植方式虽然收获不丰，但作为一种传统的生计方式依然有人钟爱。由于瑶山昼夜温差大，加之灌溉也不方便，所以稻作是每年一造。也有少数盘瑶人外出租种汉族的水田，以便获得更多的粮食。农耕往往是粗放型的，劳动工

---

① 胡起望、范宏贵：《盘村瑶族》，民族出版社1983年版，第223页。
② 费孝通：《盘村瑶族》，民族出版社1983年版，"序"，第11页。

具很简单。尽管他们辛勤劳作，但收入相当微薄。如遇虫兽侵害、暴雨山洪，近乎颗粒无收。盘瑶人喜欢养鸡，也有一部分人养猪、马、骡和鸭。他们种植的玉米、木薯、红薯主要用来喂鸡、鸭和猪。猪和鸡是盘瑶人主要饲养的牲畜，它们很大程度上为宗教活动、人际交往或血姻与姻亲群体之间的互动提供祭品和礼品，而马和骡主要是用于山区的交通运输。

生姜、柿子、柑子是盘瑶的重要经济来源。每户一年能收生姜几百斤，多地的人家则收上千斤。姜分为三类，最好的一类做姜种，另外两类分好与次，以不同的价格卖出。姜种发芽后可把姜取出，再以第三种价格出卖。2014年生姜价格较高，最次的一类可卖4元/斤，第二类好的可卖5元/斤。① 每户一年约能收柿子1000斤，林地多、产量高的可达2000—3000斤。2014年柿子价格为1.8—2元/斤。柑子树非常容易患上黄龙病，每家每年能收约1000斤。柑子的价格比较低，2014年每斤才卖0.2—0.3元。

杉木、松木、竹子和八角也是盘瑶人的重要经济来源。杉树、松树种下12—15年可以成材。30厘米以上的木材可卖得800元/立方米，小于30厘米的则卖400元/立方米。② 松树长到出油至少需要15年。割松油是盘瑶夏秋季时节的重要劳作。割松油既乏味又辛苦，每天都要做重复的工作。松树出油时间只有七八年，树干大的可出油10年，不出油了只能砍掉当木材卖。由于松油价格不高（2014年4元/斤），越来越多的盘瑶人外出务工。③ 竹子两三年便能卖钱。黄竹0.2元/斤，毛竹0.2元/斤，梨竹0.4元/斤。竹笋每年都产很多，主要是自家食用。④ 种植八角投入的劳动量比较大。平时需要照看树苗，避免大牲畜践踏幼苗，吃幼树的枝叶，每年夏季要给八角林除草，八角种下七八年后才开花结果。采摘八角是件极费事的活儿，一棵八角树结成的八角果难以计数，所以采摘非常费时间。有些长了几十年的树，还得爬上去用带钩的杆子一朵一朵地摘。八角树多的人家在收获季节忙不过来时，要雇人工采八角。

近年来，随着蜂产品的药用功效、保健功能和美容效果逐渐为人们所认识，有着悠久历史的养蜂业也迅速发展起来，并影响着瑶族人的生计方

---

① 根据梁宏章同学2013—2015年在恭城瑶族自治县三江乡黄泥岗村的调查记录整理而成。
② 同上。
③ 根据陈锦均同学2012—2013年在宁明县爱店镇公母山瑶寨的调查记录整理而成。
④ 根据梁宏章同学2013—2015年在恭城瑶族自治县三江乡黄泥岗村的调查记录整理而成。

式。瑶族山林多，山上野花多，有不少人养蜜蜂，规模大的养三四十窝，规模小的养四五窝。养蜂一年可开蜂箱三次，分别是每年的农历三月、五月和十一月。三月和五月开采的蜂蜜最好，因为这段时间花多，花粉较厚，每窝蜂一次可以产两三斤蜂蜜，一年可以产七八斤。由于瑶山花多而杂，商贩给的价格不是太高，平均每斤为25—35元。这些额外的收益对一些村民来说也是一笔不小的收入。①

由于盘瑶村民的衣食及现金来源全靠山地农业生产，因而与他们经济生活环境密切相关的事物，如山岭、溪流、风、雷、雨、火、庄稼以及野生的和家养的动物等对他们而言意义重大。盘瑶民间有许多描述人与这些自然现象以及人与各种动植物密切相关的神话和传说。时至今日，盘瑶村寨中都还留有意在纪念和强化这种关系的仪式。

第五节　宗教信仰

瑶族素有反抗外来压力的传统。清代以前的历代中央王朝都没有能够控制他们，直到清末民初中央政权才部分实现对瑶山的直接统治。就地理条件而言，瑶山交通也十分闭塞，加之瑶族传统族老制社会组织的巨大凝聚力以及对群体以外之人的高度警觉，使瑶山显得神秘和难以接近。这种与外界的隔绝，对知识与技术的传播也不无影响，因而至今身处大山的盘瑶仍保留着浓郁的信仰之风。他们的宗教信仰比较复杂，既有自然崇拜、祖先崇拜，又受到道教的深刻影响。

由于盘瑶对自然依赖比较大，自然崇拜至今还比较普遍。我们在金秀、宁明、恭城、田林、荔浦、昭平等地收集到诸如《杂粮书》《觧关斩煞》《求雨神目书》《造船招禾》等经书中列有禾魂、水神、山神、雷神等自然神灵。过去调查发现，盘瑶崇拜的自然神灵还有风神、土地神、龙神、火神等。② 直到近代，盘瑶举凡砍伐山林、狩猎、播种、收割都要请巫师祭拜山神、土地、社王、禾魂等自然神灵。生活中如建屋、婚丧也要祭告社王、土地神，以求诸事大吉。同以上宗教活动相适应，形成招禾、

---

① 根据陈锦均同学2012—2013年在宁明县爱店镇公母山瑶寨的调查记录整理而成。
② 参看吕大吉主编《中国各民族原始宗教资料汇编·土家族、瑶族、壮族、黎族卷》，中国社会科学出版社1998年版，第211—212、222、231页；广西编辑组《广西瑶族社会历史调查》（第一册），广西民族出版社1984年版，第325页。

设肉坛、安龙、祭社、开山等祭仪。现在立肉坛、安龙、祭社等仪式仍保留在现实生活之中。荔浦县茶城乡黄泥坝盘瑶信奉"肉鬼",给"肉鬼"立坛,以保护庄稼不受野兽侵害。如果有野兽来侵害,肉坛会提示要去打猎。如果打到猎物,在分肉和开筵之前,要先拿脚和头来供肉坛,随后猎物才可以被吃掉和分掉。① 金秀大瑶山忠良乡盘瑶也立有肉坛,村民在猎到野猪等大型野兽后,要请赵有兴师公作法请来本方地主、社庙进行祭拜,祈求保佑以后还能猎到猎物,然后才分肉。② 金秀大瑶山忠良乡盘瑶遇到生产不顺要请巫师施开山法,家里人畜不安要请师公来重安龙脉。田林县福达瑶族乡盘瑶如果久旱不雨,要请师公前来施法求雨。③ 贺州市黄洞瑶族乡盘瑶如遇天旱少雨,常请师公至大庙举行求雨仪式。④ 盘瑶常以一块石头立于树下作为土地神的偶像加以崇拜,每年春秋社日、三月三、六月六都要请师公设坛祭拜,以求人丁安宁、六畜兴旺、五谷丰登。他们对水的崇拜主要表现在"买水"的习俗上。家里老人去世时,到溪边烧香,投几张纸钱入水,才能挑水回家。盘瑶对自然神灵的崇拜还体现在许多禁忌方面。家里的火灶不许敲打,不许在上面堆放东西,更不能用脚踏上去,如有犯禁得请巫师设灶王。出远门看见大树倒、大石滚落、山崩地裂,都认为是鬼神用以示人的凶兆。2009年,金秀大瑶山忠良乡石阳屯发生雪灾,村旁的许多竹木被雪压断,村民认为这是触犯社王所致,纷纷凑钱请几位师公来做了一场法事后,大家心里才觉得安稳些。盘瑶还立有忌虎、忌风、忌鸟、忌水、忌雷公、忌鼠、忌虫、忌山猪的习俗。⑤ 过去凡遇上这些忌日,都不能进行生产活动,否则会触怒神灵,影响农作物收成和人畜平安。以上各种禁忌表达,无不体现盘瑶对自然神灵的崇敬。

  盘瑶对自然崇拜还表现在拜寄自然物上。由于受周围汉文化的影响,其对汉文化阴阳五行中的金、木、水、火、土也加以崇拜。汉族传统文化认为,个体的均衡与阴阳五行有关,每个个体均需具有五行因素的相互均衡,才能维持合理的健康状态,假如缺乏其中一个因素就会失去均衡,个

---

① 根据研究生李树照同学2013年秋季对荔浦县茶城乡黄泥坝屯60岁的冯金亮先生访谈而得。
② 2007年7月30日由古盘屯56岁的赵有兴先生提供。赵先生是古盘屯师公,古盘屯肉坛由他所立。
③ 广西编辑组:《广西瑶族社会历史调查》(第五册),民族出版社2009年版,第84页。
④ 根据高崧耀同学2013年夏季在贺州市黄洞瑶族乡千金组的调查笔记整理而成。
⑤ 由昭平县民族事务管理局原副局长吴增强提供。

体会处于危机不稳定的状态，要求五行因素的均衡，就要采取象征的外在形式，如在名字上加上所缺的因素作为边旁，由此相信可得到应有的均衡①。受此种观念的影响，盘瑶小孩如果体弱多病、喜欢哭闹、调皮捣蛋、个性倔强、喜欢伴嘴、命克父母、爱含手指、喜欢趴睡、命带关煞或命硬，父母会认为小孩命中缺乏某种因素所致，需要拜 kaix diex（契父）、kaix mac（契母）②才能养育成人。认契对象主要有人、神明、太阳、月亮、树木、石头、水井、牛栏等，不一而足。如果选择拜自然物，拜寄之日由师公带祭品到所拜寄物前祭神，祭毕拴线其上，并写下契愿。盘瑶人认为，所拜之物能保佑小孩一生平安。因此，所拜之物会受到有效的保护，若有人损害或损毁了它，可以要求赔偿。③拜寄现象在盘瑶中十分普遍。例如我们曾考察过的贺州市黄洞瑶族乡千金屯及其周边有38人认了契父母。

图2-11　恭城过山瑶土地庙
（梁宏章摄）

盘瑶人对死去的亲人非常尊敬。他们称死去的祖先为 ja fin（家先）。盘瑶人认为，亲人虽然死去，但他们的灵魂依然存在，并且时刻监督着活人的一切活动，因而对死去的祖先怀着一种崇敬的心理。盘瑶祖先崇拜表现在生活中的许多方面。盘瑶每家每户都在正厅的墙壁设祖先神台，祖先神台离地面有一定的高度，给人以威严肃穆之感。当家中成员因年老去世时，其灵魂就会被供奉在祖先神台上，成为家庭的守护神。祖先神台贴一张写有"天地君亲师"字样的红纸及各家庭教条的红纸，红纸下面放一个大香炉作为祖先香坛，祭祖时把香烛插入其中以示供奉。祖先神台是祭祖的地方，每逢春节、清明节、中元节

---

① 李亦园：《李亦园自选集》，上海教育出版社2002年版，第233页。
② 当地盘瑶民间俚语，其意相当于汉族的"干爹""干妈"。
③ 郭维利、陆进强、潘怿晗、向开、何文钜：《盘村变迁》，民族出版社2007年版，第6页。

或初一、十五都要在此祭祀祖先。祭祖既是对祖先的缅怀，也是祈求祖先的保佑。盘瑶不但祭祀个体家庭祖先，还祭祀民族始祖盘王，瑶语称为zoux dangh（做堂）。相传瑶人乘船渡海时，遇到了强烈风暴，眼看全族人行将覆灭，人们想起了万能的始祖盘王，于是纷纷下跪乞求盘王保佑，并默许如果能保佑船只平安到达海岸，今后将杀猪酬谢，子子孙孙保持下去。祈福过后，海面果然风平浪静，使船能平安向前行驶，经过七天七夜终于到达海岸。从此以后，为报答盘王的再生之恩，瑶人每到一定时候都要杀猪祭祀盘王，以求人丁平安、六畜兴旺。他们祭祀盘王有定期和不定期两种。盘瑶凡是家里人畜不安，他们就要祭祀盘王。正如《师歌书》中所唱的"还愿了，还愿了，勾消良愿唱条歌，猪财满栏鸡满椽，人丁兴旺笑呵呵"。除不定期的还盘王愿外，还有定期的祭祀，每三五年一次。[①] 盘瑶经常将度戒与还盘王愿合在一起做，先度戒后还盘王愿。由于还盘王愿费用日益浩大，如今在大瑶山盘瑶中再也看不到还盘王愿仪式了，不过在贺州、恭城、田林盘瑶中还保留此仪式。

道教对盘瑶宗教影响很深。他们信仰正一道中的南方符箓禁咒派。尊奉老君、张道陵为鼻祖，三清、三元、玉帝为最高神，同时又把盘王、家先、人鬼及风伯、雨师、雷王、龙王、社王、土地、谷魂等自然神灵，乃至山精水怪等天上地下、人间水府一切神祇都纳入道教神团系统。把求神驱鬼、祈福还愿、荐亡超魂、占卜问卦、看相命、神判解答、度戒授职、巫术追魂等杂糅为道教科仪式，强调以法扶正祛邪，济世救人。[②] 盘瑶称其所奉宗教为"川通间梅师道二教"，崇奉梅山九郎为法主。度戒发给弟子的是老君印。盘瑶师公都持有一套比较完备的经书、法器和神像

图2-12 恭城过山瑶祖先神台
（梁宏章摄）

---

① 如1940年立的《庚广石牌》规定"还良愿三年一回，五年一回，同祝同庆，大小平安太平，收成旺盛"。参看莫金山《瑶族石牌制》，广西民族出版社2000年版，第363页。

② 奉恒高主编：《瑶族通史》，民族出版社2007年版，第617页。

画。在道教思想的支配下，他们利用道教的符箓、祈禳、禁劾诸术召神劾鬼、消灾度厄，并注重度戒受箓、斋醮科仪制度。目前，挂灯、度戒、打斋、打醮、还愿是广西盘瑶中存留的比较盛大的宗教仪式。

图 2-13　还盘王愿仪式中的歌盘王阶段

马凌诺斯基认为，"当人类遇到难关，一方面知识与实际控制的力量都告无效，而同时又必须继续向前追求的时候，我们通常会发现巫术的存在"①。很多社会都有巫术活动，但对未来事件的预测力差，因而对社会环境和自然环境的控制能力也差的社会，巫术显得尤为重要。② 如在特罗布里恩群岛，人们在岛上咸水湖航行时不进行巫术活动，而当他们向别的岛屿驾独木舟航行时，却要大张旗鼓地搞巫术活动。③ 与马凌诺斯基所考察的特罗布里恩德岛民一样，盘瑶对于没有十分把握的事往往求助于巫术。2007 年 10 月 19 日，我在金秀大瑶山忠良乡六雷冯文县家观看盘志富作法。作法结束后，正当盘志富要离开之际，从外面来了一位妇女，说她老公嗜赌如命，天天去汉区赌钱，无论家人怎么劝，他都听不进去，搞

---

① 马凌诺斯基：《文化论》，费孝通译，华夏出版社 2002 年版，第 72 页。
② S. 南达：《文化人类学》，刘燕鸣、韩养民编译，陕西人民教育出版社 1987 年版，第 283 页。
③ Malinoski, B., *Argonauts of the Western Pacific*, London: Routledge and Keganpaul, 1922.

得家不像家。她说可能是家里灶神不安，想请师父去设灶，帮她老公戒赌。上举例子说明，巫术已成为盘瑶人生活中一个重要组成部分。通过仪式、祭祖仪式、治疗仪式随时随地发生。"人们在仪式中降生，在仪式中成长，又在仪式中回到祖先的故地。"[①] 盘瑶男女婚后无子要"架花桥"；夫妻吵架，要施"三妹法"；人身体虚弱，饭茶不思，打卦算出魂魄不在身，要架"运限十保桥"；人老生病，经卜卦得知命终粮尽，要架"黄河大桥"，为老人增粮添寿；人若受惊着吓，经算卦得出魂魄不在身，要"抢魂"；挂灯度戒之人犯了禁，要"释师父"，请祖师原谅，冲犯社王，要"释社王"；人常生病，认为命带煞神，要"解煞"；人若经常受伤，经卜卦算出犯着鬼神，要"收犯"；小孩出生后，身体虚弱，经常生病，经算命是命薄，亲生父母难以养大，要"度暗山"，以消灾脱难；家里人丁不安，六畜不旺时，经卜卦算出家里龙脉不好、家神不安时，要"安龙谢土"；被人家"下禁"，要"解禁"；为求神消灾，要"许愿还愿"，其中又有"花根愿""十保愿""观音愿""社王愿""太阳福""还花皇福""三台七星愿""盘王愿"等名目。与上述宗教活动相适应，形成诸如"抢魂""赎魂""架桥""释师父""解煞神""送瘟""收犯""安龙谢土""释社王""度暗山""许愿还愿"等复杂多样的仪式。无论是何种仪式，巫师都是其主持者和导演者。

在盘瑶山寨，由于交通极为闭塞，与外界往来比较少，人们在生活中如遇难以理解、无法解决或无能为力的事情，往往求助于巫师法术的庇佑。盘瑶人每逢母鸡打鸣、蛇相交、石头滚落、树枝折断、鸟进屋、鸟拉屎在头上等奇异自然现象，往往请求巫师卜卦。卜卦时，问卦者要告诉巫师事发的时辰，巫师会卜出事主遇到了什么鬼神。盘瑶观念中的鬼神众多。鬼有水鬼、花鬼、吊死鬼、梅花鬼、瘟鬼、木禄鬼等。神有山神、水神、木神、土地神等。[②] 巫师卜出是何方鬼神作祟之后，要使用法器择日把鬼神送走。常用法器有铜铃、牙简、铜剑、筶子、纸马印等。我在金秀大瑶山考察期间亲眼观看了两场送鬼神仪式。六雷屯赵文官家的一只母鸡跳上饭桌，对着祖先神台不停地打鸣。赵文官心里十分恐慌，认为家里有

---

① 刘小幸：《彝族医疗保健——一个观察巫术与科学的窗口》，云南人民出版社2007年版，第145页。

② 2009年7月24日对金秀大瑶山忠良乡石阳屯庞有福、李文坤两位师公采访而得。

鬼怪在作祟。2002年7月30日晚请六桂尾黄金寿师公前来送怪。师公来了之后，先让赵文官制作了一只"毛船"。毛船通常用生树枝扎成船坯，船上用竹条撑起一张白纸作为船帆，船两头用纸剪成两个纸人。船头的叫"相像公"，船尾的叫"六十婆"，他们是给鬼怪划船的船工。船造好后在里面放鸡血、鸡毛、茶品，供鬼怪在路上食用。毛船造好后，师公在厅堂放一张方桌，摆上鸡肉、米碗、酒杯、纸钱，然后开始作法把鬼怪送下广州。整个仪式分请神、敬酒、讲意者、送纸钱、咒毛船、差兵将、传鬼怪、开光点将、送鬼怪、酬神等仪式程序，持续三个多小时。六雷村民冯进财骑摩托车去汉区玩耍，途中鸟拉屎落在他头上，2007年7月21日晚请黄金寿师公来帮送怪。

图2-14　大瑶山盘瑶师公

盘瑶山寨是巫师施展才技的天地。那些有名望的巫师日程安排得满满的，有时都忙不过来。我在大瑶山认识一位庞姓盘瑶师公，他会做的仪式比较多，在周围村寨很有声望，请他作法的人也非常多。他曾做过的仪式有赎魂、收惊、卜卦、驱鬼、架桥、打斋、度戒、还盘王愿。他告诉我，做法事如同山里的农活一样，也有旺季和淡季之分。每年春节前十天最忙，因为按照当地盘瑶人家风俗，腊月二十四之后要开始奉神了，意思是快过年了，要请祖宗回来享用食物。在这段时间里，师公经常一天要帮

8—10户人家作法，有时还要赶很远的山路，所以一天下来就会比较疲劳，有时候都会产生厌倦之感。夏季仪式就比较少，一般都是打斋。① 庞师公一年大概有 200 天的时间在外作法，其间约有 100 场大大小小的法事。我们②在庞师公家住的 20 天里，他共做了 5 场法事。我在金秀还与一位盘瑶巫师是很要好的朋友，他每次外出施法都叫上我。我于 2007 年 10 月在六雷考察，正好他也应邀前来六雷作法，当时正值乡间仪式繁多季节，他几乎没有歇脚的机会。10 月 17 日我随他在上午 9：20 开始送花林百虎太岁，10：40 仪式结束；11：00 送路边鬼，12：00 仪式结束；15：00 设癫鬼，16：20 仪式结束；21：20 送半夜鬼，直至 0：30 仪式才结束。但无论怎样辛劳，却从未发现他有任何怨言。我们通过访谈与现场观察记录了荔浦县茶城乡清良村黄泥坝屯冯金亮师公 2012 年正月至十二月的行巫记录（见表 2-1）③。

表 2-1　　　　　　　　　　冯金亮 2012 年的巫历

时间（农历）	地点	法事
正月初三	波兴屯	给赵文标做道场
正月十三	清良村大伦屯 清良村大伦屯 清良村大伦屯	给李有全送怪 给冯万祯送怪 给冯万祯安香火
正月十五	清良村六坳屯	给冯春修进火供神，给冯文新择屋地
正月十九	清良村大伦屯	给冯春富安香火
正月二十四	福文村六坳屯	给冯春修进宅供神
正月二十五	福文村六坳屯	给冯春修开盘安闸门
二月初五	清良村冲口屯	给赵有学安香火
二月十六	清良村大伦屯	给李文美孙女添人口
二月十七	清良村冲口屯	给李成德安龙谢土

---

① 这一信息是 2009 年 7 月 25 日晚，在金秀瑶族自治县忠良乡双合村石阳屯庞有福师公家里与他的访谈中，由庞师公所提供的。

② 这里的"我们"指的是我与盘丙英、刘志艳两位同学，他们在我的指导下收集资料，并最终每人完成约 1 万字的调查报告。在此，表示感谢。

③ 此表是根据我的研究生李树照同学于 2013 年秋季在荔浦县茶城乡黄泥坝村调查时收集到的冯金亮师公法事活动及收入记录本整理而成。

续表

时间（农历）	地点	法事
三月初二	文德村六枧屯	给黎毅锡拜寄、送伤神
三月初四	文德村六枧屯	给黎毅锡妻架桥
三月初六	文德村金贵冲屯	给李成良安香火
三月十九	清良村大伦屯	给冯文安子择日送怪
三月二十	清良村大伦屯	给冯文安子送怪
四月初一	清良村冲口屯	给贺光荣女凤玲安香火
四月初二	清良村黄泥坝屯	给李成标起水（建第二层楼）
四月十二	清良村黄泥坝屯	给黄文官收尸入殓，搬棺材，做道，择日及写挽联
四月十八	清良村六养屯	给黄玉英收灶王犯，送伤神
闰四月初十	清良村八旦屯	给邓进有送灶王鬼，设灶王
五月二十四	清良村黄泥坝屯	给李成贵收尸入殓，做道
五月二十八	屯留村南留屯	给黄金香孙添丁解秽
六月十一	文德村六枧屯	给黎毅意妻送庙鬼
六月十三	福文村六坳屯	给冯文德择日招赘
七月初六	清良村竹篙屯	给冯金照择日起灶屋
七月初九	清良村八旦屯	给赵有信次子开盘定穴，写碑文
七月十二	屯留村南留屯 清良村黄泥坝屯	给黄通仁送怪 给冯金勇、李福军报节气
七月十九	清良村八旦屯	给赵有信次子（阿留）开盘较线，择日安葬，做道，断牵
七月二十	清良村冲口屯 福文村六坳屯 清良村大伦屯	给贺光能妻择日出柩 给（阿书、小波）父择穴安葬（未踩点），给冯文安孙子添人口（包括择日）
七月二十二	清良村冲口屯	给贺光能妻做道，道场断牵，道场拆寄、谢寄
七月二十四	清良村黄泥坝屯	给胡志光开盘择向利市
七月二十五	清良村大伦屯	给冯素芬择日起灶
七月二十六	清良村黄泥坝屯	给胡志光移香火起水
七月二十七	清良村冲口屯	给阿卯立造开盘定位
七月二十八	文德村金贵冲屯 文德村金贵冲屯	给阿卯再次开盘定位（另选地址） 给黄元进（阿秤开盘做闸门）
八月初一	文德村金贵冲屯	给黄元进择日修方

续表

时间（农历）	地点	法事
八月初五	清良村大伦屯	给冯素芬起水拆屋
八月初十	清良村黄泥坝屯	给胡志光定造开盘定线
八月二十八	清良村黄泥坝屯	给赵明华架十保桥
九月初六	清良村大伦屯	给冯万富择日娶媳
九月十五	马岭镇八架车屯	给贺华刚（冲口人）设灶鬼收犯
九月二十八	清良村黄泥坝屯	给李成标起水给冯万富娶媳供神
十月初五	清良村大伦屯	给贺凤连起水（起第二层楼）
十月十二	清良村大伦屯	给李成保择日娶婿
十月二十四	清良村冲口屯 清良村冲口屯	给六三安香火 给贺光斌安香火
十一月初三	过村坪岭屯	给阿青开盘建房
十一月初六	清良村八旦屯	给赵有信定线安门
十一月初八	清良村大伦屯	给李有金择日娶媳
十一月十二	福文村六坳屯 福文村六坳屯	给冯文炳择日装修进火 给冯金凯择日为女完婚
十一月二十六	福文村六坳屯	给冯文球安香火及择日
十一月二十七	清良村大伦屯	给李福强定线做闸门
十二月初五	文德村金贵冲屯	给冯文成移安香火
十二月初七	评社村坪社屯	给黄祯会之女（南留全香外孙）设花鬼、度莲塘
十二月初八	清良村分水屯	给吴胜强架十保桥
十二月初九至十五	龙村六高坳屯	给赵有保度戒
十二月十六至二十	木代河屯	给赵文清度戒
十二月二十五	清良村大伦屯 清良村大伦屯	给冯万富孙女添人口及供神 给冯万祯孙添人口及供神
十二月二十七	清良村黄泥坝屯	给冯新勇过年供神
十二月二十八	清良村黄泥坝屯	给李福军过年供神
十二月二十九	清良村黄泥坝屯	给家弟金光安香火

如果我们认为，盘瑶人的巫术活动主要是情感上的活动，他们在巫术仪式中的行动是被非理性的力量所控制的，那么这种想法过于简单了。弗思认为，超自然"信仰的根据尽管可能是虚构的，但是信仰本身却会有

实在的和有价值的效果"①。马凌诺斯基的研究表明：在个人方面，巫术可以增加自信，使人对于难题抱着积极应付的乐观信心与态度，即使身处危难关头，也能保持或重塑个性及人格的调整；在社会方面，巫术是一种组织的力量，把社会生活引入规律与秩序。② 由此可以说，巫术在盘瑶社会中有存在的价值和作用，它在一定程度上满足了盘瑶人某种心理上的需求，有效地增加人与环境的和谐，消除人们内心的焦虑，确立人与人之间的良好关系。

盘瑶十分重视斋醮，如遇村寨疫病流行、久旱不雨，就要举行打醮仪式，祭拜各路神祇，祈求保佑生者安宁、生产丰收、六畜兴旺。2005年大瑶山六雷屯村民就因找不到吃③，请六桂尾黄金寿师公来打醮。2007年六雷屯蝗虫灾比较严重，他们屋前种植的玉米因蝗虫啃光叶子而颗粒无收，后山的竹叶也被蝗虫啃得七零八落。村里老人看到虫灾严重，私下议论说寨子里有不干净的东西，提议举行打醮仪式或跳盘王活动。然而，也有少数村民对此嗤之以鼻。作为村里祭社活动的组织者，赵文县主张举行打醮仪式。不过，由于少数村民表示反对，因此筹集不到财物。他只能叹气地说，"人心现在不同过去喽，看看以后再讲啦"。

第六节 权力结构

瑶族居住的地方山群山莽莽，峰峦迭起，中央政府的统治势力对它鞭长莫及。瑶族的社会秩序主要依靠瑶老制④的社会组织来维持。清代末年以后，中央王朝逐渐加大对瑶族地区的控制力度。随着国家政治体制不断地伸入瑶族社会，瑶族传统的社会组织受到了强烈的冲击而逐渐削弱，但却未完全消失。国家政治体系在建构的过程中，地方政治势力参与其中，

---

① 弗思：《人文类型》，费孝通译，华夏出版社2002年版，第122页。
② 马凌诺斯基：《文化论》，费孝通译，华夏出版社2002年版，第80页。
③ 当地盘瑶俗语，意为收成不好，生活不如意。
④ 瑶老制最早可溯至秦汉时期。早在汉代，瑶族先民"长沙武陵蛮"已有自己的社会组织，其头人称为"渠帅"或"精夫"。这是瑶老的前身。宋代称瑶老为"瑶酋""瑶首""峒主"。元朝始出现"瑶老"之称。瑶老是统称，指办事公道，生产经验丰富，在群众中享有较高威望的长者。瑶老的产生，有的由民主选举产生，有的由神判产生，但多数是群众中有威信的自然形成的公共领袖。参看姚舜安《大瑶山"石牌律"的考察与研究》，广西民族研究所编《瑶族研究论文集》，广西人民出版社1992年版。

互相争斗、互相利用，使国家政治体系与瑶族地区政治体系在接触、碰撞过程中，出现多种势力的矛盾交织状态，形成了复杂多态的权力格局。

一　传统的权力结构

谢剑在对广东连南排瑶的社会组织做精细的研究后认为，"排瑶是一个分支（segmentary）的社会，整个群体彻底划分成不同的部分，并且人们的居住和活动空间又与亲族相关，形成血缘与地缘的紧密结合，整个社会结构异常严整"①。他还认为，"这制度的基本特点是有'巢居'（nesting）现象，即小单位'巢居'于大单位，再衍生成独立平等的单位"②。谢剑所说的是，在一个瑶排中存在许多细小单位——家庭，家庭巢居于房姓组织中；而不同的房姓组织构成一个大单位——瑶排，各房姓组织巢居于大单位——瑶排中；每个瑶排因人口不断增长而衍生出新的瑶排，而各瑶排之间的关系是独立平等的，并无统属关系。《瑶族通史》一书作者认为，排瑶的这种社会组织结构在近代瑶族社会中是普遍存在的，而治理瑶族传统社会组织的关键制度是瑶老制。③近代瑶老制在瑶族分节社会中，依据"巢居"关系、大单位独立平等关系之处理规则，可划分为不同的瑶老制社会组织。就广西盘瑶的瑶老制而言，可分为族老制、社老制和石牌制。

（一）族老制

"家庭"盘瑶语称作"Pauv"，意为"房屋""家"。家庭是盘瑶社会的最小单位。家庭人口之多寡，视家主能力而定。家庭成员一般为4—8人，个别的多达20人。④ 多数情况下，家庭由配偶及其子女构成。在家庭中，父亲通常为一家之主，但母亲当家的也不少。家长在家庭内有较高的权威⑤，体现于家庭事务之中。凡属家庭内外大事，一般由家长决定。家长有权调处家庭纠纷，合理支配家庭财产，安排日常生产生活，更改家

---

① 谢剑：《连南排瑶的社会组织》，香港中文大学出版社1993年版，第162页。
② 同上书，第166—167页。
③ 奉恒高主编：《瑶族通史》，民族出版社2007年版，第505页。
④ 中共金秀瑶族自治县委员会、金秀瑶族自治县人民政府编：《盘瑶》，德宏民族出版社2012年版，第41页。
⑤ 权威一般被认为是制度性的合法权力，那些有权使用合法权力者被认为是拥有权威位置的人。参看戴维·波普诺《社会学》，李强等译，中国人民大学出版社1999年版，第483—484页。

庭辈分。家长还代表家庭出席房族和村里召集的会议，承担房族和村社的公益事务，如祭社、筑路、架桥、修渠等。

随着家庭的不断分裂，同一祖宗传下来的若干代不同家庭的人们，因共同的血缘关系而构成一个 bungh（房族）。房族再分裂的结果是，同一祖公的不同房族的人们构成一个宗族①，盘瑶称之为 zong-zei（宗枝）。宗族是家庭之上的社会单位，是家庭的集团化。② 同宗之人除有共同的姓氏与字辈、共同的祭祀活动外，挂灯与度戒以及合作互助也盛行于同一宗族的人们之间，从而凝成盘瑶分节社会中大于家庭的一个社会单位。同宗同房的人因公共活动需要而立有 zouv guh（族老），族老的产生既不是世袭，也不需要族人举行公选，他们通常是宗族中辈分较高、通情明理、办事公道者，其权责主要是依据族规组织祭祀、主持族中大事、关照族中弱者、血族复仇以及处理房族内外之矛盾纠纷。

（二）社老制

村落是一群家庭同住在一地方而产生的社会组织。③ 然而，盘瑶通常是由一个祖先携妻带子或以宗族为单位进入瑶山安家落户，其后子孙繁衍而形成 langv（寨子），因而在盘瑶中村落组织也有相当的血缘基础。同姓同村非常普遍。如果姓氏是血缘关系的符号，那么同村人可以说出于同一祖先。然而，事实上却并不这么简单。盘瑶过去盛行族内婚，禁止与外族通婚，违犯者将受到严厉的惩罚。如盘瑶《评王券榜牒文照》中规定："一准令人民不许娶瑶女为妻。瑶家不许与百姓为婚，盘王之女不外婚汉家民。倘若不遵律令，应罚蚊子作酢三瓮，开通铜钱三百贯，无节竹三百枝，狗出角作梳三百付，老糠纺索三百丈，格木船一只，宽八尺，厚十二寸，深长十二丈。若有与百姓成亲者，无此等件，定言入官究治，依律除之，山田拨归王瑶。准令施行。"④ 格木是一种矮小的灌木，高不盈尺，干不逾分，绝无造船之可能，而所列举之蚊子酢、开通钱、无节竹、狗角梳、老糠索都是世间没有之物。这实际上是说，瑶人汉人通婚，绝不可能。但就姓氏而言，盘瑶又遵行外婚，从自己的姓氏

---

① 奉恒高主编：《瑶族通史》，民族出版社2007年版，第506页。
② 麻国庆：《家与中国社会结构》，文物出版社1999年版，第72页。
③ 费孝通、王同惠：《花蓝瑶社会组织》，江苏人民出版社1988年版，第43页。
④ 广西编辑组：《广西瑶族社会历史调查》（第一册），广西民族出版社1984年版，第264页。

外部选择配偶[1]，如大瑶山盘瑶石牌律就明确规定："同姓不婚。"[2] 由于新处境与旧有婚姻习俗发生矛盾，所以为通婚方便一个村寨里也夹有少数外姓，因而一个盘瑶村寨往往居住着十几户乃至几十户不同姓、不同房、不同宗的人家。虽然每个盘瑶村寨居住着不同宗姓、不同房族的人，但同村人仍然有共同利益：有共有的荒山、森林、溪流；共同的柴场、猎场；共同的宗教信仰、祭祀场所及祭祀活动。"村寨与村寨之间以山梁、道路、溪流为界，使每个村寨成为对内认同对外区别的地域群体。"[3] 为了处理好村寨内部不同亲属集团的关系，以及与邻村的关系，必须建立以村为单位的老人理事制度——村老制。

盘瑶崇信社王，伴随之有祭社仪式，而与这一仪式相适应的社会组织就是社老制。盘瑶喜欢在村寨附近建社。社常建在大树底下，上盖茅草屋。通常是一村一社。每社都有一位社老。盘瑶村老与社老合二为一。盘瑶村寨内至今仍流传着社与庙的传说。传说社与庙是一对夫妻，社在村头，庙在村尾，他们都管人丁。[4] 瑶人安家的地方都立有社与庙。每社都有一个社名，如大瑶山六雷屯社名"六雷社"，石阳屯社名"行游结天社"，平山屯社名"行游新安社"，牛角社名"行游白石社"，根念屯社名"行游水边社"；昭平县三六灶屯社名"青竹社"，茅坪屯社名"金龟社"；贺州市千金组社名"白鹤五谷社"。每个社因组织祭社需要立有一zih zouv（社主）。社主一般由第一个建村的户主担任，父死子承，世代相继。[5] 担任社主的条件是：办事公道，富有经验，德高望重，能说会道。由于社主与祭祀活动密切相关，所以有的社主也同时兼任师公。[6] 大瑶山盘瑶的社主大多由德高望重的师公担任[7]，如六雷社第一任社主赵文品就是当地一位有名望的师公。社主是集宗教、生产、民事于一身的民众领袖，其职责主要有：主持春秋两个社日的祭祀仪式，宣布在生产生活中共

---

[1] 差博·卡差·阿南达：《泰国瑶人——过去、现在和未来》，谢兆崇、罗宗志译，民族出版社2006年版，第149页。

[2] 莫金山：《瑶族石牌制》，广西民族出版社2000年版，第23页。

[3] 奉恒高主编：《瑶族通史》，民族出版社2007年版，第506页。

[4] 这一传说是我的学生盘丙英在2009年8月7日晚对庞有福师公的访谈中采集到的。

[5] 广西编辑组：《广西瑶族社会历史调查》（第一册），广西民族出版社1984年版，第34页。

[6] 胡起望、范宏贵：《盘村瑶族》，民族出版社1983年版，第224页。

[7] 中共金秀瑶族自治县委员会、金秀瑶族自治县人民政府编：《盘瑶》，德宏民族出版社2012年版，第31页。

同遵守的公约，规范为人处世的各项准则；指挥本村生产活动；代表本村社按时到社庙烧香供神；处理本社内部纠纷，维护社会秩序。社主按习惯法行使权力，他的工作是义务性的，不取任何报酬。社主是适应村寨组织的建立和发展需要而产生的。在一个村寨存在不同房族的情况下，社主的权责大过房族长老。社主实际上掌握了盘瑶的宗教、生产和政治上的权力。

（三）石牌制

石牌制是广西金秀大瑶山瑶族的一种传统社会组织形式。在湖南、贵州瑶山也有类似的组织形式，但不如金秀大瑶山那样完整。石牌制由社老制发展而来。[①] 大瑶山石牌原是人们为维持当地生产生活和社会秩序，将社主在祭社会议上的"料话"镌刻在石碑上以昭信守而得名。石牌的订立既有以一个村寨或几个村寨为单位订立的，也有以各支系的村寨或几个支系的村寨为单位联合订立的。石牌订立后，负责执行的是 siv pai louh（石牌头人）。石牌头人的产生，不是选举也不是世袭，而是自然形成的。早时村里发生纠纷，要找人评理，裁决是非。有人敢于主持公道，解决了纠纷，平息了事端，纠纷双方和村民认为调处得当，大家心悦诚服，就会对他产生好印象。以后凡遇有纠纷，便找他裁决，如果仍然调处得当，就慢慢地得到大家的信任。经过几次以后，他在村中树立了威信，就自然地成为村里的头人。石牌头人产生后，如果秉公办事，可以终身任职，若利用职权危害群众，会随时被群众捕杀。[②] 石牌头人不脱离生产劳动，在调解争端中可得到少量的报酬。石牌头人借助石牌律，通过游村喊寨、逐出村寨、罚款、没收家产、株连、做工抵罪、棍棒毒打、绳索捆打、残缺肢体、枪决、乱棍打死、沉河、绞死、活埋、灌毒药、用牛拖死、推下山摔死等惩罚手段对石牌内群众进行控制。[③] 正如《盘村瑶族》一书所说的，这样"石牌就像一张网那样，把大瑶山境内的不同民族、不同族系的瑶族居民，分别套在不同的网络里，受到它的约束。盘瑶的居民，不论如何迁徙不定，只要在大瑶山境内游转，进入某个石牌管辖的范围，就得听命于它，都不能脱离这张网"[④]。大瑶山民间俗语"没有神仙管不到的鬼，

[①] 广西编辑组：《广西瑶族社会历史调查》（第一册），广西民族出版社1984年版，第31页。
[②] 姚舜安：《瑶族民俗》，吉林教育出版社1991年版，第32页。
[③] 莫金山：《瑶族石牌制》，广西民族出版社2000年版，第56—64页。
[④] 胡起望、范宏贵：《盘村瑶族》，民族出版社1983年版，第119页。

没有石牌管不得的人"是对石牌控制力的一个极好的注疏。

盘瑶由于居住分散以及经济、政治地位低下，以自己的支系建立的石牌很少。在大瑶山已发现的46件石牌中，仅有4件由盘瑶自己所立，分别是1910年立的《桂田等村石牌》、1927年立的《坤林等六村石牌》、1939年立的《桂田等十八村石牌》、1940年立的《庚广村石牌》。[1] 2007年7月25日，我们[2]在六雷屯发现了同治三年（1864）立的《大共石牌》。《大共石牌》是迄今为止发现的由盘瑶自己建立的时间最早、管辖范围最大的石牌组织。《大共石牌》书于纸上，现保存于社主赵文县家里。赵文县的祖父赵明周是大共石牌下的一个小石牌的头人。他对大共石牌还有一些记忆，不过完全来自父亲的回忆。《大共石牌》是在大坪坳（位于今金秀镇共和村的六茶口和大坪村之间）订立的。是时大坪坳尚未有人居住，村寨居民代表聚集于此，商议订立石牌规条，通过后众人欢呼大饮一餐。因为在大坪坳成立石牌，所以大坪坳也叫石牌坳。《大共石牌》管辖的村寨有坤林、古卜、马鞍、田坪、十八、平山、六仁、沙坪、更仰、六茶、龙表、六干、立龙、十二步、二七、山界、根广、根念、兰江、牛角、石阳、大坪等，管辖的地域横跨今忠良、罗香、金秀三个乡镇的部分地区。《大共石牌》约在20世纪40年代末，侵华日本入侵大瑶山后就瓦解了。[3]

石牌是一种联村的社会组织，与族老制、社老制的区别在于，它是一种扩大了的瑶族老人理事制度[4]，石牌头人的责权比族老、社主要大，而且跨越的地域越广、联合的村寨数量、支系和人口越多，权力就越大。大石牌头人都是一方有影响、有实力的人物。他们绝大多数是上了一定年纪、受过戒的、有丰富阅历的大师公，因而是一方公认的头领。

在盘瑶传统社会组织结构中，他们的领袖从家长开始，向外圈扩展，依次是族老、社主、石牌头人。这个结构的特点是内圈或底层主要是依靠血缘，所管辖的人口较少，权力较小；越是向外圈或高层，团体的血缘基

---

[1] 莫金山：《瑶族石牌制》，广西民族出版社2000年版，第345—363页。
[2] 这里的我们，指的是我与陈桂先生。陈先生是中南民族大学的一名教师，多年来一直从事瑶族历史与文化研究。在我考察期间，不远千里从武汉前来探望，让我深受感动，在此深表谢意。
[3] 2007年7月25日由雷屯74岁的赵文县先生提供。采访时赵文富、赵春福、赵德保也在场，他们共同帮助赵文县回忆。
[4] 奉恒高主编：《瑶族通史》，民族出版社2007年版，第509页。

86　信仰之手

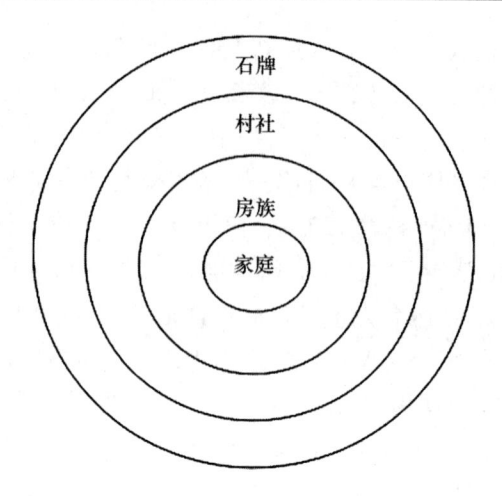

图 2-15　金秀盘瑶传统社会组织结构模型

础相对越少，主要是依据地缘因素，所管辖的人口越多、地域越广，权力也越大。

二　权力结构的变化

本目将以大瑶山盘瑶为例，探讨盘瑶权力结构的变化。清代初年，大瑶山被进一步分割，分属于沿山周围各州县。忠良瑶区被划归平乐府永安州管辖。但在忠良地区，除岭祖瑶民向当时永安州缴粮纳赋外，其余各地的瑶民依然不编户、不供役纳赋。据此可知，虽然清政府将忠良地区划给周围的永安州，但并没有对大瑶山进行直接统治。到了清末，清政府逐渐加强对大瑶山的统治。1909 年，右江道总镇李国治带领 3000 清兵进入瑶山镇压三点会后，将整个大瑶山划为四个团。金秀团管辖原划归修仁、蒙山两县的瑶区；滴水团管辖原划归象县的滴水、长峒一带；六巷团管辖原划归象县的古陈、六巷一带；罗香团管辖原划归平南的六竹、罗运、罗香一带。[①] 那些在进攻三点会立功的石牌头人被委任为团总。忠良盘瑶由金秀团管辖，但主要靠石牌组织进行统治，形成二重政治结构。这样清末以后忠良盘瑶地区政治结构表现为二重结构，可用图 2-16 表示：

---

① 广西编辑组：《广西瑶族社会历史调查》（第一册），广西民族出版社 1984 年版，第 15 页。

图 2-16 清末大瑶山瑶族政治结构图

1942年广西省政府在大瑶山完成乡村编组工作,完成乡村编组后的忠良盘瑶地区被划归古卜、岭祖、三合3个乡。[①] 1943年石牌制度被废止,但族老制、社老制仍然存在,而且还与乡村政权纠合在一起,形成主流政治体系与盘瑶传统政治体系二重组合的状态,其二重政治结构可用图2-17表示:

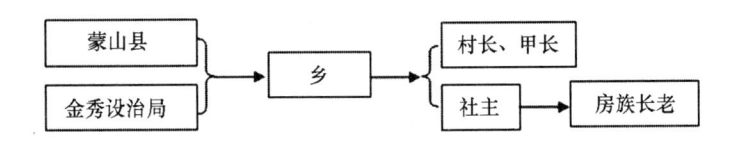

图 2-17 民国大瑶山瑶族政治权力结构图

在近代大瑶山盘瑶社会的二重政治结构中,其乡村领袖人物多一身而二任,既是瑶族传统组织头人,又兼任清末民国时期的团总、乡长、村长、甲长,扮演着二重领袖的角色。

1949年12月1日,东北乡武装民兵配合解放军桂中支队第八团,摧毁金秀警察中队,结束了国民党在大瑶山的统治。乡村保甲制度随之被基层人民民主政权所取代,传统瑶老制社会组织因受到限制而削弱,但仍由民间"草根"力量支持着、支撑着,一直沿袭至今。

---

① 广西编辑组:《广西瑶族社会历史调查》(第一册),广西民族出版社1984年版,第17页。

第三章 巫师的生存样态

古代社会生产力低下，人们知识极为有限，无法抵御自然灾害的侵袭，相信唯有依赖超自然的力量，才能克服或避开由自然所引发的各种灾难，由此导致了巫术的产生。① 马凌诺斯基说：

> 初民社会中的经济活动直接地及切肤地使他们感觉到命运的拨弄。……依靠耕种为生的民族对于农业的知识没有不发达的。他们知道土质，知道垦犁刈耨，知道用肥料，知道选择好种子。但是即在选得极好的土地，种得极好的田亩，不幸的事件一样会发生。无端的天旱或水涨，闹起灾慌来，把好好的庄稼全都摧毁了，或是不知哪里来了一群蝗虫，顷刻把稻穗都咬断了。……而且最没有办法的是年荒年熟，来来去去，人力是没法左右的。晴雨丰歉好像是天意，和人类经验及知识是无涉的。于是人们又有求于巫术了。②

在人类社会早期，几乎无人不涉及巫术。每个人都是巫术的创造者，同时也是巫术的执行者。当社会发展到需要集体力量的时候，公众利益超出了个人利益，人类逐渐重视社会集团力量，凭着个人经验的诸多个体巫术，也上升到了公众巫术的地位，开始为整个集团公共利益服务。从个体巫术发展到公众巫术的过程当中，扩大了巫术的功能，发展了巫术的仪式和手段，因而需要某些专门执行者来操作，于是产生了巫师。③ 欧洲巫师

---

① 梁钊韬：《中国古代巫术》，中山大学出版社1999年版，第219页。
② 马凌诺斯基：《文化论》，费孝通译，华夏出版社2000年版，第55页。
③ 张紫晨：《中国巫术》，上海三联书店1990年版，第4页。

约在旧石器时代晚期出现①，而中国巫师最迟在新石器时代中期就已经出现。②

远古时代，瑶族社会生产力低下，生活环境闭塞，难以抗拒自然力的破坏，对自身的命运也难以把握，因而认为世上万物皆由鬼神来主宰，只有依靠超自然的力量，才能保证生产丰收、六畜兴旺、人丁平安。瑶族鬼神观念的存在，给自然宗教提供了社会土壤，巫术便在这块土壤里生长起来。鬼神要作用于人类，于是靠联系人神交流的巫师行业便随之生成。③瑶族巫师产生的年代，有人推定为上限不晚于周、秦，下限至宋代④，也有人认为最迟在4000多年前就已经产生。⑤

瑶族巫师产生于何时，因文献记载阙如，现已无从考证。但无论如何，迄今在瑶族社会仍活跃着一支人数极众的巫师队伍，以他们的巫术技能安抚着一个个疑虑、惊恐的心灵，解脱那些陷于无望境地的人们，这是不容忽视的问题。瑶族因聚居区内的自然地理和交通条件不同，社会发展程度差距很大。整体而言，历史上开发越晚、交通越闭塞、对外联系越少的地区，巫师人数就越多，宗教活动也越频繁。我于2002年开始在广西瑶族地区调查巫师。为了更全面地研究广西盘瑶巫师，我经过对金秀、宁明、昭平、永福、灵川、兴安、资源、龙胜、恭城、田林、荔浦、贺州等县市的摸底调查，最终选择在金秀、宁明、昭平、田林、荔浦、恭城、贺州进行。之所以选择这几个县市，是因为这几个县市盘瑶生活的地域地处偏远山区，境内山高、坡陡、谷深，这使它成为盘瑶文化的主要存储区，其间民情笃厚、风习独异，盘瑶巫师人数众多、仪式活动频繁，使我易于获得更多的第一手资料。

盘瑶宗教是以祖先崇拜为核心的、带有自然崇拜和原始宗教、道教、佛教兼容的民俗活动。盘瑶巫师男女兼有。女性巫师在各地盘瑶社会中的称谓略有差别，如大瑶山、龙胜盘瑶称之为"仙婆"，贺州、宁明、恭城两地盘瑶称之为"仙娘"，昭平盘瑶称之为"七姑姐"。女性巫师人数极

---

① 宋兆麟：《巫觋——人与鬼神之间》，学苑出版社2001年版，第102页。
② 张得水：《新石器时代典型巫师墓葬剖析》，《中原文物》1998年第4期。
③ 彭兆荣：《摆贝——一个西南边地的苗族村寨》，生活·读书·新知三联书店2004年版，第90页。
④ 张有隽：《瑶族宗教论集》，广西瑶学会编印1986年版，第53页。
⑤ 徐祖祥：《瑶族的宗教与社会——瑶族道教及其与云南瑶族关系研究》，云南人民出版社2006年版，第156页。

少，仅能主持一些小型仪式，如问仙、收魂、架桥、安坛、送神等，而且常为男性巫师及村民所蔑视。盘瑶男性巫师的分类，如下面所展示的，依据其经历过的宗教仪式、受训程度、成巫经历以及主持仪式能力等的不同可分七大类：一为仙公；二为喃神人；三为查卦人；四为降童师；五为设鬼人；六为师公；七为地理先生（也称风水师）。当然，七者的身份有的是可以转化的。此七类巫师尚未分化成为专业的宗教职业者。盘瑶男性巫师，瑶语并没有专属之称谓。在盘瑶社会中，与男性巫师有关的称呼是"塞爹""塞翁"，意为"师父""师公"。但"塞爹"是在某种场合下，社会成员对那些有一技之长者的一种带有敬意的称呼语，并不必定指称男性巫师，而"塞翁"指称神职已达"师公"一级的高级宗教职能者。鉴于盘瑶宗教职能者具备沟通神灵的能力，然后凭借神灵、师父、祖先的帮助，完成俗世社会到神灵世界的旅程，从而满足信众祈福消灾的信仰需求，以及他们在仪式中的表演行为，类似汉文文献中的"巫"。故出于方便行文叙述，本书采纳了"巫师"的汉译来盖称广西盘瑶社会的男女巫师。

以上我们从性别的角度，将盘瑶男性宗教职能者分为喃神者、仙公、降童师、查卦师、设鬼人、地理先生和师公七类，将盘瑶女性宗教职能者按地域称谓分为仙娘、仙婆和七姑姐三类。还有一种划分是基于宗教职能者所行之事对他人产生的结果好坏来划分，可分为正师和邪师两类。这两类人男女皆有。

正师是指那些通过仪式替人排忧解难的宗教职能者，而邪师则是指用黑巫术来危害人或物的宗教职能者。上述几类宗教职能者既可能是正师，也可能是邪师，这要根据他们做事所产生的后果来判定。成为邪师主要有两种动因：主动和被动。主动成为邪师的人去学习邪法，利用邪法损人利己；被动成为邪师的人是因为他们不小心被人下法，有了邪师兵或是养了小鬼，不得已要去害人。如果他们不危害他人的话，自身携带的小鬼或邪师兵就会因为无人敬奉香火而加害自己及家人，轻则吃掉眉毛生点小病，重则不是疾病就是死亡。主动成为邪师的人是因为贪图安逸或有唯利思想，他们不想过日出而作日落而息的苦日子，就养小鬼来替自己耕田，不费工夫就能获得收成。而小鬼所需的东西便是用法术害死家禽和牲畜，用以进食。有邪师兵的人可以不用钥匙就打开门锁，不用费劲就能找到想要的东西，有的邪师还可以差蛇去咬人，伺机报复与自己不和之人。成为邪师之人，对家人无益，所以他们都没有后代。传说邪师在农历正月十五跟师父上山，受到师父的拨法才能获得邪法。走到山腰时，师父要确认是否有旁人跟来，就会问弟子"你的后面有人吗，我要传法术给你了"，弟子看了看身后说"我后面没人了"。正是"后面没人了"这一句咒话，让邪师没有后代，即使有也会短命。

法术既可能被正师使用，也可能被邪师利用，如鲁班法、三妹法和黏黏法。地理先生或木工师父都会学鲁班法，正师所用都是旨在让人家宅安乐，而邪师则利用鲁班法去压抑他人的财运和破坏健康。使用三妹法的作用有两个：一是让不和睦的夫妻言归于好；二是让本无感情的两人相恋。有少数仙娘懂得此法，所以有口舌之争的夫妇会去寻求仙娘的帮助，但作为正师的仙娘不一定会帮忙，因为婚姻家庭是否幸福，外人并不知道，不能一味地撮合别人和好，所以她们只会在新人结婚时使用三妹法替他们合婚。可是，受了利益唆使的仙娘会帮助人去下法，使其心上人能钟情于他（她），但自己对那人的品德、性格并不了解。虽然不会直接害人，但长期做此事，这样的仙娘也类等同于邪师了。黏黏法与三妹法性质相同，被施法的两人就会如影随形。在正师眼里，三妹法和黏黏法都是邪法。

田野考察期间搜集到一个故事：有一名黄姓男邪师，他的后代是残疾人，他父亲以前是教书的，但因把学生家的香炉钵扔掉而遭大家的痛恨。父亲退休后领到较高的退休金，引发子女们的争抢，无奈之下喝农药自杀了。临死时子女把他拖到路边，不让他死在家里。可见，黄姓邪师家里的情况非常不好。此外，他的岳父也是一名邪师。正因为不幸运的家庭环境，黄姓邪师嫉妒同村的一个家庭。这个家庭子孙满堂，家庭成员关系和谐，于是他就生起嫉妒之心，准备1个鸡头、9根针还有1头36斤重的小猪，在村头的拱桥下施邪法祭小鬼，把这个家庭的一个5岁孩童害死了。孩子从发病到死亡不到15分钟，死的时候一直喊身上好痛，像是有人用针扎他的感觉，死的时候皮肤是紫一块黑一块，就像真的被人扎过一样。这个家庭悲痛欲绝，请来师公测算，发现了拱桥下的施法道具，也算出了是黄姓邪师下的毒手。过了很久之后，黄姓男子酒后也对自己媳妇承认，那个孩子是被他作法弄死的。二十多年前，曾发生过邪师与正师之间斗法，一名会邪法的仙娘法术非常厉害，因为个人纠纷施法把一名地理先生给斗死了。除之此外，也有正师与正师、邪师与邪师之间的斗法。斗法现在还有，但不像过去致人死亡那么严重，只是在对方举行仪式时使些小法术，让仪式无法顺利进行。①

广西盘瑶巫师无固定相沿的组织形式，他们分散于瑶山内各地盘瑶山寨之中。以金秀大瑶山盘瑶为例，1994 年境内仅师道公就有 349 人，其中盘瑶师公有 85 人。② 我重点考察的忠良乡 2007 年有盘瑶巫师 62 人，其中打卦人 9 人，设鬼人 27 人，师公 26 人，散布于全乡 36 个村寨之中。2002—2015 年，我们先后访谈了 82 位盘瑶巫师，他们分布在广西 10 县（市）的 48 个村寨里。

第一节　身份传承

巫师是从普通民众中分离出来的一个特殊的社会群体。他们平时与普通人一样，没有超越他人的特权，也要从事农业生产，也有妻儿老小。然而，他们在某些方面又不同于普通人，被认为具有普通人所不具备的沟通鬼神的特殊能力。在中国上古时代，巫师身份的获取有一套严格的规定，只有那些具备某些资质条件者，才能成为巫师。《国语·楚语下》云：

> 古者民神不杂。民之精爽不携贰者，而又能齐肃衷正，其智能上下比义，其圣能光远宣朗，其明能光照之，其聪能听彻之。如是则明神降之。在男曰觋，在女曰巫。③

由此可见，充当巫师之人，要心地纯正，聪明圣智，举止庄重，天赋异禀，神灵方才降附其身。而"精爽不贰，齐肃聪明者"之说，也有可能指的是精神上不正常或情绪极端敏感之人。④ 正如泰勒在 19 世纪末所指出的："在世界各地，几乎所有凭借特种神灵帮助的占卜师和预言师都有着生理上或心理上的病态。"⑤ 莫斯也发现，神经紧张、躁动不安者具

---

① 根据梁宏章同学 2013 年夏季—2015 年春季在恭城瑶族自治县三江乡、莲花镇对 DSQ、WJG、ZXJ、WFB、DYX 等人所做的访谈整理而得，因涉及他人是非问题，故隐去其姓名，用字母代替。

② 苏胜兴：《瑶族故事研究》，辽宁民族出版社 1998 年版，第 117 页；苏先生在其著作中，并未注明调查时间，后来我通过电话联系，得知调查时间是在 1994 年。

③ 董增龄：《国语正义》（下册），巴蜀书社 1985 年版，第 242 页。

④ 童恩正：《人类与文化——童恩正文集》，重庆出版社 2004 年版，第 317 页。

⑤ Tylor, E. B., *Anthropoloy*, Ann Arbor: Michigan University Press, 1960, p. 366.

备向巫师转变的资格。① 虽然随着时间的推移，成巫条件越来越宽松，但却也并非人人可得而为巫。

盘瑶巫师虽然不是一个专门的行业，但是因为巫术知识能给这个群体带来一定的经济收入，并且随之而来的是若干荣誉与知名度，所以他们极力控制这些知识传出巫师圈子之外。然而，老巫师们又会不断地衰老、死亡，为了维系群体的生存与发展，巫师群体需不断地从外部吸收和补充新成员。经过长期的宗教实践，盘瑶巫师内部逐渐自发地形成了一套传承模式。

一　成巫条件

文化传统主要通过个人而得以接受、保存和传承。因此，社会对于履行各种角色应该具备的资格，似乎与个人的某些生理、心理要素紧密相连。至于要具体选取哪些生理、心理要素作为该资格的评判标准，一种文化与另一种文化是不同的。② 盘瑶文化传统的传承，最重要的是宗教文化的传承。而以往的研究证明，盘瑶宗教师有一定的准入条件，品行与能力在决定一个人成为巫师方面有重要的影响。

（一）成为女巫的条件

在盘瑶社会，成为七姑姐和成为仙娘的条件有所不同。学做七姑姐无严格的条件限制，而成为仙娘在她们自己看来似乎是一种无法逃避的宿命。

1. 七姑姐

昭平县仙回盘瑶人学做七姑姐没有严格的条件限制，不管身体、年龄、性别、民族成分如何，只要想成为七姑姐有兴趣学习技艺，便可上门拜师学艺。不过，若想在女巫群体中成为有名望的七姑姐，还是会有一定的条件限制。首先是缘分。接受访谈的七姑姐们解释说，如果七仙女愿意跟你（意为请神成功），那么说明你跟七仙女是有缘分的，才能请得到她。其次是能力。有缘分能请到神，还得有能力请神办事。请神办事能力主要体现为个人技能，如仪式中能够"听懂"神的旨意，拿得稳请神道

---

① 莫斯、于贝尔：《巫术的一般理论·献祭的性质与功能》，杨渝东、梁永佳、赵丙祥等译，广西师范大学出版社2007年版，第36—37页。

② 乔健编著：《印第安人的诵歌》，张叔宁译，广西师范大学出版社2004年版，第214页。

具的同时还要跟着被神灵附体的道具移动，而这种技能主要靠个人的领悟能力，师父是没有办法授予的。

【个案 3-1】茅坪小组盘成昌（65 岁），会做一些小仪式等，也懂点草药知识。他对请七仙女下来玩耍很感兴趣，于是向陈秀英学请七仙女。学成之后，他在家里试图自己请七仙女，但由于不会带七仙女，拿稳抖动的"鸡笼"（七仙女附身物），不小心把鸡笼摔到了角落，从而惹怒了七仙女。他学巫至今 20 年有余，从未做成过任何的仪式。①

成为一名七姑姐后，要心存善念，时常做好事。因为她们认为请神做仪式是在办好事，如果自己本身不向好，会受到七仙女的惩罚，以后办事就会不灵。

2. 仙娘

贺州市黄洞瑶族乡盘瑶认为，女性成为仙娘是宿命的安排。每一位仙娘在成巫之前，她们都会经历过一场大同小异的病，表现为无精打采、饭茶不思、夜不成寐等，而且打针吃药都不管用。在盘瑶人看来，这是要"起仙"了，即被神选中要成为女巫人选，而且神灵将一直跟随着她。因此，她们将不得不请有经验的仙娘或者降童师帮做安坛仪式，否则这种病将陪伴她们终生，也将给她们的家庭带来不幸。可以说，因神灵附体而"起仙"的盘瑶女性不得不成为仙娘。

（二）成为男巫的条件

品行是一个非常重要的评判标准。古代社会对巫师的品行是有相当要求的，持久的耐心和长期的修养是必备的条件。《论语·子路》云："南人有言曰：'人而无恒，不可以作巫医。'"② 在盘瑶传统文化中，一个人品行是否端正至关重要，它关系到一个人在继承巫师角色时能否建立自己的权威。巫师只有举止庄重，才能获得神灵的认可和众人的推崇。盘瑶男巫师们认为，一个人的法术会融合在他的身体和心里，而这种融合会体现

---

① 根据杨芫慧同学 2010 年 8 月 10 日对昭平县仙回瑶族乡茅坪组七姑姐陈秀英的访谈记录整理而成。

② 杨伯峻：《论语译注》，中华书局 2000 年版，第 141 页。

在他的行为举止上。巫师如果行为不当，会失去神灵保佑，战胜不了鬼怪。在盘瑶社会中，没有一个品行不端的人被众人认为真正学会了法术，或被民众邀请前去作法。老巫师对弟子的品行要求是：真心学法，举止端庄，不学邪法。我就"喜欢招什么样的徒弟"分别与金秀大瑶山忠良乡、田林县利周瑶族乡最有名望的师公赵成寿、李德才进行交流。赵师公告诉我的是要真心学正法，不学不三不四。李德才师公对徒弟的要求是：为人善良，决心学习，不酗酒，不怕辛劳，不贪钱财。总而言之，在盘瑶社会中，传承对象无论有血缘关系与否，只要诚心学法，恪守传统戒律，师父一律传授。

盘瑶巫师虽然在品行问题上表现出他们信仰的本位思想，但在某些事情上却显得十分宽容。盘瑶巫师们相信，他们的法术对异族人而言就和对盘瑶人一样有效。盘瑶巫师给异族人施法的例子很多。赵有福、李德才、黄金寿、庞有福、赵成寿、盘志富等人都曾给汉族人、壮族人作过法，赵成寿还给茶山瑶作过法。执此是故，盘瑶巫师绝不反对把法术传授给异族人。我问了所有受访巫师以下问题："你会招收一个异族人，比如汉人或壮人作为你的徒弟吗？"绝大多数巫师直截了当地给予肯定回答，但是有条件——"他们要诚心学法，不学不三不四"。这同样是指用心专一和举止庄重。不过，也有极少数人不愿招收异族人为徒。如李德才师说汉族人、壮族人要跟他学做师公，必须是度过戒获得法名才收，因为汉族人、壮族人度过戒获得法名的很少，而且汉族人、壮族人度戒最高只挂12盏灯，身带120个兵马，而瑶族最高可以加职，身带1200个兵马，汉族壮族带不了那么多，有些仪式就做不了，所以他一般不收异族人为徒。

二 传承方式

巫师自称能交通鬼神，上达民意，下传神旨，能知吉凶福祸，除灾祛病，是人神之间的灵媒。自从普通人群中分离出来后，巫师不再是普通人可以随便担任的角色。巫师的传承方式主要有神授、世袭和传授三种。[1]

广西盘瑶巫师的传承同样存在神授、世袭和传授三种方式。其中，又以后两种人为的传承方式为主，具体说来就是父子相传和师徒相承。无论是神授，还是人为传授都要拜师学艺。前者不以人的意志为转移，凡被神

---

[1] 宋兆麟：《巫觋——人与鬼神之间》，学苑出版社2001年版，第112页。

选中必须要做巫师，否则对被选者不利；后者以个人喜好来决定，学不学做巫师公全凭自己做主。

（一）神灵传授

神灵传授谓法术为神明所授予。盘瑶会降神之人，他们大多在得到"神授"前不会施法术，但在一夜之间梦中学会或在一场大病后或突然昏倒之后或经历了诡异的事件之后掌握了法术。人们认为降神之术是无法传授的，也是学不了的。全凭"缘分"，靠"神灵"的启迪，是神灵附体，是神的旨意。

以下我们通过贺州市黄洞瑶族乡都江村杨梅小组冯少英、宁明县爱店镇丈鸡屯赵妹乃和赵妹改成为仙娘的过程和经历来了解盘瑶女巫的神授方式。

【个案3-2】冯少英结婚后，有段时间开始，每天都没有精神，也没力气做工，连上坡的力气都没有，有时还要年纪比她大的人来扶，吃饭也吃不进，老是想吐。晚上睡觉也不好，一闭上眼睛就看到又黑又白的人影，但是看不清容貌，心里很害怕，有时一晚上都睡不着，要是睡着了又会做梦，梦到都江盘古大庙的盘古大王。她去医院治过，打过针吃过药，也住了院，都没有用。回来后，有人说是有仙跟着她，但是她妈妈不相信，继续让她去医院治疗，一直都没治好，就这样过了十多年。后来实在没办法了，只好请师父来帮她安坛。这下病才好，也不会看见黑白的人影了，身体也有力气了，胃口也变好了。①

【个案3-3】赵妹乃、赵妹改两人13岁起，每逢初一、十五夜不成寐，整个人像生了病一样，手脚不由自主地抖动，饭碗、水杯都拿不稳，根本没办法帮家人干农活，每到这时都要母亲专门在家照料她们。家人也送她们到医院治过，可是打针吃药也不见有效果。家人又请师父来帮问卦，问出是仙娘叫她们去帮煮茶喝，于是请来越南师父给她们解开，让仙娘不要再来纠缠她们，也无济于事。不过，过了初一、十五病又自己好起来。赵妹乃15岁成仙娘，赵妹改14岁成仙

---

① 根据张可欣同学2011年7月21日在贺州市黄洞瑶族乡杨梅组对冯少英（76岁）的访谈记录整理而成。

娘,她们具有看见鬼神的能力,打斋挂神像时她们能看见画像里的鬼神,死人上天桥她们也能看得到。后来妹乃嫁去了越南,妹改嫁到了本县那堪乡,结婚后仙娘终于脱离了她们的身体,不再让她们跟随仙人。①

图3-1 贺州市盘瑶仙娘的仙坛（罗宗志摄）

冯少英是黄洞瑶族乡最有名的仙娘,其祖先迁自湖南、广东,1954年从流冲搬至今之杨梅。冯仙娘以前在碳冲念中学,后来到都江小学任教。冯仙娘现已年过七旬,不过身体还很健康,语言表达也很流畅。冯仙娘说,她祖父是当地有名的师公,因为死后没有传人,所以神选择她成为仙娘以继承祖业。成为仙娘不是一件容易的事情,冯少英老人向我们讲述她成为仙娘的经历和过程如下。

1. 问仙

起仙女性须请一名比较有经验的仙娘或降童师给她问仙,以此探知是哪路神仙降附起仙人之身,这是一个必需的步骤。

2. 请神

请一位仙婆把玉皇大帝、盘古大王、十二仙姑请来,在成为仙婆之前

---

① 2012年8月6日访谈。访谈对象:赵有清;地点:宁明县爱店镇丈鸡屯。

梦里经常出现的神仙也要请来。如冯少英在被神仙跟着的时候，夜里闭上眼睛就看到一些人影，有一个就是盘古大王，还有盘古大王带来的神仙，所以她安坛的时候就请了盘古大王及其随行神仙。

3. 定筶

问神灵是否认可"起仙"人成为仙娘，如果连续打出"一阴一阳一胜"三个卦象，表示起仙人可以成为仙娘。反之，必须重新打筶。

4. 安坛

安坛有一定的规矩的。冯仙娘家安两个坛，一个供奉盘古大王和各路神仙，这是她的师傅为她问仙而设的，另一个专门供奉观音。供奉观音的神坛不是每个仙娘都可以安的，要"命带观音"才可以供奉，否则对家庭不利，而命中带观音的女性则必须供奉观音，否则也会家宅不安。冯仙娘所说的"观音"并不是佛教中的观音，而是一种亦正亦邪的精灵。冯仙娘口中的"仙鬼"包括观音在内，有盘古大王、十二仙姑等众神，也有阴间的邪神，还有一些是当地亡人的灵魂所化。至于是谁的灵魂，冯仙娘认为这是秘密，不能说出来。坛内仙鬼能保护一方平安，也会带来灾祸，其中的关键就在于是否正确地安设神坛了。①

盘瑶男子想要成为巫师，他们法术的获得有阳传和阴传两种。前者指学徒在拨法师父的指导下完成作为巫师的所有训练，从而获得法术；后者指普通人在没有征兆的情况下突然昏倒，几天几夜不省人事，呼吸、脉搏都很微弱，被认为是神灵选中他从事巫师行业，神灵会把他的灵魂带到阴间，给他传授法术。有过阴传经历的李德才师公，他获得的法力要比阳传获得的法力强。阳传师公在作法时用肉眼看不到不干净的东西，需要打筶才能确定仪式是否成功，而阴传师公则可以用肉眼看见不干净的东西，凭借肉眼便可以看出仪式是否成功。

下面通过田林县利周瑶族乡凡昌村伟好屯李德才成为师公的经历来了解盘瑶男巫的神授方式。

【个案3-4】李师公回忆说，12岁那年，有一天他突然昏倒了，昏迷了7天7夜，几乎没有生命特征。李师公大哥见事已至此，准备

---

① 这里有关盘瑶女性成仙娘的原因和过程的叙述，是根据张可欣同学2011年夏季在贺州市黄洞瑶族乡杨梅组对冯少英仙娘的访谈记录整理而成。

把他抬上山埋了。李师公母亲发现他胸膛尚有余热，便劝他大哥暂时不要掩埋。待李师公醒来后，大家都觉得这是奇迹，争相向他询问到底发生了什么。李师公说，他在阴间学法，接受了三清大道、观音父母、玉皇大帝和王母娘娘为他拨法。虽然李师公在阴间学习了一些做师公必备的法术，但这些在他看来都不重要，重要的是他的天眼被打通，他可以看见别人无法看见的东西，从那时起，李师公做任何仪式都不需要打笞。笞是仪式之眼，仪式是否成功需要用笞来验证。李师公天眼被打通之后，他便获得了仪式之眼，仅凭肉眼便可以看出仪式是否成功。李师公说，他这几十年走遍了田林地区，也跟很多师公有多交流，发现经过阴传的师公只有他和赵有清两个人。赵有清不仅是李师公的二姐夫，还是李师公的拨法师父。赵有清是伟亮人，曾上门至李家，在李师公二姐去世后，离开伟好屯回到伟亮生活，虽然年届90岁，但还替人做一些小型仪式。阴传学法，可望而不可即，并不是所有师公都能获得阴传的机会，李师公认为这是上天赐给了他的宝贵礼物，促使他走上了师公之路。[①]

从冯仙娘、赵妹乃、赵妹改、李德才的成巫经历看，所谓神授之巫师，大都诞生在一定的文化土壤里，他们从小耳濡目染，对法术有了一定的积累，只不过通过梦或生病把潜藏的记忆激发出来。神授在巫师传承上的重要性被夸大了。神授的象征意义远大于它的实际作用。神授的主要作用是使巫师所获得的法术合法化，从此他们便可以心安理得地使用了，而获取法术的手段与途径仍然是世俗的。

（二）父子相传

父子相传就广义而言，包括了父子关系以外的其他直系或旁系亲属在内，意指师徒间存在直接或间接血缘关系的传承方式。因父子相传产生的巫师多是生于巫师家庭，而且自身具备当巫师的资质而成为巫师。父子相传又包括父子相传、爷孙相传、外公外甥相传、岳父女婿相传、舅舅甥外相传，即有些人直接从祖父或父亲那里继承巫师身份，也有少数人从外公、舅舅或岳父那里继承巫师身份。

[①] 根据高崧耀同学2013年夏季在田林县利周瑶族乡伟好屯对李德才师公所做的访谈记录整理而成。

在盘瑶社会，一般拜师学艺的巫师，大都是祖上有人做巫师，特别是父亲也是师公，孩子就会耳濡目染，在父亲的指导下学习法术，抄写经文。通过观摩父亲在仪式上的做法，慢慢弄通仪式的程序。在熟悉经文以及仪式程序之后，还有机会随父亲一起做仪式，久而久之就学会做仪式，再经过挂灯度戒就成为社会认可的巫师了。一般而言，父辈们会挑选一个在他们看来比较适合做巫师，而且对法事也比较感兴趣的小男孩进行传授，但如果小孩对法事没有表示出强烈的兴趣，父辈们也不会强迫他去学做法事。如果小孩对法事很感兴趣，父辈们会在他还很小的时候开始有意识地进行专业技能的培训。我曾看见过小孩在巫师施法时模仿他们的动作，而巫师们也用欢快的方式鼓励他们。孩子们把这一过程看作一件趣事，并且逐渐习惯通过这种方式进行表演。在他们十几岁的时候，父辈们去别人家作法，也会带着他们一同前往，并且让他们参加仪式表演。巫术知识以及行为规范正是通过这种方式并经过漫长的时间一点点地由父辈传下来的。

让我们通过4位继承父辈巫师身份的师公来了解父子相继的情况。

【个案3-5】冯金亮，60岁，荔浦县茶城乡清良村黄泥坝屯师公。冯师公祖上都有人做师公，他父亲冯万兴也是一名师公。冯师公天资聪颖，但刚读完小学四年级便因故辍学回家务工。冯师公不仅识字多，而且写得一手好字，悟性、记忆力也不错。冯师公的父亲有意培养他做师公，不仅让他帮抄写经文，而且不时教他法事知识。冯师公的下教兵马于1995年由父亲冯万兴拨祖宗兵马所得，他的云台法是1996年在他的师父赵通林度戒的法坛上，打了个利市投拜引度师所得。不过，冯师公因在村中担任公职（曾任村教师、村支书），以及特定时代背景因素，直到2006年度戒后才成为师公。他的度戒师父是赵通林，同时也是他的表弟。冯师公度戒时直接举行了传度二戒仪式，因他祖上有师公举行过传度三戒仪式，而且他父亲又是参加过传度二戒仪式，所以师公有资格直接举行传度二戒仪式。冯师公见识广，有一定的文化，又写得一手好字，且平时爱拟写对联，加之拥有师公的身份，名望颇高。①

【个案3-6】焦生旺，53岁，宁明县爱店镇丈鸡屯设鬼师父。

---

① 根据李树照同学2013年秋季在荔浦县茶城乡黄泥坝屯的田野访谈记录整理而成。

2004年挂三台灯，2005年度戒挂七星灯。他父亲是当地有名的巫师，受父亲的影响蕉生旺很早就会做仪式。但是蕉生旺识字不多，看不懂仪式文本，直接影响他成为师公的进程。自从挂了七盏灯后，每逢寨里有重要法事活动，蕉生旺都前去给师公们做助手，虚心地向他们请教。近年来，焦生旺给人做了很多法事，如卜卦、问鬼、看日子、送怪等，名气也开始越来越大了，峒棉乡、那楠乡的人都请他去做法事。蕉生旺说，不是所有师父都能卜卦的，只有祖上传下来认可了才能卜卦。每逢大年初一，同一家族的男性成员都聚集到供神龛的兄弟家里祭拜祖先，如果祖先看上谁，他会当场跳起童来，以后才能给别人卜卦。①

【个案3-7】赵有福，66岁，贺州市黄洞乡黄洞村千金组师公。他的儿子赵贵府现在是黄洞瑶族乡最年轻的师公，年仅38岁。赵有福说，贵府学法不是他要求学的。儿子之所以学法，是因为以前替人家作法，因没通车，且路途又远，还要带经书、法具，背起来比较重，就让儿子跟着去帮背东西。有时仪式过程中，因自己上年纪，体力难以承受，也让儿子作师替，代替自己跳唱，久而久之儿子就学会了。②

【个案3-8】庞有福，73岁，生于马鞍屯，后搬到石阳屯，现为该屯师公。庞的爷爷庞文定是师公，父亲庞成品也是师公。庞有福13岁戒，18岁拜师，同时边学边替人做一些力所能及的法事。目前，他是忠良乡一带比较有威望的师公。庞有福师公的弟弟庞有坤、其子庞福银也都是师公。如果从祖父庞文定算起，庞家至今已是4代做师公了。③

上举例子说明盘瑶巫师的传承，受家庭因素的影响非常大。我们看一下金秀大瑶山忠良乡石阳屯庞有福师公家的家谱，或许能看出一些端倪。

对于巫师之间的师徒关系，我下了一番功夫调查。我记录下采访过的金秀大瑶山24位盘瑶巫师曾经跟随学习过、现在依然记得的每一位师父

---

① 根据陈锦均同学2013年夏季在宁明县爱店镇丈鸡屯的田野访谈记录整理而成。
② 这一信息是我于2008年2月15日晚，对贺州市黄洞瑶族乡黄洞村千金组66岁的赵有福师公采访而得。
③ 2009年7月26日由金秀大瑶山忠良乡石阳屯庞有福师公提供。

的姓名、与他的亲属关系以及居住住址等。我一共记下了 30 位师父。我的受访者曾经拥有且现在依然记得的师父人均数是 1.25 个。

由表 3-1 可以得出结论：在我记录的 30 位师父中，有 25 人或者说有 83.3% 的人与他们的徒弟有着某种亲属关系。换言之，在盘瑶男子的巫师生涯中，亲属是他们的主要引路人。

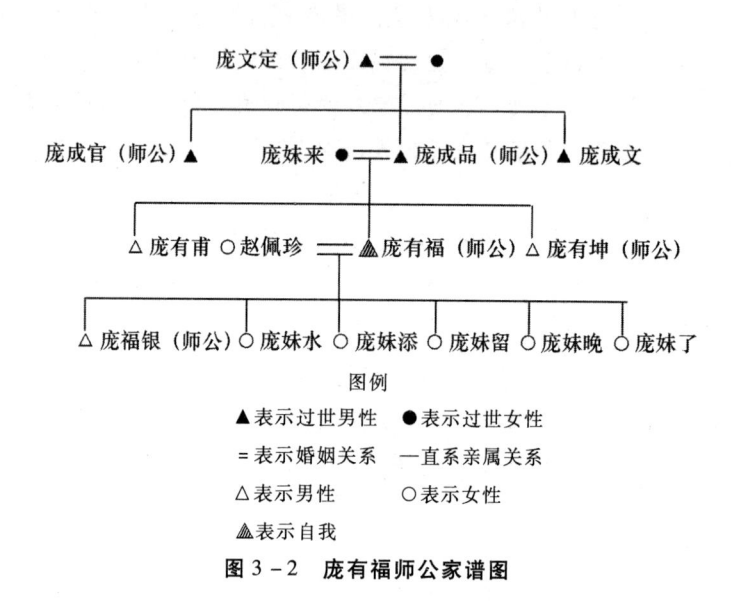

庞文定（师公）▲══●
├─ 庞成官（师公）▲
├─ 庞妹来●══▲庞成品（师公）
│   ├─ △庞有甫 ○赵佩珍══▲庞有福（师公）
│   │   ├─ △庞福银（师公）
│   │   ├─ ○庞妹水
│   │   ├─ 庞妹添
│   │   ├─ 庞妹留
│   │   ├─ 庞妹晚
│   │   └─ ○庞妹了
│   └─ △庞有坤（师公）
└─ ▲庞成文

图例
▲表示过世男性　●表示过世女性
═表示婚姻关系　—直系亲属关系
△表示男性　　　○表示女性
▲表示自我

图 3-2　庞有福师公家谱图

表 3-1　　　　　　　师徒间的亲属关系

师承亲属关系	拨法师父	参法师父	总数
父亲	8	4	12
岳父	3	0	3
祖父	3	2	5
外公	0	0	0
同胞兄弟	1	0	1
远亲	4	0	4
无亲戚关系	5	0	5
总数	24	6	30

（三）师徒相承

师徒传授是后来才出现的一种入巫途径。远古时期，巫师沟通鬼神的能力被认为主要源于神授,很难通过后天习得。可是,随着巫师行业成为一种职业或谋生的手段以后,通过师徒传授而成巫开始兴起。[①]

在盘瑶社会,如果一名男子想要某位师父给自己传授法术,只要品行端正、真心学法,他送鸡、猪肉、红包给未来师父,便可以拜师学法。广西盘瑶巫师中,因师徒传授而成为巫师者不在少数。想要拜师学法,需要举行拜师仪式,由拨法师父将法术传授给徒弟。师父拨什么法给徒弟,徒弟就学什么法术,师父会的法术都拨给徒弟。如果学徒想要掌握更多的法术,需要不断地拜师学法,因而一个巫师可能经历过许多拜师仪式,拥有很多拨法师父。如田林县利周瑶族乡凡昌村伟好屯李德才师公 1959 年正月初一拜盘福朱为师,同年正月十五拜盘龙华为师,以后每年都拜 2 个师公为师,至 1963 年他总共拜了 10 人为师。

表 3-2　　　　　　　　　李德才拨法师父一览

序号	拜师时间	师父姓名	拜师地点
1	一九五九年正月初一	盘福朱	田林县利周瑶族乡毛大牛屯
2	一九五九年正月十五	盘龙华	凌云县黎洪乡大燉屯
3	一九六〇年正月初一	盘福银	凌云县黎洪乡大燉屯
4	一九六〇年正月十五	盘金龙	田林县利周瑶族乡伟苗屯
5	一九六一年正月初一	李德葫	田林县乐里镇启文村那时屯
6	一九六一年正月十五	李德金	田林县乐里镇羊喜坪屯
7	一九六二年正月初一	赵永进	田林县利周瑶族乡伟干屯
8	一九六二年正月十五	赵有清	田林县利周瑶族乡伟亮屯
9	一九六三年正月初一	赵福现	岩现村岩排屯
10	一九六三年正月十五	赵元宏	田林县汪甸乡赵怀屯

田林县利周盘古瑶举行拜师仪式时,学徒需要准备公鸡 1 只、红包 1 个(36 元)、香和纸钱若干。仪式在师父家举行,时间通常在正月初一或十五。仪式开始前,先在师父家的祖先神台下摆一张供桌,桌上放有熟公鸡 1 只,鸡身上插着香,还有一碗生米上面放有红包。供品摆好后,师父打筶告知自己的护法师父说,今天要收某某人为徒,这个人心地善良、忠

[①] 李小红:《巫觋与宋代社会》,浙江大学博士学位论文,2004 年。

厚老实、为人正直，符合做师父的条件，请求护法师父允许收他为徒并为其拨法。打得阴阳筶，表示护法师父同意收徒。拨法时根据徒弟挂灯的数量来确定拨法内容。如弟子挂的是三台灯，在地上摆三张纸钱，构成三台罡步的形状。拨法时，师父引导徒弟在由纸钱铺成的三台罡步形状上走，师父先走一遍演示给徒弟看，然后让徒弟按师父的步法走三台罡步。走罡步分为进退两步，进从左边第一张纸钱开始，退从最后一张纸钱开始。进的时候首先用左脚踏上标号为"1"的纸钱，右脚迈开踏在标号为"2"的纸钱上，左脚移开踏上标号为"3"的纸钱上。进完之后是退罡步，先是左脚从标号为"3"的纸钱踏到标号为"1"的纸钱上，右脚再从标号为"2"的纸钱踏到空地上，然后再把左脚与右脚合拢，退罡步结束。师父开始打筶，连续打这三次，如果出现阴筶、阳筶、圣筶，表示拨法成功。拨法过程中需要注意的是，徒弟在走罡步与退罡步时，身体重心要稳，不能出现站不稳的情况，同时脚不能踏出纸钱外；退罡步不允许转身，也不许回头看纸钱在哪里，否则拨法不成功，需择日再拜师。如果弟子度戒时挂的是七星灯，则走七星罡步拨法；如果挂的是罗大灯或者加过职的，则走大罗罡步拨法。走七星罡、大罗罡步方法及注意事项与三台罡的一样，此不赘述。三胎罡、七星罡、大罗罡步法如图3-3、图3-4、图3-5（实线为进，虚线为退）。拨法成功后，拜师者与收徒人正式确立师徒关系，徒弟即刻起可以跟师父学法，如抄写经书，学习法器的使用，熟悉师公禁忌，了解师公的历史渊源，等等。[①]

金秀大瑶山忠良盘瑶拜师仪式，需要学徒要带1只公鸡到师父家杀来敬神，师父请来祖本师、证明师、传度师、三清、祖宗香火后，取下香炉盘带领徒弟脚踏香炉盘，手拉手向神灵讲明拨法[②]缘由，即讲明"意者"[③]。师父拨法过后，徒弟日后若用到该法术，须说出祖师、证盟师、拨法师的名字，否则作法不灵。与父子相继不同，师徒传授是在家庭成员关系以及家庭环境之外建立起来的。所以未来师父会问该名男子是否真的想进入巫师圈子，并且请他考虑到学习过程的艰辛以及三心二意给家人和自己所带来的危险。如果这名男子此时仍坚持要成为一名巫师，未来师父

---

① 根据高崧耀同学2013年夏季在田林县利周瑶族乡伟好屯对李德才师公做访谈的田野记录整理而成。
② 也称"过教"，即将教法拨付给弟子。
③ 交代举行仪式的原因、事情的经过、仪式中各个程序的意义等。

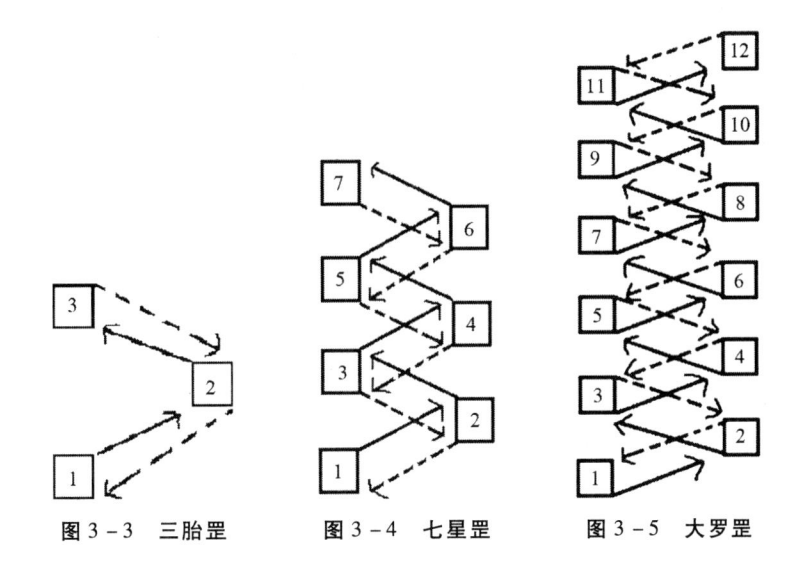

图 3-3 三胎罡　　图 3-4 七星罡　　图 3-5 大罗罡

才同意给他传授技能。多数时候，会有好几个年轻人，集中在一位经验丰富的师公家里听他传授法术。集体传授通常在每年的正月初一至十五期间进行。赵有兴告诉我，以前每年正月初一至十五有很多人来到他祖父家里学法。祖父在厅堂摆一张长方桌，桌上放有一个米盘，还烧有香和纸钱。当他祖父敲锣请师父和上下坛兵马[①]时，在场的好多人都"发童"[②]了。他们浑身发抖，大喊大叫，四处打滚，甚至有人捧起火炭往自己脸上擦。他不得不护住火盆，不让那些发童的人靠近。庞福贵也说，他岳父在世时，逢年过节有很多人前来投师学法。他们带来很多鸡和猪肉，因为他不喜欢学法，所以给那些学法的人做饭。由于学徒人数众多，需要准备大量的饭菜，每次累得他直发愁。

荔浦县茶城盘瑶拜师仪式通常在过年敬祖时举行，需要徒弟备公鸡1只，香纸、酒菜、利市若干。拨教法时，需请拨教师1名、证明师1名，拨教师请来祖宗、请师父后，向他们详细讲明意者，劝他们吃饭喝酒，交纸钱给他们，即可拨法给徒弟。师父拨下祖辈师兵马后，祖辈们带有多少兵马徒弟都可以用。

---

① 即阴兵。瑶族相信一个人经历过挂灯、度戒仪式后，在神灵世界中拥有一定数量的阴兵。

② 盘瑶宗教用语，其语义相当于汉语所表述的"神灵附体"。人一旦降童，火炭可以用手取，不觉得烫手。降童的主要表现是浑身发颤，说明灵魂进入阴间了。

昭平县仙回七姑姐没有宗教文书，只能靠口传来传承她们的宗教传统。因此，寻找合适的传承就显得尤为重要。七姑姐在年老之前，会将法事本领传授给接班人。接班人的选择，采取双向选择。有兴趣当七姑姐者可以上门拜师，七姑姐必要时也会主动寻找接班人。古定小组七姑姐黄秀珍，觉得自己年纪大了，开始有招收徒弟的想法。以前曾有人上门想拜她为师，不过她觉得不合适拒绝了。现在她需要找个接班人，把她的法事本领传承下去。她想让女儿做自己的传承人，但这不仅要看女儿是否愿意，而且也要看女儿是否有做七姑姐的天赋。想要拜七姑姐为师，学徒需要准备一些礼品，礼品的数量随自己的心意，不需太多也不能太少。礼品用来祭祀神灵，若太少无法请动师父。拜师礼品要鸡1只、香（单数为3、6、9或更多）、利市1个（红包）、纸钱若干。拜师时，摆上礼品后便可跟师父学请七仙女。师父请下七仙女，向她禀明要把本领传给徒弟。如果七仙女认为可以传授，便可开始传授。师父请七仙女仪式全程演示一遍，同时叮嘱应当遵守哪些禁忌，便算是完成了拜师仪式。拜师过后，徒弟要试着单独请七仙女做仪式。如果请七仙女做仪式成功了，就算是学成了。以后徒弟替人做仪式时，需在脑海里想象师父的样子，这样做法事才会顺顺利利。

巫师接受训练的方法有两种：一是言传，平时由师父向徒弟口头传授；二是身教，徒弟随师父参加法事活动，既可观察也能协助，久而久之就掌握了主持仪式的本领。学习项目主要有熟知本民族的历史来源、神话传说，掌握各类颂词、喃词、哼腔唱法，会做各种手诀，会走各种罡步，熟背经文、咒诀，通晓各种仪式的程序，了解一定的天文、地理知识，熟悉鬼神的名字、形貌、职守，等等。此外，还有需要学习很多技艺。如很多仪式需要用禽畜做祭品，学徒要清楚哪种仪式要用哪种祭品，用的数量是多少。有些仪式要用草扎成各种草像，象征鬼神。这些草像不是随便扎起来就行，要让人看出每个草像具体代表的是哪个鬼神。有些仪式要剪纸花、画符，用什么纸、什么颜色，如何剪画成各种规定的鬼神形状。再有做纸钱也是有规定的，不同鬼神所用纸钱的份额、形状也有区别。扎草、剪纸、画符、做纸钱等都是手艺活，要练得多，才能做得好。学习期间，如果哪位学徒专心致志，勤奋好学又能随机应变，就被认为学得好而受师父喜爱，师父会尽力将本领传授给他。徒弟跟师父学习一段时间后，由师父择优选拔，每逢活动便带他去实践。在实践中获得民众的信任，民众才乐意聘请，年长日久以后，名声会越来越大。通过这种方式，徒弟的权威就逐步建立起来了。

在盘瑶社会，如同其他财物一样，巫术也须通过购买而发生转移。因巫技是高度复杂的技艺，徒弟被期望对师父所给予的训练支付费用。盘瑶称这种训练费用为"师父钱"。师父钱一般在学徒正式拜师时支付。决定学习法术后，徒弟会带上鸡、猪肉和红包找到老巫师家里，向他表达学法的愿望。老巫师收下礼物后，算是同意接收为徒。红包内的钱数视个人的经济条件及社会的约定俗成而定，没有具体的数额限制。黄金寿师公说，过去要给面值10毫的银圆12块作为师父钱。赵有兴师公说，每年拜他祖父为师的人很多，给的红包也很多。他也要封红包给自己的祖父。当时封3.6—7.2元，有银圆的最好给银圆。20世纪80年代后，师父钱逐渐上涨。盘志富说，1996年他学法时给的师父钱是36元。他还说，师父钱多少要视学法内容而定，学卜卦的少一些，如学从卜卦、送鬼、挂灯、度戒、打斋的全套法术就不止36元了。2008年12月，我在德香村小德屯参加了黄通贵的度戒仪式。由于黄通贵以前未挂三台灯，所以要度戒得先挂三台灯。挂三台灯请3位师父，每位师父要给师父钱36元；度戒请7位师父，每位师父要给师父钱72元；从挂三台灯到度戒，他共付师父钱612元。

拜师之后，徒弟需要一边学习法术，一边跟师父去做法事。然而，学做巫师特别是学做师公并不是一件容易的事。我们接触过很多师公，每当问他们学做师公难不难时，没有一个师公说容易。贺州市黄洞瑶族乡都江村杨梅组赵文甫师公说，他开始根本不想做师公，后来见他当师公的大哥太辛苦了，就想帮帮他跟着去做了一次法事，感觉太累就不再去了。时隔一年之后，在当地大师公赵有福的邀请下，他又跟着去做了一次法事，感觉做仪式非常难，他再次打退堂鼓。直到看见赵有福师公把自己儿子也带去学做师公，赵文甫觉得有伴才下定决心做师公。赵文甫的哥哥李进保说，学做师公非常难，要懂得其中的缘由，才能把法事做好，如果不懂顺序不按规矩办事，神灵会不高兴的。李进保所谓的缘由，也就是师公们常说的"意者"，即把仪式缘由及仪式前所做之事都要一五一十地跟神灵说清楚，不能出现纰漏，不能粗心大意。简单说来就是，为何要做这场仪式，何日在谁家做仪式，仪式的过程是什么，要用到什么祭品，需要请什么神灵，如何祭祀神灵等。每一个仪式都会有"意者"。在一些大型仪式中，不同阶段会有不同的"意者"。如贺州市黄洞瑶族乡还愿仪式中，在给神灵上香时有《伸香意者》，在请神灵下马时有《马头意者》。做什么仪式就要说什么"意者"，不把"意者"说清楚，神灵是不会亲临现场的。因此，熟练掌握"意者"，是能否成为一名师公和做仪式是否成功的重要因素。宁明县爱店镇丈鸡屯蕉如香师公说，想学做师公，除了要拜师学法外，还要有一点天赋，头脑一定要灵活，还要有好的记忆力。过去学做师公的人，受教育程度低，认识字不多，学做道全靠脑记，需要将篇幅冗长的经书，以及各类疏表、榜文、罡步、手诀、符咒等熟记于心。这对学做师公的人来说，是一项非常艰苦的工作。宁明县爱店镇琴么屯赵有程说他也学过法，但由于记忆力不好，只好放弃了。李德才师公认为学做师公难在太辛苦。他从拜师开始，就不断抄经书，每个师父的经书都要抄，师父有多少经书就得抄多少。如果说抄经书艰苦，那么学习做法事就更难了。在李德才师公看来，光是听师父说怎么做仪式或是看师父怎么做仪式是很难学会的，必须在师父的指导下尝试做一些小型仪式，小型仪式做好了以后，就去学做大型仪式，直到会开天门，就可以独立做大型仪式了。要想成为一名真正的师公，虽然跟随师父学做法事是关键性因素，但是也要有"悟性"和"缘分"。悟性即有些事是师父无法清楚说明的，师父只能教你怎么去做，而无法教你如何做得完美无缺，需要徒弟自己去揣摩，如揣摩得不透，仪式就做得不完美；缘分即能否"拱鬼上身"①，简单地说就是能否让神灵附体，只有神灵附体帮自己做法事才会灵验。神灵附体也使师公在做驱鬼、收鬼、杀鬼的法事中免受恶鬼的伤害。

如今年轻人面对民族文化的受冲击态势，嫌师父社会地位不高，作法赚钱不多，不怎么愿意学做巫师，因而巫师难以找到徒弟，缺乏接班人。有的说学法没什么用；有的说学法太难了，不但要有好记性，而且要花很多时间来学习，而他们没有时间学习，因为他们得干农活养家糊口；还有的说作法太辛苦，有时几天几夜都不能合眼，念经诵咒，口干舌燥，又没有很高的经济回报。虽然现在还不时有人挂灯、度戒，但挂灯、度戒过后也没有再从师学法。

金秀大瑶山忠良乡古盘屯赵有兴师公说，以前德香村也有几位大师公，但他们生前都没有传下弟子，现在全村只有他、黄金宝和黄通富会作

---

① "拱鬼上身"，当地盘古瑶人宗教用语，其中的"鬼"指的是护法师傅。

法。他也想传下几个弟子，但是没有人愿意跟他学法，因而至今尚未找到传人。在盘瑶社会，如果年轻人喜欢学法会主动前来拜师，师父通常乐意招收为徒授予法术。赵有兴说，虽然他很想传下弟子，但他不会主动寻找传人。在忠良乡的六音、六门、六努三个村寨中，有四位盘瑶师公，村上也没人跟他们学法，他们感叹后继无人。昭平县仙回瑶族乡小林香组盘成府师公对师公行业充满了担忧。他希望自己的一身技艺能够有人传承，也招收了好几个徒弟，但是能够做师父的寥寥无几，而且没有一个能挑大梁的。主要原因是有的觉得师公行业收入不高，不想努力去学习，有的是没有慧根，也难成大器。大瑶山忠良乡车田村六音屯庞成富师公说："现在是我们送人家，到我们死时，恐怕就没有人送我们了。如果没有人会送，就像抬死狗上山一样埋了。"赵成寿是大瑶山忠良乡一带资历较老的师公，谈到传承话题也是忧心忡忡。他曾要求两个儿子跟自己学法，可没有一个儿子愿意学。虽然经他度戒的弟子有二三百人，但真正会做事的也只有三个。2000年他同十八屯的黄金富、六茶屯的赵元朝等几位师公商议成立书教学校，教员由师公担任，下设教导员、秘书主持日常工作，校址定在金秀镇共和村。他们还计划让每位师公将自己珍藏的经典拿出来，并负责把自己较熟悉的部分给学徒讲授。然而，由于部分师公的离世，学校最后没有办起来。[①] 大瑶山忠良乡双合村石阳屯庞有福师公已经年过七旬，想来从事巫师职业已有54年了，除了做些法事谋生活外，就是想让自己的孙辈能有人学做师公将自己的技艺传承下去，这已经是他为数不多的愿望之一，但是他的这一愿望至今未能实现。

田林县利周瑶族乡伟好屯李德才师公1963年开始收徒，至今派李师公为师的已有50—60人，但李师公认作徒弟的只有6个，6个徒弟中只有2—3人会做法事，但做不了度戒仪式，主要原因是他们爱喝酒。凌云县盘小会是李师公的第一个徒弟，也是他最得意的门生之一。盘小会加过职，比较会做仪式，悟性也很好，但在仪式过程中与女人同床，触犯禁忌，20世纪90年代死于非命。说起这事，李师公愤恨难平，他恨大弟子不争气。他说，教会一个可以独立做仪式的徒弟很难，徒弟做到师公也不容易，师公法术那么难都学记住了，却记不住禁忌，不顾天条，送了性命。后来李师公又招收李才金、李才府、李才凤、邓才金、李才福5个徒

---

① 2007年8月1日我在金秀大瑶山忠良乡龙表屯对79岁的赵成寿师公做访问时采集而得。

弟，其中李才金、李才凤是李师公堂哥的儿子，李才府是李师公的郎婿，但如今5个徒弟中都没有人从事师公职业了。李师公回忆说，开始收学徒的那段时间，徒弟们都专心学做法事，学习法术的悟性很高，他们还组成了一个师公班，专门负责附近村落的仪式活动。但随着时代观念的改变，自身经济状况的限制，徒弟们对师公行业进行重新定位，他们发现师公行业没能给他们带来多少经济利益，于是先后放弃了师公职业，投身别的行业去了。对于徒弟进入师门却不从事师公活动，李师公表示理解。他说，做大仪式要熬几天几夜，身心疲惫，得到的报酬却很少，做小仪式也是能在主家吃顿饭，事后可能有半只鸡或几斤猪肉，也有可能什么都没得到。虽然戒律说做师公要为人民排忧解难，不得贪图钱财。但是他们人处中年，需要养家糊口，需要提高生活水平，而做师公对提高他们的生活水平没有多大帮助。看着许多不做师公的人买了汽车，住上了新楼房，他们不甘心安于现状，全部选择了退出师公行业，外出打工去了。徒弟们的想法，李师公深有体会。他举例子说，现在还愿、打斋等大型仪式，有36元钱和一个猪腿的报酬，而招魂、架桥等小型仪式，就是在主家吃一顿饭。他指着自己的房子说，他做了几十年的师公了，还住在几十年前的房子里。李师公这话不假，伟好屯里经济条件好点的人家都住上了钢筋水泥房，住砖瓦房的人家已经不多了。像李师公这般有名的师公都无法改变自己的生活状况，对于他的徒弟们而言，想要靠做师公来改变生活条件更是难上加难了。

　　对于徒弟们退出师公行业，李德才师公在深表理解的同时也表示出深深的忧虑。他说等他百年之后，还有谁可以完成一个师公应该完成的事？我们曾就传承的问题询问过李师公，他除了深深地叹气外，更多的是无声地摇头，对师公行业的忧虑使他陷入了沉默的境地。也许他也曾多次地问过自己，但都找到不答案。"不知道""不懂"是李师公在传承的问题上给我们最多的回答。李师公对后继无人的担心不无道理，虽然现在徒弟们对法事略懂一二，但是无法独立主持大型仪式。李师公曾对我们说，徒弟们现在都在外面打工，平时不回来学习做法事，只有逢年过节时回来帮做小型仪式。在伟好屯，李师公成了师公行业最后的守望者，他期待有更多的人加入师公行业，他更期望徒弟们可以抽空回来学习作法。作为一个民族宗教职能者，李师公担心的不仅是师公的传承，还有民族传统文化的传承。他说，经书里面很多是关于忠、孝、义等传统美德的内容，还有瑶族的历史与文化的内容，如果没有人愿意传承下去，那将来这些东西可能就失传了。无人可传是李师公面临的最大传承难题。我们曾问李师公，你还收不收徒弟？李师公回答说，只要肯学，他都收。我们又问，汉族、壮族你收不收？李师公说，汉族、壮族度过戒获得法名的人很少，而且最高只挂十二盏灯，只能带120个兵马，有些仪式他们做不了，所以他一般不收外族人为徒。李师公不愿收外族人为徒，而族内又没有人愿意跟他学做师公，这让李师公对师公行业的未来感到焦虑。[1]

贺州市千金组赵福师公如今是广西壮族自治区宗教文化遗产的传承性代表人物。他说，瑶族宗教文化如果要传承下去，需要找到传承人，而度戒是宗教文化得以存留的关键。但是现在物价比较高，举行度戒仪式花费太多，需要两三头猪，8个师父做7天，每1天1夜要给师父100元，一场度戒仪式要花两三万元。未来师公之路怎么走？在谈及今后打算时，他说还想再带一两个徒弟，但是由于度戒费用高，没有国家拨款资助难以维持。他还说，政府如果有意让他带徒弟，应当每月给他1000元作为补贴[2]，但现在看来还难以实现。

第二节 日常生活

瑶族巫师是其所处社会中的一个特殊群体，他们的生活行事虽然不像西方童话故事或中国古代志怪小说中所描绘的，但却也给人以神秘诡异的感觉。然而，与他们接触后不难发现，他们远非虚无缥缈的鬼神精怪，也不是一意超然于世的僧人、道士，而是生活于现实社会中的一群人，过着与普通民众并无二致的生活。

一 普通人般的家居生活

在中国社会，僧、俗之间泾渭分明。出家僧侣、尼姑须过独身的群体生活，了却尘世七情六欲，清心寡欲，潜心修佛。[3] 至于道士，北方全真

---

[1] 根据高崧耀同学2013年夏季在田林县利周瑶族乡伟好屯对李德才师公做访谈时的田野记录整理而成。

[2] 2008年7月28日晚，我与刘昭瑞教授在贺州市黄洞瑶族乡千金组对66岁的赵有福师公做访谈而得。

[3] 杜继文主编：《佛教史》，江苏人民出版社2006年版，第25页。

派奉净静修行为宗旨，道士多居于宫观内，不常涉及俗世中事①；而南方正一派以符箓禁咒为要谛，遣神役鬼驱魔压邪为秘诀②，不一定住于宫观中，可以过居家生活及生子，不过也要求清心寡欲，尽量超脱俗世烦恼，故道、俗之间还是有一定的界限。

与僧、道的生活方式截然不同，瑶族巫师的世俗世界与神圣世界的界限显得非常模糊。瑶族历史上长期迁徙不定，无专供信徒"建斋行道""敷弘道化""度道士"的楼观宫宇，不仅受戒的信徒普遍家居，即使教阶已位至道公和师公的信徒也都以家为居，娶妻生子，过着与普通人并无二致的家居生活，他们都属于记名出家形式，即香火居士。③

然而，成为一名巫师之后，他们需要严格遵守一些禁忌。我曾就巫师的禁忌专门询问过贺州市黄洞瑶族乡黄洞村千金组师公赵有福、都江村杨梅组仙娘冯少英，昭平县仙回瑶族乡茅坪村古定组七姑姐陈秀英，金秀大瑶山忠良乡六卜村六雷屯打卦人赵文县，田林县利周瑶族乡凡昌村伟好屯师公李德才，综合他们的言说禁忌大体可分为硬性禁忌和软性禁忌大两类。硬性禁忌是关于房事、饮食等方面的禁忌，软性禁忌是关乎维护巫师群体的名声以及等级差序等方面的禁忌。下面兹就盘瑶男女巫师需要遵守的禁忌详述。

当一名盘瑶男子被招为学徒后，需要遵守一些硬性禁忌。这些禁忌在学法过程中，以及挂灯、度戒时师父会耳提面命。挂灯、度戒过程中，师父向师男授予的训条有：不咒天骂地，不恶语伤人，不贪色奸淫，不欺诈拐骗，不贪财害命，不嫌贫爱富，不欺老凌幼，不空发心愿，要孝敬父母，尊老爱幼，尊师爱友等。④ 男巫在做大型仪式时有一些关于房事、饮食、抬丧方面的禁忌。盘瑶传统教礼规定，做度戒仪式师公应当在仪式举行前一周内忌房事，忌抱女孩洗澡，度戒师、引度师要吃素一周，度戒后四十九天之内不可以吃荤；做还愿师公前一两天忌房事，饮食方面则无禁忌；做打斋仪式师公不可抬丧。而举行小型仪式则要宽松一些，做仪式当天忌房事，去做仪式的路上碰上女人要走到路的上方，让女人先通过然后

---

① 陈耀庭：《道教礼仪》，宗教文化出版社2003年版，第18页。
② 卿希泰、唐大潮：《道教史》，江苏人民出版社2006年版。
③ 宋恩常：《瑶族道教的特点》，广西瑶学会编《瑶学研究》（第3辑），广西民族出版社1993年版，第310页。
④ 赵家旺：《瑶族度戒与道教斋戒》，《广东民族学院学报》1990年第3期，第21—26页。

才前行。如果违反了以上禁忌，那么法事的效果会被削弱或无效，甚至会导致灾难。不过，盘瑶师公虽有为民排忧解难的责任，但也不能总处在去做仪式的紧张情绪中。平时他们都要回归普通人的生活状态，需要过普通人的正常生活。师公对偶然性仪式没有预见性，在仪式前跟妻子同床是很正常的事。如果师公与妻子同床后突然被请去做仪式，那么师公就要洗净身子，换上新的衣服，再用一只鸡解除身上的女人味，才可以到别人家做仪式。对盘瑶男性巫师而言，在日常饮食中还要遵守如下禁忌：禁食狗肉、猫肉、七星鱼、马肉、牛肉、蛇肉、鸽子肉、乌鸦肉、野猪肉、老鹰肉和乌龟肉。① 不食狗肉，是因为盘瑶信仰盘瓠，而盘瓠形似狗，故不能吃；不食蛇肉，是因为蛇形似龙，在神像画中，水府功曹骑龙，故不能吃；乌鸦、老鹰是吃蛇的，故也在禁食之列；不食马肉，是因为神像画中阳间功曹骑马，故不能吃；不食鸽子肉，是因为鸽子似鹤，神像画中天府功曹骑鹤，故不能吃；不食野猪肉，是因为野猪似虎，神像画中地府功曹骑虎，故不能吃。李德才师公说，如果在不知情的情况下吃了这些肉类，是不要紧的，不知者无罪。如果是在知情的情况下，这些肉一碰到嘴就想吐，无法下咽。这说明，师公无论是在心理上，还是在生理上都对这些肉类产生了排斥。但就我考察所见，已有很多盘瑶年轻人吃上了狗肉。然而，已挂灯、度戒者及巫师绝对不敢食狗肉。他们说吃了狗肉，不仅作法不灵，还会得罪师父，招致灾难。

男巫还要遵守一些可称为软性的禁忌。软性禁忌的主要功能，是维护巫师群体的名声以及等级差序。软性禁忌的主要表现，是盘瑶巫师们对"草率懒惰""争强好胜""贪图财物"所表现的群体排斥性。法事活动是盘瑶信仰的寄托，因而要求巫师认真负责。如果偷懒耍滑，如省略仪式步骤，念经故意跳跃，声音含混不清，打筶时不认真，存在弄虚作假，会给家主带来灾难。盘瑶男巫内部存在严格的等级差序，不同级别的巫师只能活动在不同信仰层次上。忌自己不会做的仪式不给别人做，非要揽下来给自己做，让人家觉得他什么都会做；不会做的仪式碍于面子不去问别人怎么做，觉得向别人讨教是一件丢脸的事；仗着自己年龄大、出师早，看

---

① 参看广西编辑组《广西瑶族社会历史调查》（第一册），广西民族出版社1984年版，第362页；《金秀瑶族自治县志》编委会《金秀瑶族自治县志》，中央民族学院出版社1992年版，第118页。

不起那些年龄小、出道晚的巫师；排挤与自己同时出师却又比自己厉害的巫师。再有就是在民众需要的时候要及时帮助他们，即使是山高路远、天气恶劣、无人来接也不得爽约，做法事时忌对酬劳斤斤计较，跟主家讨价还价，即使没有酬劳也要给主家做得完满，否则名声受损，最终人神共弃。

昭平县仙回七姑姐必须遵守某些禁忌，如果违反了禁忌，则会碰上不好的事情。这些禁忌如正月十五不能吃沾有血的肉，平时不准吃猫肉、狗肉、蛇肉，否则做法事就会不灵验；每月初一和十五，没事也可以请七仙女下来玩，平时有事相求才能请七仙女下来，若平日请她来又没正经事的话，则被认为是戏耍神明，后果是非常严重的；在观看请七仙女仪式过程中，不能发出笑声，不能讲粗话，否则视为对七仙女不敬，七仙女发怒会敲打不敬者的头；不能对七仙女许空愿，承诺的话必须兑现，否则送不走七仙女；经期请七仙女做仪式要多一些步骤，在送七仙女回天庭之前，要烧一些柚子叶和茅草，握着鸡笼在火焰上绕三圈，用这种方法除去七仙女身上的味和污秽；村里有人生孩子没满月，或是满月不超过一周，不能答应给他们做仪式，因为产妇和新生儿是污秽的，如果请神明下来后，受到了污秽就送不走了，她们会弥留在凡间，会给七姑姐造成很大的困扰。

【个案3-9】盘大妹给村里33天大的女婴做仪式，仪式末尾用尽各种办法都送不走七仙女，鸡笼一直在抖动。无计可施的她只好把鸡笼暂时挂在菜园围栏的木桩上。几天之后，盘大妹的眼睛无缘无故疼痛，经占卜后得知是七仙女还留在凡间。于是盘大妹就唱了很多歌，烧了一堆纸钱才把七仙女送上天。当鸡笼停止抖动时，人们发现有一只青蛙死在鸡笼里面。①

贺州市黄洞仙娘无论是在做法事，还是在日常生活中都要遵守一些禁忌。在她们看来，神仙是附在她们的身体上，她们的言行举止，神仙全都知道。如果她们做了让神仙不满意的事，那么神仙会怪罪她们，并在她们

---

① 2010年8月12日，由杨芫慧同学根据昭平县仙回瑶族乡茅坪小组陈秀英的口述整理而成。

下次做法事时不再显灵，也不再支持她们。因此，遵守禁忌对仙娘而言至关重要，不能有一丝马虎。所供奉的神仙不同，需要遵守的禁忌也不一样。以仙娘冯少英为例，她说观音娘娘附身在她身体里。为此，她必须坚守与观音娘娘有关的禁忌。这些禁忌主要在饮食方面：初一、十五不能吃肉（也有说初一、十五早上不能吃肉），因为观音娘娘是不杀生的，在初一、十五上供的日子，仙娘也不能碰荤腥，否则视为对仙人不敬；不准食蛇肉、龟肉、牛肉，认为这些动物是有灵性的。关于做法事方面，也有诸多禁忌。如有违背，神仙不仅不会显灵，而且会惩罚仙娘和求助事主。做法事方面的禁忌有：做法事前一天不能与男人同房，否则神仙会降罪于她和她的家庭；月经期间不能做法事，也不能碰法器；在法事准备过程中，不能让荤腥和酒水碰到观音娘娘，否则法事会不成功；等等。这些禁忌不仅代表着仙娘对神仙的尊重和敬畏，更重要的是如不遵守这些禁忌，她们便不能成功地与神灵进行沟通。

巫师遵守禁忌目的是使他们更好地履行自己的职责。不触犯禁忌是做巫师的基本原则。宗教禁忌隐含神秘的危险，任何违犯禁忌者，无论是有意还是无意，都会受到强制性的惩罚。[①] 李德才把师公需要遵守的禁忌看成天条，在他看来犯天条是一件严重的事情，轻则做法事不灵，重则师公本人会死亡。巫师禁忌是巫师区别于普通人的主要标志之一，巫师作为人与鬼神之间交流的媒介，必须要严格遵守一些的禁忌，以保持他们在仪式活动中的威严和神圣。

二 半农半巫的经济生活

盘瑶巫师并没有从普通人的生产劳动中分离出来成为专职人员。他们只是人与鬼神交流的媒介。平时他们没有享受任何特权，与民众之间只是邻居和朋友关系，只有在有事时才以巫师的身份出现。在日常生活中，巫师与同村寨的其他成员一样，也要上山砍柴，下田种地。对于绝大多数瑶族巫师来说，做巫师只是一项兼职的工作，他们的全部家庭开支不是靠做法事的收入来维持的，巫师生涯只是他们生活中的一部分。不过，巫师家人在他们繁忙的季节，即农历十二月到隔年二月份左右，就得担负起较多的农活。

---

① 李平：《浅析宗教禁忌》，《丝绸之路》2010 年第 10 期。

我们对师公赵有兴、李德才，七姑姐黄秀珍、陈秀英做过深度访谈，因而对他们半农半巫的生活状况进行深描。我们于 2001 年农历五月第一次来到赵有兴家，当时正值农忙季节。每天早上天刚亮，他们夫妻俩就得起床。妻子刷锅、洗碗、洗菜为全家人准备早饭，丈夫则打扫院子、煮猪食、喂猪。吃过早饭，他们就到田里插秧。傍晚时分，又从田里回家准备晚上的饭菜和喂猪。逢着赶蒙山县夏宜圩的日子，夫妻俩骑着摩托车到圩市上去"耍耍"。农忙过后，他们就到蒙山县汉区的木材加工厂给老板锯木板。如果遇有人请去作法，就放下手中之事给人作法。我们来到李德才师公家是 2013 年农历七月。师公 55 岁以后，不再从事农事劳作，每天都待在家里。师公每天早上七点钟起床，起床后的第一件事是煮饭。我们常在早上七点听到师公倒米入锅里的声音，久而久之倒米声成了我们起床的"铃声"。煮饭期间，师公坐在沙发上抽烟。吃完早饭，如果没人来求做法事，师公就坐在沙发上抽烟。师公无论做什么事都烟不离手，有时忙得烟烧到烟蒂了还没来得及抽一口。师公 16 岁起开始抽烟，至今已有 50 多年的烟龄。师公每天要抽 3 包烟。不过，师公的烟不用自己买，人家来做仪式少则给两包，多则给一条，烟多得师公都抽不完，隔三岔五还有人来跟他买烟。上午，师公要么去喂鸡、洗衣，要么在家里和别人聊天。中午，师会拿玉米、豆子出来晒，然后又坐到沙发上抽烟。午后，无事可做时师公会睡觉，有时从一点睡到四五点，不过下午师公经常要做仪式，很少有那么多的时间睡午觉。四五点过后，师公会看一会儿电视，六点如果妻子没回家就给她烧洗澡水，然后喂猪。喂完猪，就开始做晚饭了，妻子干完活回来洗了澡就可以吃饭了。吃过晚饭，师公又看电视了。如果精神好，他会一直看到凌晨。师公不论休息多晚，第二天依然起得很早，我们还在睡眼惺忪时，又早早地听到他起床的"铃声"了。日复一日，年复一年，巫师们按农事与法事活动安排着生活。生活中的七姑姐就是平凡而普通的农村妇女。当有人上门邀请她们去做仪式时，她们一般会把时间安排在晚上，这样就避免了作法与劳动的冲突。如果两者之间有冲突，她们会错开劳作时间，先给别人举行仪式。仪式地点可定在七姑姐家里，也可设在问事者家里。七姑姐出门之前要在神龛前做一个小仪式，烧香通报祖先、师父自己要到外面作法，祈求他们护送七仙女下凡，让自己作法顺利赚到钱。找黄秀珍做仪式，必须准备一个 12① 元的红包，陈秀英对红包大小没有明确要求，但也不能少于 3 元 6 角②，若旁人想要顺搭着问仙，则需另准备一个红包。仪式过程中，七仙女亲临现场时，七姑姐手中鸡笼的重量会略微增加，而且不停地抖动。这时可以开始问仙了，神仙的旨意会以符号或文字的形式写在沙盘上，这些符号、文字只有七姑姐才能解读。虽然巫师们在经济上没有很优厚的回报，遇到大型仪式好几天都回不了家，虽然耽误了家里的很多农活，但家人还是支持他们作法。由于师公经常走村串寨替人作法，故民间常流行一句顺口溜来描述他们的生活状态："烂师公，烂师公，一天跑一条冲。"③

说盘瑶巫师半农半巫，绝不意味着他们中没有专职从巫者。如金秀大瑶山忠良乡有 4 位村民公认的专职巫师，他们靠替他人作法谋生。赵成寿是龙表屯一位很有名望的师公，因他所在村寨以及邻近的坤林、沙坪、十八、六茶等村寨的居民崇信鬼神，所以找他作法的村民很多。他经常外出作法，很难在家里找到他。有一段时间，他还在金秀县城租房，等着别人上门找他作法。由于县城一带认识他的人不多，加之县城附近也有不少茶山瑶师道公，所以找他作法的人不多，只好返回龙表。盘进元是六努屯的一位老师公。六努离忠良圩比较近，走路约要 30 分钟。他的儿子在圩市上盖有一栋三层楼的房子，一楼租给别人装杂物。每逢圩日，他就在一楼的杂物房前摆摊卖香、冥纸，兼给人看相、择日，服务一次收费 2 元，一个圩日也有 30—40 元的收入。六努屯盘志富也是以巫为业，农活全由妻子、儿子承担。盘家里装有电话，他本人也有手机，常有人来电请他作法。电话一来，他马上背上法具出门，有时一走就是一个多月。他作法平均每天有 30 元收入，所得收入除留下一点备用外，其余的交给妻子做家庭开支用。盘志富说，他作法所得的收入自己用不完。石阳屯庞有福师公也以巫为业，与妻子分居以后，经常外出作法，最远到过广东，相传封包有时达千元之多④。又如田林利周瑶族乡李德才师公 55 岁放弃农事劳作

---

① 昭平县仙回瑶族乡茅坪村黄秀珍认为，"12"这个数代表着瑶族的 12 个姓氏。
② 昭平县仙回瑶族乡茅坪村陈秀英说，这是师父传下来的数目，少了这个数就请不到神明。
③ 2007 年 10 月 23 日，由金秀大瑶山忠良乡新村屯 67 岁的郑有禄师公提供。
④ 这一信息是我 2007 年 7 月 23 日在金秀大瑶山忠良乡古盘屯对 56 岁的赵有兴先生进行访谈而得。

专职做师公。李师公每天都做仪式，平均一天要做5场，一年要做1105场。每场仪式的报酬不一，报酬分为师父钱和辛苦钱两部分。师父钱即给神灵的钱，少则1元，多则20元，平均算来每场得10.5元，一年师父钱有11497元。给李师公的辛苦钱少则20元，多则100元，平均每场得60元，一年辛苦钱有21900元。两者加起来有33379元。当然，这只是一个推算，李师公也给不出一个准确的数字。以上仅是李师公择日、算命和解关的收入，还不包括如度戒、还愿、打斋、架桥、招魂、赶鬼等的仪式收入。李师公说，这些仪式收入每年约有8000元。如此算来，李师公做法事年收入约有40000元。需要说明的是，以巫为业者多数是上了年纪的师公，因体力难以适应繁重的农活，只好替人作法赚钱糊口。古盘屯赵有兴对我说，他现在还有力气做工，等到老了做不了工，也会专职作法，以养活自己。

三　扩展的人际关系网络

盘瑶巫师除了与看不见的鬼神世界发生关系外，还与看得见的俗世社会中的人们产生关系。这些关系之所以成立是因为他们是巫师。巫师的社会关系比普通民众更为多样化。他们比当地多数居民外出的次数多，走得也更远，结识更多的人。巫师所能拓展出的关系包括同行、契子女、同门师兄弟以及师徒关系。

（一）同行关系

盘瑶巫师因业缘而比村民多出同行关系。巫师们平时忙于农活，有人来请才外出作法。多数时候每个巫师只代表自己，他单独作法和收费。只有遇到大型仪式活动，因仪式时间长、仪式程序复杂，以单个巫师的体力难以支撑时，才需要一位大师公带领几个至十几个巫师通力合作。如在盘古瑶大型仪式中，最需要师公们通力合作的当数度戒仪式了，因为盘古瑶度戒仪式从挂三台灯开始，一直延伸到加职，仪式持续时间达7天7夜，必须请够数量的师公才能保证仪式的顺利进行。李德才师公给我们提供了他1958年度戒时的职能性师公名单，上面有职能性师公13位，有的职能性师公有2—3人，所用职能性师公人数达到16人。打斋、还愿也是盘古瑶社会的大型仪式，但打斋仪式的职能性师公只有3人，还愿仪式的职能性师公也只有2—3人，其职能性师公的人数远不及度戒仪式的职能性师公数量。兹将盘古瑶师公在度戒、打斋、还愿仪式中的职能与角色列表如下。需要说明的是，打斋、还愿仪式中的职能性师公是都具有师公资格的师公，而度戒仪式中的职能性师公并不都拥有师公资格，他们中有些是师公还未出道的徒弟或是普通人，如吹笛师、鼓乐师、装坛师、执香师、劳酒师等，他们在仪式中的职能与角色普通人都可以履行，不一定要具有师公资格的人来担任。在大型仪式场合里，巫师们常有抛头露面的机会，所以远近村寨大小巫师之间相当熟悉。但除了仪式合作之外，他们之间平时很少来往，也没有太多法术交流。巫师是自发形成的具有专门知识和技艺的特殊社会群体，没有固定的宗教活动场所，也无任何专门的神职机构。虽然巫师也因授业解惑、经书互抄、仪式合作等，培养起一定的集体感，但这种集体感主要以地域为特点。由于他们居住在同一个小区域，拥有相同的法术且在仪式中共同表演，所以他们易于形成松散的组织。但一个地区的巫师大多一起活动，一般很少与其他地区的巫师联合作法。

表3-3　　　　田林盘古瑶师公在度戒仪式中的职能与角色

序号	职能性师公的名称	仪式中的作用
1	主醮师	掌管度戒仪式中的一切事宜
2	引度师	引导师男开天门，上刀山下火海
3	书表师	抄写各种疏表、榜文表皮
4	证盟师	证明师男度过戒
5	保举师	烧火炼，布刀梯
6	装坛师	布置神坛，制作纸马，打印纸钱
7	座坛师	收拾祭品，摆放祭品
8	执香师	烧香上香
9	劳酒师	传酒传茶
10	鼓乐师3人	敲锣打鼓
11	吹笛师2人	吹笛子
12	加职师	给师男加职
13	纸缘师	制作加职仪式用的一切纸马、纸钱

表3-4　田林盘古瑶师公在丧葬仪式中的职能与角色

序号	职能性师公的名称	仪式中的作用
1	命师	掌坛
2	牵亡师	点亡人，点兵上朝
3	忏饭师	忏饭给阴间使亡人与阳间分离，买水给亡人洗浴

表3-5　田林盘古瑶师公在还盘王愿仪式中的职能与角色

序号	职能性师公的名称	仪式中的作用
1	还愿师	掌坛，开天门，还祖宗愿
2	对庙师	负责三庙圣王的招请工作
3	盘王师	还盘王愿

表3-6　田林盘古瑶师公在还观音愿仪式中的职能与角色

序号	职能性师公的名称	仪式中的作用
1	还愿师	掌坛，开天门
2	观音师	还观音愿

图3-6　合作举行度戒仪式的昭平师公们（陈锦均提供）

图 3-7 合作主持打斋仪式的金秀师公们（罗宗志摄）

图 3-8 合作举行还盘王愿仪式的贺州师公与主家合影（罗宗志摄）

（二）认契关系

在我们的考察中，对于人际关系印象最深的是巫师与其契子女的关系。盘瑶认契习俗十分普遍。表 3-7 所展示的是贺州市两村盘瑶认契情况，可窥其盛行之一斑。

表 3-7　　　　贺州市黄洞、都江两村盘瑶认契情况统整

姓　名	性　别	家庭住址	认契对象	认契原因
盘宇轩	男	黄洞村江口组	土地公	常拉肚子,易感冒
盘祖荣	男	都江村元炉组	不详	与父母命不和
阿石	男	黄洞村磨刀组	冯妹德（女）	时常生病
阿英	女	黄洞村磨刀组	卢国兴	容易生病
赵必云	女	黄洞村千金组	邓国平（女）	爱哭闹
盘万周	男	黄洞村江口组	想不起干爹名字	容易生病
赵华	男	黄洞村千金组	李进兴	体弱多病
盘万卿	男	黄洞村千金组	盘茂生	结婚后生了一场大病
赵美英	女	黄洞村千金组	太阳	体弱多病
冯德旺	男	黄洞村磨刀组	冯生元	酷爱吵闹,调皮捣蛋
李菲菲	女	黄洞村千金组	邓元富	命与父母不合
李桂金	男	黄洞村千金组	冯生元	体弱多病
保妹	女	都江村小千金	在路上拦的路人	体弱多病
赵有财	男	都江村小千金	李妹一（女）	酷爱吵闹,体弱多病
赵玖环	女	都江村小千金	盘有府	成年后生活不顺利
赵思斯	女	黄洞村千金组	认樟树,改名林青	命与父亲相克
赵金京	女	黄洞村千金组	认石头,改名石仙	命与母亲相克
赵丽	女	都江村园林组	冯荣章,路上拦的	易感冒发烧
盘进运	男	都江村杨梅组	石头,改名阿石	不好养
盘进江	男	都江村杨梅组	水井,改名水生	命中缺水
春香	女	都江村杨梅组	在路上拦的路人	体弱多病
李东	男	都江村元炉组	想不起干爹名字	爷爷要求
冯玉平	男	都江村杨梅组	覃小妹（汉族,女）	命与母亲不合
冯茜	女	都江村杨梅组	黄新章（汉族）	经常生病
李翔	男	都江村元炉组	盘德胜	脾气硬,爱顶嘴
赵芳	女	黄洞村千金组	李进兴	爱含手指
盘路生	男	黄洞村千金组	路	有眼疾
盘木英	女	黄洞村千金组	不详	容易生病
赵明坤	男	黄洞村千金组	福旺	体弱多病

续表

姓名	性别	家庭住址	认契对象	认契原因
阿四	男	黄洞村马鞍洲	神像画，改名天保	命硬，与父母相克
坛妹	女	都江村鹅炮组	大堂神像画	命硬
保妹	女	都江村鹅炮组	大堂神像画	命硬
盘晓甄	男	黄洞村千金组	盘福进	命里缺火，爱趴着睡
盘宗文	男	黄洞村千金组	盘有明	体弱多病
盘德华	男	都江村园林组	盘德进	体弱多病

由表3-7可知贺州黄洞瑶族乡盘瑶之所以习惯认契，绝大多数是因为小孩体弱多病、喜欢哭闹、调皮捣蛋、命克父母，也有少数大人因为生活不顺心而去认契。盘瑶认寄的对象有人、神明、石头、树木、水井、路头、桥头、牛栏、太阳、月亮，等等。认寄对象在盘瑶经书中也有所记载：

> 石公公唐三郎石母姜氏七娘一祖唐文兴二祖唐文广三祖唐文发。水井名，井公陈土一郎井母方文三娘井祖唐夢泉祖婆蓝氏。寄栋梁名，梁公梁大胆梁母李氏三娘。桥名，桥公乔子良桥母马氏三娘。日头名，日头公孙开五郎日头母罗氏三娘。月亮名，月光公公唐天玄月母习氏三娘。木树名，树公凌云飞树母金氏三娘。牛栏名，牛栏公童十四郎牛栏母蔡氏三娘。路头名，路公陈开通路母田氏三娘。门神名，左门神李太能右门神赵子荣二门神赵大魁三门神尔朝凤前门神张士华后门神张万魁。寄秤名，秤公郑元秀秤母卢氏三娘。寄金木水火土，金公曾十四郎木公魏三郎水公端太王火公王五郎土公黄五郎。寄灶名，灶公张相公灶母罗李二夫人东杨公焰天西王母李太能契公张士华契母松柏久，左道千里眼右道顺风耳，天父地母前生父母圣母娘娘。①

盘瑶认寄对象为人有两种情况：第一种是小孩在未满12岁之前，如

---

① 摘自《送神百合》，1932年抄本，2011年7月20日于贺州市黄洞瑶族乡千金屯赵有福师公家收集。

果经常生病、喜欢哭闹或脾气很倔，父母在带孩子去找医生看病的同时，也会揣着孩子的生辰八字到集市找人算命。算命先生根据生辰八字以及阴阳五行相生相克理论进行推算，如算出孩子命里缺五行中的哪种元素，或是孩子的命相跟五行中的哪种命相相克，就要父母给小孩找个那种命相的人做契父（妈），如命里"水"旺的要找命里多"土"的人做契父（母），命里缺"水"的要认命中多"金"的人做契父（母）。从算命先生那里得到这些信息后，父母就开始寻找这种命相之人。当然，要找的人应该身体硬朗或多子女，盘瑶人认为这是福厚的表现，以后小孩的命是由所认之人来扛的。找到合适的人选后，要先征求对方是否同意。通常对方都愿意认寄，因为这是件好事情，同时也多了一门亲戚。对方同意后，要请师公看日子，届时父母请上师公带着小孩上门认寄，经师公举行认契仪式后，认契关系正式确立。以后对认对象夫妇要以"干爹""干妈"相称，对方子女则按年龄以"哥哥""姐姐""弟弟""妹妹"相称。第二种情况是盘瑶人迷信鬼神，如果家里遇见不顺的事情，如小孩或其他人经常患病，小孩爱哭闹，脾气倔等，通常认为是有鬼神作怪。于是就去找降童师问卦，降童师问卦后将遇见不顺事情的原因以及要如何化解告诉问卦人。在这种情况下，认人做干爹（妈）就要到路上去"抓"契。清早，孩子父母用篮子装好熟鸡肉、猪肉、粉条、水酒，然后来到路边悄悄地藏起来（不让人看见，怕路人看到就不来了），碰到的第一个人，无论男女，先讲明原因，请他（她）做小孩的干爹（妈）。在盘瑶看来，接受寄拜是做善事，一般不会推脱。征得对方同意后，将带来的酒菜请他（她）吃，然后请他（她）给小孩取名。取名后，父母让小孩给他（她）磕头，问清楚干爹（妈）的姓名及地址等情况，以便日后两家相互走动。

【个案3-10】ZL（18岁），女，都江村园林小组人，2011年刚考上广西民族大学。ZL小时候经常生病，特别容易感冒发烧，然后家人找降童师给她问卦，降童师说要拦路认人做干爹。吉日那天清早，ZL母亲带着她，提着一个竹篮，里面放了几碗菜，有猪肉、腐竹、粉条，还有1壶酒以及碗筷，来到进村的路上，先在路边藏好，等见到第一过路人时就上前去认契。她们碰到都江村一个名叫冯某某的男子，于是上前把事情的缘由跟他讲清楚。征得冯某某同意后，她们拿出酒菜，请他吃饭。饭后，赵母请冯某某为女儿ZL取个名，冯某某给ZL取名为贵芳。拜过干爹后，ZL的身体明显比以前好了很多。①

小孩算出命带关煞或命太硬、太大，就需要认神像画中的神明做干爹，以保佑小孩健康成长。贺州黄洞盘瑶常说"你命再硬，硬得过大堂鬼"。认画像中的神明做干爹需举行仪式，将孩子托付给画像中某位神明做其契子。仪式中要挂神像画，指认某位神明为干爹。当然，认作干爹的神明，主要是"三清"神。认大堂神像画神明做干爹，通常女孩用一张红纸，男孩用一张白纸，从头到尾竖着写道："北极驱邪院当坛给出某某（小孩父亲名字）名妻中所生第几男（女）原命生于某年某月某日某时建生上克爹娘父母中克兄弟姐妹下克本身投名寄契三清大道担保入厅。"

【个案3-11】ZAS，黄洞村马鞍洲人，ZAS平时喜欢跟父母顶嘴，他们父母觉得他不听话、不好带，于是父母就到集市上去找人算命。由于黄洞乡没有算命先生，因此他们到邻近的莲塘镇去找。算命先生告诉阿四父母，阿四的命不但与他们相克，而且比较硬。算命回来后，他们就带阿四到赵有福师公家来认契，因为赵师公是当地有名的大师公，家里也有神像画。阿四父母跟赵师公讲明原因后，赵师公请出神像画开坛作法，为阿四举行认契仪式，最后给阿四取小名为"天保"。②

小孩从小脾气大，性格比较硬，可能需要认石头做干爹。他们认为石头比较坚硬，如果认石头做干爹可以克小孩的性格，小孩的脾气就没那么大了。认石头做干爹前，先将事由跟师公讲清楚，由师公算是认石头还是其他东西，并选择一个吉日。确定认石头后，让孩子的父母在村寨附近找一块大石头，然后带上小孩及祭品前去认契。认契时，不需要请师公主持仪式，因为不需要请神，只需摆上祭品，将事由说一遍，讲些好话，再让小孩对着石头，父母再给小孩取个名，名字中要有跟"石"有关的字，男的一般取"石保""岩保"等，女的一般取名"石妹""石仙""岩妹"

---

① 由潘用学同学于2011年7月23日在贺州市黄洞瑶族乡园林小组CL家中访谈而得。
② 2012年8月12日潘用学在与赵有福师公聊天中，由赵师公讲述的资料整理而来。

等。取名后，父母给小孩一副碗筷、一碗米，以后小孩要用这副碗筷吃饭，而且要吃这碗米做的饭。当然，也可以送别的东西如衣服等，但这些东西必须是新买的，因为这些被当作干爹给小孩的礼物，如果是自己家的东西，就不灵了，不能保小孩平安健康。小孩所认的石头，在当地都会受到有效的保护，一般人不会去触动它。

【个案3-12】ZJJ（4岁），女，为ZYF师公的小孙女金金，认石头做干爹。金金的母亲说，金金脾气硬，非常拧。我们在与金金交往过程中，也看出这个小女孩性子比较倔，在跟她玩耍的时候，要是惹她不高兴了，就喜欢使劲掐人，也许这是年纪还较小，不懂事或跟大人溺爱有关。同时，她母亲还说金金的命跟她不合。为了让她以后的性格变得柔和点，于是ZYF师公就带着金金提酒菜以及纸钱、香烛等到他家所在山坡的山脚下找了一块大石头认做干爹，并给她取了个"石仙"的名字。①

如果小孩体弱多病，经算命得知命里缺"木"，请师公在村寨旁选一棵大树，一般要选择常绿之树，如枝繁叶茂的榕树、樟树等。因为这些树共同的特点是生命力旺盛，而且认为大树具有超自然的力量。师公选一个黄道吉日，届时由父母带上小孩和祭品前去认作干爹。认契过程与认石头的一样，此不赘述。赵有福师公的大孙女赵思斯认樟树做干爹，那棵樟树位于她家对面的淘金坪。我们亲自去看过那棵樟树，长得挺粗壮，周围还用木棍围起来，保护得非常好。思斯的命跟父亲相克，小时候容易生病。赵师公就带她去认契，并给孙女取小名为"林青"。

小孩经常生病，经算命得知命里缺"水"，需要认与水有关的东西做干爹。一般找村寨附近的水井为拜寄对象，也有以水塘、江河为拜寄对象的。如确定拜寄对象为水井，请师公选定一吉日，带小孩、祭品至水井前喃神，然后由小孩跪拜，再取一个跟水有关的小名，相信小孩的生命会像井里的水那样长流不息。

【个案3-13】PJY（44岁），都江村杨梅小组人，在与我们交谈

---

① 根据潘用学同学2011年7月29日对赵有珠的访谈中所得资料整理而成。

中提及，他有个弟弟叫盘进江，小时候不好养，经常生病，吃了很多草药也不见好转。于是父母在赶闹子的时候找人帮算命，算命先生建议父母给弟弟认一个与水有关的干爹。回来后，认了村里的一口水井做干爹，取得小名叫"水生"。认过干爹后，弟弟的身体就硬朗了许多。①

有认契，就有拆契愿。拆契贺州黄洞盘瑶也叫"谢契"，意思是把认契时许下的愿给拆了，即还干爹（妈）愿。起先小孩因体弱多病等，父母害怕不好养，于是给小孩认契许下一个愿，由干爹或干爹家的祖先神来庇佑小孩，保佑他（她）健康成长。现在小孩长大成人了，不再需要他们的庇护了，就要把当初许下的愿还了，否则认为不吉利。拆契愿一般在孩子结婚时拆，也有的在百年后的葬礼上拆，甚至有的死后由子孙请师公来拆愿。

那些认巫师做契父（母）的小孩，全是因为他们命中带有劫难，有些需要认巫师为契父（母），因而做巫师的契子女比较多，如赵贵府师公有2个，赵有福师公有8个，黄锦秀师公有14个，冯少英仙娘有23个，盘志富师父则达27个。巫师们说，他们不愿意认契，如果愿意认领，都有几十个了。他们认为，认契子女太多，对自己不好，因为认得越多，自己病难也越多。契子女关系一旦结成，比一般亲戚还亲，相互走动比较频繁。小孩未成年之前，契父母有抚养小孩的部分责任；小孩成年之后有对契父母赡养的部分责任，而且在契父母去世时，要以孝子孝女的身份披麻戴孝。②由认契建立起来的拟制亲属关系，在任何喝酒送礼的场合里都要实践，即凡是红白喜事都得参加。2002年8月我在六雷考察时，恰逢赵德保过51岁生日。吃生日宴筵间，我结识了雷村一位莫姓汉人，闲聊得知赵德保是他女儿的契父。2007年11月，我在盘志富家看到一份出席他女儿婚宴的嘉宾名单，在出席婚宴的133位宾客中有27位与他有契子女关系。

（三）同门关系

巫师由俗世中人变成仪式权威的过程中，常拥有自己的同门师兄弟。

---

① 潘用学同学的访谈记录。访谈时间：2011年7月23日；访谈地点：贺州市黄洞瑶族乡杨梅组冯某母亲的丧礼现场；访谈对象：盘进运。

② 郭维利、陆进强、潘怿晗、向开、何文钜：《盘村变迁》，民族出版社2007年版，第170页。

赵有福师公说，同门师兄弟指的是在同一次仪式中接受度戒而成为师父之人。这些人差不多由那几位师父传授法术，所做的仪式也差不多。同门师兄弟不一定以年龄大小为唯一标准，更多时候是以参与法事的早晚为标准。正如前文所言，如今度戒花费比较大，不仅消耗大量的猪肉、酒水和大米，而且要付给8位师父人工钱，所以能单独举行度戒仪式的瑶族家庭不多。出于节省仪式开支之需要，盘瑶往往联合举办度戒仪式。如某户人家决定举行度戒仪式后，就托人或自己走到各村寨通知说，今年某村某家有人要度戒，如果这里也有人要度戒，大家凑点钱一起操办。等到各村把要度戒之人名字上报，家主们聚集在一起开会，商议度戒各项事宜，同时将受戒者年庚报上来，以便师父选好度戒日子及写好各类文牒。如李德才师公1985年与11个人一同度戒；赵贵府师公1995年与20多人一同度戒、加职。这些一起接受度戒、加职之人，过后便成了同门师兄弟。以赵有福师公为例，他共有同门师兄弟5人，师兄有赵文安、赵文朝2人，师弟有盘万富、赵明锦、冯留才3人。赵文安是赵师公度戒师父赵明乾的儿子，现住黄洞村杨梅小组，已有61岁了，年龄虽然比师公小，但做仪式要早于赵师公，所以赵师公要视其为师兄。赵文朝黄洞村美仪冲小组人，现在已经不在人世了，如果还活着该有70多岁了。赵师公的同门师弟中，盘万富是黄洞村流冲尾小组人，现年50多岁；赵明锦是黄洞村马颈小组人，为赵师公大女婿的父亲，比赵师公大6岁；冯留才三岐村一组人，现年70多岁。

（四）师徒关系

巫师还经由法术传授而拥有众多弟子。赵成寿师公经他拨法的徒弟有20多个，经他度戒的弟子有200多人；庞有福师公门下已有100多位弟子，其中3人神职已至师公；盘进元师公经他度戒的弟子有50多人；拜李德才师公为师的弟子有50—60个。徒弟也可经过学习法术而拥有众多师父。如李德才度戒时有16位师父，后来又拜10位师公为师；赵有福师公，直接传授他法术的师父有3位，拨法师赵福财、引度师赵春成、度戒师赵明乾。由法术传授或学习而建立起的师徒关系是比较亲密的。我在贺州市千金组考察期间，每隔几天都能看到赵有福师公徒弟的儿子出入他家，犹如赵师公家的家庭成员般。正如前文所述，盘瑶师徒间往往都有亲属关系，在他们转为师徒关系后，他们之间更加无拘无束。除此之外，在徒弟学法期间，师徒之间有很大的相互依赖性。徒弟需要依靠师父传授自己想学的法术，而师父需要依靠徒弟协助他举行仪式。师徒间的这种关系，会在徒弟每次施法时念出师父的名字而不断得到强化。师徒间的亲密关系正如经典所唱颂：

师父便是深山树，师男便是路边藤。
藤缠树，树缠藤，生生死死不离根。①

图 3-9　昭平县富逻镇盘瑶集体度戒（吴增强提供）

第三节　活动范围

巫师在瑶族社会的影响，因为历史情境的不同，在不同时期呈现或大或小、或彰或隐的趋势。不过，他们影响的范围，究竟弥散于整个社会，还是仅限于某些特定的阶层和地区则有待于进一步探讨。因此，本节拟作这方面的讨论，从巫师活动的"地理空间"和"社会空间"两个层面展开，以揭示他们在盘瑶社会中的影响。

---

① 摘自《解神意书》，1935 年手抄本，2002 年 8 月 21 日于金秀大瑶山忠良乡六雷屯赵文富先生家收集。

一 地理空间

巫师活动的地理空间，主要指巫师在不同地区的活动情形。以下从祭祀空间和行巫范围两方面，分析盘瑶巫师活动的地理空间。

（一）祭祀空间

盘瑶崇信鬼神，祭祀活动颇为频繁，而且几乎不拘任何地点，举凡林间、溪边、路旁、庙宇、墓地、门口、灶头、厅堂等处都可举行祭祀活动。

盘瑶言及鬼神时，用的是同一个词——"面"。因而有人认为，盘瑶鬼神不分，混而为一[①]；也有人认为，盘瑶神的观念已较明确，只不过是与鬼混合供奉[②]；还有人认为，盘瑶鬼与神的区分是由仪式展演所界定的，具体以家屋空间门内外来划分，处门内者为神，处门外者为鬼。[③]

我同意以家屋空间来区分盘瑶的鬼与神，因为这与我的田野考察形成呼应。2002年夏冬、2007年秋冬，我曾长期跟随盘志富师父走村串寨作法，其间发现他做法事时有的在屋内举行，而有的则在屋外进行，于是我就向他问个究竟。他告诉我，一般祭祀家神在屋内，祭祀外鬼在屋外。他还强调说，对于禁鬼、过山大王等厉鬼的祭祀，要到野外进行，师父做完仪式后，还要施隔路法阻断厉鬼，然后返回自己家，不再回到家主屋里。后来我又就鬼与神的区别，同时采访了赵有福、赵文富、赵文县三位师父。他们告诉我，家神有家先、上下坛兵马、盘王、坐坛、三庙王、三清、众王众将、行司、大渡桥、灶神、龙脉神、门神、谷神。以上家神可归作四类：一是祖宗类，如家先、上下坛兵马、众王众将；二是道教神祇类，如三清、行司、大渡桥；三是家屋空间类，如灶神、龙脉神、门神、谷神；四是盘王类，如盘王、三庙王、坐坛。盘王、家先是盘瑶始祖和历代死去的祖先。三清、行司、大渡桥、上下坛兵马、坐坛、众王众将与家中生人以及祖先是否挂灯、度戒与担任巫师有关。灶神、龙脉神、门神、谷神则是对应家屋空间各处的神明。他们还说，除家神外还有很多外鬼，如土地神、社王、元宵、地主、禁鬼、过山大王、山精、木精、水怪、五

[①] 胡起望、范宏贵：《盘村瑶族》，民族出版社1983年版，第256页；唐永亮：《人与自然组合的变形——谈桂北瑶族鬼文化》，《广西民族研究》1993年第2期，第76—79页。

[②] 覃光广编：《中国少数民族宗教概览》，中央民族学院科研处1982年印，第426页。

[③] 陈玫妏：《从命名谈广西田林盘古瑶人的构成与生命的来源》，唐山出版社2003年版，第74页。

海龙王、水古鬼等。这些外鬼多数分布在家外的自然空间，如水边、山上、树林里、石头旁、水里等。①

图 3-10　贺州市贺街镇牛路冲盘王殿（罗宗志摄）

图 3-11　师公在贺州市都江盘古大庙内替人拆契愿（罗宗志摄）

---

① 这里的叙述是根据 2007 年 7 月 23 日在金秀大瑶山忠良乡六雷屯调查时与该村 82 岁的赵文富、74 岁的赵文县两位仪式专家的谈话内容整理而成。

瑶族十分重视社庙建设。瑶族民间流行"立门为主，立村为社"的说法。然而，现有的考察报告并未提及瑶族地区的宫观。闾山、梅山、桃源洞、福江庙、连州庙、行平庙等虽是瑶族信徒仰慕的洞天福地，但具体情况无从得知。虽然现有的考察报告未提供有关瑶族宫观的资料，但一种简易的以社庙形式表现的庙宇，却早已在两广、湖南的瑶族村寨存在。瑶族为祈福驱灾，要定期举行相应的祭典，如祭社、打醮、还愿。瑶族庙内所供奉的神，上至盘古、雷祖，下至社王和一些地方俗神，这些神都同瑶族的现实生活密切相关，起着保护神的作用。盘瑶因迁徙频繁，多数地方设立有社庙，只是以石为社立于树下加以敬奉。而建有庙宇的多在"文化大革命"中被推倒，20世纪90年代以来在盘瑶地区出现了重建庙宇的现象。大瑶山盘瑶至今未立有庙宇，而在贺州却立有两个盘王庙，分别为联东村的盘王殿、都江村的盘古大庙。在举行如打醮、还超村落的盘王愿时，群众通过集资购置各种祭品集中到庙里举行。2007年12月31日—2008年1月2日我曾在联东盘王殿观看由鸡桐窝、鸡冲头、牛路冲、石横等村寨共同举行的还盘王愿仪式。

综上所述，盘瑶祭祀场所，依据所奉祀的主要鬼神，大致可以分为三类：第一类是以奉祀家神为主的屋内；第二类是以奉祀外鬼为主的屋外；第三类是奉祀野鬼为主的野外；第四类是奉祀社王及举行打醮、超村落还盘王愿的社庙。

（二）行巫范围

对盘瑶巫师而言，巫路充满了辛苦。因为无论何时何地，只要有事主前来求助，就必须应允外出作法。虽然在多数情况下，盘瑶巫师只在本村寨及邻近地区作法，但有时候也被邀请去外乡、外县甚至外省等较为遥远的地方作法。盘瑶人选择巫师要考虑的决定性因素有亲属关系、地理位置的远近以及巫师的经验、知识等。如果只是一些小病，或举办一些简短的仪式，首先考虑的因素可能是地理位置。如果病情严重或举办大型仪式，前两个因素就降至次要地位。如果病情严重或举办一次隆重的仪式，病人家属就要去比较远的村寨寻找最有经验的巫师，因为只有他们才有足够的知识主持仪式。因此，一个巫师的道行越高，他行巫的范围越广，出远门作法的机会越多，承接的巫事也就越多。

盘瑶人请巫师做法事的方式有三种：第一种是登门请巫师作法。这是最常用的方式。大多数人为图个安心，直接登门请巫师做仪式，可以第一时间得到结果。第二种是开车来接巫师去作法。采用这种方式的人很少。一般是家中有大事无法在巫师家里完成时,才会选择这种方式。第三种是电话委托巫师作法。这是一些没有空的人常用的方式。这种方式得到的结果最慢,巫师要先帮到家里的事主作完法才替电话委托人作法,一般是委托人过后打电话来问结果。在我结识的 79 位盘瑶巫师中,19 人有摩托车,44 人有手机,3 人家里有固定电话。虽然不少巫师没有任何交通工具,但这并不妨碍他们外出作法。他们要么让病人家属开摩托车到公路边接,要么自己搭车到达目的地,要么乘客车去由家主报销路费。

　　盘瑶巫师虽然不反对给外族人施法,但完整的宗教仪式多在盘瑶村寨中进行。就行巫范围,我以李德才、赵成寿、庞有福、盘志富、盘成府、赵有福 6 位巫师为考察对象。李德才的仪式活动不仅在其居住地进行,而且还辐射到居住地以外的地方。李师公回忆说,他除了在田林县利周乡、浪平乡、汪甸乡、乐里镇一带活动之外,还到百色市区、乐业县、凌云县、隆林县和云南省做过仪式。李师公以前走路去做仪式,后来有了车就骑车去,再后来年老了只要离开伟好屯去做仪式,都要家主开车接送。调查期间,就经常见李师公被接走的情况,早上天不亮就出发,下午三四点才回来。庞有福专职做师公,请他作法的人很多,常去的地方是双合、德香村民委员会下辖的盘瑶村寨以及蒙山县夏宜乡的汉族村寨,又因为他女儿嫁去广东,所以也到过广东中山等地替人喃鬼。① 赵成寿年纪较大,专职做师公。就县境内而言,除在本乡六干村一带作法外,还经常到金秀镇共和村委的六茶、六仁、沙坪、坤林等盘瑶村寨给人设鬼,偶尔还到长峒乡、三角乡替人度戒。除在县境内活动外,他还到平南县、永福县、柳州市等地作法。如 1979 年在柳州市林海山庄挂牌剪彩仪式上,他还表演了"天堂火炼法",吸引了众多内地及香港游客。② 盘志富虽然职位未达师公,但因通晓多种小法术,所以请他作法的人也不少,不仅山内盘瑶人请他,山外壮族、汉族也请他,因而有机会到平南、忻城、荔浦、蒙山等县作法。就县境内而言,除在本乡作法外,他也到金秀、罗香、三角、长峒、三江等乡镇作法。不过,多数时候活

---

① 这一信息是 2007 年 7 月 23 日由我东家之一—金秀大瑶山忠良乡古盘屯 56 岁的赵有兴先生提供。

② 2007 年 8 月 1 日由金秀大瑶山忠良乡龙表屯 79 岁的赵成寿师公提供。

动范围还是本乡各地的盘瑶山寨。① 盘成府师公的活动地域主要是本县本乡的林场、茅坪、小林香、小亮等村寨，远的去过平乐、荔浦、蒙山、三江等县。赵有福师公说，他曾应政府邀请去过广东连州市连山县，广西恭城县参加盘王节庆典活动，还去过本县贺街镇联东村主持还盘王愿仪式。不过，多数时候都是在本乡各地的盘瑶山寨。② 当然，巫师的行巫范围会随着年龄的增长而变小。年轻时，巫师跨省、市、县、乡、镇作法是十分平常的事。然而，随着身体的逐渐老去，巫师们逐步减少出门作法的次数，没有必要时就不外出替人作法。如李德才师公 55 岁以后，放弃一切农事劳作，专职做师公。自成为专职师公以来，仪式地点多选择在自己的家里，除非有人来把他接走。作为 67 岁的老人，走山路已感到吃力，所以如果没必要他都不出门，能在家做的仪式都在家做，现在人们都习惯直接到李师公家请他做仪式，李师公不用忍受四处奔波的颠簸旅途，集中在家做仪式。

二 社会空间

巫师活动的社会空间，主要指巫师活动所涉及的社会阶层。在任何社会中，其成员的地位因权势、财富、职业、教育等诸多差异，而呈现高低有序的若干级层次。处于不同层次的人们，又因所处地位和环境的迥异，势必表现出不同的行为模式和价值观念。确定一个人属于哪个阶层，也许因标准不同而产生很大的差异，因而要对盘瑶社会阶层做出准确的划分，并不是一件轻而易举之事。不过出于叙述方便，本书还是将盘瑶社会简单分成官吏和平民两个阶层。这种划分有助于我们标示巫师活动所及的社会阶层。

（一）官吏阶层

对主流社会而言，瑶族巫师不过是"封建迷信""愚昧无知"的代名词，往往与"装神弄鬼""妖言惑众"等词语联系在一起。地方官吏对瑶族巫师抱着一种鄙视的态度，甚至不惜动用政治权力禁止他们从事巫术活动。如康熙四十四年（1705）广东连阳当局视瑶族经典为"鄙俚虚妄不

---

① 2007 年 10 月 15 日由金秀大瑶山忠良乡六努屯 59 岁的盘志富先生提供。
② 2008 年 1 月 4 日在贺州市黄洞瑶族乡三岐村一组盘宗科家参加还盘王仪式时，通过采访赵有福师公而得。

经"，搜书焚毁[①]；光绪元年（1875）广西灌阳当局立碑禁"猺人能习相教法师……如违许猺告之"；1932年国民党灌阳县当局"责成全县严缉妖巫"；1933年国民党广西当局镇压桂北瑶民起义后"神坛、神像一律烧毁"，"禁止建醮"[②]；1936年广西省府通令破除迷信，不准师巫行业[③]；1942年金秀设治局下令拆毁庙宇，禁止瑶民进行宗教活动[④]。但这并不表示瑶族巫师完全被排除于官吏阶层之外，因为有些巫师本身也是官僚组织中的一员。过去在瑶山，巫师多集宗教领袖和行政首领于一身，在村寨中享有很高的威望。清末至民国年间，中央政府为了使国家政权与瑶族乡村社会得以连接起来，因而委任一批阅历丰富、声望高的瑶族头面人物为团总、乡长、村长、甲长，于是某些瑶族头人兼巫师者又成了统治阶级政权的基层长官。中华人民共和国成立后，出来担任县乡各级部门领导干部的瑶族中也有不少人原是当地有名的师道公。当然受国家政策的限制，他们担任公职后不得不在一些场合拉开他们与作为宗教传播者的巫师身份的距离。我在金秀大瑶山考察中收集到新中国成立以来在政府部门担任县乡一级领导干部的盘瑶巫师有6位。为避免烦琐叙述，现用表格的形式将他们的简历列出（见表3-8）。

表3-8　　　　　　　　　　盘瑶巫师为官一览

姓名	官职	神职	个人简历
HYJ	人民政府县长	师公	三角甲江人。1942—1943年念完小学二年级。新中国成立初，任甲江村副村长。1951年任三角区柘山乡文书；1951—1952年被选送至南方大学学习；1955年9—11月先后担任三角区委副书记、书记；1958年调任县委统战部部长；1961年7月任县委副书记、副县长，同年12月任县长；1963年被撤县长职务；1964年调任三角区委副区长；1979年调任县林场副场长；1983年被捕入狱1年，出狱后任林场护林员；晚年专心作法，替人打斋、度戒

---

① （清）李来章撰，黄志辉校注：《连阳八排风土记》，中山大学出版社1990年版，第144页。

② 广西编辑组：《广西瑶族社会历史调查》（第四册），民族出版社2009年版，第27、101、135页。

③ 广西地方志编纂委员会编：《广西通志·民俗志》，广西人民出版社1994年版，第428—430页。

④ 《金秀瑶族自治县志》编委会：《金秀瑶族自治县志》，中央民族学院出版社1992年版，第379页。

续表

姓名	官职	神职	个人简历
PYD	县粮食局局长	师公	忠良新村人。自小学习法术，略识文字。民国时期，被选送至桂岭师范学校学习，回乡后任新村村长。新中国成立后，任县粮食局局长。后来因顶撞领导，被调任忠良区区长。任区长期间，常替人作法，被上级领导批评，因认错态度不好，被撤区长职务，下放到邮电所做普通职员，但仍不思悔改，照替人作法。1967年被列入批斗名单，押解至忠良圩游街示众。晚年返回家乡，专心替人作法
HJF	县民政科科长	师公	金秀奋战村人。担任公职前，已学会作法，工作后停止作法。曾任县民政科科长。退休后，成为县城一带有名的师公，常替人作法
PYB	县卫生科科长	师公	三角蓝冲人。从小喜欢医术，粗识文字。新中国成立后，被保送至中央民族学院学习，后缀学回家。但组织上仍安排他到卫生科当科长。后因生活作风不正被处分，后又连续犯错误，直至被开除公职。之后，在街头行医卖药，兼替人作法
ZCY	县组织部部长	设鬼人	担任公职前已学会作法，工作后停止作法。曾任县组织部部长。退休后，逢年过节替人喃鬼
ZJW	乡人大主席	师公	六巷乡人。担任公职前已学会作法，工作期间停止作法。曾任六巷乡人大主席。现已退休，当起师公替人作法

资料来源：HYJ的资料来自莫金山《瑶案沉思录》，香港展望出版社2005年版，第189—201页；PYD的资料2007年10月17日由盘志富、冯文县两位先生提供；HJF的资料2007年8月3日由原县文联主席苏胜兴先生提供；ZJW、ZCY的资料2007年8月10日由原县政协副主席赵富金先生提供。

由表3-8可知，尽管有部分地方官员相当轻贱巫师，但官僚阶层似乎无法完全排斥瑶族巫师。虽然很多地方官员嘲笑民众的盲从，但一旦灾病降临这些人身上，在医药所不及之后，他们通常也信用巫师。毕竟有人请巫师施法后恢复了健康。由于无法检验这种偶然联系，还是有理由接受这种怀疑的好处。于是在某些时候，也有地方官员请瑶族巫师治病。兹聊举3例略叙述于后。

【个案3-14】2005年，M县县委书记的儿子手脚痛，下不了床。家人送他到M、G等县市医院做过治疗，但不见好转。家人心急如焚，四处打探各种治疗方法。书记的堂弟黄某认识盘志富，就跟书记说："瑶人法术很厉害，何不找他们师父来试试。"在黄某牵线下，书记派人开车到忠良圩把盘志富接到县府大院。由于当天晚上有不少警察出入县府大院,所以盘志富心里十分害怕,心想他们是不是骗我作法,然后找借口把我抓起来,因而他坚持说不会作法。书记见盘志富不敢作法,就把他带离县府大院,送到家属生活区。书记的太太早在家里准备了各种仪式用品,盘志富见他们态度诚恳,就答应为小孩作法。仪式开始后,书记借故离开,留下太太协助盘志富做仪式。仪式结束后,书记的太太送给盘志富120元的红包,并让人开车把他送回忠良。作法过后不久,小孩的病情慢慢有了好转。

【个案3-15】GCR,汉族,原ZL乡人大主席,现已调至县扶贫办工作。GCR的妻子是六卜村的盘瑶。他们生有一女,晚上喜欢哭闹。于是2005年的一天,GCR的妻子请盘志富到家里给小孩看病。盘志富降童下阴间查找病因,得知是床头花皇父母作祟,于是就给小孩送花皇鬼,赎回小孩魂魄。据说仪式过后不久,小孩夜啼就停止了。

【个案3-16】盘志富跟ZL乡派出所民警FHR很熟。FHR开玩笑地对他说:"你搞得蛮可以哦。你不用怕,现在不会抓你。你去做嘛,做得鸡我们一起吃。"2001年的一天,FHR在自己屋看到一只穿山甲,他把穿山甲逮住后称了有4斤。他把穿山甲杀了,煮好叫同事来吃。同事们感觉不对,因为FHR住二楼,穿山甲怎么会在他房里出现。同事说:"你自己吃吧,我们不和你共吃。"FHR心里也有些恐慌,觉得这是不好的兆头,找盘志富来给他送怪。送怪三年后,FHR得癌症死了。①

赵文甫师公说,去作法事不关注事主做什么工作,师德要求他们不论谁请都要去,因而很少去留意事主的社会职业。赵文甫给医生、教师、官员等人做过法。李德才师公不仅给农民、打工仔等无政府背景的人作法,也给教师、警察、法官等政府公职人员作法。李进保师公给某看守所所长做过法事,也给教师做过一个小仪式。盘志富告诉我,忠良乡政府还有几位干部找他做过法,如乡政府秘书HJL找他给儿子送癫鬼,乡卫生院药

---

① 2007年10月15日在金秀大瑶山忠良乡六雷屯观看仪式时,由六努屯59岁的盘志富师父提供。

剂师 HCY 找他送百虎太岁。因此，当地乡政府不少干部跟他很熟悉，喜欢跟他开玩笑。盘志富说，忠良乡府有个退休干部叫 WCL，原来是乡府秘书，退休后开始学习法，不过请他作法的人很少。WCL 开玩笑地对他说，"大哥，你吃得比县长、县委书记还好，天天有土鸡吃，一天吃 3 只。我也会做啊，就是没人请，你天天都有工做"。每次盘志富路过忠良圩，WCL 一看见到他总是说，"大哥你去哪里，我跟你去"。ZL 乡书记 PWH 也认识盘志富，开玩笑地对他说："你现在生意好哦，大师父人家都不找，专门找你。"

图 3-12　参加恭城盘王节庆典活动的师公们（罗宗志摄）

在经济全球化的形势下，保护不同民族的传统文化，维护世界文化的多样性，已成为国际关注的问题。2003 年 10 月 17 日，在第三十二届联合国教科文组织大会上通过了《保护非物质文化遗产公约》。2004 年 8 月 28 日，在全国第十届全国人大常委会第十一次会议上表决通过了《关于批准联合国教科文组织〈保护非物质文化遗产公约〉的决定》。2004 年 12 月 2 日，中国常驻联合国教科文组织代表在巴黎向联合国教科文组织总干事松浦晃一郎递交了由中华人民共和国主席胡锦涛亲自签署的《保护非物质文化遗产公约》批准书，成为第六个递交批准书的国家①，从中央到地方的各级党政部门开始重视非物质文化遗产保护工作。巫师由于对传统文化的创造、保存和传播起着重要的作用，因而有的被选为宗教文化遗产还盘王愿的传承性代表人物，被当地政府邀请去表演民族文化，如千金组赵有福师公曾被邀请参加连州、连山、恭城、黄洞等历届盘王节庆典活动。

（二）平民阶层

在瑶族社会中，绝大多数巫师属于平民阶层，只有少数人流入官僚阶层。由于大部分瑶族巫师属于平民阶层，所以他们的活动空间主要就在这个范围之内。由此可以说，瑶族巫师的活动主要是平民宗教的实践，主要是平民对他们感兴趣。

瑶族聚居的山区，自然条件差，生产力低下，人们对自然力的破坏抵抗力不强，加之文化教育水平又不高，因而一旦遭遇人生厄运，陷入生活窘境，往往只能怨天尤人，由此决定了他们易受鬼神观念的影响。巫师自称能沟通鬼神，能预知凶吉祸福，正迎合了人们的心理需要，成为人们鬼神信仰活动所求助的不二人选，因而广大瑶族村寨成为他们活动的舞台。深谙瑶山风情的任国荣、唐兆民在他们的报告中对金秀大瑶山瑶族信鬼崇巫的习俗作了详细的记述：

> 未开化的民族，迷信鬼神和命运之心比较别的份外来得强，这是人所同晓的，猺人是一种不开化的民族，自然不是例外。许多许多的事情，都以为冥冥中有神鬼为之主宰，所以病了不请医不吃药，请喃巫先生捉鬼，把病鬼捉去之后，无论病症如何危险，自然马上痊愈……据猺人自称，除了那"该死的"之外，"不该死的"捉了鬼那病便可霍然若失。究竟谁是该死谁是不该死的，茫茫渺渺中有谁晓得呢？至于死丧婚嫁，无处不求喃巫先生来诵咒。②

瑶民认为疾病是神对人的责罚，鬼的作祟，命运的不昌顺。因此，在患病之初，纵使有药也不会服用的；唯一的办法，只有延请巫师来送神送鬼，希望由于虔诚的祈禳，使鬼神获得血食，会饶恕他

---

① 廖明君：《瑶族非物质文化遗产保护现状与对策》，张有隽等：《瑶学研究》（第6辑），香港展望出版社2008年版，第26—27页。
② 任国荣：《广西瑶山两月观察记》，"国立"中山大学历史语言研究所1928年版，第28—30页。

们。等病势沉重，有时也设法去找药吃，但他们却不相信单是服药，便会把病医好，他们仍要三番两次的向神鬼祈禳。他们认为只有把神鬼送走，吃药才会见效。……有病的，假如因请巫师来祈禳而获痊愈，他们固然赞颂巫法之灵验；要是不幸病死了，他们也不绝不怀疑巫法之不灵，却只怪自己命运注定，得罪了神鬼过于重大，以至罪无可赦，一命呜呼。①

1933年国民党反动派编写的镇压桂北瑶民起义所刊兴、全、灌、龙各县猺叛与剿抚经过资料中谈及兴安、全州、灌阳、龙胜一带瑶族的文化时记述说：

> 猺民迷信甚深……所奉皆山川鬼神及祖祀。举凡病疾婚丧一切大小事件而不能解决者，悉取决于鬼神，疾病时不用医药，只向鬼神祈祝祷而已。②

瑶族山区山高路远，交通十分闭塞，经济发展滞后，迄今多数盘瑶人生活还很贫困，求医问药也很困难，生活现代化水平较低。人们对生活、疾病、事故的忧虑依然存在，不安、恐惧和焦虑还在侵袭着他们的心灵。当人们失去无法挽回自我做主的能力而对现实世界绝望时，很容易转而求助于超自然的神秘世界。③ 盘瑶巫师植根民间社会，与民众比邻而居，不仅深刻了解民众疾苦，洞察民众之所思所想，而且能够招之即来，能及时满足民众趋吉避凶的信仰需求，解除他们内心的焦虑和不安。所以有声望的盘瑶巫师十分繁忙，如果事先没有邀约就造访，就很难找到他们，因为他们常外出替人打斋还愿，驱邪治病，安龙架桥，求花祈福。例如李德才师公每天有接不完的求助电话，每天早上7点就有电话打进来，直到夜里10点多才慢慢地减少，有时晚上11—12点还听到李师公的电话铃声。让李师公感到不满的是午休时有人打电话来求助，每次听到他对着电话铃声发出的阵阵不满的叹气声时，我们知道李师公午觉又被打扰了。我们曾问

---

① 唐兆民：《瑶山散记》，文化供应社1948年版，第69—70页。
② 广西编辑组：《广西瑶族社会历史调查》（第四册），民族出版社2009年版，第114页。
③ S. 南达：《文化人类学》，刘燕鸣、韩养民编译，陕西人民教育出版社1987年版，第293页。

李师公，一天大概要接多少个电话，他回答说有几十个。他开玩笑说，他的电话比办公室的还要忙。确实如李师公所说，有时刚接完一个电话，另一个电话又打进来了。每天要接那么多电话，我们问李师公烦不烦。李师公说很烦，但又不能不接。打电话的人多是有事相求，作为当地最有名望的宗教职能者，李师公不能置别人的忧患于不顾。盘志富师父为了给村民做仪式，全年待在家的时间不超过3个月。庞有福师公一年大概有200天的时间在外面，其间有100场大大小小的法事要做。

综上所述，无论是农村还是城市，无论是官吏阶层还是平民阶层，都是巫师的活动范围，充分反映了他们在盘瑶社会中影响之广泛。然而出于各种原因，盘瑶巫师在不同空间的活动和影响也有程度上的差异。从地理空间上来看，在农村的活动和影响甚于城镇；从社会空间上来看，在平民中的活动和影响甚于官吏阶层。总而言之，盘瑶巫师的主要活动舞台还是在民间社会。

第四节　社会地位

一般而言，权力和一个人所处的社会地位有关。社会地位越高者，权力也就越大，对于公共事务往往具有更大的决定力量，对于其他的社会群体和个体也具有较大的支配权。因此，要了解盘瑶巫师在社会中究竟扮演何种角色，有必要就他们在圣俗两界地位的高低加以评估。

一　世俗社会中的地位

无论是师公、地理先生、设鬼师、查卦师、隆童师、喃神者，还是仙娘、七姑姐和仙公，都是盘瑶社会的宗教职能者。他们一直是瑶族宗教文化的一个组成部分，在这个民族最古老的传统中担任着重要的角色。然而，他们在世俗社会中的地位差别极大，其地位排序依次为师公、地理先生、设鬼师、查卦师、隆童师、喃神者、仙娘、七姑姐和仙公。

师公识文断字，熟悉宗教经典，通晓民族传统，既是宗教的代表人，又是文化的传承人。他们还是族老、社主、石牌头人的候选人，在瑶族社会中享有极高的荣誉和权威。由于村民对宗教有共同的信仰，所以原本在宗教领域已经享有崇高地位的师公一旦成为传统社会组织的头人，便能顺利地获得社会成员的支持，他们不但是民族宗教生活的权威，也是村寨政治生活的权威,给予瑶族社会重大的影响。盘瑶举凡祭祀祖宗、挂灯度戒、婚丧嫁娶、许愿还愿、择吉、治病、占卜,以及狩猎、征战、开山、求雨、驱虫、求财、酿酒、杀猪、寻物等无不发现师公参与其中。族人禳灾祈福要他们施法;村寨发生纠纷要请他们出面调解;习惯法要他们推行、维护;农事安排要他们定夺;婚丧嫁娶要他们主持;签订契约如土地买卖、借贷、过继、婚嫁等要请他们作证;村寨群众的生命财产受到外来威胁如土匪打劫时,他们又是临时自卫武装的组织者和指挥者。总之,有声望的盘瑶师公,在社会公共事务中起到领袖人物的作用。

地理先生会八卦测算,知风水知识,能替人算命,掌握奇门遁甲知识。地理先生与师公关系密切,他们经常合作主持仪式。若就社会地位比较而言,师公的社会地位略高于地理先生,因为他们做的法事要多一些。

设鬼师、查卦师、降童师、喃神者、七姑姐、仙娘、仙公的地位远不及地理先生和师公。虽然七姑姐和仙娘的特殊身份使其在村寨中有一定的声望,但是村里人对待她们的态度是非常矛盾的。需要她们时就登门拜访,不需要时就避而远之。我们通过调查走访村民、师公来了解七姑姐、仙娘在当地社会中的地位。

七姑姐黄秀珍生活充满了坎坷。丈夫赵进寿(80岁),耳聋眼又瞎,行走靠拐杖探路,常年风湿病缠身,身体左侧麻痛,丧失劳动能力,而且老说家里闹鬼,有鬼在床底下叫喊。虽然家里贴满了驱鬼符咒,但他还是不敢待在自家屋里,想到村上一户黄姓人家借宿,可是黄家人非常厌恶他,坚决把他赶回了自己家里。农事、家事全靠黄秀珍打理,生活过得十分清贫。虽然村人同情她的遭遇,却不伸出援助之手,甚至还要故意冷落她。大人不许小孩到黄秀珍家玩,村里有红白喜事都不叫黄秀珍来帮忙,村里青年人对她也是极不尊敬。陈秀英集接生婆和七姑姐于一身,村人里认为她的双手是污秽的,所以从心里排斥她,不愿跟她同桌吃饭。虽然村民无事时对七姑姐避而远之,但有事时又登门向她们求助。

师公对七姑姐女巫态度也是复杂的。就宗教职能而言,他们可以算是同行。大多数师公只承认七姑姐会用药草治好病,但对其能请七仙女帮作法一说,有的师公觉得是装神弄鬼,是骗人的把戏。有的师公则表示不了解她们,不清楚她们请的是哪路鬼神。对于七姑姐,师公要么避而不谈,要么露出一丝难以琢磨的笑容。虽然师公对七姑姐能请神持怀疑甚至是否定的态度,但是如果七姑姐在请神时遇到麻烦来找师公帮忙,师公还是愿意帮助她们的。如柑子槽黄贵英请七仙女来做仪式，送七仙女上天时正逢村里有人办葬礼，送了几次也没能把七仙女送走，只好求师公帮助把"七仙女"送回天上。①师公帮七姑姐把七仙女送上天，表明他们认可七姑姐能请神做仪式的同时，也展现了他们之间的合作关系。

贺州黄洞盘瑶需要做法事时，最先想到的是有名望的师公，然后是降童师，最后才是仙娘。究其缘由，主要是仙娘人数逐渐减少，面临后继无人的窘境，且仙娘法事能力不及师公和隆童师。在村民们看来，师公是宗教、文化的传承人，他们有固定相承的传授方式，保存了大量的宗教经书，执掌着民族信仰的权杖。而仙娘与师公之间存在根本的性别差异，女性被人们冠以"阴柔""弱势"的标签，虽然仙娘自称能呼神赶鬼，能够穿梭于天人之际，但也改变不了其"弱女子"的形象。女性作法时较男性而言，还有更多敏感的禁忌，比如经期和分娩，女性应当避开法事活动。因受诸多因素的限制，给仙娘的法术能力带来一些硬伤，这是她们无法改变的。谈及仙娘的法术时，盘万卿说：

> 我是不怎么信仙娘的。一般事情仙娘还是准一点的，大多数人还是会去找仙娘的，但是生病还是要去医院看。家庭有问题也可以找仙娘看，她也可以帮你问仙的。仙娘也是可以还愿的，但是不能还大愿，像盘王愿只有师公才可以还的。仙娘只能还一些小愿，比如说仙姑愿。丢了东西也可以叫仙娘问仙，东西能不能找得到也可以问仙。如果有人把东西捡走了，也是可以问出来的。这些师公也可以算的。比如你告诉他说你东西是10点丢的，他可以帮你算出来。不过，也有算不出来的。②

在对冯少英的访谈中得知，在她做仙娘的巅峰时期，有很多村民请她安宅驱鬼，只是现在她的法事能力减退了，在我们近一个月的调查中没有人请她问仙。

在师公眼中，仙娘和他们不是一类人。师公说，这是因为：（1）仙

---

① 2010年8月5日，由昭平县仙回瑶族乡古定黄秀珍口述，杨芫慧同学整理。
② 根据张可欣同学2011年7月22日在贺州市黄洞瑶族乡千金组对盘万卿的访谈记录整理而成。

娘的身份传承不够严谨，没有任何文字记录可循；（2）仙娘的神坛供奉的不是祖先神灵或道教神仙，而是山神鬼怪或死去凡人的阴魂；（3）师公是阳师，不下阴，不问仙，而仙娘是阴师，会下阴，会问仙。不过，也有一些道行很高的仙娘，她们能做的法事多且复杂，因而社会地位比较高。赵有福师公说，三岐小组的赵大妹，是一位很有名的仙娘，她的道行高，能做一般仙娘不能做的法事，如逢年过节会帮人家送祖宗。赵大妹门徒众多，黄洞现有的6个仙娘中，有5个是她的徒弟。赵大妹的父亲是半童半仙之人，有时候问童有时候问仙。赵大妹的妹妹赵妹柳也是仙娘。①赵大妹是个很会唱歌的仙娘，她会唱很多瑶族山歌，做法事时有时会用唱腔。如她在准备定笤时，有一段唱词是这样的："我问你是不是这个神？是的话，帮我定个笤，好让阳人看见。"这段唱词是用瑶话唱出来的，意在向神灵祈求答疑解惑。

仙公不是社会认可的人神之媒，而是暂代仙娘从事问仙活动。如家中有仙娘不方便问仙，或是家中女子（如妻子、姐妹或岳母等）有"仙根"，但却不想成为仙娘，那么仙公就得接过该女子的兵马，以其名义主持宗教仪式。盘瑶仙公人数不多，信众也非常少，社会地位比仙娘低。

二 神灵世界中的地位

瑶族人生的最大目标，既不是官位的高低，也不是权力的大小，而是在世能够与鬼神相通，能为人扶难解危，消灾却禳，求财求福，死后能进入神仙世界，免受地狱之苦。② 因此，成为一名有声望的巫师是不少瑶族人的理想。瑶族巫师不仅生前受人尊敬，而且死后也有一定的地位。盘瑶人相信，巫师死后可以升入天堂，在那里充任大小不同的官职，身边还有天兵保护。正是由于巫师在神灵世界中有比较高的地位，因而享受不同于普通人的丧礼待遇。

盘瑶巫师的社会地位与其所属群体成员的认知体系和现实需求密切相关。如果民众的心理需求、认知水平、社会环境发生变化，那么巫师的社会地位也会发生相应的变化。如今盘瑶生活地区不再是过去那种闭塞的生

---

① 张可欣同学的访谈记录。访谈时间：2011年7月26日；访谈地点：贺州市黄洞瑶族乡千金组；访谈对象：赵有福师公。

② 赵家旺：《瑶族度戒与道教斋戒》，《广东民族学院学报》1990年第3期，第21—26页。

活环境，近几十年来已发生了很大的变化。盘瑶通过政府行为、个人经济交往、学校教育、外出务工、电视传媒等渠道同外部世界发生广泛的联系。他们可以在传统和现代两种生活方式之间各取所需地进行自由选择。考察过程中看到的流行于盘瑶村寨的各种仪式多为单家独户为应对疾病而举行的小型仪式，持续几天几夜的大型仪式已难觅踪迹。以下两个例子说明了正在发生的信仰变化。2008年12月23日，在小德屯黄通贵度戒仪式上，古盘屯24岁的赵成保告诉我，瑶人之所以度戒是因为他们相信，度戒以后夫妻死了还能生活在一起。赵成保说，现在年轻人不信这种了，因为他们不知道死后会怎么样，谁知能不能在一起，只有迷信之人才度戒。赵成保还告诉我，黄通贵的子女都反对他度戒，认为花钱多又没有什么用，但黄通贵夫妇坚持要度，所以子女们都不肯出钱给他度戒，所有仪式花费全由他们夫妻俩承担。古盘屯67岁的盘福清对度戒的效果也表示怀疑，认为度戒对保平安毫无用处，坚称自己决不会度戒。对于村里某些人的求医问卦行为，他表示不能相信这一套。2007年4月的一天，他突发高烧，神志不清。村里人见他病得厉害，连夜用摩托车把他送到蒙山县医院进行救治。医生给他打几针后，很快就醒过来了，不出4天就康复出院了。他说，要是请师父喃鬼，自己早就死了。虽然赵成保、盘福清不相信度戒及喃鬼治病功效，但他们对某些习俗表示顺从。他们告诉我，遇上死人、建屋、结婚、过节等还得请师公作法，如果不请师父作法，以后会过得很不顺，同时会遭到众人的非议。[①]

虽然像盘福清、赵成保两人一样不相信有鬼的大有人在，但不要以此低估巫师在民众心目中的地位。就巫师的社会声誉来说，在我所接触的瑶山民众眼里，由于巫师长年走村串寨，替族人排忧解难，且在仪式中尽心尽力，因而在社会上还是颇受尊重的。在普通民众的心目中，巫师是他们生命的守护者，他们负责一切旨在保护生命的宗教活动。在地方精英的心目中，巫师是知识分子、民间权威和瑶民公仆。贺州市民族局一位盘瑶干部对我说，"黄锦秀师公是我们瑶人的骄傲，他会书法，会剪纸，能歌善舞，是瑶人中的知识分子，找他作法的人也很多，在群众中威望很高"。贺州市文化馆一位汉族领导干部也说，"瑶族师公办事公道，没有私心，

[①] 2007年7月31日、2008年12月23日分别由金秀大瑶山忠良乡古盘屯的盘福清（67岁）和赵成保（24岁）两位先生提供。

不谋私利，全心全意为族人服务"。作为一位外来人，我也感同身受。瑶族宗教研究很大程度上依靠了巫师们，正是他们为外来研究者开辟了进入瑶山的通道，才有今天瑶族宗教研究的丰硕成果。2007年10月，我因没有熟人介绍无法到六努、六音、六门、山界一带调查，无意中遇上巫师盘志富，他把我带到以上村寨耐心向村民们解释，最终使我得以从"记者"的身份在当地展开调查。在我的考察过程中，巫师们都觉得自己从事的是一项艰辛工作。仅是学习巫术过程就很不容易——要记下繁杂的经文咒诀。这些年过半百的巫师们，都十分清楚自己要一辈子走巫师的道路，继续站在服务村民的岗位上。

虽然盘瑶巫师在日常生活中，与普通村民一样，没有享受任何特权。但因人们有事时常求助于他们，故在社会上还是受人尊重，享有一定的威望。特别是在仪式场合中，他们更是享有一些特殊的待遇。新的社会环境变化也使巫师进一步完善人格，如果要圆满地完成仪式活动，他们需要机敏老练，谙熟人情世故，能够对周围情况作出快速的回应。就我结识的79位巫师来看，他们所展现的才能超过了多数普通的盘瑶人，其良好的交际能力、把握新情况的能力，以及打动人与支配人的能力是有目共睹的，他们不仅在主持仪式时聪明机警，而且还掌握了丰富的历史、习俗、故事、歌谣、医药、舞蹈、绘画、剪纸等方面的知识。

第四章　巫师的权力之路

瑶族巫师有一定的准入条件,并且一个普通的瑶族人要想获得巫师资格,不仅要进行实质性的宗教知识学习,而且还需经过神职授任仪式的考验。成为巫师之后的瑶人,不但他们的社会地位提高了,而且还具备成为村寨政治领袖的资格。他们中的某些人凭借这种特殊的社会身份,把自己的聪明才智以及经验知识,转向为公众利益服务,使自己上升到一种更有声望的地位,从而容易取得政治首领的身份和权势。由仪式权威发展成政治首领后,他们在宗教上是巫师,在宗族上是族老,在政治上是社主、石牌头人,成为集神权、族权、政权于一身的社会上层人物——神圣的仪式权威和俗世的政治权力都集结于他们身上。

第一节　从俗世中人到仪式权威

我们迄今还没有对盘瑶师巫动机做过描述,因此本节第一目拟作这方面的补充。在第二、第三目,我将根据几位男性受访者的谈话资料叙述一个瑶族男子由俗世中人变成仪式权威的过程,同时讨论了盘瑶巫师的身份标志物以及它们所承载的宗教观念与象征意义。几位受访者都具有社会认可的巫师资格。他们给我讲述的成为巫师的过程,对我们理解盘瑶巫师的仪式权力有很好的启发意义。

一　走上巫师之路

瑶族男性巫师身份的获取有严格的规定,不是任何人都可以成为巫师的。要想成为一名社会认可的巫师,需要经过挂灯度戒,拜师学法,熟背经书咒诀,通晓仪式程序,熟记神灵名录,熟悉法器的使用,能够独立主持仪式不出差错。

（一）师巫原因

为什么要走上巫师之路？在我与众多巫师的接触中，他们从来就没有给我一个非常明确的答复。因此，很难说清盘瑶男子选择进入巫师行业主要出于什么动机。在我看来，学做巫师也许是他们的生活选择之一，是诸多不同因素促成的结果。综合巫师们的言说，师巫的原因归纳起来主要有下列几个方面。

第一，做巫师既有家庭原因、自身原因，又受到老师父的劝导。

【个案4-1】李德才说之所以选择做师公一是家庭因素，二是神灵附体经历，三是老师公们的劝导。李德才的父亲双眼失明，完全丧失了劳动能力，家中农活全由母亲、哥哥和嫂子担负，李德才的大哥多次劝说他回家帮干活。经不住大哥的多次劝说，李德才读到小学四年级就辍学回家。李德才平时除帮家里干点活外，偶尔也在仪式活动中帮别人吹笛子。这是李德才接触仪式活动的开始，也为他日后做师公奠定了基础。我们曾问李德才，如果他继续念书，是不是就不会做师公了。李德才笑呵呵地回答说，他们那个年代能读书的都得到外出工作的机会——成为政府公职人员。李德才说，他不后悔辍学务农，因为作为一名师公，也能为村民排忧解难。至于自身原因，则跟李德才孩童时的神灵附体经历有关。12岁那年，李德才有一次昏迷了7天7夜。李德才的大哥准备将他埋掉，李德才的母亲见他胸口尚有余热，便劝德才的大哥先不要掩埋。李德才醒来后，告诉大家说他在阴间学习法术。李德才说，全田林县得到阴传的师公只有他和赵有清两个人。李德才认为是上天给了他这种天赋，这是促使他走上师公之路的原因之一。如果说家庭因素和自身的特殊经历决定了李德才走上师公之路的话，那么老师公们的劝导则使李德才坚定了做师公的决心。李德才在学做师公前，经常跟师公们去做法事，给他们担任仪式助手，让他熟记了很多仪式程序，尤其是罡步，让他有想跳一次的想法。有一次，李德才在仪式现场开玩笑说自己会跳罡步。有一个师公不相信，他说："如果你会跳罡步，我就帮你吹笛。"李德才近乎完美地跳完了三台罡和七星罡，师公们都惊呆了。他们没想到一个毛头小孩，竟然对罡步如此熟悉。发现李德才有如此潜质，有师公建议他学做师公。李德才原来名叫黄元庭，师公们觉他将来定会成为大师公，由于李姓在寨子里是大姓，而他们不想把大师公这样的人才交给黄姓人，因此他们向李德才父亲建议，让原本姓黄的李德才顶李家姓，再由李德才的哥哥顶回黄姓，黄元庭就改名李德才。师公们的建议，完全促成李德才走上师公之路。①

第二，做巫师是因为受到父辈的诱导与劝诫及老师父的游说。

【个案4-2】李进保起初不相信法术，认为是一种宗教迷信。1993年李进保手痛，身体也不好，就跟着赵有福师公去做法事，可是觉得学做师公好难好累，曾经想到过要放弃。赵师父觉得李进保有做师公的潜质，因为他打答都打得回来，请神也能把神灵请来，就极力劝他留下来潜心学法。赵师父知道李进保家里穷，没有足够的钱度戒，就先帮他挂三台灯，给他取了法名，让他师出有名。师父的良苦用心，坚定了李进保学做师公的决心。1993年李进保跟赵师父去做法事，做他的师替。1994年李进保潜心学法一年，不断地跟师父去学做法事，学习师父念经诵咒，抄写常用经书，熟背经书咒诀。1995年赵师父让他出师。从那以后，开始有人请他做法事。李进保对师父存有感激之心，说自己有今天很大一部分得益于师父的谆谆教导。②

【个案4-3】如同他哥李进保一样，赵文甫起初也不想做师公。后来见他哥和赵有福师父作法太辛苦，于是想在他们做法事时帮一下他们，就跟着他们去做了一次法事，感觉做法事太累不想再去了，但赵师父叫了他几次也答应去。时隔一年之后，赵师父还叫他去，他又跟去做了一次法事。但是学做师公真的很难，赵文甫又打退堂鼓了，但还是跟去做第三次法事。跟去第三次的时候，赵师父带上了自己的儿子赵贵府，赵文甫觉得有伴就决定做师公了。赵文甫说，他家祖上几代都是大师公，他在年轻时已会做一些小仪式了，只是一直没有做师公的打算，直到第三次跟赵师父去做法事，他才下决心学做师公。在赵文甫看来，学做师公十分困难，开始学做大仪式时，他就觉得很

---

① 根据高崧耀同学2013年夏季对田林县利周瑶族乡伟好屯李德才（65岁）师公的访谈记录整理而成。
② 根据高崧耀同学2012年夏季对贺州市黄洞瑶族乡元炉组李进保（55岁）师公的访谈记录整理而成。

困难了，但是他做事很有决心，看见那些比他老且没他念书多的人都学会做师公，他觉得自己也一定能行。赵文甫脑子比较好使，学起东西来很快，也很会变通。在学法过程中，也得到了他大哥的传授，因此他学得很快。赵文甫1995年挂三台灯，同年转度挂12盏大罗灯，1998年开始学做师公，1999年拜赵师公为师，是年顺利出师。赵文甫说，他学做师公成功，大部分得益于虚心学习，只要别的师公比他强，就经常向他们学习，问一些他们熟知的仪式。①

【个案4-4】赵文县师父在向我描述当时是如何作出学习法术的决定时，他说："我外老（岳父）以前是师公，我阿爸没学会。我外老对我说，你们不学一点，以后有事到哪儿找人做。找来人也得买点猪肉，做完还得给师父点钱。家里有人会做，没有肉，用香、酒也可以做，用肉也是自己吃。于是我就跟外老学了。"赵文县先跟岳父学会了打卦，接着又学会请祖宗。后来他到生产队去当团支书，由于当时不允许作法，因而停止了学法。从大队回来后，岳父已经过世，找不到合适的师父再学法，所以现在还只是一名打卦师。②

【个案4-5】盘志富师父告诉我说，以前他们村子周围一带没有人会做法事，每当村里人有法事要做时，需要去到很远的地方请师父，有时师父太忙了，请了几次都来不了。师父对他们村人说，"你们自己也要学一点嘛，太多人找我做，我忙不过来啊"。从那以后，他父亲开始学作法，然后拨下法术给他。③

第三，做巫师不仅能治病救人，而且还可以健康长寿。

【个案4-6】蕉如香师公15岁拜师，17岁开始学做法事。他说，选择做师公有两个原因：一是做师公可以治病救人。蕉如香年轻时，村民们生活异常艰苦，村里交通条件极差，人们生了病经常得不

---

① 根据高崧耀同学2012年夏季对贺州市黄洞瑶族乡杨梅组赵文甫（48岁）师公的访谈记录整理而成。
② 根据我2002年夏季对金秀大瑶山忠良乡六雷屯赵文县（74岁）先生的访谈记录整理而成。
③ 根据我2002年夏秋在金秀大瑶山忠良乡六雷调查时对前来六雷作法的车田村六努屯盘志富（59岁）先生所做的访谈记录整理而成。

到及时救治，而师公集神职与医职于一身，不但能占卜、度戒、架桥、招魂、打斋、还愿、送鬼，还会治恶疮、烫伤、烧伤、刀伤、咬伤、止血以及头痛、发热，而且师公职业越来越受到村民的拥戴。二是做师公可以健康长寿。爱店瑶族相信，做师公可以健康长寿，因此很多人虽然不是师公，但都会懂做一些小法事。蕉如香2002年度戒，再经学习后成为一名师公。①

第四，做巫师对改变不顺遂的家庭生活状况有一点帮助。

【个案4-7】赵文甫师公说，他走上师公之路很大一个原因是，20世纪90年代初，他们家生活过得非常困难，不仅经常吃了上顿没下顿，而且不是这个人发烧感冒，就是那个人头痛脚痛，常常需要打针吃药。为此，他也曾经做过很大的努力，但却没能给家庭生活带来多大的改变。他觉得学做道，或许对改善家庭生活有一定的帮助。从他做师公开始，家庭生活状况逐步得到改善，各方面都过得很好。②

第五，做巫师能够从法事活动中获得额外的经济收入。

瑶族巫师虽然多半不脱离生产劳动，但他们由法事活动获得额外收入，生活比一般人宽裕，刺激了一部分人从师学法。③ 虽然我的田野考察并没有得出同样的结论，但也的确表明有些巫师的收入要比部分民众高。巫师在给人作法时，都会"请师父"。所谓"请师父"，就是"请"以前传"法"于己的师父，拥护自己做法事成功。用了法术的徒弟，多少要给"利息钱"，即"师父钱"，少则三块六、七块二、三十六块、七十二块，多则三百六十块、七百二十块、三千六百块、七千二百块，不过一般是给前面的数额多。法事结束后，除了给一定数额的"师父钱"外，家主还要用酒菜招待或送猪肉、鸡肉、粽子等物品。物品是用来"答谢"

---

① 根据高崧耀同学2012年夏季对宁明县爱店镇丈鸡屯蕉如香（73岁）师公的访谈记录整理而成。

② 根据高崧耀同学2012年夏季对贺州市黄洞瑶族乡杨梅组赵文甫（48岁）师公的访谈记录整理而成。

③ 参见张有隽《瑶族宗教论集》，广西瑶学会编印1986年版，第75页；杨鹤书、李安民、陈淑濂《八排文化》，中山大学出版社1990年版，第130—131页；练铭志、马建钊、李筱文《排瑶的历史与文化》，广东人民出版社1992年版，第405页。

师父的，称之为"供师父"，因为作法时"麻烦"师父来帮忙，要以此为酬谢，师父才会"满意"，以后继续拥护作法。昭平县仙回盘瑶巫师供师父是有一套程序的。首先，要在神台上烧3支香，然后供上家主赠送的物品，最后边烧纸钱边默念咒语请师父收下。当然，这些"师父钱""师父供品"法事结束后归巫师所有，也成为他们额外的家庭经济收入。李德才师公的法事收入占其家庭经济收入的比重最大，他几乎每天都要替人做仪式。我们曾对李德才师公的仪式收入作过粗略的统计，他一年的仪式收入大概有4万元。六门庞文荣生前是一名颇有声望的师公，请他作法的人很多，从而攒下不少钱财。2000年庞文荣去世时，家人请来3位师公做了6天6夜的道场，花费1万多元。但葬礼费不用子女出，全由他名下的遗产支付，而且除去葬礼费用外，还剩余4000多元现金和600多个银圆。[①] 六努盘志富虽不是师公，但请他作法的人也不少。他每月至少有250元的收入，最多的月份达650元，年均收入有6000元左右。逢着大型的法事活动，如打斋、度戒、还愿，更是巫师获得大笔收入的好机会。2008年1月4—7日，我在贺州市黄洞乡三岐村盘宗明家观看了一场还盘王愿仪式。家主杀了2头猪，请4位师公合作作法。仪式结束后，还愿师得猪头1个，重约10斤；诏禾师、赏兵师、五谷师各得猪腿1条，每条重约10斤。除给猪肉外，家主还给他们封红包：还愿师310元，诏禾师、赏兵师、五谷师各210元。这样的额外经济收入在生活并不富裕的盘瑶山区比较有吸引力。赵有兴师公说："我现在还有力气做工，还可以上山砍木，下地种田，也可以给老板锯木板，每天可得60块钱。等到我老得做不了工，我就专门外出作法，找够我生活费是没有问题的。"金秀县林业局一位赵姓盘瑶干部告诉我说，盘瑶巫师虽然不是专门的职业，与普通人一样是劳动者，只是有人请时才替人作法，能够得到一些报酬，但在经济落后的盘瑶山寨，看似数量不多的现金对他们生活会起到很大的改善作用，所以也有不少盘瑶老人希望儿孙继承巫师祖业或从师学法。

第六，做巫师可以提高自身的社会地位。

社会有价物不仅包括经济报酬，也包括社会认可和信赖以及社会声望

[①] 2007年10月21日由金秀大瑶山忠良乡六音屯57岁的庞福贵先生提供。庞文荣是庞福贵的岳父。

等。① 除了能挣更多钱，过上好日子这一原因外，对于盘瑶人来说，当一名巫师还有其他原因，希望提高自己的社会地位可能是重要原因之一。有研究表明，盘瑶巫师的社会地位要高于普通民众。② 有人对广东排瑶巫师研究也发现，先生公识汉字，能说会道，而且替人作法可得到一笔颇为可观的收入，生活比别人好，因而成为排瑶中受人尊敬和羡慕的人物，人们都希望自己的后代有朝一日成为先生公。③ 故在广东瑶族中，过去"儿之聪颖者，不与读儒书，惟从瑶道学"④，"不事诗书好为觋巫"⑤。我的田野考察也表明，盘瑶巫师的社会地位要比普通民众高。我要求24位巫师自我评估一下自己的社会地位，有13位认为他们的社会地位要高于普通民众。赵有兴认为，巫师社会地位比普通民众高，是因为"现在师父越来越少，而有事时又得求助于他们，所以人家比较尊重，平时讲话相当小心，生怕得罪他们"。

第七，做巫师可以保住家庭原有的社会地位。

巫师对自己角色的选择意味着，他们在自己的传统社会结构中，拥有文化赋予的自豪感。对于有些祖传巫师，可能出于保住家庭社会地位的考虑。我在考察期间经常听到的话是，"我们家祖上有人当大师公，到我们这一代不行了，没有人捡得到"。在盘瑶社会中，祖传巫师往往更受民众的信任。巫师继承祖业的同时，也继承了文化赐予他的尊重或声望。我的一位受访者证实了这一点。赵贵府师公说："我以前也没想过要学法，后来觉得父亲是大师公，家里没人学，传不下去，脸上过不去，所以才慢慢学。"赵贵府现有两个女儿，我开玩笑地说："你现在没有儿子，可能传不下去哦。"他妻子接过话说，"那不一定哦，可以传给女婿啊"。赵贵府连忙说："是啊，我爸以前也是跟我外公学的。"广西田林县原民族局局长冯春金，2002年退休后就开始做师公。他之所以做师公，是因为他家

---

① 孟慧英：《彝族毕摩文化研究》，民族出版社2003年版，第8页。
② 差博·卡差·阿南达：《泰国瑶人——过去、现在和未来》，谢兆崇、罗宗志译，民族出版社2006年版，第191页。
③ 练铭志、马建钊、李筱文：《排瑶的历史与文化》，广东人民出版社1992年版，第462—466页。
④ 凌锡华修，彭征朝纂：《连山县志》（第十六卷），1928年。
⑤ 何天瑞修，桂玷纂：《西宁县志》（三十四卷），1937年。

祖祖辈辈都有人做师公，所以需要有人承接祖业。① 田野考察过程中，有些祖上有人做过师公而现在却没人继承祖业的人家，始终坚信他们家以后还会出师公。

第八，做巫师可以有机会在公共场合引人关注。

盘瑶人散居山区，很难有机会在公共场合做到引人注目，而巫师职业却能够提供较多这样的机会。打斋、挂灯、度戒、还愿是巫师引起公众关注的重要场合，他们担任的角色可以使他们处于优越的地位，并且可以举止夸张。大部分盘瑶人羞于像巫师在仪式中那样唱歌跳舞。在日常生活中，很多巫师也会显得很安静，羞于在众人面前唱歌跳舞，但仪式却在日常生活之外给他们提供了展现自我的舞台，而且这种展现又能得到社会的肯定。

（二）拜师学法

盘瑶男子开始学习法术的年龄差别很大。盘瑶社会对开始学习法术并无严格的年龄限制。在我采访过的79位受访者中，他们都还能告诉我他们是多大开始学习法术的。综合他们言说的结果，盘瑶男子开始学习法术的年龄差别很大——从8岁到40多岁都有。而要出师，则要16岁以上，因为16岁才能带得动兵马，只要能带得动兵马，就可以单独做法事。我的受访者对于"何时是学习法术的最佳年龄"这一问题的回答也很不一样。有的强调"年轻"，认为年轻记性好，学得更快，记得更多。如赵文富认为，一个人开始学习法术时越年轻，效果越好。他告诉我，他很小就跟父亲学法，十几岁就学会请神，后来年纪大了，记性不好，也不愿意学了，现在只能做小法事。而另外一些受访者则强调"成熟"，认为一个人太年轻还是娃仔，不识字，读不懂经书。如赵有兴师公认为，一个人只有到了20多岁，他的智力才完全发育，也有一定的人生阅历，这时候才是学习法术的最佳年龄。而据我考察所知，多数盘瑶人20多岁就开始学法术，后因忙于农活，没有时间专研法术。他们说，年轻时有力气多干活，让生活过得好些，等到年纪大做不动了，才考虑学更多的法术。我在贺州市联东村考察期间，结识了来自牛路冲的52岁的赵有安先生。他告诉我，他早在1980年就已经度戒，当时挂了十二盏大罗灯。虽然他早已度戒，

---

① 2008年1月4日在贺州三岐村由黎永励女士提供。黎女士曾在田林县盘瑶村寨做过长期的田野考察。

学法也很早，但因忙于家里农活，没有时间学更多的法术，到现在还成不了师公，只能替人做些小法事。在我所认识的师公中，除赵贵府、邵顺锦、赵有贵只有30多岁外，其余的都是40多岁以上的中老年人。

巫师行业是一种学成的职业。学做巫师是一个学习经本知识与实际操作相结合的过程，以师父带徒弟的形式进行。在学法过程中，最主要的两项技巧是模仿和记忆。徒弟要以师父为榜样，先观察师父怎么做，然后模仿师父跟着做。等学到一定程度，便开始协助师父作法。如在贺州盘瑶中，由于有些仪式持续时间长，中间又不能间断，而师公多数是由中老年男性当任，体力上难以承受，因而师父们常带上师替（学徒），在仪式过程中让他穿上法服代自己唱跳。在学习过程中，如果徒弟有问题可当场或随后询问师父，从而得到师父的进一步教诲。通过不断地合作交流，一种亲密的师徒关系就建立起来了，徒弟也可以不时到师父家里请教。除学习有关法术外，徒弟也要熟悉巫师的道德规范，培养一定的角色认知。师父也会告诫徒弟，要遵守戒规，秉公执正，不得妄取财物，否则神灵降罪，作法不灵。

然而，学习法术不是轻而易举的事，需要从点点滴滴学起，到最后能熟练操作不出差错，得到师父和众人认可，学习方算结束。如果徒弟有学习的积极性，而且天资聪慧，不出几年就能独立行巫。如果一个人想成为学识广博、法力超群的巫师，在可以独立主持仪式后，还需要不断地向师父以外的其他巫师学习。他可以根据自身情况决定再跟一个或几个师父学习法术。"闻道有先后，术业有专攻"这是他们普遍认同的法则，只要是自己没学会，或是别人在某方面比自己强，那么都可以向对方学习，而不受门户之见的约束。例如，石阳屯庞有福师公的爷爷和父亲都是师公，他做师公的本领最初也是从父亲辈那里学来的，但他却跟我说他的师父是龙表屯的赵进凤。为什么不拜自己的父亲或爷爷为师，我也不太清楚。但是可以肯定的是，庞师公至少跟两个师父学过法术。又如六门屯赵成德早年跟父亲学法，但所学法术十分有限，请他作法的群众很少。后来他在某年的正月初一拿着1只大公鸡、1碗扣肉来到六音屯拜庞文荣师公为师。经过不断的巫术学习，赵成德现已成为一名有声望的师公。这样长时间下来，巫师个体与同行的其他成员广泛接触后，会逐渐地积累起更多的法术知识。然而，由于盘瑶仪式繁杂冗长，需诵读大量的经文，咏唱各种音乐，使用特殊道具，熟悉复杂程序，谙知仪式符号意义等，巫师成为一种专门职业，非一般人可以担任。而师公的培养则需要更长时间的训练了，因为仪式中有大量道教繁文缛节，而这些知识在日常生活中并不流行，多数为仪式专属性知识，所以需要系统地学习掌握，要成为一名合格的师公需要经过数年甚至十几年的学徒生涯。因此，并不是每个盘瑶村寨都有师公，如遇大型法事经常要到别的村寨去请。

在学徒成为一名正式的、独立开业的巫师之前，他需要有用于施法的工器。法器之于巫师相当枪之于士兵。巫师法器主要有老君印、牛角号、铜铃、法剑、牙简、筶子等。师父没有义务为徒弟准备法器，徒弟可以自制法器或向师父购买，但在使用之前须请师父开光，才具有通神的灵性。法器置办好了，再需要一身巫师的行头就可以了。有了法器、巫服之后，就可以准备替人作法了。在徒弟正式为别人作法前，师父要举行仪式拨法给他。拨法时，需有拨法师和证明师。拨法时间，一般是在正月初一至十五。求拨法者，如果祖辈、父辈都有兵马，则直接由父亲拨给祖本师的兵马即可。如果祖上没有兵马，要请师父拨给兵马。具体的做法是，据金秀大瑶山忠良乡六雷屯赵文县说，届时徒弟要带1只鸡、1—2斤猪肉到师父家里，煮熟后摆在师父家神龛前，师父请来证见家先、阴阳师父、玉皇大帝、三清、祖宗香火（度过戒的还要请传度师）告诉他们说，徒弟经过一段时间学习之后，已掌握了不少法术，现在可以做师父了，请他们在徒弟作法时拥护他，让他作法灵验。拨法结束时，徒弟要给师父一个红包，红包金额一般是3、6或7、2的组合数字。拨法后，徒弟日后用法要说出本师、祖师、传师的名字，否则用法不灵。仅仅拨下了教法，在未度戒之前，是没有法力上云台开天门的，所以需要度戒拜一个师父拨给上云台的法力，叫作投上云台法。有了下教法力和上云台法力后，就可以替人做大小法事了。学成后徒弟也可以招收弟子，从此能够自立门户。金秀大瑶山黄金寿师公说，徒弟在成为社会认可的师父后，如果跟师父一起去作法，所得红包分给师父的份额要大些。如果哪天师父老了，不能外出给人作法，而徒弟出去作法路过师父家门口的，所得红包要分一部分给师父。

正如前面所论述的，学习法术没有标准的年限，也没有标准的方式来宣布正式开业作法。在一个学徒成为社会认可的巫师之前，或许他已经给一些家主做过简短的仪式。通过这种方式，他逐渐获得民众的信任，年长日久以后，他的名字会逐步在村寨里传开。就像坎德尔在他报告中提到的那样，"如果他做成功了几次，他的名声就会在本村和其他村寨传播。他会努力举行更难办的多种仪式"①。随着名声越来越大,他可以逐渐地从地域或治疗种类上扩展他的业务范围。他在本村寨或更广的地域范围内更广为人知,成为一个更广泛的巫师分散网络的成员。理论上而言,任何已完成法术学习者,应有资格独立行巫。然而在盘瑶社会,仅完成法术学习,还不能成为社会认可的巫师。只有经过挂灯、度戒,经师父授以经符,支给天兵神将后,才能取得做巫师的资格。

二 登上巫师的阶梯

仪式执行者作为仪式的组织者和主持人,在仪式场合里充当着非常重要的角色。在巫术活动中,通常会有巫师在场,否则巫术活动便无法进行。巫师之所以非常重要,其主要原因在于:首先,他们大多数属于世俗社会的首领;其次,他们的能力、经验和社会性权力在仪式活动中经常被指认为是沟通人神的灵媒,因为只有他们才有资格与神灵进行交流;最后,他们的存在使仪式变得庄重而富有神秘感。因此,巫师权力是一种特殊的制度性传承,或来自身体、职业的某些特别资质,或源于在社会中占据权威地位的特殊身份②,或被特定群体认同的标准化宗教知识而且在限定的群体内部传承。③

盘瑶巫师即是这样的角色。他们作为沟通人神的灵媒,在人间承担着降妖除魔、为民解忧的作用。正是这种背景的存在,使巫师这一职业具有相当的重要性。盘瑶人信鬼崇巫,仪式活动频繁。出于信仰需求,过去几乎每个盘瑶村寨或邻近村寨地区均可找到一两位巫师,由他们充当仪式的表演者和执行者,负责同祖先、神灵进行交流。倘若本村或周围村寨没有巫师,仪式活动便无法进行。盘瑶人便会觉得社会难以运转,生活中有诸多不便。然而,从一个普通瑶族男子成为一名正式的社会认可的巫师并非易事,需要经历几个重要的阶段:一是举行挂灯、度戒仪式,获得阴间兵马;二是拜师学法,得到师父拨法(详见本节第一目);三是出师后独立

---

① 转引自差博·卡差·阿南达《泰国瑶人——过去、现在和未来》,谢兆崇、罗宗志译,民族出版社 2006 年版,第 224 页。
② 莫斯、于贝尔:《巫术的一般理论·献祭的性质与功能》,杨渝东、梁永佳、赵丙祥等译,广西师范大学出版社 2007 年版,第 36—39 页。
③ Turner, *Religious Specialists*, in Lehmann, A. C. and Myers, E., *Magic, Witchcraft, and Religion: An Anthropological Study of the Supernatural*, California: Mayfield Publishing Company, 1985, p. 82.

主持仪式不出差错。

接前文所述，弟子对仪式的程序有一定的熟悉，而且会做一些小法事，这并不代表他就可以出去替别人做仪式。换言之，要替别人做仪式，须先取得主持仪式的资格，也就是要先成为一名正式的、被社会认可的巫师。在当地盘瑶社会中，在一个人被社会认可为真正的巫师之前，他还需经历不同等级的宗教仪式之考验。在盘瑶宗教观念中，未挂灯、度戒者无法沟通鬼神，没有正神护持，易被邪魔侵害，故无能力担任巫师，更不能探问鬼神。1999年7—8月，我在宁明县爱店镇琴么屯考察期间，结识了时年28岁的盘瑶青年黄福财。黄福财在中国出生，在越南长大，拥有两国户籍，通晓两国语言。他从小对法术感兴趣，稍长即随越南盘瑶师公学法，平时给师公们抄写经典，遇有法事就在旁边观摩。长年的经本学习与临场观摩，让他通晓很多仪式程序，能独立主持不出差错。然而，由于黄家男丁兴旺，排在他前面的叔辈、兄辈尚未挂灯、度戒，按祖传规定他不能越过长辈先挂灯、度戒。黄福财有个小叔年仅6岁。黄福财说，等到他小叔挂灯、度戒，他可能都有50多岁了。虽然黄福财熟背经典，通晓多种科仪，但因未挂灯、度戒，没有资格充任巫师，故没有群众请他作法。[①] 黄福财的师巫经历说明，在盘瑶社会只有已挂灯、度戒者才有资格参加宗教活动，也才有可能成为巫师主持或协助主持各种宗教仪式，得到民众的尊重。未挂灯、度戒者不能参加宗教活动，更不能沟通鬼神为社会服务，故而得不到社会的尊重。2008年1月，我在贺州市黄洞乡三岐村观看还盘王愿仪式期间，结识了在仪式中担任厨官的盘宗科。他告诉我，厨官主要是给师公们当助手，负责上香、装坛、杀还愿猪等与神灵相关的事宜，故须经过挂灯级别以上者才能担任。如果还愿与挂灯、度戒结合做，只有经历过与受戒者同别级仪式以上者才能担任厨官，如挂过三台灯者，只能在挂三台灯仪式中担任厨官，而不能在挂七星灯仪式中担任厨官。2008年7月29日，我在都江村元炉组冯丙旺家观看满七仪式时，又遇到了盘宗科。他告诉我，因死者盘妹理的丈夫是一位七星爷（挂过七星灯），所以她应享受同等的丧礼待遇，而他挂过七星灯又通晓仪礼，因

---

① 1999年7月25日田野调查笔记，地点：宁明县爱店镇丈鸡屯。

而被邀请来充当师公的助手。① 凡已成功挂灯、度戒者，还拥有阴阳师父以及特定数目兵马的保护，除他本人外家人也因他挂灯、度戒有了神灵的庇佑而免于灾难。因此，接受挂灯、度戒拥有阴阳师父，获得鬼神沟通的能力，获得并指挥兵马驱邪除魔，有资格担任宗教职务，实际上就是因接受挂灯、度戒而获得充当巫师应具备的能力和资格，并因有此宗教仪式而获得民众的认可，有资格成为仪式的导演者和主持人。

对于盘瑶男子而言，要成为一名完整意义上的巫师，需经历从低级到高级的挂灯、度戒等宗教仪式的考验。挂灯、度戒是盘瑶男子必须经历的宗教仪式。挂灯、度戒与否，对盘瑶男子来说是一件非常重要的事情。在过去，挂灯、度戒之后才被社会承认是成年人，可以参加社会的一切成年人活动。度过戒之人发给玉皇印，成为玉皇大帝门下弟子，死后可以被超度去梅山修炼学法。如果不度戒，死后只能去阳州做工。如果祖上有人当师公，那么度戒盘后可以承接祖先兵马。如果中间有间隔或没有度戒，那么祖上的兵马就无法传下来。男人度戒有了兵马后，其妻也有自己的兵马，兵马平时可保护本人及其家庭成员的安全。但是随着时间的推移，现在度戒的人越来越少了。瑶称挂灯为 guax dang，称度戒为 douc sai，称受戒男子为 sai-gorx（师男）。盘瑶度戒仪式因以挂灯为主，故学术界多称之为挂灯。然而，这是不准确的。挂灯只是分为三个阶段的度戒仪式中的第一阶段，挂灯之上按度二戒②、度三戒、ja zeqv（加职）、ja taiv（加太）③ 的顺序依次递升。由于度戒传承变异，不同地区的盘瑶在度戒级别的划分上，存在较明显的差异。以广西田林、贺州、金秀三地盘瑶为例，田林盘瑶度戒分为三个阶段，第一阶段是挂三台灯，第二阶段是度二戒，又称中度或 guax ziepc nyeic zanv daic lorh dang（挂大罗灯十二盏），第三

---

① 以上的访谈内容是我于 2008 年 1 月 6 日、2008 年 7 月 29 日分别在贺州市黄洞瑶族乡三岐村、都江村两地对园林组 52 岁的盘宗科先生访问时采集到的。

② 田林盘瑶中度二戒分为挂七星灯和挂十二盏大罗灯，而我调查的忠良乡盘瑶挂灯仪式分为挂三台灯和挂七星灯，挂三台灯是初戒，挂七星灯是度二戒。赵有兴师公说，度二戒分为升度二戒和中度二戒两种。中度二戒比升度二戒级别更高，仪式程序更为复杂，师父多出 1 位书表师，要写很多符箓挂在竹幡上，用红纸剪成众多太阳挂在竹幡上，还要上山砍来竹子，用土堆成山的模型，在上面插上竹子、竹幡，请师父举行开山仪式。

③ 盘瑶加职、加太的相关叙述可参看白鸟芳郎编著《东南亚山地民族志》，黄来钧译，云南省历史研究所东南亚研究室 1980 年印，第 50 页；广西民族学院赴泰国瑶族考察组编《泰国瑶族考察》，广西人民出版社 1992 年版，第 218—224 页；竹村卓二《瑶族的历史和文化》，金少萍、朱桂昌译，民族出版社 2003 年版，第 149—150 页。

阶段是度三戒，又称传度或加职①。贺州盘瑶度戒也分为三个阶段，但挂三台灯只是三台保命灯，挂七星灯才算是初戒，挂十二盏大罗灯是度二戒，而挂十二盏大罗灯后，如再度阴槽、刺敕、上刀山，则称为度三戒②。金秀盘瑶度戒同样分为三个阶段，第一阶段是挂三台灯，第二阶段是度二戒（挂七盏灯），其中度二戒又分为升度二戒和中度二戒两种③，第三阶段是度三戒。度三戒与度二戒所挂灯之数量一样，但要多请两位师父，法事多做1天，同时还需立竹幡。由于度三戒仪式程序复杂，现在已找不到有能力主持这一仪式的师父了。如今度三戒之法在大瑶山盘瑶中已经消失，再也找不出能说清度三戒来龙去脉的师公了。④

挂灯、度戒时间常取决于如下条件：是否懂事，身体是否发育正常。如果年幼无知、身材矮小，度戒时间得推后。⑤ 盘瑶人挂灯、度戒通常在年满13岁后进行，因为一般人13岁时已具备了这些条件，再有就是他们认为人在13岁以前都是在花园里生活，花园里有花皇鬼管着，到13岁就可以自己跳出来，这时有资格度戒了。⑥ 同时，挂灯、度戒还要看这个家庭是否有本事，即是否有经济能力支付挂灯、度戒所花的费用。挂灯、度戒时，要宴请全村人和亲友前来吃喝。至少要杀1头大肥猪，粮食酒当然也不能少。此外，还有纸墨、付师父报酬等杂费。如果无力承担，就得推迟举行。⑦ 当然，要挂灯、度戒还得按一定的规定进行。如宁明县爱店镇瑶族的挂灯、度戒者的顺序是有规定的，共有大屋的族内人要按辈分轮流挂灯、度戒，即年纪最大的先挂灯、度戒，然后过几年才轮到下一个，一个一个轮下去。有些家族兄弟较多，很多人四五十岁了都没有机会挂灯、度戒，也就没有机会做巫师了。在挂灯、度戒前，师男须在师公指导下经过一个斋戒期的修炼。修斋期间，不可以在原来的

---

① 陈玫妏：《从命名谈广西田林盘古瑶人的构成与生命的来源》，唐山出版社2003年版，第107页。
② 2008年7月28日晚，在与贺州市黄洞乡千金组赵有福师公的访谈中由他提供。
③ 2008年12月23日晚，在金秀大瑶山忠良乡小德屯参加黄通贵家度戒仪式时，由主持仪式的主醮师庞有福、引戒师庞有坤、保举师赵福明3位师公提供。
④ 这里有关度三戒的叙述，是我于2008年12月13日在金秀大瑶山忠良乡小德屯参加黄通贵度戒仪式时，对主持仪式的引戒师庞有坤、保举师赵福明的访谈整理而成。
⑤ 胡起望、范宏贵：《盘村瑶族》，民族出版社1983年版，第246—248页。
⑥ 2009年7月25日晚，在对金秀大瑶山忠良乡石阳屯庞有福师公的采访中得知。
⑦ 胡起望、范宏贵：《盘村瑶族》，民族出版社1983年版，第246—248页。

床上睡觉，要用新床新铺一床被褥；要与妻子分床睡一个月，不能行房事；每天要洗澡，不得与他人共用洗澡盆；不得吃荤沾腥。如有违犯，就请不来神灵，导致挂灯、度戒失败。与此同时，师男还要跟师父习读经典，抄写经文。斋戒期长者七七四十九天，短者六七天即可。挂灯、度戒前师男要用茶叶水擦洗身体，以保持身体洁净。挂灯、度戒开始时，师男大小便都需要师公陪同，以免碰到不洁净的东西。挂灯、度戒过程中，夫妻之间不可以交流或接触，甚至要避免与异性碰面或讲话。参加挂灯、度戒的人数，可以单独一人举行，也可以几个至几十个联合举办。在挂灯、度戒过程中，师男还要学道法经咒，学会使用法器和各种舞神跳法。届时师男将跟师父一句一句地喃唱经咒，一步一步地跟师父走三台七星罡，以及跳舞度龟兵。凡接受挂灯、度戒者，师父授予经咒符箓，支给天兵神将，委以宗教官职，发给阴阳据，赐予法印、法衣等物品，同时还要奏青词，吃老君饭，是为取得老君认同，以能召神劾鬼，消灾度厄，治病救人。由此可见，瑶族挂灯、度戒是成仙管鬼，请神治鬼，得阴兵驱鬼，得巫术赶鬼。[1] 对学做巫者而言，挂灯、度戒是他得以成为巫师的必然途径，并从此具有独立主持仪式的能力，获得进入神圣世界的资格。仪式结束后，师男便被认可为交通鬼神的灵媒，从而有权主持仪式，能够替人作法消灾。因此，瑶族的挂灯、度戒实际上有巫师出师礼的意义。在资源县河口瑶族乡盘瑶中，度戒也称为"抛牌"，有"开张营业"之意。是故挂灯、度戒那天，本寨乡亲踊跃而来，外村远客纷纷而至，主家杀猪宰鸡宴请亲友，而受邀亲友送上礼金表示庆贺，场面十分热闹。如金秀大瑶山小德屯黄通贵举办度戒仪式时，摆15桌酒菜宴请亲友，亲友们也给封20—100元不等的礼金，共计2764元。[2] 凡已成功挂灯、度戒者，均为老君门下弟子，可称为瑶族社会的巫师，他们均已获得一定的法术，拥有一定数量的兵马，都可做一些简单的法事[3]，因而有学者在统计大瑶山瑶族宗教师时，把所有已度戒之人都纳入统计范围。[4] 就

---

[1] 张劲松：《瑶族度戒调查及其傩戏初探》，《长沙水电师专学报》1990年第2期，第93—97页。

[2] 这一数字是我在2008年12月25日早，通过翻阅礼金簿而获得的。

[3] 徐祖祥：《瑶族的宗教与社会——瑶族道教及其与云南瑶族关系研究》，云南人民出版社2006年版，第41页。

[4] 广西编辑组：《广西瑶族社会历史调查》（第一册），广西民族出版社1984年版，第416页。

广义上而言，已挂灯、度戒者均应属于宗教人士群体，只不过所做法事多是家庭内的小法事，而村寨性质的法事和家庭内的婚丧等大法事仍要由师公来完成。现盘瑶社会中的巫师，绝大多数是由已挂灯、度戒的成年男子担任。不过，在挂灯、度戒过程中，师父向徒弟所传授的法术数量十分有限，要想成为一名经验丰富的巫师，在挂灯、度戒后还需努力学习更多的法术。如果一名巫师掌握的法术越多，他就越能指涉宗教领域内更大的权力，同时也能提升他在宗教领域中的地位与权威。

度戒中一个很重要的阶段是挂灯，它决定了一个人可以修炼到何种程度。挂灯有挂三台灯、挂七星灯和挂十二盏大罗灯。一般是先挂三台灯，才有资格挂七星灯，最后挂十二盏大罗灯。但是随着时间的推移，仪式变得越来越简化了。金秀大瑶山庞有福师公说，现在挂灯比较简单，都是一次性挂完，他当时就直接一次挂到了十二盏灯。庞师公还说，如果家里如父亲或爷爷度过戒、挂了灯，那么他们的后代挂灯、度戒时，挂的灯数不能少于自己的前人，如父亲挂了七星灯，则儿子就不能挂三台灯，而至少要挂七星灯或十二盏大罗灯。① 不过据我考察所知，大瑶山盘瑶现今保存的挂灯仪式有 guax fam – toi dang（挂三台灯）和 guax cietv – fing dang（挂七星灯）。除三台灯外，七星灯不是所有姓氏的人都能挂的。姓氏不同，挂灯的级别、程序都有所区别。盘瑶传说有盘、沈、包、黄、李、邓、周、赵、胡、唐、雷、冯 12 姓。金秀大瑶山忠良乡境内现有盘、黄、李、邓、赵、冯、庞 7 姓，有些姓氏又有自己的亚姓。兹以赵、黄二姓为例略作说明。赵姓有大赵、小赵两个亚姓。大赵为七代转，班辈有"如、德、成、有、进、才、至"。小赵为五代转，班辈有"明、成、文、春、进"。② 小赵人只能挂三台灯，挂不了七星灯，但夫妻可一起挂灯，男子发给老君印，女子发给王母印，仪式中不挂黄幡，没有"度阴"节目。大赵人可挂七星灯，有"度阴"节目，但他们只度男子，发给老君印，没有中度二戒。③ 黄姓分为"黄春"和"黄进"两个亚姓。"黄春"班辈为"元、通、春、文、金"，"黄进"班辈为"元、通、进、文、金"。"黄进"人只度到二戒，夫妻可一起度，发给两颗法印。"黄春"人可度

---

① 2009 年 7 月 27 日，在对金秀大瑶山忠良乡石阳屯庞有福师公的访谈过程中，由他口述而得。
② 2007 年 6 月 22 日由金秀大瑶山忠良乡六雷屯 82 岁的赵文富先生提供。
③ 2008 年 12 月 25 日由金秀大瑶山忠良乡古盘屯 57 岁的赵有兴先生提供。

到三戒，但度男不度女。① 宁明县爱店镇丈鸡、琴么两屯瑶族赵姓、蕉姓的度戒仪式不同，挂灯数也不一样。赵姓人只能挂三盏灯和七盏灯，不能挂十二盏大罗灯，而蕉姓人可以挂十二盏大罗灯，不过能挂到十二盏灯的目前也只有1个人。金秀大瑶山忠良乡、宁明县爱店镇盘瑶赵、黄、赵、蕉四姓内部挂灯、度戒的若干差别大致如上所述。本书主旨无意讨论各姓氏之间挂灯、度戒仪式的差别，故对此一话题暂置诸不论。在挂灯、度戒过程中，师公们不停地唱诵神书，持续3天2夜或3天3夜，这对他们的体力和精力是一个极大的考验。挂灯、度戒完毕，师男成为老君门下弟子，也具备了成为巫师的初级条件。

挂三台灯是度戒的初级阶段，凡已挂三台灯者称为"川通间梅师道二教授度初戒弟子"，取得"法"的称号，拥有24兵头36兵将，可置备筶子、法剑、纸钱凿等简单法器，能主持卜卦、祭祖、送花鬼、招魂、送怪、收犯等简单仪式。要想获得更高的法力，在世俗社会中做与之相应的更高级别的法事，需经历更高一个级别的仪式程序。

挂七星灯是度戒的第二阶段，凡已挂七星灯者称为"川通间梅师道二教升度二戒弟子"，继续沿用"法"的称号，拥有36兵头72兵将，获得做师公的资格，可备置牛角号、法剑、上元棍、纸马印、铜铃等法器，以及师公服、神像画、神头，能主持挂灯、度戒、打斋、打醮、还愿、请玉皇大帝、开天门等重要法事。然而并非所有挂过七星灯的男子都能成为师公，因为做师公须识文断字，熟读大量经典，懂得繁杂科仪。盘瑶男子中挂过七星灯的很多，但最后能做师公的却很少。度戒过后，如师男聪颖好学、愿当师公的，师父有责任指导他习经认字，传授各种祭仪。师男除了要熟读经书外，还要会书写各种咒语、符箓、青词、黄表、禳灾书，通晓如送鬼、招魂、安龙、架桥、打斋、打醮、还愿等仪式的程序，熟悉锣鼓敲击的点数和节奏，会做手诀，会走罡步，会吹牛角号以及随之而起的舞蹈。所有这一切在他被承认为真正的师公之后都用得着。与此同时，他作为助手跟随师父参加仪式活动，学习主持仪式的正确方法。

昭平县仙回瑶族乡茅坪村盘瑶度戒有一戒、二戒之分。度一戒挂三盏"保命明灯"。度二戒不同姓氏之间又有所差别。赵、冯、李度二戒称为

---

① 2008年12月22日在金秀大瑶山忠良乡小德屯黄通贵家观看度戒时，由龙表屯65岁的庞有坤先生提供。庞先生在仪式中担任引界师。

"中度二戒",挂大罗灯十二盏。黄姓度二戒称为"星度二戒",挂十二盏灯,前面七盏是"七盏保命银灯",第八至第十二盏为"大罗明镜银灯",仪式内容比中度二戒简单些。除此之外,还有一种称为"七星度"的度二戒,挂七盏"照佑明灯"。[①] 贺州市黄洞乡盘瑶度戒有一戒、二戒、三戒之别。挂三台灯只是三台保命灯,一戒或初戒相当于挂过七星,二戒相当于挂十二盏大罗灯,挂过十二盏大罗灯后,如再度阴、刺敕、上刀山,也就是度三戒,对神可称为三戒弟子。只有达到度戒一级才会有度阴。过去度戒都要度阴,但度阴比较危险,很多受戒者常在度阴中昏迷过去很久才醒来,也曾出现过昏迷后醒不来死掉的事故,所以现在的度戒很少度阴了。度了三戒后还可以举行加职仪式。已度三戒者,就可以与师父平起平坐了,但这不符合讲究等级的瑶族宗教制度,办法就是再进一步提高师父的地位,即对师父进行加职。父亲的职位不能低于儿子,所以儿子度戒,父亲也得加职。加职后,加职者的权力和地位都得到了提升,法号也随之改变。如法名为"赵法德"的人,加职后法名改为"赵德一郎","一"表示该男子是家中的长子。

完成了度戒的过程,一个人就获得做巫师的资格。由此可见,盘瑶巫师实际上通过挂灯、度戒向弟子们传授宗教知识。在讨论挂灯、度戒时,不难发现整个仪式实际上相当于传授宗教知识的"填鸭式"课程。通过提供一个值得记忆的场景,挂灯、度戒仪式能够促进宗教知识的学习,从而有确保瑶族宗教文化的持久延续。当弟子们的学习进行实质性的宗教仪礼时,他们又通过一连串的神职授任仪式获得巫师的神职,从而取得主持仪式的合法权力。

以上所述是阳师的挂灯、度戒过程。在盘瑶巫师之中,还有一类人被称为"阴师"。阴师之说,主要是因为他们能够"起童",也称"降童"。阴度师在田林县利周瑶族乡盘古瑶中相当盛行。李德才师公说,在他几十年的做道生涯中,只帮人家度过两次阳度,而阴度每年平均2—3次。因为阳度花费很大,每个人要花费3万—5万元,还要做仪式几天几夜,而且阳度时要上刀山下火海,有些胆量小的人受不了,尤其是小孩,所以多数人都选择阴度。阴度一次可度10人以上,平摊下来的花费就少很多,

---

[①] 有关昭平县仙回瑶族乡茅坪村盘瑶度二戒的叙述,是根据我2010年8月3日对该村小林香屯盘成府师公的访谈记录整理而成。

每个人花费几千就可以了。阴度仪式只需要2—3个小时，要一名师父就可以了。阴度不用挂灯，只需要1头猪、1只鸡以及纸钱、香烛若干。一个人一生只能阴度一次，度阴不度阳，度阳不度阴。换句话说，度阴与度阳是一样的，阳度可以做的法事，阴度的也可以做，度阴之人死后的葬礼待遇跟度阳的一样。阴度所用的法器只有筶杯和法剑，也无须像度阳那样念很多经书。举行仪式时，由阴度师公请阴度师父来，选度之日要参照弟子的生辰八字，结合通书来选择吉日。阴度后由师父拨给兵马，每人可以得36个兵马。仪式结束后，帮阴度的师公得到1条猪腿，猪肉、鸡肉由大家齐聚一餐。拥有起童能力之人，如果未阴度又要获得法力，就需要拜一位带童的师公为师。在征得师公同意后，需备公鸡1只、香纸、酒菜、利市若干前去拜师。拜过师父，拨下教法后，就可以凭借师父的帮助替人消灾了。阴师做法事时，基本以喃为主，并无固定的经文。

瑶族村落之间有着错综复杂的亲属关系，如果有人成了巫师，消息很快会传开。年轻巫师在独立替人作法不出差错而且灵验后，很快便能在村寨内或村寨之间建立起自己的名望，有需要请巫师做仪式时，远近村寨的人们都会慕名而来。

图4-1 度戒仪式中的申香阶段（陈锦均提供）

以上所述仅指生活于金秀大瑶山忠良乡、昭平县仙回瑶族乡、宁明县爱店镇、田林县利周瑶族乡、贺州市黄洞瑶族乡等地区的盘瑶男子由学做巫师到成为社会认可的巫师的过程和经历，不一定适合于广西其他地区的盘瑶。

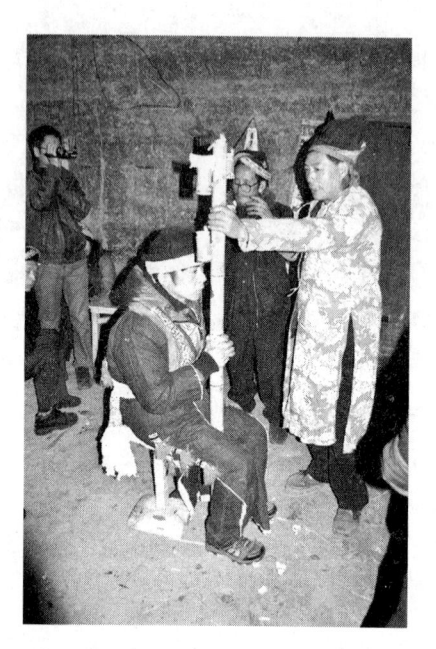

图4-2 度戒仪式中的挂灯阶段（陈锦均提供）

图4-3 众人扶已陷入昏迷状态的师男准备度阴槽（陈锦均提供）

图4-4 众师父在给师男度阴槽（陈锦均提供）

三 巫师的身份标识

涂尔干认为，宗教在本质上可归结为两个基本范畴：信仰和仪式。[①]仪式是用以表达、实践乃至肯定信仰的行动，而信仰反过来加强仪式，使仪式的行动更富有意义。[②] 宗教也正是以信仰和仪式这两个范畴为支撑点而得以存继和发展的。神职人员作为信仰的担当者和仪式的执行者，不仅拥有所奉宗教的信仰体系和仪式体系知识，而且还备有一套用以表达本宗教特定意义的工具。这些工具也就是一个宗教的外在符号，并各象征一定的宗教意义。就盘瑶巫师而言，这套工具包括服饰、法器、神像画和经典。它们成为判明巫师资历深浅、道行高深的标志，也给仪式场合带来了庄严的宗教氛围，引导人们承认、支持着仪式所体现的宗教观的权威，同时在仪式中生存世界与意象世界借助象征符号形式变成同一个世界[③]，与巫师的仪式表演相得益彰，让巫师顺利地完成使命行为的塑造，而观众在巫师表演的过程中同超自然界发生联系，从而分享了仪式所展现的宗教文化意义。

---

① 涂尔干：《宗教生活的基本形式》，渠东汲喆译，上海人民出版社1999年版。
② 李亦园：《说仪式》，载李亦园《宗教与神话》，广西师范大学出版社2004年版，第36页。
③ 克利福德·格尔兹：《文化的解释》，纳日碧力戈、郭于华、李彬、罗红光、田青等译，上海人民出版社1999年版，第129、135页。

（一）巫师服饰

巫师在仪式场合中，常在身上披挂特殊的服装和饰物，统称为巫师服饰。巫师服饰作为仪式场合巫师身份的特定标志，是巫师身份转换的凭借。[①] 广西盘瑶风俗，凡挂灯、度戒者需制有特别衣服。衣服以绣有花鸟的红布做面料，用针缝制而成，以后遇重要法事时穿用，以做巫服。盘瑶巫师穿巫服作法多见于大型仪式场合，而在简短仪式中常以普通瑶人装束出场，而有资格主持大型仪式的只有师公，是故盘瑶巫师的服饰实为师公服饰。下面列出赵有福师公的服饰，并附图片。

sai-lui（师公服），用宽2米、长2米或宽1米、长4米的红绸做面料，剪成前后3幅用针缝即成。袖口、衣服的下摆再连缀上深蓝色衣边，穿于身上后约及于膝盖上方。师公跳神做大法事时穿用。

sai-junh（师公裙），用红绸2米剪成2幅，用针缝制而成。师公跳神做大法事时穿用。

baengh tin maux（平天帽），师公还盘王愿、度戒时戴的帽子，形似瓦棱。以前平天帽是用人的头发编成的，现在已没有人会用头发编，只能用土布缝制。

sienh dauh（神头），又称上元神头，为纸质彩绘。师公打斋、度戒、还愿时，戴在头上跳神用。神头有两张，分白天做仪式用和晚上做仪式用。白天做仪式用的神头眼睛为白色，晚上做仪式所用神头的眼睛为红色。赵有福师公说，上光时神头放在神额里边，先戴神头再外套神额。上光也称入童，即师公进入做法事的状态。

faam cingh guanz（三清冠），木雕彩绘。师公做丧事时用，主持丧葬仪式时师公不想戴神额，也不想穿师公服，可以戴三清冠以代替。

sienh biorngh（神额），师公在请神时，戴在头上跳神用。纸质彩绘，上面画有7个神。图右起分别为张天师、玉皇大帝、灵宝天尊、元始天尊、道德天尊、圣主、李天师。赵有福师公说，以上7个神中，张天师、李天师只是配角，不是主要的神。最两边眼睛下的两个小神像也是配角，代表的是火神。

[①] 孟慧英：《中国北方民族萨满教》，社会科学文献出版社2000年版，第235页。

图 4-5 师公服（罗宗志摄）

图 4-6 平天帽背面照（罗宗志摄）

图 4-7 上元神头（罗宗志摄）

图 4-8 三清冠（罗宗志摄）

170　信仰之手

图 4-9　神额（罗宗志摄）

（二）通神法器

法器是巫师主持仪式时必不可少的用具。法器的作用是有助于巫师沟通鬼神，施法震威。盘瑶男女巫师常用法器见如下诸种，并附上图片（14幅）。

1. 男巫法器

bienhhungh yienx（盘王印），许愿很久没还愿，怕盘王怪下罪来，请师公行一定的仪式，并写《释罪书》向盘王解释原因并谢罪时，此印盖在《释罪书》上用。印边长5厘米，用硬木刻成，印面刻有"盘王印"字样。

图 4-10　盘王印（罗宗志摄）　　图 4-11　老君印（罗宗志摄）

loz-guon yienx（老君印），长方形，长约 6 厘米，宽约 5 厘米，是盘瑶巫医最重要的法器。挂灯、度戒时由师父以老君的名义发给，供弟子救人护身用，平时收藏，死后烧化。在当地盘瑶中，已挂灯、度戒男子，发给的是老君印，有些姓氏发给其妻的是王母印。盘瑶巫师中盛传印章法力无边，具有驱魔祛邪、保护六畜兴旺的作用。盘瑶经书《挂三台七星灯》描述道：

  天差差啊地差差，老君玉印给将来。
  玉印老君门下出，八尺手巾抛下来。
  玉印原来是四方，老君名字在中央。
  抛下落阴祖师印，抛下落阳喝龙王。
  若有十方人相请，合印之时鬼灭亡。
  ……
  天差差啊地差差，王母玉印给将来。
  玉印老君门下出，八尺手巾抛下来。
  玉印原来是四方，王姥名字在中央。
  抛下落阴祖师印，抛下落阳来度娘。
  保你养牛牛便大，保你养猪不使糠。
  保你养鸡蚁子样，鸡公强过大鹅皇。
  今日当天给度你，莫把玉印作为闲。[1]
  ……

  sou dongh yienx（疏筒印），用硬木刻成，有剑形装饰。师公做法事时，写好各类奏表后，装入信函状纸袋内，用此印盖于信函上。印于信函表面的剑形装饰的空白处及两边，用来书写疏表的名称等。

  biuv dongh yienx（表筒印），也是用硬木雕刻而成，作用与疏筒印基本一致。

---

[1] 摘自《造挂三台七星灯》，1932 年抄本，2007 年 8 月 16 日于金秀大瑶山忠良乡六雷屯赵春福先生家收集。

图4-12 疏筒印（罗宗志摄）　　图4-13 表筒印（罗宗志摄）

图4-14 牛角号（罗宗志摄）

ngungh gorng（牛角号），牛角号是在一个普通的水牛角细端接上一个木质吹嘴而制成，是盘瑶师公做大法事开天门时用以发号施令的法器。牛角号的作用是能够吹出浑厚、低沉且能传播很远的呜呜声，传说可以吹开天门地户，招使天兵下降、娱乐神明和驱鬼祛邪。盘瑶经典还对牛角号进行神化，宣扬它来历不凡：

> 此角不是非凡角，角是犀牛头上生。
> 寅卯二年角落地，落在黄龙海中心。
> 太上老君来看见，老君执起向前行。
> 太上老君造角口，张赵二郎修角边。
> 借我师男吹一曲，声声吹到老君门。
> 一吹上界呵呵笑，二吹白鬼断踪游。①

gimx（法剑），分大小两种。大的长19—20厘米，宽5—6厘米。小的长9—10厘米，宽3—4厘米。柄带环，环上置铜环若干枚，摇剑时"哆哆"作响。巫师在施法时常用剑对着施咒载体念咒，或以此敲击牛角号等。

图 4-15 法剑（罗宗志摄）

nyah genv（牙筒），牙筒笏状，硬木彩绘，稍呈弧形，长约一尺。师公在跳神时配合铜铃使用。

---

① 摘自《度师书乙本》，抄本年代不详，2007年7月24日于金秀大瑶山忠良乡古盘屯赵有兴师公家收集。

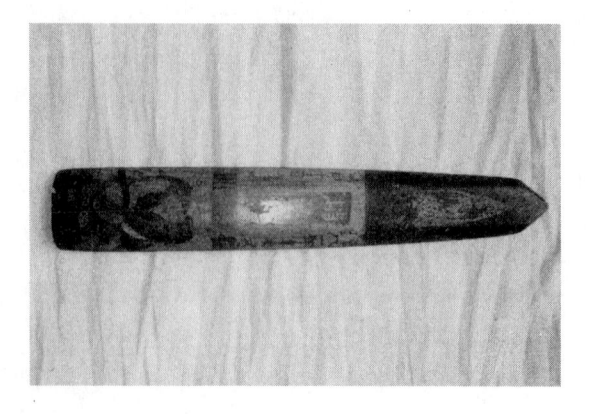

图 4-16　牙简（罗宗志摄）

siangh yuonh guonx（上元棍），凡户主当师公的均置有上元棍一根，长 1 米多，用硬木削成，形似拐杖，棍头削成菱形。常用于打斋、挂灯、度戒、还愿等需要挂神像的大型仪式场合供师公跳神时使用，以表调兵遣将、发号施令之意。经典中亦有对神棍的神化：

执棍便问棍出处，棋棍出世有根源。
棋棍出世龙华县，天师学法问根源。
龙华有条神仙杵，世代神仙杵代红。
张赵二郎来学法，便将仙杵至乾坤。
头绣八角金冠顶，脚骑八角镇乾坤。
中心又把龙棍过，造成神棍进香门。
无事法坛案上坐，有事帮圣出香门。
师男传度将来使，执双棋棍拜老君。
引代师男求官职，棋棍原来求大官。
……
打开天门天兵降，打开地府地兵行。[①]

图 4-17　上元棍（罗宗志摄）

---

① 摘自《大经书全本》，抄本年代不详，2007 年 7 月 24 日于金秀大瑶山忠良乡六雷屯赵文县师父家收集。

dongh lingh（铜铃），为吊钟状，高约 14 厘米，口径 6—7 厘米，黄铜制，内悬铃锤，摇动时"叮当"作响。师公在打斋、度戒、还愿仪式中跳神时用以召神送鬼。

zeiv-maz yienx（纸马印），也称马板。用长约 13 厘米、宽约 10 厘米、厚约 3 厘米的一节硬木削平四面，在双面上雕刻数量、形状不同的神人骑马形象。马板根据所刻神人形象的不同，可分为三清马板、灶王马板、功曹马板。师公在请神送神时，在裁割好的黄纸上加盖纸马印，将其烧化给天神。

图 4-18　铜铃（罗宗志摄）

图 4-19　三清马板（罗宗志摄）

图 4-20　灶王马板（罗宗志摄）

图 4-21　功曹马板（罗宗志摄）

176　信仰之手

图 4-22　筊子（罗宗志摄）

jaux（筊子），筊子巫师常用占卜具。长 6—7 厘米，宽 4—5 厘米，多用竹根剖成两片，而后削成牛角状。筊的正面是平的，有几道刻槽，反面是凸起的，比较光滑。弟子从师父那里学会法术后，择吉日带上香纸到山上挖竹根做筊子。动手挖竹根前，先点烧香焚纸，祭告山神，然后手摇竹子，嘴里念叨"天灵灵，地灵灵"。挖竹根时如果山对面有人，就发出三声呼叫，若对方回应，最好马上挖，这样做成的筊子最灵。这使我想起了弗雷泽讲述的一件事，在意大利罗马附近的内米湖畔有这样的习俗：为了获取祭司的职位，义务之一就是要从森林的树枝上折取一枝小树枝——金枝。① 筊分为阳筊、阴筊、保筊。师父打筊时，将两个筊片扔在地上，若都是正面，为阳筊；若都是反面，为阴筊；若一正一反，为保筊。对于一场法事的主持人巫师来说，打筊顺利与否，关系到仪式能不能继续进行下去，巫师也要盯着打筊的结果。因此，打筊可称为仪式之"眼"。②

nqong（长鼓），打斋、还愿用。木制，彩绘。制作之法是，锯一节大树，挖空中心，两头蒙羊皮或牛皮制作而成，使用时双手执槌击奏。

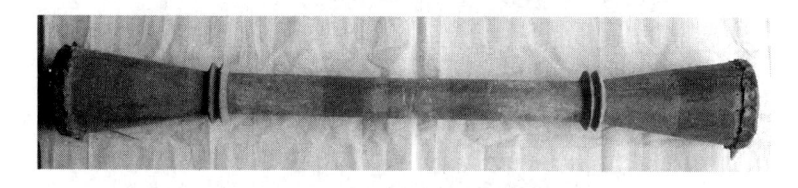

图 4-23　长鼓（罗宗志摄）

---

① 弗雷泽在《金枝》一书中写到，在意大利罗马附近的内米湖畔的阿里奇亚丛林中，有一座森林女神狄安娜的神庙，神庙的祭司时刻守卫着长在神庙左边的一株高大繁茂的圣树，因为任何人只要能够折取这棵树上的一节小树枝——金枝，就可以获得同这位祭司进行决斗的权利，而如果在决斗中又能杀死这位祭司的话，他就可以成为新的祭司。参见弗雷泽《金枝》，徐育新、汪培基、张泽石译，新世界出版社 2006 年版，第 1—3 页。

② 刘昭瑞：《一个瑶族师公和他的信仰世界》，2008 年 11 月，未刊发。

盘瑶巫师常用法器中的法剑、铜铃、纸马印、筶子等，经典中对它们的来历、威力也都进行了神化，兹不一一作详细的叙述。

2. 女巫法器

贺州市黄洞瑶族乡仙娘、昭平县仙回瑶族乡七姑姐所用之法器见诸如下。

（1）仙娘法器

贺州市黄洞瑶族乡仙娘常用的法器有折扇、筶子、法剑和布带。

折扇是仙娘的问仙道具。折扇由师父传给或仙娘自置。调查走访中发现，冯少英仙娘的折扇是她的祖父传下来的，已有很长的历史，这也是祖父遗志的传承。折扇从外观上来看，为市面上常见的缎面折扇。仙娘为何在问仙中必须用折扇呢？冯仙娘说，因为仙娘们请的神仙腾云驾雾而来，所以在法事中用折扇为神明扇风，以助神明能够飞快地到达仪式地点。这与学者们的解释基本相同，认为古时的女巫在做法事时舞扇以媚神，神明会被她所吸引，由此达到请神的目的。[1]

筶子是仙娘的占卜用具，通常用竹子做成，形似牛角状。打筶时，先合拢拿在手里，然后掷之于地，观其俯仰，以占吉凶。仙娘在替家主向神灵询问事情时都要定筶，如果连续抛出的筶呈现"阴—阳—胜"三种卦象，那就表示仙娘的请求得到了允许或是问题得到了肯定的回答，这种行为称为"定筶"。筶的用途很广，法事开始之前要定筶询问鬼神是否愿意降临，法事中要以定筶来寻求解答，法事结束前也需要通过定筶得知鬼神是否对纸钱、供品的数量感到满意。

法剑是仙娘的施法器具，为金属制成的短剑，外形类似矛头，尾部系有丝线。剑的材料因人而异，有的为铜制，有的为铁制。杨梅组冯少英仙娘所之剑为铁质，依稀看到斑驳的锈迹。剑可以自制，也有的是前来问仙之人为了答谢而赠送。剑在法事中的用途是驱赶污秽，恐吓妖魔鬼怪。

做法事前绑在头上。在仙娘们看来，系黑布带是她们成为神灵代理人的一个标识，保证她们的灵魂能够自由地在冥阳两界之间穿梭。[2]

---

[1] 参见蔡佩如《穿梭天人之际的女人》，唐山出版社2001年版。
[2] 这里有关仙娘法器的叙述，是根据张可欣同学2011年夏季在贺州市黄洞瑶族乡杨梅组所做的田野访谈记录整理而成。

（2）七姑姐法器

昭平县仙回瑶族乡盘瑶女性成为七姑姐之后，便拥有一套属于她们自己的法器。法器平时收藏，需要做法事时才取出。做法事时，七姑姐可以不对自身的装束进行打扮，但必须要对法器进行装扮。问及为何要对法器进行变装，她们认为七仙女是喜爱漂亮的，前辈七姑姐一直这样做，传下来她们就照着做了。不过，从其装扮可以看出，目的是把法器装扮成人的样子。在仪式过程中，神的旨意都是通过法器传达，法器会被神明附体。仪式前，法器或许只是简单的一件"物"，但在仪式中它就是"神"。七姑姐对法器的装扮融入了她们的审美观念，试图以此来讨好七仙女，从而对自己有利。身为瑶族的七姑姐，自然想到利用瑶族服饰来装扮，这样做是美观与实用的完美结合。

鸡笼，如图4-24所示，作法用的鸡笼，体形比装鸡的笼子小，是为仪式而特制的。鸡笼是法器的骨架，长15—25厘米，宽10—15厘米，从鸡笼圆形那头至笼身1/3处，横穿一根约1米的竹棍，圆形一头作为鸡笼的头部。

图4-24 鸡笼（杨芜慧摄）

围裙，如图4-25所示，这是瑶族女装中的围裙，用这块小围裙的腰带部位从鸡笼的头部披戴而下，把整个鸡笼都包裹在围裙之中，只微微地露出"脸"。

第四章　巫师的权力之路　179

图 4-25　围裙（杨芜慧摄）

腰带，如图 4-26 所示，这是瑶族女装中的腰带，用这条腰带在围裙的腰带交叉处前后缠绕一圈，绕到胸前打结。若需要两人抬，还需在这个位置再缠一根腰带，绕到后面打结。

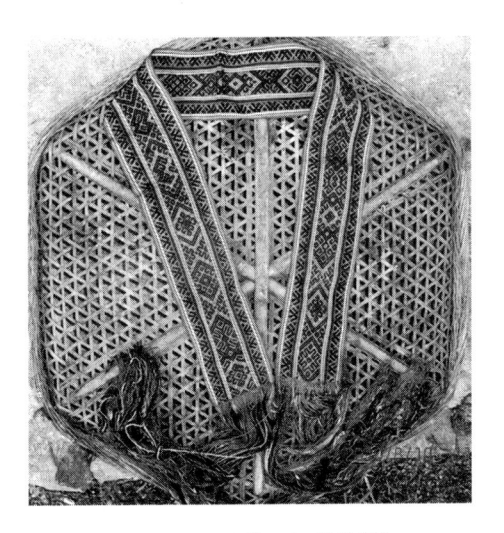

图 4-26　腰带（杨芜慧摄）

经过穿围裙、系腰带，便完成了法器的装扮过程。出于对神的尊敬，用来装扮的围裙和腰带必须是新的，不能穿过。因为人穿过后会留下气味，再用它们来装饰会请不到七仙女。①

图 4-27　七姑姐对法器进行装扮（杨芫慧摄）

（三）大堂神像

神像画是瑶族师道公的宗教用画。瑶族人称之为"神像"、"大堂鬼"、"大堂佛像"、"大堂菩萨"。神像画是瑶族宗教信仰的重要载体，具有悠久的历史。瑶族神像画最早出现在什么时代并不清楚，在瑶族人的记忆中与他们的民族历史一样悠久。贺州市赵有福师公说在周围地区，他所知道的现存最早的完整成套的神像画是乾隆四十二年（1703）的，现在保存在黄洞瑶族乡三岐村黄竹小组的一户冯姓人家中。该套神像画有乾隆四十二年的题款，因此其年代是无疑义的。盘瑶人举行还盘王愿、度戒、打斋、架黄河大桥、打大醮等大型仪式时，供请神祭神用。用后喷符水洗净秽气，秘藏于箱笼中。神像一般为师公所持有，有些人家虽未度戒当师公，因家中有人生病而请来神像，当作家庭守护神祭奉，祭祀后同样收藏。神像画平常不用时，卷好用红布包好置于纸篓内悬吊在横梁上或角落边，个别人家的神像画则长年贴在神台内侧。神像盘瑶认为，神像在瑶民

---

① 这里有关七姑姐法器的叙述，是根据杨芫慧同学 2010 年夏季在昭平县仙回瑶族乡茅坪村所做的田野访谈记录整理而成。

心中十分神圣，平时不能轻易示予外人，否则会招致灾难。① 只有在做仪式需要用神像时，请师公作法告诉祖先他们将要把画像取出示予外人看，并祈请祖先原谅后方可取出悬挂。如果外人在非仪式时间想看瑶族人家的神像，那只有凑巧在农历的六月初六才可以看到，因为这一天是瑶民传统上晒神像画的日子。

图 4-28 装神像画的竹篓（梁宏章摄）

图 4-29 贴于神台内的神像画（梁宏章摄）

  赵有福师公说，在黄洞瑶族乡三岐村黄竹小组有一户冯姓人家收藏有清代乾隆四十二年（1703）的神像画。冯家人的祖上有人做过师公，现在有两三代没有人做了。赵师公曾经见过这套神像画，与该户现年80余岁的老户主及其家人也比较熟，他说这套神像画的颜料很好，使用的是矿物颜料，现在色彩仍然很鲜艳，保存得也不错，没有什么残损，但画工的技艺不是很好。据赵师公描述说，该套神像画共18张，一套大的14张，一套小的4张，另外还有3张长的。在我们第一次（2008年2月13日）入住赵师公家时，他说以后选好的日子和主人联系一下，让我们能拍一套照片。这事一直让我们惦念不已。我们第二次（2008年7月27日）入住赵师公家，本来师公已帮

---

① 我在瑶山考察过程中采集到了相当数量的因将神像画示于外人而导致各种灾难的故事，但是由于篇幅所限，在此不作赘述。

我们联系好老户主的儿子,决定第二天去拍照,并告诉我们,要适当地给户主一些报酬。但第二天(2008年7月28日)早上正当我们在吃早饭时,户主来电话说他老父亲又改变主意,不同意拿出来看了,要等到六月初六拿出来晒时才可以。拍照愿望因而落空。由此也可以看出,尽管有赵师公的影响力,还是不足以动摇老一代瑶民对于传统的信守。①

神像画均为彩绘。画像一般用较厚且具有一定柔韧性的纸张画成,然后再在画作的顶部装上木质的轴,系上绳索,可以方便悬挂。画像绘画时间一般都选在秋高气爽的仲秋,因为这个时候天气干燥,画像在着色之后容易干。画像一般以土黄颜色打底,然后用墨线描出神人及其他主要装饰物的轮廓,再以更深的橙红、翠绿、墨黑等颜料着色。由于画像是为宗教仪式而作,因而作画时要遵守一些禁忌,如作画期间不能吃肉,只能吃鱼或者素菜。绘画时必须虔诚、庄重。绘画时,要先画神灵的骨头,再画肉体、衣服,最后是上色。作画结束后,要请师公举行开光仪式,或在度戒及还愿仪式上给神像开光,请二十八星宿来点神像画,让众神"穿"上画像后方可使用。开光仪式分为大小两次,大开光要做两天两夜,小开光则只需一天。如果多年后画损坏了,一般不需要修补。如果由于某种原因,家主决定不再使用神像,要请师公做仪式,客气地请众神离开。如果要更换画像,需请师公做"接班"仪式。届时,把画像挂成两排,第一排挂旧的,第二排挂新的,然后新的把法术传过去,旧的则要用法术退下来,因为不能同时有两堂有法术的画像。画像的保存尤为重要,一旦丢失了会不吉利,家里会发生灾难,如生病或丢失东西等不好的事情。

【个案4-8】李文县告诉我们说,画像千万不能弄丢,否则兵马就回不来了。这是非常不吉利的,家宅会发生事故。古定小组农朝荣家那堂画原来有16幅长幅画像,后来借给别人拿去做道,收回来的

---

① 资料来源见调查报告《一个瑶族师公和他的信仰世界》(未刊稿)。2008年2月13—21日、7月27日—8月2日、11月15—19日,我与中山大学博士生导师刘昭瑞教授在贺州市黄洞瑶族乡千金组进行了3次田野调查,调查过后由刘教授写成调查报告《一个瑶族师公和他的信仰世界》。我对完成此调查报告起到了不可或缺的作用,并提供了两万字左右的分类调查笔记及部分照片。

时候不小心弄掉了 1 幅,不久家里就有人生病了好久,吃药花了好多钱都治不好,后来请师公来作法消灾。所以平常他们借别人的画或背自己的画去作法时格外注意,把兵马弄掉了就麻烦了。①

【个案 4-9】茅坪村小林香组盘有福家原有一堂神像画,后来在 2005 年时又购回一堂新画,旧的画像并没有退下法术,就将之扔在路边。当地师公曾劝告他,但他执意认为没事。同年,他父亲去世了。当地村民便坚信,是他触怒了旧神像画里的神灵,从而把他父亲带走。不过,盘有福坚持认为父亲是病逝的,但村民们都认为是他没有退下法术便扔掉神像画,触犯神灵所致。②

画像通常传给长子。如果家主没有儿子,则传给上门的女婿。如果没有上门女婿的话,就传给长女。我们于 2010 年、2011 年夏季两次深入昭平县仙回瑶族乡茅坪村 8 个瑶族村寨进行长期的田野调查,收集了 20 堂神像画(见表 4-1)。

表 4-1 　　　　　茅坪村现存神像画状况一览　　　　　单位:幅

村寨名称	户主姓名	长幅画像	短幅画像	神头	大渡桥	神台内壁	户主神职
林场	赵成县	16	4	2	1	2	设鬼师
林场	雷贵春	16	4	2	1	0	
甲对	李文县	16	3	3	1	0	师公
古定	黄元汉	16	4	1	1	0	师公
古定	农朝荣	15	3	3	1	0	
古定	盘志保	16	4	5	1	0	
三六灶	李贵旺	17	4	2	1	0	师公
三六灶	盘有金	18	4	2	1	0	
三六灶	赵文旺	3	0	3	0	0	

① 根据梁宏章同学 2011 年 7 月 17 日对昭平县仙回瑶族乡甲对组李文县(48 岁)师公的访谈记录整理而成。
② 根据梁宏章同学 2011 年夏季对昭平县仙回瑶族乡小林香组村民所做的访谈记录整理而成。

续表

村寨名称	户主姓名	数量					户主神职
		长幅画像	短幅画像	神头	大渡桥	神台内壁	
茅坪	盘成庆	3	0	2	0	0	师公
茅坪	盘成金	16	4	2	1	0	
茅坪	赵财明	17	3	6	1	2	
茅坪	盘有现	16	4	2	1	1	
小林香	黄春凤	16	3	5	1	0	否
小林香	盘成贵	3	0	2	0	0	否
小林香	盘有福	16	3	6	1	2	否
小林香	赵成现	17	4	1	1	0	否
小林香	赵成富	16	4	2	1	0	否
小林香	黄元金	0	0	0	0	1	否
小亮	黄进府	16	4	1	1	0	否

资料来源：梁宏章同学2011年夏季走访昭平县仙回瑶族乡茅坪村统计而得。

所收集之20堂神像画中，最古老的是小林香组赵成现保存的画像，为咸丰八年（1858），最新的是小林香组盘金贵的画像，为2005年更换。画像为棉纸画制，颜色非常绚丽，即使纸张破旧残损，颜色却丝毫未褪。一堂画像包括长幅画像、短幅画像、神头、"七星插"、大渡桥。长幅画像长120厘米，宽45厘米；短幅画像长45厘米，宽21厘米；神头长24厘米，宽17厘米，大渡桥长280厘米，宽22厘米。依长幅画像数量的不同，画像可分为"三清一堂"和"行司一堂"。通常16幅长幅神像画为"三清一堂"，"行司一堂"只有3幅，即太尉、海幡、总坛。有的"三清一堂"会多出一两幅画，那是因为不同画师的习惯画法之缘故。有的人家的神台上也挂有画像，称为"扶江"即盘王。

神像画每幅各不相同，画里的神灵都不重复，有的一幅画像里只有一位神灵，有的则有两位至四位，甚至有的多达几十位，构成了一个复杂的神灵世界。神像的名称、数目因地而异。永福县银洞村下洞碑屯赵如昌师公有16张神像，分别为元始、灵宝、道德、玉皇、天府、地府、海幡、大渡、大渡桥、大堂元帅、张天师、李天师、邓赵张官元帅、行司、十殿冥王、三庙神主；金秀大瑶山六干村龙表屯赵成寿师公有19张神像，分别为玉皇、上清、玉清、太清、圣主、阳间水府、文竹、李天师、天府地府、海潘、十殿阎王、三清总坛、太尉、张天师、赵元帅、邓元帅、鉴斋公、四府功曹、大渡桥。昭平县茅坪村黄元汉师公保存的经书《盘王一本》中所及的神灵有 17 位：海幡（Hoi Fean）、元始（Yun Sii）、灵宝（Leng Puu）、道德（Too Ta）、圣主（Sing Ciaw）、玉皇（Nyut Nuang）、邓元帅（Tang Yun Sui）、辛元帅（Sian Yun Sui）、马元帅（Maa Yun Sui）、康元帅（Khong Yun Sui）、关元帅（Kwaa Yun Sui）、赵元帅（Cew Yun Sui）、行司（Haeng Foey）、天府（Thin Fo）、地府（Toei Fo）、阳间（Yang Ken）、水府（Sui Fo）。有的画中会有太尉（Thai Wai）、玉女（Yut Yian）、梅山法主、唐葛周三将军、李天师、道德或者王母娘娘。[①]大渡桥中则有 67 位神。下面所出为昭平县茅坪村赵成富所收藏之神像画（共 22 幅，暂出 18 幅以示例，所示之神像画全部由梁宏章同学拍摄）。

图 4-30　元始天尊　　　图 4-31　灵宝天尊　　　图 4-32　道德天尊

---

① 摘自《盘王一本》，1995 年抄本，由梁宏章同学于 2010 年夏季在昭平县仙回瑶族乡古定组黄元汉师公家采集而得。

图4-33 大堂海幡 　　图4-34 地府 　　图4-35 张天师

图4-36 关元帅 　　图4-37 玉皇大帝 　　图4-38 十殿冥王

第四章　巫师的权力之路　187

图 4-39　圣主 　　图 4-40　总坛 　　图 4-41　太尉

图 4-42　邓元帅 　　图 4-43　阳间 　　图 4-44　李天师

188　信仰之手

图 4-45　行司海幡

图 4-46　天府水府 阳间地府 鉴斋

图 4-47　大渡桥（部分）

　　神像画不仅是画像，而且是神灵的居所，开光过后的画像，即拥有神灵的力量。盘瑶师公认为，不是每个人都可以背神像画的，哪怕神像画是自家的也不行。如果没有经过度戒，也不能背起神像画。因为没有度过戒，意味着没有获得身份，神灵不认可其社会地位，那么画有神灵形象的画像，是不能轻易触碰的。背画像出门前，需要兵点将让其随画像出门，回来前要收兵收将，给天兵天将安神位。背画像去做仪式前，是不能与妻子同房的。如果不小心同房了，要洗净身子换上新衣服才能背，否则会受到神灵的惩罚。画像要一直背到事主家里，中途不能背进别人的家里。途中休息时，不能把画像放在地上，要把画像挂在离地面的地方。大小便过后，需要洗净手才可以触碰画像。黄元汉师公说：

> 我们去做道，特别是做大法事的时候，经常要背自家的神像画去。背神像画的人的身体一定要干净，不得近女色，不得与妻子同床，否则就会得罪鬼神，给自己带来麻烦。因为画像上画的不仅是一个神的形象，而且画像上面真的是有鬼神的，开光时画家是请有鬼神在上面的。以前有一人背神像画去做道，途中与一女子行房事，男子回到家后不久就死了。神像画也不能背进普通人家，除非是那一家在做道，随便背神像画进别人家，别人会不高兴，认为又不是我家做法事，你背神像画进来干什么？这不是成心给我家添乱吗？如果非得要进别人家，要把神像画放在门口，并给神像画供奉酒食。①

挂神像画时，要先挂中间，再挂两边。因为中间挂的是三清神，这个顺序表示对三清神的尊敬。如果没有按先中间后两边的顺序，那么神灵会十分生气，不会下凡来帮助家主。收神像画也是有讲究的。收画时，要先收两边，再收中间。待所有画都叠在一起后，要手握神灵头部的那根画轴，按从头往脚的方向卷过去。师公们说，如果弄反了，从脚往头卷，那就意味着颠倒是非，神灵也会因此生气，而刚完成的仪式也会因此失效，所以收画时特别要注意。

神像画主要用于供太公、架桥、丧葬、过火练、挂灯、度戒、还盘王愿等仪式场合。供太公仪式不需要把画像打开，只需将装画像的布包或竹箩置于堂前即可，而其余的仪式都要张挂神像画。如果仪式在屋内举行，则在正厅的墙上挂画像，如果仪式在屋外举行，则在神台旁立好竹竿把画像挂上。神像画的张挂次序是非常讲究的，师公们一般会按照自己所熟知

---

① 根据梁宏章同学 2011 年 8 月 9 日对昭平县仙回瑶族乡对古定组黄元汉师公的访谈记录整理而成。

的"排神位经文"来张挂画像：

> 三清生正中心位，玉皇圣主两边排，
> 玉皇圣主位上坐，仙童玉女两边排，
> 仙童玉女位上坐，四座群仙两边排，
> 有事日日人相请，无事四季在西天，
> 四府群仙位上坐，左右黄赵二真人，
> 黄赵真人位上坐，张李天师排两边，
> 张李天师位上坐，十殿冥王在香坛，
> 十殿冥王香坛坐，库官滔滔两边排，
> 库官滔滔位上坐，雷霆元帅排两边，
> 雷霆元帅位上坐，张赵二郎两边排，
> 海番大将位上坐，太殿老师在杏门，
> 太殿老师位上坐，香烟同鉴马回骑。[①]

因为每一堂画的神灵不可能完全相同，所以只要是大体上的位置正确，其他个别的顺序可以不太计较。如按照"排神位经文"的顺序安排，"三清"必须位于正中间，两边接着是玉皇和圣主，再接着就是其他神灵。若是办白事，画像中的神灵的脸全都向外；若是办喜事，画像中的神灵的脸全都向内。正所谓凶神出门，喜神临门。张挂画像时，鼓乐手敲锣打鼓，师公则念念有词，恭请神灵光临。兹通过度戒、丧葬仪式为例来了解神像画的具体用法。

度戒仪式进行前，师公取出神像画后将其挂好。至于要挂多少堂神像画视师公人数而定，如果师男挂七盏灯，那么需要9名师父主持仪式，而9名师公中有4个人带有神像画，就要把4堂画像都挂上，因为兵马都在画像里面，每个师公都有不同的兵马，如果不各自挂上画像，就意味着有的师公招不到兵马，那他就不能参与整个仪式。不过，师男的神职纸条只能贴到正度师的那堂画中。当然，同一颗钉子要挂相同的画像。2011年12月，昭平县小林香盘瑶盘文飞度戒，9位师公中有4个人带有画像。虽然仪式开始前师公们已挂好了画像，但元始天尊那幅画是卷起来的，因为

[①] 2011年夏季由昭平县仙回瑶族乡小林香组盘成府师公提供。

师男不能与神灵见面，直到仪式正式开始了，那幅画像才由师男放下，告诉神灵说他要度戒了，想成为众神仙的弟子，所以特意前来相见并请教。度戒最后阶段，在把神职纸条贴到正度师画像中的道德天尊上之后，师公们小心翼翼地取下画像并卷好收起。虽然已收起画像，但并不意味着神灵马上离开，直至师公举行了送神仪式，并与师男陪他们吃过东西，神灵方才离去。

丧礼开始前，在灵堂正面墙上挂一堂神像画，门左边墙上挂"四府功曹"，如果死者生前度过戒或会做法事，那么要在长幅画像下挂"大渡桥"画像，表示搭天桥送亡者去梅山继续学法或做师官。梅山是阴间所在，死者灵魂最终在此进入神灵世界。普通人的丧礼不用挂大渡桥画像。长幅画像的排列顺序从左到右依次为：梅山法主、天府水府、雷马元帅、唐葛周三将军、李天师、道德、灵宝、圣主、总坛、元始、玉皇、太尉、行司、张天师、地府阳间、邓元帅、十殿、王母娘娘。丧礼持续三天，画像一直张挂至仪式结束。

瑶族神像画上部或背面空白处往往写有题记，记载神像画所有者的居住地、法名、画像张数、置办时间以及如诸如"玉皇""灵保""道德"等题字。这些题字也就是该画像的自名。不过，有很多神像画没有题字，给画像的辨认带来了很大的难度。兹根据师公的介绍及画像中的神灵形象对几幅画作简单的介绍。

图4-30、图4-31、图4-32头戴金冠、身着龙凤袍的3位神灵就是三清大道了。因为元始天尊、灵宝天尊、道德天尊是三兄弟，所以他们所戴金冠一模一样。头发花白的是道德天尊，着黑色衣裳的是元始天尊，穿黄色长袍的便是灵宝天尊了。瑶族民间传说，元始、灵宝、道德是同胎三兄弟，在母亲肚子里待了整整三年。元始是老大，从母亲胸口生出；灵宝是老二，从左边腋窝下生出；道德是老三，从右边腋窝下生出。他们一出生就会说话，会走路，三年后就成年了。所以学起法来非常快，都成为神灵中的佼佼者。

图4-35、图4-44分别为张天师和李天师。神像画中的他们手上都拿着奏条，上面写着当朝一品的是李天师，写着一品当朝的是张天师。他们长得几乎一样，只是李天师的眼睛往外凸出，显得较为吓人。这都是张天师所造成的。相传李天师是张天师的女婿，张天师只有一个女儿，便把自己的大多数法术授予女儿，余下的全部教给李天师。李天师天资聪颖，

加上勤奋努力，他的法术远远超过张天师。张天师一时妒忌，便使了一道并未相传女儿的法术，使石墨狠狠地压在李天师的脚上，让他搬不开也动弹不了，最后李天师用尽所有力气和功力才把石墨移走，他的眼睛也因此不堪重压，向外翻凸了。

图4-37、图4-39分别是玉皇大帝和圣主。他们的冕冠一样，都为黄色。图4-38为大堂海幡。大堂海幡右手持剑，一只脚穿着鞋，另一只脚赤着，丢失的靴子挂在身后的龙尾，或者是在他的剑上刺着（不同的画家，靴子的位置不同）。行司海幡是上刀山的法师神，负责带领师男爬上刀梯。

图4-41为太尉。太尉是兵将头，骑着白马，右手挥剑，身后的士兵手执令旗。图4-38为十殿冥王。神像画中能看到有十个殿，每个殿有一名神灵。在短幅神像画图4-46中，骑鹤的是天府，骑虎的是地府，骑白马的是阳间，骑龙的是水府，他们合称"四府功曹"，是神灵世界的使者。

（四）宗教文书

瑶族人没有本民族自己的文字，他们使用汉字来传承自己的宗教传统。瑶族的宗教活动严格遵照宗教文书的指示，因而有大量宗教文书的流传。这些宗教文书被制成大量的副本，以供日后举行宗教仪式时使用。在我们所结识的瑶族师公中，人们公认冯金亮、李德才、赵有福3位师公的文书是最为丰富的，冯师公、李师公所收藏的文书各有100多种，赵师公所收藏的文书有60余种。虽然李师公所收藏的文书数目不菲，但是由于年代久远，加之保存不当，部分文书已经霉烂了。师公们所收藏的文书中有少量是瑶族歌谣文本，绝大部分则是手抄本宗教文书。师公们都是极为慷慨之人，把他们的宗教文书从书桌上、床头前、柜子里一一搬出来任我们翻阅、拍照。当然，我们付了一定的报酬给师公们。

1. 形成年代

瑶族宗教文书是瑶族人编制、传抄的仪式用书。瑶族宗教文书何时形成，学者们未能给出明确的答案。张有隽认为要研究瑶人文书的起源，必须与瑶人何时学会使用汉字结合起来研究。他研究发现不同地区瑶族经书中的土俗字有些雷同，从而认为瑶族在分散迁徙前已从汉族那里吸收了道教信仰。张有隽还对国内瑶族文书手抄本的年代做了考证，发现国内瑶族师公经书最早抄本为明代抄本，而《过山榜》最早抄本的落款是"唐贞观三年",《盘王歌》最早的版本落款是"龙飞乙丑年"(1265)。[1] 张有隽的研究表明，瑶族人在唐宋时已从汉族那里学会使用汉字来编制民族文献。黄钰认为《评皇券牒》《盘王书》等瑶族文书可能产生于唐代。[2] 张泽洪则指出瑶族道教的最早传播应在公元3—4世纪。[3] 由此可见，瑶族宗教文书可能最早于唐宋时期形成，而且可以确定的是从汉族道教那里传入，而后由瑶族在使用的过程中融入本民族的宗教知识，从而形成了今之瑶族宗教文本。

2. 保存现状

瑶族视宗教文书为护身符，平时不轻易示与外人。瑶族巫师的法事活动均需根据宗教文书的指示，因而宗教文书学习成为其增进法事能力的一种手段。宗教文书在法事活动中能给巫师很多帮助。在大法事中，巫师经常带上宗教文书在仪式中诵唱。由于过去几乎每个村寨都有巫师，是故每个寨子都可以找到一些宗教文书。有些人虽然不是巫师，但祖辈曾经是巫师，家里也留有宗教文书。

瑶族人居住地区，雨量充沛，空气潮湿，对宗教文书的保存十分不利。然而，聪明的瑶族人利用他们所能掌握的知识，让宗教文书得到了最好的保护。首先，他们在宗教文书的封皮上漆一层桐油，防止宗教文书的表皮受潮，甚至在大部头的宗教文书中，还能看到使用粗棉布浸过桐油，做成类似油纸一类的防潮棉布作为宗教文书的封皮。其次，他们会找透风、干燥的地方存放宗教文书。我们在调查中看到的情况是，宗教文书通常与法器一起存放在巫师卧室的柜子里，以避免老鼠的啃咬，或是放在竹篓子里悬挂在屋内火塘的上方，以避免虫害的啃咬。

瑶族人在抵抗自然灾害对宗教文书的侵蚀之余，还要防止地方管理者对宗教文书进行收缴与焚烧。过去，管理瑶族地区的政府官员视瑶族宗教文书为淫邪之毒，所以常常对其收缴、焚毁。清人李来章在《连阳排瑶风土记》中记载道："而邪书数种，酿毒于童稚之年，沦骨浃髓，尤为难医之症。于深恶之。巡历诸排，搜其书，尽焚烧之。"[4] 20世纪60年代"破四旧"运动时，瑶族宗教文书被大量抄没焚毁，只有少数被秘藏而得

---

[1] 张有隽:《中国瑶人文书及其研究》,《广西民族学院学报》1990年第3期, 第28页。
[2] 黄钰:《〈盘王书〉初探》,《广西民族研究》1987年第3期, 第68页。
[3] 张泽洪:《道教传入瑶族地区的时代新考》,《思想战线》2002年第4期, 第70页。
[4] (清)李来章:《连阳八排风土记》, 中山大学出版社1990年版, 第144页。

以存留下来。荔浦县茶城乡清良村瑶族冯金亮师公说,"破四旧、立四新"运动的时候,为了不让自家的祖传文书和神像画等资料被搜走,用塑料袋将它们包好藏到六娘山的洞穴之中,直至20世纪70年代才找回来。可是经年的雨水浸泡及湿润的空气侵蚀,使部分经书和神像画已经发霉腐烂。

3. 基本形态

上文关于瑶族宗教文书保存的叙述旨在说明,受限于保存纸质典籍的技术以及来自管理者方面收缴的压力,许多历史久远的宗教文书并没有能流传下来,而流传至今的宗教文书,都是瑶族人舍命保存下来或是在遗失后根据记忆重新誊抄的。我们曾于2002—2013年多次到瑶族村寨考察,前后共发现了547部盘瑶宗教文书。我们对这些宗教文书做了登记,并对其中的大部分做了拍照。所发现之547部宗教文书,保存状态并不好。许多书册残缺不全,无首无尾,以致相关信息缺失。只有339部标有抄写时间,大部分为1980年以来的抄本,最早为嘉庆十四年(1809),最晚可至2013年。其中,清代抄本40部,民国抄本52部,20世纪50—70年代抄本23部,1980—2013年抄本224部。以下仅对我的研究生李树照在荔浦县茶城乡清良村黄泥坝屯冯金亮师公家所发现的123部宗教文书从质地、规格、装帧、书写、署名、落款及分类等方面作一粗略的描述,以使人们对盘瑶宗教文书的基本形态有一个比较客观的认识,而对于其与宗教仪式之间关系以及所表达的思想内涵,还有待更多的时间去思考。

(1)质地

冯师公所收藏的宗教文书中,2000年之前誊抄的文书,通常都是用绵纸[①]或宣纸誊抄为主。2000年以后,文书的使用者即冯师公出于取材及携带之方便,常用市面上卖的打印纸或普通白纸抄写。纸质为打印纸的宗教文书有25部,其中18部为手抄本,7本为复印本;用普通白纸誊抄的宗教文书有14部。

大部分宗教文书手抄本由冯师公自己抄写,所抄写的版本大部分由其师父赵通林提供或者是重新抄写父亲传下的版本;少部分手抄本是由冯师

[①] "绵纸"为当地人所称,与市场上的绵纸不同。绵纸为白色,纤维细长而富有柔韧性,经得起反复多次翻动,适合做经书用纸。绵纸的实际品名该如何,未能辨别,估计是手工纸的一种。

公的父亲亲笔誊抄。复印本全部是冯师公师父所使用之宗教文书的复印本。复印本的出现，归功于现代复印技术的发展，其优点是复制速度快，缺点是字迹比较模糊，纸张质量较差，容易烂掉。手抄本虽然速度缓慢，却可以在抄写的过程中熟悉经文甚至修改经文内容，练习书法，重要的是可作为打上誊抄者印记的作品流传给子孙使用。因此，但凡书法水平好的师公，都乐意誊抄属于自己的文书版本，传给徒弟或者子孙使用。冯师公常用的经书都是来自他师父的版本，其他人的版本不轻易使用。需要指出的是，在7部复印本中有2部是冯师公家传的复印本，那是几年前荔浦县政府派工作人员来收集瑶族古籍时，从冯师公家借走了一批祖传的文书，可是还回来时却少了2部手抄本，取而代之的是复印本。

冯师公所收藏的宗教文书中，还有个别宗教文书用"厢纸"[①]、元书纸[②]誊抄，纸张颜色为土黄色，不是文书纸质的主流。绵纸柔韧性强，宣纸次之，元书纸和毛边纸最缺乏韧性。师公们在抄写常用宗教文书时，通常会考虑使用绵纸。不过，现在荔浦市面上的绵纸已经不好找了，所以只能用宣纸替代。当地普通的宣纸，韧性也不足，经多次翻动之后，书的边角都会被磨破或翻卷，特别影响美观和翻阅。让人感到意外的是，《开坛书全本》这部宗教文书，使用的是比较异类的铜版纸和作业本。可见，盘瑶宗教文书的抄写材料，有时候也不是那么讲究。

（2）规格

冯师公宗教文书的规格，大小不一，有各自时代的特点。规格比较一致、有规律的，通常是同一类型或者同一时期的文书。冯师公的文书主要有四种规格：第一种是用打印纸制成的文书，有40部，尺寸大多为32开，即195毫米×135毫米或210毫米×150毫米；第二种是规格修长的文书，有21本，抄写时间为清代或民国时期，多数为《无量渡人经》类或《传度疏表》类的文书，大部分尺寸为240毫米×120毫米或230毫米×130毫米；第三种是规格方正的文书，有6部，均为清代或民国时期抄录，内容为挂灯用书、度戒疏表以及《杂粮书》，尺寸为230毫米×230毫米或170毫米×170毫米；第四种是尺寸较统一的文书，都是比较

[①] "厢纸"为当地人的叫法，纸张较厚实，土黄色，柔韧性较差。估计是毛边纸中比较厚的一种。

[②] 元书纸，市面上也称手工毛边纸，土黄色，有宣纸的一些特性，有一些韧性。

宽大的大部头文书，但是数量不多，如《盘王书》《盘王歌书》《流落歌书》，尺寸约为280毫米×250毫米。其他尺寸的经书，抄写时代不同，纸张的规格不一，但其规格均介于这四种之间。由此可见，冯师公常用的文书尺寸较小，优点是方便装包携带。

（3）封面

冯师公文书的封皮，部分用牛皮纸做成，共计19部。牛皮纸封皮实为后人在原来文书封皮已经破损丢失的情况下添加的。牛皮纸的优点是有韧性、抗拉扯，又厚实，还能防水，对文书起到一定的保护作用；缺点是颜色单调，缺乏美感。早期添加的牛皮纸是从信封或者包装用纸上裁剪下来的，后期添加的牛皮纸是从大张的牛皮纸上剪裁下来的，尺寸比较合"身"。经常使用的小部分文书的牛皮纸封面也有些明显的破损，但大部分文书的牛皮纸封面保存得比较完好。

还有一种特别的封皮是由粗棉布做的，通常是用来保护《盘王歌书》《师歌书》等大部头文书。粗布多数浸泡过桐油，具有很好的防水效果。棉布封皮有些颜色乌黑，应当是装订文书的时候一并装上的；而有些棉布封皮比较白净，应当是后来装订上去的新棉布。棉布做的文书封皮，同样缺乏美感。

最后一种封皮简单而又大方，是在绵纸上抹桐油。加了桐油的绵纸，既增加了硬度和厚度，又起到了很好的防水效果，而且颜色淡绿，显得比较大方。加桐油绵纸做封皮的文书，共有9部，为清末、民国时期及新中国成立初期的抄本。

所有宗教文书中，封皮最为美观的是《沐浴书》《天堂忏赦罪卷之上》《无量度人经》《目莲报恩经》《梅山科一卷》5部文书。这5部宗教文书，均为同一个人所誊抄，抄写时间也同样是在光绪二十年。文书的封皮呈浅咖啡色，纸质为宣纸，上有类似竹篾编织物所呈现出的纹路。估计是将普通宣纸浸染之后，在竹篾编织物上晾干，宣纸上自然有了竹篾编织物的纹理。唯独这5部经书有如此美观的封皮，而且经文字迹工整，行笔流畅，内页整洁，无破损。可见，文书的主人是非常爱惜这批经书的，所以才得以保存至今。

其他由师公们近年来所誊抄的宗教文书，封皮和内页的质地较为统一，纸质为宣纸、绵纸、打印纸、白纸、元书纸等。这类文书约50部。比较另类的封皮是用透明的塑料做的，而最随意的封皮则是用报纸做的。

还有一部分文书的封皮已经遗失。大概是因为长期不使用，所以也没有添加新的封皮。没有新的封皮，就没法添上标题，所以文书的用途只有熟悉经文的师公才能辨认。这类封皮遗失的文书有 11 部。

图 4-48 牛皮纸封面（李树照提供）

图 4-49 抹过桐油的绵纸封面（李树照提供）

图 4-50 粗布封面（李树照提供）

（4）标题

接前文所述，没有封皮就没有标题。没有标题的 11 部文书，大都是年久没有翻阅的陈旧文书，或者是文书的拥有者不是师公，只是祖传下来由自己留存而已。那些有标题的宗教文书，有的标题比较凌乱，这是几个内容的文书装订在一册所致。这类文书的标题，多以"公本""合订"

"在内"等词结尾，意思就是这本文书的内容分为好几个部分。如《宫音堂·戒食、游十殿、收尸入殓、破地狱诵经目录书》《经书（咒起头、三官经、三元水忏、十王经完化表、度人经、天堂忏了化救苦表）》《设花鬼度连塘破天罗地网共本》《合婚法、斋坛变物法共本》《送瘟、白筵话等合订》。这部分标题的文书，通常是用途类似，且书内的经文都是在同一个仪式中要用到，装订在一起是为了方便翻阅和携带。另外一种标题如《杂览便用》《杂览应用》，则是因为里边所记录的都是设鬼一路的小法术，经文内容较少，所以装订在一起，以方便查阅。文书标题和文书内容比较单一的文书，标题通常是以"一卷""一本"或"全本"为结尾。如：《解三十六关煞书一本》《杂粮书一本》《挂三台、七星灯书一本》《开禁书一卷》《梅山科一卷》《化符书一卷》《安龙书一本》。也有一些文书的名字是瑶族当中比较熟悉的文书，如《师歌书》《盘王书》《流落歌书》等文书的标题，是不会和其他文书混在一个封面里的，一般书内的内容都与标题对应。

（5）装订

瑶族宗教文书的装订，手抄本以线装书为主。一些复印本，则是在复印店里直接用订书机来装订。线装书便于翻阅，不会生锈，即便是线头断了或松了，还可以重新装订，但是装订起来费时又费力。用订书机装订虽然速度快，但是容易受潮生锈，腐蚀纸张，影响使用寿命。装订时一般在书左侧钻3个小孔，用有韧劲的绵纸、棉线或麻绳来绑住。除非不懂文书内容的人，熟悉文书内经文内容的师公通常是不会把不同类型的文书胡乱装订在一起的。

（6）书写

文书的结构是以汉字夹杂瑶族土俗字从右至左竖排誊抄的。一般在封面与封底都会署名抄者及抄写时间。如果是请人代抄，还会有书主人和代抄者的基本信息。文书的成书年代，一般置于书的末尾，也有的在封面与末页都写有。

文书是用汉字夹杂着瑶族土俗字来书写的。书写方式与汉文的习惯基本一致，即自右向左，自上而下竖行书写。也有些是由上而下，由左至右书写。唯独有一部例外，从左至右，从上到下，横排书写的。这本文书是《招禾招兵书全本》，在作业格子上誊抄的，并以报纸做封皮，用料很随意，但落款和年代记号都很完整。书写工具，均为毛笔。书面呈现的毛笔书法欣赏，也是一种审美享受。

瑶族民间抄本中出现的在汉字基础上创造的俗字，通常被学者称为"古瑶字""方块瑶文""瑶化汉字""瑶喃字"和"土俗字""土字"等[1]。关于瑶族手抄本中出现的土俗字，有人把瑶族土俗字的构成特点分成"简省、增繁、易位、书写变异、全体创造、类化、改换声符、改换意符、混用俗字"九类。[2]

盘瑶文书中夹杂着为数不少的土俗字，或者借同音字来使用。有些在文书标题中就有出现，如《正传度二戒疏谕榜伸名表（关帅、庄槽、上船、戒民）》里边的"庄"应该是"装"。"庄"字与"装"字同音异义，却不影响在文书中的使用。如《宗祠流水簿》中所记载的"娘"字，习惯写成"女卜"，"良"字变成了"卜"字；还有《送桃源书》中的"桃"字，书写的时候把"木"和"兆"从左右结构，变成了上下结构；相反，在一些经书中的"拿"字，书写的时候却习惯将"合"和"手"从上下结构变成左右结构。问过冯师公为什么要那样写，他答说习惯成自然了。我们推测，这是瑶族中汉文水平比较高的师公们，在抄写文书的过程中，有意把汉字重新组合排列，做一些个性化的创新。

在文书的末页，抄写完成的地方，一般都会注明"共二卷"或"共订四十七篇正"等信息，以便了解书中所抄录内容的份数。

（7）署名

文书的作者署名，在众多文书当中，有很多是缺失的。在署名没有缺失的文书当中，有两种署名方式。第一种是署名位于文书封面；第二种是署名位于文书末页。第一种署名方式，常见于由瑶族师公本人所誊抄的文书中。在署名的同时，喜欢一并写上"流传子孙后代"等字，以便后世子孙和徒弟知道此书为自己所誊抄。这种署名方式从民国时期一直持续至今。如题为《挂灯疏表、奏表语、关天庭、变水槽、变法差将、拜师父勒坛、化钱咒》的文书，第一页中间竖着写书名，书名右侧是"冯法香粗笔腾抄"（"腾"通"誊"，为同音异用），左侧为"留于子孙

---

[1] 何红一、王平：《美国国会图书馆馆藏瑶族写本俗字的研究价值》，《广西民族大学学报》2012年第6期，第182页。

[2] 余阳：《美国国会图书馆馆藏瑶族手抄文献俗字研究》，中央民族大学硕士学位论文，2011年，第10—20页。

永远方用"（书中的"留"字，也是用土俗字书写，字的上半部分是"亚"字，下半部分是"田"字）。第二种署名方式，常见于请书法比较好的人誊抄完成的文书中。这些文书誊抄的时期，都是在清代。所见的文书署名中，有两个名号经常出现，一位署名为"练瑞廷"，另一位署名为"兰贞雅堂永记"。这类署名，往往还夹带着一些抄写者的信息。如标题名为《华戒书一本全文在内》的文书，书末页的署名为"江西吉安堂练瑞廷拙笔誊抄是幸"。如标题为《二戒七星大疏文意》的文书，末页署名为"嘉庆二十三年戊寅岁四月十六日抄录完成拙笔兰贞雅堂系永邑群峰六甲浊江趋至六坤冲请笔照古本好歹真危"。可见，除了署名之外，誊抄时间以及为谁誊抄之类的信息，都会记录在末页。请人代为誊抄，署名末页的文书中，还有另外一种情况，比如请兄弟帮忙誊抄，或者请亲戚帮忙誊抄等。如题名为《目连报恩经》的文书中的末页，署名为"光绪二十年甲午岁六月初一日腾（誊）抄目连报恩经二卷付舆，陇西堂印荣朝朱号记收什，代录人贺邑陇西堂印儒林堂筶笔"。意思是李儒林为李荣朝代笔抄写。

另外，师父抄写送给徒弟的文书一般是不署名的。如题名为《传度二戒疏表书全本》的文书，仅在书名旁注明"李文光收存"，并未写上抄写者的名字。实际上，这本书是师父冯万兴为徒弟李文光抄写，赠予徒弟的。

（8）落款

书中所述之成书落款时间，并非此书所著的时间，而是抄写完成的时间。完成抄写年代的款式，从时间上可分为两种。一种是以年号加干支年落款，此类文书为清代和民国时期抄写，如题为《列职位书全本》的文书，落款时间为"民国癸酉年冯法香自笔腾抄"。另一种是以公元纪年加干支年落款，显然是中华人民共和国成立以后抄写而成，如题名为《请圣书一本》的文书，时间落款为"一九九五年乙亥年孟春月中旬"。文书的时间落款，有些比较模糊，以"孟仲季"来表示某个季节的上旬、中旬、下旬，有些则确切到某一日。从成书年代落款的位置上看，分首页落款和末页落款两种。成书日期的落款和书名的落款，在书中都以同一处出现。也有些文书，在封皮处注明开始誊抄的日期，末尾注明抄写完成的日期。两个日期对比起来，往往发现有一定的时间跨度。这是因为誊抄人没有固定时间抄写，只能利用农闲时间抄写，所以抄书前后日期跨度就比较大。调查了解到，瑶族师公抄写经书常常是在秋收过后、开春之前的农闲季节。

文书日期落款位置有些在首页、末页都有，不过前后信息不同。如题为《请三庙起头白话》的文书，封皮首页日期落款为"中华民国二十六年丁丑岁五月下浣古立"，末页日期落款则为"中华民国二十六年岁五月二十八日抄完"。

4. 文本分类

盘瑶宗教文书种类繁多，虽用毕生之力来研读，也未必能窥其全貌。通过书名与师公的解释，兹将冯金亮师公所收藏之 123 部宗教文书按用途、内容大致分成十大类。以下仅举冯师公所藏宗教文书中之数例，以说明宗教文书在盘瑶社会作法与举行庆典时之用法。为了叙述方便，故将冯师公所收藏的 123 部宗教文书制成表格"冯金亮师公宗教文书目录"，以便于分析。

表 4-2　　　　　　　　冯金亮师公所藏宗教文书目录[①]

序号	书名	抄写者	保存者	抄写时间	纸质	尺寸（mm）
1	《斋坛专用书》	冯金亮	冯金亮	2011 年正月	绵纸内页牛皮纸封面	280×210
2	《宫音堂·戒食、游十殿、收尸入殓、破地狱诵经目录书》	冯万兴	冯金亮	2001 年季春	打印纸复印本	195×135
3	《宫音堂——送亡书》	冯万兴	冯金亮	2001 年孟夏	打印纸复印本	195×135
4	《疏表应用文》	李法寿	冯金亮	缺	内页绵纸封面牛皮纸	195×135
5	《送桥科用》（度过戒者用）	赵通林	冯金亮	2008 年孟春	打印纸	200×140
6	《送三元阳州》（未度戒者用）	冯德贤	冯金亮	缺	绵纸内页牛皮纸封面	185×130
7	《冯法向语明意者》	冯金亮	冯金亮	2008 年正月十四	红色打印纸	190×135

---

① 资料来源：由李树照同学于 2013 年 10—11 月在桂林市荔浦县茶城乡黄泥坝屯收集所得。

续表

序号	书名	抄写者	保存者	抄写时间	纸质	尺寸（mm）
8	《请圣书一本》	冯万兴	冯金亮	1995年孟春	宣纸内页牛皮纸封面	200×130
9	《开坛书全本》	冯万兴	冯金亮	1995年孟春中旬	宣纸内页牛皮纸封面	200×130
10	《送亡师入梅山十八洞书》（度过戒者亡者用）	赵通林	冯金亮	2004年仲春	打印纸复印本	195×135
11	《沐浴解结科》	冯万兴	冯金亮	1989年仲冬	绵纸内页塑料封面	185×120
12	《游十殿赦罪专用书据》《民间丧鼓歌资料选》编辑整理	冯金亮	冯金亮	2011年季冬	打印纸牛皮纸封面复印本	210×150
13	《送天桥、游十殿书共一本》	冯万兴	冯金亮	1997年仲春下旬	绵纸白纸	200×130
14	《汉道戒食歌一本》	冯金亮	冯金亮	2004年2月	打印纸复印本	200×130
15	《送亡过十程》	冯万兴	冯金亮	缺	宣纸内页牛皮纸封面	195×135
16	《戒食科》	冯万兴	冯金亮	1994年	绵纸内页报纸封面	195×135
17	《斋坛超度亡师花牌吊挂、请圣黄白榜倒幡话在内》（度过戒者用）	赵通林	冯金亮	2012年孟冬	打印纸复印本	210×150
18	《推亡限丧用》	赵通林	冯金亮	2004年秋	打印纸复印本	200×145
19	《戒食十月怀胎经文（女用）》	冯金亮	冯金亮	2005年仲夏	打印纸复印本	200×135
20	《戒食经文第三卷（男用）》	赵通林	冯金亮	2010年仲春	打印纸复印本	210×150
21	《沐浴解结用书》	冯金亮	冯金亮	2011年3月下旬	打印纸牛皮纸封面	210×150
22	《送终缴印与血湖疏晓榜地契·二卷》（度过戒者用）	李金印代李金科抄	冯金亮	（清）光绪二十五年孟春	绵纸内页牛皮纸封面	240×120
23	《送终疏脱服装孝疏表在内》	李金朝（似为李儒林代抄）	冯金亮	缺	绵纸内页牛皮纸封面	240×120

续表

序号	书名	抄写者	保存者	抄写时间	纸质	尺寸（mm）
24	《沐浴书》	李儒林代李荣朝抄录	冯金亮	光绪二十年五月十九日	宣纸	240×120
25	《天堂忏赦罪卷之上》	李儒林代李荣朝抄录	冯金亮	光绪二十年五月十八日	宣纸	240×120
26	《无量度人经》	李儒林代李荣朝抄录	冯金亮	光绪二十年五月二十三日	宣纸	240×120
27	《目莲报恩经》	李儒林代李荣朝抄录	冯金亮	光绪二十年六月初一	宣纸	240×120
28	《经书》（咒起头、三官经、三元水忏、十王经完化表、度人经、天堂忏了化救苦表）	缺	冯金亮	缺	绵纸，加桐油绵纸封面	240×120
29	《送亡书》	冯元香	冯金亮	缺	宣纸	250×155
30	《桃源歌书》	莫子才代庞文乡抄	冯金亮	光绪三十二年六月初二	绵纸	200×135
31	《宫音堂·盘王书一卷》（师歌书）	冯万兴	冯金亮	1996年3月8日抄成	宣纸棉布封面	330×270
32	《流落歌书全部》	李有明	冯金亮	缺	绵纸	280×250
33	《盘王歌书（冯氏家传）》	缺	冯金亮	缺	绵纸内页报纸封面	280×270
34	《盘王歌书（赵氏）》	钟明财代赵德清抄	冯金亮	民国三十二年八月十六日完笔	绵纸内页粗棉布封面	280×245
35	《正传度二戒白榜、阴阳二牒、情状吊掛杂榜钱关》	冯法香	冯金亮	1933年孟春	绵纸，加桐油绵纸封面	230×130
36	《列职位书全本》	冯法香	冯金亮	1933年孟春	绵纸内页牛皮纸封面	230×130
37	《二戒疏榜》	冯元品据练瑞廷抄本抄	冯金亮	民国十八年十一月初七	绵纸内页牛皮纸封面	230×130
38	《传度疏表》	兰贞雅堂	冯金亮	嘉庆二十三年	绵纸内页牛皮纸封面	230×230
39	《二戒七星大疏文意》	兰贞雅堂	冯金亮	嘉庆二十三年四月十六日	绵纸内页牛皮纸封面	230×230
40	《传度二戒列鬼杂录小册》	赵通林	冯金亮	2011年	打印纸	150×110

续表

序号	书名	抄写者	保存者	抄写时间	纸质	尺寸（mm）
41	《传度、陞度列职位书》	冯金亮	冯金亮	缺	缺	210×150
42	《证度拜官差将金轮进、抛印在尾》	赵通林	冯金亮	2005年仲夏	打印纸	210×150
43	《拜旗差将招禾招兵用》	赵通林	冯金亮	缺	打印纸	210×150
44	《开大光学堂点像专用》	冯金亮	冯金亮	2013年季夏	打印纸	210×150
45	《挂三台、七星灯书全本》	冯万兴	冯金亮	1983年12月23日	白纸内页报纸封面	275×70
46	《挂三台、七星灯书一本》	冯万兴	冯金亮	1995年10月29日	白纸	200×130
47	《传度二戒疏表书全本》	冯万兴代李文光抄	冯金亮	1989年2月6日	白纸	200×130
48	《挂灯疏表、奏表语、关天庭、变水槽、变法差将、拜师父勒坛、化钱咒》	冯法香	冯金亮	民国癸酉年孟春	绵纸，加桐油绵纸封面	230×130
49	《引师男上光挂七星灯、金轮表、倒幡、戒民、结印、送幡、退幡话在尾》	冯法香	冯金亮	民国癸酉年孟春	绵纸，加桐油绵纸封面	230×130
50	《搭戒民敷迎黄道共二本》	冯元香	冯金亮	民国十二年正月初七	打印纸内页牛皮纸封面	210×140
51	《造船歌杂览便用在内》	冯法灵	冯金亮	1954年季秋	绵纸	135×240
52	《杂意疏表》	黄通官	冯金亮	光绪十一年七月初十	绵纸内页牛皮纸封面	145×195
53	《出身语明意者》	赵通林	冯金亮	缺	打印纸	210×150
54	（缺封面）《上情意者》	冯法全	冯金亮	1986年9月23日	白纸	200×140
55	《请三庙起头白话》	钟明才代赵如品抄	冯金亮	民国二十六年五月二十八日	绵纸，加桐油绵纸封面	240×115
56	《三庙圣王歌全本》（还愿引三姓郎、娘庆贺）	赵通林供稿冯金亮抄	冯金亮	2013年仲夏	打印纸	210×150
57	《许愿书》	赵通林供稿冯金亮抄	冯金亮	2013年仲夏	打印纸	210×150
58	《青山根》（打大醮用）	赵通林供稿冯金亮抄	冯金亮	2013年仲夏	打印纸	210×150

续表

序号	书名	抄写者	保存者	抄写时间	纸质	尺寸（mm）
59	《堂筵上班边光、解神意等杂意共本》	赵通林供稿冯金亮抄	冯金亮	2012 年孟冬	打印纸	210×150
60	《还愿请三庙圣王用》	赵通林	冯金亮	缺	打印纸	210×150
61	《三庙歌》	冯德贤	冯金亮	1954 年仲春	绵纸，加桐油绵纸封面	230×130
62	（借通林）《请三庙王书》	缺	赵通林	缺	绵纸	255×125
63	《庞福香至小盘皇男女歌唱》	庞福香	冯金亮	光绪十五年五月十九日	绵纸	190×140
64	《添名押字》	李法进	冯金亮	同治九年六月吉旦	绵纸内页牛皮纸封面	230×140
65	缺封面（请三庙王宰猪用）	缺	冯金亮	缺	绵纸	210×125
66	《开禁书一卷》	冯元香	冯金亮	己未年闰七月十一日	绵纸	185×130
67	《目路头书一本》	冯法灵	冯金亮	1949 年 5 月 20 日	绵纸	250×145
68	《挂三台、七星灯用》	冯金亮	冯金亮	2000 年孟冬	打印纸	195×135
69	《三官经》（三官经、观音菩萨救苦经、血盆经、目莲救母经）	冯万兴替郑法祥抄	冯金亮	缺	绵纸	205×155
70	《戒食科》	缺	冯金亮	缺	相纸	210×120
71	《梅山经》	李儒林代李荣朝抄录	冯金亮	光绪二十年六月初三	宣纸，加花宣纸封面	240×130
72	《择日通书要览（包括杂粮书和董公择日）》	冯金亮	冯金亮	2010 年孟夏	打印纸内页牛皮纸封面	210×150
73	《杂粮书》	练瑞廷	冯金亮	缺	绵纸	170×170
74	《杂粮书一本》	油印（冯万兴购）	冯金亮	1991 年 9 月	白纸	260×190
75	《宫音堂·选择各种吉日书（杂粮书）》	冯万兴	冯金亮	1996 年仲春	铜版纸	245×170
76	《六合书》	缺	冯金亮	缺	打印纸	270×180
77	《收赛水变目》	冯法香	冯金亮	缺	绵纸	190×130

续表

序号	书名	抄写者	保存者	抄写时间	纸质	尺寸（mm）
78	《番邪变水》	缺	冯金亮	缺	绵纸	210×120
79	《杂便应用书》	冯万兴	冯金亮	辛丑年十一月二十日	绵纸	210×140
80	《化符书一卷》	冯法香	冯金亮	缺	绵纸	190×130
81	《杂览便用》	冯法全	冯金亮	1980年4月24日	白纸	200×135
82	《架十保桥书——桥尾用》	冯法灵	冯金亮	缺	绵纸	240×130
83	《庞文乡抄开天门话书一本》	庞福乡代庞文乡抄	冯金亮	光绪十七年八月十六日	绵纸，油面相纸封面	190×140
84	《宗祠流水部》	冯元香	冯金亮	1953年孟秋	绵纸	180×120
85	《云台书语明意者》	冯法香	冯金亮	缺	绵纸	195×135
86	《番犯应用书一本》	冯金亮	冯金亮	2013年孟夏	打印纸	210×148
87	《架十保桥请上下星抛粮抛命用》	赵通林抄予冯金亮	冯金亮	缺	绵纸	205×145
88	《架十保桥请桥头鬼、代小神奏鬼殿共订》	赵通林抄予冯金亮	冯金亮	缺	白纸	200×140
89	《送瘟、白筵话等合订》	冯金亮	冯金亮	1997年仲春	绵纸内页硬纸封面	220×140
90	《解三十六关煞书一本》	冯金亮	冯金亮	2005年5月	打印纸	195×130
91	《设花鬼度连塘破天罗地网共本》	冯金亮	冯金亮	2011年孟春	白纸内页牛皮纸封面	210×145
92	《断鬼收犯等合本》	冯金亮	冯金亮	1997年孟夏	白纸	190×130
93	《安龙书一本》	冯金亮	冯金亮	2011年孟春	白纸	210×150
94	《番邪神用》	赵通林	冯金亮	缺	白纸	200×135
95	《做修设马头意者起祖请神名》	赵通林	冯金亮	丁丑年仲春	白纸	200×135
96	《做修设马头意者讲》	赵通林	冯金亮	缺	白纸	200×135
97	《度暗山结关煞书》	缺	冯金亮	缺	相纸	220×125
98	《杂览便用》	冯法香	冯金亮	缺	相纸	210×150
99	《度暗山限桥》	冯法灵	冯金亮	缺	绵纸内页牛皮纸封面	240×140

续表

序号	书名	抄写者	保存者	抄写时间	纸质	尺寸（mm）
100	《设杂鬼法语画杂符共本》	冯法香	冯金亮	缺	绵纸内页牛皮纸封面	210×125
101	《打大醮，安龙（安整个社庙的龙）》	兰贞雅堂	冯金亮	嘉庆十四年朔九日	绵纸	220×220
102	《求、保、禁、催、说、话》	冯金亮	冯金亮	1998年季冬	白纸	195×135
103	《传度二戒串筳云梯歌共一本》	冯金亮	冯金亮	丁丑年孟夏	绵纸	220×140
104	《合婚法、斋坛变物法共本》	邓法禄	冯金亮	咸丰八年正月初一	绵纸内页牛皮纸封面	245×130
105	《超度疏表、十二赦发奏功曹拆辞符书应用》	冯章府	冯金亮	光绪二十年四月硕五日	绵纸	240×140
106	《盘王书（师歌书）》	练瑞廷	冯金亮	缺	绵纸	290×270
107	《正传度二戒疏谕榜伸名表（关帅、庄槽、上船、戒民）》	冯法香	冯金亮	民国癸酉年孟春	绵纸，加桐油绵纸封面	230×130
108	《招禾招兵书全本》	冯法全	冯金亮	1983年12月19日	格子作业本纸抄写	185×135
109	缺封面（度戒用疏表等）	赵德清	冯金亮	民国戊寅年六月二十三日	元书纸	195×115
110	缺封面（还愿用）	缺	冯金亮	缺	绵纸	230×120
111	缺（送终大疏等）	缺	冯万斌	缺	相纸	240×185
112	华戒书一本全文在内《度戒书》，也叫《盘王书》	练瑞廷代李法印抄	冯万斌	缺	绵纸内页棉布封面	280×260
113	《盘王书（师歌书）》	缺	冯万乾	光绪二十四年	绵纸，加桐油粗布封面	280×260
114	缺封面（还三庙王愿，做流落书部分）	黄金官	冯万乾	缺	绵纸	280×250
115	缺（盘王歌书）	缺	冯万乾	缺	白纸	260×250
116	《鸣扬传度疏表意》	无名氏替黄道寿抄	冯万乾	光绪三十一年	相纸	250×135
117	缺封面（度戒疏表用）	庞福惠	冯万乾	同治二年	绵纸	270×145
118	缺封面（度戒疏表）	潘盛隆	冯万乾	宣统元年	绵纸	180×120

续表

序号	书名	抄写者	保存者	抄写时间	纸质	尺寸（mm）
119	（餐食书、洗沐浴用）（戒食、沐浴解结）	缺	冯万乾	缺	绵纸	170×120
120	《送梅山洞书》	黄法寿（似是黄道寿）	冯万乾	民国乙卯年春	绵纸，加桐油绵纸封面	185×130
121	缺封面（设鬼杂用）	缺	冯万乾	缺	草纸	220×120
122	缺封面（设禁鬼专用）	黄金官	冯万乾	民国二十五年	绵纸	190×130
123	缺封面（设鬼杂览）	黄金官	冯万乾	缺	元书纸	170×145

（1）打醮

打醮是一种消灾祈福的方式。冯师公所藏的打醮专门用书有《青山根》《打大醮安龙》《安龙书一本》三部。打大醮安龙的仪式盛大，需要整个村子或者几个村子的人出财出力，请师公们作法方可完成。盘瑶崇拜社王、庙王，在村头的大树下立社建庙，以便祭拜。当村里出现人丁衰败（非正常死亡现象屡见不鲜）、六畜不旺、五谷歉收时，请师公卜卦或"问仙"后，确定是社王、庙王问罪和不做主所致，就要打大醮安龙（做回龙）"释罪"，以确保人丁兴旺，五谷丰收。①

（2）打斋

打斋是为亡者超度亡灵的仪式。冯师公收藏的打斋文本有 37 部，所见标题为《斋坛专用书》《宫音堂——送亡书》《送桥科用》《送三元阳州》《请圣书一本》《开坛书全本》《送亡师入梅山十八洞书》《沐浴解结科》《游十殿赦罪专用书》《送天桥、游十殿书共一本》《戒食科》《戒食十月怀胎经文（女用）》《戒食经文第三卷（男用）》《送终缴印与血湖疏晓榜地契·二卷》《天堂忏赦罪卷之上》《无量度人经》《目莲报恩经》《桃源歌书》《送终疏脱服装孝疏表在内》《推亡限丧用》《宫音堂·戒食、游十殿、收尸入殓、破地狱诵经目录书》《送亡过十程》《梅山经》《超度疏表、十二赦发奏功曹拆辞符书应用》。由标题可知，瑶族师公为了便于携带和使用，常将几本经书合订为一本。在盘瑶社会，未度戒亡者被称为"白衣"，而已度戒亡者则被称为"亡师"。在给这两类亡者超度

---

① 这里关于打大醮原因的叙述，是李树照同学于 2013 年 11 月 2 日在荔浦县茶城乡黄泥坝屯对冯金亮师公进行访问而采集到的。

过程中，所使用的文书略有不同，如《送亡师入梅山十八洞书》《斋坛超度亡师花牌吊掛、请圣黄白榜倒幡话在内》《送终缴印与血湖疏晓榜地契·二卷》是超度亡师所用。

（3）度戒

盘瑶度戒仪式有多种不同阶段，从低级到高级依次为挂灯、度戒、加职、加太。男子经由度戒可在神灵世界中获得相应的职位；拥有特定数目的阴兵，凭借这些阴兵的保护，不但可以远离灾病，还可以主持仪式治病救人，再经过进一步研习法术成为师公。度戒文书比较多，这类文书有《正传度二戒白榜、阴阳二牒、情状吊掛杂榜钱关》《列职位书全本》《二戒疏榜》《传度疏表》《二戒七星大疏文意》《宫音堂·盘王书一卷（师歌书）》《传度二戒列鬼杂录小册》《传度、陞度列职位书》《证度拜官差将金轮进、抛印在尾》《拜旗差将招禾招兵用》《开大光学堂点像专用》《挂三台、七星灯书全本》《传度二戒疏表书全本》《挂灯疏表、奏表语、关天庭、变水槽、变法差将、拜师父勒坛、化钱咒》《引师男上光挂七星灯、金轮表、倒幡、戒民、结印、送幡、退幡话在尾》《搭戒民敷迎黄道共二本》《造船歌杂览便用在内》《杂意疏表》《出身语明意者》《上情意者》。度戒仪式中需要抄写很多疏表，相关的疏表文本是必不可少的。

（4）还愿

传说盘瑶祖先渡海时得到盘王保护，以后每到一定时间都要举行还盘王愿仪式。还盘王愿仪式种类多，仪式规模也不一样。需要还什么愿，要所在姓氏的《香移书》（宗支流水部）所记来还。有时在还愿仪式中插入挂灯、度戒，所以部分还愿文书也和度戒文书纳入同一本书，如《宫音堂·盘王书一卷（师歌书）》。还愿常用的文本有《请三庙起头白话》《三庙圣王歌全本（还愿引三姓郎、娘庆贺）》《许愿书》《堂筵上班边光、解神意等杂意共本》《还愿请三庙圣王用》《三庙歌》《请三庙王书》《盘皇男女歌唱》《盘王歌书》《流落歌书全部》。

（5）架桥

瑶族相信灵魂不灭。他们认为久病不愈是因为灵魂离开了肉体，必须举行仪式招回灵魂。架桥正是一种引灵魂过"桥"回归肉身的仪式。架桥仪式种类很多，如有半路桥、十限运兴保命桥、长生保命桥、黄河大桥等。架桥所用的文书比较有限，常用标题有《架十保桥书——桥尾用》《架十保桥请上下星抛粮抛命用》《架十保桥请桥头鬼、代小神奏鬼殿共订》三本，全是架十保桥所使用。

（6）祭祖

瑶族宗教文书中用于祭祖仪式的文本有《宗枝簿》《家先单》。《家先单》是巫师为户主举行祭祖仪式时念诵的历代祖先世系名单，里面记载着每一代祖先的法名，通常存放在家中香炉下方。冯师公收藏有1本《宗枝簿》，题为《宗祠流水簿》。《宗祠流水簿》中记载有历代祖先来源、家先法名、安葬地点（包括省、府、州、县、乡、岭冲、社及坐向），以及本姓氏所要还愿类型、仪式物品、仪式程序等，是研究盘瑶还愿仪式以及迁徙分布的重要资料。

（7）送鬼

盘瑶凡遇到发生突如其来、无法解释的灾祸时，通常认为是触犯了恶鬼煞神，如邪、瘟、禁鬼、元宵鬼、六甲鬼、九良星、肉鬼、水古鬼等上百种之多。他们认为犯着这些鬼神必须送走，否则人畜不安。发现送鬼的文书有《收赛水变目》《番邪变水》《送瘟、白筵话等合订》《解三十六关煞书一本》《设花鬼度连塘破天罗地网共本》《断鬼收犯等合本》《番邪神用》《设禁鬼专用》《度暗山结关煞书》《度暗山限桥》。师公刚开始学法时，只能做些送小鬼的仪式。为了方便起见，他们会先将不同送鬼的文书抄写在一个本子里，以便应用。因此，会看到许多如《杂览便用》《杂便应用书》《设鬼杂览》等这样的文书。

（8）表疏奏

表疏奏有《表》《疏》《意》《牒》《榜》等格式，由巫师填好地名、人名、日期后烧掉，寄往神灵世界。奏表往往不是单篇，而是集结成册，如《送终疏脱服装孝疏表在内》《超度疏表、十二赦发奏功曹拆辞符书应用》《二戒疏榜》《传度疏表》《二戒七星大疏文意》《传度二戒疏表书全本》《挂灯疏表、奏表语、关天庭、变水槽、变法差将、拜师父勒坛、化钱咒》《杂意疏表》。

（9）小法

盘瑶巫师的法术很多。田野访谈过程中，发现了洗屋法、变水法、山蕃地内收虫法、小儿出路贴伞、大保仙师止血、开字迷气令三道、变香炉水碗法、指（止）血封字、推生法、隔猪瘟符、隔路法、封门法、变菜法、变肉法、变酒法、变饭法等小法术。法术多记在巫师头脑里，少有文字记载。发现的小法术文书有《设杂鬼法语画杂符共本》《设杂鬼画杂符》《化符书一卷》《合婚法、斋坛变物法共本》。从用途上看，小法术文书主要是用于驱邪祛病。有意思的是，有的小法术还反映了盘瑶过去刀耕火种的生产方式。比如"山蕃地内收虫法"，是给庄稼驱赶虫害保证收成的小法，而"蕃地"中的"蕃"字，指是的比村屯更小的居住单位，具体说来就是一处被开发出来用于刀耕火种的大块地。[①]

（10）占卜用

瑶族师公占卜文本分为两类：一类为堪舆演算书；另一类为各种不同的占卜术。此次发现占卜用书全部是择吉日文书，有《择日通书要览（包括杂粮书和董公择日）》《杂粮书》《宫音堂·选择各种吉日书》《六合书》。

第二节 从公众巫师到政治首领

在很多民族中，巫师自称能交通鬼神，上达民意，下传神旨，能预知吉凶祸福，确保五谷丰登、猎物充足、六畜兴旺、消灾祛病，是鬼神的代言人和使者。弗雷泽指出：假如确曾如此，那么巫师必然会在迷信鬼神的社会中成为举足轻重的人物。他们中的某些人，靠着他们所享有的声望，以及民众对他们的敬畏，攫取到最高权力，从而凌驾于那些易于轻信的民众之上。事实上，巫师们常常发展为酋长和国王。弗雷泽还以无可辩驳的资料证明，澳大利亚土著的头人、美拉尼西亚的酋长、非洲的国王等，都是由公众巫师发展而来的。他指出，在世界很多地区，国王是古代巫师一脉相承的继承人。一旦一个特殊的巫师阶层从社会分离出来并被委以安邦治国的重任之后，这些人便获得日益增多的财富和权势，直到他们的领袖们脱颖而出，发展成为神圣的国王。[②]李安宅也曾精辟地指出：原始社会的宗教职业者，凭借自己的机巧，"由着私巫变成公巫。及为公巫，便俨然成了当地领袖。领袖的权威越大，于是变为酋长，变为帝王——酋长帝王之起源在此"[③]。

---

① 这里有关的叙述，是李树照同学于2013年11月3日在荔浦县茶城乡黄泥坝屯对冯金亮师公访谈而得。

② 弗雷泽：《金枝》，徐育新、汪培基、张泽石译，上海新世纪出版社2006年版，第92页。

③ 李安宅：《巫术的分析》，四川人民出版社1931年版，第10页。

瑶族巫师的政治权力之路在很大程度上也是如此。瑶族起源问题说法不一，大致有"长沙、武陵蛮"说、"五溪蛮"说、"山越"说、古"尤人"说、古"摇民"说和"多元"说等 6 种说法。但比较而言，多数人持"长沙、武陵蛮"和"五溪蛮"之说。①"长沙蛮"主要分布在今江西省莲花县以西、湖南省邵阳市以东的广袤地区，北起湖北通城，南至湖南衡阳；武陵蛮主要分布在今湖南湘西州、怀化市、常德市和湖北的鄂西南的公安、来凤、鹤峰以及贵州的思南、铜仁等地。②"长沙、武陵蛮"所居之地属于荆楚之地。荆楚之地民风"尚巫鬼，重淫祀"，史不绝书。虽然秦国后来灭掉了楚国，但荆楚之地尚巫鬼民风仍得以存留。如宋代洪迈的《容斋随笔·四笔》对靖州渠阳蛮以牛占卜的习俗作了记述。靖州今属湖南境域，而渠阳蛮即是今天瑶族的先祖。③由此可见，瑶族先民承袭了楚地的巫风文化。正因为瑶族有如此长期而广泛的巫风信仰。宋以后的历代典籍凡述及瑶俗均说"信好巫"，"信鬼崇巫"，"俗尚淫祀且畏鬼"。由于瑶族崇奉鬼神，因而巫师在群众中享有崇高的威信。他们中的某些人，靠着在民众中所享有的威信，以及民众对他们的依附，成为政治权威与仪式权力结合于一的村寨领袖。

瑶族是一个以农耕为主兼事渔猎的民族。农事渔猎过程中，春播夏耘，秋收冬藏，以及上山打猎，下河摸鱼，都很讲究经验知识，而老人最富有经验。在壮汉族地区，生产生活知识除有老人传授外，还可通过阅读书籍而获得。瑶族由于历代遭受统治阶级的压迫，避居于深山密林之中，加之刀耕火种的生产方式，接受学校教育的机会很少，文字仅掌握在少数师道公手中，因而生产生活知识大多由有经验的老人言传身教。老人也因生产生活经验丰富，特别受年轻人的尊敬。正是在尊老的基础上形成了独特的瑶老制社会组织。瑶老是瑶老制社会组织的领袖。能担任瑶老是人生的莫大荣幸。瑶老的职能是依习惯法审理案件，调解纠纷，组织生产，主持祭祀，安排庆典。瑶老制是一种功能多样化的社会组织，将政治、经济、法律、道德、宗教合之于一，瑶老统治的合法性基础在于对传统的延续和遵从。这当中宗教起了重要的作用，宗教帮助瑶老个人获得成员的尊

---

① 张有隽：《瑶族历史与文化》，广西民族出版社 2001 年版，第 19—21 页。
② 奉恒高主编：《瑶族通史》，民族出版社 2007 年版，第 141—145 页。
③ 王玉德：《长江流域的巫文化》，湖北教育出版社 2005 年版，第 100 页；徐祖祥：《瑶族的宗教与社会——瑶族道教及其与云南瑶族关系研究》，云南人民出版社 2006 年版，第 156 页。

敬，赋予瑶老制度本身神圣性。而瑶老制的有效运行给人们带来了"稳定的社会秩序、便捷的纠纷解决方式、安身立命的安全感、精神生活的满足"①，瑶老的权威也因此得到了有力的维护，瑶老在村寨中享有很高的威望。他们凭借着个人能力以及传统习俗所赋予的教化权力而实行着对瑶族社会的控制与管理。大瑶山盘瑶的瑶老制社会组织表现为族老制、社老制和石牌制，而与之相应的领袖是族老、社主和石牌头人。

一 房族长老

宗族是盘瑶分节社会中大于家庭之上的一个社会单位。每一宗族都有族老。族老并非选举，亦非世袭。凡是族里有人阅历丰富，办事公道，善于言辞，在族中有事发生时，大家经常找他办事，他就自然成为一族之族老。同时，对于仪式知识的掌握程度也是决定一个人在族内所拥有地位的一个极为重要的因素。盘瑶敬畏鬼神，而巫师自称能沟通鬼神，自然容易获得群众的推崇。事实上，有许多族老本身就是颇具法力的巫师，这在很大程度上增强了族老权力的合法性，使他们在处理本族事务时，较少遇到质疑与挑战。

族老是族人共同行为规范、宗规族约的主持人和监督人。宗族内部的管理和各项事务的主持一般都由族老担纲。他们可以主持年节祭祖活动，负责安排婚姻、葬丧、挂灯、度戒等人生仪礼；处理宗族内外纠纷，维持族内的法律和秩序；组织公益活动或血族复仇；代表宗族出席村社会议，参与村社公共管理。对于触犯族规之人，族老有权按宗规族约给予制裁。因此，族老实际上拥有统管家族内部事务的最高权力。由于族老明白事理，办事公道，能较好地处理宗族内外事务，所以受到族内群众拥护，享有较高的威信。

二 社庙长老

瑶族村寨是一个以地缘关系为纽带组织起来的人们共同体。村寨不仅是生产生活的空间单位，同时也是政治的组织单位。每个村寨都有自己的

---

① 王启梁：《少数民族农村法治秩序建构的路径选择》，载方慧主编《少数民族地区习俗与法律的调适——以云南省金平苗族瑶族傣族自治县为中心的案例研究》，中国社会科学出版社2006年版，第12页。

疆界，占有山林、荒坡和河流。界线划分通常以河流、山脉走向为准。每个村寨又由若干家族的十几户至几十户的个体家庭组成。村寨建立起来后，要选出德高望重、富有经验的老人理事。这种老人因地域、支系差别而有不同的称谓。在盘瑶社会里，多称为"社主"；云南蓝靛瑶称为"目老"；广西十万大山山子瑶称为"村老"；都安等地布努瑶称为"寨老"；南丹白裤瑶称"庙老"；金秀茶山瑶、坳瑶、花蓝瑶称为"社老"。① 因名称太多，难以尽举。但可以肯定的是，瑶族中的"目老""村老""寨老""庙老""社老"已成为一个专属性称号，它的指喻意义就是"权威"。

金秀大瑶山盘瑶的社主由最先来开村的男性户主充任。担任社主之人，须办事公道，经验丰富，能说会道，会识字设鬼，通晓历史传统，有一定的社会威望。盘瑶信鬼崇巫，举凡砍山、播种、收割、狩猎、捕鱼、建屋、婚丧、断案、战争、防盗都需要巫师的参与指导，所以社主处理日常生产生活事务，通常离不开巫师，尤其是师公的协助，有些社主本身就是师公。社主是一村的宗教领袖，又是政治首领。他们有权每年春社时召集户主代表，举行祭社仪式，讨论一年的生产，宣布生产公约，责令各户遵守；秋后举行祭社酬神还愿活动，讨论来年生产安排；管理全村各户生魂死鬼，代表村民定期到社庙烧香供神，祈求村民人畜平安；调处村社内部纠纷；代表村寨处理涉外事务，如代表村民处理涉及外寨纠纷，出面与对方谈判，以及抵御外敌进攻等。

社主按习惯法行使权责。他们的权力是"父亲般的、纯粹道德性质的"②，手里没有任何强制手段。民众之所以服从，是因为他们的品格、能力出众，而且直接管理生产生活。除此之外，社主又是宗教领袖，能得到超自然力量的支持，故而又进一步加强了他的权势，使他们的权力具有合法性。社主对社会秩序的维持，既有凭借民众对鬼神的畏惧，也有凭借民众对他们的真诚尊敬。但是作为村寨领袖，社主的生活与普通平民并无二致，不脱离生产劳动，过着简朴的生活，所做工作是义务性的，不取任何报酬，在日常生活中也不享有特权，是民众中平等之一员，受到群众信赖，并为群众所监督。社主中除少数后来依仗官府剥削群众外，绝大多数仍保持公仆的本色，所以他们在瑶山影响很大，享有很高的权威，很好地

---

① 奉恒高主编：《瑶族通史》，民族出版社2007年版，第507页。
② 《马克思恩格斯选集》（第1卷），人民出版社1972年版，第82页。

维持着瑶族村寨内部的社会秩序。

三 石牌头人

石牌制是在瑶族地区实行的一种带有原始民主残余、维持社会秩序的政治组织。过去金秀大瑶山习惯以一个或若干个村寨为单位,订立需要共同遵守的规约,俗称"料令""规条"或"石牌律"。石牌的成立,是通过"会石牌"(石牌会议)的方式,由几个头人依据当前社会现象表现出来的一般动态和某些突出事情,对之加以揣摩考究,共同商议出若干条文款作为"料令"的草案,然后再由一个头人在村寨户主会议上"料话",宣布他们事先拟好的"料令"草案。头人在宣读料令时须逐条念诵,并加以详细讲解。务使"人人入耳,个个进心"。料令宣读后,允许提出不同意见供与会者商讨。最后以默认或欢呼的形式通过。通过后的石牌律在瑶山内起着成文法的作用,是人们惩罚案犯,保护生产发展,保护私有财产安全,维护家庭婚姻关系,防御外侮及匪盗,解决内部纠纷,保护商旅安全等的最高依据。会后请人将石牌规条文字镌刻在石牌上或书写在纸上、木板上,以便公之于众,成为大家可资为据的圭臬。刻好的石牌一般树立在村边路旁显眼的地方。立石牌时要烧香化纸祭祀,并由参加石牌组织的各户主歃血盟誓,以示今后共同维护石牌规条。

石牌头人是石牌的制定者、领导者和监督者。大瑶山的每一个村寨,每一位居民都隶属于某个石牌的管治。每个村寨都有一个或几个石牌头人。由于各人能力有大小,声望有高低,管辖区域有宽窄,所以石牌头人有大小之分。石牌头人的产生,主要有三种方式:一是由师道公转变而来;二是由有才德者担任;三是由老头人培养而成。[1] 无论用何种方式产生,担任石牌头人须明白事理,正派公道,富有经验,有胆有识,善于言辞,内能服众,外能斡旋,社会威信较高。对于跨支系、跨地域的石牌而言,因参加石牌人数较多,担任石牌头人者除具备以上条件外,还有另外一些特殊要求:家庭经济富有,粗识文字,会讲多种语言,孔武勇健,有军事才能。[2]

石牌头人在执行习惯法时享有极高的权威,族民必须无条件服从。他

---

[1] 莫金山:《瑶族石牌制》,广西民族出版社2000年版,第44—45页。
[2] 同上书,第45—47页。

们的权责是，召开村寨户主会议，商订石牌规条；调处涉及亲属、村寨、族系间有关山林、土地、河流、水利、婚姻、财产、口舌等方面的纠纷；侦破案件，惩处案犯；代表本石牌处理与外石牌及山外汉壮人、官府之间的关系；指挥石牌群众打击土匪，抵御官军等外敌入侵，保卫瑶山安全；组织生产；安排节日庆典，主持祭祀活动。

石牌头人任期不定。一经取得群众信任后，如果办事不出很大差错，他的头人身份可以保持到身死为止。但如果头人缺乏办事能力，或营私舞弊，损公肥私，就会被群众罢免。有些头人办事不公，甚至依仗权力欺侮群众，勒索钱财，为群众所痛恨。群众为消除祸根，往往暗中凑集一笔"花红"（赏银）雇人把他们杀掉，或是纠合居民群众，大张旗鼓地把他们捕杀掉。[①]

石牌头人无法外的丝毫特权。不能随意打骂族民，更不能任意处罚族民；本人参加劳动，同样服劳役；受石牌规条约束。不过，石牌头人在判案时，要听纠纷双方摆道理，不断穿梭于他们中间调查取证，特别是遇到疑难大案，纠纷旷日持久，往往要多次往返，误工又费时，所以头人在判案时会得到一些报酬。请头人一方，无论调处结果是否为自己所接受，都得给头人一笔"草鞋费"。若调处结果为双方所接受，则双方都须给头人一笔"和气费"。[②] 石牌判案中征收的草鞋费和和解费，扣除头人酬劳外，余归石牌公有。石牌头人掌握实权后，有些坏头人利用手中权力，私吞罚款所得。在赔款、罚款中对纠纷双方虚报钱数，从中肥私。有的甚至接受贿赂，栽赃勒索。在获取巨利之后，又用这些钱财买山置地，雇工剥削，成为有钱有势的头面人物。1954年土改时，石牌头人大多被划为地主、富农，如六段一带8个地主中，有7个是石牌头人。[③]

盘瑶的自然领袖尽管出身选择不算严格，权力也有大有小，但须经过度戒后才有资格充任。由于度戒花费巨大，所以能度戒者多是村寨中较为富有之人。他们少年拜师学法，稍长度戒而成为巫师。有钱人成为巫师后，不但他们在世俗社会和神灵世界的地位提高了，而且还具备成为族长、社主、石牌头人的资格。他们中的某些人凭借这种特殊的社会身份，

[①]　广西编辑组：《广西瑶族社会历史调查》（第一册），广西民族出版社1984年版，第35页。
[②]　莫金山：《瑶族石牌制》，广西民族出版社2000年版，第189页。
[③]　广西编辑组：《广西瑶族社会历史调查》（第九册），广西民族出版社1984年版，第5页。

把自己的聪明才智以及经验知识，转向为公众利益服务，使自己上升到一种更有声望的地位，从而容易取得政治首领的身份和权势。由仪式权威发展成政治首领后，他们在宗教上是巫师，在宗族上是族老，在政治上是社主、石牌头人，成为集神权、族权、政权于一身的社会上层人物，即世俗的政治权力和神圣的仪式权威都集结于他们身上。

第三节　获取和维持权力的基础

权力基础是权力主体赖以获取和维持权力的条件。权力基础可分为国家权力基础、集团权力基础和掌权人物权力基础三类。[①] 具体说到巫师的权力基础，与之关系最为密切的是掌权人物的权力基础。掌权人物的权力基础包括组织基础、群众基础和个人基础。[②] 巫师是自发形成的具有专门知识和技能的社会群体，没有任何专门的组织机构，因而其权力基础可分为群众基础和个人基础两大类。

一　群众基础

权力是一种关系结构，在权力施予者和权力接受者的权力关系网络中，权力施予者的权力基础实际上是建立在权力接受者期望获利、害怕不利条件以及对支配者的尊敬这三个要素基础之上。没有群众希望得到的利益满足，也就不会有群众对权力施予者的自愿服从。因此，在讨论权力施予者的权力基础时，必须审视权力施予者、权力接受者的需求和价值取向，这是权力施予者行使权力的群众基础。

盘瑶巫师与其所属社群之间的关系实际上是一种因共同信仰而结成的人际关系网络。他们相信在人间世界之外，还存在一个鬼神世界。鬼神无时不在操纵人们的现实生活，要想获得超自然力量控制鬼神，就要求助于具有专门技能的巫师同鬼神打交道。巫师自称能沟通鬼神，能替人作法禳灾，正好满足了群众的信仰需求。尽管巫师组织松散又是兼职人员，平时参加生产劳动，只有在有事时才出来作法，但他们在村寨中的权力不可低估。这种权力是由于他们熟知此方风土人情，极大地拥有本民族、本地方

[①] 卢少华、徐万珉：《权力社会学》，黑龙江人民出版社1989年版，第97页。
[②] 同上书，第105页。

的文化资源而产生的，因而是文化性的教化权力。因此，他们的权威并非来自官方的任命，而是来自当地瑶族人的认可和评价，是一种族群性、乡土性的价值。换言之，瑶族传统文化赋予了他们的仪式权威。他们通过操纵宗教仪式，建构了信仰的社会认同，结构了特殊的社会关系，满足了群众的心理需求，同时形成一种"为族人服务"的形象，赋予自身一定的威信，从而达成教化的效果。以下将通过具体的资料来展现上述论点。

（一）鬼神世界

巫师的主要职事是沟通鬼神，祈福禳灾。故群众只有在观念上接受鬼神世界的存在，才会相信巫师法术的效力。在传统盘瑶社会，大多数人都相信在人间世界之外，还存在一个鬼神世界。下面兹以大堂神像、宗教经典以及口碑资料为叙述圭臬，以窥探盘瑶人神奇诡谲的鬼神世界。

盘瑶把宇宙分为阴阳两界，阴界又分为天府、地府两界。盘瑶的宇宙大体上就是由天府、阳间、地府这三界所构成。天府是支配宇宙的森罗万象；阳界是活人居住的世界；地府是祖先、鬼怪和冥神生活的世界。盘瑶称天府为 domh dorngh（大堂）。大堂由18[①]位大神掌管，组成神灵世界的中央政府——domh dorngh mienv（大堂鬼）。他们用画像赋予大堂鬼各自固有的名称和宇宙中的座位如下：元始挂中央，灵宝挂左边，道德挂右边，玉皇挂左边，圣主挂右边，十殿挂左边。张天师、李天师、海幡、大尉、判官、二库、六帅等神像分别挂于左右两边。鉴斋挂在厨房方壁上，天府、地府、阳间、水府四张小神像分别挂大门两边壁上。大渡桥神像横挂在大厅上位其他神像的头上方。[②]

天府是诸神的世界。天界诸神多而复杂，仅经典所列之神目就有上百种之多。《师歌书》里唱诵、信仰的神王、圣帝就有200个以上。[③]《盘皇头夜书》所请神目，仅天府就有天府一界大释夫人、天府一界昊天金阙、天府一界圣祖天师、天府一界紫微大帝、天府一界三清大道、天府一界明二宫天子、天府一界黄赵二圣真人、天府一界龙虎二圣真君、天府一界财六二库判官、天府一界三官大帝、天府一界观音上帝、天府一界奏表仙

[①] "18"这个数字只具有象征意义，未必与现实存在的神像数目一致。就我在广西金秀、昭平、贺州三地考察来看，有12幅、16幅、18幅、20幅图。

[②] 各地方盘瑶对神像的名称、数目、排列秩序有不同说法。此处所列之神像的名称、数量、排列秩序，参见张声震主编《还盘王愿》（2002b：42）。

[③] 胡起望、范宏贵：《盘村瑶族》，民族出版社1983年版，第249页。

官、天府一界鉴斋使者、列位群仙一行圣众，地府有地府一界酆都大帝、地府一界狱主判官、地府一界真主判官、地府一界牛头狱官、地府一殿金刚坐神、地府二殿初江冥王、地府三殿初帝冥王、地府四殿五官冥王、地府五殿阎罗冥王、地府六殿变成冥王、地府七殿泰山冥王、地府八殿平正冥王、地府九殿都市冥王、地府十殿转轮冥王、地府一界中元二品赦罪地官大帝、地府一界鉴斋宝运使者，水府有水府一界列群位仙一行圣众、水府一界扶桑大帝、水府一界阳谷大帝、水府一界马扶圣帝、水府一界波浪龙王、水府一界广利冥王、水府一界五海龙王、水府一界五海府官、水府一界元公众圣、水府一界至圣文王、水府一界七十二圣王众、水府一界河上河下真人、水府一界下元三品解厄水官大帝、水府一界鉴斋运钱使者、水府一界列位群仙一行众圣，阳间有阳间一界五岭圣帝、阳间一界狱府判官、阳间一界当州城隍、阳间一界二十四庙候王、阳间一界当方土主、阳间一界本乡寺官大帝、阳间一界扶教灵通、阳间一界本方土主、阳间一界本方社岭大王、阳间一界五谷大王、阳间一界列位群仙一行圣众、阳间一界鉴斋宝运钱使者等57位。玉皇大帝是天界神明的总管，所有神明都听命于它，它们在天界被玉皇授予职位和级别。但是诸神并不都只待在神界，它们有的任职在人间（如阳间水府），也有的任职在鬼界（如十殿明王）。天界神明原则上不会加害人间，但是如果人们违反禁忌，定会受到神明的惩罚。

【个案4-10】宁明县爱店镇琴么屯ZDG师公平时人缘不好，说话时嗓门很大，好像跟人吵架一样。赵德贵度戒的时候，当仪式进行到请神阶段，他也是大声地同别人说话。突然间他浑身发抖，接着脸贴在了一张神像画上，旁人怎么拉也拉不下来。越南大师公见状立马问卦，问出是因为他说话太大声，平时得罪人太多，神灵有意要整一下他。经过大师父多次祈求神灵，赵德贵才得以和画像分开。从那以后，赵德贵的行为稍微收敛了一些。

【个案4-11】2012年11月27—30日，宁明县爱店镇丈鸡屯ZYG度戒。当仪式进行至请神阶段时，师公们怎么都请不到神灵下来。大师公经师父问卦得知家主和妻子吵架，妻子以死相逼离家出走，所以神灵不肯下来受领祭品。最后，亲人们好说歹说把他妻子劝回来，仪式才能继续进行。但是当仪式进行到"跳大神"阶段时，挂灯者之一的ZYF突然大吼一声，接着浑身抽搐，口吐白沫，两眼翻白。这情景吓坏了周围的人。这时旁边的帮工和师父赶紧过来捏他的人中和后背，约10分钟后ZYF才慢慢醒过来。此时的ZYF也表现得像平常一样，对刚刚发生的一切浑然不知。挂灯阶段结束后，ZYF正在和师公们吃宵夜时，又突然浑身抽搐，口吐白沫，两眼翻白。旁边的人用刚才的方法叫唤他，却怎么也不醒过来。JSW师父见状，立即摘下一条树枝，然后对着ZYF念经，并不时用树枝拍打他。几分钟过后，ZYF恢复了常态。事后，村里人说发生这样的事情，是因为家主屋里有不干净的东西，遭到了神灵的惩罚。①

因此，只要人们遵守神所规定的法则，依既定的仪式程序向神祈愿，天界神明会应人们的要求使人们获得所希望的福祥。

地府是鬼怪的世界。盘瑶人祭祀的鬼非常多。他们相信有被刀砍死的刀鬼，被枪打死的枪鬼，吊颈死的吊死鬼，被冻死的冷死鬼，被烧死的火烧鬼，被老虎咬死的白虎鬼，服毒身亡的药鬼，病死的病死鬼，跌山死的跌死鬼，饿死的饿死鬼，以及麻风鬼、流连鬼、禾鬼、鸡鬼、无头鬼、惊吓鬼等；还有散布在山间、路边、石头旁、林间、水里等形形色色的鬼怪，如山鬼、路鬼、拦路鬼、半路鬼、元宵鬼、山精、木精、过山大王、五海龙王、水古鬼等。他们还深信，每个人出生后都有本命星君照管着。本命星君有太阳星、太阴星、太白星、太明星、支德星、瓦盖星、黄道星、高明星、玉皇星。如果有好星照着就命好，要是煞星照着就多苦难。② 对盘瑶人而言，所有鬼怪是疾病、事故、旱灾、涝灾、农作物歉收等灾难的祸根。鬼怪不时从"地府"来到"阳间"，企图祸害阳间世界，它们时常出没村头地边，逗留于畜圈粮囤，萦绕在火塘居室。因此，要防止鬼怪作祟，人们需要掌握各种驱鬼法术，或请求巫师预知危难，或请求巫师定期举行避邪的祭祀活动，或通过度戒获得兵马的保护，以使本人及家庭成员免于病难。人间对于鬼界的影响，总是处于守势之中，人们很难通过对鬼界的各种防备，而使自己的生活得到有效的提高。因此，鬼界原则上对于人间来说，终究是灾祸的根源。

---

① 根据陈锦均同学2013年夏季在宁明县爱店镇琴么屯所做的访谈记录整理而成。
② 2002年7月22日由金秀大瑶山忠良乡六努屯54岁的盘志富先生提供。

祖先是介于神明与鬼怪之间的存在。如果他们有子孙后代，能不断地享受子孙香火的祭祀，那么祖先就会庇护他们。但是如果祭祀中断，祖先就会责怪他们，造成各种灾难。所以要得到祖先的庇护，就得不断地供奉祖先，子子孙孙保持下去。居住在鬼界的祖先就是这样介于鬼神之间的。

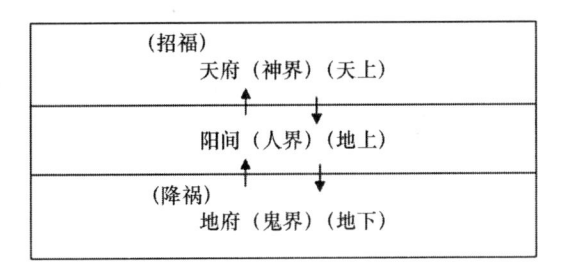

```
(招福)
    天府（神界）（天上）
         ↑  ↓
    阳间（人界）（地上）
         ↑  ↓
(降祸)
    地府（鬼界）（地下）
```

图4-51　盘瑶传统宇宙观

综上所述，无论是从经典所记载、口碑传说，还是画像中绘画的鬼神形象，都可证明盘瑶观念中确实存在一个神奇诡异的鬼神世界。

（二）鬼神与福祸

巫师作法的目的是沟通鬼神，借鬼神之力替人招福却祸。这种行为的前提是，鬼神能支配人间的福祸。盘瑶人相信，鬼神对于人间的福祸有强大的影响力。兹以疾病、灾异、生育等具体行事为例，探讨盘瑶观念中鬼神对人间之事的影响。

1. 疾病之事

盘瑶人相信鬼神不仅真实存在，而且有模有样。不过，只有那些具备巫师潜质的人才能看到。冯文县师父说，他18岁那年去看师父送鬼，当时围观的人很多，但他们都看不到鬼，只有他一个人看到了，只是那时他说不出鬼的名字。盘志富师父对鬼神的形象了然于胸。他告诉我说，灶王鬼满头白发，太上老君长着齐胸的花白胡子，花皇父母宛如美丽的花篮诱骗小孩，流连鬼呈品字形坐着。赵有福师公说，他不仅见过鬼，而且还和鬼不定期说话，还有人晚上被鬼按住。

【个案4-12】贺州市黄洞村ZYF师公说他不怕鬼，但他确实见过鬼。1974年农历九月十五9点钟左右，他从老宅子下来去卫生所上班。当他走到榨油厂过去20—30米远的地方时，看到1男1女两个人，男的背一个包，女的穿蓝色的长衫，扎着毛辫子。ZYF师公以为是都江村人去挑米，于是发出"呼呼"的声音，如果认识他们会转过脸来，可是他们却没有回头看。ZYF师公又用瑶语喊到"等一下喂"，又没看见他们有什么反应。ZYF师公再用客家话喊话，也没看到他们回头。于是他只好加快脚步，想尽快赶上他们。ZYF师公说，如果按照他走路的速度，走到转弯处时应当跟上他们了。可是等他走到转弯处时，前面没有什么东西挡住视线，却看不到人影，ZYF师公一直追到都江渡口。当时过渡的人很少，ZYF师公就问过渡的人，刚才有没有看到1男1女路过渡口，过渡人说半小时都没有人过渡。ZYF师公以为是不是那两人上山做什么不好的事，所以再等等看那两人有没有出来，但是等了很久还是没有看到。晚上ZYF师公回来路过渡口时再问过渡人，过渡人说一直没看到那对男女。ZYF师公回来后，同附近的村民讲，人家都说那不是人，是鬼。前几年有个杨梅男子背包掉进河里淹死了，河对面村有个女的喝农药后滚进河里死了，死时穿的正是蓝长衫，扎毛辫子，两人一个死在滩头，另一个死在滩尾。

【个案4-13】贺州市黄洞村ZYF师公在元炉小组有两亩地。有一天上午11点，他跟他表弟每人背五六十斤重的石灰和农药去撒。ZYF地附近住着一户人家，跟他挺熟的。走近那户人家时，ZYF师公说不知有没有人在，如果没人在茶都没得喝。他表弟回答说，可能有吧。那户人家大门是锁上的，门外用竹篱笆围着，竹门半开着，大门口旁有一堆柴火。走近房子时，ZYF师公说真的没人在家。这时，从柴火堆旁边传出一个非常像主人家老婆的声音说"有的"。等他们放下东西走近一看，屋里没人。后来ZYF师公问主人家的老婆，那天她在不在家。主人家老婆说，那天她带饭去很远的地方干活，没在家。ZYF师公认为是鬼跟他说上话了。

【个案4-14】贺州市黄洞村ZYF师公说，2010年三月初一的晚上，黄洞乡转弯处的沙场有个老板晚上起夜时，感觉背后有东西重重地压下来，结果翻倒在地，把额头都碰伤了。老板跟沙场的管理员说起这事，管理员却没有放在心上。第二天晚上，他们两人没有睡着还在说话时，感觉又被什么东西重重地按在床上，虽然眼睛是睁开的，但却动弹不得，也说不了话。他们头天晚上煮的干饭还剩很多，饭锅也一直通着电，可是到第二天全变成水。第三天早上，管理员打来电话说有鬼，请ZYF师公去帮送鬼。ZYF师公帮他们送了之后，再也不见闹鬼了。ZYF师公说，转弯那个地方经常发生车祸，死了很多人。[1]

盘瑶人对疾病的降临，无法解释清楚的，便认定是鬼神作祟。赵文县师父说，头痛是伤亡鬼、药死鬼作祟，肚子痛是家先鬼作祟，眼疾是犯六甲神，呕吐、腹泻是半路鬼、饿鬼作祟。盘志富师父说，难产是花皇鬼作祸，眼疾是蒙眬鬼作祸，肚痛是伤鬼、五海龙王、家先鬼作祸或犯六甲，牙痛是咬伤鬼作祸，脚痛是跌死鬼作祸，小孩夜啼是床头娘娘作祸，晕倒是金皇鬼作祸，烧伤是火烧鬼作祸，食物梗塞是吊颈鬼作祸，跌打扭伤是伤死鬼作祸，全身发痛是天罗地网作祸，发疯是癫鬼作祸，夜里全身痛是半夜鬼作祸，是非口舌之争是是非鬼作祸，不孕不育、在不吉之日生小孩或难产是花皇鬼作祸。李德才师公说，人魂被抓是无头鬼作祟，人被吓着是吊死鬼作祟，家闹鬼是饿死鬼作祟，小孩被吓是惊吓鬼作祟，迷路是拦路鬼、回头鬼作祟，摔伤、跌伤是落山落水鬼作祟，刀伤枪是刀伤枪鬼作祟。

盘瑶的鬼神致病观念，从巫师的占卜用书杂粮书中也可获得佐证。为了直观起见，现将《送鬼杂粮书》中疾病占卜的内容转化为表格形式（见表4-3）。

从表4-3排列中，可以将盘瑶人认为致病的祟源分为以下几类：一为家神，如家先、土地神、火神、盘王；二为外鬼，如伤亡鬼、吊死鬼、病死鬼、冷死鬼、杀死鬼、火烧鬼、客死鬼、山神、树精、水神、冷坛庙王、五道伤神、巡山界五郎、黄面婶母女鬼、白衣女鬼、青衣女鬼、黑衣女鬼、五道墓神、五方五路鬼神、河伯水宫、五道伤神、东方五显官；三为邪师，如古墓阴师。

表4-3　　　　　　　　盘瑶《治病法书》疾病治疗统整

得病日子	患者	致病祟源
初一	兄妹（易落水）	灶王不安
初二	成人	香火有旧愿未还
	小儿	花公赵十一郎、花母马十四娘

---

[1] 以上三个鬼故事，是我于2012年冬季在贺州市黄洞瑶族乡千金组对ZYF所做的访谈而得。

续表

得病日子	患者	致病祟源
初三	成人（伤神、落水）	冲撞祖先
	小儿	花公李十三郎、花母马十四娘
初四	成人	香火有愿没还
	小儿	花公何十一郎、花母包十四娘
初五	成人	撞棺木鬼
	小儿	花公何十三郎、花母陈十四娘；犯外家鬼
初六	成人、小儿	撞棺木鬼
初七	成人（落水伤亡）	庙王香火、七娘仙姑、雷王兵马
	小儿	六桥愿未还、关煞鬼
初八	成人（落水伤神）	太公伤神赶屋
	小儿	六桥愿未还、花公陈十一郎、花母郑十二娘
初九	成人	太公妻、雷王、庙王
	小儿	六桥愿、花公黄十一郎、花母史十四娘
初十	成人	七娘仙姑、社王棺木、雷王兵马
	小儿	犯花公周十三郎、花母周十三娘、花母孟十四娘、还六桥愿
十一	成人	太公有旧愿未还、社王河伯水司收魂
	小儿	花公花母欧十三郎、香火灶王不安
十二	成人（落水伤神）	庙王阴坛、灶王
	小儿	六桥愿、外家鬼
十三	成人	香火有愿、其头兵马、雷王庙王灶王
	小儿	六桥愿
十四	成人	棺木、庙王、冤家百口鬼、社王、绝房先祖
	小儿	花公罗十二郎花母十四娘
十五	成人（亲父落水）	灶王、棺木鬼、冤家灶王
	小儿	花公唐十一郎、花母周十二娘
十六	成人	香火灶、七娘仙姑、游野仙娘
	小儿	六桥愿、关煞、花王洪十一郎花母龙十三娘
十七	成人	外家先祖有伤鬼亲、太公妻
	小儿	六桥愿

续表

得病日子	患者	致病祟源
十八	成人（易落水）	神棺木、香火、灶王
	小儿	六桥愿、关煞、花公毛十二郎、亲父香火不安
十九	成人	香火有旧愿、冤家百口鬼
	小儿	六桥愿、父母公妻
二十	成人	香火不安、雷王父母、太公先祖、旗头兵马、庙王五道伤神
	小儿	六桥愿
二十一	成人	有愿未还、庙王兵马、雷王
	小儿	六桥愿、外家先祖、灶王、花公钟十一郎、花母洪十二娘
二十二	成人	亲太公香火、冤家百口鬼
	小儿	花公包大郎、花母黄十三娘、亲太公妻
二十三	成人	香火五道、亲父妻旗头鬼、庙王
二十四	成人（落水伤神）	香火不安、灶王、棺木鬼
	小儿	花公金十一郎、花母朱十二娘
二十五	成人	香火有老愿未还
	小儿	花公洪十一郎、花母雷十三娘
二十六	成人	庙王、雷王兵马、男伤女鬼
	小儿	花公洪十郎、花母何十三娘
二十七	成人	亲太公妻、冤家七娘、冷坛社王
	小儿	西方失魂三分、六桥愿、冤家百口相逢
二十八	成人	庙王雷王兵马、犯棺木
	小儿	六桥愿、落水神、香火
二十九	成人	冤家百口鬼、七娘仙姑、雷王、香火不安
	小儿	六桥愿、花公愿十一郎、花母侯十四娘
三十	成人	太公香火、庙王雷王、落水神
	小儿	关煞、花公唐十一郎、花母盘十四娘

注：根据张可欣同学2014年12月4日在恭城瑶族自治县莲花镇黄泥岗村小黄泥组王继贵先生家收集到的宗教文书整理而成。此书为手抄版复印本且封面丢失故名称不详，师公称其为《治病法书》。

鬼神作祟还会造成大规模的人畜瘟疫。鬼神作祟导致瘟疫的观念，表现在巫师送瘟仪式的行事中。盘瑶人如遇病痛多，六畜不旺，生怕有污秽落在屋里，要请巫师来送瘟。送瘟可单家独户举行，也可以几家合着一起做。仪式程序是：巫师先叩师父架三台七星桥通到家主屋里传瘟、传病、传妖精百怪、传有道无道伤神、传邪神恶鬼，念咒语"门前也高，水也高，邪师恶鬼走槽槽，吾师来到病人处，杀鬼只用杀鬼刀，准吾奉太上老君令敕"请师父帮赶鬼，接着念咒语"打病功曹来打病，退病功曹退病轻，速速行程，不得留恋，吾奉太上老君令敕"请功曹来打病退病，然后施法把家主的房屋变成暗屋让瘟鬼再找不着，最后做隔瘟水放在神台上120天。

2. 灾异之事

瑶山的自然灾害多种多样。以金秀大瑶山为例，常见的自然灾害有兽灾、鼠灾、鸟灾、水灾、旱灾、风灾和虫灾等①，而对于居于山脊陡坡地带、从事山地农耕的盘瑶人而言，受灾程度比较严重的是兽灾、鼠灾、鸟灾、虫灾和旱灾。

大瑶山盘瑶居住区内，地广人稀，林菁深邃，鸟兽类甚多。每当农作物成熟，如果疏于防守，难免不受损害。践踏农作物的兽类有山猪、黄猄、猴子、山鼠、豪猪，鸟类有乌鸦、麻雀、山鸡、鹧鸡、竹鸡等。对于鸟兽的侵害，盘瑶人用扎茅草人、装响梆、围猎、装铁夹、装鸟盆、装鸟索等方法来防御或捕杀，也时常求助于巫师的法术。调查中，我发现用于灾老鼠的咒语及秘方。兹摘录如下：

奏到河南州河伯县，拜请鼠公何佩元、老鼠母何母何佩县、东方南方西方北方中央五方五位鼠公、鼠母、鼠子、鼠孙、鼠媳。

辰戌丑斗牛鬼，忍一气写七道，用水三钱三分、白米三□、信石共磨用。老鼠公、老鼠婆，掉请你吃元菜，吃一个死一十，吃十个死一百，吃一百死一千，吃一千死一万，急急都死了。②

---

① 广西编辑组：《广西瑶族社会历史调查》（第一册），广西民族出版社1984年版，第137—138页。

② 摘自《法术书》，1916年抄本，2007年7月14日于金秀大瑶山忠良乡古盘屯赵有兴师公家收集。

大瑶山区夏天温凉，虫灾并不多见，偶有发生也不如山外严重，多以稻瘟病、三化螟、稻纵卷叶螟、稻飞虱为主。对于虫灾，过去盘瑶无任何防治的办法，只有祈求神灵保佑。他们每年旧历六月都要举行"保苗"仪式，八月新谷扬花抽穗时，要抬刘大娘神"游垌"① 或"赎禾魂"②。

旱灾对于以山耕农业为主的盘瑶社会，是相当可怕的灾祸。对于旱灾的成因，盘瑶很早就以鬼神因素来解释。《评王券牒》写道，"一准令天时不雨大旱，禾稻五谷焦枯，任王瑶师道付出府县，祈求风雨，裕国裕民"③。由于相信鬼神能左右旱灾，因而凡遇到旱灾，常请师公举行打五谷清醮，祈求风调雨顺，五谷丰登。鬼神致旱灾观念也可由盘瑶巫师手抄表奏《五谷疏意》中看出：

今据
大清国广西道承宣布政司△府△州△县△乡△里管入
△村△社下立宅居住奉
神祈求五谷青苗保安家主△合家眷等
取向今年△月△日吉良命请师人于家筵奉
高真上圣祈求五谷保安清醮一供拜进五谷疏文上诸
九天雷祖长生大帝民主正法三郎御前投进发出今春耕种
五谷粮料九千百万余多阳间门下口出若于今庚太岁过往
神门下口若于水府门下口若于三庙城隍门下口出
若于本方地主门下口出若于洪慈赐流广度各门下给出
五谷粮料赈济下民叩之即应追念后稷教民庄稼树熟五
谷丰熟而民人养育今春之耕种白口口枯烂死少欠雨水
又被山猪马鹿口耗侵损诚恐有种无收忙忙无计切切
口思祈保今春合家清吉耕种丰登人民有靠风调雨
顺国泰民安养畜成群官非口舌入地里藏早赐甘雨则禾苗
兴旺合宝百拜以闻

---

① 传说刘大娘为平南思迥岩大心村人，到容县三片石成仙，桂南奉她为保护禾苗的灵神，后从瑶山南部传入瑶山，为瑶山各族所信奉。

② 广西编辑组：《广西瑶族社会历史调查》（第一册），广西民族出版社1984年版，第138页。

③ 同上书，第265页。

谨疏上伸

皇上△年△月△日吉良祈求五谷保安家主△百拜具疏上伸①

3. 生育之事

盘瑶人相信，生育不单是男女两性结合的产物。他们认为，小孩是花皇父母送来的花魂，未出生前是桃源洞里一朵朵被养育的花魂。② 因此，男女婚后若无子女要架桥求花。根据《求花科疏意全卷》经书所述，夫妇不能生育，是因为有鬼神作祟，须请师父施法打开暗山，通到桃源洞为不育夫妇招花。

盘瑶相信在不吉之日生小孩，也是鬼神从中作祟所致。花皇父母送花魂到阳间之时，也就是小孩的年庚即命。年庚包含小孩出生的年月日时，由天干与地支组成。盘瑶由年庚中诸时间元素的组合，与春夏秋冬以及一年十二个月的循环配合，便可知小孩的今生来世。小孩未满12岁前，若经常生病、不爱吃饭、喜欢哭闹，常认为是命不好，需请巫师举行拜寄仪式、取名仪式以修补小孩命的缺陷。

盘瑶人遇到产妇难产，也认为有鬼神作祸，须请巫师施法催生。巫师先为产妇画催生符，画毕将它焚烧放进水碗里，然后手持水碗，一路步斗踏罡，将符水送到产妇房门口，请人接过让产妇喝下。碰到家畜难产，有时也请巫师作法催生。古盘屯盘玉珍告诉我：1999年的一天，她妹妹家的一头母猪难产了。情急之下，妹妹跑来找她丈夫去作法。她丈夫十分为难，因为催生法是给人催生的，从未给牲畜催生过，所以不想去。但看到小姨急得快哭了，且又封了红包，只好前去施法。凑巧的是，作法过后母猪顺利地产下猪崽。③

综上所述，盘瑶人确实认为，鬼神对于人间的吉凶福祸具有很强的影响力。换言之，他们大多认为，鬼神具有降祸赐福于人的能力。

（三）人能控制鬼神

虽然盘瑶人深信鬼神能支配人间的吉凶祸福，但他们并不认为鬼神的

---

① 摘自《疏表书》，1931年抄本，2007年7月25日于金秀大瑶山忠良乡六雷屯赵文县先生家收集。

② 陈玫妏：《从命名谈广西田林盘古瑶人的构成与生命的来源》，唐山出版社2003年版，第87页。

③ 2002年8月12日金秀大瑶山忠良乡古盘屯38岁的盘玉珍女士提供。

权威是无法抗拒的。他们相信有些人可以沟通鬼神，利用自己所掌握的法术控制鬼神，使它们满足人的欲求，这种人便是巫师。盘瑶巫师用以控制鬼神的法术主要有三种：

一是祈请法，指借助祭祀的手段，向神灵祈求福祥，消除灾祸。盘瑶几乎所有祭祀都是为了祈求神灵的帮助，包括健康、求子、丰收等。一般而言，对于威力巨大的神灵，盘瑶通常选择祈请法，希望通过敬献动听的经文、丰厚的牺牲和盛大的歌舞等，解神意神愁，讨得它们的欢心，达到趋福避祸的目的。

二是辟除法，指利用某些为鬼神所厌恶或惧怕之物、事，防范鬼神施咎作祟于人。在盘瑶社会，辟除法非常发达，就鬼神所畏惧之物而言，有大小便、唾液、狗血、桃核、铜钱、剑、砍刀、斧头、玉器等。在使用这些物品时，他们常配合巫术的手段以达到所要的目的。如盘瑶在小孩出生1—2个月后，常请山外汉人神巫给小孩算命。如算出小孩命带关煞，往往由外婆家请人打造一块银质天德牌，牌上刻有"长生保命"字样。经巫师施法后，将牌戴在小孩手腕上，直至它自行脱落。他们相信，佩戴天德牌可让祟鬼远离小孩，从而保佑他平安长大。

三是驱逐法，指利用咒语、神符、法器等命令鬼神，使之听命于人。驱逐法一般用来对付邪神恶鬼。以疾病为例，盘瑶如遇家里有人生病，常请巫师前来打卦，如卜中某祟鬼作祸后，要按祟鬼的意图举行祭仪。巫师先在供桌上摆上祟鬼喜欢吃的供品，接着请来阴阳师父、作证家先，然后架师父桥传来祟鬼，请它享用桌上的供品，且不时向它敬酒，要求它放回病人魂魄。祭告过后，巫师开始用筶子打卦，如卦象显示祟鬼不愿放回病人魂魄，巫师就要口念咒语，脚踏罡步，手持法器"穿鬼心破鬼肚"，抢回病人魂魄。

二 个人基础

盘瑶巫师可以用来作为行使权力的基础性条件很多。年龄、声望、品德、知识、经验、运气等都可以成为他们获取权力的配置性资源。

（一）年龄

瑶族社会有尊敬长者的传统。老人因见多识广，经验丰富，深受年轻人的尊敬。瑶山有句谚语说："深山看大树，瑶族看老人。"遇到大事要请老人商量后才能作出决定，所有由老人作出的决定众人都得遵从。由于尊敬年长者的思想在瑶族中根深蒂固，因而老巫师当然要比初学者更受尊重。那些年纪大、经验丰富的巫师，在本村及邻村寨是最受尊敬的，请他们作法的人也比较多，而刚出道的年轻巫师几乎无人问津。老巫师往往看不起年轻巫师，经常为难他们。盘瑶民间相传：

> 很久以前，有个人从小开始学法，14岁便成为师公。由于他年纪小，老师公对他并不服气。有一次，他背着法具应邀去做还愿师。盘瑶习俗规定，当大师父来到主人家里，家主应接过他的袋子挂在墙上。可家主见他是个小孩，根本不理会他。他只好施法，把牛角往墙上一贴，就把网袋挂在上面。吃饭时，由于还没杀猪，没有肉吃，只好炒黄豆吃。年长师公们，有意为难他。他们先施法招来一群斑鸠把黄豆吃光。不一会儿，又施法在饭桌下变出一根竹笋来，把桌子顶翻了。少年师公立即还以颜色，施法变出一头母猪把竹笋啃光。按习俗规定，还愿结束后，还愿师应得到1个猪头，但家主见他是个娃仔，就砍掉了半边猪头。他取出牛角，吹得呜、呜响，唱道："牛角尖尖，猪头半边，今年还愿，明年发癫。"家主见状马上哭着下跪，找来半边猪头合上。于是他拿出牛角，吹得呜、呜作响，唱道："牛角尖尖，猪头一个，今年还愿，明年致福。"还愿结束，师公们一起回家，路过一个山坡，年长师公们又想整他。他们施法变出一把剪刀，把他网袋剪破了，猪头滚下了山底。师公们心想，这回看你有什么法子把它拿回来。少年师公拿出牛角在手里不停地转动，猪头慢慢地从山下往山上滚上来。①

这个故事说明，在盘瑶社会当师公不受年龄的限制，但要成为有威望的师公需要有丰富的经验，而经验经常与年龄联系在一起。对盘瑶人而言，一个有威望的师公应是一位法术高明、经验丰富的年长者。村中最有名望的巫师往往是那些年长的师公。正如差博·卡差·阿南达所言的，"年纪大又是巫师的老人在本村及邻村是最受尊敬的人"②。

---

① 2007年7月26日收集，地点：金秀大瑶山忠良乡古盘屯，讲述者：赵有兴先生。
② 差博·卡差·阿南达：《泰国瑶人——过去、现在和未来》，谢兆崇、罗宗志译，民族出版社2006年版，第184页。

(二) 品德

声望与品德密切相关。声望的获得有赖于品德的修养。巫师权力的获取依赖的并非暴力，而是赢得社群尊敬的德行展现。因此，每一位有声望的巫师都很注重自身的品德修养。这个过程从成为巫师之日起，伴随着巫师的一生。无论通过何种途径产生的巫师，都需要经过老巫师的培训。培训既是徒弟学习技能的课堂，也是师父对徒弟进行品德教育的课堂。《戒坛文》对巫师的品德有严格的要求：

> 开了香门相来请，求得病人个个兴。
> 你不嫌人山路远，你不嫌人水路深。
> 不怕山高你也去，不怕水深你也行。
> 不嫌人家缸无酒，不嫌人家身无钱。
> 有钱请你你也去，无钱请你你也行。
> ……
> 三更半夜人相请，急急差兵急急行。
> 治得凡民人康泰，保得千秋万万年。
> 救得凡间人康泰，至今世代得安宁。[①]

强烈的责任感、平等相待、诚实守信、举止端庄、吃苦耐劳、不贪钱财是成为德高望重的巫师所应具备的品德。这种职业操守强化了巫师个人力量，使其在社会中受到一定尊重，取得人们的承认和接受。

1. 责任感强。巫师的法事活动是人们的一种信仰寄托。这就要求巫师对法事活动的社会价值有充分的认识，在情感上加深对法事活动的炽爱，形成一定的职业荣誉感；要求巫师在法事活动中具有强烈的责任感，对仪式认真负责，仔细周到。如果偷懒耍滑、马虎草率，仪式出纰漏，会给家主及自身带来不幸和灾难。

2. 平等相待。巫师服务的对象十分广泛。人们可选择道行高、经验丰富的巫师作法，却不许巫师选择仪式主人。巫师做仪式要无贫富之分，无亲疏之别。无论面对的是何种仪式主人，都要竭尽全力做好仪式。如果

[①] 李默：《韶州瑶人——粤北瑶族社会发展跟踪调查》，中山大学出版社2004年版，第292页。

嫌贫爱富，差别待人，就会受到社会及群体内部成员的非议和谴责。群众会冷落他，不再请他主持仪式。

3. 诚实守信。盘瑶有些仪式需事先择日，家主事前要向巫师咨询，商定仪式具体日期。届时巫师要带上法具如约前往作法。巫师的活动被认为是扶危解难之举，因而无论路途如何崎岖艰难，天气如何恶劣，路途如何遥远，巫师都得如期前往。如果言而无信，失信于人，日后就无人邀请其作法。

4. 举止端庄。巫师是沟通人神的媒介，具有一定的神圣性。因而忌讳巫师口出恶言，禁止巫师食狗肉、猫肉、牛肉、马肉、蛇肉以及在两性关系上不严肃。否则，巫师不洁，神灵受污，丧失法力，导致灾难，以致人神共弃。

【个案4-15】六桂尾HJX，自恃是师公，人家有求于他，他常看不起人家，动不动就骂人，村民都很怕他。HJX只要心中不悦，就出到晒台来骂村，骂完后就唱起度戒歌。村里人背地里都说："这个师公癫死更癫。"后来H家发生的一件事，更让村民对HJX发怵。2006年有老板出资8万元买下H家的一片山林。按当地习俗，只要是家庭成员均有权平分家产。H生有2子1女，可他偏爱二儿子，只把山林款分给小儿子。大儿子觉得不公平，找他评理说"如果这笔钱你留下养老我没意见，但你分给老二，不分给我就不对"。HJX破口大骂："我爱分给哪个你管不着，我就是全部给他，一分不给你，你也奈何不了。"争吵过后，HJX经常无端谩骂大儿子。由于无法忍受父亲的辱骂，2006年6月的一天大儿子服毒自杀身亡。现在村里如有法事要做，宁可到很远的地方请人，也不愿请他。①

【个案4-16】PCG的岳父是大师公。他常目睹岳父做仪式，对仪式有所了解，故常以岳父为标准，认为现今师公做仪式过程简单，花样太少，不好看。他看不惯PJY师公，认为他喜欢说大话，四处说某某师公是他的徒弟。实际上，这些师公都是他岳父的徒弟，与PJY是师兄弟关系。他最讨厌听到的一句话是，PJY对他说："你岳父的东西我点点都捡到了。"他还说，盘法术不怎么样，嘴上功夫倒

---

① 2007年10月17日由金秀大瑶山忠良乡六雷屯74岁的赵文县先生提供。

是了得，常以师父自居，在仪式过程中说三道四，指责别的师公做得不对。如在他岳父葬礼上指责大师父 PYF 做得不好，在盘进金葬礼上又说 L 师公做不对，还故意刁难初学者赵有县，让他当众难堪。盘法术一般平时又不研习，临场了才找师父解围。六音赵德兴死时，请他做大师父，在仪式开始前才急忙向师父庞文荣请教怎么做。刚好被庞福贵看到，庞福贵讥笑他说："你不是说样样捡到吗，怎么还去问？"PJY 急得满头大汗说："还有点把没会。"PJY 在两性关系上也不严肃，喜欢找勉朵①，结果在施法过火炼时烧伤了人家的脚。现在附近村寨有法事，都不敢请 PJY 做大师父。②

5. 吃苦耐劳。巫师职业是一个十分辛苦的行业。盘瑶村寨交通不便，多数村寨无可通车的公路，有时做一次法事，要走几小时的山路，才能到达仪式地点。我多次跟巫师外去作法，有时坐摩托车，多数时候靠步行。能通摩托车的村寨，道路也是凹凸不平，下车后双腿麻木，腰腹疼痛。有些大型仪式要持续两三天，中间不许中断，巫师得日夜轮换连续作法。有时连熬几夜，瞌睡难挨，暗暗叫苦。

6. 不贪钱财。忌讳巫师与家主在报酬上发生争执。然而，现在也有些巫师在仪式报偿上与家主讨价还价，引起群众的不满。庞福贵说，忠良乡很多师公都是他岳父门下弟子。他岳父在世时，家主有事来求，从不讲价钱，并以此教导弟子。但有些弟子没有谨记他的教诲，替人作法一天索要 30 元的工钱。遇上大法事，要价更高了。过去打斋是没有钱拿的，师公们只分到猪头、猪腿。但现在师公们担心猪肉变质，全部折算成现金，做完一个道场至少要 150 元。还有的大师父把家主给的封包私吞了，不分给仪式助手，在群众中影响很坏。冯文县说，前年他母亲去世，请 Y 做大师父。打斋结束后，他把付给所有师父的酬金装在同一个封包交给 Y，并嘱咐他分给其他师父。结果 Y 私自吞掉，引起其他师父的强烈不满。他气愤地说，"这种师父以后不能请"。巫师如果与家主在报酬上发生争

---

① 意指女情人。当地人告诉我，"勉朵"有些只是开玩笑的，不一定发生肢体上的接触，耍"勉朵"也仅限于喜庆期间，过后不允许再发生往来，否则会遭受对方配偶漫骂，甚至发生斗殴。听了当地人的描述，不难发现：大瑶山盘瑶耍"勉朵"是有规则的，它与性有关却并非全是性。

② 2007 年 10 月 24 日由金秀大瑶山忠良乡六音屯 57 岁的庞福贵先生提供。

执，事情一经传出，会损害他们在群众的声望，找他们作法的人会少很多。赵有福师公说，黄洞村也有不少法事做得很好的师公，但群众就是不爱请他们。因为他们性格与家主不合，嫌家主给钱少或招待不周。而赵有福法术高、品行端正，在当地颇有声望，黄洞、三岐、都江一带的村民都喜欢找他作法。

（三）运气

运气在提高巫师的声望上也有一定的作用。赵贵府说的，刚当巫师时作法顺利，中间不发生意外，以后人家就肯请。有的师公作法不顺利，请他作法的人就比较少，如杨梅有个师公刚出道做还愿师，在解神意神愁时打不得筶头①，后来人家不怎么请他。做事吉利与否，主要看能否打得筶头，如打不出筶头，一定有不好的东西，得查出来，群众才相信。有一次，赵有福给人家还愿，老打不出筶头。经过推算疑为家主动土，于是问家主是不是动土或打桩了，家主承认拉水管时在地上打了个木桩，问出后即打得筶头。赵有福现在是黄洞村一带比较有声望的师公，而让他声名大振的是"马公庙事件"和"求雨事件"。

【个案4-17】马公庙位于黄洞乡都江村，为当地汉壮瑶所信奉。相传此庙很灵验，每请汉人道公来作法一次就出事一次，而请瑶人师公来作法却平安无事。第一次请汉人道公来打醮，一个多月后醮主②就在都江口翻车，一车3人全死光。第二次群众募捐了很多钱，醮主想请汉人道公和瑶人师公合做仪式。瑶人师公说："一起做也可以，但你们负担太重。请汉人道公要给1000元封包，给我们瑶人师公100元就不行，封包大小要一样。"后来醮主干脆不请瑶人师公。在汉人道公在马公庙打醮时，赵有福恰好在对面给人家度戒，双方仪式几乎同时开始，结果当天醮主家的水牛死了。从那以后，附近群众都怕了。如果请瑶人师公主持仪式群众就出钱，如果请汉人道公做师父，就没人愿意出钱。这大大提高了瑶人师公在群众中的威信。

【个案4-18】贺州市黄洞村ZYF还说，让他声名大振的是，刚

---

① 按规定要连续打出阴筶、阳筶、胜筶，中间不能间断，这三个筶的顺序哪个在先都没关系。

② 指打醮活动的临时组织者、领导者。

出道时，在都江举行求雨仪式。那时没有天气预报，而当天又有太阳，但他刚烧完奏表，天就下起雨来。事后，他岳父说："去求雨也不看天气，在大晴天去，真为你担心。"这事过后，群众都信他了。①

这两件事说明，偶然的法术成功，会提升巫师在民众中的声望与声誉。是故巫师对自己的法术效果十分在意，即使失败了，也要找出各种理由。

【个案4-19】2007年10月20日，六音盘进金老人身体不适。早上庞成富打电话叫PZF到他家为父亲卜阴。卜阴过后，老人精神有所好转。在我们吃饭时，还给我们跪拜，让我们慢吃慢喝。从庞家出来后，PZF到六门赵有添家举行抢魂、送白虎仪式。正当我们吃晚饭时，庞家人打来电话说老人过世了。听到老人去世，PZF心里很不爽。老人去世与他作法相隔不到8个小时，这就意味着他作法不灵，名声受损。虽然大家没有说出来，但PZF却很在意，不断为自己辩解，"不是我卜阴不灵，早上卜阴时我说过他有两个关卡，一个是九月十三，过了九月十三还有九月二十三考验，过完这两关才平安无事。男怕生日前，女怕生日后，没想到他过不了。我卜阴完后，可能是看到有师父来，他一下子有了精神，还向我们磕头致谢，让我们慢吃慢喝，而之前我按他人中穴时，都没反应。记者②给他照相时，他也很精神，不信你们可以问记者。人老了这种事难讲了，他太老了，都差不多百岁了，里面零部件都老化了，就像发动机坏了，发动不了"。③

巫师不仅为作法失败寻找托词，还拒绝给那些难以治愈的患者举行仪式，以保住自己的名声。度戒"十戒律"中有一条为"八十公公师莫医"。我问赵有福师公："八十公公师莫医是什么意思？"他说："八十岁公公太老了，救不了的。"我在跟随盘志富作法期间，发现他拒绝为一位

---

① 2008年2月15日由贺州市黄洞瑶族乡千金组62岁的赵有福师公提供。
② 在盘瑶地区考察期间，当地群众都把我当成记者。
③ 资料来源：田野笔记。调查时间：2007年10月19日；地点：金秀大瑶山忠良乡六努屯。

赌徒作法戒赌。

【个案4-20】10月15日，PZF应邀到六雷上村冯文县家作法。中村冯文贵老婆得知后，于18日早打来电话请PZF到她家作法。中午时分，冯文贵儿媳亲自到冯文县家请PZF去作法。因那天中午PZF要到黄金富家作法，没有随她前去。在去PZF家的路上，我从PZF口中得知，冯文贵家人想找他去看灶。原来，FWG小儿子好赌，几乎天天到雷村赌钱，每次赌钱回来老婆就吵闹。家人认为是灶王鬼作祟，先后找HJS、ZWX来设灶王鬼。可FWG儿子的赌非但没戒掉，反而越赌越厉害，越赌越大。PZF说不想去看。他认为赌钱是脑子有问题，想不劳而获吞人家的钱，没有鬼作祟。他说，"这种事找哪个师父都搞不拢，除非换了他脑子，否则去作法只会坏自己名声"。第二天，为避开冯家人，他叫上我早早地离开了六雷。

马凌诺斯基强调巫师个人的声望与声誉在提高巫术效力的信仰上有重要作用。他认为，巫师声望提高的结果，会产生一种称为"巫术的当代神话"的现象。每个大巫师，都有一套动人的故事，说他怎样会治病，怎样能杀人，怎样捕鱼丰盛，怎样打仗胜利，怎样调情成功。他说：

> 任何野蛮社会里面都是这类故事做了巫术信仰的骨干。因为巫术奇迹是在每一个人的情绪经验上都可得到赞助的。所以大术师的成功奇迹乃流传极有势力，没有责难疑惑的余地。每一个著名术师，除了得真传并不假冒以外，都有自造奇迹的个人保障，使人不得不信服。……在任何时候，神话都是巫术真理的保状，是巫术团体的谱系，是巫术权利的大宪章。[①]

由此可见，马凌诺斯基是把巫师的声望、神话与提高巫术信仰的作用联系起来看待巫师的。巫师传说成为神话的一个来源。巫师的神话越多，人们对巫术的信仰就越深。人们信仰巫术的效力，更信仰巫师的神话。而

---

① 马凌诺斯基：《巫术科学宗教与神话》，李安宅译，中国民间文艺出版社1986年版，第71页。

由巫师的神话，更信仰巫师的法力。就是在今天，盘瑶村寨中还流传着某一巫师如何有法，法术如何神奇灵验的传说。对于这些传说，民众是信以为真的。

（四）知识

弗雷泽论及为公众服务的巫师时说："他们应该知道得比他的同伴更多些；他们应该通晓一切有助于人与自然艰苦斗争所需的知识，一切可以减轻人们的痛苦并延长其生命的知识、药物及矿物的特性；雨、旱、雷、电的成因；季节的更替；月亮的盈亏；太阳每日每年的运行；星辰的移动；生死之秘密等等。"[1]

盘瑶巫师在养成训练中，熟读汉文经典，熟悉本族历史，通晓神话传说，了解天文地理，掌握巫术方技，而成为盘瑶社会中的智者，他们拥有包括历数、卜术、堪舆、气象、医药、生产及礼仪、交往、习俗等方面的广博知识。知识是改变命运最有力的工具。掌握着文化知识越多者，意味着他同外界的联系更广泛，也意味着他容易获得更多的外部信息，而这对他在村寨中获得更高的权力十分有利。盘瑶巫师因对地方知识有丰富的了解而为寨内居民所敬重，他们也因为拥有本土文化资源而掌握本土知识权力，而得以将自己的知识与诠释推广，使之成为社会公认的传统。巫师也因掌握大量此种文化资源，得以建立自己在当地社会的权威，以及他们对本土事务的诠释权，因此成为地方上的权威人物。

综上所述，盘瑶巫师的权力是建立在群体信仰和个人能力的基础之上的。他们以一种适用于群体需要的信仰来构建自己的权威地位，因而他们的权威一方面可看作个人努力的结果，另一方面是社会传统观念及面临困扰的表现。前者取决于巫师个人经过训练获得的能力，后者取决于他担任领袖是否符合传统文化规则的认定。而权力要获得合法性，他就必须借助仪式把自己同神灵信仰联系起来。所以，对任何一个盘瑶男子而言，要想在村寨内获得并保持权力，就必须懂得如何操纵宗教符号。只有通过这种文化认可的手段，他才能成功地获得或保持权力。

---

[1] 弗雷泽：《金枝》，徐育新、汪培基、张泽石译，上海新世纪出版社2006年版，第64页。

第五章 巫师的权力分层

在第四章中,我们通过盘瑶巫师的口述资料论述了巫师的权力动机、权力获取、权力基础以及权力、仪式和符号之间的关系。在本章的第一至第四节,我们通过盘瑶社会所见之度戒仪式来展现盘瑶巫师是如何基于经历不同等级的权能仪式而导致权力分配不均,以及由此表现出来的一些权力分层现象。本章第五节则以几位盘瑶巫师的谈话资料为主,并辅之以其他材料,来讨论盘瑶巫师为争夺仪式舞台的控制权,如何通过法术较量、语言攻击、巫术指控等手段来操纵公众意见,争取民众支持、削弱对手实力以获取主持仪式的权力。

第一节 巫师分层的维度

瑶族巫师非常讲究等级制度,而等级的划分基于挂灯、度戒仪式。因此,挂灯、度戒仪式也就成为瑶族巫师权力分层的维度。本节拟以宁明县爱店镇瑶族的度戒仪式为例,通过一些仪式细节来展示瑶族巫师基于不同等级的度戒仪式而导致的内部权力分层现象。同时,记录我们所观察到的瑶族师公主持仪式的过程,并尽可能地描述出度戒后仪式接受者在神灵世界以及世俗社会中的权力和地位。

人类学家范根纳普认为,人类的经验是由不同的阶段,如出生、成年、结婚和死亡组成的,而这些事件中的每一个都用庆典作为标志,便于使个人离开一种确定的位置而转入另一种同样确定的位置。[①] 诚如范根纳普所言,瑶族人一生各个时期同样用庆典作为标志,以使个人能在世俗社会和神灵世界中占有一席之地,而带有庆贺青年成熟以及增进个人社会威

---

① Van Gennep, Arnold, *The Rites of Passage*, London: Routledge and Kegan Paul, 1960, p.3.

信的挂灯、度戒仪式正是这些庆典中的典型例证。挂灯、度戒仪式由于包含许多丰富象征性的姿势、言语，经组合而形成一系列盛大的场面，从而建立沟通，因而备受众多论及瑶族宗教的学者们关注，成为他们观察瑶族信仰体系的一扇"窗户"①。

由于瑶族挂灯、度戒仪式内容驳杂、形式多样，以及支系复杂性和地域演变性，因此不同研究者在对它们意义的表述上存在较大的差异，或认为是瑶族的成丁礼②，或认为既具有成丁礼的特点，但已演化成道教的授箓仪式③；或认为是道教的入道仪式④；或认为是道教的授箓仪式⑤；或认为是保证瑶族死后在神灵世界有稳定地位的权能仪式。⑥ 正是由于一方面挂灯、度戒蕴含了丰富的传统文化信息，另一方面在不同的地方文化情景中研究者们所关注的侧面不同，所以在对它们意义的表述上才会出现如此的差异。而瑶族挂灯、度戒引起我兴趣的是，它们同个体身份地位之间所呈现的特殊关系。我更倾向于把瑶族挂灯、度戒看成提升仪式接受者在世俗社会和神灵世界中的地位的仪式，比较接近于特纳所说的"地位提升仪式"⑦，故在文中采用"地位提升仪式"这一用语。

一 瑶族中所见之挂灯度戒仪式

对瑶族男子而言，挂灯、度戒是关系他们生前死后福祸的大事。接受

---

① 这里采用了贝尔对仪式的看法，即仪式作为文化原动力的窗户，人们可以通过它认识和创造世界。参见 Bell Catherine, *Ritual Theory, Ritual Practice*, New York & Oxford: Oxford University Press, 1992, p. 3。

② 云南省编委会：《云南金平屏边苗族瑶族社会调查》，云南民族出版社 1982 年版，第 68 页；胡起望、范宏贵：《盘村瑶族》，民族出版社 1983 年版，第 246 页；苏德富、曹之鹏、刘玉莲：《四论道教文化与茶山瑶民间文化关系》，载广西瑶学会编《瑶学研究》（第 3 辑），广西民族出版社 1993 年版，第 365 页。

③ 张有隽：《瑶族宗教论集》，广西瑶学会编印 1986 年版，第 11 页。

④ 黄贵权、李清毅：《瑶族度戒初探》，载广西瑶学会编《瑶学研究》（第 3 辑），广西民族出版社 1993 年版，第 398 页；黄贵权：《靛村瑶族》，云南民族出版社 2003 年版，第 192—193 页。

⑤ 雅克·勒穆瓦纳：《勉瑶的历史与宗教初探》，《广西民族研究》1994 年第 4 期，第 22—25 页。

⑥ Peter Kunstader, "Autonomy and Integration of Social System: The Yao Mountai Population and Their Neighbors", in Peter Kunstader ed., *Southeast Tribes, Minorities, and Nationas Priceton*, N. J.: Priceton University Press, 1967, 2, pp. 587 - 588；竹村卓二：《瑶族的历史和文化》，金少萍、朱桂昌译，民族出版社 2003 年版，第 148 页。

⑦ 特纳：《象征之林——恩登布人仪式散论》，赵玉燕、欧阳敏、徐洪峰译，商务印书馆 2006 年版，第 169 页。

挂灯、度戒者经历此人生关口后，其社会角色和地位会发生转化，从此才成为真正的盘王子孙，才有资格参加宗教活动，拥有特定数目兵马的保护，可进一步从师学法当师父，生前在社会上受人尊重，死后架天桥引往天堂投官任职，名字记入家先单内，享受后世子孙的祭祀，否则被视为没有归宿的孤魂野鬼。由于挂灯、度戒的重要性，因而瑶族男子长到一定的年纪之后，必须举行挂灯、度戒仪式。如六雷、龙表两个村寨，18—77岁的男子60%都度过戒。但在经过剧烈变化的现今盘瑶社会，年轻一代中有些人已经不再那么严格地固守这一传统了。如金秀、昭平、贺州、荔浦等地，没有经历任何宗教仪式的成年男性大有人在。所以不能简单地将挂灯、度戒完全与其他社会中的成年礼等量齐观，它们还有类似"传教于民"的意思。

挂灯是第一阶段的地位提升仪式。确切地说应称为挂三台灯，因举行仪式时需预备三盏明灯而得名。挂三台灯要请祖本师①、开教师、保重师三位师父。挂灯日子到，师公挂起神像，设坛祭告鬼神。师男坐在一张特制的凳子上，双手紧握约有酒杯粗、长六七尺的竹竿一根，上凿一个孔，用竹条穿过，两头分别套上用竹子制成形如酒杯的小竹筒两个，竹筒内各放酒杯一只，竹竿顶再放酒杯一只，全部盛油点灯。师父念咒施法驱邪，解去师男身上三灾六害。接下来念挂灯书，请仪式助手帮助敲锣打鼓，师父手持铜铃、牙简领师男念经跳神。念经跳神结束，开始念经挂灯，众师父唱《抽三台灯歌》。唱完《抽三台灯歌》，祖本师念《李十六咒》拨第一盏灯李十六灯给师男，开教师念《李十二咒》拨第二盏灯李十二灯给师男，保重师念《李十一咒》拨第三盏灯李十一灯给师男。诵经念咒结束，退下三台灯，放到神台上。开教师用3枚铜钱摆三台桥，引领师男走过。走完三台罡，师父给师男拨符法，支给兵将，抛给法衣、印章，付给阴阳牒。最后焚化纸钱，送走鬼神。主家杀猪，设宴庆贺。通过这一仪式后，师男拥有24兵头36兵将，取得fat（法）的称号，俗称法名。法名由"姓+法+□"组成，空格内的字是由师父打筶确定的。若是阳筶表示可以用该法名，否则要重取另一个法名，直到打出阳筶为止。取了法名后，师父会记录下来，避免以后有人重复使用。比如赵有兴，取得法名后，写作"赵法兴"。当丈夫取得"法"的

---

① 祖本师通常为师男的亲生父亲，如果父亲不在人世，挂灯时让任意一位师父代为挂灯。

称号时，妻子便自动取得 si（氏）的称号，法名由"姓+氏"组成，如"赵氏""冯氏""盘氏"等。法名生前只在宗教场合使用，日常生活中并不使用，死后写进家先单。

度戒是已挂灯者能够参加的第二阶段的地位提升仪式。盘瑶度戒有挂七星和挂十二盏大罗灯两种。① 除三台灯外，七星灯不是所有姓氏的人都能挂的。不同姓氏间挂灯仪式有所区别，对此的讨论详见第四章第一节。盘瑶教理规定，要先挂三台灯才有资格度戒，但允许度戒结合挂三台灯、还盘王愿一起做。挂七星灯与挂三台灯仪式结构基本相同，但灯增加到7盏，师父增至9人，法事增加了"开天门""度阴"等节目，还要多喃唱经咒，仪式持续3天2夜。

家主决定挂七星灯后，要请师父择吉日良辰。吉日择好了，用槟榔去请开教师、主醮师、保重师、引戒师、证明师、保举师、纸禄师、坐坛师、香老师②，以及亲朋好友，交代具体的度戒时间，请他们前来给师男度戒捧场。度戒前一周，主家便开始整理房屋，备办仪式所需之物品。吉日一到，师父来到家里。主家杀猪，敬供祖宗、三清、行司。师父在锣鼓伴奏下，布置神堂张挂神像。挂好神像，师父洗澡，主家办菜请师父吃"落脚酒"，由主醮师交代清楚每一位师父的职责，讲明举行仪式的缘由、仪式程序，以及仪式过程中应注意的事项等。吃完饭，师父穿上法服。挂灯开始，坐坛师摆盏，师男拜祖宗、三清，主醮师讲意者，香老师上香，接着主醮师、开教师、引界师左手持牙简，右手铜铃在前，师男跟在后，随众师跳神。跳神结束，7位师父一字排开站在师男面前，依次给他挂七星灯，主醮师挂贪狼灯，引戒师挂巨门灯，证明师挂禄存灯，保举师挂文曲灯，纸禄师挂廉贞灯，坐坛师挂武曲灯，香老师挂破军灯，待众师父挂完灯后齐唱《挂七星灯》。唱毕，轮流将7盏灯拨给师男。上了七星灯，众师父一起念唱《元始天尊咒》《灵宝天尊咒》《道德天尊咒》《北斗咒》

---

① 参见白鸟芳郎编著《东南亚山地民族志》，黄来钧译，云南省历史研究所1980年印，第50页；云南省编委会《云南苗族瑶族社会历史调查》，云南民族出版社1982年版，第151—152页；陈玫妏《从命名谈广西田林盘古瑶人的构成与生命的来源》，唐山出版社2003年版，第107页；徐祖祥《瑶族的宗教与社会——瑶族道教及其与云南瑶族关系研究》，云南人民出版社2006年版，第75页。

② 上述所列师父名称，只是仪式中表现出的职能性师父，其中若干人尚不具有一般意义上的师公资格，他们只是度过戒领个名分就可以了。如上举7位师父中，仅有开教师、主醮师、引界师、保举师规定为师公。

《李十六咒》《李十一咒》《李十二咒》等。念唱经咒期间，众师不时跳舞，摇铜铃、牙简或舞剑，表演各种舞神跳动作。念咒完毕，主醮师为师男关灯，把它们放在神台上。关完灯，众师给师男念《观音咒》。主醮师请来太星北斗元君为师男解去三灾厄、四煞厄、五刑厄、六害厄、七伤厄、八难厄、诅咒厄、夫妻厄、青蛇厄、冤家厄、地狱厄、债主厄、男女厄、复连厄、毒蛇厄、神咒厄、天罗厄、地网厄、疾病厄、丧魂厄。解完厄，退下七星灯，把灯从神台上撤下来。主醮师用7枚铜钱呈品字形摆在一块白布上铺七星桥，铺好后唱《定桥歌》，意为用7枚铜钱定住桥，以后师男可通过此桥往来于阴间阳世。定完桥，主醮师引领师男走七星罡，从大门方向往神台走7步，再回转走7步。走完七星罡，众师与师男脚香炉，手握上元棍。放香炉回原处后，引戒师引领师男学法行罡，跳舞度龟兵。接下来是"上光""劝功曹""请师父""接神""开天门""度阴"①"拨符法""支兵将""抛印章""抛法衣""挂神职""脱童""开坛赏兵""谢圣""送圣""吃散福酒"等仪式程序。过去在"送圣"后，众师休息洗漱进餐后，接下来"做盘王"，现在已经取消了这一仪式程序。挂七星灯后，师男在神灵世界中的地位提高一级，拥有36兵头72兵将给他充当保护神，可以召开天门地户，迎接天兵神将下降，有资格进一步学法做师公，能够替他人作法消灾，但没有与挂七星灯相应的特定称号，还继续沿用"法"的称号。

挂十二盏大罗灯是比挂七星灯高一级的宗教仪式。举行仪式时，灯增加到12盏，法事增加了"上刀梯""跳云台"等节目，仪式持续6天5夜，需请正醮师、引度师、画表师、纸缘师、证盟师、保奉师、总坛师、坐坛师、接香师、茶主师、鼓锣师、吹笛师12名师父。②通过这一仪式之后，他们在神灵世界的地位又提高一等，然而仍没有与挂十二盏大罗灯相应的特定称号，还是继续沿用"法"的称号，但可获得最高数量的120个阴兵。由于挂十二盏大罗灯需要巨额费用，以及能主持这一仪式的大师公不多，盘瑶人中能够举行这一仪式的人并不多见，大多数人只挂到七星灯。依我之考察，现今有资格举行这一仪式的师公在贺州市、田林县还可

---

① 度阴是指在师公的心理暗示下，接受度戒者逐渐进入昏迷状态。

② 这里的挂十二盏大罗灯仪式中的职能性师父，是我于2008年夏在贺州市黄洞乡千金组对赵有福师公的访谈中，由赵师公提供他儿子赵贵府的"度三戒阳牒"所得。

找到，如书中多次提到的赵有福、李德才两位师公就能主持这一仪式。过去有学者报道，金秀大瑶山郎傍盘瑶的度戒仪式也有挂十二盏灯的[①]，但没有对挂十二盏灯仪式作进一步的叙述。我曾就金秀大瑶山忠良盘瑶挂灯仪式的级别向庞有坤、庞文贵、赵德福、黄金胜4位师公做了调查。他们告诉我，当地盘瑶挂灯分为挂三台灯和挂七星灯两种。不过，黄金胜、庞有坤两位师公也说，当地盘瑶有度十二盏大罗明灯。然而，不是所有人都可以度十二盏大罗明灯，只有那些"牵得起童"[②]的男子才有资格度。牵得起童之人，若要提高其宗教地位，需请师父举行度十二盏大罗明灯仪式。此仪式比较简单，花费也比较少，只需请3位师父作法，杀1只公鸡供奉，装1个祭坛，簸箕内放12盏灯，度童者用3尺红布扎在头上，在师父引导下翻筋斗，最后睡下度阴，度童仪式结束。凡已度十二盏大罗明者，只能卜阴卦，送不了鬼神，开不了天门，做不了师公，但他们可经由挂三台灯和挂七星灯而获得以上资格。在当地盘瑶师公看来，度十二盏大罗明灯是有别于挂十二盏大罗灯的一种异教法。[③]

还需注意的是，度戒中有一条重要规定，那就是父亲的职位不能低于儿子，所以父亲生前只经历过挂三台灯的，他的儿子本人就不能接受度戒，但允许儿子先为父亲补度戒后，再为自己举行度戒仪式。在这种情况下，儿子的称号仍是"法"，但父亲在神灵世界中的地位自动升高至"加职"一级，与此相应地获得 lang（郎）的称号。当然，这一提高等级的规定不一定适用于所有地区的盘瑶。

加职是第三阶段的地位提升仪式。竹村卓二在其名著《瑶族的历史和文化》一书中，对泰国北部盘瑶的加职仪式作了简要论述。据他论述可知，达到这一等级的男子也只获得最多数量的120个阴兵，再也得不到更多的阴兵了，但男子可取得"郎"的称号。当丈夫取得"郎"这一称号，妻子也自动获得"娘"的称号。如邓法清妻子的法名是"黄氏"，丈夫升为"邓清一郎"后，妻子要改名为"黄氏一娘"。数字"一"表示该人是黄氏的长女，如果是二女、三女称为"二娘""三娘"。由于加职仪式需要比度戒更多的费用，所以生前能举行这一仪式的人是很罕见的，

[①] 胡起望、范宏贵：《盘村瑶族》，民族出版社1983年版，第248页。
[②] 所谓"牵得起童"，是指有师父施法洒水，敲锣打鼓，就如神灵附体般地全身抖动起来。
[③] 2008年12月24日由金秀大瑶山忠良乡龙表屯的庞有坤，金秀镇十八屯的庞文贵、赵德福3位师公提供。

图 5-1　昭平瑶族架刀梯（吴增强提供）

大部分是由于子孙举行度戒而得以升级。据竹村卓二的调查，泰国北部几十年来还没有发现举行加职仪式的相关报告，而有资格主持加职仪式的最高地位的祭司，在泰国北部已经不存在。① 过去国内缺乏这方面的报告，而新中国成立后又多数失传。因此，我 2007—2008 年在贺州考察获得的相关资料，无疑是对瑶族宗教史料的珍贵补充。迄今在贺州市、昭平县还有能主持加职仪式的人。邵顺财师公告诉我，他 1993 年度戒时，引戒师是 70 多岁的赵球四郎，正度师为邓双一郎，他们都来自昭平县。赵球四郎现在依然健在，已有 90 多岁了。② 赵有福师公也告诉我，黄洞乡杨梅冲有个 60 多岁名叫赵文安的人拥有郎名，其郎名是赵顺一郎。赵师公现在还藏有《加职书》，他自称有能力主持加职仪式。③ 我就加职仪式问了金秀县忠良乡 6 位师公如下问题："你们这里有加职仪式吗？"他们回答说，"没听讲过，可能古老时候有吧"。盘进元师公说，他们家的家先单中记有带郎名的家先。庞有坤师公说，他祖师中也有一个叫冯盖四郎的师父，但那位师父生活在距今 100 多年前，他已说不出祖师获得郎名的来

---

　① 参见竹村卓二《瑶族的历史和文化》，金少萍、朱桂昌译，民族出版社 2003 年版，第 149 页。
　② 这一信息于 2007 年 12 月 31 日晚，在贺州市贺街镇牛路冲参加还盘王愿仪式过程中，由双星村的邵顺财师公提供。
　③ 以上的访谈内容是我 2008 年 1 月 4 日晚在贺州市黄洞瑶族乡三岐村盘宗明先生家参加还盘王愿仪式时对赵有福师公访问而采集到的。

历。庞有坤现年65岁，他出生后再也没听说有人获得过郎名。由于年代久远，现已无从得知那两位拥有郎名的盘瑶先人是因举行加职仪式所得，还是由于后世子孙度戒而得以升级。但可以肯定的是，现居于忠良乡一带的冯姓、盘姓瑶族祖先，历史上确有加职的传统，但他们在迁入大瑶山前或许已丢失了这一传统。如今当地盘瑶师公中加职之法早已失传，即便是用于加职仪式的科仪文本也尚未发现。

竹村卓二还在其著作中叙述，加太仪式是最高一级的宗教仪式。经过之一仪式者，取得taiv（太）的称号，在神灵世界中的地位达到最高一级。当丈夫获得这一职位时，他的妻子相应地取得"太"的称号，她在神灵世界的地位也提高一等。不过，竹村卓二认为这一仪式只是在泰国北部盘瑶的观念中存在，实际上并没有一个人真正举行过这一仪式。[1] 而据广西民族学院赴泰国瑶族考察组的报告，在泰国清迈府发现两位经历过加太仪式且还健在的盘瑶老人。加太在泰国瑶族中也称为"封科"，就如中国封建社会的知识分子在科举考试中，封科状元一样，是很荣耀的事情。[2] 我对广西盘瑶巫师的考察始于2002年，在与众多巫师相处期间，没有听他们说存有此一仪式。

以上是我根据6位师公的访谈资料整理而成的有关大瑶山盘瑶地位提升仪式三个阶段的梗概。由以上所述可知，当地盘瑶的地位提升仪式以挂三台灯→度戒→加职为一个完整的过程。随着一个人经历的仪式从低级到最高级，他的法事能力、宗教地位和仪式权力也达到最高级，而每一级都有相应的称号、服饰、兵马、仪式主持权等作为标识。要举办较高级别的仪式，必须从低级别的仪式办起。每升高一级，仪式规模变大，仪式时间变长，法事节目增多，仪式花费更大，师男所获得的权能也随之增强，他在世俗社会以及神灵世界中的地位也自动升高。如已经叙述的那样，至今当地盘瑶中保存下来的有挂三台灯和挂七星灯两个等级。为了举办挂灯、度戒仪式，需要许多花费，同时师男在仪式期间，在饮食、言行诸方面须恪守戒律，无论是在精神上还是在肉体上无疑都是一大考验。挂灯、度戒既然如此重要，一场仪式除主要的师父外，还需有附近村寨其他知名师公

---

[1] 参见竹村卓二《瑶族的历史和文化》，金少萍、朱桂昌译，民族出版社2003年版，第150页。

[2] 广西民族学院赴泰国瑶族考察组：《泰国瑶族考察》，广西人民出版社1992年版，第224页。

参与，同时也向任何前来观摩仪式的群众提供免费吃住，仪式花费自然巨大。2013年2月26日—3月2日，在恭城瑶族自治县莲花镇黄泥岗村小黄泥小组王继贵家举办了一场盛大的度戒仪式，醮主①是黎继荣、王继贵、王通财3兄弟，加度戒的师男有9人（后有1人因身体不适中途退出），请8位师父主持仪式，170人帮忙做工，算上看日子、买纸钱、打封包、办酒席等仪式开支在内，总共支出65110元。这无疑是一笔巨大的花费。不过仪式的费用，可视为徒弟向师父的报答以及为获得其他师父和所生活地区的人们对自己新的社会身份的认可，因而对仪式举办者而言，投入仪式中的花费是十分必要的。而且仪式的花费越多，仪式的场面越大，家主在全村人面前就会享有更高的社会地位和声望。这与博厄斯（Boas）所描述的"夸富宴"（Potlatch）极为相似。事实上，通过盛宴来赢得荣誉和声望的现象在世界各地极为普遍，而以往人类学者也有过很好的论述，如弗思、海因·格尔登就有如下叙述：

  一般来说，举办宴会的主人总是会因此而得到荣誉，而在那些个人名誉和挥霍钱财紧密相连的地方，举行宴会就成为提高社会地位的步骤。在美拉尼西亚的班克斯群岛等地，这类宴会是个人获取各种社会地位的礼仪的一部分。在当地人民生活中它常是一件重要的事。②

  由哪个人物举办的祭宴，其主持者便进升到更高一层的社会地位，可获得某种特权，例如获得某种称号，身着一定种类的衣服和装饰的权利，或者还能给自己的家中添设一定的装饰摆设的权利等……纪念物与以此相结合的乡宴保证其主持者的灵魂在来世中得到幸运。③

盘瑶的挂灯、度戒仪式与弗思、海因·格尔登所描述的功勋祭宴十分相似。仪式接受者由祭宴所获得的个人威信，表现为与各阶段的功勋相应而获得的各种权特，如赐予称号，支给兵将，拨给法器，抛给法服，付给阴阳牒，享受更高的葬礼待遇，以及记载在家先单中接受后世子孙永久的

---

① 仪式的组织者，即牵头举办度戒的家主。醮主出钱最多，仪式自然在他家举行。
② 弗思：《人文类型》，费孝通译，华夏出版社2002年版，第65页。
③ 转引自竹村卓二《瑶族的历史和文化》，金少萍、朱桂昌译，民族出版社2003年版，第163页。

供奉，等等。虽然挂灯、度戒能够增进仪式接受者在神灵世界以及世俗社会中的权力和地位，但由于挂灯、度戒仪式的花费通常都是比较昂贵的，而贫穷通常使盘瑶社会中的一些人置它们于一旁，从而起到集中权力的作用。

20世纪80年代以来，由于经济上的贫困，以及现代化冲击所带来的文化平衡的破坏，广西盘瑶的挂灯、度戒活动已渐次式微。

二 宁明县爱店镇瑶族度戒仪式实录

爱店镇是广西宁明县下辖的一个边陲小镇。全镇有琴么、丈鸡两个瑶族村寨。当地瑶族自称"金勉"，意为"山人"。赵姓和蕉姓是当地瑶族的两大姓氏。赵、蕉二姓的度戒仪式不同，挂灯数量也不一样。赵姓人可以挂三盏灯和七盏灯，但是不能挂十二盏大罗灯，而蕉姓人可以挂十二盏大罗灯，不过能挂到十二盏灯的人非常少，听说只有一个人挂过。无论是赵姓人还是蕉姓人，他们挂七盏灯时，可允许本家族的两个人一起挂三盏灯。在当地瑶族看来，度戒是一件自豪的事，无论是身份还是地位都得到了提升。度戒仪式不是经常能看得到的，当地一般每隔几年才会有人度戒。同时，度戒仪式既是当地最大型的群体性活动，也是一件大喜事，村里人都会前来帮忙，说是这样也可以让自己沾沾喜气。

2012年11月26日—12月7日，我们有幸参加了在丈鸡屯举行的一场度戒仪式。度戒师男为赵有贵（56岁）老婆是越南瑶族，生有1子，名叫赵振福（34岁），平时到广东打工，儿媳妇几年前病逝，只留7岁的孙子赵财定。赵有贵家庭经济条件非常差，全家3口人至今还住在1间泥土房里，家中没有一件像样的家具，屋内大厅铺了两张床，再有就是墙角的一堆玉米。同寨子里其他家庭一样，赵有贵也没有水田，只有山地用来种植玉米、八角。近年来八角价格直线下跌，严重影响了赵有贵的家庭收入。村里人说因为家庭经济困难，赵有贵孙子没有正式入学，只能到村里的教学点旁听。为了举办度戒仪式，赵有贵年前就养了两头猪。访谈中，赵有贵总表现出一种无奈，儿媳妇的去世加重了家庭的负担。但谈到自己度戒之事，赵有贵还是挺高兴的。虽然要花费不少钱，但他认为是值得的，毕竟了却了一桩心愿。两个挂三台灯的师男是赵有贵的兄弟，他们也会分担一部分的仪式费用，但大部分由赵有贵来承担。因此，度戒地点在赵有贵家里进行。

（一）仪式准备

由于度戒仪式规模大、程序复杂、持续时间长、参与人员多、消费巨大，所以仪式开始前需要做好人员、物质等方面的准备，以保证仪式能顺利进行。

1. 人员准备

度戒主要由7名师公、6名童男童女、1名歌娘以及若干名帮工的班子组成，他们相互配合而形成一个完整的集体，共同完成度戒式。

请师父要提前一个月。请师父是有一定讲究的，因为每个师父在仪式中的职司是不一样的。主醮师、引戒师、保举师需要师男带上"盐信"亲自去请。请主醮师用竹叶包住一点盐巴，然后用一根红毛线捆好，到师父家时还要递给师父两支烟；请引戒师也要竹叶包裹住一点盐巴，但用一根白毛线来捆，到师父家时也要递给师父两支烟；请保举师用竹叶包裹一点盐巴，也要用白毛线捆好，亲自交给师父；请证盟师、纸缘师、座坛师和把坛师只要送给他们两支烟就好了，同时要明确告诉他们各自在仪式中的职司是什么。由于琴么、丈鸡两个瑶族村寨都没有能主持度戒仪式的大师父，所以大师父都是从越南谅山省禄平县请过来的。

图5-2 主持度戒仪式的越南师公们（陈锦均提供）

请了师父之后，接下来要请歌娘、童男童女和帮工。歌娘的基本要求是会唱瑶歌，在仪式中担任伴唱，在规定地方插入演唱。童男童女是没有发育完全的小孩子，年龄为6—15岁。请他们也要用竹叶包裹一点盐巴，并用一根红线捆绑。这么盛大的仪式如果没有帮工是不可能完成的，而且仪式过程中不允许主家人触碰仪式所需的物品，因而需要大量的人手来帮忙做事。因为度戒时是一件大喜事，而且村里人相互之间都有着亲戚关系，所以村里的人都乐意前来帮忙，他们说这是积德的事情，何乐而不为呢。

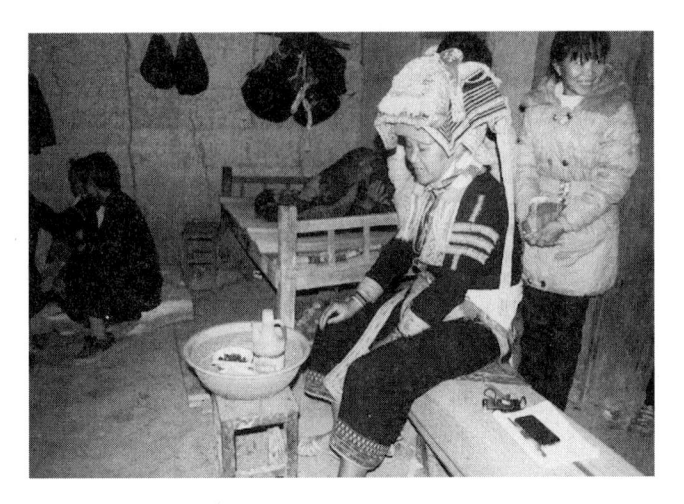

图 5-3 度戒仪式中的歌娘（陈锦均提供）

图 5-4 度戒仪式中的童男童女（陈锦均提供）

2. 物质准备

举办一场度戒仪式，需要做足物质的准备，如置办服饰、祭品、纸钱、文表、器具等，同时也向任何来观看仪式的人提供免费吃住，因而还要备办酒菜所需的酒水、猪肉、鸡肉、豆腐、青菜等食材以及香烟。

（1）服饰

服饰是指师男在度戒过程中的衣着打扮。因为度戒是喜事，所以参加者会穿上瑶族的传统服饰。师男的衣服是需要定做的，与平时所穿服饰不一样，因为度戒后师男有可能从此做师公，因而度戒时穿的衣服跟师公服一样。度戒时，师男头戴男式布帽，上身先穿一件男式上衣，然后再穿上一件女装并把腰带缠绕腰际后在腹部交叉打结，下身着男式裤子并绑上绑腿，最后在女装外面套上红色大裇。穿戴好衣服后，师男还须头戴平头帽、尖头帽和鬼面，肩背神头挂。师公帽子佩戴非常讲究，平头帽、尖头帽要按仪式的进程与鬼面搭配戴，搭配顺序通常是先戴尖头帽配行司鬼面，再戴平头帽配三清鬼面。挂灯与度戒时，师公穿着唯一不同的是在外面套上蓝色的大裇。服饰可以自己手工纺织，也可以用机器加工。现在都是上街买布料，让裁缝用裁缝机缝好，不用自己纺织那么麻烦了。

（2）物品

由于度戒仪式所需的物品非常多，因而要在仪式开始前两天备齐。赵有贵做了一个粗略的估算，仪式花费约1万元。访谈得知消费物品清单见表5-1：

表5-1　　　　　　　　赵有贵度戒仪式消费物品清单

物品名称	数量	单价	合计金额
猪肉	550斤（买150斤，自养猪肉400斤）	11元/斤	6050元
鸡	20只（每只约5斤）	12元/斤	1200元
豆腐	100斤	1.5元/斤	150元
大白菜	200斤	1.5元/斤	300元
腐皮	5斤	2元/斤	10元
花生	5斤	6元/斤	30元
菜椒	40斤	2.5元/斤	100元
芹菜	30斤	3元/斤	90元
大蒜	10斤	3元/斤	30元
葱花	5斤	3元/斤	15元
大碗	60只	5元/只	300元
小碗	80只	4元/只	320元
米酒	200斤	2元/斤	400元

续表

物品名称	数量	单价	合计金额
酱油	5 瓶	6 元/瓶	30 元
酸菜	20 斤	5 元/斤	100 元
味精	1 大包	10 元/包	10 元
白甲天下	10 条	25 元/条	250 元
红甲天下	5 条	35 元/条	175 元
富甲天下	5 条	45/条	225 元
糨糊	2 瓶	5 元/瓶	10 元
筷条	10 捆	4 元/捆	40 元
胡椒粉	0.2 斤	10 元/斤	2 元
总计		9837 元	

(3) 祭品

度戒仪式复杂而神秘，需要用到很多祭品，如酒水、豆腐、老鼠肉和猪肉等。

酒是瑶族人最爱喝的饮品。在度戒仪式中，酒是必不可少的。无论是在仪式之初的请神、解秽、挂灯、开天门阶段，还是在仪式末尾的度水槽、跳盘王阶段，酒都起着连接的作用。每个仪式开始阶段，助手们都会在桌上摆酒杯和酒壶，之后由师公从右到左一点一点地倒酒，边倒酒边念经，每一步都环环相扣。

猪肉是最重要的仪式祭品。爱店瑶族度戒时须杀两头猪献给祖先。用来供奉给祖先的猪是有讲究的。当一名瑶族男子决定度戒时，家里会提前一年买一对猪崽来养。猪崽买来后请师公来喃神，告知祖先猪是养大后敬奉给他们的，祈求他们保佑猪能顺利长大。猪崽不圈养，随意放养，养大后的猪肉质比圈养的好。

(4) 纸马

纸马是一种用"马板"印上图案的纸钱，用来烧给三界神灵和度戒师父的阴间师父。纸马需求量大，而且工序复杂，所以纸马要七八个人同时做，每人做一道工序，还要严格按照步骤来进行，如果做错了或是弄乱了，师公就请不到神灵了。纸马分为"下车下马纸马""和诚和意纸马"

"辛苦纸马"三种类型。"马板"有的刻3个马头，有的刻6个马头，可以印出不同的花纹，也就产生了不同类型的纸马。度戒仪式需要50车纸马，它们的数量关系可以参考表5-2。

表 5-2　　　　　度戒仪式所需的纸马规格与数量

①4张"纸马"和4张普通纸钱捆成一根，一扎需要50根
②2张"纸马"和2张普通纸钱捆成一根，一扎需要50根
③1张"纸马"和1张普通纸钱捆成一根，一扎需要50根
一车 = ① + ② + ③ × 2 = 200 根
仪式所需总数：200 根/车 × 50 车 = 10000 根

3. 文表

瑶族男子度戒时，需要用到大量的仪式文表。仪式文表一般事先草拟好，用时照本填上当事者的姓名、地名及时间等不同场景下变项即可，为的是方便仪式的进行以及使用便捷。瑶族师公常用的文表约有36种，依自称而言有疏、奏、表、文疏、文牒、劄、劄文、牒文、状、函状、引等不同称呼。我们在文中使用"文表"一语来指称所有的仪式范本，只是为了行文方便，并无深意。

（1）牒

阴阳度牒是师男度戒的凭证。阴阳度牒由度戒师父抄写，阴牒写在白纸上，阳牒写在黄纸上，两份度牒的内容基本一致，主要包括师男的姓名、住址、出生年月日、度戒缘由、挂三台灯时间、挂七星灯时间、度戒师父及师男的法名等方面的信息。如赵有贵度戒阳牒的文字如下：

  太上奉行北极驱邪院川通吕梅三戒弟子赵法证职位升在越南道长庆府左任之官右任之府光心为号。
  今据
  大清国广西道太平府宁明县思凌州村社官入伏鸡屯，当本方地主行游社下立宅居住奉真传承意者投诚，伏为家主赵法广新承弟子赵法广自幼本命住在广西道太平府宁明县思凌三十八村社官入伏鸡屯，丁酉年中大岁九月初六中时日建生住得三年己岁以了，三头斩

第五章　巫师的权力分层　253

过利年利月利时前去南关仲立宅居住得三年己岁人高长大以了，又来交过丙辰年中大岁十二月初六中时日承执同妻赵氏回头转面当坛结法承香扫祖香烟以了，又来交过癸未年中大岁十一月十九中时日回转家门辨备奉还团圆部书祭兵愿卦起三胎保良登以了，又来交过壬辰年中大岁十月二十三日叮大家门头上村林辨备奉还团圆部书祭兵良愿卦起七星照幽明灯升明二戒以了，行庚五六岁叩神诚巫教大圣真未蒙传承，皆向今年十月二十三日吉良祲家启连传承完灯二戒保安清醮道场，一供一书一道，恐鬼天府延远亿信难通光祲十二日据办伸知金兰表文，一极财一百二十分法师具赏天庭吉方速化托赖天府一界，大梵天玉衔前投进伏神通广内回府群仙法众显降龙鸾之鸾更正戒师拨驱邪邪藏如灭鬼妖子正之神尽皆除，戒右以一日一时赴度行罡踏步托赖，今行过水槽二戒师男申明上界玉皇大帝知得承盟众神恭维付聪明告散把藏场且家主赵法广同妻赵氏新戒师男赵法下情无任徽功屏营之至谨表上伸。

　　新戒师男　赵法广职位升在乙府乙字号　把坛师　赵法光顺心号
　　座坛师　赵法香平心号　　　　　　　　纸缘师　赵法朝吉冷为号
　　保举师　赵法明通心为号　　　　　　　证盟师　赵法升高升为号
　　引戒师　邓法职高真为号　　　　　　　注照师　赵法里真心为号
　　皇上壬辰年十月二十三日信士家主新戒师男赵法广拜表上伸

阴牒文字如下：

　　今据

　　大清国广西道太平府思凌州八村社官入仗鸡屯，伸颂平当本方地主行游社下立宅居住，奉真祈保庆阳传承谢恩完邓传承集福信士新戒师男赵法广同妻赵氏新戒师男赵法通家眷等，即日诚心日月干，圣造具陈意者伏为新戒师男赵法广愿日住在广西道太平府宁明县思凌卅仗鸡屯，埇居住命生于丁酉年中大岁九月初五中时日时建生行庚上属中天北斗弟四位文曲星居注照本命天地以了，以来生身荷乾坤而盖载之恩住得三年己岁以了，山头斩过以了，利年利月利日时前去南关屯立宅居住得三年己岁人高长大以了，又来交通丙辰年十二月初六中时日承执同妻赵氏回头砖面当坛结法承香扫祖九代香烟以了，又来交通癸未年中大岁十一月十九中时日回转家门头上辨备奉还团圆部书祭兵良愿卦起三台保命良灯以了，又来交通壬辰年中大岁十月二十三中时日叮大家门头上林林辨备奉还团圆部书祭兵良愿卦起七星照坐明灯本投大同法主坛下传上以身保命香灯财马亿供之仪谨良，消句今年十月二十三日信士师男赵法广信女赵氏具词措投本师赵法京即受拜法为师圣措投间大卦起七星护命星灯伏，自引教小师邓法职接圣一宵每日蒙注照教习读祭上圣教法流通未蒙传承，叩二戒师门过有天官应禄功德行坛圣白彩尽付思家舍穷贫独力难成皈请赵法证等待疏通叩上，高堂寿星长者善男信女发不问铜钱宝物完成者有开光应大传承度明真，四府日后功德难明有家主赵法广同妻商量办灯香灯油醮酒礼，请回家圣坛开启应办设老柚君洪朝一会各圣斋发水清净道场众圣，三清大道光中山坛主大帝上元六师海藩大宝祺头光岸大作庆阳大酒一坛财马六十分赏贺众宾随神并献合坛兵马，恭望圣神府阳钦鉴纳化奉助马合位上进显后安本师男赵法广寿星命长添坛门星，应光显运限万方通年神兵权双斗兵兵，应敢将将随行瘟应杀八条无灾九龙不临合家平安宅舍光辉，龙脉权双财宝兵胜六畜成群官兆口舌入地藏但家主赵法广下情无任誉天望圣恩以闻谨疏上伸。

注照师　赵法里真心为号　　引戒师　邓法职高真为号
证盟师　赵法升高升为号　　保举师　赵法明通心为号
纸缘师　赵法朝吉冷为号　　座坛师　赵法香平心为号
开坛师　赵法光顺心为号　　新戒师　赵法广为号
皇上壬辰年十月二十三日吉良信士家主赵法广新戒师男赵法广下情拜疏上伸

阴阳度牒写好后，还要由度戒师父盖上老君印方才有效，之后再将阳牒装进黄色的信封里，阴牒装进白色的信封里。黄色信封外面写上"祖证恭拜，二十三天昊金关玉皇大帝衙前投进，二戒新度传奉赵法广具白拜表，师盟叩表上伸"。白色信封外面写上"祖证拜上，三清大道众圣案下位前投进奉真庆阳疏文保安家主赵法广拜疏上伸，师盟疏伸。信封外面也要盖上太上老君印"。

图 5-5　阳牒函封（陈锦均提供）　　图 5-6　阴牒函封（陈锦均提供）

蕉生旺师父说，两封文牒之所以叫阴阳牒，是因为一封留在阳间，另一封送到阴间。阴牒由师父在仪式过程中拆开宣读，向三界神灵证明度戒师男新成为二戒弟子，希望三界神灵能给他作证，念完后就将阴牒烧掉，意为已经送到阴间由神灵保管了。阳牒由度戒师男保管，在世时要照文牒所说内容去做，不得违反神灵规定的戒律，死后要带着下葬，到时阴阳度牒合在一起，由神灵统一保管。

（2）表

度戒时，师男要提出申请，类似表态之意，因而需要有一封表文，文字如下：

今据

本坛皆向今年十月二十三日，吉良储备凡供之义命请师人赵法证于家延奉，当坛给出脚引一纸逞进金兰表上人道仰差当日功曹呈送金兰表一封，一极财马一百二十分六十分逞送，三十三天昊金卦玉皇大帝衙前投进保安信士家主赵法广新戒师男百拜具引上伸，太上奉行北极驱邪院川通吕梅二戒弟子臣赵法证职位升在越南道长庆府左任之官右任之府光心为号。

皇上壬辰年十月二十三日吉良真承明保安新戒师男赵法广谨引吉

封拜上。

(3) 疏

度戒仪式需要用4份五谷疏,即五谷关文、五谷引文、五谷疏文和五谷墨文。五谷疏是由师父主持五谷仪式时念的,内容大致是请三界神灵保佑家主五谷丰登,人丁兴旺,家畜平安。仪式地点在师男家门口,持续约一个半小时,需要1只鸡、1块猪肉、1碗豆腐、1碗猪肝和1束稻谷。疏表文字如下:

五谷关文

今据

大清国广西道太平府思凌州宁明县八村社管入伏鸡屯,本方地主行游社下立宅居住奉真祈求五谷关出保安家主赵法广合家眷等,皆向今年十月二十三吉良去请命师邓法职于家筵奉真上圣启建祈求五谷清醮一供当坛给出关文一通,前去广南(东)广西(北)十方仓中裹内关出禾魂禾魄,随四季四时康泰八节平安祈保五谷青苗转生,风调雨顺国泰民安,但家主赵法广下情无任拜关上伸,皇上壬辰年十月二十三日吉良祈求五谷关上伸。

五谷引文

今据

本坛皆向十月二十三吉良请师邓法职于家筵奉,当坛给出五谷脚引一纸仰差当日功曹立齐文牒前去各府各州各县仓里关出今春五谷早收仓库眠齐凡民经过神坛神庙,不得停留阻挡,若有不专呈送须至引者金卦玉皇大帝衙前治罪不便,右引给付唐葛三将军准此,皇上壬辰年十月二十三日吉良祈求五谷谨引奉伸。

太上奉行北极驱邪院州通间梅二戒弟子邓法职职位降在西山道大原府左任之官右任之府高真为号。

五谷疏文

今据

大清国广西道太平府思凌州宁明县八村社管入伏鸡屯,本方地主行游社下立宅居住奉真祈求无辜青苗保安家主赵法广合家眷等,皆向今年十月二十三日吉良前去积累据命请师邓法职于家筵奉,高真祈求

第五章　巫师的权力分层　257

五谷保安清醮一供拜进五谷疏文一道,上请九天雷祖长生大帝五谷之主,雷祖大王正法三郎投进五谷今春耕种粮料九千百十如箩,天府门下关出月干禾魂阳间门下关出月干禾魂,本洞香火三庙圣王门下关出月干禾魂,今庚大岁过往神通门下关出月干禾魂伏望洪恩赐福王庆各衙门下给出五谷粮料眼齐下民有叩之,粮得应有感有通,祈求府心伏念信士赵法广农夫之辈常否求移小养生命成色每岁座于恩乾四季途逵移呈之春赤子为叩,衣粮面供给日今春耕种欠小雨水又见白苗焦枯烂死,又被山猪马鹿鼠耗食损害,又家宅不安六畜不成官符口舌太多人丁无叩,保安百姓之蚁风调雨顺国泰民安合家清吉六畜成群官非消散入地埋藏五谷丰登四时康泰八节平安,保家主赵法广同妻赵氏下情无任百拜谨疏上伸。

皇上壬辰年十月二十三日吉良祈求五谷保安家主赵法广法合家拜跪上伸。

五谷墨文

今据

大清国广西道太平府思凌州宁明县八村管仗鸡屯,冲本方地主行游社下立宅君任奉,真心求禾苗五谷青苗祈福保安家主赵法广合家眷等,皆向今年十月二十三日吉良,命请师人邓法职于家筵奉高,真上圣启迪修设作福保安禾稼五谷清醮一筵是日拜住五谷墨表一亟,右谨上请叩到。

九天雷祖长生大帝五谷神农川天民主正法三良天下,呈送仗以威雷天声乡向埋及文武叩之,即后有通衹求心应伏念赵发农之辈常为求畜养生成每岁于田畴禾谷桑年之奉春罪子叩,定后而供给日雨水百般有种无无收子孙无处靠投一赐人丁不旺家舍,安六畜不成合家商议处办三胜酒礼钱纸一足齐全命请师人邓法职来家写立五谷表文一封亟上进上界天神鉴知,明神农法转三朝两日禾根要青青留转禾色兵生黄禾大熟五谷早收养活子孙家主眼见心欢,祈今春清吉耕种丰登乞赐凡民而饱食惟之,风调雨顺国泰民安合门清吉合保墦堂野耗远行邪神不怨良民鬼信伏头阴补正风重元之教粮灾谢过,服过祥六畜成群有之尊望五谷财帛随入仓库盈籍乞保四时康泰八节平安,请师人邓法职百拜谨表上伸。

皇上壬辰年十月二十三日吉良奉真,求五谷青苗保安家主赵法广同妻赵氏谨具表上伸。

4. 器具

仪式中要使用很多的器具，全部由木工师父现场制作。本次度戒仪式的木工师父是赵德富师公，与事主赵有贵有亲戚关系，仪式中所用的器具都由他一个人来完成。由于使用的器具比较多，而且工序相当复杂，赵师公一个人要做上一天才能做完。下面逐一介绍仪式中使用的部分器具。

（1）挂灯凳

挂灯是度戒仪式中的一个重要程序。有几个师男挂灯，就要做几张挂灯凳子。如今有些地方度戒所用的凳子也可用新买的塑料凳来代替，如此可免去了一道复杂的工序。赵师父说，别看凳子就几根木头加一块木板那么简单，真正做起来却是一件费时费力的难事，尤其是凿凳眼时非常难，稍不留神就有可能被凿破了。根据我们的观察，赵师公光是做这三张凳子就花了半天时间，确实不容易。凳子做好之后禁止他人就座，尤其是不让女人碰到或坐上去，因为女人身子不干净，坐以后会得罪神灵。凳子上还要写上"上"字样，以便区分凳头和凳尾，一块木板中靠近木根是头，靠近树梢是木尾，所以"上"指的是木尾。挂灯时，为了表示对神灵的尊重，凳子上还要铺上一块干净的白布，不能直接坐到木凳上。

（2）老君棍

老君棍两棍，长1米多，用硬木削成，形似拐杖，棍头削成菱形，度身阶段会用到。度身时，师男躺在地上，身上一正一反平放两根老君棍，7名师父轮流从师男身上踩过去，意为将法术传给师男。老君棍有两层含义：一是太上老君是天上的神灵，借它之名可以增加仪式过程中的法力；二是有了太上老君神器的帮助，师父在给师男度身时也能得到其他神灵的保佑，增加了度身成功的概率。

（3）灯架

灯架分三盏灯灯架和七盏灯灯架两种。三盏灯灯架制作比较容易，用一根长约1米的竹子，先在顶端编织一个杯子大小的小竹笼，再在距顶端15厘米处横穿一条竹片，然后在竹片两端串上两个杯口大小的竹圈即可。七盏灯灯架的制作则稍为复杂，也是选一根同样长度的竹子，先在顶端编织一个小竹笼，然后在距顶端15厘米处横穿一根木条，再在单面串上一根竹片，最后再往下10厘米处横穿一根竹片后，在每根竹片的末端串上杯口大小的竹圈，加上顶端的小竹笼共有 6 个竹圈，挂灯时每个竹圈放一盏明灯。

图 5-7　七盏灯灯架（陈锦均提供）

（4）枕头

枕头用竹片编成，外形似一个小猪笼。编成猪笼后，用一张红色的纸花将它包裹住。师男度身时，将枕头放到席子下面，枕头旁边放铜钱、纸钱之类的东西。

（5）乐器

需要制作的乐器有笛子、快板和长鼓。不过，它们并非我们平时看到的实物，而是一种象征性的物品。笛子是在一根长 20 厘米的竹子上钻 6 个小口制成的。当然，这样做成的笛子是吹不响的。快板是用一根长 20 厘米的木板在 10 厘米处锯开一个缺口后，用刀从木条一头劈开，再在劈开的木板上钻一个小口，用绳子将木板捆绑在木条上就做成了。长鼓用一根长 30 厘米的小竹子，两头编成 2 个小竹笼，再用红纸将竹笼裹住就做成了。笛子、快板和长鼓在还盘王愿歌娘唱山歌时由 3 个童男拿着，主要是表达一种欢庆的氛围。

器具做成之后，需要"开光"才能沟通鬼神。以上所述之器具，仅在仪式中使用，仪式过后就用不着了，只需要师父念经 2—3 分钟，告知神灵这些器具的作用即可。通过念经文对器物进行圣化，它们就具有了神灵赋予的无穷法力。

（二）仪式进程

1. 师父进门

度戒仪式起始于越南师父进门。越南师父进门以后，向前三步向屋内神龛拜三拜，然后来到神龛跟前拿出筶杯边轻敲神龛边念经说，他们远道而来不是有意打扰家主祖先的清净，而是来帮家主主持度戒仪式，祈求仪式圆满完成。还有就是越南师父带来了神像画，也就是带来了自己的神灵，希望家主祖先不要见怪，共同把度戒喜事做好。最后越南师父蹲下打筶杯，打得出阳筶后烧点纸钱，禀告家主祖先仪式算是结束了。禀告祖先小仪式在当地十分普遍，只要是请师父来做仪式，无论是否带来了神像画，都要向家主祖先禀明情况，以求祖先神灵庇佑。

2. 下禁

大师父进门后，开始"下禁"。主醮师拿出一把剑，右手拿一个小酒杯，在门内一步的地面挖一个土坑，约有拳头般大小，边挖边念经，并将酒杯倒放到土坑里。之后，主醮师双手叉腰，对着土坑跳起了罡步。所跳罡步有四种，先跳三台罡，接着七星罡，之后跳藏身罡，最后跳捉鬼罡；所念之经是《下禁书》中的"又踏罡步用"科，内容如下：

> 先来踏三台上三台下，七星上正跪下，正来跳齐罡步了，又到传邪师押下火坑了又立火井了，正立牲牢犯井把海牲牢封井闭井了，正上锁链又抽纸分齐把火坑牲牢用了，一变天门高万丈，二连地府听无闻，三连人民得安乐，四连邪鬼断踪田，一转天地动，二转日月光，三转三牲牢，四转后人，五转丁眼，七转丁鬼，邪师茆百法不抽头，吾奉太上老君急令敕。

> 谨请敕身高童子二禁童郎吾师令吾师郎本师令来，天师令吾为祖师地师令吾为本师禁，天成两地禁地成天谨请天师立天井地师立地井祖师立天井本师立汝井。吾师立铁板斩断邪鬼路无通吾师隔断邪鬼门，吾奉太上老君急令敕。[①]

跳毕，主醮师手里拿着一张纸钱，边念边将纸钱捏成一团后，藏到土坑内的酒杯子里。接着用剑在坑上画符，画完双手交叉，对土坑做手诀，

---

① 资料来源于越南师父赵有兴收藏的《下禁书》。

做完后用剑将坑填上，随后再跳一遍罡步，旁边的助手递给他一杯酒，主醮师嘴里含着酒向土坑喷去，"下禁"结束。赵德富师公说，"下禁"也叫"下火坑"，目的是防止孤魂野鬼进来捣乱，以及禁止不干净的东西进入仪式场地。仪式期间，除了歌娘和三童女外，大厅内不允许女人进来，也不允许女人从坑上跨过，尤其是经期的女人，因为她们此时最不干净，会玷污了神灵。如果她们违反规定，就会立即晕倒在地。走访调查发现，当地瑶族每家每户门口都会留有一个小坑，即使是新铺了水泥地，也会留一个小坑，为的是以后举行度戒仪式时能用得着。

3. 定师父

"定师父"也称为"喝落脚酒"，即定好每一位师父在度戒仪式中的职位。第一师父为"主醮师"，是仪式的协调者、总指挥国以及主要过程的主持人，在7位师父中他的作用最重要；第二师父为"引戒师"，引导师男在仪式中如何履行仪式行为，如度阴槽等；第三师父为"保举师"，辅佐第一、第二师父开展仪式，负责请神及向神明推荐仪式的事主。证盟师、纸缘师、座坛师、把坛师、唢呐师由4个师父担当。证盟师见证参与仪式者与神明结下的盟约；纸缘师负责做纸钱一类的用品；座坛师、把坛师职能可能有重叠，负责神坛的建立和布置以及仪式中对神坛相关祭品的增减与操作；唢呐师职司仪式中的奏乐。实际上，仪式开始前已经定好师父职司了，但"定师父"仪式还是不可或缺的。定师父时，师父、师男围坐在神台前的桌子旁，由师父们一起念经，并不停地抖动手中的筷子，请家主祖先和阴间师父前来享用祭品。接下来是众师父坐下喝落脚酒，主醮师、引戒师、证盟师、把坛师着瑶服在神龛前桌边坐下，2名童男在对面坐下。桌上摆有3份餐具，每份配有1个大碗、4个小酒杯、2双筷子，4名师公右手拿筷不断地点，主醮师和引戒师讲"落脚意者"，告诉神明主家姓名及度戒缘由等事项。讲完意者后，引戒师给纸缘师敬酒，再由纸缘师向4名师父敬酒，意为在接下来的仪式中，请4名师公多多指点，并请他们的师父及其所带兵马协助纸缘师的工作。定师父阶段所念部分经文为"又到拜众师爸敬用"科，内容如下：

莫劳拜莫劳拜，莫劳拜得你头汪。
今日当天来拜我，自成拜旺你家当。
莫劳拜莫劳拜，莫劳拜得胜头川。

今日当天来拜我，自成拜旺你香门。
莫劳拜莫劳拜，门前江水转湾湾。
今日当天升度你，千年万代亦无难。
莫劳拜莫劳拜，门前江水转连连。
今日当天吉度你，香门兴旺万千年。
莫劳拜莫劳拜，门前江水转游游。
今日当天升度你，留行天下你无忧。
莫劳拜莫劳拜，门前江水转灵灵。
七名师爸来执礼，求官求职得功名。
莫劳拜莫劳拜，门前江水转声声。
今日当天升度你，家家门户你得兵。
师男子师男子，香炉载火出香烟。
今日当天承度你，法门兴旺旺千年。
师男子师男子，老君保护做师男。
师男子师男子，闾山殿上念师公。
今日当天升度你，祖师骑马又骑龙。
师男子师男子，门前祭法护师男。
今日当天升度你，师男兴旺转弯弯。①

  4名师公接过酒杯用尾指沾一下酒再弹掉，向自己的师父们致敬，请他们指出仪式中的不对之处，并帮忙纠正。弹完酒后，4人同时喝下纸缘师所敬之酒。定好第一至第三位师父后就要定"纸缘师"了。"纸缘师"由赵德贵担任，负责仪式用品如纸码、贡酒、祭品、木香等，并负责宰杀供奉祖先的那两头猪，仪式中所需物品都须经过他认可别人才能动，即使是杀猪也要他握杀猪刀。因此，帮工们都称他为"后勤大总管"。无论是定哪个师父的职位，师男都要接过第一师父的酒向各位师父敬酒，同时还要说感谢之类的彩话，恳请师父们能尽心尽力地做好工作，以后也会报答他们。众师父又接过第一师父的酒回敬师男，表示他们会好好地完成工作。最后众师父互相敬酒，希望对方在仪式中能提醒自己，做得不对给自己指出来。这时，纸缘师拿着3个酒杯放到3位师父面前；接着又返回去

---

① 该经文来源于越南师父赵有兴收藏的《下禁书》。

拿来3个酒杯，来回三次之后坐下同其他师父一起抖动手中的筷子，口中念念有词。最后，纸缘师又从厨房里拿来9个杯子放在桌上，若师父们都喝了放在自己面前的酒后就表示答应了要承担的职位。至此，定师父仪式结束，大家一起围着方桌吃饭劝酒。表5-3为度戒众位师父的基本情况。

表5-3　　　　　　　　　赵有贵度戒师父基本情况

师父排序	职能性师公名称	名字	法名	年龄	住址
第一师父	主醮师	赵有兴	赵法里	62	越南谅山省禄平县
第二师父	引戒师	邓灯珠	邓法耳戈	78	越南谅山省禄平县
第三师父	保举师	赵有财	赵法明	55	越南谅山省禄平县
第四师父	证盟师	赵德田	赵法升	62	宁明县琴么屯
第五师父	纸缘师	赵德贵	赵法朝	73	宁明县琴么屯
第六师父	座坛师	赵德富	赵法香	70	宁明县海渊农场
第七师父	把坛师	蕉如香	蕉法利	65	宁明县海渊农场

4. 包糍粑

定师父结束后，厨房帮工拿来一张桌子放在大厅中央，在桌子上面放一个簸箕，接着另外两个厨帮扛出一锅糯米。纸缘师用大竹勺把糯米挑到簸箕上，接着手抓一把糯米并搓成团，再用叶子包住做成糍粑。待他做完后，大家围在一起跟着包糍粑。包糍粑没有具体的数量要求，只要把糯米包完即可。此外，还要采摘一些棕叶，清洗干净后，每片叶子上放6个饭团。饭团只要用手稍微一捏便成形了，最后分装到9个箩筐里。包糍粑、捏饭团只能由男子来完成，女子是不能加入的，因为这些糍粑和捏饭团是专门用来祭祀各路鬼神的。

5. 把盏

帮工们包完糍粑后，就帮男穿瑶族服装。纸缘师拿出一个装有3杯酒的小簸箕交给度戒男，由他拿着簸箕向注醮师、引戒师、保举师敬拜三下，随后将3杯酒分别敬给第一师父、第二师父和第三师父，3位师父象征性地喝一点酒就放到簸箕上。接着重复以上敬酒动作，一共要敬3次酒。每次敬酒前都要先拜第一至第三师父，第二次敬给注醮师、引戒师、保举师以及把坛师，第三次则在簸箕上摆9个小杯，依次给主醮师、引戒师、证盟师、把坛师、童男、重卦师（主醮师兼）敬酒，之后再重复敬给把坛师、主醮师、引戒师。第三次、第四次敬酒分别由 2 名挂灯师男来进行，敬酒动作与度戒师男的一样。第五次又轮到度戒师男敬 5 杯酒，第六次敬 3 杯，第七次由纸缘师向童男敬 3 杯酒。敬拜及敬酒过程称为"把盏"，所倒之酒称为"摆盏酒"，意为新戒弟子及挂灯师男向师公们表示谢意。摆盏过程当中，主醮师和纸缘师一直在旁喃经。

做完摆盏后，7 名师公拿起筷子边点边讲"意者"，讲完后五谷师（不在七师内，在度戒仪式的招禾阶段由 1 名小师公来充当）站起来，拿 1 杯酒分给 7 名师公，师公接过酒后互相敬酒，五谷师叮嘱大家在接下来的工作中要相互提醒，团结合作，尤其是自己负责部分一定不能出错。师公喝下酒后，主醮师和引戒师让 3 位师男喝 2 杯酒，随后拿 2 杯酒递给 1 位妇女，让她拿进内屋给师男的老婆喝下。男人是不能进内屋的，因为歌娘在里面。仪式过程中，男人不能碰到歌娘的，碰到了即认为是玷污了神明。喝完酒后，众人在大厅开始吃饭了。

6. 挂神画像

接下来要挂神像画。画像有 3 堂，主家一堂 16 幅，主醮师三清一堂 3 幅，引戒三清一堂 3 幅。帮工们先在墙上钉好钉子以悬挂画像，三堂画像都要挂，并且相同画像要挂在同一颗钉子上。神像在瑶人心目中十分神圣，将它们取出时要敲锣打鼓吹唢呐。奏乐声中，师公们拿出画像，按顺序悬挂。挂完画像，纸缘师用上元棍把一条红布横挂在画像上面，以示吉利。接着，3 位师男一人拿一个簸箕放在布上，簸箕上有布条、米等物品，主醮师在第一条布上写"七星"，第二条布上写"三台一"，第三条布写"三台二"。在布上写好字后，主醮师剪下一小块布，3 位师男便将白布举起向神像画敬拜，随后由证盟师用上元棍把白布举上神像画上面（师男的布在左边，挂灯二人的一起叠在右边）。主醮师、把坛师蹲下数放在簸箕上的纸钱，向神龛拜后把纸马插在神台上的白米处。随后把坛师用白布包米，里面装有 12 元钱，主醮师则用墨水在白布上写字。

7. 请神开坛

仪式中所请神明主要有祖先神、道教神和阴间师父，只有得到他们的同意与帮忙，仪式才能顺利进行。因此，所有工作准备好后要请神。帮工们在大厅中央放一张桌子，桌上摆上 5 只酒杯和饭团若干，主醮师、保举师坐在桌前开始念经。因为要请的神明很多，所以仪式持续的时间很长。一般来说，要先请祖先，再请道教神仙，最后请众师的阴间师父。请画像中的神明时，要先请三清即元始、灵宝、道德之后才请别的神明。请三清时会念到以下经文：

> 又请三清
> 有礼无礼转发第一香烟，请上三清正明高真大道玉清圣境，元始天尊上清真境，灵宝天尊太清仙境，道德天尊昊天金卦，玉皇圣帝东极长生大帝南极清华大帝西极付灵大帝北极紫薇大帝中极土黄大帝五极相封，献旗大帝上元一品天官，赐福大帝中元二品地官，赦罪大帝下元三品，解厄水官大帝南北二斗星君，黄赵二圣真人张天李天大法师官，玄坛把法赵元帅灵官火晒马元帅都领总兵高元帅高楼打鼓，康元帅注簿判官辛元帅雷霆发火，邓元帅海番张赵二郎圣主打瘟打招，姑三郎上元押兵都头七官重坛灭迹，金刚南天龙杵北方真武玄天，上帝观音菩萨金童玉女四员猛将香烟拜，请回头转面。

请阴间师父时，所念经文为：

> 又请各人师父
> 请上一名童子阴阳师父下坛，白虎天门李十五官，阳山马山法主九郎，玄天三郎，火星四郎，上元走将军中元走将军下元走将军，云头仙明月龙凤三郎，便现五通两边排，马郎官今牙三直太尉六元，上是十七小娘，下是十八郎官，黑衣使者黄衣判官太尉，南朝李十六官感应上斋，李十二官左殿先锋，同明八官右殿沙刀明四官，坛上五场坛下五场，犀牛白象犀牛狮猛虎青蛇兵，春季春兵，夏季夏兵，秋季秋兵，冬季冬兵，一年四季苗万五雷强兵，恶将翁及法某辈及法某三名师爸，四名师父，六名师公，七名师父变身化身童子，吞鬼杀鬼五伤雷霆唐葛元帅，将是夫人红头黑面将军，寻来师公复来师父，香烟拜，请回头转面。①

请祖先的时间最长。因为祖先要惩罚家主，因为主家夫妻闹离婚，妻子已经离家出走。无论师父们怎么请，祖先就是不领情。最后，在帮工们

---

① 资料来源于越南师父邓灯珠收藏的《还愿书一本》。

四处寻找劝说下，才将师男老婆叫回来。师男老婆回来后接着再请祖先就成功了。与平时请神比，这次多花了两个小时。最后，两位师父把地上的纸钱、纸马烧掉，请神仪式结束。在师公的带头下，大家一起享用桌子上的糯米团，并相互劝酒。

8. 降童

神龛上放有一个用红纸包着的鸡笼，右边放着好几封度牒。神龛左边的竹竿上则夹着一张许愿纸，帮工们在台前铺好席子。纸缘师拿来一个装有两杯酒的小盆朝着神台拜，拜完后主醮师和引戒师拿起这两杯酒也向着神台鞠拜。接着引戒师打开许愿纸来念，主醮师在一旁喃经并打出阳筶。把坛师接着引戒师来念许愿书，主醮师拿起一个杯子，然后在一张小凳子上写字。主醮师、把坛师再次念许愿书。此时，众师父突然一起敲锣打鼓，一直坐在一角的证盟师开始浑身发抖，双手抱头，一副很痛苦的样子。接着，他突然跳起来，双手叉腰，跳起了罡步，嘴里念念有词。重复跳了几次罡步后，他停在神台前，全身发抖。这时，帮工给他递上一副筶杯，他边念经边打筶杯，打到阳筶后，双手捂着肚子蹲着发抖，不停地发出"哦哦哦"之声，之后逐渐停了下来，降童结束。与此同时，旁边的师公右手摇着铜铃铛，左手拿着杯酒在念经。蕉生旺师父说，隆童也叫"下降"，有神灵附体之意。神灵附体后，就可以沟通鬼神，询问它们仪式进展情况了。

9. 跳大神

师男穿戴好瑶人服饰站在席子上，师公们也在席子上着好师公服。引戒师敬酒给主醮师儿子喝，表示随便给一个不是自己家的人喝，喝了一会儿两人一起跳抓龟舞。穿戴完毕后，帮工们吹唢呐、打鼓、敲锣，众人便一起向神台拜。五人左手拿牙筒、玉桂，右手拿铜铃，围成一个圆圈，边摇铜铃边跳罡步斗。众人双手举至前额，先是左脚向左迈出一步，右脚靠上，然后右脚向右边迈出一步，左脚再并过去。跳完后五人蹲下，保举师上前收回玉桂，由纸缘师放至神龛上。这套动作要重复做三次。接着度戒师男穿上师公衣服，挂灯师男则挂上背带，师公把神头戴在师男头上。穿戴好后，五人再重复刚才的动作，一会儿向着正大门跳，一会儿又向着神龛跳，而引戒师、把坛师则在一旁念经。

主醮师、保举师双手持法器，口中念念有词。师男身上穿瑶族衣服，头戴黑布缠绕而成的帽子，帽子前沿插上神头，也是双手持法器跟着师父走罡步斗。跳了一会儿后，跟着师父在神台前蹲下来，从一位童男手中接过木香后又开始跳起来，然后又蹲下来把木香交给另一位男童。这套动作要重复做4次。神台两侧站着2个男童，身着瑶族盛装，一人负责发木香，另一人负责收回木香交给纸缘师，由纸缘师点上木香放进神台前的香炉里。坐在旁边的师父们敲锣打鼓、吹唢呐。重复4次之后，大厅逐渐安静下来，2个男童离开大厅，度戒师男也可在旁边稍微休息。引戒师、保举师对着神台念经，主醮师一手拿树枝，另一手拿法器蹲在神台前，不停地用树枝和法器轻轻拍打地面，口中也是念念有词。然后往地上抛筶杯，

图5-8 证盟师在降童（陈锦均提供）

直到抛出阳筶才停止。三位师父和度戒师男子双手持法器，绕大厅跳一圈，旁边的师父敲锣打鼓、吹唢呐。主醮师走到门口，把法器、树枝放在门边，保举师也手持法器来到门口，并向门外不停地撒东西，引戒师在旁边手捧经书不停地念经。接着三位师父回到神台前，一边念经一边烧纸马。

10. 许挂灯愿

跳完大神后，开始许挂灯愿。众师左手拿牙筒，右手拿铜铃，继续一齐念经。引戒师开始请师父。注醮师在一旁蹲下，左手拿橘子叶，右手拿法剑，边点边念。把坛师站在注醮师左边，左手拿经书，右手也是拿法剑点。不一会儿，注醮师转向大门，双手交叉作打状，口中念念有词，然后左手拿锤头放在左肩上，右手拿木叶扫秽，分别朝着大门锤地、扫地下三次，最后把木叶插在门外的右边地面上。接着，他走回到神台前，右手拿法剑，左手拿纸钱，双手舞动，不停地把纸钱搓成团，然后丢出门外。把坛师则带着师男边走边念经。保举师从门口返回神

台，双手拿筶拍了几下，又放回神台，之后用右手点纸钱，接着边念边慢慢走向神台前，用剑点酒向半空撒去。许挂灯愿需要念许挂灯愿经，经文内容如下：

又到许挂灯愿用：

许上挂灯祭法良愿，许上三盏明灯，开教保重二师白布金桥分兵米粮，许上三十六个同钱金轮宝座，许上新兵谷花米酒，五个莲花酒盏，双龙禾气四角饭食，许上部上钱纸归钱上坛三六分，下坛二十四分，六十保三六求苗，禁五扛保五扛，求五扛禁五扛，批磨墨行思官，将六十三六二十四分三六保师嫂。

又许七星愿用：

许上七星良愿，许上七盏明灯，七名师爸金銮宝座，白布金桥七十二个铜钱，分兵米粮分兵米料，许上庆阳大疏一张，通金兰黄表一封，脚引一纸，荳腐谷花米酒酒盏十二盅，许上新兵谷花米酒酒盏五盅，双龙禾气，四角元粮，许上一部银钱上坛三六分，下坛四分六十保三六，求四禁五扛，保五扛求五扛，禁五扛，批刀磨墨三青大道，许上一百二十分六十三六苗，分四府功曹，许上四个苗分六十保师男，三六保师妇。①

11. 跳捉龟舞

主醮师、引戒师和把坛师念经，保举师吹了牛角之后也开始念经。座坛师左手拿牙简在神台前比画，右手拿铜铃不停地摇。主醮师和引戒师也来到桌前，边摇铜铃边倒酒，嘴巴不断地时而念时而唱。保举师坐在席子上说详情意者以及合禾兵，主醮师也坐下再次念读许愿书，随后把纸马放在席子上，3名师男在席子边蹲着。主醮师烧掉纸马后，与把坛师一起讲意者，并不断地交纸钱到地上。把坛师和几名师男一起跳捉龟舞，他们左手拿牙简，右手摇铜铃。捉龟舞是一种娱乐大众的舞蹈，由1名师公在前面带头跳，度戒师男、挂灯者跟在后面跳。捉龟舞讲究步伐、身体的协调性，协调好了舞蹈就会极具观赏性。跳了约40分钟后，4个人才停了下来。引戒师右手拿牙简边比画边诵唱。唱完后，引

---

① 资料来源于越南师父邓灯珠收藏的《请神书》。

戒师加入跳舞的人群中，跳起捉龟舞来。只见引戒师手拿神头，其他人则拿牙简和铜铃，大家边跳边念经，并不时交换位置，不时加快速度。过了一会儿，引戒师把神头戴上，放下铜铃，继续跳舞。保举师仍然坐在席子上念经。引戒师停下片刻，又重新坐回席子上，拿起铜铃、牙简念经。他边念边烧纸钱，向功曹敬酒。烧完纸钱后，表示神已来到。引戒师、把坛师与师男再次陪神明跳舞。跳舞过程中，引戒师一直在吟唱经文。帮工和保举师拿着上元棍面对面站着，边念经边做脚部动作。厨倌把糍粑拿来放在一张圆桌上。保举师把上元棍插在地上，与师男一起围着它，双手上下抖动，嘴里仍念着经文。接着两人一起拿着棍扫向圣席，然后指着神像画，再将它打横夹在腋下，念着经转一个圈。这套动作要重复6遍。

把坛师坐在圆桌前，拍一下笤后，开始摇铃念经，其他人则不停地给桌上的酒杯添酒。随后主醮师也在一旁一起念经，两人边念经边交纸钱。打笤几次后，打得阳笤，表示神明领了情。把坛师边摇铃边念经，将圣席上的5杯酒倒至中间的杯子里，然后用右手小指沾杯子里的酒向上弹，最后将酒喝掉，焚烧纸钱，跳捉龟舞结束。在场观看仪式者都得喝1杯酒以及吃糍粑，沾沾神灵之气。

12. 挂灯

一名帮工用上元棍将墙上的白布（老君罗带）挑下来分别放到3个簸箕内，每个簸箕内放一些铜钱。注醮师、引戒师同时用剑敲打席子，挂灯仪式正式开始了。注醮师、引戒师抬着3个簸箕左右晃动，簸箕上放着3张挂灯凳子。不一会儿，两位师公交换位置继续晃动簸箕。之后，他们将簸箕放在地上，拿来3张凳子并排放在席子前，每张凳子上放上一块白布。接着两位师公在席子前念经：

师男子师男子，问你有心无有心，有书便把书来读，有礼便把礼来送。

自古有礼真有礼，自古有烟真有烟，当初香钱我便过，不是我今正取你香烟。

师男子师男子，一双罗带挂师身，今日当天结承你，留行天下救良民。

师嫂妹师嫂妹，一条罗带挂师身，今日当天承度你，保你养男旺

玲珑　保你养女谢你恩。①

念毕，师公拿席子上的2杯酒给旁人喝。随后师公们着好师公服，师男也穿上了长袍。证盟师、保举师和纸缘师带着师男用木条敲神台，之后拿神头对着神台拜，接着右手拿铜铃，左手拿神头和木条边念边跳。然后放下铜铃，双手着神头继续念经。念完，将神头绑在头上，然后右手拿铜铃，左手拿木条，蹲下默念，之后4个人一起跳舞。跳完后，4个人在神台前继续念经，随后2名师公抬起地上的一个簸箕，簸箕内装有1张席子、1束稻谷、1条毛巾和2个碗。他们抬着簸箕左右晃动，其间不停地交换位置，随后将簸箕交给师男，把一条白布绑在身上，之后一名师公右手拿筶敲打神台，左手拿上元棍和牛角，嘴里念着经。接着三人同时吹牛角。2名师公领着师男走到门口的一张席子上，先用筶敲几下牛角，接着2名师公轮流吹牛角。同时在神台前，由另一名师公带着几个徒弟在念经。门外的2名师公带着师男坐在席子上，边念经边交纸钱、纸马。随后师公将度牒、纸马放入信封后，在簸箕内撒一些玉米，玉米上摆放着度牒，然后继续交纸钱。

师男坐在凳子上，注醮师、引戒师和保举师站在他们身后，边念经边拿上元棍点地，接着注醮师和保举师互握对方的上元棍，引戒师提示帮工将师男的师公服拿来，分别将衣服一件一件铺在上元棍上。两名师公越念越快，将师公服披在师男身上，一旁的帮工上去帮他们穿好衣服。接着开始挂灯，先挂三盏再挂七盏。所谓的灯是一个小酒杯，里面点一根小蜡烛。帮工把灯架拿来，让师男用手握紧，脚下踩着一个倒扣的碗，再由3名师公轮流给他们挂三台灯。首先由第一师父带头，后面跟着第二至第七师父，众师父集体念经，边念边沿顺时针方向围着挂灯人转圈，转了三圈后又按逆时针方向转三圈。转圈结束后，众师为师男挂灯。先由主醮师挂灯架上最顶端的那盏李十六灯，接着由引戒师挂右边那盏李十一灯，最后由保举师挂左边的李十二灯。挂三盏灯所经文为：

李十六咒：
奉请取法李十六　启请天师小一官　付临猛将走旗凤　七宿到坛

---

① 该经文来源于越南师父收藏的《下禁书》。

来取法

　　五七敢君来往通　通令三清六案官　世上人民多敬奉　三坛猛将显灭灵

　　五师手执焚香请　各领排兵下坛前　收入炉中作感应　时时作法救良民

　　师主到坛来点卦　三坛猛将显灭灵　开坛手执吾师到　灭风任任尽乾坤

　　若有邪师为魅魎　收入炉中罪不轻　白衣使者身着禄　复归本院陀罗弥

李十一咒：

　　白袍本将万民福　出入幽冥　番车树上天兵烈　金甲吾师

　　庚申甲子闻召请　来降香坛化民利　为吾请圣望圣齐临火急绞是有灵

李十二咒：

　　启请部兵李十二　两个将军作正明　头带五雷经救到　脚踏火轮及火车

　　降临世界打邪磨　打开地府召忙忙①

图5-9　挂灯（陈锦均提供）

三盏灯挂好以后，注醮师继续领着师父们绕着度戒师男边念经边走罡步，先顺时针再逆时针转三圈，之后由注醮师挂上顶端第一盏灯，引戒师挂第二盏，保举师挂第三盏，证盟师挂第四盏，纸缘师挂第五盏，座坛师挂第六盏，把坛师挂第七盏。其中，把坛师挂的灯并不是放到灯架上，而是放到师男凳子下面。七盏灯的名称分别是贪狼灯、巨门灯、文曲灯、六存灯、廉贞灯、武曲灯、破君灯。挂完七盏灯后，注醮师继续领着师父们

---

① 资料来源于越南师父邓灯珠收藏的《请神书》。

转圈。转圈停止，众师继续念经，之后开始退灯。先退下三台灯，由注醮师先退，引戒师、保举师也跟着退下自己所挂之灯。接着退七台灯，由注醮师先退，后面的师父也跟着退自己挂的灯。退完灯后，帮工将灯架拿到楼上放，不能再拿下来。挂灯仪式结束。

13. 传法

挂灯结束后，挂灯者还要坐在原地。纸缘师拿来一个簸箕，里面放着米和铜钱，之后把挂在男子腿上的白布铺在地上，并在上面放三枚硬币，引戒师将带他们走三台罡步。首先由引戒师念经，然后示范一遍步法，随后挂三台灯男子跟着走过。要求每一步都要踩到硬币上，走三步后不能越过白布，然后按原来步伐再倒退三步回来。走完三台罡后，师公给他们每人发一个白布米包。接着将度戒师男腿上的白布铺在地上，并在白布上摆放七枚硬币。七枚硬币摆放的形状犹如天上的北斗七星。同样先由引戒师踩着硬币走过去再倒退回来，师男也跟着走七星罡步。走完七星罡后，引戒师右手拿筶不断地敲牛角，嘴里默默地念，不时双手交叉打手势。主醮师拿起簸箕念经，师男也举着簸箕，引戒师在一旁烧纸钱和度牒。接着师男举起簸箕，主醮师念完经后吹响牛角，然后烧纸钱和度牒。旁边有人敲锣、吹唢呐，屋内有人摇铃念经。引戒师开始不时地念经和吹牛角，只见他左手拿牛角，右手拿上元棍点簸箕然后往天上一撩，屋内的乐声和经文声就停下了。主醮师用牛角舀簸箕上的灰弄到地上，再把簸箕放到地上，然后用剑悬空比画，嘴里默念着。引戒师也用筶悬空比画，嘴里同样念经。

引戒师左手拿上元棍，棍的顶端上插着纸钱，右手拿一条白幡。主醮师左手拿着一个筒，里面装有米、剑和纸钱，右手拿幡。接着师公们一同念经，念完一小段就丢纸钱到地上。师男站在众师左边，右边桌子已布置好。引戒师从一旁拿来一杆秤，用称把一个里面装有物品的麻袋背起来，手上依旧拿着上元棍和白幡。主醮师蹲下来，把米筒放在地上，双手作交叉状，随后他又站起身，右手仍拿着白幡，左手拿白纸穿过剑。证盟师、纸缘师、把坛师等人手拿着稻草逆时针地围着一名挂灯师男转。引戒师左手拿水碗，右手用筶点水进袋子里。主醮师、保举师在门外的席子上坐下打筶，引戒师则拿起纸马念经。师公们拿着稻草转完后，对着神台左右摇摆，然后拿稻草插在棍子上，随后空手假装拿稻草再转圈。主醮师右手拿出一块布，布里包有一枚老君印。他用剑点着老君印念经。

引戒师拿起称，师男儿子挑着称把袋子撑上了二楼，随即引戒师往师男身上撒米。

14. 敕云台

传法结束后，一名老妇撑着一把伞，手里提着布的一端，另一端由度戒师男的妻子握着，她们一起站在门口，师男则在一旁低下头，主醮师和引戒师对着他念经，然后往他身上抛老君印。师男妻子手握一条带子，然后将它抛给主醮师，再将另一条抛到引戒师身上。接着，主醮师递给师男一个牛角，师男拿着它双手转动。引戒师来到桌前，手拿起筷子对着桌上的祭品边点边念经，意为求官求职。主醮师仍在旁边拿着纸马念经，师男妻子则一直站在门前。不久，老妇夹来一块豆腐让师男妻子吃掉，师男也拿来装有庆阳豆腐的杯子分别敬给主醮师和引戒师。主醮师吃过豆腐，双手一拍，向屋内撒米。因为米是吉利米，所以有许多人张开双手来接米。撒完米后，主醮师又站回席子上，左手拿上元棍，右手拿一个筒，里面装有一把秤，口中继续念经文，内容如下：

又到敕云台用

敕云台不是非凡之台，太上老君结承弟子云台，上元在五前，唐葛在五后，乌鸡将军在五左右，五师踏上云台，头上叫天天应叫地地灵，上是不压下是不锁，束变速化吾奉太上老君急令敕。

何木原来何山出，出在何山何岭来，何人当天承弟子，何人北得是云台。

南木原来南山出，出在南山南岭来，主人当天承弟子，五师北得是云台。

何木原来何人砍，何人砍了何人建成，何人当天承弟，何人上得到天庭堂。

台木原来匠人砍，匠人砍了主人庭成，主人当天承弟子，五师上得到天庭堂。

不敕云台四木板，敕了木板四云台，云台化变高万丈，当天敕转变师男。

师男舍身来合法，宽心正法护师男，师男执得来使用，晋行天下救良民。

千年万代亦无灾，旺人丁旺师公长命天下救良民，拜四位用了师傅吹角师父也齐吹角。①

念完经，注醮师、引戒师在神坛前同时吹牛角。过了一会儿，主醮师走进屋内来回跳动和走动，并变换不同的动作和姿势，在主醮师走跳的过程中，把坛师一直在他头上举着白幡。与此同时，引戒师在门外把纸钱、纸马一并烧掉。主醮师开始面向神像画念经，只见他右手拿幡，左手拿纸钱，念完后把幡插在神坛上，再给坛上的杯子倒酒，把纸钱烧掉，门外便响起引戒师吹的牛角声。

15. 度身

把坛师扶着度戒师男坐在门口的木板上，右手拿着铃铛在师男耳边不停地摇，同时口中念念有词。帮工在神坛前铺上了一层稻草，接着将一张席子放在稻草上，把用竹笼做成的"枕头"放在地上，师父口中念"未变之时成龙须，变了之时成枕头，枕头枕郎过大海，枕郎过海寻根源，枕郎过海领香门，枕郎去枕郎回，吾奉太上老君急令敕"。接着把钱币一个一个放在地上，用酒杯一个一个盖住，空出两个杯子，枕头放在杯子上。门外师男还站在席子上摇铃，而主醮师则在门内的席子边上跪下，分别在席子的四角用剑去画字，划好后站起跳罡步，做完一次后再跪下用剑比画，随后用脚把席子抹平，紧跟着把两根木头放在席子的中间，边用摇铃边用剑点着门外，嘴里还不停地诵念经咒。

度戒师男此时在把坛师的催眠下已经睡着。师公们念经完毕，走到门外把师男抬进屋，让他在席子上躺下，用神头盖在他的脸上，度牒铺在神头上。引戒师洒点酒在师男的脚上，再把纸钱放在他的手上和脚上。主醮师开始在师男身旁念经，证盟师则帮师男穿鞋子。主醮师念完经后，七名师公按照身份的高低一齐围着师男依次站好。他们手拿着纸钱摇，边摇边念，随后把纸钱都扔在师男身上。

证盟师跪在师男两腿间做手诀，他拨开木头对着师男念经"未变之时成手诀，变了之时成手罡，师男执起老君决，一刀砍断鬼灭亡，承郎去承郎回，吾奉太上老君急令敕"。念完后，把木头斜着放在他身上，其他师父也跟着念经。念毕，六名师父手握两根老君棍，由注醮师依次从右到左、从左到右踩着棍子跨过，跨过来时要吹牛角。注醮师站回原地，众师

---

① 资料来源于越南师父赵有兴收藏的《下禁书》。

在他的指点下跨来踏去。众师跨过后，每人拿来1杯酒、1个白布包放在师男身上，再把2根上元棍交叉着摆放，众人齐摸棍子，嘴里不停地念诵着，所念速度是越来越快。

证盟师俯下身，用筶在师男耳边轻拍，打好筶后用剑点水含进嘴里，念一下经后在师男脚跟前跳罡步，接着用剑依次在师男左臂、左手背、右臂、右手背上比画，然后吹一口气并拍打一下。随后再用剑点水含在嘴里，并跳七星步。跳完后证盟师跪在席子边，在师男腰上写"太上老君阳魂回来"。做完以上步骤，主醮师便将师男扶起来坐好，将度牒放回神台上。师男儿子打来清水让他洗脸，并呈上热水让他喝下暖身。稍作歇息之后，师男站起身，双手拿着牙筒转动。主醮师在锣鼓声中将神职纸条贴在神像画上。师男坐下，纸缘师拿来簸箕放在席子上，把枕头、杯子和钱币收起来，随后把豆腐夹到每个酒杯中，再倒点酒入杯中。引戒师拿起筷子开始念经，主醮师写好一张纸让师男收藏，并拿出老君印在度牒上，随即放回神台。师男把3杯豆腐放在神龛上，接着又分别递给师公们，再向他们敬酒，意为升官升职酒。敬完之后，主醮师踩在席子上跳罡步，并在其四角用剑比画。比画完毕，度身结束，撤掉席子和稻草。

图 5-10 度身（陈锦均提供）

16. 过"龙门"

纸缘师端来12个杯子和2碗豆腐，度戒师男、众师父一起坐在桌边，口中念念有词,手拿筷子随着念经声有节奏地上下点。神台前的桌子上放4包糯米饭、1个煮熟的猪头、5个酒杯,2个挂灯男子也坐在3位师父旁边,对着神台跟师父一起念经。念了一会后,主醮师手牙筒置于酒瓶口,用上元棍掀开桌子上的一对筶,翻到地上后看是哪面朝上,之后把牙筒塞进酒瓶里沾点酒后洒向神台。3个挂灯男子一直站在神台旁,每次念完经后都示意他们往桌子上的酒杯添酒。3个男子分别从不同的酒瓶里舀出酒来,从左往右再从右往左添加到杯子里。

两位师父肩上扛着上元棍,手中拿一个酒杯,用纸码包住上元棍的一端,一边念经一边把纸马和酒杯中的酒一起抛洒到门外去。引戒师把两个碗、1把麦穗放在神台上,双腿跪在席子上,端起水碗喝下去后又喷出来。主醮师、保举师带着度戒男子在屋外的席子上不停地跳动转圈,念了10分钟的经文后停下来。

证盟师在神台前手抓簸箕里的大米,一把一把地撒到神台上,然后左手放在身后,开始一步一步地跳动起来。证明师头上绑着红布条,手中拿着一把木刀,刀柄上绑着红绳。度戒师男跪在神台前,在旁边听师父念经。证盟师、引度师和度戒师男头上都缠一条红布条,身上绑着一张白布,开始穿过一个由十八根竹子做成九个连接在一起的拱门,两边用芭蕉树做成固定的底座。随着念经声、锣鼓声响起,仪式进入过"龙门"阶段。只见证盟师在前,度戒师男在中间,引度师在最后,三人穿过用竹子做成的"龙门",必须每一个"门"都穿过,形成一个S形的轨迹。穿过一次后,证盟师和引度师领度戒师男走出门口,之后又再进去穿一次"龙门"才算完成。度戒男子躺在门口的木板上,证明师拿着手中的刀,在度戒男子上方不停地比画,不久度戒男子起身,纸缘师端来一个装有约40个酒杯的簸箕。证明师拿着手中的刀比画着,随着念经声不时地将刀砍到簸箕中,打乱里面的杯子。证盟师、引度师、纸缘师和度戒师男子一起把装着酒杯的簸箕从门口抬到屋内,并且一直在不停地跳着步子。如此一个来回后返回门口的席子上,证盟师、引度师和度戒师男一起摇动簸箕,并把所有杯子一齐抛到席子上,查看打碎数量后又重新装回簸箕里,纸缘师将其收回到厨房里。

度戒师男躺在席子上,师父将一把刀放在师男小腹上,随着旁边其他师父的念经声,证盟师和引度师分别从师男身上跨一个来回。度戒男子起身后跟证盟师和引度师进入大厅。度戒男子跟在证盟师身后,学着他的步伐开始跳动，引度师在一边敲着锣。伴着敲锣声，证盟师和度戒师男一起拿着一张席子和一块长布，不停地跳动，然后飞快地躲到神台前，用席子和长布盖住整个身体。来回三次之后，度戒男子手上拿着一把剑，又开始跟证盟师一起绕着大厅跳起来。停下来之后，证盟师把一对筊杯往地上抛，口中念念有词，抛了几次之后停下来。

坐在一旁的证盟师突然又跳了起来，全身不停地抖动，跳到了神台前，接着双手叉腰，口中不断发出"嗤嗤嗤"的声音。帮工拿过来1只鸡，并递过来1把刀，证盟师割开鸡脖将鸡血洒到地上，然后开始打筊，打到阳筊后在大厅跳起了罡步，度戒师男和挂灯者也跟着跳罡步，约20分钟后过龙门仪式结束。

17. 还完盆愿

帮手们把糯米和糍粑拿出来，布置好桌子后就准备还完盆愿了。主醮师、把坛师开始念经，三名师男则坐在一旁帮摇铃。纸缘师把愿骨和纸马拿出，师公们把牙简放在酒壶上，用上元棍把它们挑到地上。学徒们捡起酒壶并边敲边念经，还不时用牙简点酒。主醮师开始念许愿书，其他师公仍继续念经，还不时地交纸钱，徒弟则不断地给他们一点点地添酒。接着由引戒师念还愿词。

主醮师走到三位师男身边，对着他们念经。把坛师也和主醮师一起念经，只见他们右手拿剑，左手着一张纸钱不停地搓成团。引戒师仍在旁念许愿书，主醮师边念边走到门外，把纸团扔出屋外。把坛师拿起一碗水，用剑点着水洒，其他师公则开始交纸钱。接着徒弟们再次给师公敬酒，师公接下酒后拿着筊敲桌子念经，主醮师、把坛师、保举师带着师男们用小指点酒，再点一下糍粑，撕一点下来就丢掉，其他师公则互相敬酒和互相递糍粑。

18. 还赏兵愿

帮工将桌子撤下，焚烧纸钱、纸马。引戒师、纸缘师开始念经，众人帮着摇铃。主醮师、把坛师把上元棍扛在肩上，棍子两头都插有纸钱。他们念一段经后，把棍子尖的那头上的纸钱丢掉。随后主醮师拿起席子，助手拿起绶带边念经边摇，摇完后又迅速地交叉跳动。主醮师放下席子，有两个人跪在席子上，主醮师把绶带横放在两人背上，其中一人低头喝地上水碗里的水，随后喷出，另一人咬断地上的稻草后吐出。他俩喝水及咬稻草的动作要重复做9次。师公们称之为学马吃草。模拟马儿吃草，意为把马养好了，以后师男可以骑马去做法事了，同时给严肃、紧张的仪式带来了一些轻松的氛围。学马吃草是还赏兵愿中的一个阶段，做完后师公们继续念经还赏兵愿，他们手拿筶子、铜铃，不时地边摇铃边念经。

19. 第二次降童

进入列鬼（Lei mien）即跳神环节，众人敲起锣鼓、吹起唢呐。仪式助手们拿起上元棍跳神。降童师（证盟师）、度戒师男突然跳起，他们不时转圈，不时对着神龛跳动，其间降童师还打了筶。降童师把剑插在地上，接过徒弟递来的1只鸡，先拿鸡摇摆一下再杀，让鸡血到处撒，随后打出阳筶后，降童师蹲下便苏醒了。在这一过程中，降童师成为人神的中介，他代表人们向神灵询问，度戒是否按规矩做事，神灵是否满意，游玩时是否尽兴。如果神灵满意，打筶就会很顺利。如果不满意，则要添些纸钱求得好筶。整个过程降童师非常辛苦。

20. 念五谷

念五谷仪式比较简单，由蕉生旺师父来主持。所需祭品有1只鸡、1块猪肉、1碗豆腐和1碗猪肝。在仪式过程中，五谷师要重复念4封五谷疏表，以祈求家主祖先、画像中的神仙和度戒师父的阴间师父保佑主家五谷丰顺，事事顺心。念五谷疏表需一个多小时。念毕，将五谷疏表放在簸箕里焚烧，最后把豆腐吃掉。

21. 杀猪

证盟师、把坛师、座坛师坐在神龛前边念经边交纸钱和打筶。徒弟们拿来一张桌子布置好，筷子上放着糍粑，对着门口的地上放3碗鸡肉。三名师男的妻子从里屋走出，面对师公站好，用她们的右食指点一些糯米放进嘴里，师公们打出筶后把纸钱烧掉。师公和徒弟们拿起牙简、铜铃还有上元棍跳起罡步来。跳完后，师公们把米撒向神像画，然后将画像取下。不久，众人开始杀了第二头猪。这头猪则不用摆出来，猪肉是仪式结束之后用来分给师公和仪式助手的。

22. 歌盘王

唱歌还愿仪式分为三个阶段。第一阶段、第三阶段时间较短，大约10分钟，而第二阶段时间约为半小时。先是6个戴瑶族头饰的童男童女上场，女童头戴黑色的头巾，从侧门进入，男童头戴着中间镂空的黑色帽子，从大门进入。进去后，童女并排站在大厅的右侧，童男站在大厅的左侧。引戒师左手持牙简，右手拿铜铃，带童男向神龛作揖。其中，一名童男手拿笛子，另一名童男手拿快板，还有一名童男手拿长鼓。主醮师、引戒师开始摇铃念经，待他们念完经后，童男才能退下去穿瑶衣。这时，帮工在大厅中央摆好椅子，歌娘坐在正中间，面对着神台，童男童女分坐在她左右。等他们都坐好后，歌娘开始唱歌，坐着的人也唱起来（孩子一般不会唱，父母站在身后代唱，他们只要动动嘴就好了）。

负责在这一阶段唱歌的女子，当地人称为"唱歌妈"，也称为"歌娘"。歌娘是越南瑶族，也是主醮师赵有兴的妻子。她身穿瑶族服饰，头戴着一块做工精细的头巾，旁边还有一个女子陪同，两个人坐在正对着神台的凳子上，随着主醮师、引戒师的念经声，"唱歌妈"开始低声地唱歌，大约过了5分钟就结束了。所有童男童女都离开大厅回到房间里，等到第二阶段才返回大厅。

度戒仪式的后半段就到跳盘王了。仪式开始时，纸缘师带几个帮工将两头猪抬到大厅，由纸缘师负责将猪杀死，先杀的那头猪供奉给三庙灶王，另外一头猪供奉给祖先。杀猪有一定的讲究。当地人说，如果不能一刀把猪捅死，或者一刀捅下去猪还能走动的话，这对主家师男来说是不吉利的，以后也不会有人请他去参加度戒仪式。帮抬猪的助手不能乱说话，不能随便议论猪的轻重，也不能嫌弃猪脏，因为这也是不吉利的。杀猪后，帮工们将猪内脏掏空，洗涮干净，然后把先杀的那头猪摆放在大厅的祭台上，而且要正趴着，猪头朝向右边。猪头内脏要挂在堂屋的右边墙上，猪血用盘子装着放在祭台下面，一起用来供奉祖先。摆好整头生猪后，还要在猪头和猪脚上放成对的糯米粽将其盖住。

在唱歌的第二阶段，童男童女还站在原来的地方，歌娘前面有1碗白菜和1碗猫豆伴老鼠肉的菜、1瓶酒、2只酒杯和2双筷子。神台前的桌边六位师父相对而坐，桌子上放着3碗大白菜、3碗猫豆伴老鼠肉的菜、6只酒杯、6双筷子。引戒师、保举师一边念经，一边抓米放在铜铃里，随着念经的节奏声将米洒向神台，歌娘也开始低声唱歌。5分钟过后，主醮师将铜铃递给坐在桌子右侧的三个男子，他们每个人摇两下后递给童男，他们也是每人摇两下后传给歌娘，歌娘边摇铜铃边唱歌。约唱了10分钟后，歌娘喝了一点酒，吃了几口菜后继续唱歌。坐在神台前桌边的师父们也一起喝酒吃菜。约过了20分钟后，童男童女回房间休息。

纸缘师端来4碗猪肉、4碗猪肝，放在神台前的桌子上。盘王大歌开始了。引戒师先念经，其余6名师父拿筷子点。引戒师念到最后一句时拿筷子一点，就朝上甩，随后敬酒给其他师公，大家便一起吃喝。吃完后，7人把一根筷子放在碗上，然后大家一起念经书，所念之书是《盘王歌书》。随着引戒师的念经声，6名男子开始握着筷子上下点，之后又用筷子沾酒后点在猪肝上。念经声停时，主醮师和引戒师一手拿酒杯，一手用筷子夹一块猪肝递到纸缘师面前。纸缘师将酒喝下，将猪肝吃过后，也倒酒给在座的人，大家一起喝酒、吃猪肝。其间，坐在桌边上的6人不可起身离开，除非有人替换他念经。旁人给他们的东西也要从桌底递给，意思是不能给盘王看到，不然就是对盘王的不敬。大约1小时过后开始唱歌的第三阶段。童男正对着门口而站，童女站在原来的位置。此时，坐在桌边的6名男子可起身离开。歌娘开始低声唱歌，引戒师边念经边把挂在神台前的纸码摘下，主醮师在神台前边念经边烧纸马。与此同时，引戒师一手拿酒杯，一手拿剑沾酒后四处吹。重复3次后，引戒师一口喝掉杯中的酒并一口气吹向神台上的猪。此时，已经是早上7点，屋里只听见三位师父的念经声。

23. 送师父

仪式的最后一个阶段是辞送师父。主醮师把在之前埋在门口的杯子挖出，口中念念有词，不断地向门外抛撒纸马和纸钱，接着又跳了一遍罡步，意思是把杯子内的法术解除了，任何人都可以从这个门进入大厅了。仪式结束后，两头猪的大部分都是分给师公、歌娘、童男童女和帮工。主醮师得1个猪头和2条猪肉，引戒师得1条猪前腿和3条猪肉，保举师得1条猪后腿和2条猪肉，而且3位师父得到的猪肉都是44斤。其余的4位师父分别得到4—9条猪肉。帮工、歌娘和童男童女也能分到猪肉（见表5-4）。

表5-4　　　　　　　　仪式参与者所得猪肉数量

序号	参与者姓名	仪式中的角色与职责	所得猪肉数量
1	赵有兴	第一师父	猪头+2条
2	邓灯珠	第二师父	前猪腿+3条
3	赵德田	第三师父	后猪腿+2条
4	赵有财	第四师父	9条

续表

序号	参与者姓名	仪式中的角色与职责	所得猪肉数量
5	赵德贵	第五师父	5条
6	赵德富	第六师父	4条
7	蕉如香	第七师父	4条
8	邓妹奶	歌娘	4条
9	蕉振华	童男	4条
10	赵振耀	童男	4条
11	蕉振明	童男	4条
12	赵美琪	童女	4条
13	赵冬梅	童女	4条
14	赵丽秋	童女	4条
15	赵有程	帮工	3条
16	蕉生堂	帮工	3条
17	蕉生福	帮工	3条
18	蕉生旺	帮工	3条
19	蕉生朝	帮工	3条
20	赵有凤	帮工	3条
21	赵有林	帮工	3条
22	赵生富	帮工	5条
23	赵振香	帮工	3条
24	赵文财	帮工	3条
25	蕉生进	帮工	3条
26	吹笛子	帮工	2条

出门前，带神像画的师父要在神龛前念经，向主家祖先禀明度戒情况，感谢祖先在仪式中帮忙。说完后，要放1个红包在神龛上。接着打筶，之后倒退三步，向着神龛拜三拜，再后退拜三拜，一直走到门口。走到门口后把伞打开，因为神像画不能直接露在外面，不能让上界看到带着神像画到处走。师父出门时，师男要向众师和歌娘敬酒，感谢他们在仪式中尽心尽力地帮忙。师父喝了酒后也会回敬徒弟，还送给徒弟1个红包，

勉励他们步步高升。喝完酒后，持续三天两夜的度戒仪式宣告结束。①

图 5-11　师男与众师父及歌娘合影（陈锦均提供）

第二节　巫师的内部阶序

　　盘瑶的宗教活动严格遵照高度系统化的礼教习俗。他们一生中进行的各种宗教仪式，如婚嫁、丧葬、祭祖、挂灯、度戒以及日常的小型符咒均按礼法的规定进行。所有的仪式活动均由巫师来主持，因为只有他们才够得上主持仪式的资格，外行人则等闲视之。如第三章所述，盘瑶宗教职能者男女都有。但就整体情况而言，女性宗教职能者的社会地位比男性的要低。而盘瑶男性宗教职能者由于经历过的神职授任仪式、主持仪式的能力、受训的程度，以及在神灵世界中所取得的地位不同，导致他们内部形成一定的阶序，从而可以粗略地划分仙公、喃神者、查卦师、隆童师、设鬼师、地理先生、师公。兹就男性宗教职能者的内部阶序分述如下。

一　仙公

　　仙公不是社会认可的灵媒，而是暂代仙娘主持问仙仪式。如仙公家中

---

① 这里关于盘瑶度戒仪式的描述，是根据陈锦均同学 2012 年 11 月 26 日—12 月 7 日在宁明县爱店镇丈鸡屯赵有贵家观看度戒仪式后所写的调查报告整理而成。在此，深表谢意。

有仙娘不方便问仙，抑或家中女子（如妻子、姐妹或岳母等）有"仙根"，而她们并不想成为仙娘，那么仙公就得接过她们的兵马，以其名义替人举行各种宗教仪式。盘瑶中的过山瑶仙公人数不多，而且其"代理人"身份使民众不太相信他们，除非事情已经到了非常紧急的地步，而且当下又找不到仙娘的时候，人们才会求助于他们，否则人们宁愿选择前往路途较远的仙娘处，也很少请求仙公。①

二 喃神者

喃神者指的是只会祭家先的宗教职能者。在宁明县爱店镇瑶族中，存在这样的一个宗教职能者群体，他们没有度过戒，仅是挂了三盏灯，但却会念家先。如丈鸡屯赵有程（44岁），2009年挂三台保命灯，平时极少干农活，主要在家照看小孩。赵有程初中毕业，脑子比较灵活，闲时喜欢背家先书。村里有人做仪式他都会去观看，看不懂的地方就向师父请教。因为赵有程的老婆是越南人，所以他结识了很多越南小师父，农闲时就邀请他们过来喝酒聊天，席间也会聊及作法。由于赵有程虚心向师父请教，因而比普通村民懂得更多的法事知识，每逢节庆需祭祀念家先时，他自己做而无须请师父来帮忙，有时村里的师父们忙不过来，也有村民请他前去帮念家先。赵有程说，等他以后度戒了也想继续跟师父学法做一名真正的师公，毕竟现在村里愿意做师公的人越来越少了。②

三 降童师

降童师由男子担当，是神灵的直接"代言人"，他们在仪式中使用筶子等道具及咒语请神，使神灵直接降临到自己身上，表达出神灵想要传达给人们的信息。神灵初降时，降童师坐在椅子上双眼闭紧，手脚不停地颤抖，嘴里念念有词，激烈时忽然跳起，抓起地上的东西乱舞，甚至打滚乱撞，需要多名男子才能将他拦住不至于跳出门外而跌落受伤。这个过程称为"下阴"。下阴之后，降童师就可以测算吉凶以及代表神灵替人们趋利避害。事情做成了之后，神灵离去时降童师会猛然倒地，许久方苏醒过

---

① 根据梁宏章同学2013年夏季—2015年春季在恭城瑶族自治县三江乡、莲花镇所做的田野记录整理而得。

② 根据陈锦均同学2012年冬季—2013年夏季在宁明县爱店镇公母山瑶寨所做的田野记录整理而得。

来，称为"还阳"或"回阳"。还阳后降童师筋疲力尽，全然不知道自己下阴时做过什么，说过什么，基本处于一个无意识的状态。如果功夫不"狠"① 的降童师，就难以回阳，那么就会有生命危险。

降童师可分为生童和熟童。相比较而言，熟童的法术比较厉害。但如今盘瑶地区中的降童师都是生童，基本上没有熟童了。以前恭城瑶族中有一名熟童叫黄茂春，传说他可以一脚飞越鱼塘，在别人家里举行仪式时，蒙着眼睛到处跳也不会撞到他人和物体。更让人惊叹的是，曾有村民请他来测算家事，他在请神阶段往自己身后一抛卦头，得出阴卦后就降起童来。随后让旁人拿来海龙麟（席子）睡在上面，叫来四大将军（四名男子）踩他的手和脚，再让人把五谷车（石墨，约两百斤重）压在他的肚子上面，最后拿来九龙支水（一个桶装水）压在石墨上。他不但不觉得重或疼痛，而且嫌桶里的水不够满，还不断地叫人加水。整个过程意为落阴曹，这时别人要查什么他都可以帮查得到。②

四　查卦师

查卦师指的是替人卜鬼问神的宗教职能者。在广西盘瑶社会，比较盛行的占卜方式有筶子卦、问水卦、鞭卦、签卦和卜阴。筶子卦是通过打筶来替人占卜吉凶，筶子分阳筶、阴筶和保筶三种，所询之事靠筶相的变化得出答案。如小孩经常生病、吵闹，打针、吃药也不见效的时候，需请查卦师打筶卜问小孩是不是碰到野神野鬼了，如果打得阴筶则表示确实如此。查卦师的查卦方法与仙娘和仙公问仙的方法一样，主要由筶相决定。他们的区别在于仙公和仙娘请的是仙家，查卦人还请自己的阴阳师父；查卦人既不下阴，也不像仙娘那样有复杂的仪式程序，全凭依一副筶子便能完成占卜过程。③ 鞭卦、卜阴需要用降童的方式进行，不是任何人都可以做的。举行鞭卦、卜阴时，打卦人焚香烧纸迎请师父下来，召上下坛兵马下降，拿米四处抛撒，自己会全身抖动起来，带有原始的宗教色彩。鞭卦和卜阴多为打卦人和设鬼人所使用，而师公多用水卦、签卦和铜钱卦等，也有少数师公如田林县李德才等人也会卜阴。我经常跟随金秀大瑶山忠良

---

① 恭城瑶族自治县过山瑶民间俚语，意为厉害的意思。
② 根据梁宏章同学 2013 年夏季—2015 年春季在恭城瑶族自治县三江乡、莲花镇所做的田野记录整理而得。
③ 同上。

乡六努屯盘志富师父外出作法,多次近距离观察他为人家卜阴。以我观察所见,他在卜阴过程中的迷睡恍惚状态与萨满的神灵附体十分相似。

卜阴开始前,家主先在桌子上放1碗米、1碗水、1壶酒和5个酒杯。卜阴时,巫师手持筊子躬身拜3次后,坐在凳子上,两腿弯曲,嘴里不停打嗝,双手猛擦脸和大腿,不一会儿全身抖动起来,双手中指和食指不停地拍打桌子,口中发出"嘘嘘"声,恳求师父差兵遣将前来探问鬼神。只见他用各种动作来表示兵将进入他的体内。然后把桌上的米抓在手中撒向四方。接着右手拿起酒杯,低头装作喝酒的样子。同时从桌上抓一把米,拿在两手中变换数次说:"请兵将通到病人身上,查看他是否犯着鬼神。"接着巫师停下来,旁人拿来筊子交给他打卦。从这时候起,巫师用筊与神灵沟通,担任神灵和家主的翻译。对话进行半个小时后,病因终于找到了。巫师伏倒在桌子上,一动也不动。过了一会儿,他睁开双眼,张开双手,伸伸腰,恢复了常态。①

图5-12 大瑶山盘瑶师父在卜阴(罗宗志摄)

① 2007年10月15日田野笔记,地点:金秀大瑶山忠良乡六雷屯。

卜阴与盘瑶其他宗教仪式相反，并没有文字记下来供巫师学习。卜卦的要领是由师父口授机要。巫师在迷乱中，为请他前来的家主找出病因，这与萨满治病在某种程度上是相似的。面对这种合之于一的表象，可能在道教深入瑶人宗教仪式的主流之外，还有一个其他的中国来源。① 打卦人没有经书，也没有特别的法器，降童时只需1碗米，若干香纸即可。

五 设鬼人

由于勉语中"说"的念音与汉语粤方言某地俚语"说"的念音"shi"音近，同时汉语粤方言、湘方言中也有将巫师说鬼念成"shi鬼"和"shie鬼"的，所以盘瑶巫师在借汉字抄写经书时，常用"设鬼"二字记录"说鬼"，因而"设鬼人"也就是"说鬼人"。② 盘瑶称不会打斋、打醮、度戒、还愿，只会设小鬼的宗教师为设鬼人。因为打斋、打醮、度戒、还愿，要开天门请盘王、三清、玉皇大帝等诸多天神，仪式程序相当复杂，需诵读大量的经文、咏唱各种音乐，使用特殊道具。做这种法事不但要经过度戒，获得师父拨法，取得一定的职位和资格，而且要聪明识字，熟读科仪文本，并经过一定的见习，取得丰富经验，没有十几年的学徒生涯是不易做到的。而做小鬼，如送怪、解煞、赎魂、送白虎、送半夜鬼、收犯、架桥等仪式比较简单，容易学会。因此，在当地盘瑶中，不论是否挂灯、度戒，不会设大鬼只会设小鬼的宗教师，也可称为设鬼人。设鬼人只要努

图5-13 田林盘瑶师公在卜阴
（罗宗志摄）

---

① 雅克·勒穆瓦纳：《论瑶族文化及有关问题》，载乔健、谢健、胡起望编《瑶族研究论文集》，民族出版社1988年版，第195页。

② 广西民族学院赴泰国瑶族考察组：《泰国瑶族考察》，广西人民出版社1992年版，第260—261页。

力学习，也可以升为师公。设鬼人替人设鬼，需要掌握一定的经书，置备一些简单的法器。所备经书通常限于做小鬼用，如《小师接鬼书》《杂粮书》《合婚书》《收犯书》《架桥用》等，而《送亡忏粮书》《挂三台灯七星灯书》《度戒书》《盘王坐席唱》等打斋、挂灯、度戒、还盘的经书不需备置，除非他想学做师公。法器一般有筶子、剑、纸钱凿。

图 5-14　宁明盘瑶师父在替人解关限（陈锦均提供）

六　地理先生

地理先生也称风水师，他们常用的称呼是地理先生。地理先生能运用八卦中的24卦象测算风水，决定阳宅（房子）与阴宅（墓地）的地理方位和建造方法有关地理、风水知识的派别有很多，恭城瑶族地理师分属三元和玄空两个派别。三元地理是较为常见的一个派别，同时也和玄空派有关系。地理先生们结合先天八卦和后天八卦来看风水，通过看八字来替人算命。此外，他们还会择吉时吉日和书写各类地券，同时还掌握了不少奇门遁甲的知识。[①]

[①] 根据梁宏章同学2013年夏季—2015年春季在恭城瑶族自治县三江乡、莲花镇所做的田野记录整理而得。

图 5-15　恭城盘瑶地理先生在测阳宅风水（梁志凯提供）

七　师公

绝大多数盘瑶称师公为"塞翁"，而恭城过山瑶称师公为"瑶师"。通常而言，师公是指那些已度过戒，会打斋、度戒、还愿的宗教职能者。恭城过山瑶称那些经度过戒、挂七盏灯以上而且出师后能用瑶语主持或参与大型的宗教仪式男子为"瑶师"。恭城过山瑶共有 9 名瑶师，他们自认为属道教中的正一教。可是在瑶师所用经书中，有很多关于梅山教、闾山教和葛山教的记载，所以他们的师承渊源应当与这些教派有关，而这些教派的称呼正是道教与瑶族宗教相结合的产物。师公绝大多数都是中老年人，表明他们富有经验。调查期间访谈了 56 位师公，平均年龄为 62.09 岁。做师公之人，多专注于打斋、打醮、安龙、招禾、架桥、挂灯、度戒、还愿、开天门等大型仪式，而对于占卜、招魂送鬼之类的小仪式很少介入。受访的师公们自诩比设鬼人厉害。比如赵有福师公在谈到设鬼人时，开玩笑地对我说："我是吃大鬼的，小鬼让他们吃，大鬼他们吃不了我来吃。"师公是经过从师学习而成，熟知天文、历法、伦理、神话、传说、医药、祭祀、占卜等数十种瑶族典籍，是瑶族中掌握本民族古代文化知识，传授民族典籍的知识分子，在社会中享有较高声望，普遍受民众的尊重。作为师公要置备挂灯、度戒、打斋、还愿等瑶族经典，还要有牛角号、神剑、纸马印、神棍、老君印、铜铃等法器以及师公服饰、神像画。

师公又分大师公和小师公。大师公勉语称为 tom sai ong。在盘瑶中，能称得上大师公者，通常是那些度过戒、加过职取得高级职位，具有高深宗教知识和丰富阅历与经验，能为人举行度戒、加职的宗教职能者。在我们所接触的盘瑶宗教职能者中，被村民公认为大师公的人有黄锦秀、赵有福、李德才、赵成寿4位师公。瑶师们在仪式中说瑶语，着红底花色师公服，使用筶子、法剑等道具。所举行的仪式包括度戒、挂灯、打斋、打醮、还盘王愿、安神、安龙、认契、起水、抢魂、招魂、收惊、送鬼等。

图 5-16　金秀盘瑶师公（罗宗志摄）

无论是仙公、喃神者、降童师、查卦师、设鬼人、地理先生还是师公，都是因满足当地群众不同信仰层次的需要而存在的，他们构成了盘瑶社会的宗教职能者团体。当然，他们都不是完全的宗教职业者，而且身份有时是可以相互转换的，甚至职能也是可以重叠的，如喃神者、打卦人、降童师、查卦师、设鬼人、地理先生只要努力学习也可升为师公，而师公在替别人喃神、卜卦或送鬼时，又充当了喃神者、降童师、查卦师或设鬼人的角色。然而，他们三者的身份地位确实有高低之分，权能有大小之别。"喃神人—降童师—查卦师—设鬼人—地理先生—小师公—大师公"构造出一个比较完整的"金字塔"式的内部权力关系网络。

图 5-17　昭平盘瑶师公（陈锦均提供）

第三节　现世的权力差异

盘瑶巫师内部分层的背后，实际上蕴含着权力的差异。本节以金秀大瑶山资料为主，同时为弥补资料的不足，也参考了其他地方的资料，结合历史文献、民间经典及田野资料，通过对盘瑶巫师的政治权力、仪式报偿的差异性分配以及作法次数的差别作粗浅的勾勒，从而揭示他们在现实社会中的权力差异。

一　政治权力的不平等

在中央统治势力伸入金秀大瑶山之前，当地盘瑶社会内部一直沿袭着古老的族老、社老和石牌制的瑶老制社会组织，而以社老制和石牌制最具权威。

大瑶山5个瑶族支系都虔诚供奉社王，年年都要举行祭社活动，而与这一活动相适应，就形成了社老制的社会组织。茶山瑶、花蓝瑶、坳瑶居住较为稳定，他们建有庙宇，而过山瑶因迁徙频繁，只有立石为社，社随人移。无论是茶山瑶、花蓝瑶、坳瑶，还是盘瑶、山子瑶，每社都立有一社主。茶山瑶、花蓝瑶和山子瑶均以卜卦方式选举社主，盘瑶的社主则是由最先来开村的户主担任，父死子继，世代相承。社主是集宗教、生产、民事、军事于一身的民众领袖，平时充当宗教及生产活动上的领袖，依照习惯法管理生产事务，主持一切重要宗教祭祀，调解村寨内纠纷，若遇土匪或外来压迫又充当军事领袖，组织临时武装进行抵抗。

明代以后，大瑶山社会有了较大变化。随着山外战乱不断，大量流民涌入大瑶山，山内人口骤然猛增，导致生产生活空间急剧变小，人们不免为山林土地发生纠纷。① 社老制已逐步不适应社会发展的需要，因而在社老制基础上又产生了石牌制。石牌制是历史上瑶族群众为维持社会稳定而建立的一种具有自卫性质的政治组织。过去当地瑶族习惯以一个或若干个村寨为单位，订立需要共同遵守的石牌律。石牌律订立后，主要由石牌头人负责监督和执行。石牌头人一般由德才兼备，敢于主持公道，能说会道，有胆识者担任。

宗教与政治紧密相连。它们就像一对孪生儿，总是形影不离。② 自人类文明诞生以来，宗教与政治就不可分割地交错在一起。宗教在政治中的作用，主要表现在三个方面：一是权力直接依靠宗教；二是宗教可用来使统治精英合法化；三是宗教为谋求权力者提供他们借以操纵的深层结构、信仰和传统。③ 王斯福认为宗教隐喻是权力拥有者用以使他们的控制合法化的资源，也是他们通过象征掌握资源与军事力量以获得更大权力的表现手段。④ 特别是在发展程度较低的社会，政治中的一面即是宗教；宗教不仅是权力的工具或权力合法性的保证，而且也是政治斗争的一种手段。⑤ 例如在新几内亚、美拉尼西亚、俾斯麦希腊群岛、西非洲、北美印第安人的巫师，都把巫术的权力与政治的影响并而为一。⑥ 中国传统宗教是一种扩散性宗教（diffused religion）而非制度化宗教（institutional religion），而扩散性宗教的特质是教义、仪式和组织都与世俗的社会生活混而为一。⑦ 大瑶山瑶族因其宗教体系属于高度扩散性或混合信仰，未特化自成一个独立组织，所以它渗入生活中的每一面，包括社老制和石牌制。由于巫师是鬼神意志的传话筒，而瑶民又敬畏鬼神，因而容易获得群众的推

---

① 莫金山：《瑶族石牌制》，广西民族出版社2000年版，第25页。
② 董建辉：《政治人类学》，厦门大学出版社1999年版，第107页。
③ 特德 C. 卢埃林：《政治人类学导论》，朱伦译，中央民族大学出版社2009年版，第80页。
④ Stephan Feuctwang, "Historical Metaphor", Mar., 28, 1993, pp. 35 – 49.
⑤ 谢剑：《连南排瑶的社会组织》，香港中文大学出版社1993年版，第75页。
⑥ 马凌诺斯基：《文化论》，费孝通译，华夏出版社2002年版，第77页。
⑦ C. K. Yang, *Religion in Chinese Society*, University of California Press, 1961, pp. 20 – 21.

崇，故大多数的社主、石牌头人都由他们充任。20世纪50年代，几位了解情况的学者这样记叙过："以六拉乡四个茶山瑶村落来看，近百年来，所有的石牌头人之中，只有三个不是师道公。六巷门头一带的花蓝瑶头人，几乎没有一个不是师公。"① 在已发现的石牌中，由盘瑶支系独自订立的石牌很少，因而鲜有学者关注盘瑶巫师担任石牌头人的情况。庞有坤师公说，他妻子的曾祖父赵志府是龙表师公兼石牌头人。我们收集到的《大共石牌》中，前后两班石牌头人有29位。赵文县说，在29位石牌头人中只有冯文香、盘元明、冯文才、冯文票、赵才官5人是师公，其余石牌头人虽然不是师公，但都已度过戒、略通法术，而前后两任大石牌头人冯文香、盘元明是远近闻名的大师公，在石牌辖区内享有很高的威望，群众都十分畏惧他们。

20世纪40年代也有学者叙述道，"石牌头人大多同时是师公或道公，不过做师公或道公的，却不一定是石牌头人"②。诚如其所述，不是所有师道公都能当石牌头人，但他们常作为石牌头人的助手负责占卜、祭祀等活动。以立石牌为例，在石牌律通过后，为表示信守料令，同心同德维护石牌，众人要举行杀鸡、剽牛歃血活动。杀鸡时，社主拿来一只鸡，石墩上每人面前放着一个碗，碗里盛满米酒，社主喃神作法，围绕桌案转三圈，然后大声说"神灵保佑，天灵地准"，一刀将鸡头剁断，鸡血滴入碗中，户主代表每人拿起一碗，歃血盟誓。若举行大型石牌会，因参加会议人数较多，不杀鸡而要剽牛。剽牛时，由剽牛手牵着牛围绕众人走三圈，社主紧随其后喃神作法。祭祀结束后，剽牛手将牛拴牢在树下，一手拿桶盆，一手拿尖刀，对着牛的心窝猛刺一刀，牛顿时血流如注，顷刻倒毙。众人欢呼，歃血盟誓，割肉聚餐。③ 歃血盟誓是建立石牌的主要仪式，也是石牌约束力的重要来源。瑶民"信鬼畏誓"④，相信杀鸡剽牛祭天地，鬼神就会监督石牌规条的执行，所以一经盟誓后，参加石牌者都得遵守石牌规条，完成石牌指派任务，若是违背石牌规条，就要受到众人和鬼神的

---

① 广西编辑组：《广西瑶族社会历史调查》（第一册），广西民族出版社1984年版，第416—417页。

② 雷金流：《广西茶山瑶的石牌政制》，载《民俗》第二卷第三、四期合刊，国立中山大学出版1943年版。

③ 莫金山：《瑶族石牌制》，广西民族出版社2000年版，第37—38页。

④ （宋）周去非：《岭外代答》卷十。

惩罚。石牌正是通过这种仪式树立起神秘性和权威性，增强对石牌群众的凝聚力和控制力，这就是《淮南子·氾论》所谓"借鬼神之威，以声其教"。

1909年李国治带领清兵进入瑶山围剿三点会，利用石牌头人发动群众合围三点会。事平之后，出于追求政治整合，李国治在罗运召集全瑶山72个长毛瑶村的石牌头人和群众代表开会庆功，大肆犒赏，还与石牌头人商定，把瑶山划分为四团，分立团总。瑶山历史上的第一代官任团总都是那些在进攻三点会时立功的石牌头人。在大瑶山分立四团，委派团总之后，清军便退出了瑶山。从此，有一部分石牌头人兼团总的双重身份，对大瑶山进行统治。由于多数石牌头人由师道公转变而来，因而由石牌头人转变而来的团总自然也有一部分是由上了一定年纪的、受过戒的、有丰富阅历的师道公担任。如六巷团第一任团总、费孝通夫妇的东家蓝扶宵就是当地一名大师公。[1]

1911年辛亥革命获得胜利，建立了中华民国政府。民国初年，军阀混战，国民革命不断，政局动荡不安，政府无暇顾及瑶山事务，仍沿袭清制将瑶山划为四团，委任瑶族头人为团总。1933年广西省府开始在大瑶山的边缘地区编组乡村。1942年金秀设治局把大瑶山划分为13个乡，全面推行乡村保甲制度，委任瑶族中群众威信较高者为乡村甲长。瑶族巫师因熟读经书，粗识文字，见多识广，能说会道，在群众中享有较高威信，故多数乡村甲长都由他们充任。瑶族巫师兼任乡村甲长的事例颇多。蓝扶宵，六巷花蓝瑶，原为师公兼石牌头人。1909年，因协助右江道总镇李国治剿灭三点会有功，被委任为六巷团团总。1933年，广西省府编组象县东南乡，他被任命为乡长。赵文品原为六雷师公兼社主，民国时期广西省政府编组六强村，他被委任为村长。冯成文原为十八家师公兼石牌头人，民国时期广西省政府修仁当局编组乡村时，他被村中群众推举为甲长。庞成源，强仰村盘瑶，原是当地师公，广西省府编组强仰村，被委任为村长。[2]

1949年12月1日，大瑶山解放。正当瑶族欢庆翻身解放的时候，国民党残余匪帮麇集金秀瑶山为匪。他们在瑶山散布谣言，煽动坏瑶头参

---

[1] 莫金山：《瑶族石牌制》，广西民族出版社2000年版，第64页。
[2] 2008年12月22日由龙表屯65岁的庞有坤先生提供。

加土匪活动，蒙蔽不明真相的群众，屡屡制造匪乱。人民政府只好边剿匪，边建立基层政权。由于当时匪势嚣张，谣言惑众，瑶民逃进山林躲藏，不敢与剿匪部队接近。剿匪部队在宣传剿匪政策的同时，结合宣传民族政策，消除瑶民疑虑，动员群众下山。群众分清了是非，大胆回到村里，为剿匪部队侦察、带路并参加剿匪战斗。① 师公因常年走村串寨作法，熟悉瑶山地理，常被剿匪部队请来带路进山剿匪。如六雷赵文品师公、文二黄金胜师公都曾给剿匪部队带过路②；长垌乡赵金保师公以作法为名为剿匪部队收集情报③。经过军民密切配合，于 1951 年消灭了盘踞在大瑶山的土匪，同时全县的基层政权也建立起来了。人民政府在建立基层政权中认真贯彻了民族政策，由于瑶族上层人物在本民族中有一定影响，他们的情况也很不一样，所以政权建设采取了与汉族地区不同的做法。对瑶族上层人物始终贯彻团结、教育、改造的方针。对一些瑶族上层人物，在政治地位上给予适当待遇。原有的一些石牌头人、村长、乡长兼师道公者，由于拥护党和政府的方针政策，在瑶胞中享有威信，而重新得到重用，参与到新生的政权中来。如原金秀六拉村道公兼石牌头人陶玄天，由于在剿匪、发展生产中作出了一定的贡献，在瑶族群众中又享有威信，因而 1951 年当选为六拉乡副乡长，1952 年当选为金秀瑶区副区长，1956 年当选为副县长④；原忠良区新村师公庞有德民国期间被举荐至桂岭民族师范学校培训，返回瑶山后被委任为新村村长，1949年后被委任为忠良区区长、县粮食局局长；原十八家师公、石牌头人兼甲长冯成文，1949 年后被委任为永和村村长。⑤ 同时还有一些人原来不是石牌头人或不在旧政权中担任甲长、村长、乡长的巫师，因品行端正，精明能干，粗识文字，能言善辩，在群众中威望较高，又经受住清匪反霸、土地改革的考验，而被选拔为民族干部参与到新生的政权中来。如原人民政府县长黄元经，原县卫生科科长庞有宝，原县民政科科长黄金富，原六干乡乡长赵成寿，原六卜村团支书赵文县等人在担任公职前，

---

① 广西编辑组：《广西瑶族社会历史调查》（第一册），广西民族出版社 1984 年版，第 18 页。
② 2007 年 10 月 13 日由金秀大瑶山忠良乡六雷屯 74 岁的赵文县先生提供。
③ 2007 年 11 月 24 日在恭城县城由广西师范大学赵敏兰博士提供，赵金保是赵博士的祖父。
④ 莫金山：《瑶族石牌制》，广西民族出版社 2000 年版，第 72—76 页。
⑤ 2008 年 10 月 8 日由金秀大瑶山原忠良乡武装部部长冯春寿先生提供。

已度过戒而成为地方上的神职人员。①

20世纪80年代以来，随着社会的现代化，世界范围内的宗教活动日益活跃。② 如同世界许多地方一样，大瑶山盘瑶宗教也出现复兴的倾向。随着宗教的复兴，在当地盘瑶中出现了一批新的巫师。他们多数拥有教育或当兵背景，交际广泛，在群众中有一定影响力，因而被民众推选为村干部。我所考察的忠良乡，2002年有53位巫师，其中有27位曾担任过村干部，有5位是在职的村干部。③

二 仪式报偿的差异性分配

在早期瑶族社会，巫师替人作法并不贪图物质上的回报。④ 就如瑶族经典所唱的那样"不图手巾做被盖，不图米碗不耕田；不图做香花富贵，只图名字九流传"⑤。由于瑶族"信鬼崇巫"，法事比较多，只要有人来请，巫师便放下手里农活，外出替人禳灾祈福，耽搁了自家农事，日子过得比较清贫，因而过去在瑶族中流传"有女不嫁师公屋"的说法。盘瑶还愿科仪文本《盘皇头夜书》对师公的生活状况作了生动的描述：

> 有女不嫁师公屋，师公浪荡不耕田。
> 人屋耕田一般过，十月禾仓王王开。
> 一日打卦三碗米，不使耕田也过年。
> 人话师公得酒饮，生铁犁头得嘴光。
> 人话师公得钱使，不见师公买马骑。
> 人话师公得肉吃，不见师公身上肥。
> ……
> 人家养子出官职，我家养子出师公。

---

① 2007年7月24日、8月1日，2002年10月14日，分别由金秀大瑶山忠良乡六雷屯74岁的赵文显先生、59岁的冯文显先生，龙表屯74岁的赵成寿先生提供。
② 李沛良：《全球化、现代化与文化多元性：分析香港中西医体系互动》，载马戎、周星主编《21世纪：文化自觉与跨文化对话》（一），北京大学出版社2001年版，第389页。
③ 罗宗志：《生命经验底下的信仰疗法——广西一个盘瑶村落的巫医研究》，广西民族学院硕士学位论文，2003年。
④ 张有隽：《瑶族宗教论集》，广西瑶学会编印1986年版，第54页。
⑤ 梁钊韬：《粤北乳源瑶民的宗教信仰》，载刘耀荃、李默编《乳源瑶族调查资料》，广东省社会科学院1986年印，第271—292页。

若有十方人相请，香烟熏得眼睛红。[1]

不过社会发展到后来，瑶族巫师替人祈福禳灾已不是无偿了，他们开始从宗教活动中索取报酬。有史籍记载，清代连山瑶族"俗尚淫祀且畏鬼，甚有卖身以供祭祀者"[2]，乐昌瑶族"瑶甲死前，必以方术授其人，谓之渡身。其人预斋三日，至期有七日功课，竖刀鸣角，略如巫觋，用费颇巨"[3]。由以上文献记载可知，在清代，瑶族巫师无论是替人作法，还是传授徒弟都已经索取报酬了。

瑶族巫师多半不脱离生产劳动，只有在民众有事时，才外出作法。但他们替人作法绝不是无偿的了，家主除用酒肉招待外，还要给些财物。由于瑶族信鬼崇巫，一旦家中发生灾病，在能力所不及之外，以为冥冥中有鬼神在主宰。巫师自称是沟通人神的灵媒，民众既然相信他们的法术灵验，就有人不断地请他们排忧解难。他们因替人作法而获得的财物，日积月累也就不在少数了。他们因宗教活动获得一笔额外收入，生活自然比普通民众宽裕。[4]

在瑶族社会中，若一位巫师作法比较灵验而声名远播，就会有比较多的人请他作法，那么他家的生活就会比普通人家丰裕。巫师一次出去作法除所得红包几十元至几百元外，还有猪肉、鸡肉、粽子等作为酬谢。每到隆冬时节，是大法事最多的时候，师公通过作法获得大量的现金和猪肉。故当师公的人家在隆冬时节家里不缺肉吃。如贺州盘瑶师公在做还盘王愿仪式结束后，家主除给百元以上红包外，还送十几斤猪肉。2008年1月4—7日，贺州市黄洞乡三岐村盘宗明家举行了一场还愿仪式。还愿结束后，家主送给大师父赵有福红包310元，另外还有12斤重的猪头，而其他3位小师父赵文甫、李进保、赵贵府得到红包210元，以及12斤重的猪腿。赵有福与赵贵府是父子关系，他们从这场仪式共获现金520元，猪肉24斤。赵有福说，他们父子2007年通过法事活动得到猪肉150多斤，

---

[1] 摘自《盘皇头夜书科一本》，抄本年代不详，2007年8月16日于金秀大瑶山忠良乡六雷屯赵春福先生家收集。

[2] 凌锡华修，彭征朝纂：《连山县志》（第十六卷），1928年版。

[3] 刘远锋修，陈宗瀛纂：《乐昌县志》（第二十三卷），1934年版。

[4] 张有隽：《瑶族宗教论集》，广西瑶学会编印1986年版，第75页；杨鹤书、李安民、陈淑濂：《八排文化》，中山大学出版社1990年版，第130—131页。

鸡 10 多只。2008 年 2 月 13—23 日，我在千金组考察期间，住在赵有福师公家还能吃上不少还愿肉。

2 月 15 日晚，赵师公家杀了 1 只鸡，还煮一锅猪肉招待我们。起初，我以为猪肉是赵贵府昨天特意到集镇上买来招待我们。于是在吃晚饭席间，我对他们一家人说："我们打算在你们家住下好久，你们不要特意为我们准备什么菜，家里有什么菜就吃什么。今晚吃的肉是你们昨天特意去买的吧？"赵师公连忙说，"这肉不是买的，是帮人家还愿时家主送的"。我说，"上次还愿都那么久了怎么还没吃完？"赵师公说，"每次出去做都有十几斤，怎么吃得完？"他还指着碟子里的老鼠干肉说，"这也是人家送的，人家知道我爱吃老鼠，因为他们有事求于我，所以送给我"。

2 月 22 日，赵师公父子兵分两路到都江村园林组和龙湾组为人家招禾。仪式结束后，家主送了半边鸡给他们。因当时家主用塑料袋包装，我并没有看清里面装的是什么。吃晚饭时，我又以为是他们家杀鸡了。赵师公说是家主送的。他笑着说，"他家杀了 2 只鸡，不送我半边怎么吃得完。"①

在大瑶山盘瑶地区，20 世纪 70 年代以前，巫师替人做小法事酬劳是一餐便饭，而逢着还愿、打斋、度戒等大法事，依习俗规定送猪头和猪腿，没有红包可收。20 世纪 80 年代，常有平南汉族道士进入瑶山给人问仙、看相，在作法结束后即向人索取 3.6—7.2 元利息，而且还带来布袋把米盘里的米倒进袋子里。当地瑶人巫师看见后说，汉人道士收利息以后咱们也收点。② 自那以后，盘瑶巫师开始收取巫术服务费，巫术在盘瑶社会成了可让渡的商品。不过在当地盘瑶社会，仪式报酬随家主给，巫师从不跟家主讨价还价。家主通常按习俗约定、仪式规模、往返路程给予适当的误工补贴。仪式开始前，家主先把钱装进一个用红纸折叠而成的封包里，摆放在供桌的米碗上。仪式结束后，家主将红包塞到巫师的

---

① 2008 年 2 月 16 日田野笔记，地点：贺州市黄洞瑶族乡千金组。
② 2002 年 8 月 22 日由金秀大瑶山忠良乡六雷屯 69 岁的赵文县、77 岁的赵文富两位先生提供。

口袋里，同时客气地说"辛苦你了，这个是给你的一点利息"。巫师则乖巧地说，"不辛苦的，没讲这种的"，随后由家主把红包塞进口袋里。依我2007年考察所知，恭城县盘瑶巫师作法一天家主给100元左右[①]；贺州市盘瑶巫师作法一天家主给60元，半天30—40元[②]；大瑶山盘瑶巫师作法一天家主给30元。[③] 打醮、度戒、还愿、打斋是瑶族社会中规模较大的法事活动，由于举办这类法事花费巨大，所以如今打醮、还愿、度戒在当地盘瑶中已难看到。而各种小法事，则终年不断，有的巫师靠做小法事养活了自己。赵春福说，黄金寿每年替人作法所得收入可维持自己一年的生活，而他舅舅赵成寿专职作法，一个月没几天着家，平均每月收入约300元。[④] 我曾跟随盘志富走村串寨作法。每次作法家主除用酒肉招待外，还送10—30元不等的红包。他告诉我，他月收入最少的也有250元，最多的有650元，年平均收入6000元左右。我就一个盘瑶老人一年的生活费做过调查。六雷赵文富说，他每天的生活费要7元，一个月需210元，一年需2520元。[⑤] 石阳庞师公独自开灶做饭，一天的饭量是6两米。由于他经常在外作法，所以在家吃的米也不多，一年有100斤米就够吃了。按照一天6两米，一年100斤米计算，庞师公在家吃饭的时间约有170天。米在当地一般是每斤1.5元，庞师公不种水稻，米都是买来的，一年用来买米的钱为150元。庞师公每餐都要喝2—3两米酒，米酒一般是每斤1.2元。按170天算，一年用于酒的消费是183元。庞师公喜欢抽烟，每天2包2.5元一盒的甲天下，因为出去帮人家做法事，主家都会送烟给他，因而他抽烟的消费约是850元。庞师公家装有1部座机，他本人有1部手机，手机、座机一年需800元话费。这样庞师公一年的开支是1983元，而他一年约有大小法事100场，按每场平均35元来计算，一年的法事收入为3500元。如此算来，有些盘瑶巫师靠作法收入养活自己确实不成问题。

还有一个饶有趣味的话题是，竹村卓二认为白银对瑶族而言在圣俗两界都有价值。在世俗领域，白银可作为财富的理想形式；在神圣领域，白

---

① 2007年11月20日由恭城县瑶学会66岁的莫纪德先生提供。
② 2008年2月13日由贺州市黄洞瑶族乡千金组62岁的赵有福先生提供。
③ 2007年10月14日由金秀大瑶山忠良乡六努屯59岁的盘志富先生提供。
④ 2007年10月14日由金秀大瑶山忠良乡六雷屯76岁的赵春福先生提供。
⑤ 2007年10月14日由金秀大瑶山忠良乡六雷屯82岁的赵文富先生提供。

图 5-18　米碗上的红包（罗宗志摄）

银是购买通往神灵世界的桥梁的媒介。① 盘瑶男女喜欢以银器为饰品，尤其是妇女，无论老少贫富，身上或多或少要用一些银器，如手镯、戒指、耳环等来装饰。大瑶山盘瑶的某些法事也规定要银圆作为祭物，由于祭物是供奉给鬼神的，所以一般人不敢动用。仪式结束后，这些银圆自然归属于巫师的法事报偿范畴之内。有的师公法术较高，经常被请去作法，积聚了大量的银圆，如六音大师公庞文荣通过作法攒下很多银圆，死后留下银圆 600 多个。② 现在健在的师公中，赵成寿、庞有坤，黄金寿、庞有福等人也有几十个银圆。③

盘瑶巫师与普通民众在经济收入上的差别大致如上述。而值得我们关注的是，巫师因职位、能力、经验、声望等形成的内部分层所导致的仪式报偿的差异性分配。那些道法高、经验丰富、职位高的巫师常被家主请来在大型仪式中担任大师父，从而在事后分到更多的财物；而那些道法低、资历浅、职位低的初学者，只能给大师父充当仪式助手，所得的仪式报偿要少得多。

---

① 竹村卓二：《瑶族的历史和文化》，金少萍、朱桂昌译，民族出版社 2003 年版，第 145 页。
② 2007 年 10 月 21 日由金秀大瑶山忠良乡六音屯 57 岁的庞福贵先生提供。
③ 2007 年 7 月 23 日由金秀大瑶山忠良乡古盘屯 56 岁的赵有兴先生提供。

瑶族巫师仪式报偿的差异性分配，早在20世纪30年代起已为研究者们所关注。20世纪30年代，粤北瑶族请师公做度身法事后，除酬谢师公银百元外，还得送大师公每人猪肉25斤，而小师公则得10余斤①；20世纪40年代，桂北瑶族在还愿法事结束后，除酬谢师公桂钞数元外，还要送主坛师公猪头1个，8—9斤；而普通师公猪脚1只，猪肉1条，重3—4斤。② 2008年1月，广西贺州市黄洞瑶族乡盘宗明家举行一场还愿法事。法事临近结束，厨官立即切开还愿大白猪，秤取并穿绑好4份猪肉给主持仪式的师公：还愿师得猪头1个，约12斤，猪肉1条，约1斤多；祭兵师、赏兵师、五谷师各得猪腿1条，约12斤，猪肉1条，约1斤多。喝完散福酒在师公们临走前，家主给还愿师310元红包，给祭兵师、赏兵师、五谷师3位师父的红包均是210元。巫师不仅在同一仪式中报偿有差异，而且不同层级的巫师在不同仪式中所获的报偿也是不同的。一般而言，打卦人每次占卜只得5元，设鬼人每次作法10—30元，师公作法每次有40元，有时还有礼品相送。

盘瑶巫师的仪式报偿也呈现高低不同。在当地盘瑶社会中，一些大型法事因仪式的需要，会有数量不同的师公参与其间，那么他们在仪式中的作用也会有不同。这些作用不同的师公，在一些仪式文本中都会有表现，即以不同的职能性称呼来指称在一场仪式中每一角色的不同师公。③ 如打斋仪式有5个职能性师公，即主醮师、赏兵师、忏粮师、纸元师、香火师，其中主醮师是仪式的核心主持人和指挥者。由于仪式中的职能不同，仪式报偿有差别也是自然的了。2007年10月21—24日，我在六音观看了一场年近百岁老人的葬礼。主醮师是六门赵成德，赏兵师是新村郑有禄，忏粮师是六努盘进元。这场法事打了3个斋，仪式持续三天两夜。法事结束后，依习俗主醮师应得到猪头1个，赏兵师、忏粮师得到猪腿1

---

① 参见庞新民《两广瑶山调查》，中华书局1935年版，第39页；江应樑《广东瑶人之宗教信仰及其经咒》，载刘耀荃、李默编《乳源瑶族调查资料》，广东省社会科学院1986年版，第126—166页。
② 雷泽光：《广西北部盘古瑶还愿法事》，载刘耀荃、李默编《乳源瑶族调查资料》，广东省社会科学院1986年版，第371—391页。
③ 2008年2月13—21日、7月27日—8月2日、11月15—19日，我与刘照瑞教授在贺州市黄洞乡千金组进行了三次田野调查，调查过后由刘教授写成调查报告《一个瑶族师公和他的信仰世界》，此处关于"职能性师公"的提法参考了刘教授的调查报告，在此深表谢意。

条，但师公们担心仪式过后猪肉变质，不肯要猪肉，而是折算成现金①。法事过后，主醮师得61元，赏兵师、忏粮师得51元。据说当时诸如打斋这类大法事，师公报偿应在100元左右，但因此次仪式主人庞成富也是当地有名的师公，大家都是同行，算是互相帮忙，所以只给几十元酬金。若是普通民众，每位师公至少要给100元左右。由于现在也有个别巫师在作法前，与家主讨价还价，遭到群众的非议。考察过程中，同村民们聊到巫师报酬时，常听到的话是"过去师父是不讲钱的，现在的师父除用酒肉招待外，还要给人工钱"。

不过，盘瑶巫师收入与他们的权能高低不一定相对应。一如我在本章第二节所展现的，盘瑶宗教职能者划分为喃神者、打卦人、设鬼人和师公4种，他们因权能不同而活动在不同的宗教信仰层次上。处于宗教信仰活动较高层的，是师公群体所代表的宗教活动，以挂灯、度戒、打醮、打斋、还愿等大型仪式为主要表现形式；处于宗教信仰活动较低层的，是喃神者、打卦人、设鬼人所代表的宗教活动，以祭祖、招魂送鬼等小型仪式为主要表现形式。设鬼人的宗教活动满足了人们日常生活中随机发生的信仰需求，因而具有更广泛的民众基础，故寻求他们作法的人比师公的还多，所以有的设鬼人收入比师公还高。如金秀大瑶山忠良乡车田村六努屯盘志富虽是一名设鬼人，但他会多种小法术，正好满足群众的信仰需求，因而找他作法的人很多。金秀大瑶山忠良乡巫师中收入较高的是赵成寿、庞有福、盘志富。虽然全乡有26位师公，但只有两位师公的收入超过盘志富。不过总体而言，师公收入比设鬼人高，设鬼人收入比打卦人高。我对师公赵成寿、设鬼人盘志富、打卦人赵文县在2006年的仪式报偿作了粗略统计，结果是赵成寿、盘志富因作法太多，记不清得了多少钱，只是说"可能有几千"，而赵文县清楚地记得只有25元。2013年，我们对荔浦县茶城乡清良村黄泥坝屯冯金亮师公农历正月至九月、田林县利周瑶族乡凡昌村伟好屯李德才师公一年的法事收入作了大致的调查。根据对冯金亮师公法事活动记录本所作的统计，2012年农历正月至九月他的仪式现金收入有11715.9元，而根据李德才师公的口述，他每年的仪式收入约有4万元。

---

① 2007年10月24日，由金秀大瑶山忠良乡六音屯57岁的庞福贵先生提供。

三 作法次数的差别

我们在考察时，在与村民们聊天过程中，常听到他们说某某师父比较有威望，于是我们就问他们有威望体现在哪里。综合村民们的回答，在他们看来一个有威望的师父主要体现在以下几个方面。

首先是资历深，有煞气。资历深，是指出道早，辈分高，经验丰富；有煞气，不是说师公让人觉得可怕，而是指师公身上有常人看不见的气质，让鬼神见到内心有三分恐惧，做仪式比较容易成功。

其次是等级高，权能大。盘瑶巫师等级严格。最低一级是挂过三台灯的巫师，他们没有开天门的资格；第二等级是挂过七星灯的巫师，他们一天可以开 2 次天门；第三等级是挂过大罗灯的巫师，他们一天可以开 3 次天门；最高等级是加过职的巫师，他们一天内开天门的次数不限。巫师的等级越高一天之内开天门的次数越多，威望也就越高。要想获得开天门资格，必须拥有 72 个以上的兵马。加过职的巫师拥有 1200 个兵马，所以开天门的次数不限。

最后是作法灵，信众多。作法后能帮主家解决他们的困扰，巫师的名声会在远近村寨中传开，群众就会比较相信他们的话，找他们作法的人也比较多。由此看来，作法次数的多寡能反映出民众对巫师的信赖程度，以及巫师在民众中的威望程度，群众越是相信巫师，也就证明巫师的威望越高。因此，作法次数可作为衡量一位巫师权力大小的标识之一。

综上所述，一个巫师作法的频繁度，取决于他名声的大小，他所掌握的法术种类、数量以及从业时间的长短。在这一点上，也常常因人而异。那些作法多年、上一定年纪、经验丰富的巫师，几乎每天都有人请去作法，而那些资历较浅的年轻巫师，则几乎无人问津。打卦人赵文县以下叙述，支持了我的这一论点。

【个案 5-1】ZWX 很早就跟岳父学法，在他担任大队团支书前已会好多法术。1974 年他担任团支书后就不敢再学法。1985 年因大儿子超生，难以向乡政府交代，就自动离职。离职以后，他也想再学法术。可是，岳父已经去世了。由于中断了 11 年的法术活动，他忘记了很多法术，现在只会卜卦、请翁太。他也想过跟别人再学法，不过因附近村寨有黄金寿师公，他法术较高，怕别人找他而不找自己，弄不到吃，所以没有再学。①

然而，也有些巫师并不像赵文县那样担心学法后无施展之地，他们虚心向大师父求教，以增进法术及提高职位，让更多的群众找他们作法。

【个案5-2】以前，PZF只会卜阴。他妻子开玩笑地对他说，你只会这种法术，只能吃猪肉，要想吃到鸡肉，还要再学更多法术。于是，他除跟父亲学法外，还拜他的伯父六音的庞文荣为师，学到了更多法术。从那以后，来找他作法的人越来越多。②

【个案5-3】六门ZCD，从小跟父亲学法。但做不去③，很少有人请他作法。后来，他拿着一只大公鸡和一碗扣肉，在正月初一来到六门拜庞文荣为师，向他学习更多法术。经过不断学习和实践，最后成为师公。现在他在当地颇有名气，请他作法的人也比较多。④

如果在某些大的村寨，在巫师人数较多时，就要看人际关系了。在金秀大瑶山盘瑶中，如需做大法事，主家会用芭蕉叶包上槟榔，用线绑得像粽子一样去请师父。如果要师父带神像的，就用芭蕉叶子包上盐和茶叶。家主来到师父家后，把槟榔信放到他家香炉里。如果家主不能找齐师父，就请主醮师帮忙找其他师父。主醮师收到槟榔信后，即选定协助他举行仪式的助手。家主再按主醮师所嘱，用芭蕉叶包槟榔去请其他师父。在选定助手时，主醮师自然选择那些跟他关系较好、距离较近的巫师。而本姓本房的人有事，都先请本姓本房的巫师，因为在仪式过程中要讲明意者，而本姓本房的巫师比较了解事主的情况。除非一些大法事，本姓本房的巫师没有能力主持，才请其他的巫师。这在当地已成为一种潜规则。

考察期间，我们试图通过了解金秀大瑶山忠良乡盘瑶师公赵成寿、设鬼人盘志富、打卦人赵文县在2006年共作法几次，在哪儿做的，法事名称是什么，以评估不同类型巫师作法的频繁程度，结果让我失望。赵文县

---

① 2007年7月26日，由金秀大瑶山忠良乡六雷屯74岁的赵文县先生提供。
② 2007年10月16日，由金秀大瑶山忠良乡六努屯59岁的盘志富先生提供。
③ 金秀大瑶山忠良乡一带俗语，意为作法不灵。
④ 2007年10月24日，由金秀大瑶山忠良乡六音屯57岁的庞福贵先生提供。

清楚地记得祭灶2次，请翁太1次，收魂2次，共作法5次，而当问到赵成寿、盘志富时，他们回答说"次数太多，记不得了"。盘志富说，他一年中在家里的时间加起来不足3个月，外出作法时间最长的一次是25天，其中在山界屯作法15天，在能段作法10天。他粗略估计，2006年作法200多次。我在2007年10月15—29日，跟随他到忠良乡各地盘瑶村寨作法。在这14天里，他辗转于六雷、忠良、六音、六门、六努、山界6个瑶族村寨，行程200多公里，作法31次，收入383.6元。在跟他作法的过程中，还来了11个电话请他去作法。由于日程安排得太满，他没办法应邀前往作法。

第四节　彼岸的等级差序

通过前两节的讨论，我们可以大致看到盘瑶巫师基于不同等级的神职授任仪式、主持仪式能力以及受训程度而形成的内部分层。而活动于不同信仰层次上的巫师，他们在神灵世界中的位置同样呈现高低不同的态势。

一　高低不同的灵界地位

彼得·坎德尔对瑶族独特的宇宙观的一段分析，十分值得我们重视。他认为：

> 对于瑶族来说，宇宙不过是人生的舞台。活人和神灵构成宇宙的两大范畴。神灵和活人一样，有喜怒哀乐，也需要必要的食物……神灵具有某种社会组织，该组织特别依靠大神灵集团的统治，对活人实行监督，强制他们履行契约上的义务。由18尊神掌管的官僚集团，受多数下僚的辅佐，从而构成神灵世界的中央政府。由于这一政府的保护，各神灵按照它们固有的价值或功德在绝对的安全下得到永生。这种价值或功德，要靠现世的花费才能获得。而且这种投资，有的是事主自己在生前，也就是在成为神灵前由自己来做，或者事主变成神灵后，由亲属中的某人替他完成。这种现世的花费必须以权能仪式的形式进行。在这一仪式中，神灵世界的中央政府向个人神灵授予其在

神世界中规定的位置。①

如坎德尔所叙述的那样，瑶族宇宙观的基本构造，由神灵世界中的权力机构和世俗社会的权力机构两个范围规定了秩序。竹村卓二以上述知识为线索指出，对瑶族而言，日常接触的所在地的权力机构，只不过是暂时的政府，而瑶族真实的正统政府在神灵世界，是永远稳定的。② 对于瑶族来说，虽然现实中的政府也是不能忽视的，但神灵世界中的政府更为重要。因为对于他们而言，现实世界不过是为了在神灵世界中得以永久荣显的考验场所。因此，瑶族人生最基本的目标，在于靠自己家庭生产力的不断提高，在现世社会中尽可能积蓄许多财富，以功德修成仪式的形式投入银钱，生前就力求保证在神灵世界中的荣誉地位。③ 竹村卓二的以上观点可概括为"花钱买来世仙途"④。

正是以上独特的宇宙观构造，使瑶族巫师不仅生前受人尊敬，死后也很有地位。在瑶族的宗教观念中，认为巫师死后可以登上天堂，在神灵世界里充当大小不同的官职，身边还有兵马保护。⑤ 因此，瑶族人喜欢让每一个成年男子在他们的有生之年都花费巨资投入宗教仪式中，以便在神灵世界的官僚架构中都各占一席之地。对瑶族人而言，一个理想的社会就是一个"师父"的社会⑥，而要实现这一社会理想，取得公认的巫师身份，挂灯、度戒是必经的仪式。

盘瑶人深信，通过挂灯、度戒有利于提高他们在神灵世界中的地位，具体表现是获得兵马、授予名号、死后升天以及投官任职。在盘瑶人的观

---

① Peter Kunstader, "Autonomy and Integration of Social System: The Yao Mountain Population and Their Neighbors", in Peter Kunstader ed., *Southeast Tribes, Minorities, and Nations Priceton*, N. J.: Priceton University Press, 1967, 2, pp. 587 – 588. 翻译参考竹村卓二《瑶族的历史和文化》，朱桂昌、金少萍译，民族出版社2003年版。
② 竹村卓二：《瑶族的历史和文化》，金少萍、朱桂昌译，民族出版社2003年版，第144页。
③ 同上书，第159页。
④ 杨民康、吴宁华：《瑶族"还盘王愿"、"度戒"仪式音乐及其与梅山教文化的关系》，载曹本冶主编《中国民间仪式音乐研究·华南卷》，上海音乐学院出版社2007年版，第345页。
⑤ 广西编辑组：《广西瑶族社会历史调查》（第一册），广西民族出版社1984年版，第417页。
⑥ 雅克·勒穆瓦纳：《瑶族挂灯度戒仪式中的龟象征》，载广西民族研究所编《瑶族研究论文集》，广西人民出版社1992年版，第44—53页。

念中，凡已成功挂灯、度戒者，都被授予相应的称号、拨给特定数目的兵马。如前所述，由于盘瑶男子因一生经历过的宗教仪式而获得的称号，从低到高依次是"法""郎""太"，因而以上这些称号成为定义一个盘瑶男子地位和权力的象征符号，因为经由他的称号就可以知道他的宗教地位以及他在仪礼上的权力。兵马是其拥有者的保护神，随身兵马的多寡，表示护卫他的力量有多大，也象征着他的法术、权能以及宗教地位的高低。兵马平时居于家中神台，逢着初一、十五都要烧香供奉，它们会时刻保护着挂灯、度戒者及其家庭成员免遭邪神恶鬼的袭击。如遇有重要法事要做，还可用老君印调来召神劾鬼。在卜阴场合，它们还由降童装扮出场，跟随家神驱除煞神厉鬼，恢复被扰乱的正常生活秩序。至于已挂灯、度戒者所拥有的兵马数目，与其本人所达到的神灵世界地位的高低是相适应的。兵马的分配如表5-5所示。

表5-5　　　　　　　　仪式等级与兵马分配对应表　　　　　　　　单位：个

仪式顺序	称号	守护的兵马数目
加职	郎	120（一说有1200）
挂十二盏大罗灯	法	120
挂七星灯	法	72
挂三台灯	法	36
12岁以下	花	12

注：挂灯、度戒后女子所获兵马数目相应减半。

盘瑶男子挂灯、度戒后会在神灵世界里获得相应的职位。在挂灯、度戒过程中，师父要授予师男"职位书"。职位书分为阴、阳两份。阴牒在开教师给师男讲解清楚文牒内容，已确知他已充分理解后，当场焚化以示神灵天鉴，而阳牒由师男生前保存，死后在师公做送亡仪式时焚烧随葬，表示死者已脱离尘世，可持阳牒前往神灵世界同祖先相聚及投官任职。职位书上需写明弟子住址、姓名、受戒时间、奉何教、受何戒、受戒师父、所授官职。2007年7月23日，我在金秀大瑶山忠良乡六卜村六雷屯赵春福家收集到一本《挂七星灯疏意》，内载职位书格式如下：

今据

大清国广西道承宣布政司△府△州△县△乡△里管

入△冲△村△社下立宅居住奉

真挂灯传白保安信士家主△同妻△氏者合家眷等

即日合心冒干

皇上△年△月△日吉良奉祈挂灯升度二戒弟子保安家主△新度

小师△信女△合家眷等拜疏上伸

右恭叩

茶酒师△执香师△证盟师△纸禄师△

书表师△引度师△主醮△职位

太上奉行北极驱邪院川通闾梅师道二教二戒弟子△职位

升在△道△府正任知府主管天下鬼神○字为号①

2008年12月23—25日，德香村小德屯黄通贵挂七星灯后，师父授予他的职位是"太上奉行北极驱邪院川通闾梅师道二教二戒弟子黄法灵职位升在北京府太平县政（正）任之（知）府只管天下鬼神正心（圣令）为号"。授予职位之后，要给师男挂神职。主醮师将师男法名写在一张纸条上，然后左手摇铜铃，右手将职条打折，站在任意一张神像画前念经请求神灵接封职，同时将纸条往某一张神像画上贴去，如果职条停一下才掉下来，表示附在该神像画上的神灵接纳了他的阴职。以后若逢有法事要做，须说出受戒人的年庚、受戒时间、任职地方以及职位挂在哪个神像面前，否则作法不灵。挂灯、度戒后，师男升职遍布全国10省90余府。②

二 规格有别的丧礼待遇

在人类社会生活中，每个人都承担着不同的社会角色从而构成社会，因而作为社会成员之一的个人死亡，被看作其所承担角色的整个体系出现了某种不平衡。由于社会突然接受人的死亡是相当困难的，因而需要举行

---

① 摘自《造挂三台七星灯》，1932年抄本，2007年8月16日于金秀大瑶山忠良乡六雷屯赵春福先生家收集。

② 参见《造挂三台七星灯》，1932年抄本，2007年8月16日于金秀大瑶山忠良乡六雷屯赵春福先生家收集。

葬礼以求得恢复社会的均衡。马凌诺斯基说，一个人的死使其所在社会的精神生活发生混乱，因而需要通过举行葬礼来使群体生活得到恢复。① 拉德克利夫—布朗记述说，在安达曼群岛的岛民社会中，"个人的死亡使社会凝聚力受到局部破坏，正常的社会生活被打乱，社会平衡被扰乱。这个人死后，社会不得不重新调组织自己，达到一个新的平衡状态"②。而通过葬礼，不仅使死者的灵魂得以前往死者之国，而且也使遭受破坏的社会均衡得以恢复。

如果一个人在生前所扮演的角色重要，那么他的死所导致的社会体系的混乱也较显著，从而举行葬礼也就更为隆重。③ 拉德克利夫—布朗在《安达曼岛人》一书中指出："……葬礼会因死者社会地位的不同而变化。小孩子对社区的整个生活影响不大，因此，如果死的是一个小孩……也只有小孩的父母才举行服丧仪式。类似的，一个长期患病、无法作为重要角色参与社会生活的人对整个社区几乎没有什么影响，人们只是草草举行一下仪式就将其尸体处理掉了，服丧起来也是马马虎虎。而另一方面，正当盛年的著名猎手或受人敬重的首领去世则是重大得多的损失，整个社区都会为之服丧……"④ 可见，葬礼已成为观察死者生前的社会地位与权力的重要场所，因为葬礼是现世生活的延续与现世生活的投影，所以透过死者葬礼的规模就可知道他在现世的权力与地位，现世生活得越富裕，现世掌握的权力越大，其葬礼的规模也就越大。

有人死了，社会要做的第一件事就是切断社会与死者之间的联系，而这一过程的第一步就是举行葬礼。盘瑶人葬礼因死者年龄、身份地位、死亡原因不同，葬法也不同。他们的葬礼分为如下几种类型。

第一种是早夭者。盘瑶认为，12岁以下者是未成年人。故12岁以下的人死亡被称为早夭。早夭之人葬礼很简单，杀1只鸡，请来1位设鬼人念《送下桃源》后，用草席裹尸，由亲属抬往坟地埋葬。早夭之人其亡灵要送到生之来处的桃源洞，在那里看花、守花，等待重新投胎成人。

---

① 马凌诺斯基：《巫术科学宗教与神话》，李安宅译，中国民间文艺出版社1986年版，第135页。

② 拉德克利夫—布朗：《安达曼岛人》，梁粤译，广西师范大学出版社2005年版，第213页。

③ 吉田祯吾：《宗教人类学》，王子今、周苏平译，陕西人民出版社1991年版，第144页。

④ 拉德克利夫—布朗：《安达曼岛人》，梁粤译，广西师范大学出版社2005年版，第214页。

第二种是无子嗣者。年满12岁无子嗣又未挂灯、度戒者死亡，葬礼也很简单，请来1位设鬼人念《送下桃源》，用白布搭平桥，白布上用桶压住，桶底挖个孔，让亡魂从那里前往桃源洞，等待重新投胎。

第三种是死于非命者。死于非命包括被人打死、跌山崖死、蛇兽咬死、马蜂蜇死、溺水死以及难产致死等。凡属这类死亡，死于户外者，尸首不得抬回村寨；死于户内者，不能停尸正堂；由亲属用冷水沐尸，用棺材当场入殓后，即抬往坟地埋葬。同时请师公念《破血湖经》，作法让死者家属过火炼，以示驱邪禳灾。

第四种是寿终正寝者。寿终正寝包括三类人，即已婚生有子女者、已挂灯者、正常死亡者。三者具备的，可享受比早夭与死于非命更高的葬礼待遇。然而，寿终正寝者因身份不同而形成规格不等的葬礼。

在湖南、云南、广西等地盘瑶中，死者因挂灯与否与级别而享受不同规格的葬丧待遇。在湖南盘瑶中，度过戒之人死后，要请三位巫师作法，死者魂魄升入天堂，能上祖宗神位接受香火供奉；而未度戒之人，死后只能变成野鬼去阳州。[①] 在云南盘瑶中，未挂灯者死后由师公送其亡灵回到祖先居住地阳州，但不能升入天庭；已挂灯者死后，挂三台灯和七星灯者由师公用白布搭平桥挤入十二天门，而挂十二盏大罗灯和度师者，由师公用白布在灵堂中搭起天桥，请金童玉女引领亡灵升入天庭。[②] 在广西田林盘瑶中，度戒达到最高级别者，死后可到老君十二街去投官任职，亡灵前往阴府途中，有天界神仙夹道欢迎，排场盛大隆重有如阳间迎官上任；只度到二戒者，死后前往阴府路上，也有天界神仙前来迎接，排场盛大隆重如同阳间迎官上任，但死后的去处是到梅山三十六洞投仙修道；仅有挂灯者，死后在前往阴府路上，沿路由阴间官员前来迎接，没有什么排场，死后的去处也是到梅山三十六洞投仙修道；未挂灯者，死后前往阴府路上，只有毛虫、猴子和鸡等动物来相送，死后的去处是到桃源洞等待重新投胎。[③]

---

① 张劲松：《瑶族度戒调查及其傩戏初探》，《长沙水电师专学报》1990年第2期，第93—97页。

② 徐祖祥：《瑶族的宗教与社会——瑶族道教及其与云南瑶族关系研究》，云南人民出版社2006年版，第155页。

③ 陈玫妏：《从命名谈广西田林盘古瑶人的构成与生命的来源》，唐山出版社2003年版，第115—118页。

拉德克利夫—布朗曾经说过，比起与死者的关系来，葬礼和生者更有关联。当地盘瑶相信，每个人死后都应去他应去的地方，主持打斋仪式的师公须根据死者生前身份用恰当的方式把其亡灵送达正确的地方。如果送得不对，死者阴魂不散，会返回家里弄东西，生者也不得安宁。在金秀大瑶山盘瑶社会，未挂灯者、已挂灯者和巫师死后享受不同规格的葬礼待遇。2007年10月20日，我来到金秀大瑶山忠良乡林秀村六音屯考察，恰逢年近百岁的盘进金老人当晚病逝，使我有机会观看了葬礼的全过程。在此根据主持打斋仪式的赵成德、盘进元、郑有禄3位师公的叙述，对当地盘瑶葬礼的级别记述如下。

金秀大瑶山忠良乡盘瑶称未挂灯之人为"白衣人"。已婚生有子女但未挂灯者死后，虽然也请3位师公担任主醮师、忏粮师和赏兵师主持葬礼，但只能由师公在灵堂中用白布搭"平桥"，白布铺在棺材旁的长凳上，从门槛上拉过通向门外。师公念《送下桃源》请来引魂童子，引领亡魂通过"平桥"前往生之来处的桃源十二洞。白衣人在桃源十二洞中的花林里守花、看花，等待重新投胎成人。盘瑶经书《送下桃源》"女人用"科如此描绘桃源十二洞：

  送入桃源第一洞，洞里花开四季清。
  送入桃源逍遥路，逍遥路上正修行。
  送入桃源第二洞，花开四季满园香。
  吾师送入桃源洞，逍遥快乐得欢心。
  送入桃源第三洞，三洞逍遥花朵新。
  送入桃源花林里，花林里内再投人。
  送入桃湖第四洞，龙凤金鸡拍翼齐。
  托花娘姐在林里，托娘魂魄上天台。
  送入桃源第五洞，托花娘姐在花林。
  快乐林中多欢喜，逍遥快乐在心中。
  送入桃源第六洞，六朝六夜在花楼。
  六郎姊妹学得道，快乐逍遥世不愁。
  送入桃源第七洞，七星姊妹在花园。
  邀娘共在逍遥案，逍遥快乐万千年。
  送入桃源第八洞，八仙姊妹在花街。

八仙姊妹来相接，逍遥得道上天堂。
送入桃源第九洞，九洞逍遥快乐香。
花林姊妹佛在案，烧香拜佛再投娘。
送入桃源十洞里，十洞花园八洞仙。
今生命尽归阴府，再修后世得长仙。
有缘修得桃源洞，桃源洞里万千年。
修心学得观音道，七星引妹上西天。
送过桃源十一洞，逍遥洞里得宽良。
吾师送入桃源洞，一世不回转本乡。
送入桃源十二洞，十二洞里得逍遥。
吾师送入桃源洞，一世不回转本州。①

已挂灯者及其妻子死后，师公用白布在灵堂中搭起"天桥"，用梯子撑起一块长长的白布，从棺材边拉起一直挂到大门顶端，白上还铺有大渡桥神像。但已挂灯者因是否是巫师而在死后去处以及死后地位又有所不同。如果死者生前不是巫师，由师公念《送阳州》请两位仙童，引亡魂前往传说中的祖先居住地——阳州十洞安居乐业。亡灵在那里成为家先，享受后世子孙的敬奉，过着快活自在的生活。盘瑶有经书为证：

踏上阳州一二洞，两边打鼓两边排。
今日送亡阳州去，一双童子引亡行。
踏上阳州三四洞，莲花朵朵两边排。
今日仙童来等执，贡里桥鹅望快来。
踏上阳州五六洞，桃花李表乱相吹。
今日得见阳州洞，踏入阳州洞里来。
踏上阳州七八洞，黄斑猛虎两边排。
黄斑猛虎来引上，猛虎四郎引上街。
踏上阳州九十洞，麒麟狮子两边排。
麒麟狮子来等执，狮子二郎引上街。

---

① 摘自《送下桃源用》，1980 年抄本，2007 年 7 月 24 日于金秀大瑶山忠良乡古盘屯赵有兴师公家收集。

今日得见阳州殿，园中花现在花林。
今日踏入花林案，逍遥快乐在花中。①

金秀大瑶山盘瑶巫师死后也用白布搭"天桥"，白布用梯子撑起从大门顶端拉过，白布上面还铺有大渡桥神像。师公一边抓米抛撒向棺材四周，一边念《送梅山》请来天界神仙，引领亡灵前往"梅山十八洞"投官任职。2007年7月24日，我在金秀大瑶山忠良乡六卜村六雷屯赵文县家收集到一本《大经书全本》的经书，书中的"过梅山"特地描述了梅山十八洞的地界、仙境以及亡师从第一洞到第十八洞学法最后成为法官或师官的经过。因经典冗长，由于主题所限，兹将经典所述之梅山十八洞诸洞情况整理如下（见表5-6）。

表5-6　　　　　　　　梅山十八洞诸洞情况统整表

序号	洞名	法堂法主	传度法术	赏赐
第一洞	把铁棒	铁七郎		
第二洞		太上老君	符法	
第三洞		张天师		
第四洞		习学先生	占卜术	
第五洞		刘五郎	三元罡法	
第六洞		张候王		旗2面
第七洞	杏花香	九天玄女	沙娘法	
第八洞		董仲仙师		鸣锣1面
第九洞	九龙洞	龙树医王	符法	三山顶毫光1面
第十洞	灵泉洞	李净仙师	符书敕水法	金铃1个、角号1个
第十一洞	南蛇洞	赵五郎	南蛇法	法索1条、法令1面、宝钗1张
第十二洞	五雷洞	雷山九郎	五雷法	更锣1面、更鼓1个
第十三洞	白马洞	白马十三郎	收瘟法	手縤1对
第十四洞	金印洞	梅山金七郎	缩地法 诗书礼仪	法衣、轿马
第十五洞	天仙洞	玄圣真人	天公地母法	水盅、筶、杯

① 摘自《送亡法书一本》，1916年抄本，2002年7月26日于金秀大瑶山忠良乡六桂尾屯黄金寿师公家收集。

续表

序号	洞名	法堂法主	传度法术	赏赐
第十六洞	九龙洞	左圣三郎	伏虎降龙法	凿子、凉伞、滕棍、锡牌、龙头大旗、铁链
第十七洞	五郎洞	行虎五郎真人	虎狼法	星冠1顶、朝筒1面、道符1章
第十八洞	玄天洞	右圣真人		法官或师官

图 5-19　贺州盘瑶师公架天桥送亡魂升入天界（郭程文提供）

如果死者是大师公，葬礼更为隆重，需请大师公主持丧礼，还要请工匠给死者做梅山屋。如金秀大瑶山忠良乡林秀村六音屯大师公庞文荣临终前对女婿庞福贵说，"我死后你们不要怕花钱，帮我找好一点的师父，给我开一条路"。2000年老人过世，葬礼十分隆重，打了9个斋①，道场做了6天6夜，葬礼花费1万多元，为当地所罕见之隆重葬礼。

盘瑶人因生前身份不同而在死后享受规格不等的丧礼待遇大致如上所述。以下兹根据前文所述制作一个表（见表5-7），以整理出盘瑶人死后亡灵的处理，与挂灯、度戒与否及是否是巫师，在搭桥方式、亡灵前往阴

---

① 金秀大瑶山忠良乡盘瑶打斋的数量，按死者子女的多寡及身份地位的高低分为一个、三个、五个、七个、九个五个级别。打几个斋意味着供奉几次，如打七个斋要供奉七次，这七个斋分别是：一为怀胎，二为无连，三为报恩，四为天堂，五为十殿，六为梅山，七为辞别。

府途中的待遇、死后去处、死后地位上有何变化与差异。需要说明的是，正如我在前文多次提及的，女子在挂灯、度戒、打斋仪式中，所享受的待遇皆与其夫相同，可谓夫贵妻荣。

表 5-7　　　　　　　盘瑶死后亡灵状态与生前身份对应表

生前身份	死后搭桥方式	亡灵前往阴府途中的待遇	死后去处	死后地位
未挂灯	用白布搭平桥，用凳子垫白布，白布从门槛上拉过通向门外	沿途有托花娘姐、七星姊妹、花林姊妹、安花童子来迎接	桃源十二洞	在洞内花林里看花、守花，等待重新投胎成人
挂灯度戒	用白布搭天桥，白布用梯子撑起从大门顶端拉过通向门外，白布上还铺有大渡桥神像	沿途有猛虎、麒麟、狮子以及仙童带着莲花、打着鼓来迎接	阳州十洞	名字登记在祖先册上，成为家先，享受后世子孙敬奉，过着逍遥自在的生活
巫师	用白布搭天桥，白布用梯子撑起从大门顶端拉过通向门外，布上面铺有大渡桥神像	沿途有天界神仙前来迎接	梅山十八洞	投官任职

由以上对亡者死后去处、搭桥方式、死后地位以及亡灵前往阴府途中的不同排场的描述中，我们可以看出一个层次井然、阶序分明有如中央王朝官僚体系的死后世界观。

第五节　仪式权力的角逐

在人类社会中，权力是最为稀缺，也最具诱惑力的资源之一。现实中总有人愿意为了权力而与别人展开激烈的斗争。盘瑶巫师间的仪式合作只是事情的一个侧面，由于他们内部存在阶序差异，导致资源分配不均，难免会诱发利益冲突。他们为争夺仪式舞台的控制权（当然，其中还有经济利益和社会声望）而发生争斗。争斗的主要表现形式是仪式的主持权，争斗的惯用手段是言语攻击，而斗法①是他们发生争斗时所采取的一种较为极端的非常态手段。但无论是斗嘴还是斗法，都是操纵公众意见，争取他们的支持、削弱对手的实力，以获取仪式权力的手段。本节将以几位巫师的谈话资料为主，并辅之以其他材料，就我所能感觉到的当地巫师间存在的各种矛盾斗争作简要的叙述。

盘瑶巫师可能直截了当地抨击对手以直接影响人们，也可能通过散布谣言说对手沉溺于巫技而间接地影响人们。正如本章第三节所叙述的，小型性的、随机性的宗教活动较少纳入当地师公集团的宗教活动范畴之中，而包括打卦人、设鬼人等在内的小巫师群体则成为这一舞台的主角。所以在大法事不盛行的情况下，很多师公难以找到展现自己才技的舞台。小巫师虽然职位低、资历浅，但他们所掌握的小法术，迎合了众多个体家庭的信仰需要，所以请他们作法的民众很多。尽管小巫师单场收入不如大巫师，但通过多场小法事的累积，总收入比很多大巫师还高，因而引发大巫师的不满，他们对小巫师进行诋毁，以降低他们在民众中的声望。

【个案5-4】PJY与PZF都是金秀大瑶山忠良乡车田村六努屯巫师。PJY现年66岁，20世纪80年代就已度戒，职位为师公。PZF现年59岁，1996年才度戒，度戒时PJY还是他的师父之一，职位为设鬼人。无论是资历、阅历，还是职位，盘PZF都远不如PJY。若就掌握的法术种类和数量而言，PJY又比不上PZF，更为重要的是盘PZF还当过赤脚医生，懂得医药知识，深得民众信任。因而一旦家里有疾病或遇上其他麻烦，家主多请PZF而不请PJY。PJY心中颇有不悦，背地里说PZF的坏话。PZF有两个儿子，大儿子27岁，小儿子23岁，至今尚未找到对象。PZF说，两个儿子之所以找不到对象是因为"人家看不起他家"。我问他："人家为何看不起你？"PZF向我道出了事情的原委。原来盘PZF两个儿子都有谈婚论嫁的对象，但由于PJY在外作法时，四处散布谣言说，PZF的两个儿子是傻子，家里也很穷，而PZF一年到头不做工，整天背着包，四出找人作法，全家靠他外出替人送鬼找吃，嫁到他家后到哪找吃。PZF说："他是大师公，经他这么一说，人家肯定相信了，不敢再跟我儿子谈对象了。"

---

① 盘瑶宗教术语，指的是巫师之间的法术较量。

我问他："PJY 为何看不起你？"PZF 说："眼红呗。"PZF 说，PJY 虽然是师公，会打斋、挂灯、度戒、打醮，但很多小法术他不懂，而他虽然做不了大法事，但是会很多小法术，而且还懂医药，所以群众比较喜欢找他。PZF 生气地说："要不是他四处乱说坏话，我孙子都好大了。"PZF 也说 PJY 的坏话。我多次听到他在六雷村民面前说，PJY 嘴巴不行，喜欢吹牛，贪图钱财。

在金秀大瑶山忠良乡林秀村六音屯盘进金葬礼上，两人矛盾公开化。在葬礼中，PJY 被请担任忏粮师，而 PZF 被请担任纸禄师。纸禄师只是主醮师、赏兵师、忏粮师的助手，听从他们的指挥。在吃饭席间，PJY、PZF 恰好同坐一桌。PZF 看到 PJY 在，酒也不喝，只吃了一碗饭，就匆忙离开。同桌的人都很不解，因为平时 PZF 最喜欢斗酒。PJY 说："不让他做大师父，他不爽呗。"

PJY、PZF 因积怨较深，虽然他们同住一村，又是叔侄关系，但很少来往，更谈不上一起外出作法。如遇需要多人合作的法事，宁可打电话给别村巫师，也绝不相邀出去作法。①

巫师因争夺仪式权威而发生的争斗，让仪式场合成为他们权力角逐的场所。争斗有时变得公开化，如在仪式过程中公开指责对手作法不对或施邪法，让他当众出丑甚至成为众矢之的；有时还暗地里相互施邪法以致对手于死地，或让对手作法不灵，以达到损毁其名声的目的。

【个案 5-5】金秀大瑶山忠良乡林秀村六音屯庞文荣师公门下弟子很多，六努盘 JY 师公、六门赵 CD 师公、六音盘 CF 师公都是他门下弟子。2001 年，庞文荣去世。由于庞文荣生前曾对女婿庞福贵交代过，要找好点的师父为他开路，所以庞福贵认为附近这些师公只是他徒弟，还不够资格做主醮师送自己师父，于是派他大舅到龙表找大师公赵 CS。但他大舅走到石阳后，嫌龙表路途太远，就在石阳找来庞 YF 师公。由于庞 YF 年纪与盘 JY 相仿，盘 JY 对在他手下当助手十分不满。在仪式过程中，他当着众人面指责庞 YF 这里做得不对，那里做得不好，让庞 YF 大为恼火，两人多次发生争吵，仪式被迫中

---

① 2007 年 10 月 24 日田野笔记，地点：金秀大瑶山忠良乡六音屯；访谈对象：PZF 先生。

断多次。①

【个案 5-6】金秀大瑶山忠良乡古盘村大德屯 HCY，只要内心不悦就施邪术整人。有一次，古盘 ZYF 病逝，死者家属请石阳 PYF 师公做主醮师。大德离古盘比较近，按理应请 HCY 做主醮师，但因 HCY 会邪法，名声不好，死者家属不敢请。来参加葬礼的 HCY，内心自然不满。盘瑶传统认为，病逝或凶死者不祥，打斋时要过火炼，以洁净子孙后代。当 PYF 施火堂法引领死者亲属过火炼时，HCY 偷偷施邪法，让过火炼的好几个人都被烫伤。

同样是在古盘屯，XJY 病逝时，请龙表 ZCS 做主醮师。ZCS 烧火搞火炼时，火怎么也烧不起来。由于 HCY 会邪法，而他又在现场，所以大家都认为是他施邪法。ZYX 实在看不过去，走到 HCY 身边悄悄对他说，"你莫要搞鬼啦，大家都懂得是你搞的，等下大家恼火，你脸上就过不去"。HCY 说，"不是我搞的，我没信火烧不起来，我过去看看"。当他走到柴火堆旁时，火马上就烧起来。

还有一次，蒙山县夏宜瑶族乡高雷村有一户汉族人家有人过世，没请 HCY 做主醮师主持道场。打道场那天他来了，心里很不高兴就放鬼了。据说死者尸体明明停在厅堂，可是很多人都看到死者像是靠在门板上，把参加葬礼的亲友吓得魂飞魄散。②

【个案 5-7】贺州市黄洞瑶族乡黄洞村千金组 ZYF 师公说，他们这边有两个人会邪法，但他们不敢搞他，因为以前也有人搞他岳父，结果被他岳父整得很惨。因为他是他岳父的传人，所以人家不敢弄他。赵师公说，约在 20 世纪 70 年代，他岳父在都江为人打斋，有个邪法师想整他，就摘下一节小树枝，对他岳父说："你过来闻闻看，这树叶好香哦。"他岳父知道这个人对他施邪术了，他岳父也对那个人施法，搞得他疯了两天。从那以后，没有人再敢搞他岳父。还有一次，青湾有人被别人下禁，鸡全都死光了，家主叫他岳父去解禁。他岳父在施法过程中，用一把割笋的尖刀插在门槛上，下禁者第二天上山砍树时，砍伤了自己的脚，医了很久都没好。后来找人占卜，人家说他跟人家斗法。

---

① 2007 年 10 月 24 日田野笔记，地点：金秀大瑶山忠良乡六音屯；访谈对象：PFG 先生。
② 2007 年 8 月 18 日田野笔记，地点：金秀大瑶山忠良乡古盘屯；访谈对象：ZYX 先生。

ZYF师公说，他也被人整过一次。1989年他在都江替人打斋，家主请他做大师父，而做二师父的那个人年纪比他大，做道时间也比他早，与他岳父同时度戒，因而心生不服，就施法让死者的魂魄回到主家里，在家里摆弄东西，搞得全家人很害怕，整夜心神不宁。他把这事告诉了他岳父，他岳父说："那你还不搞他半死？"他心里想，要是搞灵了，会闹出人命，要是不灵，会损坏自己名声，最后还是算了。

不过，ZYF师公也成功地给人解过邪法。约十年前，外面有个汉人养的10头猪全病了，找兽医看了也不好。后来找人占卜得知被人下了邪法，并说现在害牲畜，以后会害人。家主把这事告诉了自己岳父，那个人的岳父在山里做生意，认得赵YF岳父，就找赵YF师公去解邪法。施法后的第二天，有8头猪病好了。

ZYF师公说，现在很少有人斗法了。他说，有什么意见大家可以当面协商，协商不好可以上法院、派出所，不必以法损人。在阳间斗就好，不能在阴间斗，因为斗法会损人。现在为防别人下禁，度戒时一般设大堂禁坛，以防止邪神捣乱，即使他们来了，也不敢施法。①

【个案5-8】宁明县爱店镇丈鸡屯ZYQ的太公ZRJ是远近闻名的大师公。他说，过去瑶族都比较穷，由于师公做法事得猪肉，所以大家都抢着去做。别的师公见他太公聪明，法术又很高，群众有法事做都请他太公去，所以不得不加害于他。有一次，他太公去越南帮人家度戒，当时是背着剑去带师男度云度雾的，可是当度戒结束回到半路时，有人施邪法把剑变成山、变成水、变成海，让他太公看不到回家的路，只得在荒山野岭睡了一个晚上，后面向鬼许了愿才找到回家的路。他说，他太公是被人害致残，很多年后才去世。②

【个案5-9】宁明县爱店镇琴么屯ZRD度戒时，请了7位师父：主醮师（负责招兵马）、引界师（负责引度师男）、保举师（负责引兵马上坛）、纸缘师（负责杀猪）、点坛师（负责跳童）、把坛师（负责引师男度阴）、重坛师（负责把好木桩，当师男上云台时，不让木桩倒下来）。当时，ZRD请越南师公DDZ为主醮师，而请村上

---

① 2008年2月15日田野笔记，地点：贺州市黄洞瑶族乡千金组；访谈对象：ZYF先生。
② 2012年8月6日田野笔记，地点：宁明县爱店镇丈鸡屯；访谈对象：ZYQ先生。

的师公 ZDG 为纸缘师。仪式结束后，ZDG 非常不高兴，觉得自己被轻视了，对 DDZ 说我有一种法术，让你们越南师父回去看不见路。DDZ 回应说，反正我已经一大把年纪了，也不怕什么邪法了。出门时，DDZ 叫阴阳师父拥护他们回去。村里人都认为 ZDG 师公太小气了，加之他会放蛊，所以请他作法的人越来越少。①

邪法的性质是致害，即加害于他人。施邪法以外面人的眼光来看，似乎是"迷信、愚昧"，而瑶族对所谓的"放鬼""禁鬼"的法术却深信不疑，相信有人能施法将人的灵魂摄去，禁闭起来，以置人于死地②，因而1822 年立的《滕构石牌》规定"不许播鬼"，1906 年立的《六段、三片、六定三村石牌》规定"迷魂禁开"。在大瑶山中，当人畜生病或死亡，有时往往把原因归结于被人"放鬼""禁鬼"。过去当地瑶族对"放鬼""禁鬼"之类的传闻深信不疑，生怕殃及己身，对被指为"放鬼""禁鬼"者，必欲除之而后快，决不留情。

【个案 5－10】民国初年，忠良区六干乡六金村黄进保，群众都认定他会"放鬼"害人，便起石牌去捉他，经石牌头人赵明品审理决定，把他拉去活埋。③

【个案 5－11】1942 年，郎傍村人畜不安，村民们怀疑是冯荣福"放鬼"，头人赵如广等人出"花红银"买通杀手把他杀了。④

【个例 5－12】六干大队新安屯赵德府，村民怀疑他会"禁鬼"害人，在"文化大革命"中以"牛鬼蛇神""迷信头子"为幌子将他活活打死。⑤

【个案 5－13】六干大队党支书 HJX，私自卖掉大队房屋，侵吞所得款项，群众找他理论，HJX 不服，扬言要"禁"死他们。1968年 HJX 被拉去批斗。批斗大会上，当有人说 HJX 会"禁鬼"害人

---

① 2012 年 2 月 28 日田野笔记，地点：宁明县爱店镇丈鸡屯；访谈对象：HFC 先生。
② 张有隽：《瑶族宗教论集》，广西瑶族研究学会印 1986 年版，第 125 页。
③ 广西编辑组：《广西瑶族社会历史调查》（第一册），广西民族出版社 1984 年版，第 76 页。
④ 胡起望、范宏贵：《盘村瑶族》，民族出版社 1983 年版，第 130 页。
⑤ 2002 年 8 月 9 日由金秀大瑶山忠良乡古盘屯 51 岁的赵有兴先生提供。

时，台下群众十分愤怒，争相跳上台来对他拳脚相加，混乱中有人操起棍棒对准他的脑袋就是一阵暴打，HJX血肉横飞，当场气绝身亡。①

邪法如今在大瑶山地区依然流行，吞噬着听任命运摆布、感情脆弱者。无论瑶族男女老少都对有人会施邪法深信不疑。我走访过的每个盘瑶村寨，似乎都有被群众认定为会施邪法之人。在当地盘瑶社会，如某人到别人家里玩回去后，家主屋里发生人畜不安，如人生病或猪不吃食、鸡打架等，那么此人就被认定会施邪法。会邪法之人不一定是有意学的，而是有时上了人家的当，无意中被人家骗学。盘瑶的故事叙述为我们提供了一个这方面的案例：

> 古时候，有个人喜欢施邪法害人，群众恨透了他，就把他拉去活埋。坑挖好后，准备扔他下去活埋时，他说，"你们先别急着埋我，听我讲个故事。我从我妈那里学会了一首很好听的歌，你们愿意听我把歌词背出来吗？"准备活埋他的那些人听说是歌，觉得听听也无妨，于是答应了他的要求。那人就把那首歌的歌词背了好几遍，然后问他们："你们都记住歌词了吗？"那些人回答说，"记住了"。那人笑着说，"刚才我教你们的不是什么歌，而是邪法口诀，你们今天活埋了我，以后也会有人活埋你们"。那些人听后十分害怕，就把他放了。②

相传邪法师在传授好的法术给弟子前，通常先把邪法传给他，所以如某人被认定会邪法，不会有人拜他为师。盘瑶人认为，会邪法之人一定得想方设法把邪法传下去，否则自己及家人都会受折，严重的可断子绝孙，因而在不能传给别人时，也会传给自己的儿子或孙子，所以邪法具有遗传性。被群众认定为邪法师之人多为石匠、唢呐手，以及与邪法师有亲属关系之人。金秀大瑶山忠良乡林秀村六门屯冯金银说，会邪法之人有时不一定有意施邪法，而是心中有邪念或身上邪气太重，所以即使是路过屋旁，

---

① 2007年10月16日由金秀大瑶山忠良乡六雷屯59岁的冯文县先生提供。
② 2007年8月18日由金秀大瑶山忠良乡古盘屯56岁的赵有兴先生提供。

猪会不吃食，鸡会打架。①

【个案 5-14】六门唢呐手 ZYJ，群众认定他会邪法。2007 年的一天，他上山砍木头时，从六努屯 PZF 家门口经过，刚好 PZF 家 3 头猪都不吃食。ZYJ 是 PZF 妻子的亲大哥，但 PZF 妻子仍对 ZYJ 破口大骂："大哥，你搞我的猪不吃潲，我要拿屎泼你。"ZYJ 听到后，赶快逃走。②

由于邪法师能造成人畜不安，所以民众十分憎恨他们。在邪师路过屋旁时，为防止他们施邪法，家主往往主动出击，对他们吐口水或淋大小便。盘瑶人相信，口水、大小便等污秽之物可破坏邪法的灵性。金秀大瑶山忠良乡德香村古盘屯赵有兴说，小德屯有两位邪法师被群众恨透了，只要他们从屋前路过，立即就被家主往身上泼大小便。会邪法之人，群众一般不欢迎他们到自己家里玩，即使他们有事非得到别人家里不可，临走时家主一般不出声，等他们走出门口之后，家主马上抓起石灰往他们身后撒，或拿起扫把在他们身后狂扫，如此可以防止邪法留下作祟。③ 被群众认定施邪法之人，如果与别人发生争吵，非但得不到众人的支持，有时还会遭到众人的报复。

【个案 5-15】2001 年，六门 ZCD 与 ZYJ 发生山林纠纷。众人认定是 ZYJ 越界砍树，ZYJ 对此不服，口出恶言："你的猪、鸡不死，我都不信。"争吵过后不久，ZCD 家死了猪、鸡，ZCD 父亲也头痛。由于平时群众都认为 ZYJ 会邪法，所以 ZCD 认定是 ZYJ 放鬼，就到六努屯找 PZF 解禁。PZF 请来祖宗香火、阴阳师父把邪法反倒打回去。传说施法过后 3 天，ZYJ 家就死了 2 头猪。由于村民平时也痛恨 ZYJ，听说他家猪死后非常高兴，有人趁机把老鼠药往他家房前屋后撒开，结果 ZYJ 家又死了 7 只鸡。④

---

① 2007 年 10 月 28 日由金秀大瑶山忠良乡六门屯 28 岁的冯金银先生提供。
② 2007 年 10 月 27 日由金秀大瑶山忠良乡六努屯 59 岁的盘志富先生提供。
③ 2007 年 10 月 27 日由金秀大瑶山忠良乡山界屯 52 岁的郑成荣先生提供。
④ 2007 年 10 月 27 日由金秀大瑶山忠良乡六努屯 59 岁的盘志富先生提供。

由于那些职位高、经验丰富的老巫师，经常有人请去作法，而那些资历较浅的年轻巫师，几乎无人问津，因而有些年轻巫师对老巫师颇为不满。2007年夏，我在龙表考察时，有几位年轻师公对我说，老师公作法太老套、太复杂了，应当对仪式进行改革；而老师公们却认为，年轻师公作法太随意，不给人家做完满。对于年轻师公的不满言论，老师公们也有所耳闻。他们对我说，"有些人说我们现在作法太老套，他们以后要改革，变得简化些。我们这一代人死后，看他们怎么做"。

第六章 巫师的权力实践

巫师是巫术活动的主要执行者。他们运用巫术方技替人祈福解祸，满足人们却祸纳福的心理需求。在鬼神观念盛行的年代，从事巫术活动的巫师受到社会大众的广泛崇信，他们活跃于人们社会生活的各个方面。一如既有的研究告诉我们，瑶族巫师在社会上存在及其活动，如今已不断受到诸多质疑。然而，因为他们会施行各种巫术，能从事祈福解祸的工作，而部分瑶人又笃信巫师的法力。因此，尽管有瑶族人相当轻贱巫师，但在遭遇灾祸、不幸和困惑之时，又倚赖他们解除祸害、指点迷津，因而瑶族巫师至今仍保持着对民间社会的广泛影响，具体表现为对规范乡土社会的秩序、控制病人的生命危机以及蛊惑民众从事叛乱[1]活动。

第一节 规范乡土社会的秩序

社会是由人以及人与人的关系所构成的。生活于其中的人们，总是遵循一定的公众准则生活行事，否则社会将处于混乱的无序状态。在传统中国社会，规范民众生活行事的准则有二：一为律令；二为习俗。比较而言，习俗虽然不像律令那样具有强制性，也不像后者那样不可变通，但它比律令更加广泛地熏陶与感染着人们的心理与行动[2]，对他们的各自行为有一种自我强制的规约[3]，因而它对社会生活的规范作用远非律令可比。虽然各个地区的习俗不尽一致，起源也不一定相同，但总有其创行者、仿效者、传承者和维持者，习俗才能存在于社群之中。[4] 巫师也许不是习俗

---

① 需说明的是，本书所使用的"动乱""叛乱"只是描述性词汇，并无价值判断之意。
② 张冠梓：《近代瑶族社会控制研究》，《广西民族研究》1994年第2期，第97—105页。
③ 韦森：《习俗的本质与发生机制探源》，《中国社会科学》2000年第5期，第39—50页。
④ 林富士：《汉代的巫者》，稻乡出版社2004年版，第136页。

的创行者，但常常扮演传承者和维护者的角色，以他们的言行约束和影响民众的日常行为，维护社会的稳定和有序运行。

与其他传统的中国乡土社会一样，广西盘瑶社会也有一套习俗惯制，如同福柯在其著作中所描述的"全景敞视监狱"[①]效应一样，严密地监控着盘瑶人的行为。如前所述，虽然民国以来国家政权实现了对瑶山的直接统治，然而在以"自然经济为主流的社会，只要做到完粮纳税，政府对基层事务基本不干预"[②]，所以至今国家基层政权对偏远盘瑶村寨在行政上的管治都比较松散，盘瑶社会秩序主要靠习俗来维持。在盘瑶传统习俗中，无论是生产习俗、生活习俗，还是人生礼俗、岁时节令等，无不包含着浓厚的鬼神色彩，处处透露着巫术的气息。故而在这些民俗活动中，往往需要巫师的参与和指导，而巫师的权力正是在这些民俗活动中得到了巨细无遗的显示。

一 生产习俗

盘瑶人崇信山神、树精、养财土地、本方地主、卖财元宵、禾魂等自然神灵，过去举凡狩猎、砍山、伐林、耕种、除虫、收割、开仓禾等生产活动，都须请巫师施法后方可进行。然而，现在很多年轻人都不怎么相信了，原有的一些生产仪式早已丢失，只是在宗教文书中保留下来。不过，开山、求苗、驱虫、求雨、招禾、狩猎等生产祭仪至今还在广西某些盘瑶村寨中保留着。

（一）开山

贺州盘瑶逢着砍伐百亩以上的山场耕种五谷，都必须请师公来举行开山仪式祭拜神灵。开山仪式可单家独户举行，也可以由几户、一个村或几个村联合起来做。师公请来玉皇大帝、本方地主、盘王、土地神、五谷神等神灵告诉它们说有人要开山，请它们赶走孤魂野鬼，保佑开山种地收成好。仪式过程中，师公要架阴桥通到将要砍伐的山场，敕手指变为剪刀、斧头来剪开天罗地网，除草伐树，再架阴桥请来扶苗使者、接苗郎君去招五谷大神，让五谷在地里生长，最后请神收祸害五谷的兽类、鸟类、虫

[①] 福柯：《规训与惩罚》，刘北成、杨远婴译，生活·读书·新知三联书店2007年版，第279—280页。

[②] 何国强：《围屋里的宗族社会——广东客家族群生计模式研究》，广西民族出版社2002年版，第256页。

子，保证五谷丰登。如果开山人要在山里住，还要请求土地神保护其不受孤魂野鬼侵犯。①

金秀大瑶山盘瑶在农作物收成不好时，通常认为山场里有不好的东西，需请师公到山场来举行开山仪式。师公请来玉皇、本方地主、土地神、五谷神、祖宗香火等神明后，架起阴桥通到山场，施黄河水法，洗掉以前不好的东西，将山场重新立起来，相信来年就会有好收成。② 2005 年前后，金秀大瑶山忠良乡六音、龙表、六雷一带的盘瑶都曾举行过开山仪式。③

（二）求苗

盘瑶人崇奉植物神，认为谷有谷神，故在春播秋收时祭拜谷神。宁明县爱店镇公母山盘瑶凡供有大屋的人家，每年春分都要举行入春求苗仪式，以祈求谷物丰收。求苗仪式需请 1 位师公前来主持，所需仪式祭品有鸡 1 只、白布利市（当地把红色称为"利市"）1 个、米饭 2 碗以及刚出芽的庄稼若干。师公施法请祖宗下来保佑五谷丰登。求苗仪式持续 2—3 个小时后结束。④

（三）求雨

田林县那拉盘瑶如果久旱不雨，请师公前来求雨。师公把两个人的手指用针刺破，然后用纸来吸他们的血，再把纸烧掉让烟火飘上天去。他们相信不久天上就有一朵朵黑云飘动。⑤ 贺州市黄洞瑶族乡盘瑶过去遇天旱少雨，常请师公至大庙（指古代有名的社庙如盘古庙和马公庙等都是大庙）举行求雨仪式。⑥

（四）除虫

广西盘瑶山区夏天温凉，虫灾并不多见，不过也偶有发生。对于虫灾，过去盘瑶无任何防治办法，只有祈求神灵的保佑。贺州市黄洞瑶族乡盘瑶过去遇到虫灾，常请师公至神坛社庙举行消虫灾仪式。众人先用竹

---

① 这里关于开山仪式的叙述，是根据高崧耀同学 2012 年夏季在广西贺州市黄洞瑶族乡都江村对李进保师公所做的访谈记录整理而得。
② 大瑶山盘瑶开山仪式的叙述，是根据我仔细研读盘瑶经典及与赵有兴师公的谈话内容整理而成。
③ 这一信息是 2007 年 8 月 18 日由金秀大瑶山忠良乡古盘屯 56 岁的赵有兴先生提供。
④ 根据陈锦均同学 2012—2013 年冬夏两季在宁明县爱店镇公母山瑶寨的调查笔记整理而成。
⑤ 广西编辑组：《广西瑶族社会历史调查》（第五册），民族出版社 2009 年版，第 84 页。
⑥ 根据高崧耀同学 2013 年夏季在贺州市黄洞瑶族乡千金组的调查笔记整理而成。

篾、禾秆等材料制成龙头、龙身，然后经师公作法后将整个龙身点燃，最后抬火龙游至村里每家每户门前烧虫害扫瘟，以消灾解难。① 金秀大瑶山盘瑶过去每年农历六月都举行"保苗"仪式，八月则抬刘大娘神"游峒"② 或"赎禾魂"③。

（五）驱鼠

广西盘瑶居住区内，地广人稀，林菁深邃，鸟兽甚多。每当农作物成熟，如疏于防守，难免不受损害。对于鸟兽的侵害，盘瑶人除用扎茅人、装响梆、围猎、装铁夹、装鸟盆、装鸟索等方法来防御或捕杀外，有时也求助于巫师的法术。我在金秀大瑶山忠良乡古盘屯赵有兴师公学法笔记本中发现了2套用于驱老鼠的咒语，其中有一套还配有灭鼠的秘方。兹摘录如下：

第一套：奏到河南州河伯县，拜请鼠公何佩元、老鼠母何母何佩县、东方南方西方北方中央五方五位鼠公、鼠母、鼠子、鼠孙、鼠媳。

第二套：辰戌丑斗牛鬼，忍一气写七道，用水三钱三分、白米三□、信石共磨用。老鼠公、老鼠婆，掉请你吃元（疑为"完"）菜，吃一个死一十，吃十个死一百，吃一百死一千，吃一千死一万，急急都死了。④

（六）收割

贺州市黄洞瑶族乡盘瑶常在冬季举行招禾仪式，庆祝谷物丰收，谓之"求黄丰熟"。至于招禾时间间隔，各地有所不同。信仰浓厚的地方一年做一次，其他的有三年一次、四五年甚至十几年才做一次。招禾仪式分为两种：一种为平招，简单地祭鬼神，不需挂谷幡；另一种需挂谷幡，不过，不是所有的姓氏都能挂谷幡，如冯姓因为不能度戒，只能挂三台灯，

---

① 根据高崧耀同学2013年夏季在贺州市黄洞瑶族乡千金组的调查笔记整理而成。
② 传说刘大娘为平南思迴岩大心村人，到容县三片石修炼成仙，桂南一带民众奉她为保护禾苗的灵神，后从大瑶山南部传入瑶山，为瑶山各族所信奉之。
③ 广西编辑组：《广西瑶族社会历史调查》（第一册），民族出版社2009年版，第126页。
④ 两套咒语出自《法术书》，1916年抄本，2007年7月14日于金秀大瑶山忠良乡古盘屯赵有兴师公家收集。

开不了天门，而挂了谷幡就要开天门。① 2008 年 2 月 22 日，千金组赵有福、赵贵府两父子前往都江村园林组、龙湾组主持招禾仪式。于是我与刘昭瑞教授分头跟随他们去作法，我跟着赵贵府师去了龙湾。赵贵府师公说，过去瑶人种岭禾，基本靠天吃饭，只有风调雨顺才能获得丰收，为此就得祈求神灵保佑。仪式的目的在于把禾魂招回来，用天上的九龙水浇它，让天怎么旱也旱不死禾苗。仪式的家主是李进府，他家曾在 1995 年招过禾，至今已有 13 年未招禾了。仪式开始前，赵贵府师公先做纸钱、纸马、引兵旗、龙旗，仪式助手李进府的哥哥赵进官做谷幡。仪式在中午 13：00 正式开始。家主在神台、门口分别设一个祭坛，祭品有鸡肉、糍粑、鸡蛋、米酒。师公先在神台前请神下降，说明举行仪式的原因、经过。请完神后，师公移至门口，吹牛角以吹开天门地户，请天上神明下凡，招来龙脉。经过打卦确定龙神来后，家主从师公手中接过装有五谷的竹篓，然后把谷幡立在神台旁，最后点燃鞭炮以示庆贺。接下来师公在神台左边另设一个祭坛祭拜三庙神。17：13 仪式顺利结束。②

（七）狩猎

金秀大瑶山盘瑶人认为，本方地主、养财土地、卖财元宵等神灵执掌一方田地、牲畜、野兽以及财物之兴衰大权，因而过去几乎所有村寨都立有肉坛敬奉肉神，祈求它们保佑打得猎物。肉坛内所祭之肉神，为一块方石。过去当地盘瑶在围猎山猪、山羊、黄猄等较大的糟蹋作物的野兽，事先由一巫师喃神，意在求山神保佑能猎到猎物保护庄稼，获得猎物后要用兽头先祭山神。③ 祭法是：先用火烧去野兽身上的毛，用刀把皮刮尽，取出内脏，割下头脚，将头脚一并煮熟当作祭口，焚香化纸奠酒，请师公前来祈禳。祭神之后，依以下方法分配兽肉：凡参加狩猎者均得 1 份；带枪者增加 1 份；打中或打伤野兽者增加 1 份；跟兽迹者增加 1 份；每条猎狗得 1 份；祭神之师公得 1 份，即兽肉 1 块、内脏 1 碗。④ 忠良乡德香村古

---

① 这里有关贺州市黄洞瑶族乡瑶族招禾仪式的相关叙述，是根据我 2008 年 2 月 22 日在都江村龙湾组观看招禾仪式过程中对主持仪式的赵贵府师公的访谈记录整理而成。

② 这里有招禾关仪式过程的叙述，是根据我 2008 年 2 月 22 日在贺州市黄洞瑶族乡龙湾组观看赵贵府师公主持招禾仪式的田野笔记整理而成。

③ 《金秀瑶族史》编纂委员会：《金秀大瑶山瑶族史》，广西民族出版社 2002 年版，第 80 页。

④ 广西编辑组：《广西瑶族社会历史调查》（第一册），广西民族出版社 1984 年版，第 192—193 页。

盘屯赵有兴师公说，现在上山打猎前，无须到肉坛前祭拜，获得猎物后，也不需抬到坛前供奉，只需在屋里请来肉神献祭即可。通常所念部分咒语如下：

> 奏到求财殿上，拜请求财十保官也。奏到飞山殿上，拜请飞山弹子、游猎仙童、东方南方西方中央五方五位飞山打猎仙童也。①

图 6-1　贺州盘瑶师公在主持招禾仪式（罗宗志摄）

　　宁明县爱店镇公母山盘瑶上山打猎前，都要请师公到家里喃家先，祈求上山打猎平安无事，而且能打到大猎物。如果打到野猪，家主还要请师公前来敬土地公。所需祭品是野猪肝1块、酒水5杯，还要将野猪砍成5大块一起供奉祖先。之后，由师公念家先书，请祖宗和度戒师父下到神台，告诉众位神仙打到了野猪，请它们享用野猪肉，最后请祖先、师父保佑以后能打到更多的野猪。第二天师公和主人还要拿野猪头到土地庙再次敬土地公。②

---

①《法术书》，1916年抄本，2007年7月24日于金秀大瑶山忠良乡古盘屯赵有兴师公家收集。

② 根据陈锦均同学2013年夏季在宁明县爱店镇丈鸡屯做访谈时的田野笔记整理而成。

荔浦县茶城乡清良村盘瑶信奉一种叫肉鬼的神灵，通常在野外给肉鬼立一个肉潭。他们认为肉坛上的神，能保护庄家不受野兽侵害。如果有野兽来侵害，肉潭会提示去打猎。肉坛一般立在大树下，用三块石头垒起来，用茅草盖好顶。坛中挂一个木偶，人们会不时去查看木偶姿态。若木偶头朝下，是肉坛提示可以去打猎了，而且一般都能打到猎物。若木偶头朝上，则不用去打猎。每次出猎之前，都要在肉坛边烧香化纸，肉坛就会在打猎时暗中监视野兽，使野兽走错路，以便于人们打杀。① 在猎到野兽宰杀之后，先请师公拿兽头、兽脚来祭拜供肉坛，之后才可以分兽肉或吃兽肉。②

田林县利周瑶族乡凡昌村盘古瑶居住在高山地区，过去打猎是他们重要的生计方式之一。为了保证每次打猎都有所斩获，他们在打猎过程中会使用铺山符咒。咒语是："铺来是座岸，我领站稳任你百人拾，若是人来惊我，要取你阳寿命归阴，不怕百般令，我今若是放回转，人情看在老君命，吾奉太上老君急急如律令。"③盘古瑶人相信，打猎时使用铺山符咒，可使野兽在猎人面前跑不了多远。如今由于野兽数量减少，加之国家禁止狩猎，现在已经很少有人用铺山法术了。④

图 6-2 铺山符

二 生活习俗

广西盘瑶生活习俗的内容十分广泛，涉及衣、食、住、行等生活细节问题，如拆屋、迁屋、建屋、开门、立灶、分家、开仓、修仓、出行、造猪栏、造牛栏、安鸡栏、做买卖、寻物、酿酒、做豆腐、杀猪、煮饭等。兹以择吉、架桥、建屋、寻物等为例，窥探巫师在其中的规范作用。

---

① 广西编辑组：《广西瑶族社会历史调查》（第四册），民族出版社 2009 年版，第 260 页。
② 根据李树照同学 2013 年夏季在荔浦县茶城乡黄泥坝屯的田野记录整理而成。
③ 《画符书》，1984 年抄本，由高崧耀同学 2013 年夏季在田林县利周瑶族乡伟好屯李德才师公家收集。
④ 根据高崧耀同学 2013 年夏在田林县利周瑶族乡伟好屯做访谈时的田野记录整理而成。

（一）择吉

社会生活的正常运行，需要一套行为规范。在瑶族地区，除了有法律、乡规民约的显性规范之外，还有一套隐藏于社会生活之下的行为规范——择吉。人们经常根据日子的吉凶来作为行事的指南。择吉范围十分广泛，涉及开市、娶亲、嫁女、建屋、开门、起灶、拆屋、开谷仓、买猪崽、娶嫁、下葬、修坟、架桥、招禾、命名、求子、挂灯、度戒、还愿、出行、开市、买车、治疾、送鬼、送怪、解关等方面。盘瑶人认为做事日子选不好事情发展就会不顺利，如新婚夫妇会闹矛盾、故去的亲人九泉下不安，猪崽也会生长不顺。择吉时，一般由家主登门造访巫师或打电话，将欲行之事诉于巫师。巫师主要借助《杂粮书》，配合其他相关文本一起使用，选择良辰吉日，确定趋吉避凶。选日子需要考虑很多因素，有时候选一个好日子需要花 1—2 小时。如选结婚日子，需要考虑的因素有三个：首先，所择之日子是否与主人的生辰八字和属相相冲；其次，是否有利于新婚夫妇恩爱，这一点的判断取决于俩人的生辰八字；最后，还要考虑到那天的天气状况是否适合举办婚礼和宴请亲朋好友。

《杂粮书》推算法则虽不复杂，但一般人还是难以看懂。要看懂《杂粮书》，首先得学会天干地支，然后再学会理解书里众多的名词，最后学会不同时日、不同用途以及不同的推算法则。《杂粮书》日子的推算遵循"横看竖推"的准则，《杂粮书》的书写格式是按横竖来排版的，横的部分是月份（日子），竖的部分是日子（时辰），先看月份再看日子，先看日子再看时辰。

在横看竖推原则的指导下，无论选择做任何事情的日子，首先要看《五音》——微音、角音、商音、羽音和宫音。每个音之下有几十个姓，具体见表 6-1。

表 6-1　　　　　　　　　　五音

微音	李钱邓陈秦尤施陶赏云史黄王唐藤罗毕郝皮齐尹祁戴记舒季娄童刁钟田胡凌虞昝管干丁宣贲郑单右吉钮甄芮蕲迈巴宁乐历业黎宿咸池闻华翟谭劳姬覃丽边别庄瞿连官易慎廖终禄东师聂版冷訾耶曾竺马葛迟屠徒空
角音	赵周朱会邹俞雷何尚邱董高杭洪陆家乌焦侯密班秋刘郜卯怀从索雍据桑濮通艾弘国利葵巢

续表

商音	杨张孔曹姜戚谢柏章潘万郎昌花方袁产贺邢安常傅康元卜平姚湛汪狄藏伏成宋芳庞项祝梁杜阮蓝席强费路负江颜郭徐祭樨柯卢莫房袭解宗诸霍径邢谐荣荀惠封濂段巫牧山逢全郗籍兰弄阴能苍当申冀却专温柴摩关蒯相夺卖锭官人旱壹阳孙辕爪盘毯阙裴
羽音	吴稽伟许吕喻苏爱马鲁苗柳汤于时卞任余顾孟穆毛禹米见梅盛夏缪包瓮於羿汲对寓亏谷戎祖武符未龙采蒲扶堵扈燕鱼古步殳沃郁越晁毋养鞠须后公甫洽政千文容蒂荆誉
宫音	冯沈严魏水范彭韦凤礼岑傀殷明计淡熊屈闵林支应羊松仲宫仇甘针司韶荨白赖蒙樊玉贡满寇广隆幻融简动乜丰荆红游耿冉桂牛农晏间云儿菇客戈夜暨居都益桓候方叔

看《五音》找出需要选日子的人的姓，见表6-2。

表6-2　　　　　　　　　　论五音大利吉日

五音	五生	五旺	五发	五官	五库	五败	五绝
火生微音	丙寅 甲戌	戊午	己巳 辛酉 癸丑	巳	戌	甲申 丙子 壬辰	乙亥 丁卯 己未
金生商音	乙丑 辛巳	癸酉	戊申 庚子 丙辰	申	丑	己亥 丁卯 己未	壬寅 甲午 庚戌
木生角音	癸未 己亥	辛卯	甲寅 丙午 己未	寅	未	辛巳 癸酉 乙丑	庚申 壬子 戊辰
水生宫音	丙辰 戊申	庚子	乙亥 丁卯 己未	亥	辰	庚寅 壬午 戊戌	丁巳 乙酉 辛丑
土生羽音	壬子 甲申	丙子	辛亥 癸卯 己未	亥	辰	戊寅 庚午 丙戌	癸巳 乙酉 丁丑

《论五音大利吉日》运用"横看竖推"的方法。横看，就是先看五音，如果需要选日子的人姓李，在五音中属于微音，这样需要看"火生微音"这部分，微音横过去有七种不同的凶吉日，分别是五生、五旺、

五发、五官、五库、五败和五绝。竖推，在七种凶吉日之下，分别有干支日，如五生有丙寅日、甲戌日两日，五旺有戊午日，五发有己巳日、辛酉日、癸丑日，五官有巳日，五库有戌日。微音的人，要选一个吉利的日子可在五生到五库之间选择，五败和五绝不能选，即甲申、丙子、壬辰、乙亥、丁卯、己未等这几天不能选。下面我们以李姓为例，拟在2013年正月选择一个架桥的日子对择吉加以说明。

先定好微音，再定好正月，最后定好丙寅日、甲戌日、戊午日、己巳日、辛酉日、癸丑日、巳日、戌日等可用的日子，就开始选择黄道吉日。通过查阅《杂粮书》可知，黄道吉日有丑日明堂黄道、戌日司命黄道、巳日天德黄道，因而上面定好的日子中只有甲戌日、己巳日、癸丑日、巳日和戌日可用。接下来看黑道凶日，黑道凶日中，皆无丑日、戌日和巳日，故这些日子还可以用。接下来看《推吉星用》，可知吉星里面丑日有天寿星吉、催官星吉、天赦星吉、赎世日吉；戌日有大清吉日、天喜星吉、太星吉、天医吉；巳日有丈星中、武曲星吉、唱散星吉、地才星吉、香炉吉日。推完吉星推凶星，在凶星里面，丑日有病符日、土禁日、天禁煞、天地灭没日；戌日有不葬鬼火日、白虎煞、月厌、小男煞、鬼火日；巳日有地火日凶、烛火日凶、月烛人日、咤父日、患六害、哭煞日、月刑煞、月害煞、爆败煞、土皇煞、天罡煞、官符日、天雄地雄、天地争雄、天翻地覆、荒芜日。一般来说，凶星里面有兵符、官符或者日凶的，那么这些日子都不可用。如丑日的病符、巳日的烛火日凶、官符日等理论都不可用，但具体还要看黄道吉日，因为一个黄道吉日可杀死四个凶日。吉星日与凶星日比数量，谁的数量多谁就占优。丑日有吉星日4个、凶星日4个，丑日有病符凶星，强压吉星，但是丑日有黄道吉日相助，故丑日可用。戌日有吉星5个、凶星5个，凶星里面没有病符官符日凶，故吉星强压凶星，吉星还有黄道吉日相助，更是旺上加旺，故戌日可用。巳日有吉星5个、凶星16个，凶星远远超过吉星，巳日纵有黄道吉日相助，也无法战胜凶星，故巳日不能再用。这样就剩下丑日和戌日可用。

推完吉凶星，需要看《流年太岁用》，里面记有太岁、太阳、丧门、太阴、官符、病符、岁破、龙德、白虎、福德、吊客、死符等十二流年。在这十二流年中，丑日在太阳，可用；戌日在吊客，吊客本为凶，但不是大凶，而且戌有太岁坐镇，不怕吊客，故戌亦可用。

接下来还需要看一些吉利的日子，如《天恩日》《天瑞日》《大吉日》《全吉日》《大明吉日》《论九星》等，看这些吉日是要确定丑日、戌日有多少吉利的干支日，以进一步确定用哪个日子比较好。在《天恩日》中，有乙丑日、庚戌日；在《天瑞日》中，有无丑日、戌二日；在《大吉日》中，有庚戌日，无丑日；在《全吉日》中，有乙丑日、甲戌日、丙戌日；在《大明吉日》中，有丁丑日、庚戌日；在《论九星》中，有丑日的乙丑或星吉、丁丑直星吉、辛丑或星吉、癸丑直星吉，有戌日的甲戌或星吉、丙戌直星吉、庚戌或星吉、壬戌直星吉。由此，可以选用的日子有丑日和戌日。至此，做不同的事情就看不同的内容了，如属婚姻的就看《杂粮书》里面婚姻的内容，立灶的就看立灶的内容。由于我们选的是架桥的日子，故只需要看架桥的内容即可。要确定架桥的具体日子，需看两个部分的架桥内容，如表6-3所示。

表6-3　　　　　　　　　　架桥日用

桥类\月份	五鬼桥	却返桥	人进桥	凶败桥	选失桥	福德桥	住客桥	官符桥	天德桥	地贵桥	阴路桥	阳进桥
正七	子	丑	寅	卯	辰	巳	午	未	申	酉	戌	亥
二八	寅	卯	辰	巳	午	未	申	酉	戌	亥	子	丑
三九	辰	巳	午	未	申	酉	戌	亥	子	丑	寅	卯
四十	午	未	申	酉	戌	亥	子	丑	寅	卯	辰	巳
五十一	申	酉	戌	亥	子	丑	寅	卯	辰	巳	午	未
六十二	戌	亥	子	丑	寅	卯	辰	巳	午	未	申	酉

由上表可知，正月丑日为却返桥，吉凶程度大凶，不可用；戌为阴路桥，吉凶程度为中，戌日还有黄道吉日相助，可用。算到这里，只有戌日可用（见表6-4）。

表6-4　　　　　　　　　　看桥吉桥凶日

桥类\月份	鬼桥凶	返桥凶	杀桥凶	桥富凶	败退凶	失败不吉	主桥人旺	客桥凶	官桥凶	桥富吉	鬼桥凶	福德吉
正七	子	子	丑	寅	卯	辰	巳	午	未	申	酉	戌
二八	寅	寅	卯	辰	巳	午	未	申	酉	戌	亥	子

续表

月份＼桥类	鬼桥凶	返桥凶	杀桥凶	桥富凶	败退凶	失败不吉	主桥人旺	客桥凶	官桥凶	桥富吉	鬼桥凶	福德吉
三九	辰	辰	巳	午	未	申	酉	戌	亥	子	丑	寅
四十	午	午	未	申	酉	戌	亥	子	丑	寅	卯	辰
五十一	申	申	酉	戌	亥	子	丑	寅	卯	辰	巳	午
六十二	戌	戌	亥	子	丑	寅	卯	辰	巳	午	未	申

由表6-4可知，正月戌日是福德吉，可用。由此可知，架桥的日子应该选在戌日。通过查阅2013年版的《通书》我们了解到，2013年正月的戌日有初四庚戌日、十六壬戌日、廿八甲戌3天，在这3天里选择任何一天都行。我们再看表6-2中的微音里面，五生下面就对应着甲戌，故甲戌日在这可选的三个日子里最吉利，所以架桥的日子应该选在2013年正月廿八日。

日子选好后，还要选时辰，选时辰要查看《杂粮书》的"九天玄女定时刻用"科。在定时刻用法中，甲戌日从子时到亥时对应的吉凶分别是福德、六合、天德、黑道、时破、天狱、不遇、龙福、金贵、天官、时破和黑道，可选择的时辰是子时福德，丑时六合，寅时天德，未时龙福，申时金贵和酉时天官，如不考虑主家生辰八字与所选时辰的相克相冲等其他因素，这六个时辰都可以用。①

（二）架桥

架桥是祈福类的法事活动。盘瑶认为，健康是灵魂与肉体相结合的结果，生病则是灵魂离开了肉体。如有人生了病，经过就医仍未好，家人会请巫师来占卜。如卜出魂魄不在身，要架桥把逃走在外的灵魂找回来与肉体重新结合。因此，架桥仪式在盘瑶社会中广泛存在。但是要架什么桥，如何来确定呢？昭平县仙回瑶族乡小林香盘成府师公说，主家有人久病不愈，请师公打筶找灵魂去处。主家须备生米1碗、水1碗、红包1个及纸钱若干。师公拿来患者生辰八字，请下本家香火、阴阳师父，念架桥卜卦用书《仙娘歌》，用法剑对着患者的生辰八字画"令"

---

① 这里关于择吉的叙述，是根据高崧耀同学2013年夏季在田林县利周瑶族乡伟好屯对李德才师公访谈时的田野记录整理而成。

字，再用筊打转（卜卦），每打一次筊念一个鬼名。如果筊杯出现阴阳，就可以确定魂是被所念到之鬼摄走，需要通过架桥把魂招回来。打筊结束后，再根据患者的病情来确定架什么桥。① 架桥通常在村旁的十字路口或溪流边进行。

1. 仪式种类

田野调查中发现，金秀大瑶山忠良乡、昭平县仙回瑶族乡盘瑶中比较盛行的架桥仪式有十保桥、长生保命桥、黄河大桥和半路桥四种。

(1) 黄河大桥

黄河大桥是最大的桥，一个人一生只能架1次。架过黄河大桥后，不能再架其他桥了。因此，盘瑶人不轻易架黄河大桥，只有在老人病危无药可救，请师父卜卦知命终粮尽需要抛粮添寿时才架。架黄河大桥需36个小时，请3位师公，要带筊杯、剑、铜铃、上元棍、桃简、牛角，设2个祭坛，挂16张神像画。

(2) 长生保命桥

长生保命桥是仅次于黄河大桥的桥，家里有人重病久治不愈时才架。架长生保命桥需要12个小时，要请3位师公，带道具筊杯、法剑、铜铃、上元棍、桃简、牛角，设1个祭坛，挂4张神像画，祭品要1—2只鸡及几斤猪肉。

(3) 十保桥

架十保桥是盘瑶民间比较盛行的解除患病者病痛的一种宗教活动。通常是有人长期体弱多病，或看见鬼影、怪物、动物失足跌倒、树木折断、山石滚落，在深山老林听到怪叫声，或被人有意无意地恐吓后，造成心率失调、失魂落魄、神志不清、饭茶不思，医药无效，经卜卦、问仙得知丢了魂魄，需要请师公来架桥"保命"，所架之桥叫"十保桥"或"十限运兴保命桥"。

(4) 半路桥

金秀大瑶山忠良乡一带盘瑶人相信，如果年轻人长期身体不适，经找人占卜得知魂魄不在身上，需请巫师架半路桥将魂魄赎回。巫师带上猪肉1碗、生米1碗、壶酒1个、酒5杯、几支香以及少量纸，到大路旁给病

---

① 根据高崧耀同学2010年夏季在昭平县仙回瑶族乡小林香组对盘成府师公访谈时的田野记录整理而成。

人架桥赎魂。①

2. 仪式实录

架十保桥需3位师公，阳师2位、阴师1位，还有纸缘师1位。阴师负责在家里给病人抢魂；阳师一位负责在桥头请桥头诸神如祖宗香火、证见家先、本方地主、上界神明、下界神明、阴阳师父，给病人续魂，另一位阳师除负责在桥尾请桥尾诸神如上星君、下星君②、阴阳师父，上云台开天门叫玉帝下凡做主，还要负责请架桥童子，抛兵追魂，担钱寻魂，招魂招粮，抛粮接命，杀鸡祭星，祭纸，合星拜斗，送上下星君，送星纂，拜"十名保官"，收"布桥""法桥"，诵咒化纸，送玉帝，闭塞"天门"到结束。纸缘师负责做纸马、摆供，捐集"百家"米给病人作"接命粮"，砍桥树，织"桥墩"，做"桥拱"等杂事。

家主需准备白纸5张做纸马，2张黄纸做黄金纸钱，纸钱约2斤，瑶家刺绣"桥布"2条，小秤剪刀各1把，竹片做标尺（一尺长）1根，病人穿过的衣服1件，纱线1根，草席1张，鸡4只（3公1母），猪肉、糖果、饼干若干。

师公、纸缘师清晨到达主家。纸缘师先去找几户人家捐2—3斤白米做病人的接命粮，再到岭上砍桥树和竹子。树用来架桥，竹子用来做桥墩、桥拱、星纂等。有一位师公写《追魂牒》和《十保官名单》，另外两人协助纸缘师做纸马和打"黄金"纸钱。纸码需要做22—25车，桥头14车，桥尾11车。早餐前，纸缘师须把当用材料搬到小溪或小沟旁，水的流向应该是向南或向北。按桥树根部坐西，尾部朝东的方向架好桥，并把桥拱分两侧，插在桥墩上，星纂插在桥尾右侧，用木板架好云台。主家杀好母鸡1只，连同猪肉1块，煮熟备用。

桥头由纸缘师摆放一张小桌，用盘子装熟鸡1只、熟猪肉1块放在桌上，用饭碗盛上米并放利市1个，装满酒的酒壶1个、酒杯6个，也放在桌面。桌上还放糖果、饼干、纸钱、纸马，《十保名单》也放在桌上。《追魂牒》放在桥根平面。烧香，分别插在鸡头方向和桥头以及桥墩（纂）上方，即可开始请桥头神明。请神的具体步骤是：（1）先奏，中

---

① 这里有关架桥的叙述，是我2002—2007年夏季在金秀大瑶山忠良乡六桂尾、六雷参与观察仪式时，与黄金寿、盘志富两位仪式专家的谈话内容整理而成。

② 上星君如贪狼、巨门、绿存、文曲、廉贞、武曲、破军等，下星君如五鬼、三娘三奈、磨灾磨难、不喜不利、头痛眼痛、一身病痛等。

请，后禾，三奏三请三禾后，抛下金台银凳，排位，点、领、纳、劝酒完，说上请意者，分下车纸钱、纸马。打三个卦得卦后，叫桥头神名，扎在桥头桌边椅子上，不要退位，开怀畅饮，细听下面过程。同时，桥尾师公也在请桥尾神明，请神结束及造桥歌唱完后，桥头师公吹牛角，烧《追魂牒》。(2) 在烧纸钱前，桥头师公继续做"打隔""架桥"为病人续魂，打卦得阳卦说明魂魄已经回，再打个阳卦，把魂魄恢复到患者身上，护佑身体康复。再分一些纸钱，祈求作福完满、呵护病人身体健康、百病消除、寿命得以延长，以及作为犒劳之酬金，送走玉帝后，与桥尾师公同时诵咒化纸，仪式全面结束。

桥尾也由纸缘师在地上摆放一块木板当作桌子，用碗盛上煮熟的猪肉1块，朝阳摆酒杯5个、水杯1个、白酒1壶、米碗1个、利市1个、糖果、饼干若干也放在桌子上。桥尾一侧，腾空放一块能站人的木板作"云台"。云台上放纸钱、纸马、香、利市，以及铁制灰盆1个。云台一侧插上一根竹竿，上端插香，桥尾加一侧插牢"星纂"。燃香后，开始请神明，先请上星君、再请下星君及阴阳师父。具体请神步骤是：(1) 主事师公三奏三请三禾及其他程序（与桥头一样）结束后，上云台求玉帝下来为凭做主，分完纸钱、纸马扎在云台上，就开始"造桥"。造桥结束后，在桥头即烧《追魂牒》，接着敕"抛兵"米三次，敕毕卜得阳卦后，手掐少许白米，朝东、西、南、北、中五个方向，边撒米边唱"追魂"词，连续追魂三次。(2) 接下来主事师公将簸箕上的纱线、病人衣服、尺子全部叩师父敕好后，将纱线、剪刀、尺子连接系在竹籁上，秤和衣服挂在竹籁上。竹籁上还系有纸钱，师公肩扛竹籁边唱边朝东、西、南、北、中五个方向寻魂。(3) 主事者又叩师父"打隔""架桥"招魂，每招一次魂手拿一张纸钱，边诵念《招魂唱词》，边将手中的纸钱掐成团，连招三次唱三次，打得阳卦表示病人魂魄通过"追""寻""招"三道工序已招回，而纸团就代表着魂魄。(4) 招回魂后，敕公鸡"定魂"。左手拿鸡定在地上，右手拿筊，口中念道："某某有老之人三魂七魄去时便把紫薇岭上去，回时金鸡背上定太阳（阳卦）。"拿筊从高处往鸡背上扔，如果没得卦，再念再仍，直到得阳卦为止。(5) "定魂"后，就"招粮"三次，得卦后，就敕米，敕变病人的"接命""保命"之粮，得卦后，就抛粮，按唱词里面的"第一、二、三……"直到十二为止。每唱一段，手拿米，往病人衣服抛去。唱毕，就叩主事师公本人功曹、下坛兵马、阴阳师父,通到病人头上、身上、床头、枕下,传出下星君(致人患病难之星)。再手拿鸡头,边摇边诵:"摇出七灾八难……"卜得阳答表示摇出病难。其间,如病人身体虚弱要做"合星拜斗"。反之,杀公鸡祭上星君、下星君、玉帝,然后手拿黄金纸钱,边唱架十保桥唱词,边放在"星篆"上。烧纸钱给下星君,送走下星君。然后,吹牛角送上星。如做"合星拜斗",则要做完"合星拜斗"后,送了下星君才送上星君。(6)送完上星君,接着送星篆。摆十保官后,收布桥。① (7)桥尾主事师公接着收起之前"打隔"架起的"法桥",再上云台分纸钱给玉帝、师父、功曹、下坛兵马,接着吹牛角送玉帝,退下云台,复神归位。架十保桥仪式全部完成。②

(三)建屋

大瑶山盘瑶人家凡需建屋,要请师公选择吉日。建筑吉日一般要择动土、砍伐、升梁等几个吉日。吉日决定后,就动土兴工。如所选吉日恰逢农忙季节,可先在中宫或左后角挖好墙基,筑好一版墙,谓之"安根"。安根过后,可随时动工建筑。安根时,要请师公来施法。应邀施法之师公,用若干香帛以及两只鸡祭拜鲁班师傅,同时喃请祖先和山神,以驱避邪神恶鬼。房屋建成后,安大门、迁新居、安香火也要选择吉日。安大门时亦要杀鸡敬供门神。择定安香火日期后,请师公来喃神,烧香焚帛,杀鸡敬奉,把神祇和香炉安入新宅神龛,意即请祖先随子孙迁移新居,祈求家祖保佑家宅平安,人丁兴旺。

田林县利周瑶族乡凡昌村一带盘古瑶建屋挖地基前,需请师公作法起水、起犯神。仪式需要香1支、水1碗,请1位师父用剑对水碗施法半小时即可。他们相信,经师公起好水、犯神后,家主今后就没病痛了。

(四)出行

平乐县盘瑶凡是父母或其他亲属带幼儿出门远行的,都要叫别人给孩子结一个草标插在幼儿身上,保护幼儿外出顺利,不遭受任何灾难。这个草标要请内行人对其念法诀。法诀是:"手拿茅标将军,茅头茅尾结成

---

① 收布桥时,把在桥尾招回的病人魂魄(纸团)卷在布桥里,用来定魂的公鸡(引魂鸡)给人拿住,与"桥布"中的魂由鸡从桥尾引往桥头,与桥"续"回的魂一并卷起,连鸡一起拿回家中,与在家的阴师"抢"回的魂一起用纸抱住。嘱咐其家人放在患者的枕底即可。

② 这里有关架十保桥仪式的叙述,是根据李树照同学2013年夏季在荔浦县茶城乡黄泥坝屯对冯金亮师公的访谈记录整理而成。

麟，插在人身鬼不见，插在路边虎不行，速变速化太上老君急令敕。"①

（五）寻人寻物

盘瑶人当失人或失物遍寻不获时，往往请巫师帮忙卜卦寻找。巫师通过占算，可知失人或失物在哪个月份能找到，以及失人或失物在哪个方位找到。

【个案6-1】宁明县H女士（48岁）的女儿（23岁）于2013年3月26日在南宁市江南客运站与H女士走失。H女士在报警、电视台发布寻人广告无果后向田林利周瑶族乡凡昌村伟好屯LDC师公寻求帮助。LDC师公经过推算后认为，H士女儿命克爹娘，是自己走失的，没有拐走，找到她女儿的希望很大。LDC师公在纸条上写下"社车兵马、五狱兵马，速速回归，急急回奉"，盖上玉皇印火化后，对H女士说二〇一三年六月廿八至七月初四到江南站东南方向寻找，定能得到。②

【个案6-2】2004年的一天，昭平县仙回瑶族乡茅坪村古定组有一户人家被人偷了4000元钱，由于当时正值村人在喝喜酒，因此很难寻找到破案的线索。无奈之下，失主请"七姑姐"HXZ来卜卦希望能找到窃贼。HXZ虽然接下了这桩事，但是办得吃力却不讨好。③

（六）买卖

盘瑶人举凡买卖难做或折财常祭拜祖宗祈求保佑或找师父帮开财路。

【个案6-3】宁明县HFC以前对法术很感兴趣，常帮师公抄写经书或跟师公外出去作法。中越边贸兴起后，开始做走私生意，每个月交保护费2000元。近年来随着中越关系紧张，以及公安机关对走私打击力度的加大，HFC时常感觉心里不踏实。每次从越南发货，他都要在路上向祖先许愿，祈求祖宗保佑自己顺利，许以纸钱及杀鸡

---

① 平乐县民族局王运良2000年采集。资料藏于广西瑶学学会。
② 根据高崧耀同学2013年夏季在田林县利周瑶族乡伟好屯对李德才师公访谈时的田野记录整理而成。
③ 根据杨芫慧同学2010年夏季在昭平县仙回瑶族乡的田野调查记录整理而成。

还愿。每次从越南发货拿到钱后，都要杀鸡敬奉祖宗，然后吃饭喝酒。①

【个案6-4】田林县浪平乡汉族 YXC 家近来过得不顺利，2013年9月18日他找到 LDC 师公帮查看家里是否有鬼在作祟。LDC 师公卜阴后认为，YXC 家住宅风水算好，但财路不好，虽然找得钱，但也用得多，需内安祖坟、外封五鬼神咒，宜开四方财路。LDC 师公说祖坟安好了，会帮家人保灾难，灾难过了，就会留得住钱财了。②

【个案6-5】田林县汪甸乡杨先生（33岁）生意一直不好，无奈之下前来找 LDC 师公算命。LDC 师公认为有白虎拦财，杨先生赚的钱越多花得也越多，难有余财，需要驱白虎。驱白虎仪式过程简单，只需把写有白虎名字的纸条放在纸钱堆上烧化即可。但驱白虎是有时间规定的，不是什么时候都可以驱，要根据不同的白虎名称选择驱赶时间。③

【个案6-6】田林县河口壮族 HZS 是一名勾机司机，经常开勾机到瑶寨来给人挖房屋地基。2012年9月20日，HZS 来到伟好屯给人挖地基，恰巧遇上 LDC 师公。他要 LDC 师公给他算命，LDC 师公叫 HZS 写名字给他看。LDC 师公看了他的名字后说，HZS 容易找到钱，但用钱的地方也多。HZS 本来想要个男孩，结果老婆生了个儿子。他见 LDC 师公讲得挺准，就上门来找 LDC 师公作法。LDC 师公卜阴后认为，他需要举行解送白虎和广开财路仪式。仪式需要公鸡1只、酒水3杯、香3支、纸钱若干，以及盖有"太上老君令敕"字条，以上书解送白虎、广开财路。物品备齐后，仪式正式开始。仪式要经过烧香、请师父、上酒、分纸钱等几个步骤。仪式中，要拿法剑对公鸡施咒，然后用剪刀剪破鸡冠，用鸡血淋在字条上。仪式最后分纸钱、施咒、焚纸钱、敬酒送走鬼神。④

---

① 根据我 2012 年 8 月 3 日在宁明县爱店镇丈鸡屯对琴么屯村民 HFC 的访谈记录整理而成。
② 根据我 2013 年 9 月 18 日在田林县利周瑶族乡伟好屯李德才师公家的访谈记录整理而成。
③ 根据高崧耀同学 2013 年夏季在田林县利周瑶族乡伟好屯对李德才师公访谈时的田野记录整理而成。
④ 根据我 2013 年 9 月 18 日在田林县利周瑶族乡伟好屯李德才师公家的仪式现场观察记录整理而成。

（七）赌博

田林县利周瑶族乡凡昌村伟好屯李德才师公给我们讲述了他给赌徒作法的故事。以前有赌徒赌钱输了 8 万多元后，来到他家请求他帮算是什么原因导致他大破钱财。他算出是赌徒带有关煞，并给赌徒解了关煞，叫赌徒以后赌钱不要做庄家，钱就赢回来了。赌徒继续参赌之后，赢了 16 万元，不但翻回老本，还净赚 8 万元。为了答谢他的帮助，赌徒拿出 5000 元登门致谢。不过，他并没有拿这笔钱。他说，这不是他应得的，如果贪别人那点钱，对自己不好。①

（八）酿酒

酒是盘瑶人生活不可或缺的饮料，因而酿酒成为多数家庭的活计。田林盘古瑶为保证酿酒成功，常在酿制过程中施以烤酒符咒。所念咒语是"吾奉狐狸先师令下山，随带金锁，今碰见生人烤酒吃，把酒封锁人紧门，弟子把号令，在斧中顷刻不得，急急如律令"②。念咒语时，需用手在斧头或石头上号令才会灵验。③ 所用烤酒符见图 6-3。

（九）做豆腐

豆腐是盘瑶人日常饮食中常见的食品。盘瑶人的豆腐是用石磨将黄豆磨成浆后制成的。如果在磨黄豆不出豆浆时，他们常求助于法术。如田林利周瑶族乡盘古瑶中就流传有推豆腐法术，其咒语为："一二三四五，金木水火土福神，弟子心中默念咒，煮豆烧豆萁，豆在腐中娄，本是同娘生，相斟何过甚，不清就不表，不成就成，把浆化为水一盆，千灵万灵当时就灵，急急如律令。"④念完咒语后，即在石磨旁焚化推豆腐符（见图 6-4）。⑤

---

① 根据高崧耀同学 2013 年夏季在田林县利周瑶族乡伟好屯对李德才师公访谈时的田野记录整理而成。
② 《画符书》，1984 年抄本，2013 年夏季由高崧耀同学于田林县利周瑶族乡伟好屯李德才师公家采集而得。
③ 根据高崧耀同学 2013 年夏季在田林县利周瑶族乡伟好屯对李德才师公访谈时的田野记录整理而成。
④ 《画符书》，1984 年抄本，2013 年夏季由高崧耀同学于田林县利周瑶族乡伟好屯李德才师公家采集而得。
⑤ 根据高崧耀 2013 年夏季在田林县利周瑶族乡伟好屯对李德才师公访谈时的田野记录整理而成。

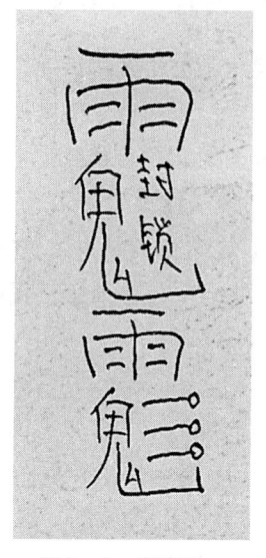

图6-3 烤酒符 　　　图6-4 推豆腐符

（十）杀猪

田林利周瑶族乡盘古瑶凡遇灾难需杀猪祭祀时，经常请师公前来施杀猪法术。师公先用手在石头上画杀猪符，然后再念咒语："吾奉三十三罡，七十二杀猪祖师令弟子下山，随带铜铁枷，千刀杀不尽，万刀杀不行，如邪法道人来杀不如尽，万箭穿心不留停。谨请南斗六星北斗七星，吾奉太上老君急急如律令。"①念完咒语，焚化杀猪符（见图6-5）。②

（十一）做饭

田林利周瑶族乡盘古瑶平时做饭不熟常念煮饭肉法，并将煮饭肉符放于灶里焚烧。咒语是："天浩浩地浩浩，弟子把令号，雄鸡不开母鸡不能叫，肉在锅内跳，米在瓶中泡，霎时火来尽，冷冷清清似水浅，叫你不行就不成，如有来人碰，头昏眼花不现形，急急如律令。"③念完咒语，在

---

① 《画符书》，1984年抄本，2013年夏季由高崧耀同学于田林县利周瑶族乡伟好屯李德才师公家采集而得。
② 根据高崧耀同学2013年夏季在田林县利周瑶族乡伟好屯对李德才师公访谈时的田野记录整理而成。
③ 《画符书》，1984年抄本，2013年夏季由高崧耀同学于田林县利周瑶族乡伟好屯李德才师公家收集。

门上号令即灵。①

(十二) 防蚊

田林利周瑶族乡盘古瑶在防蚊虫叮咬方面，除了用涂药、烟熏等手段之外，符咒也成为他们防蚊虫的方法之一。所用防蚊虫用符咒是"夜晚收禁蚊虫"法。其法是手持香对着水碗画符，想象着碗是太阴，香是太阳，默念咒语："东方甲乙木，蚊虫不进屋，南方丙丁火，蚊虫不要我，西方庚辛金，蚊虫不动身，北方壬癸水，蚊虫不闻嘴，中央戊己土，要得鬼来临，吾奉太上老君急急如律令。"②念完咒语，用茅草或筷子做"十"字架置于碗口处，点符烧掉即可。③

图 6-5　杀猪符 　　图 6-6　饭肉符 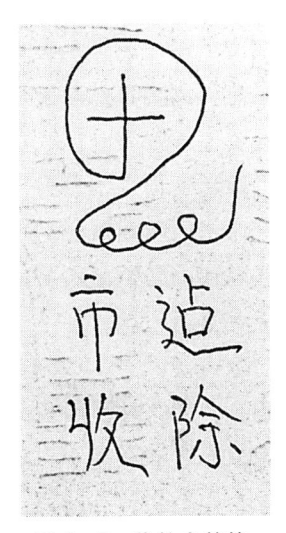　　图 6-7　收蚊虫禁符

三　人生礼俗

人类学家通常把标志一个人从一种社会身份转换到另一种社会身份的

---

① 根据高崧耀同学 2013 年夏季在田林县利周瑶族乡伟好屯对李德才师公访谈时的田野记录整理而成。

② 《画符书》，1984 年抄本，2013 年夏季由高崧耀同学于田林县利周瑶族乡伟好屯李德才师公家收集。

③ 根据高崧耀同学 2013 年夏季在田林县利周瑶族乡伟好屯对李德才师公访谈时的田野记录整理而成。

仪式称为通过仪式。① 通过仪式常涉及"生命循环"或"生命危机"的仪式，而围绕出生、成年、结婚与死亡的仪式，是生命循环中的典型例证。② 在范根纳普看来，通过仪式具有改变身份地位的意义。③ 实际上，在敬畏鬼神的社会中，通过仪式除有身份转化的意义外，还有通告鬼神以取得鬼神认可的信仰意义，故而整个仪式过程充满了浓厚的巫术色彩。④ 如今的忠良盘瑶社会，虽然人生礼俗中的信仰观念已逐渐淡化，但巫术的余韵依然广为存在。

（一）婚礼

中国南方少数民族地区普遍盛行爱情巫术。这是他们先民在极端恶劣的自然条件下为实现自己占有异性的愿望而形成的。它的主要特点是企图控制爱慕的对象，控制的方法是用符咒仪式迫使所恋之人服从自己的意志，进而满足自己求爱及其他方面的生理需求。⑤ 广西盘瑶地区同样盛行爱情巫术。

盘瑶爱情巫术分为三大类：一是用于婚前择偶的"三妹法"；二是用于结婚当天及结婚过后的"合婚法"；三是用于拆姻缘的"折花法"。在叙述盘瑶的爱情巫术之前，兹先行介绍本节提及的两位巫师，他们是我们的关键报道人。

盘有开，男，1964年生，昭平县仙回瑶族乡茅坪小组盘瑶，未婚，不识字。5岁时，因意外失明。自幼体弱多病，家人为望他平安长大，给他取小名"阿留"。25岁时，阿留的舅爷盘志文师公，见他年长未成家，担心他生计有问题，便问他是否愿意学法。由于身有残疾而无一技之长，于是他决定与二哥一同拜舅爷为师。二哥主要学草药，他眼睛看不见，师父便传与他三妹法及一些常用的法术如给小孩子摸肚、收魂收惊等。阿留记性很好，又有学法天赋，所以师父教一两次他便牢记在心。

---

① 普洛格、贝茨：《文化演进与人类行为》，吴爱明、邓勇译，辽宁人民出版社1988年版，第569页。
② 菲奥纳·鲍伊：《宗教人类学导论》，金泽、何其敏译，中国人民大学出版社2004年版，第184页。
③ Van Gennep, Arnold, *The Rites of Passage*, London: Routledge and Kegan Paul, 1960, p. 3.
④ 李小红：《巫觋与宋代社会》，浙江大学博士学位论文，2004年。
⑤ 高发元、朱和：《中国西南少数民族巫蛊文化中的性爱主题》，《民族研究》2005年第2期，第31页。

阿留学了好几条三妹法，不过不全是跟他的舅爷学，有的是从别的师父那里学来的。学会之后，他就开始帮人作法了。阿留说，主要是本村人请他去帮忙用三妹法，最远去过仙回乡，蒙山县也曾有人特地来请他，但他没有去。阿留称自己的法术条条灵验，有效期都是49天，作法不需要选特定的时间，下法时要偷偷地避开所有人，特别不能让被施法人知道，否则就不灵验。

黄启英，女，1941年生，昭平县仙回瑶族乡三炉灶小组盘瑶，不识字。黄启英的草药和法术知识由家公所传。黄启英40多岁的时候，有一次家公向别人传授法术时，她站在门口偷听，当时就记住了两三条。等客人走后，她问公公说："我刚才听到你说的法术了，记住了两三条，你给我用吗？"公公让她封个利给他就允许她用。黄启英给公公封了72元的红包，之后公公便将草药和法术传授给她。

1. 恋爱

盘瑶居于山区，交通不便，生活困难，山外女子都不愿意嫁入瑶山，而瑶家女子外出务工后，不愿再回山里生活，导致盘瑶男子娶妻困难，而结了婚的男子有的则因妻子无法忍受贫穷离家出走或离婚又变成单身。昭平县仙回瑶族乡茅坪村委黄通程主任说，他们村30岁以上未婚的男性约有100人，而未婚的女性基本上没有。如此一来，爱情、婚姻对于盘瑶男子显然变得来之不易。

在瑶族的众多情歌中，不乏男子对单身的忧虑。如金秀大瑶山瑶族《念情歌》唱道："……行过庙门兄单独，观音都知兄欠追，单身恶，娘唔知单身娘唔知，唔信但看单枝木，风来吹过木篱挨，半乃恶，半乃天高路又长，天高路长唔半乃，本份娘追唔共村。"[①] 类似这样的单身情歌还有很多。歌词中瑶族男子的单身凄苦状显而易见，反映了他们对爱情、婚姻的极度渴望之情。父母在不断的叹息中，找来巫师给自己的儿子施"三妹法"，以了却心中的隐痛。

大部分盘瑶男子承认学过三妹法，而且对三妹法的效力深信不疑，同时又认为三妹法是不好的法术。他们宣称三妹法很灵验，而且是非常厉害的绝法。乱学或乱传三妹法会损阴功，学多了会绝后的，有了后代也会死掉，只有那些身体有残缺或没有老婆及后代的人才敢学。盲人阿留往往成

---

① 广西编辑组：《广西瑶族社会历史调查》（第七册），民族出版社2009年版，第211页。

为村民列举的代表性人物。

【个案6-7】ZWW，三炉灶小组村民，现年48岁，其祖父、父亲都是师公，赵本人是林场工人，社会阅历比较丰富，在村中有一定声望。问及对三妹法的看法时，他说："三妹法是绝法，有损良心的，没有用的，女孩子醒来后总会讨厌你的，一般不要学，最好不要学。""有这种法术的人一般他传给自己孩子呀，还有比较好的人，忠诚老实的。那种很跳跳的人怕他们在外面做坏事啊。总之，看到那些不三不四的人你就不要传给他，传给他了以后，如果在社会上做坏事了，你这个当师父的也不会好过。所以一般不轻易传给别人的。"①

【个案6-8】PWF，古定小组村民，48岁。他认为，一般人不敢学三妹法。"三妹法不要得的，是绝法。学这个不好的，最好不要学。""茅坪组的阿留，他是茅坪最厉害的。阿留是因为是个盲人眼睛看不见，所以才敢学，他说学这个法对学的人没有伤害是骗你的。""他曾经让两个人站在两岸分别摇两棵竹子，之后他念一下咒摆摆手，摇着摇着两棵竹子的竹尾就绞在一起了。这个也是三妹法。这是有人看到的，也是全村都流传的一件事情。"②

【个案6-9】PJQ，古定小组村民，26岁。他说"我十八九岁的时候，有个老人家曾私下里问我，想要这种法术吗，他可以传给我。我当时说，记性不好，不想学。其实是怕学了之后没后代。一般法术是不能乱传乱学的，男传男的，女传女的，要分开的。乱传乱学绝术，会无后的。"他也认为阿留三妹法很厉害，"茅坪组的那个盲人法术很厉害，正常人做不到的事他都能做到，如修柴油机、放牛。"盘进球也说阿留的三妹法可以让河两岸的竹子相缠，这是别人亲眼看见的。③

【个案6-10】ZWJ，林场小组村民，25岁，度过戒，也向父亲学了一些法术。他也认为三妹法是绝术。"不敢学的，也不想学，不要得的，它比茅山道还折寿，一般是娶不到老婆，残疾瞎子有了后代

---

① 由林宇乾同学于2011年7月19日在昭平县仙回瑶族乡三炉灶小组赵文旺家中收集。
② 由林宇乾同学于2011年8月6日从昭平县仙回瑶族乡古定组前往三炉灶组的路上对盘文府访谈而得。
③ 由林宇乾同学于2011年7月20日在昭平县仙回瑶族乡古定小组盘进球家访谈而得。

的人才会去学，学了之后也会断子绝孙的。学很容易，要忘记难，它会在你记忆里难以消除，一辈子都摆脱不了的。""茅坪组的盲人很厉害，有人曾亲眼看到过他用法术将分别在两岸的竹枝弄得靠近并且交缠起来。由不得你不信啊，整个茅坪三妹法除了他没人敢称第一。"①

昭平县仙回瑶族乡三炉灶小组村民赵文旺说，当一个男子喜欢上一个女子而那女子又不喜欢他的话，男子可以用三妹法让女子喜欢上他。女子中了三妹法后的反应是，男子回去的时候，女子会跟着他走。如果男子对女子说，你不要跟着我，你家里人不会同意的，那么女孩子肯定会哭着跟他回去。不过，法术期限到了以后，女子醒来觉得像做了梦一样。如果不告诉她的话，她根本不相信那是真的。施三妹法的方法很多，而且轻而易举。食物往往成为三妹法的重要媒介，只要能吃的东西都可以用，但用得最多的是茶、糖、果和饼。赵文旺说，男子甚至可以在递茶给女子时下法。比如，左手端茶杯，右手拿茶杯盖，半垂着头，假装盖好茶杯盖，默念一两句话就可以了。然后将茶递给女子喝，甚至不用女子喝，只要问她这杯是茶吗？如果得到回答"是！"那么她就中三妹法了。除了食物外，其他常见物品也可成为施法的媒介。赵万金讲了一个阿留用烟下三妹法的故事：

> 荔浦县新平乡黄竹村一男子来到茅坪组探望盲人阿留的侄女。阿留给他递一支烟，他接过来了。当时并没有什么特别的反应。可是回来后，看不到阿留的侄女，心里很难受，疼得像被锤子捶了一样，又哭又闹，不想吃也不想喝，就像中了邪。后来，还是赵万金姑舅在屋前小河边帮他解开了。不过，要是不请人解的话，52 天后法术也会自动失效。

为了获取更多三妹法术资料，我的学生林宇乾连续 3 天对阿留进行了多次访谈。阿留从开始的防备到对林宇乾日益信任，最后终于把三妹法都告诉了她。

---

① 由林宇乾同学于 2011 年 7 月 25 日在昭平县仙回瑶族乡林场小组赵金万家中访谈而得。

阿留有三套恋爱阶段用三妹法。他认为用了之后可以俘获人心、让爱人不变心，或者让变心的人回到自己身边。

第一套：敬请老师，老师在我前，传师在我后，老师传下传师传下，弟子应用。天皇皇地皇皇，女心生在黄蜂树，我心生在黄蜂床，清早飞去，夜晚来床。奉请太上老君降临。

第二套：传师×××，一心奉请你王母娘娘下来做媒娘，一想做夫妻，二不想爷娘，三想我本心良，几时想几时到，何时想何时来，见双泪泪落，见双泪泪流，大青山小青山，渺渺茫茫妹不想，想来想去，想到我（或施法对象的名字）一世单身一宿凉，日日同路，夜夜同床，想来想去断肝肠。奉请太上老君降临。

第三套：敬请老师，老师在我前，传师在我后，老师传下，传师传下，阴阳师父传下。弟子应用。一个芒标放在路中央，男人（女人）跨过为兄弟（姐妹），女人（男人）得跨皆成双。奉请太上老君降临。

第一套三妹法只能自己用，不能帮别人施行。施法时，一边念咒语一边用手指在掌心画"应"字。念三遍画三遍后，拍在所喜欢之人的肩膀上。

第二套三妹法一般适用于男子喜欢一个女子而女子又不喜欢他的情况。男子可带一些糖果、水果等食物前来，施法人就帮他下法到食物中，对着食物念此咒语，念三遍后就让男子拿去给女子，只要女子接了过去，吃或不吃都算下法成功。

第三套三妹法是林宇乾与阿留告别时传授的。传授时，阿留避开所有人包括他的二哥。他说，这是一套想得到陌生异性青睐的法术，由三炉灶组的李贵旺师父所传。施法时，需找芒标或者棍子（如竹、木等），一边轻而慢地翻转、摸捋，一边念咒语。重复做三次。如果是男人施法，男人跨过去相安无事，女的跨过去就跟定了他。如果是女人施法，有男人跨过去必定爱上她，女的跨过去则无事。

阿留称他下的三妹法无解，可以永远有效。他说，法术的有效期是49天，但他每次下法时都配合着草药使用，因而法术就无解了，也变得更加灵验。阿留法术中的"秘密武器"就是五种辅助草药。阿留说，没有药他是不会去帮别人施三妹法的。五种草药用瑶话会叫得更准确些，用普通话讲分别叫雾水草、益母爱、草雾、饿蚂蟥、女人草。阿留二哥每年在端午节前后帮他把这些草药采回来。这些草药一般五月份才有，在端午节时找到的药最灵，不过这些草药如今在茅坪村山上很难找齐。草药采回来之后晒干，晒到一捏就成粉的脆酥状，就把它们搓成粉末用纸包好，需要用法时就取出配用。施法后，阿留会亲自到施法对象的房间，将粉末撒到施法对象的床单或席子下面。也可以将一点药放到食物里，只要一次放一点就行了。因为药没有毒，所以不用担心中毒。如果去不了施法对外的房间就不加药粉了，只是那样法术就没有那么灵验了。林宇乾在保证阿留的"隐私"不被泄露的情况下，分别去问村中会草药的老人这五种药的用途，没有人会将它们跟三妹法联系在一起，而且他们说的只是常见病患的功效。可见，这五种草药是阿留的独家爱药秘方。而五种草药中，要数雾水草最为珍贵了。

雾水草因叶子上有水珠，即使风吹日晒也不易干，因而当地人又称之为露水草、雾水草、甘子草、含泪草等。雾水草是阿留五种药中最为重要最为珍贵的一种，他常常因为少了这一味药而无法给别人施法。张建兴师公说，云雾草同瘦肉一起蒸，可以治疗小孩子不爱吃饭的毛病。雾水草只长在高山顶，而今在茅坪几乎找不到。碰巧的是他有一撮晒干的云雾草。阿留说，这是他于2011年4月份在古盘村对面的山顶采到的。

无论是何种法术，都不可以滥用。施法需要遵守某些禁忌，如不能如厕时想法术，不能吃狗肉、蛇肉等。如果违反禁忌，则达不到预期的效果，或者对施术者有害。人们都盛传三妹法是绝法，但阿留认为只要不去害人就不是绝法。马林诺夫斯基曾说："……只要爱情本是非法的，爱情法术才是非法的，比如说当其目标是针对酋长的妻子或者其他某个禁忌的人物时就是非法的。"[①] 阿留替人行三妹法时也会考虑社会道德，并不是为了报酬而盲目施法。如果是帮亲戚朋友做，封包随他们心意给，所封钱数可以是3.6元、7.2元、36元、72元，要是帮外人做，至少要360元

---

① 马林诺夫斯基：《原始的性爱》，王启龙、邓小咏译，中国社会出版社2000年版，第374页。

图6-8　晒干后的雾水草（林宇乾提供）

或720元。阿留学了三妹法后，就算不下法，村上也有很多女人喜欢他，之所以没有结婚，只是因为他觉得自己状况不好，不想害了女孩子。

细看昭平县仙回盘瑶的爱情巫术，求爱巫术占了绝大多数。李文官、黄元汉、黄进球、黄通坤等4位先生给我们提供了5套求爱咒语。

第一套：一张白帘四角尖，照见四海边，生是凡间竹帘变成三妹仙，隔山要你来同坐，隔水要你来同房，一不想爷娘妹姐，单想化作×××人同我结成双，奉请奉准东方云迷伏仙姑，南方西方北方中央云迷伏仙姑，迷伏小娘，迷伏到共迎到夫妻身。奉请梁山伯祝英台，刘三姐同降一时来奉请一时不到风吹到。一时不灵时可灵刘三姐妹灵。[1]

第二套：谨请祖师谨请本师、老师×××、传师×××，叩请阴阳师父雷君法太黄，奉我弟子化为天灵灵，地灵灵，天合合，地合合，人合合，鬼合合，山合合，水合合，自言自意不（？）。弟子化为嫩花草，小姐化为里鱼婆，弟子化檀香杵，小姐化为千里黄蜂来含花，弟子化为珍珠糯米，小姐化为饿鸡婆，弟子化为长江水，小姐化为里鱼婆，日头出山照鸳鸯，鸳鸯杵上结成双，鸳鸯杵上结成果，鸳

---

[1]　由林宇乾同学于2011年8月15日在昭平县仙回瑶族乡甲对组李文官师公家收集而得。

鸳杵上结成妻，日里思来共凳坐夜里思共枕又同床，日日思日日想夜夜，思量离爹离娘，不离小郎，离了小郎眼泪落汪汪，速变速化准吾奉请太上老君急急如令敕。①

第三套：老师×××、传师×××，以我弟子今日开口，一心奉请杨冷婆婆下来做媒人，此糖不是非凡文糖，化为给双文糖，左手拿来右手给，给妹吃下心就烦，心凡心想，心想心凡，总想与弟结成双，准吾奉请太上老君急急如令。②

第四套：天令令（疑为"灵灵"），地令令（疑为"灵灵"）。逢春妓九柳州妹一是不休也不想，二是不合别人官（疑为"观"）念，三是想我两人结成双。吾奉请太上老君急急敕令。

第五套：用天灵，用地灵，奉请刘三姊妹下凡间。请你俩×××（？）白到心，你俩×××（？）白记心上，（？）白记在一条心，出门逢人都不想，只想与我同路行，早晨同起，夜晚同路回，转到家中同一夜，同床同睡同到天明。吾奉请太上老君敕令。③

昭平县仙回瑶族乡古定小组村民盘文府介绍了一种不需要用咒语的三妹法，称为"古传"，说是以前的老人家告诉他的。其法是：选择有风的日子到竹林里，找到交叉在一起的两根竹子，如果有风来时两根竹子接触能发出摩擦声的话，就可以用刀刮下相交处竹子的粉末，以后将此粉末偷偷放到妻子（丈夫）或是自己喜欢之人的衣袋里，过后那个人就会死心塌地爱你了。

三妹法虽然厉害，但也是可以防治的。赵金万说，如果你面对会三妹法之人时，心里一直记着"这个人会三妹法，这个人会三妹法"，一刻不走神，那么他就没办法给你下成了。但只要你稍不留神，让他有机可乘，那你就危险了。赵文旺列举了一个破解三妹法的方法。即在得知被下三妹法后，请懂解法的师父来，师父在引水的竹笕旁或自来水管下，一边念咒语，一边将长流水截断，就可以解开三妹法了。以此象征断了男女的牵

---

① 《合婚法书》，2000年抄本，由林宇乾同学于2011年7月19日在昭平县仙回瑶族乡古定组黄元汉师公家收集而得。
② 由林宇乾同学于2011年8月8日在昭平县仙回瑶族乡三炉灶组对黄进球先生访谈而得。
③ 林宇乾同学的访谈记录。访谈时间：2011年8月8日；地点：昭平县仙回瑶族乡三炉灶组黄通坤家。

连,所下之法便不得继续细水长流。

帮人下过三妹法的盘瑶师公,反而对三妹法有所避讳,却对能让夫妻和睦的合婚法比较推崇。作为有声望的公众人物,他们不愿意让外人了解其三妹法。

【个案6-11】HYH,古定小组村民,75岁,做师公已有15年。他会三妹法,也会合婚法,但他认为帮人做三妹法是不灵的。他说:"爱情,爱情难搞啰!"说完哈哈大笑,古怪地看我,似乎惊讶我问这个问题。接着肯定而利落地说,"有是有人会这种法术,搞不到,搞不到!三妹法,不灵的!灵的话,我有钱使啰,灵的话我都告诉你了"。他说,有男子找过他帮做三妹法。他也帮过好几次,但就是不灵,而做合婚法就灵。最终,他也没告诉我三妹法的内容。①

【个案6-12】LWG,甲对小组村民,64岁,师公。李会三妹法,但是首次访谈时,不知道他会三妹法。当时他说,村里有人会那么三几条这样的法术,灵不灵就不知道了。他认为三妹法是带有强迫性的野蛮行为。"它是强迫一个人去爱,太强蛮了(摇头)。这都是封建的东西,现在很少人用了,现在是恋爱自由的,不搞那么强蛮的,是用温柔的方式,而不是强迫女孩子爱上你,这么强蛮,是吧?""有是有人用,但是现在很少有人去用这种了。"② 第二次访谈时,李文官说合婚法是好法,三妹法用得当的话也是好法,他们做师公的是学对别人有利的法术,如果他认为三妹法是绝法,那他现在也不可能子孙满堂。③

【个案6-13】ZJX,三炉灶小组村民,75岁,师公。访谈两次他都避而不谈,只是说,"以前的老人家说过这种法","据说很灵"。ZJX没有说三妹法是绝法,但也认为用三妹法不好,不是自然发生的感情不好。他强调自己没有学过三妹法,会的只是让夫妻间和睦的合

---

① 林宇乾同学的访谈记录。访谈时间:2011年7月18日;地点:昭平县仙回瑶族乡古定组黄元汉家。
② 林宇乾同学的访谈记录。访谈时间:2011年7月17日;地点:昭平县仙回瑶族乡古定组架桥仪式现场。
③ 林宇乾同学的访谈记录。访谈时间:2011年8月14日;地点:昭平县仙回瑶族乡甲对组李文官家。

婚法，而不是三妹法。可是有一些人却说他会三妹法。①

盘瑶年轻仔对三妹法了解甚少，对三妹法的灵力抱有怀疑态度。昭平县仙回瑶族乡三炉灶小组村民张光林（16岁）说，"从懂事开始听爷爷说有三妹法术，但却没有看见过，这次还是通过你才真的看见我爷爷写这些法的内容"。"不过，我还是不太相信。但听人家说我们村那个歪脖子男人确实用这个法术玩了人家老婆。玩人家老婆是真，用没有用法术我就不知道了。"②

盘瑶妇女对三妹法都表现出一种厌恶的情绪，认为这是一种很不正当的法术。昭平县仙回瑶族乡茅坪村盘瑶妇女无论老少，都认为下三妹法是一件缺德的事。三炉灶小组一位78岁的老妇人曾一脸鄙夷地摇头说："三妹法，没要得的，没到头的，那是害了人家女孩子。"茅坪小组覃慧（24岁，高中文化）说："一个女孩子要是不喜欢那个男孩子，却被使手段硬是牵在一起，不是缺德是什么？被施法之后，是跟定那个男人的了。"茅坪村盘瑶妇女往往能说出许多女子被下三妹法的事例，其中不乏发生在她们身边的案例。

也有盘瑶妇女认为，有人不修阴功下三妹法是为了让别人出丑。古定小组冯连芳（57岁）认为，一般三妹法都是男人才有，那些人不修阴功才会下法去害一对看不惯的男女。下法时不用吃什么的，只要对着男女暗念咒语，就能下法成功。中了三妹法男女，即使是当众搂抱也不害臊。她小时候曾经亲眼见过两次。

【个案6-14】FLF三姐20岁那年，在婚礼上对唱情歌时，认识了一个30多岁的男人。这个男人是新郎方的亲友。FLF那时已有10多岁，至今还依稀记得那个男的对着她三姐唱道："我没有家，是来到这里找个家的。"FLF认为，就在当时他们两人被某个男人下了三妹法。男子回家后，三姐哭闹得不行，不吃不喝的，一直闹着要见那个男的。家里人无论如何劝都没有用。后来那个男的直接带着证明来

---

① 林宇乾同学的访谈记录。访谈时间：2011年8月10日；地点：昭平县仙回瑶族乡三炉灶组张建兴家。

② 同上。

到家里，说是来找三姐结婚。FLF 的母亲不愿意，一边让村委帮着推托，不让他们拿到结婚证明，一边寻找会解法的人帮三姐解法。解法之人帮三姐解法时 FLF 也在，解法人就问了她三姐："你今天吃饭没有？"三姐回答："吃了。"后来 FLF 的三姐就醒了，也不再想结婚了，而且不知道发生什么事。听了别人说自己为了一个男人又哭又闹，三姐很不好意思，还直叹自己太荒唐。

【个案 6-15】FLF 年轻时在大队认识一个女孩，她平时特别爱和男孩子说话，队里有一个男人特别看不惯，就给她和另一个男人下了三妹法。下了之后，这对男女当众搂抱，天天黏在一起，不见一刻都会要死掉的样子。同行人实在看不下了，都劝下法的那个人帮解开。解开后，这对男女听别人说了他们以前的行为都觉得没脸见人了。至于如何下法如何解法，那个下法的人没有给任何人看见。①

众多传言的三妹法故事里，似乎总是女子成为受害者，而这些女孩子的共同特点是：(1) 疯狂地爱上某个男子；(2) 若是家人反对，她们就会哭哭闹闹。

【个案 6-16】ZCY，三炉灶小组村民，47 岁。她说十几年前，村里有一个 15 岁的女孩，在婚礼上认识了一个从荔浦县清江来的男孩，那时她就被人下了三妹法，当男孩要走的时候，她哭着拉着不让男孩走。男孩走了以后，她一直吵着要见男孩。后来她父亲请了村里的李贵旺师公帮解法，师公给了一点东西给她吃后，就不再哭闹了。②

【个案 6-17】ZCH，三炉灶小组村民，32 岁，已嫁到桂林临川，回娘家小住。她哥哥曾经学过合婚法，以前门前还种有很多草药。那些草药是有法的。她认为三妹法确实灵验。ZCH 说，她姐姐以前被人施过两次三妹法。第一次是被 LGW 的大儿子下法。家人看见姐姐总是爱往那家跑，家人怎么说都不听，还哭闹，后来家里人觉得不对

---

① 林宇乾同学的访谈记录。访谈时间：2011 年 7 月 19 日；地点：昭平县仙回瑶族乡三炉灶组田间。

② 林宇乾同学的访谈记录。访谈时间：2011 年 8 月 14 日；地点：昭平县仙回瑶族乡三炉灶组赵春英家。

劲，就从小林香那个很会法术又懂草药的女人家里带了苹果给她吃，之后就不再往人家家里跑了。第二次，是被前姐夫下了法，十几年了争争吵吵，很难解开。前一段时间，姐姐腿断了，姐夫就不要姐姐了。①

【个案6-18】HYQ，三炉灶小组村民，23岁。她几岁的时候就听说三妹法的事。自己不相信真的有这种法术的，但是听过很多。她亲姐就被人下过三妹法。姐姐11岁那年，哥哥从外面带了朋友也就是现在的姐夫回家，姐夫见一面就喜欢上姐姐了，但是姐姐不喜欢他。没多久姐夫的父母就带着姐夫到家里提亲，还带来了一些水果和猪肉。等他们回去后，姐姐就闹着要嫁给姐夫了，怎么都不听劝，最后他俩结婚了。②

细究以上的事例，不难发现盘瑶男女在三妹法中扮演着截然不同的角色。男性往往作为三妹法的持有者，而女性则容易成为法巫的"受害者"。谈及三妹法，男女立场显然不同。男性关注的是法巫灵验与否，如何灵验，以及反噬性强不强，是否会对自身的名誉、健康、利益造成损害；而女性关心的是被施法后遭受的难堪及道德与否。总而言之，爱情巫术已经渗透到人们的伦理、情感和意识之中。

2. 订婚

盘瑶男女青年社会交往极为密切。男女双方相识后，愿意结成配偶，可将心愿告诉父母，若父母同意即遣媒到女方家说合，对方父母同意后即可订婚。订婚仪式包括如下程序：（1）合婚。男方家向女方家索要女子年庚，以供巫师查阅《合婚书》预测他们命是否相合。（2）提亲。如果巫师查《合婚书》确定两人能幸福地结合，男方家长即与媒人前往女方家提亲。（3）定亲。定亲一般在晚上进行。届时男子父亲带上鸡、酒、银圆、槟榔随同媒人、巫师一道前往女方家定亲。参加定亲仪式的成员有：双方父母、男方带来邀请女方祖先做证的巫师、媒人及女子兄弟姐妹。定亲过程中，讨论的话题主要是聘礼的数额、支付方式、婚后居住方式以及姓氏的继嗣

---

① 林宇乾同学的访谈记录。访谈时间：2011年8月10日；地点：昭平县仙回瑶族乡三炉灶组赵春花家。
② 林宇乾同学的访谈记录。访谈时间：2011年8月14日；地点：昭平县仙回瑶族乡三炉灶组黄玉群家。

等。此时达成的所有协议都被写成2份契约，双方各执1份。在契约上往往于末端写上"合同"等字样，是两份折叠起来书写的，以备日后验证。如果两份折叠起来，同一个字的笔画一样，就可以证明2份契约是相符的。契约订立后，定亲以共餐的形式结束。调查期间，我从金秀大瑶山忠良乡六雷屯赵文县家收集到11份婚契，现将其中1份抄录如下。

  立起赘人，情因黄文香同妻所生第一女父母不辛（应为"幸"）在世，丢在春贵公长成为人。娶夫请媒到六桂村成凤处赵明周同妻冯氏生下第五男，年当十六岁，父母不在世，哥兄长成商量自愿（不）离/出门就家。出年伐（？）午（？）三月初七日辰时建生配合因缘，白鬓（？）齐肩招□为男，不得改明（应为"名"）换姓，愿名赵成坤今世本身赵姓，祖师超度完灯承顶香烟不断，以后生男育女多小拾子三古均分两边，香因（应为"烟"）不断。入门之后，任由女家养公老寿，任教训不得便成竹笋生高脱□，若是不依夫良心。以后兄弟姊妹兴家□照份均分吉□。情不得赌博费用□□，浪荡走出外三年两载不回家，任由黄姓把妻另招另嫁，不管赵姓之□乃□家，心甘自愿并无迫押，兄弟关分义□招为附（应为"驸"）马，一力顶江山依祖律法，万古流传。二家心甘自愿，空口无平（应为"凭"）的（疑为"特"）立赘书合同二张，各收一张手执为凭据。
  亲房　黄文万　　进心为号
  在场　黄春府　　公心为号
  行媒　赵成官　　平心为号
  天长地久　婚书合同永远万世
  民国癸酉年壬申岁十二月十七日合同代笔赵明文立□的中心。①

3. 结婚

结婚过程中的出嫁、迎亲、拜堂需要举行装身、斩煞、合婚等巫术仪式。

（1）出嫁

防城港市板八乡、宁明县爱店镇盘瑶新娘出嫁时，由于担心新娘在路

---

① 　由我于2007年7月25日在金秀大瑶山忠良乡六雷屯赵文县先生家收集。

上碰到孤魂野鬼拦路，或是遇到不干净的东西摄走新娘魂魄，因此新娘出门前娘家会请 1 位师公前来做装身仪式，让孤魂野鬼看不到新娘。装身仪式约需 1 个小时，不需要任何祭品，师公让新娘和两个伴娘在神台前站成一排，然后师公边念经请师父边绕新娘和伴娘转圈，请师父保佑新娘一路平安。接着师公开始拍掌，左拍右拍，连续三次。最后，双手交叉举至头顶，吹气后就可以让新娘出门了。①

（2）迎亲

金秀大瑶山六巷盘瑶迎娶新娘是日，待送亲队伍跟乐队走进新郎家院内，到了木棚门口处时，新娘、伴娘等人停下，亲家客则跟着乐队进入大厅。当新娘她们停下时，在此等候的一师公就开始念经，手里拿着一把砍刀和一只雏鸡，念完经把小鸡按在门槛上，手起刀落把小鸡的头砍下来扔到门外。瑶族人称之为"斩鸡"，有避邪及保平安之意。扔完了鸡头和鸡身，师公带新娘走到了大厅外停下，厅正中央燃着一盏"迎新灯"，师公把灯移开后扶新娘进门，伴娘收伞跟进，与送新队伍在大厅中坐下休息。新娘入门后站到厅堂前，由人扶着向厅堂微微弯一下双腿拜告祖宗，拜后由人牵到厨房里走一圈，表示新娘入门后应做的是敬老、下厨房。新娘休息一下后，接着举行拜堂仪式。②

图 6-9 防城板八盘瑶师公给新娘做装身仪式（陈锦均提供）

金秀大瑶山忠良瑶族迎娶之日，如大办喜宴，需请 1 位师公担任 ching siu sai ong（清水师公）主持婚礼。若由男方办酒，则请师公前往女方家举行拆人口仪式，让新娘脱离她祖先的保护，继而寻求新郎祖先的保护。仪

---

① 根据陈锦均同学 2013 年夏季在宁明县爱店镇丈鸡屯做访谈的田野笔记整理而成。
② 黄河新：《架梯屯盘瑶婚姻家庭调查报告》，载李远龙主编《传统与变迁——大瑶山瑶族历史人类学考察》，广西民族出版社 2011 年版，第 201 页。

式结束后，新娘与送新队伍开始动身前往新郎家，男方家则请吹鼓手到村头迎亲。盘瑶人认为新娘身上带有"红沙煞"，如果阳气低的人吃喜宴时遇到红煞鬼，会口吐白沫昏迷不醒。红煞鬼是过去打仗时死去的那些人变成的厉鬼，若撞上要请师公来收煞，否则会死人的。师公拿铜剑在水碗上画符念经，然后喝一口水喷在他身上，算是替病人收煞了。① 由于以上观念的存在，在送亲队伍跟着乐队走进院内到木棚门口处时，家主请来清水师公拦在大门外，师公口中念念有词的同时，一边手拿着1只公鸡，一边手拿刀砍掉鸡头扔向远方，给新娘收去身上的红煞鬼，称"斩煞"，然后带领新娘进入点有一盏"迎新灯"的大门。新娘进门时，师公立即举行添人口仪式，告诉新郎祖先，家里又来一位新成员，请求他们好好保护新娘。

(3) 拜堂

金秀大瑶山六巷乡架梯屯盘瑶拜堂前，由师公在厅堂前铺层厚稻草后披上毯子制成垫子。垫子做成后就可以拜堂了。拜堂时，新娘由一位中年妇女从洞房里领出，而新郎由一位中年男子从大厅外领到垫子前，即便他刚才在洞房里也要先走到门外，再由那位中年男子扶着进门。拜祖宗时，师公面对新人站在神龛前，等他点头示意后新娘、新郎身后的中年男女就开始带着他们拜祖宗。先是新郎身后的中年男子把一块灰白色的布夹在新郎的食指和中指间，让他平举在胸前，然后再抓他的双臂带他向祖宗神位站拜两次。站拜两次后，再带他跪拜，跪拜时头和手中的布巾要触地，同时头在触地时，稍停一下。跪拜也是两次，拜完后站起。待新郎站起时，带新娘的中年妇女扶着新娘的双臂往下轻轻一按，新娘则随着向厅堂微曲双膝。待新郎拜一次后，新娘再站拜两次，一直拜到七十二次。等新郎行三十六跪拜和三十六次站拜，新娘拜完十八次后，师公吩咐人用一个托盘端上两杯酒，接过后托着盘面对神台念经，念完转身把盘递给新郎，让他捧着盘向厅堂站拜八次。拜完后，师公把两杯酒取出放在神台上。接着念经，同时把两杯酒相混合。念完一段经后，师公错开双臂呈 X 形，拿起酒杯迈着交错步走向新娘、新郎，敬他们两人喝酒，右手敬新娘，左手敬新郎。新娘、新郎喝了一口后，师公转身把酒杯放到神台上，还是念经、兑酒、再敬酒，重复三次。敬完新娘、新郎，师公把一点酒洒在神台下，

---

① 这里有关红煞鬼的叙述，是根据盘丙英同学2009年7月在金秀大瑶山忠良乡石阳屯对黄连芳老人所做的访谈记录整理而成。

将两杯酒放到神台，然后示意他们二人再拜。在新郎拜了一百四十四拜，新娘拜了三十六拜之后，拜堂仪式结束。①

宁明县爱店镇瑶族拜堂时，要请师公做合婚仪式。合婚仪式比较简单，就是在拜堂时由师父两手交叉拿着两杯酒，用下巴代笔写一个"合"字，写完后将酒交给新人并喝下去，喝了此酒就意味着两人今后一定会幸福美满。即使以后男女双方要离婚，也需由师父解除此约，否则会影响到以后的生活。②

昭平县仙回瑶族乡茅坪村盘瑶拜堂时，需请师公作法请来祖先做证新婚夫妇入家门。拜堂前，出嫁（上门）的一方进大厅前要洗脚、换鞋，师公则在一旁作法驱邪、送祝福。新人入屋要念合婚咒。咒语如下：

> 一合天光教月，二合地府九良，三合三元吉地，四合四季发财，五合五鬼神，六合六甲丙丁，七合七星高照，八合八路通行，九合九长万代，十合十子团圆。速变速化准吾奉太上老君急急如令敕。③

拜堂时，师公当着新人面给交杯酒施法，夫妻喝下后将永结同心，白头偕老。红堂结酒敕酒大法咒语如下：

> 老师×××、传师×××，奉请九州刘三姊妹娘娘，请你下来做媒娘，大青山小青山，渺渺茫茫，你莫想。一心想夫妻结成良。头巾想盖，脚中相连，急急如令敕。④

4. 合婚

和谐安宁的家庭是人人所向往的，而夫妻和谐是家庭安宁的基础。在山水相连的瑶山环境里，人们日出而作、日落而息，如果能有一个"隔山喊，隔山应，隔水喊，隔水应""上山同路下水同船"的伴侣，可以减

---

① 黄河新：《架梯屯盘瑶婚姻家庭调查报告》，李远龙主编《传统与变迁——大瑶山瑶族历史人类学考察》，广西民族出版社2011年版，第202页。
② 根据陈锦均同学2013年夏季在宁明县爱店镇丈鸡屯做访谈的田野笔记整理而成。
③ 林宇乾同学的访谈记录。访谈时间：2011年7月19日；地点：昭平县仙回瑶族乡古定组黄元汉师公家。
④ 林宇乾同学的访谈记录。访谈时间：2011年8月15日；地点：昭平县仙回瑶族乡甲对组李文官师公家。

少空旷寂寥之感。然而，男女双方一旦结合组成一个家庭，家庭琐事就会接踵而至，往日的甜言蜜语被喋喋不休、无休止的抱怨所替代，最终出现夫妻争吵、感情出轨或离家出走。他们中的某些人不得不求助于巫师的合婚法术以挽回婚姻。兹举两例如下：

【个案6-19】有一个蒙山县女人，她的老公不爱她了，在外面有了女人。老公不愿与她同床，平时她一躺下老公就跑。后来，这个女人找到阿留让他去她家作法。由于阿留眼睛失明，行走不方便，没有能过去，就给了一点药粉让她带回家放在床头下，即便是老公不同她一起睡的床也可以。结果成功了，夫妻和好了，后来她给了阿留一个大红包。

【个案6-20】还有一个蒙山县女人，为帮自己的亲妹妹而找到阿留，因为她妹妹和妹夫不和。妹夫很有钱，在外面找了别的女人。她请阿留去作合婚法，让妹妹和妹夫重新和好。但是，由于那时候雾水草刚好用完了，所以就没能给药让她带回去。①

(1) 合婚符

合婚符是为婚姻出现危机之男女而设计的一种神秘图式。昭平县仙回瑶族乡茅坪村古定小组黄元汉师公手抄文书《合婚法书》所记合婚符有夫星暗符、咸池（疑为"湿"）符、华盖符和伍陆符。

①夫星暗符（见图6-10），女人如果命中无夫或带防夫星，那么婚后夫妻难以和睦相处，有的甚至中途离婚。但若是用了夫星暗符，婚后照样可以得鱼水之欢，相亲相爱。

②咸池（湿）符（见图6-11），无论男女若犯了咸池煞，都会是多情之人，男子多风流，女子多妖淫，常有桃色新闻惹来麻烦，所以婚前就要用咸池符制之，否则婚后照样风流。

③华盖符（见图6-12），女人带华盖煞，容易红杏出墙，宜用华盖符制之。

④伍陆符（见图6-13），有人因心情不定而且念力不够，容易被情欲迷惑而不可收拾，导致夫妻间感情不和睦，宜用伍陆符制之。伍陆符用

---

① 根据林宇乾同学2011年夏季在昭平县仙回瑶族乡茅坪村的田野记录整理而成。

墨汁画在黄纸上，先用7条桃树枝放水烧开，再把陆符焚于水中洗澡。诚心诚意的话就可以逐渐步入圆满的境地。①

图6-10 夫星暗符 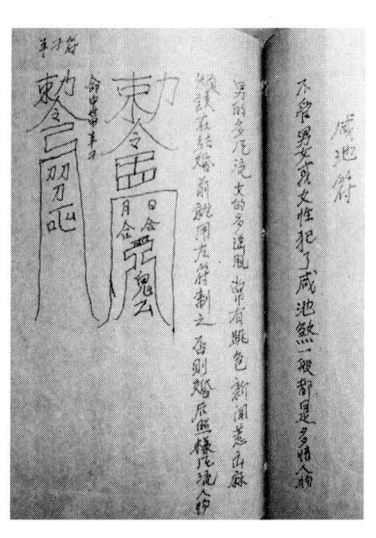　　　　　图6-11 咸池（湿）符

图6-12 华盖符 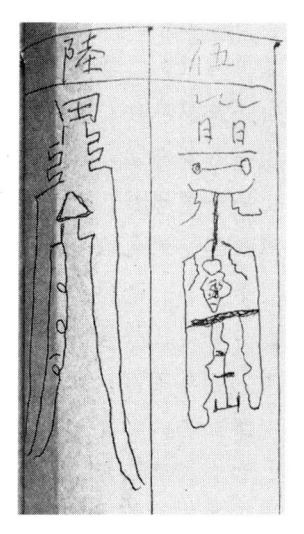　　　　　　图6-13 伍陆符

---

① 由林宇乾同学于2011年7月19日在昭平县仙回瑶族乡古定组黄元汉师公家中收集而得。

(2) 合婚咒

合婚咒是能让夫妻和睦的咒语。盘瑶的合婚咒语很多。昭平县仙回瑶族乡三六灶组张建兴师公、古定组黄元汉师公提供如下 6 套合婚咒：

第一套：奉请仙人下降一请刘三妹，二请李三娘，三请蓝六娘，见一女与我结成双，她一（不）思家中香火，二不思想姊妹村坊，三不思想六亲九眷。自恩爱夫主结成双，想夫上山同路，下海同船，想夫夫好比浮云过海，双蝴蝶鸳鸯。奉请东方三妹娘娘急急护我身，南方三妹娘娘急急护我身，西方三妹娘娘急急护我身，北方三妹娘娘急急护我身，中央三妹娘娘急急护我身。准吾奉请太上老君急急如令。梁山伯本命生于戊申年九月初一申时生，祝英台本命生于甲寅年九月十二日卯时生。白马姑娘本命生于甲申年五月初五日午时生。

第二套：天盖地，地盖天，山盖水，水盖山，男盖女，女盖男；天合地，地合天，山合水，水合山，男合女，女合男；天萝地，地萝天，山萝水，水萝山，男萝女，女萝男；天愿地，地愿天，山愿水，水愿山，男愿女，女愿男；速变速化吾奉请太上老君急急如令敕。

第三套：天灵灵，地灵灵。天上北斗连七星，化为一变天上放下一条罗麻丝，二变天上放下一条罗麻丝，三变天上一条罗麻丝，四变天上一条罗麻丝，五变天上一条罗麻丝，六变天上一条罗麻丝，七变天上一条罗麻丝，八变天上一条罗麻丝，九变天上一条罗麻丝，十变天上一条罗麻丝，十一变天上一条罗麻丝，十二变天上一条罗麻丝，罗麻丝速变速化准吾太上老君急急如令敕。

第四套：老师法周、传师法会，合合天，合合地，合合鬼，合合人，合合心，合合头，合合手，合合口，合合肚，合合脚，合起千年不退，万年不离，奉请太上老君急急如令敕。

第五套：和起年中，和合月中，和合日中，和合时中，和合眼中，和合夫妻二姓，和合和起，千年长命之酒，万年长命之酒，千年不退万年不退，速变速化准吾奉请太上老君急急如令敕。①

第六套：谨请祖师谨请本师老师××、传师××传下弟子，今日

---

① 林宇乾同学的访谈记录。访谈时间：2011 年 8 月 13 日；地点：昭平县仙回瑶族乡三炉灶组张建兴师公家。

拥护弟子敕变××食物，男人得吃男人想，女人得吃女人思，一来不思爹娘父母，二来不思兄弟姊妹，单单思想夫主弟子一人。得见别人冷如雪，得见夫主弟子暖如被，一时想不见夫主弟子眼泪落纷纷。速变速准吾奉请太上老君急急如令敕。①

昭平县仙回瑶族乡三炉灶小组黄启英提供了两套合婚咒：

第一套：男人化变金鸡白米，女人化变变饿鸡婆，前门见前门思，后门见后门临，过山汉过山人，过水汉过水临，上山同路，下水同船，七星（仙）姊妹及及来临。阴阳师父，×××（被施法人的名字）合婚。

第二套：天高地矮共相连，八月十五熬酒精，生不离死不离，生生死死共对你。②

第一套合婚咒用于婚前，有两种草药配合使用。至于草药名，黄启英无法用汉语话说出来，只给我们讲了草药的特征，我们经多方寻找无果。采回两种草药后，将它晒干后藏好，等用时将草药置于手心上，一边小声念或是心里默念咒语，一边将草药搓成粉末状。在念了三遍咒语后，将药粉撒到施法对象的枕头底下。下法过程很有讲究，在去施法对象床下放药期间，无论遇到何人都不能说话，走到了床边后将粉末均匀地撒到枕头底下，不能让任何人碰见，如果碰见就不灵了。放完后要快速出来。在走出主家之前，也不能同任何人说话。

第二套合婚咒用于婚后夫妻不和气。施咒时，将可以吃的东西如糖果、苹果，最好是糍粑，放在一只手心上，另一只手隔空顺时针打圈对食物施法。默念三次咒语后，将食物分开给夫妻都吃一点，但是不能让他们知道。

黄启英曾去过金秀、平南、昭平、平乐等地帮人做合婚法。不过，多数时候她在本村帮人施法。施法成功的婚前昭平有 1 对，小亮 2 对，三炉

---

① 《合婚法书》，2000 年抄本，由林宇乾同学于 2011 年 7 月 19 日在昭平县仙回瑶族乡古定组黄元汉师公家中收集而得。

② 两套咒语由林宇乾同学于 2011 年夏季在昭平县仙回瑶族乡茅坪村对黄启英做访谈而得。

灶有3对，婚后的更是数不胜数。她声称每次施法都能成功。以下为她所讲述的成功案例。

【个案6-21】学会法术后，第一个施法对象是她的大女儿。那时，甲对小学F老师非常喜欢她的大女儿，经常到家里来看她。有时F老师还会在大女儿的房间借睡过夜，大女儿则和她妹妹睡。黄启英对F老师颇为满意，于是在F老师再次来过夜时，将药粉放在大女儿的枕头下。没过几天，这桩婚事成了。现在他们的子女都很大了。

【个案6-22】嫁到茅坪村六这河的小女儿，去年哭着打电话给她，让她快点过去，说老公吵着要离婚。于是她第二天就带上草药去女儿家，用了第一套合婚法后，女儿的老公再也不提离婚了，也不争吵了。

【个案6-23】本村ZJX四女儿和女婿不和睦，因为女婿在外面有了别的女人，为此夫妻争吵、打闹。ZJX就对夫妻俩施了合婚法，但七天过去后，夫妻俩又开始争吵、打架了。于是ZJX找到她帮忙。她给俩人用了第一套合婚法后，夫妻俩没有打闹过，至今已有11年。

【个案6-24】2010年农历六月初二，平南县马练乡有一位老阿婆来到黄启英家接她前去作法，因为媳妇吵着要和儿子离婚，并且离家出走一个多月了。她到老阿婆家后，给夫妻俩用了第一套合婚法。七天之后，阿婆的媳妇自己回家了。

【个案6-25】2011年六月十七日，家住小亮组的HQY妹妹的儿媳妇很懒，经常不干农活，而且常因为老公不煮饭菜就打老公，老公也不敢还手。HQY妹妹实在看不下去了，打电话向她求救。HQY用了第二套合婚法给糍粑下了法，让妹妹带回去给儿她媳妇吃。很快妹妹打来电话说，媳妇变勤劳，也不打老公了，能安分地过日子。①

黄启英说自己的合婚法很灵验，但同村的妇女却认为她是自欺欺人。有一个老妇人说："她肯定说自己灵啦，和古定那个（黄秀珍）一起没搞

---

① 五个个案资料由林宇乾同学于2011年夏季在昭平县仙回瑶族乡茅坪村对黄启英做访谈而得。

得什么名堂的。"赵雪丽也说:"这人有些大炮的,她自己儿子的婚姻就不顺利。"

【个案6-26】HQY的儿媳妇是本村人。平时比儿子还懒不爱做工,喜欢抽烟喝酒,而且生性暴躁,常因为一两句话而暴跳如雷。HQY的孙子未满1岁,可儿媳妇却经常打他。有一次,儿媳妇又一次踹了孙子一脚,儿子看见了很生气,就出手打了她,之后媳妇曾四次喝农药相逼,皆未遂。HQY阻止过两次,媳妇不领情,还和她吵起来。黄启英担心她喝农药死在家里,就对她施了赶人法,儿媳妇当天收拾东西走人了。①

田林县利周瑶族乡盘古瑶崇信嫦娥,认为嫦娥是天上神明,主管仙人唱戏与人间婚姻。他们还相信,如果出生犯嫦娥夫妻不合,犯常自开口经常吵架。若要夫妻关系和睦,需解长嫦娥离婚、常自开口。届时,需要1位师公,用1只鸡、3支香、3杯酒、纸钱若干,请祖师、嫦娥下来帮解开。②

【个案6-27】浪平乡张女士(42岁)夫妻关系长期不和,找到LDC师公帮算命。LDC师公给她算命后认为,张女士与丈夫关系不好是因为犯赤口,需要解开。LDC师公把犯赤口的原因写在纸条上,盖上玉皇印后,把纸条放在装有米的铁制口盅里焚烧,将灰搅匀在米里,接着用法剑点化白米,默念咒语,最后画符。作法结束后,把米装进袋子里,让张女士带回家,并嘱咐她等到晚上大家都睡了以后,把米撒在房子四周,撒在每一个房间里面,关好门,天亮以后再开门。再把写有张女士及其丈夫名字的纸条压在枕头下,如此可消除赤口。③

---

① 以上关于黄启英合婚法术的叙述是根据林宇乾同学2011年8月7日在昭平县仙回瑶族乡三炉灶组对黄启英家所做的访谈记录整理而成。
② 资料来源:2013年9月18日访谈记录;地点:田林县利周瑶族乡伟好屯;访谈对象:李德才。
③ 根据高崧耀同学2013年夏季在田林县利周瑶族乡伟好屯对李德才师公访谈时的田野记录整理而成。

5. 离婚

宁明县爱店镇瑶族若要离婚，需要请师公做隔离仪式。仪式用品需公鸡1只、蜡烛1对，还有香、酒、纸钱若干。师公请来合婚娘娘、祖师帮分离。①

6. 再婚

瑶族发生再婚通常是配偶离世或出走时出现。宁明县爱店镇盘瑶若是老婆出走，用1个猪头、1个猪尾（表示整头猪，有头有尾），请师公告诉祖宗说某某人第几女跑了，现在要娶新老婆了，希望把前妻的户口解除，送回她祖宗那里，然后再举行添人口仪式。若是老婆死了，需要用1只鸡，请师公跟死去的老婆说，"不是我不要你，是你不在人世了，你要保佑我与再婚妻子平平安安"②。

7. 拆姻缘

盘瑶对婚恋隐患考虑得很周到。恋人有了情人或配偶需要打败情敌，抑或是亲人、旁人想阻止相恋男女在一起，可以用巫术来消解他们的爱情，让相恋之人疏远或遗忘。"我们发现爱情巫术不得不同起相反作用的巫术进行抗争"，被马林诺夫斯基称为"忘却巫术"的是一种疏远和遗忘的巫术，属于黑色巫术的一个分支。③ 因为是消解爱情的巫术，故将之归入爱情巫术。些类巫术黄元汉师公称为"折花法说"，同时认为"这种法术要不得的"。折花法符咒如下：

> 谨请祖师谨请本师老师××、传师××，传下弟子，今日应弟子敕变折花之符，不敕不成折花之符，敕了变成折花之符。你去苋中去贪花山神土地，放你向回家；你去河边去担水，水古大王放你转回来；你去山中去担柴，山中土地放你转回来。遇香一变祖师敕变，遇香二变本师敕变，遇香三变弟子敕变折花之符，一道为十道，十道化为百道，百道化为千道，千道化为万道，道道要灵通。有准速变速化吾奉请太上老君令敕。④

---

① 2012年8月3日于宁明县爱店镇街头采访琴么屯黄福财而得，采访时丈鸡屯小学教师蕉生定也在场。
② 同上。
③ 马林诺夫斯基：《原始的性爱》，王启龙、邓小咏译，中国社会出版社2000年版，第374页。
④ 图片拍摄和内容摘自《合婚法书》，2000年抄本，2011年7月19日于古定组黄元汉师公家中收集。

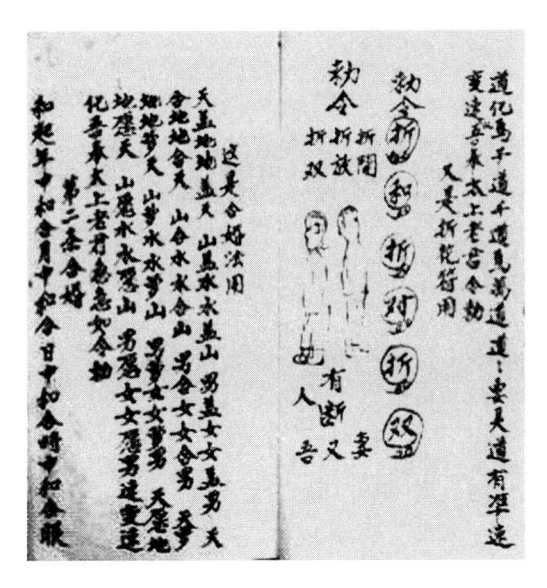

图 6-14 折花符

如果要让夫妻产生矛盾,就使用"隔离法",咒语为"一转天地动,二转日月离,三转阴阳隔,四转夫妻闹,五转男女争,六转六亲隔,七转隔七姓,八转散人心,九转夫妻别"①。被施隔离法术后,夫妻就会争吵不断,若不加控制就有离婚的危险,需要使用"和合法"来解,咒语为"天精地精明精,天地合其精,日月合其明,鬼神合其形,你心合我心,我心合你心,千心万心万万心意合我心,吾奉太上老君急急如律令敕"②。念完咒语,将和合符烧掉即可。

(二)生育

生育涉及求子、怀孕、保胎、分娩等

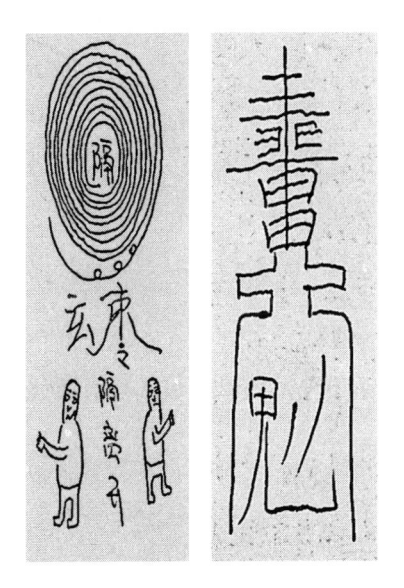

图 6-15 隔离符 图 6-16 合和符

---

① 《画符书》,1984 年抄本,由高崧耀同学于 2013 年夏季在田林县利周瑶族乡伟好屯李德才师公家收集而得。

② 同上。

过程，其中很多需要巫师的帮助。

1. 求子

昭平县仙回瑶族乡瑶族相信，妇女不孕不育除了夫妇生理有问题外，还与天狗作祟有关，认为夫妻结婚当天遇到了天狗或命带天狗，其婴孩被天狗吃了。通常妇女出现不孕不育现象，她们会先到医院做身体检查，如检查结果是生理问题所致，就会采用民间自配的药方治疗。药物配方及用方法是：四叶草、大肚仲、四季花、马灵安，熬水口服，一日三次，疗程根据病情决定。如果不是身体原因所致，则认为是遇到天狗了，需要请巫师送天狗。送天狗前，请师公选黄道吉日。送天狗时，户主在客厅门边摆好供桌，桌上放酒杯6个、鸡1只、白切鸡1牒、猪肉1碗、酒1瓶、香火1炉、装有红包的白米1碗、黄白纸钱若干。师公坐在供桌边念经语，请天狗、家先、师父下来，请来天狗、家先、师父后给他们排座，用筊头点桌上的供品请他们品尝，斟酒给他们喝，烧纸钱送给他们，以感谢他们前来帮忙。接着师公开始打阳筊定筊头，打不得阳筊就继续打，每打一次烧一次纸钱，以求顺利打到阳筊，打到阳筊说明仪式顺利。随后师公在黄纸上画好一只天狗，用剑在天狗画上画符敕变天狗，用剑在户主准备的盆画几符敕变天狗盆。做完这些，师公就在盆中放入天狗画、几块鸡肉、猪肉还有一些纸钱，引诱天狗进天狗盆。天狗进入盆中后，师公烧5根香朝五个方向拜天狗，并继续往天狗盆中放鸡肉、猪肉和纸钱，让天狗在里面好好待着。最后，师公把盆递给户主，让户主把盆丢在十字路口，让天狗无法辨认去往户主家的路。家主丢掉天狗盆后，绝不能回头观望，直接回家关好门，持续3个小时的仪式结束。① 茅坪村瑶族老人对送天狗治疗不孕不育的效果深信不疑。黄元汉老人说：

> 我们这里多数人都信送天狗可以治不孕不育。在我们茅坪村，有几对夫妻结婚几年都没有娃仔，去医院检查身体没问题，但就是怀不上，后来送了天狗就有娃仔啦。这样灵，大家都觉得不可思议，也都信有天狗，是天狗把娃仔吃了，才怀不上。我帮过别人送天狗，但我也不懂为什么送天狗那么灵，我本身还是信送天狗可以治不孕不育

---

① 这里关于送天狗仪式的叙述，是梁月凤同学于2010年夏季在昭平县仙回瑶族乡茅坪村对黄元汉师公做访谈时的田野记录整理而成。

的，宁可信其有不可信其无。①

田林县利周瑶族乡盘古瑶对于不孕不育现象，通常采用"神药两解"的办法来应对。伟好屯盘花珠老人说，如果没有小孩，需要吃药、洗药水，求花。吃药用朋红、夜关门、甜酒、公鸡（未打鸣）一起煮来吃；求花请师父到桃花洞请托花娘娘、送子娘娘。②伟好屯李德才师公说，求花是跟桃源洞里的观音送子娘求。桃源洞里是花园，有真花，有假花，有红花（女），有白花（男）。假花是死了娃仔的人家栽在桃源洞里，假花生出又大又乖，但长到六七岁就死了。桃源洞里有花公花母，最大的是管花娘子、送花娘子。如果结婚三年内没有孩子就得架桥求花。从桃源洞出来，需要架花桥。送花过桥的是观音送子娘，她送来的都是真花，但到桥头、桥尾有可能会被换、被骗，因为旁边有不好的拐花娘、卖花娘，她们在桥头、桥尾捣蛋，在那里换花，如把男换成女，把真花换成假花，要给桥头、桥尾将军钱才得回来。架桥求花是有时间要求的，给男的求最好在三六九日，给女的求最好是五六七日，而申时属猴，猴子比较灵，跳得很快，故求花申时最理想。架花桥需请师公1位，用公鸡1只、酒3杯、香3支，请师父、观音送子娘、管花娘娘、桥头桥尾将军。架桥时，桥头在祖师这边，桥尾在桃源洞。③

2. 保胎

昭平县仙回瑶族乡盘瑶在妇女怀孕期间，对孕妇的饮食和行为都特别注意，所以有关孕妇的禁忌非常多，如孕妇家中家具不得随意挪动，否则会导致孕妇流产；孕妇不可与新娘撞脸，否则喜冲喜易使孕妇流产；孕妇家中不可随便钉东西或砍东西，否则易导致小孩残疾；孕妇的衣服或棉被不能缝，否则会使孕妇难产；孕妇不得见死人，丈夫不能去抬死人，否则会导致小孩身体弱、四肢软。孕妇在孕期遇到危险，需要请师公画符安胎。古定组黄元汉师公收藏有一本《符书》，书中记有安胎符、保胎符及其使用方法。画符安胎符时，要用红墨汁将符画在黄纸上，画好后交给孕妇佩戴。符不可沾水，否则无效。用朱砂在黄纸上写七道保胎符，每天早

---

① 梁月凤同学的访谈记录。访谈时间：2010年8月5日，地点：昭平县仙回瑶族乡古定组黄元汉二儿子家里；对象：黄元汉，男，师公，75岁。
② 2012年9月19日由田林县利周瑶族乡凡昌村伟好屯盘花珠老人提供。
③ 2012年9月20日在田林县利周瑶族乡凡昌村伟好屯对李德才师公进行访谈而得。

上用一钱砂仁与符煎汤送服，连服七日可保胎。①

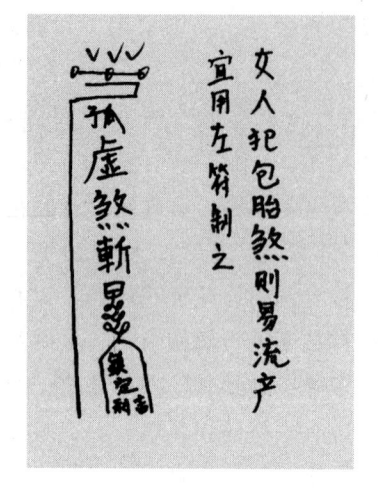

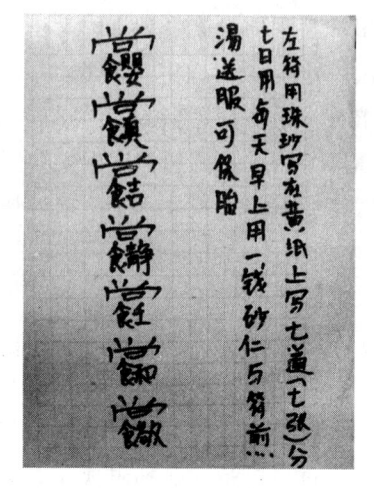

图 6-17　安胎符　　　　图表 6-18　保胎符

3. 分娩

瑶族产妇过去在家中临盆，现在大部分人到医院分娩。不过，也还有人愿意接受传统的接生方法。我们以昭平县仙回瑶族乡茅坪组接生婆兼"七姑姐"陈秀英的接生方法为例，来窥探当地瑶族传统的接生方法。

陈秀英向我们介绍她的接生方法说，前往产妇家接生时，她在迈出家门那一刻，一边抬头望天 2—3 次，一边念"天上开眼，师父走先"。念完后迈出家门，前往产妇家。助产时，她用手轻轻地帮产妇挤压腰部和肚子，待小孩露出来时，慢慢拉动小孩，并叫产妇使力。小孩产出后，用柚子叶洗手，因柚子叶有去味和驱邪的功效。接生过程中，如果出现血崩、难产或死胎现象，陈秀英也有其应对的办法。如果产妇出现血崩，陈秀英用布基（一种红布）包血藤、野鸭角、马连安、嘚兰（瑶语）等草药熬煮后，让产妇喝下药水。如果遇产妇难产，陈秀英有两套应对办法：一是让家属在客厅的饭桌上摆放放有红包的白米 1 碗，陈秀英烧香拜三下后把香插在白米中，然后边烧纸钱边念道："我今天有事情，在你这求法事，千求千灵，万求万灵，不能让他死去，等事情顺利了，我们给你吃饭。"

---

① 根据梁月凤同学 2010 年夏季在昭平县仙回瑶族乡茅坪村的田野记录整理而成。

念完，进屋继续接生。二是画催生灵符给产妇带上，可以使分娩顺利进行。用朱砂在黄纸上写下"北斗紫英夫人在此"字样，然后颠倒贴在产妇背上（可隔衣贴），但不要让产妇知道，如此小孩就可顺利产下。小孩产下之后，立即把符取下用火焚烧。这个过程要快，否则小肠会落地。试举催生符一道如图6-19所示①。

4. 出生

盘瑶人在小孩出生1—3天后，常请师公择吉到举行添丁仪式和解秽仪式。举行仪式时，杀1只鸡，摆5杯酒，供于祖先牌位前，请师公来念经诵咒，敬请祖先神灵到坛领筵，告知它们家里又添了一位新成员。金秀大瑶山忠良乡石洋屯

图6-19 催生符

李文坤师公说，瑶族生儿子才要添丁，因为男孩子长大后要度戒，度戒前要添丁让祖宗知道他的存在。昭平县仙回瑶族乡小林香屯盘成府师公说，添人口仪式过程中，如果打不出筊头，说明小孩将来病难多，父母难以养大，祖宗不肯认领。当然，给了更多纸钱后，经过多番打筊，最后也能打到筊头。不过，这个小孩将来会多病难，有的甚至死掉。宁明县爱店镇丈鸡屯赵德田师公说，添丁仪式主要内容为师父来念家先书，请祖先来享用家人为他们准备的祭品，并向祖先说明家中添了一位新成员，以后要祖先保佑小孩身体健康，事事顺利。也只有举行了添丁仪式，家里的祖先才会认可刚出生的婴儿为家族的新成员。

昭平县盘瑶在小孩在出生2—3天内，都要请师公到家来做解秽仪式。他们笃信，产妇及新生儿是不洁净的，新生儿也没有得到家先的认可。未做解秽仪式前，产妇及新生儿禁止靠近祖先神台和炉灶，否则会触犯引起家仙或灶神，对新生儿及产妇都不吉利，有损他们的身体健康。解秽仪式在客厅进行，家主在供桌上摆好包有红包的白米1碗、半熟的鸡1只（男孩要公鸡，女孩要母鸡）、水1碗、酒杯6个、香、黄白纸钱、饭菜若干，师公坐在桌旁请家先、师父回来，只见师公双手捧着筊头边拍边念经。通

---

① 这里关于昭平县仙回瑶族乡茅坪村盘瑶传统接生方法的叙述，是根据梁月凤同学2010年夏季对该村接生婆兼女巫陈秀英的访谈记录整理而成。

常,请家先、师父必须请3次,这代表着诚意。师公请完家先、师父了,就要打个阳筶,如果不是阳筶,就得烧些纸钱,再继续打筶,直到打得阳筶为止,打得阳筶表示家先、师父来到了。接着师公用法剑在水碗上写"敕变太上老君解之水"字样,写完了就在水面上画个圈。然后再打阳筶,让产妇抱新生儿出来,师公左手拿剑右手拿敕变过的水碗,用剑尾沾水洒向产妇和新生儿,从头洒到脚,重复3次。洒完水开始烧纸钱,表示给家先、师父辛苦费。最后师公再念经,打阳筶,烧纸钱,点供品,请家先、师父随意吃,然后烧纸钱送家先、师父回去,解秽仪式结束。①

金秀大瑶山盘瑶人认为,产妇身体不洁净有污秽,刚出生婴儿身上也有秽邪,未经巫师作法扫净污秽,不许靠近灶膛、神台,否则神灵玷污轻则小孩长大打不到猎物,不能养家糊口,重则导致灾难。因此,在产后第三天早上,请师父作法以除秽气。仪式在主家门口举行,由师公请主家祖宗神、两甲鬼回来,烧香焚纸摆酒、鸡肉请它们享用,师公施法架桥通到产妇、婴儿身上,用剑画"令"字到水碗中,然后打筶得号令。这时父母将孩子抱起,师公把碗中的法水含入口中,吹向怀抱婴儿的父母,算是为他们扫秽了。无论生男生女都要扫秽,否则身上有秽邪,以后做事都不顺利,就连看一眼人家的猪,猪都会长得不好。②

(三) 成年礼

成年礼是为认可年轻人具备进入社会的能力及资格而举行的人生仪礼。广西盘瑶中,可称之为成年礼的主要有出花园仪式和度戒仪式。

1. 出花园仪式

盘瑶观念中认为,小孩未满12岁前他们的魂寄养在花园里,由花神管理。待小孩长到12岁时,要请师公举行出花园仪式,让小孩的花魂离开,让成人的灵魂进来,以置于家神的保护之下,成为家族中的真正成员。但在经过剧烈社会变迁之后,在现今的盘瑶社会中,举行出花园仪式已经不是一种常态了。

2. 度戒仪式

特纳认为在宗教领域里,要跨进一个新境界或走进一个新里程,一定

---

① 这里关于解秽仪式的叙述,是根据梁月凤同学2010年夏季在昭平县仙回瑶族乡茅坪村对接生婆兼女巫陈秀英的访谈记录整理而成。

② 这里有关扫秽仪式的叙述,是根据盘丙英同学2009年7月在金秀大瑶山忠良乡石阳屯采访时的田野记录整理而成。

要经过一项仪式,此仪式有如一道阈限,通过后即能达到新境界。① 挂灯、度戒是瑶族男子一生中最重要的过渡仪式。对瑶族男子而言,挂灯、度戒既有世俗性的成年礼"通过"的意味,又有进入混杂性本族宗教社会"门槛"的意义,经历过挂灯、度戒的瑶族男子,他们的宗教和世俗人生都发生质的变化。师男被社会承认是一个成年人,可以参加社会上一切成年人活动,同时参加宗教活动的资格也被承认,可进一步学法成为巫师,死后灵魂可升入神仙世界,象征超凡脱俗之宗教境界的升华。挂灯、度戒不但使师男牢记他已是成年人,有他应尽的责任义务,也教导进入成年阶段应有的角色,以及如何与他人相处。② 在挂灯、度戒前,师男须在师父的指导下恪守历代相传的戒律。挂灯、度戒过程中,引教师还要给师男宣示十条戒律。大瑶山盘瑶师男应遵守的十条戒律在经典中有明确规定:

一戒丧粥师莫吃;

二戒为师不扛丧;

三戒高堂君莫坐;

四戒移人不可为;

五戒虎伤师莫吃;

六戒黄昏莫招寡妇入门;

七戒吃酒闲争师莫咒;

八戒生产房中师莫行;

九戒三岁孩童师莫咒;

十戒八十公公师莫医。③

挂灯、度戒过后,师男要遵守诸多禁忌,如昭平县盘瑶师男禁食牛肉、马肉、狗肉、猫肉、蛇肉、老鹰肉、乌鸦肉、七星鱼、乌龟④,禁偷

---

① 维克多·特纳、伊迪丝·特纳:《宗教庆典仪式》,载维克多·特纳编《庆典》,方永德等译,上海文艺出版社1993年版,第254—264页。

② 张泽洪:《瑶族宗教与道教关系的再考察——以瑶族度戒为例》,载张有隽等主编《瑶学研究——非物质文化遗产保护与传承》(第6辑),香港展望出版社2008年版,第173页。

③ 摘自《挂三台七星灯书》,1985年抄本,2002年10月16日于金秀大瑶山忠良乡龙表屯庞有坤师公家收集。

④ 昭平县民族局吴增强摘录于《昭平县富罗乡志·民族卷》及《昭平县民情风俗》,内部印刷。

盗，禁说脏话等。

　　挂灯、度戒之后，师男便有了自己的人生导师——阴阳师父，师男行为受师父的监督，师父有权对弟子的不轨行为作出惩罚。盘瑶人相信，如师男违反戒律，灾难将会降临"本身头上"。赵文县告诉我，有一次他在学校做工，吃饭时因受汉人欺骗，误将狗肉当羊肉食，结果生了一场大病，举行仪式后，病才慢慢好起来。赵文富也说，1958年当地闹饥荒，他实在太饿了，就偷偷吃了狗肉，后来生了一场大病，也偷偷请师父来释罪。释师父仪式的程序是：请师公来写《释罪书》，用鸡、米、酒、香、纸钱供奉，让犯禁弟子跪在地上认罪，师公念《释罪书》上奏天庭，请来太上老君用雪水帮弟子洗净污秽，同时恳请阴阳师父、玉皇大帝赦罪，放回弟子魂魄。《释罪书》全文如下：

　　　　今据
　　　　大清国广西道承宣布政司△府△州△县△乡△里管入△村
　　　　△社下立宅居住奉
　　　　真祈求作福释罪保安家主△人合家眷等
　　　　投词状释伏惟家主自实本命△年△月△日△时建生行庚已
　　　　十岁上属中天△斗第△位△星君注照本命现行限运幼年
　　　　乐康业命浩大因为法门广大求师学法承接
　　　　三清上圣祖师香火每年为人方便之门叩
　　　　玉帝案下立章感应出入行藏解招秽污专读圣照衣
　　　　衫单薄歌舞不利生村野迎神不正贪次酒浆乱说或召
　　　　解触秽者多恐千万徒罪若不消身上圣缘何知会
　　　　玉帝案下惠胆玉眼大开方便之门请师谢冒干家修设
　　　　太上老君雪释罪保安清醮一供师童侍伸上奏
　　　　昊天金阙玉皇大帝御前投进
　　　　右伏具
　　　　上帝为释罪之人四千之愆望帝之赦□界水□金上去保
　　　　佑△人病患安好早赐平安千般吉利万事亨通
　　　　但臣家主下情无任缴切屏营之致以闻
　　　　谨表上奏

皇上△年△月△日吉良释罪众师二戒弟子△人百拜具表上奏①

挂灯、度戒作为严肃的宗教仪式，在社会控制方面的意义并不仅仅在于有师父监督行礼者的行为，而且还有另外的两个意义：第一，这个仪式清楚地向行礼者表达了一种带有神圣意味的要求——行完此礼，你从此必须对自己的行为负责；第二，这一仪式的举行使行礼者在生活的终极意义上获得了宗教信仰的支持，强化了宗教对于行礼者的内在化控制。② 可以说，瑶族挂灯、度戒的主要社会功能之一是规范师男今后的言行举止。

（四）丧葬

死亡虽然是一件自然而然的事，但有时没有任何警示就降临在任何人的身上，让死者的亲属禁不住地泪如雨下。盘瑶经书唱道：

山中只有千年树，世上难逢百岁人。
人生七十古来稀，记得生时死不知。
左边写出生年月，右边写起死日期。
人生似鸟同林宿，大限来时各自飞。
父母深因终有别，夫妻义重也分离。③

盘瑶葬礼因亡者的年龄、身份、地位不同而有所差别。小孩死亡要让其手握一熟鸡蛋，口含糯米饭或者槟榔，以示怜悯。父母甚为悲伤，不忍心埋葬小孩，由祖父或村中老人以单被或旧席子包住，抱到向阳处埋葬。青少年、壮年死亡不打斋，请1位师公到家稍微做法事为亡者开路，然后以落板棺木（火板）葬之。普通老人死亡，请2—3名师公到家挂三清神像画，做1天1夜斋事后以大棺木葬之；若是高寿老人，要挂全堂神像画，请3—4名师公到家里做3天2夜斋事，而后以大棺木葬之；若老人非正常死亡，做斋事时还要"踏火炼""炼油锅"，由孝子捧灵位牌过火

---

① 《疏表书》，1931年抄本，2007年7月25日于金秀大瑶山忠良乡六雷屯赵文县先生家收集。
② 王启梁：《少数民族农村法治秩序建构的路径选择》，载方慧主编《少数民族地区习俗与法律的调适——以云南省金平苗族瑶族傣族自治县为中心的案例研究》，中国社会科学出版社2006年版，第11页。
③ 《大经书全本》，抄本年代不详，2007年7月24日于金秀大瑶山忠良乡六雷屯赵文县先生家收集。

炼、油锅"为其洁身",而后土葬。度戒老人死亡,请 3—4 位师公到家,挂全堂神像,大做斋事 3 天 3 晚后土葬。斋事酒席属高寿老人的发寿碗。土葬后,丧事并未结束,子孙早晚与灵位牌前或灵屋前供奉酒饭,还要做"七七"超度法事。从登山后算起,每过七天为一期,七天做头七,由做斋事的师公做超度法事,孝子孝孙等仍戴孝跪于灵位牌前,二十一天做二七,四十九天做三七,同时烧化灵位牌,烧化孝布,称"脱孝",停止供酒饭丧事彻底结束。①

1. 打斋

盘瑶人深信,在活人世界之外,还有神灵世界。在神灵世界中,每样东西与活人世界一样,那里也有城市、村庄、房子、河流,等等。人死之后,都要到神灵世界中属于他的地方去。他到神灵世界的哪个地方,取决于他在活人世界中的身份地位。死亡是通往神灵世界生活的"门径"②,人死后灵魂就变成了神灵。

在盘瑶看来,人生在世几十年,多少会积些罪愆。因此,人死之后,亡魂先堕入十殿地狱。依据经书的描述,盘瑶观念中的十殿地狱是:

第一殿秦广冥王第一府,东方风雷地狱。
第二殿初江冥王第二府,南方火翳地狱。
第三殿宋帝冥王第三府,西方金刚地狱。
第四殿五官冥王第四府,北方冥冷地狱。
第五殿阎罗冥王第五府,东南铜柱地狱。
第六殿变成冥王第六府,东方镬方地狱。
第七殿泰山冥王第七府,西南屠割地狱。
第八殿平等冥王第八府,西北火车地狱。
第九殿都市冥王第九府,中央普掠地狱。
第十殿转轮冥王第十府,一十八重地狱。③

因而盘瑶丧葬礼拯拔的要义就是破十殿地狱,让亡魂到达极乐世界。

---

① 冯文科编著:《荔浦瑶族史》,荔浦县民族局,2004 年 11 月内部出版,第 68 页。
② 利奇:《文化与交流》,卢德平译,华夏出版社 1991 年版,第 90 页。
③ 《大经书全本》,抄本年代不详,2007 年 7 月 24 日于金秀大瑶山忠良乡六雷屯赵文县先生家收集。

只有经过师公修斋开路，亡魂才能顺利通过十殿到达极乐世界。如果没有师公修斋开路，或者师公法术不高，亡魂就有可能过不了十殿，到不了阳州或天堂，造成死者记远沉沦，或永世不得投胎转世。那样死者亡魂每天夜里会返回家中闹鬼，如摆弄碗碟，发出吹火声、脚步声、开门声、叹气声，让亲人不得安宁。可见，丧葬之事是否安排得宜，攸关死者的阴间生活以及后嗣的福祸吉凶。因师公熟知鬼神之事，故而常成为丧家求助的对象。师公正是利用民众的需要，使他们的权威在丧事活动中得到充分的显现。兹以荔浦县盘瑶打斋为例看师公在其中的职能与角色。

盘瑶有白事的人家，请师公做道场极讲究礼仪。丧家走到主坛师家门前时，要燃放鞭炮意思为"挂彩"，让屋内师公知道有白事要做。师公走出家门，来人行下跪礼，师公当即扶起，让其进屋说明来意。师公当即选择吉日吉时，并告知孝子，同时向孝子了解亡者是白衣或是亡师，以及如何死亡等，再决定帮不帮做斋事。若是答应下来，主坛师会给孝子交代事宜、须知等内容。至此，斋事敲定，孝子给主坛师利市。主坛师联系其他师公协助打斋。

师公们到齐丧家中，先由调事人带孝子捧上茶盘，盘内盛4个杯酒、4个利市，跪下作揖，举高茶盘给师公。主坛师接下茶盘，告知家先今日来给家中做斋，要打几个斋，要不要过火炼等内容都要告知师父、祖宗。接着，定各个师父的分工，定一个分1杯酒和利市。分完，便开吃落脚酒。

斋事道场职能者由三个师公组成，分别是开坛师、主坛师、赏兵师。道师到场后按各自分工开始准备工作。一是写疏文。如果是给度过戒的亡者做斋，要写送终榜、牒、花牌、吊挂、表引等，未度戒过的亡者，只需写送终疏文。二是做令牌、手幡，如亡者度过戒还要做黄白二幡。三是做纸马。未度过戒的亡者（白衣人）做29—31车供赏兵、修斋时用，如果游十殿则加做13车；度过戒的亡者（亡师），除普通亡者和游十殿纸马的总和外，再加9车（供上云台开天门用），共42—45车。准备工作完成后，打斋仪式正式开始。仪式过程如下。

（1）请圣

请圣，即请祖先、神像、师傅来做主。请圣由主坛师主持，其他师父做也行。凡请圣、请神，都分"奏、请、禾"三次进行。请圣时，"奏、请、禾"两次后，由主坛师给孝子、孝女、孝媳、孝婿发孝服。发孝服前，先列圣，即列六甲鬼，意在经过靠众圣做主，然后再发孝服。令长子或赘子戴孝跪疏，主坛师宣读疏文毕，请圣者敕变太上老君解秽、灭秽水之后，为灵堂中所设供品、神像和吊唁者解秽。解秽三次之后，再进行第三次请圣。

第二次请圣做完解秽后，主坛师请新亡家先回来。需要另摆供品在灵位前，叫新亡家先等候为他（她）上香、戒食。第二请新亡家先后，叩师傅为亡者恢复在世家来客容貌后，再为其开光点度。如果死者属火化的，还要叩师父敕变雪山水，为其退热止痛后，再进行第三请。

第三次请圣程序是：①"奏、请、禾"后，请众圣抛下金车银凳，排行排位，点、领、纳桌上的供品后，卜一个阳卦请出供酒斟劝三次（劝酒请来的所有圣、神、鬼、3名道师的阴阳师父）；②劝酒结束，分开坛钱纸，个个分齐后，打三个团圆卦（即阴、阳、胜三卦连续打出）；③烧纸钱，边烧纸钱边列圣，请圣到齐后，打个阳卦，叫众圣收领后，请圣结束。

（2）开坛

开坛由开坛师负责。开坛用《开坛书全本》。开坛程序是叩师父登坛、列圣接六甲鬼、列六甲鬼、列圣修斋，做完唱《列圣修斋》，化开坛纸。

①叩师父登坛。先拿筶子在圣席上，轻轻点击，边点边叩师父到场。

②列圣接六甲鬼。分三个阶段进行：先列外面三甲，即下界、上界、本方地主，列完外三甲就踏祖宗一甲殿。踏殿毕，就接祖宗一甲神名，逐一接完就劝祖宗一甲鬼神酒。接着到唱《接行司、三清话头》。唱毕，就踏行司、三清殿，接行司、三清，接完就劝酒。最后列外面三甲话头。话毕，踏外三甲鬼殿接外三甲鬼。接齐后，就劝酒，列圣接六甲鬼结束。

③列六甲鬼。念《列圣接上元先锋话头》（话尾话头共用）列六甲鬼。列完就踏众宫殿。结束后，唱《接上元先锋》。唱先锋歌后，叫香灯师办好一筵粑浆（糯米三角粽子）拿一个分成五个等份，用一张粽叶把它垫起，摆在长凳上。再摆上五个酒杯，同放在凳子上，同时用酒壶盛酒，放在凳尾。再掰开人棍直靠凳前，后唱《七官话头》，再接唱《七官歌》。唱毕，到《下降》。下降毕，就点坛。点坛毕，就请众圣从台上请到台下凳子上进行劝酒。劝酒毕，分开坛钱纸，然后打三个（阴、阳、胜）筶。结卦后，就开沙饼。唱词唱完后，用右手拧一小点粽子甩向

"道德或太尉"佛像上，然后再唱《开糕精》歌词。唱毕，再将一点粽子甩向佛像上面。做毕，就把请下来的神鬼再请上原来的圣席。

④列圣修斋。列齐六甲鬼，就唱《修斋歌》。唱完下降，走罡步。行罡毕就讲："有斋无斋，收起青斋，收起钱财。"至此，开坛结束。

（3）戒食

开坛活动中，主坛师或者是戒食师要把第一道、第二道、第三道戒食进行完毕。否则，如果打一个斋，戒五道食，就无法完成。若戒食是三道，程式应如下：

第一道戒食要列圣，往下几道可免。列圣后，请新亡家先点、领供品。点领后，叫孝家人蹲围在旁边，再唱戒食经文。

第一道戒食完后，给亡者破地狱续亡魂。破地狱要预先准备一只活鸡，用箩筐鸡罩在灵堂中间的地上，主戒人先叩师父敕变阴牢阳牢、天牢地牢，敕变引魂之鸡，之后再列圣。列圣时，在箩筐周围行"十字"罡。列毕，跳"三台罡"破地狱。男破"沙场"，女破"血湖"。破地狱后，接着为亡者续亡魂。续魂前，主事者先叩师父"打隔""架桥"三次后，再用明语叩孝家的主事家先及师父通到天牢地牢、阴牢阳牢，通过亡人棺椁里面，续归亡人亡魂、亡魄。

接下来进行第二、第三道戒食。戒食次数视孝家要求而安排，但须在赏兵未结束前完成戒食。戒食结束后，主坛师叫孝男孝女与亡灵辞别。香灯师将鸡切成丁，舀适量的米饭，用酒壶盛酒连同灵牌一起放在簸箕内。主坛师收起簸箕，行"十字"罡步列圣。列完六甲鬼后，放下簸箕，再逐名叫孝男孝女给亡灵夹饭菜、倒酒进预先备好的器皿当中，每个成员要分三次，谓之"分阴阳"。

（4）沐浴解结

香灯师打来半盆水，用三根竹片竖在盆三分之二周围，并用纸遮住围成房子状。再把一块小木板架在面盆上供放灵牌，并准备一条长20—30厘米的白布放在侧边。主坛师叩过众圣后，把亡者灵牌请进围房。叫一名孝男或者孝女（死者为男用男性，为女用女性）帮沐浴。主坛者拿出《沐浴解结经文》念。每念四句，叫孝子或孝女拿白布蘸点水，绕灵牌一圈滴水，做洗澡样。沐浴完毕，接着解结灭罪。解结前，孝家要备36枚硬币候用（意为亡者在世如果有六六三十六罪孽则押在硬币上）。主坛师叫负责沐浴的孝男或孝女蹲灵位侧边，再拿出经书念"十殿冥王解结"，边念边叫孝子或孝女将硬币一枚一枚地抛入水盆里。念完经、抛完硬币后，以打得阳卦为解结灭罪完成。主坛师将剪好的五色纸衣裤分交给新亡家先收领，同时分钱纸给十殿冥王酬谢其为亡者解结灭罪。再打阳卦，退出围房，请上家先桌上，沐浴解结完成。主坛师叫丧家将盆内的36枚硬币分阴、阳面捞出各放一边，并数清阴、阳数目，阳多者罪轻，反之罪重。

（5）游十殿

游十殿前，香灯师先在灵堂中间摆一张桌子，然后把猪肉、酒盅、酒杯、水杯、钱纸、利市摆在桌子上，最后再把10个碗围着供品呈椭圆形摆在桌上。每个碗盛有米，米上插红纸，上书"十殿冥王"字样，再插10支小毛笔，放1个熟鸡蛋、1支墨条、1封小炮。十殿冥王像，用小竹竿撑起，扎在桌子后方中间。

布置完毕后，就可以请神十殿冥王、三清、师父。三请齐后排位，点、劝酒就讲意者。讲完意者后，分纸钱。打三个卦，验卦后，主坛师列圣。列圣时，孝子要拿灵位牌跟在主坛师后背，绕桌子转圈，直到列圣完毕。然后，香灯师把纸钱分到每个孝子的手上，主坛师拿出《游十殿》经文边绕桌游边唱。如果请有鼓手，此时要鸣鼓助哀，每过一殿，放一串小鞭炮，直至游完。

图6-20 游十殿物品准备（李树照提供）

游完十殿后，谢"十殿王"。在"十殿"桌上增摆1只熟公鸡、纸马和纸钱，再添加点酒、即可行"谢"。"谢"不再"请"，只叫"点"

"领""纳"和劝酒。劝完酒，简要地讲"意者"即酬劳、酬谢，讲完就分纸钱、纸马，焚化钱，打阳卦复神归位（送神）。游十殿结束。

（6）"造桥"送阳州

造桥送亡至阳州，意在让亡者在阴府安居乐业。未度过戒亡者，叫作"白衣人"；已度戒亡者，叫作"亡师"。两者的仪式有差别。造桥送亡的程序：

①"造桥"。白衣桥布为一块白布，若是亡师桥布拿大度桥佛像做桥梁。主坛师左手拿白布或佛像，右手持牛角列六甲鬼、行罡步"造桥"。列毕，将"桥布"打开，一头放在门内侧的桌子上，另一头放在门外的长凳上。给亡师造桥，要将"佛像""桥布"与门外预先竖起的竹枝上掉下来的一丈二尺长白布（命幡）连接起来，作"桥梁"。桌面摆有糖果、饼干、酒壶、酒等供品。主坛师拿出《送桥科用》念经"造桥"，同时斋坛中的赏兵师、开坛师二人，分别拿起灵位牌、引魂幡列圣（六甲鬼），边列圣边朝门外的桌子走去，一直送到桌边，将灵牌放在"桥布"上面，幡靠放于大门内侧的地上。

②"请亡灵上桥"。孝家成员在灵堂蹲着，面朝门边桌子方向烧纸钱，同时将亡者遗物往燃烧的纸钱上方烘一烘，叫亡灵带走遗物，以示亡者在阴间有穿有用。其间，遗孀、遗夫或子女为亡灵敬献三杯"上马酒"。

③送桥。主坛师唱《送桥科》经文中的"送上1—12步桥"的过程中，每送完一步，要燃放一串小鞭炮。"送桥"完毕，打个阳卦，以示亡魂已送到"阳州"安居乐业。接着再打一个阳卦，收起"阴桥、阳桥"，送桥结束。

给亡师造桥送亡，要先送"天桥"，后送"阳州"。先把亡魂送到天庭太上老君或媓姥御内兑过合同半印（阴牒）并送到"梅山十八洞"后，再退下"天桥"，又再送"阳州"安居。其间要焚烧阳牒和印章交给"亡师"在冥府继续使用。

需要说明的是，三道戒食的末道、四道戒食和五道戒食一般在赏兵阶段进行，而辞别仪式和送桥法事在赏兵结束后进行。

（7）赏兵

赏兵是为亡者修斋的阶段。先由赏兵师先做"列圣话头"，再"列圣"，行十字罡步，"接齐师父""围齐师父名""下降"后，开坛师与赏兵师同时列圣接神，程序与开坛接神一样，只是列圣首尾语不尽相同，如开坛时是点"开坛",赏兵时是点"赏兵""斋筵""轩亡",如度过戒者要加点"亡兵"。

在修斋分赏兵纸钱、纸马前,要先列圣点"轩亡"和"亡兵"。收尸入殓前,孝子或头上戴的、头下垫的、口中含的、手中拿的、身上穿的、脚上戴的东西,都由赏兵师一一点给亡者。度过戒的亡者,还要点齐兵马交他。传度三戒者,男点180份兵头、180份兵马,女点90份兵头、90份兵马;传度二戒者,男点120份兵头、120份兵马,女点60份兵头、60份兵马;挂七星灯者,男点72份兵头、72份兵马,女点36份兵头、36份兵马。兵马点三次,打阴卦,交给亡者。

点"亡兵"后,赏兵师手捧灵牌,面朝斋坛众圣,列圣引亡灵"参斋",意在经斋坛众圣做主和努力,超度完满。修斋结束,众圣得知亡者入冥府,亡灵得知自己是阴司之鬼和道师为自己打过几道斋事,不是无家可归之灵。每打一个斋,要为亡灵参一次斋,并把每次的斋名(如目莲斋等),告知众圣和亡灵。

修斋完毕,交纳赏兵纸钱、纸马。先交赏兵、赏将、修斋、修路、下车下马、禾合、排行排位、吃茶吃酒、赏兵也过、赏将也完、修斋也到、作福也完银钱,求、保、禁、催兴催旺纸钱。再按甲交纳纸马,祖宗一甲、行司、三清、本方、上界、下界每甲三车,三位道师每人三车,求、保、禁共一车,催、说共一车,备用二车。交齐纸钱和纸马、打三个安乐卦(阴、阳、胜)。

(8)出殡

在主坛师、开坛师、赏兵师做完上述仪式程序后,要等出棺的吉时和扶柩人员的到来。主坛师先敕"藏身法水",叫扶柩人员和孝男孝女蹲在灵堂中间,接口含"法水"绕人群一圈后,将"法水"喷在他们身上,最后念咒为他们"藏身"。"藏身"之后,主坛师叫孝男孝女散开,让扶柩者把棺木移至堂屋中间。主坛师再"叩师父"做法事:①钉棺木(意在不让邪神野鬼打开棺木);②跳"三台"罡步起"大花牌、小花牌",起"大雷车、小雷车",左边三次,右边三次。做毕,众扶柩者把棺抬移到门外的长凳上进行捆绑。

扶柩者把棺木移出大门外后,主坛师又做"辞房"法事。主坛师将棺木上的一盏清油灯放在刀面上进入死者的房间,边走边唱《辞房》经文,直到辞完灵堂中的每一个寝室。主坛师持刀上的清油灯走出大门,此时门外的扶柩者已把棺木捆好。主坛师将油灯放在棺木盖板的最高处或是凳子上，然后右手举刀的同时口念"送棺启程"咒。咒毕，一刀把清油灯砍成破灯火，同时灭掉灯火。

（9）赏劳

赏劳在出棺后进行的，是犒劳之意。由主坛师赏兵师二人同时完成。先念《诵咒化钱话头》，化赏兵、钱纸、纸马，再连续唱：《犀牛拖钱》《列圣话根》《列圣、运钱话头》《小运钱》《赏劳师父》《赏劳话头》《赏劳歌》《列鬼话根》《列鬼脱童》，"话头话尾一样用"；《脱童话》《入脱童歌》《脱童下降》《赏劳师父劝酒》《打魂》《拜别师父》。唱完，打斋道场结束。

（10）谢圣

谢圣由开坛师或者赏兵师负责。香灯师把神像、供品和道具等杂物全部捡收干净，摆上烫熟的公鸡、酒水等，烧两炷香，请下开坛时所请的圣、神、鬼以及道师的师父，说《马头意者》。"三奏三请三禾"后，请坐排上位、劝酒、说《章（上）情意者》、犒劳、分纸钱、打安乐卦、化纸钱，送神结束。

在做谢圣的同时，主坛师还要做以下法事：①洗屋赶鬼，把煞神野鬼赶出屋；②为孝子脱孝，退下亡者旧容貌，退下灵牌、手幡，为亡魂解秽，把亡魂请上香台。斋事道场仪式全部结束。[①]

2. 满七

满七仪式是逝者七七四十九天的忌日。仪式一般在第四十九天的当天举行，不过现在人们也不完全按以前的规矩做了，一般在逝者离世后一个月到满七那天的时间段内，看好日子就为其举行满七仪式。

2012年7月12日，贺州市黄洞瑶族乡都江村园林组盘生茂（男）去世，享年68岁。8月14日，小儿子为他举行满七仪式。仪式由赵有福师公及弟子李进保和赵文甫两位师公负责。仪式需要的物品有钱箱、钱柜、招魂幡、文牒等。钱箱、钱柜、招魂幡由死者子女及师公助手负责做，文牒由师公负责写。钱箱用香烟纸盒做，长约10厘米，宽约7厘米，高约5厘米。钱箱是死者的后代包括儿媳、女婿、孙子、孙女、外孙、外孙

[①] 这里关于荔浦盘瑶打斋仪式的叙述，是根据李树照同学2013年10—11月在荔浦县茶城乡黄泥坝屯做调查时的田野笔记整理而成。

图 6-21 贺州盘瑶师公在主持满七仪式（潘用学摄）

女，以及契子、契女给死者奉钱用的，每个钱箱上面都要写上敬奉者的名字。钱箱的数量没有具体规定，视子孙的多寡而定，子孙多的就多做。死者盘生茂的后代包括契子、契女在内有 30 个，所以要做 30 个钱箱。钱柜主体用纸箱做成，用来存放死者的钱箱。钱箱做好 30 个后，每个钱箱里放一点纸钱，并在钱箱上写上后代的名字。等钱箱都准备好后，就把钱箱放进钱柜里，并在钱柜中再放些纸钱、香、烟（亡者生前抽烟），再把剪好的五彩纸花粘满钱柜四周。神台也需要布置好，旁边竖着一根竹竿上系红纸做成的招魂幡。满七文牒的内容主要是陈述做仪式的缘由，向死者列举所供物品名录以及子孙后代的姓名等。由文牒的内容得知，满七用的文牒称为"满七钱文"。满七文牒内容如下：

  北极驱邪院当坛给出满七化炼钱文一道
  今据
中华国广西道贺州府八步区黄洞乡都江村元林冲白鹤社立祠下立宅居住 奉道修斋满七阳中报恩孝男盘德清合家众 为即日哀诚意者
  圣造言念光中且意者 伏惟痛念亡故盘茂生家先大位满七法事 孝家哀呈敬奉钱文一道钱柜一个 钱缁一个 钱箱三十个 供奉道岸
  俯思父母深恩难报 够养育之恩若何以报答 必须荐追修善果 合家

等谨备凡供之仪

天运二〇一二年壬辰岁六月廿七日满七化炼

仪式开始前，师公助手在死者灵台上摆上1个酒壶、5个酒杯、1碗猪肉、1包生米。装好坛后，赵有福师公头缠红布做引魂，请死者魂魄回来。他先在灵位前念经，接着从助手手中接过1只鸡，双手拿着鸡在死者灵位前不停地念经，让引魂鸡引导亡者的灵魂回家，并询问死者这段时间在何处安居乐业等。

将死者的灵魂请回来后，赵有福师公开始做忏饭，主要讲述死者家庭的一些辛酸历史，如以前的生活是如何的苦，亡者过去受了多少罪等，这些主要是讲给亡者的后代听的，同时也是为了慰藉亡者之灵，有忆苦思甜的味道。仪式助手召来孝男孝女，让他们跪在死者的灵台前，然后点一把香交给赵有福师公，赵有福师公分给孝男孝女每人一支香，同时唢呐、鼓、锣一起响起，赵有福师公开始讲述并手持一炷香向四周朝拜，助手同孝男孝女一起持香跟着赵有福师公拜。如此拜两遍后，赵有福师公吹牛角，然后打筶。与此同时，李进保师公也头缠红布，站在灵位前，左手持筶，开始诵经。赵有福师公打得吉筶后，让死者的长子手执招魂幡，长女则往地上倒酒，其他孝男孝女则焚化纸钱。而后，孝男孝女散开，助手打开钱柜，把钱箱放进去，赵有福师公手执文牒，站在亡者灵位前，按文牒上所列物品念给亡者听。接下来，赵有福师公开始打筶，得吉筶后，他左手拿水碗，右手拿剑，对着水碗念咒，然后把文牒放入一口铁锅中，等仪式结束时与纸钱一起焚烧。而赵文甫师公这时手持牛角、神剑走向大门口早已放好的一块木板前，先念经并拿神剑对着木板施法，然后站到木板上面开天门、请玉皇大帝。赵文甫师公要讲主家的历史，以前从何处搬来、何时建的这座房子、为何要举行满七仪式以及请玉皇大帝下凡。在赵文甫做仪式的同时，孝男孝女在唢呐、锣、鼓的伴奏下，抬着钱柜以及死者生前穿过的衣服等物品朝屋外走去，到屋门外几米的地方停下来，朝着死者坟地的方位将这些物品烧掉。最后，赵文甫师公返回死者灵位前拜老一代师公，主要是拜那些已经过世了的师父，因为做一场仪式需要前人在暗中帮助，然后送亡者回坛，以后逢年过节时可以将亡者的名字写入家先单，因为只有做过满七仪式的亡者才可以进入家先单。最后焚烧纸幡跟文牒，满七仪式至此结束。①

四　岁时节令

岁时节令是依时间推移的顺序而周期性地出现的庆典习俗。盘瑶许多节日起源于宗教或与宗教密切相关。如社节起源于土地崇拜，七月半起源于祖先崇拜，分龙节起源于龙神崇拜。直到今天，祭拜社王、祖先、龙神仍是这些节日活动的一个重要内容。

（一）年晚节

除夕是盘瑶人的年晚节，他们通常称之为"过年"。荔浦盘瑶过年时，家家户户杀鸡宰鸭，做十分丰盛的晚餐。年晚节这天，每家每户在香火台前设盘席，请一位师公敬祖后才能进晚餐。吃完年晚饭，在堂屋烧起熊熊的大火，把锣鼓等响器拿出来（平时不准乱敲乱打）让孩子们尽情击打。大年初一凌晨，各家由长者带领年轻男女从耳门出去，转到新年吉利的方向焚香化纸，鸣放鞭炮，送旧迎新谓之"出行"。之后，摘些树枝、竹枝说是金枝银枝，由大门回来插在香火台前。然后男青年拿出《师歌书》来研读及向长者学法术，直到天明称"守岁"。②贺州盘瑶过年时也请师公来祭拜祖先。祭祖时，师公说"除夕到了，请你们回来，希望你们保佑家主人兴财旺，来年丰收……"的吉利话，并准备丰盛的晚餐。有宗祠的人家会还派人在宗祠守夜，有家庭祖先牌位的则不需要守夜。③

宁明县盘瑶过年时，同一家族的人齐聚在"大屋"④祭祖。届时，请2个师公帮喃"家先"，杀1头猪，用桶装猪肉、猪肝祭拜祖先，请祖先享用祭品，并向祖先通报过去一年家族里所发生的大小事情，最后请祖先保佑家族家庭和睦，五谷丰收，人畜平安。仪式持续一个半小时，整个过程在一种喜庆的气氛中进行。仪式结束，全族人聚在一起吃饭、喝酒、聊家常，最欢快的莫过于小孩子了，穿着新衣服，吃着糖果，拿着长辈们给

---

① 这里有关满七仪式的叙述，是根据潘用学同学2012年夏在贺州市黄洞瑶族乡园林组的仪式现场记录整理而成。
② 冯文科编著：《荔浦瑶族史》，荔浦县民族局，2004年11月内部出版，第59—60页。
③ 资料来源：高崧耀2012年夏天在贺州市区黄洞瑶族乡的访谈记录。
④ 指家族供奉祖先的神台，其形为一间小房子，平时由兄弟间轮流保管，轮到度戒时可将大屋请回到自己的家里供奉。

的压岁钱窜来窜去，不亦乐乎。①

（二）清明节

清明节是日，荔浦瑶族家家要在堂屋高台上设席供奉祖先，称"报节气"，焚香燃烛化纸钱，祈求保佑，其后还备办香仪烛楮酒肉饭果品等携带到祖先墓地敬祖，缅怀列祖列宗，称为"挂清"。②

宁明瑶族清明时节给祖先扫墓。扫墓时，先把墓地的草都清除掉，然后在坟前摆上祭品。祭品由供大屋的家庭来承担，主要有鸡1只、猪肉1块、酒5杯，粽子、香和纸钱若干即可。随着生活水平的提高，现在有少数人家开始效仿附近壮族村落扛1头烧猪前去祭祖。摆完祭品后，请1位师父来主持祭祖仪式，仪式耗时约1个小时。师公向祖先说明前来墓地的原因，请祖宗出来享用子孙后代带来的贡品，之后还会烧纸钱送给祖宗用，并由下法术用水来洗坟墓给祖宗收犯（使祖宗没病没痛）。仪式最后，师请打筊祈请祖宗保佑子孙后代事事顺利。③

（三）尝新节

农历六月六是盘瑶人的尝新节。尝新节当天，荔浦盘瑶摘回新成熟的玉米或豆菽之类，煮熟后由长者用盘碟盛于堂屋高台摆设，请一位会法事的师父敬祖。昔日敬祖后让狗先吃，然后合家喜尝新谷，今改为让长者先吃。当晚还做丰盛的晚餐（较贫困的家庭或农事太忙，只尝新却不做节日晚餐）。若当天天气明朗，还要翻晒珍藏的衣物或单据、契约以及神像画，故常说"六月六，晒包袱"。④

（四）中元节

荔浦盘瑶普遍认为目莲是阴间司主，七月十四是他们的目莲节敬祖节。当日各家备办三牲、酒醴、香纸钱、蜡烛设筵席于香火台，请一位师公前来请圣敬祖，焚化纸钱，同时还要以金箔、银箔剪成衣、裤、鞋、帽，或桌、椅等家具焚化给列祖列宗。当日各家都喜做发糕吃，晚餐丰盛程度不逊年晚节的晚餐。⑤

---

① 这里关于宁明县盘瑶族春节祭祖的叙述，是根据陈锦均同学2013年夏季在宁明县爱店镇丈鸡屯采访时的田野笔记整理而成。
② 冯文科编著：《荔浦瑶族史》，荔浦县民族局，2004年11月内部出版，第60页。
③ 根据陈锦均同学2013年在宁明县爱店镇丈鸡屯做访谈时的田野笔记整理而成。
④ 冯文科编著：《荔浦瑶族史》，荔浦县民族局，2004年11月内部出版，第60—61页。
⑤ 同上书，第61页。

贺州盘瑶称七月十四为"半年节"。他们从七月十二日开始请师公祭祖，至七月十六祭祖结束。这几天是师公们最忙的时候，帮这家祭拜完又赶着去下一家，直到各家各户祭祖结束。届时包粽子，祭拜祖先并准备丰盛的晚餐。①

金秀盘瑶七月十四祭祖叫"过十四"，供品主要是鸭子，少杀鸡。说"太公"都是坐船回来的，鸭子善于游水，鸡不会游水，带鸭回去比带鸡方便。拜祭时间尽量早些，一般下午三四点钟就开始，以便"公太"吃完赶回家。备办供品的同时，用色纸剪衣裳给"公太"做新衣。拜祭时要"喃公"，家里无人会喃的要请会喃的人来，不"喃公"，"公太"不认可，见怪家人。拜祭尾声，烧纸衣。②

宁明盘瑶称七月十四为"鬼节"。他们把鬼分为祖先鬼和外鬼两种。祖先鬼保佑家人平安，而外鬼经常害人。当外鬼害人或家畜时，有时会牵连祖先鬼，祖先鬼就会对家人或家畜使坏，以此提醒家人。鬼节是他们祭祀祖先和外鬼的日子。鬼节这天，除了杀鸡、杀鸭外，还要准备1块猪肉，摆放在神台前敬奉祖先，并请1位师公来"念家先"，请祖先享用祭品。祭祀结束时要将香火纸钱分成两份，一份在神台前烧给祖先，另一份在门口烧给外野鬼，以防祖先鬼、外鬼前来扰乱家人或牲畜的正常生活，以此获得暂时的安宁生活。③

（五）分龙节

分龙节在每年农历五月、六月中的某一天，没有确切的日子。盘瑶过分龙节的目的是祭拜天龙，防旱保苗。大瑶山盘瑶过去在分龙节前夕，要由社主喊寨，宣布各项规约，如举寨不许下地劳作，不许用刀上山砍柴，不许用锄挖土，不许挑尿桶。这个节气与雨水有关，只要分龙节这天下雨，是年就有足够的雨水。当地盘瑶民间相传，如果犯上述禁忌，就会触怒龙神，给人间带来旱灾。分龙节这天，家家户户杀鸡或买肉供神，请师公在大门内对天喃神，祈求收耗（野兽），免伤庄稼。④吃饭过后，人们过巷串家谈生产扯家常，打牌下棋，对唱山歌，愉快地玩上一天。晚上各

---

① 资料来源：高菘耀同学2012年夏天在贺州市黄洞瑶族乡千金组调查所得。
② 中共金秀瑶族自治县委员会、金秀瑶族自治县人民政府编：《盘瑶》，德宏民族出版社2012年版，第99页。
③ 根据陈锦均同学2013年夏季在宁明县爱店镇丈鸡屯采访时的田野笔记整理而成。
④ 广西编辑组：《广西瑶族社会历史调查》（第一册），民族出版社2009年版，第359页。

家要尽量留下客人盛宴款待。

（六）祭社节

社节是盘瑶供奉社神的日子。盘瑶认为，社王是掌管一方土地、人丁、牲畜、财物兴衰之大权的神灵，故他们以石头为社立于树下，每年由社主召集社内成员虔诚地举行祭社活动。大瑶山盘瑶祭祀社王的时间是三月三、六月六和八月二[①]，其中又以八月社节最为隆重，要杀猪祭奉。过去当地人以户为单位，轮流做社头。凡轮到做社头的人家，要准备好酒、肉、米。祭社之日，每户人家派一人参加吃社，吃完分每户一份肉带回家。后来轮做社头慢慢就取消了，改为由大家自愿出供品祭奉。祭品是每户备办一碗荤菜，如猪肉、鸡、鱼、虾等。出席人员带祭品到齐后，开始清除社庙周围的杂草，接着在社王石像前竖起一根高十几米的竹竿，上面挂着红白青纸做的纸幡。待出席人员全部摆上祭品后，师公便开始念诵经咒，祈求社王保佑村寨人畜平安，五谷丰登，将在场的每个户主的名字念一遍，报请社王保佑。仪式结束后，参加祭社人员带上各自祭品到社主家里举行聚餐。聚餐开始前，社主要对共社的群众料话，提醒大家注意各项要务。料话的主要内容有：不要让牛吃别人的庄稼，清明后不能把猪、鸡、鸭放屋外，不准乱偷乱砍人家树木，不强占人家田地，不乱拿别人的东西，不乱搞男女关系等。社主每年都要重复提醒，起到规范作用。社主料话结束，众人举杯共饮以示愿意遵守，接受社王的监督。如果社内成员违背众约，大家便再聚会一次吃惩戒酒，集体惩罚违反公约之人。如六雷社约规定，凡男女发生奸情，致女方怀孕的，女方家可带人至男方家杀猪喝酒，大家共同议事，让男方负责赡养小孩，直到孩子年满18岁。[②] 环江县长北乡后山屯盘瑶认为社王是保护禾苗的神祇。每年阴历六月初六都要共同举行集体祭祀仪式。社王庙建在田洞里，凡在这一带占有田地的人家都要共祀这个社庙。到祭社的这一天，各户应期而集，共同祭奠。祭社的费用，由各户均衡负担。祭奠祀仪，由社老主持。祭祀事务的总管，由各户轮流担任。凡轮值之户，事先须垫款购买1头30斤左右的小猪，以

[①] 1980年以来，当地盘瑶的祭社时间已发生了变化。以六雷为例，1980年以来由过去一年三祭改为一年一祭，定期在每年的六月六，2000年以来每年六月六的定期祭祀也取消了，变为隔年祭祀一次。六雷最后一次的祭社时间是2006年。

[②] 这里的祭社叙述，是我于2007年7月25日在金秀大瑶山忠良乡六雷屯对74岁的赵文县先生访问时所采集的。赵先生是当时六雷社社主。

作祭期宰杀祭神之用,祭奠后大家共同会餐。祭社当天不能出工,如有犯禁例,所支费用则由其负担。①

（七）聚会节

金秀盘瑶每年农历三月初三、六月初六和八月初二,以村寨为单位举行聚会,内容是评议、处理村寨事务。届时,各户派出1—2人携带酒、肉、米等物,聚集到村寨外公庙草坪或大树下。聚会由头人主持,先由道师焚香喃坛,请历代寨老先祖神灵到坛就位。主持人宣读村规民约,参与者对村寨事务及寨人行为、争议等进行评议、发表意见,商定处理办法。凡会上决定之事,会后须严格遵照执行。②

五　神明判决

神判即神裁,是一种企图以超自然力量来鉴别和判定人间是非真伪的习惯法。③ 神判得以流行的首要前提是,人们相信鬼神能支配人间的福祸,而鬼神不仅洞察人间世事,而且公正无私、明辨是非,人虽然能蒙混世人耳目,但却欺骗不了鬼神。所以在迷信鬼神的社会,当人们无法明断是非时,就得借助鬼神的权威实施裁决。神判显然是一种巫术行为,但它不等同于巫术,却又与巫术密切相关。④ 巫术赋予神判神秘的权威,倘若离开巫术,神判就失去了权威。巫师大多年长,经验丰富,办事公正,又是沟通人神的灵媒,自然受到民众的信任,故多数神判都由巫师来主持。神判不是科学的断案手段,疑难事件很难通过神判而得出真相。况且神判是由巫师所控制,巫师的态度往往决定事情的结果。就某种意义而言,神判就是巫师判案。但应当看到的是,神判作为一种社会调节机制,对民间社会产生了广泛而深刻的影响,并以其特有的功能,长期起着规范人们的社会行为,解决矛盾争端,以及协调人际关系的重要作用。⑤

封建统治者的封锁与瑶人的闭关自守造成了金秀大瑶山与外界隔绝的

---

① 广西编辑组:《广西瑶族社会历史调查》（第三册）,民族出版社2009年版,第77页。
② 《广西大百科全书》编纂委员会编:《广西大百科全书·民族》,中国大百科全书出版社2008年版,第279页。
③ 夏之乾:《神判》,上海三联书店1990年版,第2页。
④ 王玉德:《长江流域的巫文化》,湖北教育出版社2005年版,第258页。
⑤ 陈斌:《瑶族神判法述论》,《云南教育学院学报》1993年第2期,第53—56页。

格局，从而影响到瑶族的思想意识和心理状态。瑶族常说的谚语是"瑶还瑶，朝还朝"，"先有瑶，后有朝"。意思是：瑶人是瑶人，朝廷是朝廷，两不相干；瑶人自立于朝廷之外，朝廷管不着瑶人。所以山外政府一切政策、法令，瑶山拒不执行。凡山内人发生纠纷，要请石牌头人来判案，不能由山外人来调处。石牌头人在断案过程中，特别重证据。石牌规定："如有偷盗，确有赃物，照贼所办。"[①] 但对一些证据不足、清浊难辨的案件，石牌头人无法明断是非时，只好借助鬼神来裁决了。大瑶山瑶族实施神判的具体方法，归纳起来有抹油、砍鸡头、进社发誓、睡庙装袋、烧香发誓、以身作枪靶六种。[②] 盘瑶喜欢用进社砍鸡头的方法解决纠纷。

【个案6-28】1930年平南县韦世刚到盘村教书，后转到旧村任教，不久就病故。他儿子在遗物中发现一张借款12元的字据，借款人为庞文票。但林香村、盘村各有一个庞文票，且与韦接触过。两人都不识字，借据是请别人代写的，上面也没写明是哪个村的庞文票所借。两个庞文票矢口否认向韦借过钱。盘村石牌头人接到韦的儿子起诉后，将双方当事人带到社王前断案。两个庞文票各带1只公鸡前往，烧完香纸后，当着社王、社主、石牌头人及众乡邻的面发誓：自己没向韦借过钱，如果借过钱，将不得好死。然后社主抓住鸡，被告人用刀把鸡头砍掉。盘瑶迷信鬼神的权威，如不敢砍鸡头，就算理亏，官司就打输了。盘瑶也认为，若违背誓言，被告人及其家属必有灾难。两个庞文票都砍了鸡头，发了誓。没过几个月，盘村庞文票的妻子拉痢病故，林香村庞文票的小孩患病死亡。此案也就不了了之。[③]

六 打击匪患

土匪劫掠是瑶山最严重的灾难。以金秀大瑶山为例，这里山高谷深，

[①] 1911年立《六拉村三姓石牌》，参看莫金山《瑶族石牌制》，广西民族出版社2000年版，第347页。

[②] 参见庞新民《两广瑶山调查》，中华书局1935年版，第86页；广西编辑组《广西瑶族社会历史调查》（第一册），广西民族出版社1984年版，第71页；苏德富、刘玉莲《大瑶山石牌制度析》，广西瑶学会编《瑶族研究论文集》，广西民族出版社1987年版，第102—125页；莫金山《瑶族石牌制》，广西民族出版社2000年版，第205页。

[③] 胡起望、范宏贵：《盘村瑶族》，民族出版社1983年版，第127—128页。

成为与山外隔离的天然屏障，过去历代统治阶级机构难进其中，是一处国家权力空白的"化外之地"。周围县镇的兵痞强盗，一旦败为流寇或被官府追捕，便躲进大瑶山。匪徒利用大瑶山的险要地势与茂密森林负隅顽抗或潜伏休整。待风头一过，元气恢复时，继续为害，因而大瑶山成为"匪盗盘踞出没频繁的地区"。①

　　1924年春天，黄阿峰股匪窜到大樟乡肥猪冲安营扎寨。几个月来，他们时常窜到妙皇、二塘、大林、大樟、百丈、中平、奔腾等村镇杀人放火，抢劫财物，掳掠妇女，绑人索赎，无恶不作。

　　同年冬天的一天，新村屯李有明、李文安两户瑶民早饭后到田里割禾，被事先埋伏在田边的匪徒劫走四人。是夜，土匪提出每个人质的户主要拿出银子两千毫去赎人。否则，将杀掉人质。虎口逃脱的李有明、李文安连夜回三百屯借银子。当李有明岳父把事情原委向三百石牌头人冯荣明诉说后，冯荣明非常气愤，当即传三百石牌的另两位石牌头人黄文安、李荣保到家中商量对策。三位头人一致决定召集村民起石牌，给土匪一点颜色看看。约一个时辰后，信使们手持石牌信物禾秆串铜钱迅速赶往三百石牌所属盘瑶村寨，当日下午石牌兵纷纷赶来汇集。石牌头人即召开各路石牌头人会议，制订作战方案。作战方案制订后，村民们举行祭神誓师活动。冯荣明头人左手缚雄鸡，右手握"生人棍"②往地上用力一插，口中大喊一声"嗨"，便开始念道：

　　　　盘古开天立地，伏羲姊妹造人民。
　　　　先有瑶，后有朝。
　　　　一片乌云天上飞，一群强盗地上行，
　　　　乌云纷飞扰天乱，强盗横行闹地翻。
　　　　扰天乱，瑶家不安住，
　　　　闹地翻，瑶家坐不甜。
　　　　寄信飞过瑶山顶，寄钱绕过瑶山脚。

---

①　莫金山：《瑶族石牌制》，广西人民出版社2000年版，第286—287页。
②　用优质棉木削成的木棒，上端雕有龙凤，下端套着一根大铁针，传说是始祖盘护王用过的"法棍"。

　　　　信飞过山顶，就邀兄弟来帮助，
　　　　钱绕过山脚，就起石牌来支援。
　　　　来帮助，兄弟如风到我寨，
　　　　来支援，团丁如潮达我村。

　　念至此，他把雄鸡按在石牌板上，黄文安递过一把大平刀，冯荣明接住高高举起，继续说："太上老君在天上看着，我现将雄鸡红水伴着醇酒分给你和天兵天将，请你领受，派出天兵天将助我们一起把黄阿峰土匪铲尽杀绝。"念毕将鸡头一刀斩断，把血和酒往石牌板绕淋三圈，然后一挥手将鸡丢下山谷，并将"生人棍"递给黄文安，黄头人接过"生人棍"立即率队出发攻打土匪。经过战斗，石牌兵共歼灭土匪30名，拔掉了隐蔽瑶山西南部最凶残的一股顽匪。①

　　盘瑶巫师活动的领域很多，除择吉、架桥、开山、狩猎、生育、婚葬、节庆、神判、征战等外，诸如安龙、防盗等，巫师也能以其特有的手段发挥规范作用。但因篇幅所限，在此无法一一列出。总之，在盘瑶社会生活中，随处可见巫师活动的身影，从而将社会生产生活引入规范，成为民众"生产与生活的导师"②。

第二节　控制病人的生命危机

　　瑶族巫师对生活行事的规范，最明显的是在治疗疾病的场合。③ 从展示权力的角度而言，巫师对疾病祭仪的指挥可谓淋漓尽致。作为疾病祭仪主持者的巫师，他们的一举一动无不散发着权力的光芒。

一　疾病诊断

　　巫师对病因有了认识之后，诊断成为他们治病的基础。如同现代医学

---

　　① 赵富金等：《三百石牌歼匪记实》，《金秀文史资料》第4辑，转引自莫金山《瑶族石牌制》，广西人民出版社2000年版，第295—296页。
　　② 傅安辉、余达忠：《九寨侗族的巫师、屋山头与款组织》，《黔东南民族师专学报》2000年第5期，第15—17页。
　　③ 严格而言，寻求巫师治病也是民众生活行事的表现之一，出于方便讨论而在此单列。

治病一样，巫师治病的第一步是诊断疾病，即寻找疾病的起因。巫师诊断疾病的方法是占卜。占卜是一种向神灵获取有用信息、推断吉凶的巫术活动，人们借助占卜的方法，企图从神灵那里得到某些启示，然后以这些启示为生活行事的指南。占卜是巫师给病人施行巫术治疗前的必要诊断程序。疾病占卜主要包括两方面：一是卜定病祟的源头，找出生病或可能生病的病因以选择防治疾病方案；二是占卜患者是否可以治愈，卜定其痊愈之期或死亡之期。巫师在行医实践中发展出众多的占卜方法占算疾病，可划分为三种类别：第一类是对自然讯息的观察，这是人们观察那些被认为是神灵所昭示的自然现象，并以这些现象为解释的征兆；第二类是人为操作的沟通，即占卜者使用各种法术以求得神灵启示讯息；第三类是借人类之口直接与神灵沟通。[①] 以上三类占卜方法普遍存在于广西盘瑶社会。占卜盘瑶语言称为 mbouv guax，意思是"打卦"。巫师解读卦象的精准度，主要靠自己的行巫经验。

（一）对自然讯息的观察

观察自然讯息是人们未掌握迫使神灵启示讯息方法前，被动地观察自然现象，然后从若干自然现象的变化解释为神灵的启示的占卜方法。[②] 观察自然讯息的占术可分为鸟兽占、占星术、体相占和梦占。[③] 流传于广西盘瑶民间的自然讯息观察的占术具体而言有二十八星宿占、雷鸣占、鸟兽占、体相占、梦占。以下兹简单介绍鸟兽占、体相占和梦占。

1. 鸟兽占

鸟兽占泛指一切地面上自然现象的观察。盘瑶人对于一些不常见的奇异现象，比如公鸡乱啼，鸟入屋，鸟屎落身，母鸡打鸣，鸡生软蛋，蛇相交，蛇拦路，蛇入宅，乌龟入屋，乌鸦上屋，犬上床，看见萤火入屋，鸡鸭相奸，野狸，老虎，蛇换皮，鬼火，石崩，树断等，都认为是神灵作怪所致，他们称之为"见怪"。人们认为"见怪"是凶兆，要请师父禳灾，否则将有灾祸降临。如果行远路或有要事出门，途中看到这些现象，通常认为不吉利，必须中止行动，否则会有灾难。

---

① 李亦园：《信仰与文化》，巨流图书公司1983年版，第69—70页。
② Malefijt, Annemarie, *Religion Culture*, New York: The Macmillcim Co., 1968, pp. 215 – 221.
③ 李亦园：《信仰与文化》，巨流图书公司1983年版，第70页。

【个案6-29】1957年夏天，金秀县共和乡附近几村盘瑶，因当地人多地少，且土地贫瘠，因而筹划迁徙。区党政领导为了照顾他们，曾与蒙山县党政领导接洽，选定适当地方移民。一切办理都已停当，坤林村盘瑶居民愿意搬迁的，也亲自到移民地点看过，表示十分满意。但正式迁移时，第一次迁移在途中遇见老鼠，因而折回。第二次再迁移又在途中见蛇，只得再度折回。两次迁移两度遇见鼠蛇，他们认为是不祥之兆，竟打消了迁徙的念头，留在原处安心生产了。①

2. 体相占

盘瑶民间常见的体相占有"黄道掌""看眼跳日吉凶""看耳鸣时吉凶""看耳热时吉凶""看肉跳时吉凶"。

"黄道掌"常见于盘瑶占卜书《杂粮书》中，主要根据手掌纹路、发病时辰来确定疾病吉凶。相传有经验的巫师通过察看病人手上的纹路，便能判断病人病情的轻重，以及有无救治方法。

"看眼跳日吉凶""看耳鸣时吉凶""看耳热时吉凶""看肉跳时吉凶"则根据眼跳、耳鸣、耳热、肉跳的日子、时辰来判断吉凶。比如眼跳，"丑日，左有小人，右有人论；寅日，左远行至，右有凶事；卯日，左有客至，右有思量；辰日，左好事，右主不安；巳日，左主人来，右人来不成；午日，左小吉，右有财来；未日，左主酒食，右有吉事；申日，左财至，右人思想；酉日，左主失路，右夫妻吉；戌日，左酒食，右人来至；亥日，左喜酒，右大凶事"。又如耳热，"子时，左僧道，右争议；丑时，左喜气，右自身吉；寅时，右酒食，右相会；卯时，左喜气，右人来见；辰时，

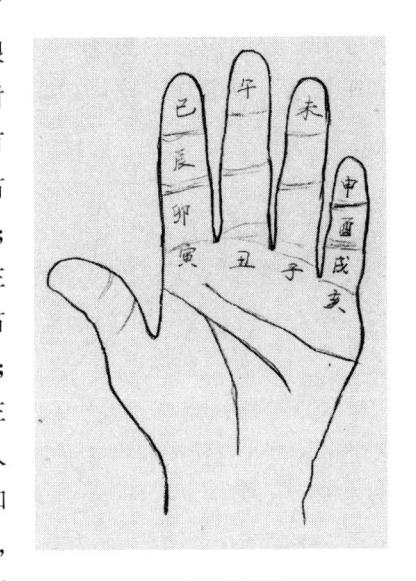

图6-22 黄道掌

---

① 广西编辑组：《广西瑶族社会历史调查》（第一册），民族出版社2009年版，第323页。

左财喜，右通达；巳时，左失财凶，右不利凶；午时，左喜气，右吉利；未时，左客至，右远来；申时，左喜庆，右食酒安乐；酉时，左婚姻吉，右女婚来；戌时，左争议，右口舌是非；亥时，左是非，右相连是非"。

3. 梦占

盘瑶相信人有三魂七魄。三魂是人身上的三个魂。人死后，一个魂在墓地，一个魂在神台，一个魂回到祖先居住地。三个魂非常容易丢失。失去一个魂，人就会生病；三魂都离了，那么人就死了。七魄是附在身上的七个影子。人活着的时候都在，人死后就会消失。田林县利周瑶族乡伟好屯李德才师公说，他曾做过实验证明七魄的存在。在一间黑暗的屋里，点上七根蜡烛时，就会有七个影子；再点一根蜡烛时，还是有七个影子；一直点到十根蜡烛，都只有七个影子。灵魂一旦离开身体，除了使人生病，还会让人做梦。李师公说，人在眼困时，灵魂便开始飘摇；人睡着后，灵魂便离开身体；人熟睡了，就开始做梦。

在李师公看来，人会做梦是因为：一是人在熟睡时灵魂自己离开而做梦，二是灵魂被恶鬼带走而使人做噩梦。前者在人醒后灵魂会回到身体，人安然无恙；后者在人醒后灵魂回不到身体，人就会生病。李师公说，人做梦时灵魂是否被恶鬼带走的判断依据是：如果梦里的事很有逻辑，而且醒后还能清楚地记得，那么是正常做梦；如果梦里的事毫无逻辑，一会儿在高山，一会儿到了大海，一会儿又进深山野林，整个梦境混乱不堪，感觉自己四处飘摇，魂无定处，梦醒后无法清楚记起梦里的一切，那么就是恶鬼使坏致人做梦。李师公举例说，如果梦见自己吃东西，却怎么也吃不饱，就是因鬼致梦，因为如果是正常做梦，是可以感觉吃饱的。李师公还说，梦见各种恐怖的场面，都是亡灵作怪，如梦见自己从高处坠下，吓醒了，就丢了魂。显而易见，盘瑶人把做噩梦归咎于鬼魂的作用，正如恩格斯所说："在远古时代，人们还完全不知道自己的身体构造，并且受梦中景象的影响，于是就产生一种观念：他们的思维和感觉不是他们身体的活动，而是一种独特的、寓于这个身体之中而在人死亡时就离开身体的灵魂的活动。"[①]

李师公认为，做梦与现实是有联系的，梦境的内容与生活中的祸福有关系。李师公说，虽然梦与现实相反，但也不是绝对的，要对梦境做具体

[①] 《马克思恩格斯选集》第四卷，人民出版社1972年版，第219页。

分析。如同为梦见结婚，若是梦见有女嫁入，表示人丁兴旺，若是有女嫁出，则表示做梦者的灵魂跟着亡灵走了，如果不把灵魂追回来，就要生病。又如同为梦见自己裸体，男人梦见自己裸体比女人梦见自己裸体要好。盘瑶中有"男怕装女怕光"之说。男人如果梦见自己衣冠楚楚，女人如果梦见自己赤身裸体，都是生病的征兆。梦与现实相反的情况很多。梦见欢乐的场面，现实中却要面对伤悲。如梦见欢笑、歌唱等，现实中会使人生病。梦见不开心的事，现实中却有欢喜，如梦见东西丢了，则脱灾脱难，梦见东西被偷了，则七灾八难都被带走了。梦见棺材，那么就要有财送上门。梦除了与现实相反，还可与现实相同。如梦见久不见的亲人，不久亲人将至，梦见收到远方来信，不久自有信来。又如梦见大便这些肮脏的东西，则现实生活中要倒霉。有的梦境，不能用好坏去评判，要与现实的关系来具体分析。如梦见鸡，若与现实相反，那么现实里有什么说不清，若与现实相同，无非见到鸡或吃了鸡肉。这种平常事，天天都遇到，所以梦见鸡不能用与现实相同或相反来说明，只能根据民间说法来解释，梦见鸡是有口角之争的反映。再如梦见家先，表示家先灵魂要回来找吃。诸如此类，名目繁多，不再一一解释。[①]

由以上所述可见，盘瑶人常借梦中所见解释为神灵的启示。大瑶山盘瑶认为，梦见大树倒、涨洪水、墙倒塌，村上有人要死；梦见牙齿落，父母将死；梦见身体强壮，必生大病；梦见多人办喜事，是丧事来临之兆；梦见脱衣服，不死也会脱层皮。[②] 恭城盘瑶认为，梦见跌下水，要倒霉；梦见别人办喜事，别人屋里有人死；梦见捉到鱼，得伤害病；梦见村上唱戏，有人死。[③] 田林盘瑶认为，梦见板材，家中要有丧事。

【个案 6-30】田林县利周盘古瑶 ZMY，2012 年 9 月 18 日晚梦见有人开车拉板材到她家门口，并撞了她和她儿子。第二天，她找到 LDC 师帮占卜。LDC 师公经过卜阴后告诉她，她家要戴孝，有孝服和棺材等着，如果要消灾需要 1 只鸡、酒水及米若干，花费 2 小时做

---

① 根据高崧耀同学 2013 年夏季在田林县利周瑶族乡伟好屯对李德才师公做访谈时的田野笔记整理而成。
② 广西编辑组：《广西瑶族社会历史调查》（第一册），民族出版社 2009 年版，第 375 页。
③ 广西编辑组：《广西瑶族社会历史调查》（第四册），民族出版社 2009 年版，第 329 页。

送孝服仪式。①

（二）人为操作的占卜术

用人为的法术活动揭示过去，预卜未来，查出作祟鬼神的占卜术在广西盘瑶社会中是相当普遍的，常见的有问水卦、鞭卦、问卦、签卦、秤锤卦和铜钱卦等。兹根据文献记载、我观察所得与巫师言说，分述如下。

1. 问水卦

盘瑶凡家人生病，六畜不旺，生产不好或见石崩、蛇拦路等奇异现象，都可请师公问水卦看是何鬼神作祟。问卦时，取清水、大米各1碗，撕半张纸钱放在水碗上搭桥，另外半张将水碗围住。师公请来做证家先②、阴阳师父后，按先家神后外鬼的原则，任意指出一个鬼神的名字，即用手指取米粒在距水碗七八寸高的地方，一粒一粒地分别投入水碗中。如果有米浮在水面上表示鬼神上桥，可初步断定为该鬼神作怪，接着再用定筶的方法确定是否是该鬼神作祟。如果定筶的结果是不同的3兆，就表示是这个鬼神作祟了。如果投下的米没有上浮，或虽有此现象，但定筶的结果却不是不同的3兆，那就不是该鬼神作祟，须另指一鬼神名来卜问。③

2. 鞭卦

鞭卦可在屋里或野外进行，但无论在何地操作都需有"导童"④附体，方可交通鬼神。从我接触的巫师来看，善于运用鞭卦的有金秀瑶族自治县忠良乡的赵文县、赵有旺，昭平县仙回瑶族乡的赵财旺，宁明县爱店镇的蕉生旺。现根据赵文县、蕉生旺的言说，对鞭卦程序叙说如此。大瑶山盘瑶占卜师卜卦前，先摆上3—5个酒杯、1碗米、1条鞭子，鞭子末端挂上2—3张纸钱。卜卦开始后，占卜师先请阴阳师父拨法派"天庭十二帅"下来帮忙降童。"导童"附体后，占卜师浑身发抖，完全进入迷乱状态，嘴里不停地发出"呼呼"声，双手持鞭跟着鞭子的拉力走（占卜师

---

① 访谈时间：2012年9月19日；访谈地点：田林县利周瑶族乡伟好屯；访谈对象：李德才师公；访谈人：罗宗志。
② 指已经去世但在世时威望比较高而被请来做证的祖先。
③ 这里有关占水卦的叙述是我于2002年7月25日对金秀大瑶山忠良乡德香村古盘屯赵有兴师公进行采访，结合自己多次参与观察的记录整理而成的。
④ 盘瑶认为，学习降童的人经师父拨法后就有"童"，可以入阴间查问鬼神。

说鞭子前端有一股力量在牵引着他们），直到鞭子停下不拉，再通过所停的地点、方位便可断定是何方鬼神作祟。① 宁明盘瑶占卜师至事主家里后，在祖先神台前的供桌上摆5个酒杯，烧香。占卜师面对神台就座，左手拿一根一尺半长的竹子（阴鞭）来请自己的师父，当竹鞭抖动的时候，问卦人就会问师父，"我家事事不顺，是什么原因？"师父就会向祖先询问原因，接着拿出筶杯占卜，然后根据两片筶杯的情况来决疑，最后告诉家主祭鬼的方法。②

3. 问卦

金秀大瑶山盘瑶遭遇病难时，常请师公代问是何鬼神捉弄。师公即焚香纸请"圣"上"花盆"（降临之意）。"圣"是否上了"花盆"，以投筶是否现阴阳兆为定。如果不得阴阳兆，则需要再请。"圣"上了"花盆"后，师公又作法"差兵"，替事主查问鬼神。接着按先请家神后请外鬼的顺序，逐一念鬼神的名字，再以定筶决定，如呈不同的阴阳保三兆，就确定是该鬼神作祟了。③

4. 签卦

签卦多流行于立有寺庙的汉族地区。其法以竹为签刻有号数，另备签诗断语成篇汇集，问卜人拜神佛，焚香祷告，求抽一签，按号对取签诗断语，得出吉凶答案。④ 盘瑶过去迁徙不定，很少立有庙宇，求签多在屋内神台前进行。签卦在盘瑶中并不盛行。我见过会占签卦的巫医仅有金秀瑶族自治县忠良乡的赵成寿师公。盘瑶签卦亦以竹为签刻有号数，置于筒中备于神台上，另备有一本《求签灵神卦书》。占卜时，请来阴阳师父、观音菩萨、祖宗香火说明缘由后，双手持竹筒慢慢摇晃，直到有一支签牌飞出来为止，再按编号对照求签书以判断吉凶。⑤

5. 秤锤卦

田林县那拉盘瑶师公常以秤锤卦为人测病因。占卜时，用1碗米，烧1炷香插在碗中间，大拇指挂下1个秤锤，另一边手拿着已经破成两边

---

① 这里有关鞭卦的叙述是我根据2002年7月24日，对金秀大瑶山忠良乡六雷屯69岁的赵文县师父进行采访后整理而成。
② 根据陈锦均同学2013年在宁明县爱店镇丈鸡屯访谈时的田野笔记整理而成。
③ 广西编辑组：《广西瑶族社会历史调查》（第一册），民族出版社2009年版，第371页。
④ 乌丙安：《中国民间信仰》，上海人民出版社1996年版，第298页。
⑤ 这里有关签卦的叙述是我于2002年10月15日，对金秀大瑶山忠良乡龙表屯74岁的赵成寿师公进行采访而得。

的、约有4寸长的木爻，一面喊鬼，一面把木爻丢在地上三次，如果他喊到那个鬼的时候，手上挂着的秤锤会摆动。丢在地上的木爻如果第一次是阳爻，第二次是阴爻，第三次是阴阳爻的时候，师公所喊的那个鬼就是祟鬼。①

6. 铜钱卦

恭城瑶族自治县三江乡盘瑶每当家人生病或谷物歉收时都认为有鬼神作祟，因而常请师公问卦。师公先请神，然后将两文铜钱放入碗内边摇边讲："灵归三叩，约占神名，道合乾坤，包约万象，日月合其明，四时合其德，鬼神合其吉凶，皇天无私，灵卦有感，请用真香……"如果问病则继续讲"某年某月某日某时，某人身中带起三灾八难，求医无效，时退无门，闻知文王八卦尽有感显……凶者凶神上卦，吉者吉要来临……"讲完就将铜钱撒在桌上，决定吉凶。②

7. 查看占卜书

运用占卜经籍来预测疾病是盘瑶社会的常见礼俗。《杂粮书》是盘瑶巫师进行诊卜的宝典。《杂粮书》内往往载有巫师用来诊治疾病的法术。以下是《杂粮书》中的四段节录，从中可窥见巫师疾病诊断之一斑。

(1) "论十二时占卦吉凶"云：

> 子时问病者，不死急救生，家先来求食，神名有主张；丑时问病者沉重，急设解得吉，三日出门楼；寅时问病者也不防，由恐犯土神；卯时问病中须不死，求神作福扶；辰时问病者须沉重，急设鬼家先；巳时问病者终不死，作福保平安，灶王若不设，立日有哭声；午时问病者须沉重，早设家先鬼，伤亡神鬼方；未时问病者有时好，君需早烧香，鬼入门三步，棺木部在门房；申时问病者也皆休，家先要吃牛，君但来设鬼，三日出门楼；酉时问病者鸡啼口舌来，病者切须量，劝君早烧香。③

---

① 广西编辑组：《广西瑶族社会历史调查》（第五册），民族出版社2009年版，第84页。
② 广西编辑组：《广西瑶族社会历史调查》（第四册），民族出版社2009年版，第327页。
③ 《杂粮书》，1980年抄本，2002年8月5日于金秀瑶族自治县忠良乡六卜村六雷屯赵春保先生家收集。

（2）"看五斗得病吉凶"云：

东斗得病，前轻后重，其病二分棺木及家先、土王鬼伏前有愿不还，流连急急设吉，六日退好，五六七日还退，怕死凶；南斗得病，日轻夜重，其病凶，七日退好，棺木二片出外，主有愿未还，是病骨痛，设送先祖得好；西斗得病，男轻女重，出路逢土冷庙王，急解送三五日退好，三五七日不添病，男人轻女人重，急急解送大吉；北斗得病，女轻男重，骨肉麻痛，棺木四块，魂魄在身，命官到，看三八退好，宅神不安，急急解送大吉；中斗得病，天官□，其病难得好，四肢痛，外家先祖及香火鬼有木下犯，解送得吉。①

从以上节录来看，这是以五行学说为理论背景，通过地支、方位来判断疾病原因及其吉凶，然后预测治病吉日、病人的愈期，确定治疗方案，提出举行什么仪式或用什么牺牲来治疗。

（3）"看病人身影图吉凶"

看病人身影图吉凶占卜方法根据生病月日，配合"身"字影图来确定疾病凶吉。"身"字影图有"身""𢁉""𢁊""𠃌"四种，"身"表示病人身体无恙，"𢁉""𢁊"，表示病人病情严重，但还有施治的办法，"𠃌"说明病人病危，再也没有医治的办法。占卜方法是，先根据得病月份找到相应的栏目，然后依据月份的大小往上或下找到得病日子对应的"身"字影图，最后根据"身"字的影图判断疾病吉凶。如某人在七月初三得病，占卜方法是先找到七月所在的栏目（从左到右第三栏），因为七月是大月，所以从上往下数对应初三的是"𠃌"，说明病人已无法救治，只有等死。

（4）"看人得病轻重图"

看人得病轻重图占卜方法是根据得病日子在图内或图外来确定疾病吉凶。如盘瑶《杂粮书》云："凡得病在图外至三五日七日便好，若在图内九死一生难得好也，虽人□心要作大保禳且□灾保得好。"

---

① 《杂粮书》，1990年抄本，2010年8月16日于金秀瑶族自治县忠良乡德香村古盘屯赵有兴师公家收集。

三六九十二月	二五八十一月	正四七十月
身身身身身身身身身身	身身身身身身身身身身	身身身身身身身身身身
小月下数	大月上数	

图 6－23 看病人身影图吉凶

三十日	在外		初五	初四
廿九廿七廿六廿五廿四日	廿一廿二廿三廿八在图内了		十一十四十五十六在内申	初一初二初三初八初九初十日
在外由命	三方之图			
所照	中央内			

图 6－24 看人得病轻重

8. 推六甲

六甲是道教中的护法神将群。六甲是合称，包括六位神，即甲子、甲戌、甲申、甲午、甲辰、甲寅。[①] 盘瑶人认为，六甲神在不同时间待在不同的地方。大瑶山盘瑶民间谚语“人六甲日”云：“正月七月门前坐，二月八月在厅屋。三月九月在磨堆，四月十月炉炉中。五十一爷娘身上在，六十二无处行游床上眠。”[②]

知道了六甲神在不同时间所居之处，盘瑶人会避免往这些地方推东西或钉钉子等，否则会触犯六甲神，引发身上某处出现疼痛，而身上某处的痛楚与所犯的时辰、鬼神之间又有一定的对应关系，因而经由身上某处的痛楚也可以推出是何时犯着鬼神。“人六甲犯处”为收犯提供了依据。

（三）借人之口直接交通鬼神

1. 降童

盘瑶巫师还可以通过卜阴直接与鬼神沟通查找病因。当然，不是每个巫医都能卜阴，要卜阴需有师父拨法、拥有“童”后方可入阴间探问鬼

① 马书田：《中国道教诸神》，团结出版社 2006 年版，第 177—178 页。
② 2002 年 9 月 19 日由金秀大瑶山忠良乡古盘屯 51 岁的赵有兴师公提供。

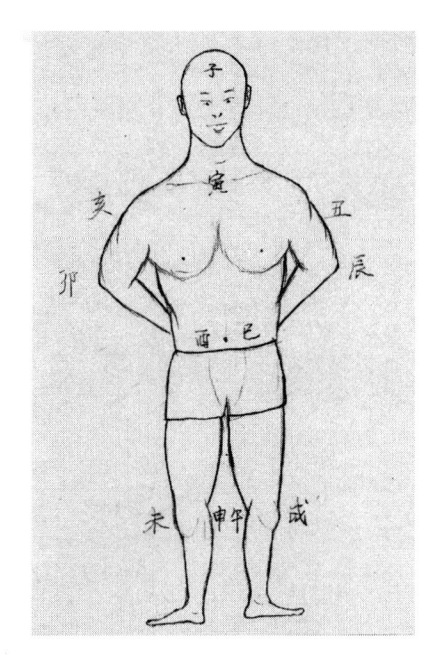

图 6-25 人六甲犯处

神。庞有坤说，有"童"之人神经比较敏感。他 12 岁那年，家人请强仰屯的冯荣广来做木桶。冯荣广会降童，刚好那天他家下面的一户人家正在做法事，主持仪式的师父派出"童"来寻找会降童之人。由于在场的人没有谁会降童，"童"就找到了冯荣广。冯荣广当时正在做木桶，听到下面传来锣鼓声，全身不禁抖动起来，大喊大叫夺门而出，滚进正在举行仪式人家的屋里。① 考察期间，我们经常跟随巫师外出作法，多次近距离观察他们为人家卜阴。以我们观察所见，他们在卜阴过程中的迷睡恍惚状态与萨满的神灵附体十分相似。

【个案 6-31】卜阴开始前，家主先在桌子上放 1 碗米、1 碗水、1 壶酒和 5 个酒杯。卜阴时，巫师手持筶子躬身拜 3 次后，坐在凳子上，两腿弯曲，嘴里不停打嗝，双手猛擦脸和大腿，不一会儿全身抖动起来，双手中指和食指不停地拍打桌子，口中发出"嘘嘘"声，恳求师父差兵遣将前来探问鬼神。只见他用各种动作来表示兵将进入他的体内。然后把桌上的米抓在手中撒向四方。接着右手拿起酒杯，低头装作喝酒的样子。同时从桌上抓一把米，拿在两手中变换数次说："请兵将通到病人身上，查看他是否犯着鬼神。"接着巫师停下来，旁人拿来筶子交给他打卦。从这时候起，巫师用筶与神灵沟通，担任神灵和家主的翻译。对话进行半个小时后，病因终于找到了。巫师伏倒在桌子上，一动也不动。过了一会儿，他睁开双眼，张开双手，伸伸腰，恢复了常态。②

【个案 6-32】HDB 精神异常，在家乱唱歌，殴打父母，还常胡

---

① 2008 年 12 月 25 日由金秀大瑶山忠良乡龙表屯 65 岁的庞有坤师公提供。
② 2007 年 10 月 15 日田野调查笔记，地点：金秀大瑶山忠良乡六雷屯。

言乱语，说有人抓他，去医院也治不好。HDB 的爷爷向蕉生旺师父求助。蕉师父认为，可能是遇上鬼了，需要占卜方可确定。29 日上午 11 点，HDB 家人送来 1 斤米、1 只鸡，还有 20 块利市。蕉师父说，他占卜从不收钱，但事主求占卜时，都在米中放 10—20 元钱。蕉师父收下后，答应替他占卜，找出病因及解决办法。占卜昼夜皆可进行，但除了午夜零点外，因为午夜零点为师父睡觉时间，请不到神灵和师父，也就问不了卦了。

占卜前，在神台下置一桌子，神台中间放 1 壶酒，酒壶左边放 1 碗木炭。桌子上放 1 碗米，米上放纸钱，桌子右下角放 1 对筶子和 1 叠纸钱。桌子及其摆设，称之为"坛"。

占卜分四阶段进行。第一阶段是请神（20：25—21：00）。师父一边念经，一边向 HZJ 询问情况。每念完一段经，便用筶子敲一下桌子，经文主要内容是请神的话语。经需重复念 3 次，意为请神要请 3 次。第二阶段是请神上坛（21：00—21：40）。请到神后，师父念经拜谢，手抓一点米撒向空中。师父打了 2 次筶后，左手拿上元棍，右手拿筶子划字，嘴里默念着，随后用筶子点水放到嘴里，再往外喷水，重复做动作 3 次。3 次过后，师公右手拿米，做擦拭棍子的动作，上下擦拭上元棍，之后米往身后甩，重复三次。第三阶段是问卦（21：40—22：20）。问卦阶段是神灵降附师父之身的阶段，故需要助手在一旁帮问，再由师父以鬼神名义代言。师父坐在坛前，双眼闭着，不停地念经，几分钟后神灵就降附师父身上。这时，师父全身发抖，双眼紧闭，右手拿上元棍用力敲打自己的右腿，嘴里发出"嗤嗤"的声音。助手把米放到师父左手，师父嘴里默念经，随后把米撒向身后。在这一过程中，师父的头都在不停地摇晃。助手则在一旁不停地问，每问一次师父便 1 次打筶作为回答，打了 20 次筶后才完成。第四阶段是送神（22：00—22：30）。师父恢复了意识，与助手共同念经，最后烧掉纸钱，占卜至此结束。①

---

① 资料来源：梁宏章同学的现场笔记。时间：2012 年 7 月 30 日，地点：宁明县爱店镇丈鸡屯蕉生旺家。

2. 问仙

问仙是贺州盘瑶仙娘最常见的占卜术，也被称作"下阴"。下阴是仙娘在神灵附体神的状态下，灵魂能够与其过世的师傅对话，也可以上天庭入地府与鬼神对话。仙娘认为在下阴过程中，她们的魂魄可以潜入阴曹地府。问仙法事的适用范围比较广泛，凡是需要询问鬼神意旨的时候，仙娘都需要下阴间走一趟。在问仙法事中，仙娘都会遵从鬼神的意志，如果违背了鬼神的意志，不仅问仙委托人会遭受不幸，而仙娘也不能幸免于难，必然受到鬼神的惩罚。

问仙是一件消耗体力和精力的法事。贺州市杨梅组冯少英仙娘说，她现在上了年纪，不敢轻易下阴，因为下阴很消耗体力和精神，如果不成功会对自己的身体造成很大的伤害，甚至死亡。因此，冯仙娘不轻易替人问仙，家人也不支持她经常替人问仙。考察期间，因为一次机缘巧合，冯仙娘愿意为张可欣下阴问仙。有一次，张可欣在千金组的一户人家访谈时，无意中偶遇了不常出门的冯仙娘。原来张可欣访谈的那户人家人恰好是冯仙娘的大女儿家，冯仙娘得知也觉得张可欣和她非常有缘分。冯仙娘问张可欣的生辰八字，又看了张可欣的手相，然后说出了让张可欣非常惊讶的话。冯仙娘说张可欣和她一样，也是"命中带仙"，而且同样身上也是跟着观音，只是张可欣还没有成家立业，所以还没起仙。正因为这样，冯仙娘答应在第三天帮她问仙。以下是张可欣亲身体会问仙的过程。

（1）准备。事主在去问仙时要准备1碗米用红布包着，还要带上纸钱、香若干以及利市（红包）。红包是为答谢仙娘而准备的。红包的数额没有做规定，准备几十元到一百元就算合适了。仙娘在法事开始之前，在家中仙坛前摆放供神物品。仙娘先把张可欣带去的大米摊开在仙坛前的供桌上，同时在供桌上摆8杯茶，其中5杯给玉皇大帝、盘古大王、十二仙姑等众神仙，另外3杯专门供给观音。接着点一盏油灯放在供桌上，最后给香炉上香。准备完毕，仙娘拿出一条长长的黑色布带一圈一圈地缠在自己头上，就像戴了一顶黑帽子。

（2）请仙。仙娘在供桌前就座，双眼微微闭上，左手摇着祖父扇子，双脚不停地抖动着，口中念念有词。唱词没有经书可循，由师傅口口相传。整个念唱过程约持续5分钟。在之前的采访中，冯仙娘说唱词是在讲所请仙人路过哪座桥，哪个庙。仙娘说，神仙兵马翻山越岭的路线是一个一个的庙宇连接起来的，就像古代官道上的驿站一样，没有庙宇的地方是到不了的。仙娘说中国不存在没有庙宇的地方，就算你住的地方没有庙，那你附近的村庄也是有庙的。盘古开天地的时候，汉族、瑶族都有建庙宇，所以现在所有的地方都有庙。

（3）问仙。仙娘停唱之后，沉默了一会儿，就问张可欣的姓名、八字、生肖、住址以及已故亲人的名字及其牌位所在地。问完之后，仙娘又唱了一段唱词。其间，双脚没有停止过抖动。唱了约3分钟后，仙娘让张可欣给神仙上香，并焚烧纸钱。做完后，仙娘开始定筶，反复掷了3次，得"阴—阳—胜"3卦，说明神仙愿意回答张可欣的问题，并告知她未来的运势。以下是仙娘被仙"上身"后的口述：

你的命，你从小出生的时候，你这个（出生的）时辰因为你是女的，水也是女，你本身也是女的，就是说你的命是蛮大的，命大。命大呢，你认一个干妈，认两个干爹。如果你是以前在三四岁认了这几个干爹干妈的话，你现在更加好，你身体更加好。现在就是因为有神有佛跟着你，又是三个神仙跟着你，是这三个神引你到（我）这里来的，不是阳人带你来的。表面上是阳人带你来的，实际上是你命中这三个神带你来的，你在32岁、33岁的时候你要个法珠，求你安个坛，你以后的话，你嫁到男人，你家非常之丰富，一路顺风，家庭灾难很少，人家求你的话一夜不停。如果你没有认到这几个干爹干妈的话，你就请一个师公，请一个神坛，那你以后的学问更加好。就好比你的命像五个银子（银锭），现在已经翻上来三个了，还有两个是阴的，你认了一个干妈两个干爹，你就五个银子都翻上来了，你现在还有困难就是这样说。你24岁以后，你可以初一十五，早上无事要烧香，要向东边烧九根香，拜九下。初一十五早上不能吃肉，你斋的好，你就身体好，你斋不好就身体不好。你现在也可以拜一个师公的坛，让神官帮你担当，你就不用找阳人拜干爹干妈了。①

（4）回阳。说完以上话后，仙娘开始回阳了。也就是说，仙娘该从阴间回来了，而附身的神仙也将从她身上离去。回阳的过程有三步：首

---

① 这一段口述资料是冯少英仙娘在神仙"附体"时所说。她说，这段话是神仙说的，而不是她本人说。由张可欣同学于2011年8月2日记录。

先，仙娘放下了手中一直摇着的扇子，开始唱词。其次，旁人递给仙娘一沓香纸，仙娘拿着香纸继续念词，双脚不停地抖动着。三分钟过后，仙娘开始把手中的一沓香纸一张张对折撒在地面上，旁人帮忙点燃地上的纸钱。最后，仙娘开始摇扇并唱词，声音显得非常疲惫，并伴随着一声声叹息，像是做了很重的活一样。仙娘在仪式的最后两分钟，终于放下了扇子，双手交叉在胸前，有节奏地拍打自己的双肩，双脚抖动的频率高了不少，呼吸十分沉重。2分钟后，仙娘起身，喝了一口茶，至此仪式结束。整个过程持续了将近40分钟。冯仙娘说，因为张可欣没能准确地提供故去亲人的地址，所以没有办法问到家庭以后的情况，如果一开始张可欣提供了准确的地址，那么仪式的时间可能会延长很多。

　　降童、问仙实为人与神灵对话。通过人与神灵之间的交谈，人们便知道疾病原因，知道鬼神的意图和病情发展，从而找到正确的治疗方法。用降童、问仙诊卜疾病的关键是巫师和他们的信徒都相信有神灵附体，他们所说的话并非他们自己的话，而是神灵借他们的口以示意。巫师卜阴时的精神恍惚或狂奋状态是一种习惯性的"人格解离"，而不是真正有神灵附体。对于人格解离现象，李亦园认为人类精神状态的差距相当大，大部分人的精神与行动都具完整性，但也有一些人的精神不是很稳定，而容易受刺激或暗示即产生人格与意识的变化。这种精神不稳定之人在受到刺激与暗示时，其中枢神经对内外资料与讯息处理会暂时失去以往的统一整合性，对思想及所表现的行动以及器官感觉的输入都有高度的选择性与压制性，因此有人格解离与意识上不同程度的改变，同时在短时间内分离的状态也随时可复原。占卜师作法开始时其助手的点香烧纸都是一种暗示，击鼓敲锣则更是一种刺激，他/她自己的打哈欠颤动在开始时也是一种自我暗示。作法经验多的占卜师已成为习惯性的动作，任何刺激与暗示即可引起他/她进入失神状态。开始时其本身的意识逐渐减弱，自我的活动渐缓慢，生理上血糖快速降低，终至人格完全解离，在此时他/她的感官会产生各种幻觉，而在行动与语言上为另一种性格所代替，并扮演那个角色了。他/她能模仿别人的话语，甚至能说出他/她平常不懂的话，而且因为感觉迟缓，所以受皮肉之伤也不甚感到疼痛。①

-----

① 李亦园：《宗教与神话》，广西师范大学出版社2004年版，第27、130页。

综上所述，盘瑶巫师不怎么关心患者的临床表现及自觉症状，不怎么注重发病的生理过程及病情病状，诊察的主要任务是对疾病进行诊断，查找疾病原因——鬼神作祟，选择治疗方案——举行治病仪式，以及仪式所需的牺牲。

二 疾病治疗

对疾病的诊断是治疗的基础，对症下药才能取得良好的疗效。盘瑶巫师在医疗实践中积累了许多独特的巫术治疗方法。他们是许多治疗仪式、符图、咒语、手诀、罡步、医药知识的储存仓库，它们成为巫师用以治病的主要方法。盘瑶巫师的治病术，乍看之下是一系列关于召神、御鬼、驱鬼和镇鬼的内容，同时借助法器、符图、咒语、手诀、罡步等手段，按照一定的仪式程序进行。但深入研究之后，发现他们是针对不同的病因而采用不同的治疗方法——祭祀对象与奉献方法的迥异。

（一）治疗仪式

对宗教仪式的科学研究，从宗教学诞生后就开始进行了，弗雷泽对巫仪式的研究常为人们所称道，而史密斯（William Robertson Smith）对祭仪的研究却更为深入。对仪式进行类型化的研究当以20世纪初的托伊（Crawford Howell toy）为代表，他在《宗教史导论》（1913）一书中，把仪式分为情感的和戏剧的；装饰的和治病的；经济的；驱邪的；青春期和成年礼；婚姻、出生、葬礼、涤罪和奉献；周期的和季节的；图腾崇拜和禁忌；巫术和占卜。[①] 涂尔干从"积极的/否定的"价值角度将仪式分为消极膜拜仪式和积极膜拜仪式两大类。

华莱士认为，虽然人们可将大部分仪式纳入"通过仪式"和"强化仪式"这两个范畴，但诸如占卜、驱鬼治病、超度亡灵、遵守食物禁忌等，这些仪式迄今尚无准确的范畴加以概括。他从仪式的目的和状态的转变出发，把仪式分为技术的仪式；治疗的与反治疗的仪式；社会控制的仪式；拯救的仪式；复兴的仪式五类。[②] 尽管有些人不同意华莱士的分类，但他的分类比较有新意，对传统的仪式分类也有所突破。

---

① 金泽：《宗教人类学导论》，宗教文化出版社2001年版，第223页。
② A. F. C. Wallace, *Religion: An Anthropology View*, 1966. 转引自金泽《宗教人类学导论》，宗教文化出版社2001年版，第224页。

特纳在对恩登布人的仪式分析中，建构了一种仪式的分类。他将恩登布人的宗教仪式分为两种主要类型：第一种是与死亡和青春期有关的生命困扰仪式。有两种重要的入式仪式，分别是男孩子的包皮环割术仪式和女孩子的青春期仪式。第二种是困扰仪式，这些仪式与各种不幸的灾难有关，它们基本上都归因于祖先作祟。有三种主要的困扰并各有自己的崇拜对象：第一种是那些特别涉及与狩猎活动有关的不幸和倒霉事情的崇拜联想；第二种是生殖力崇拜；第三种是治疗仪式。治疗仪式有两种主要类型：第一种类型是与很多种不幸有关，谷物歉收、狩猎受挫和各种疾病，还有生殖方面的各种异常表现；第二种类型则是帮助病人使他们能恢复健康，并且它还与占卜有关。[1] 恩登布人仪式的分类见表6-5。

表6-5　　　　　　　　　恩登布人仪式的分类

	与死亡和青春期有关的生命困扰仪式		
重要的成年礼仪式	男孩子的包皮环割术仪式		
	女孩子的青春期仪式		
困扰仪式	与狩猎有关的不幸和倒霉事情的崇拜联想		
	生殖力崇拜		
	治疗仪式	谷物歉收、狩猎受挫和各种疾病	
		恢复健康，并与占卜有关	

金泽对特纳的仪式分类提出了质疑，认为所有的宗教仪式都是为某种困扰或焦虑而举行的，特纳所说的第一类和第二类让人感到牵强，缺乏分为两个类型的必然性，而且这种分类虽然有助于分析恩登布人的宗教，但究竟有多大的普适性却令人怀疑，因而他在吸取各家学说精华的基础上，按照宗教人类学界通行的观点，主张将宗教仪式分成意在保持原有状态的强化仪式与将一种状态进入另一种状态的转换仪式两大类型，每个大类下面又包含若干子目[2]（见表6-6）。

---

[1] 莫利斯：《宗教人类学》，周国黎译，今日中国出版社1992年版，第332—334页。
[2] 金泽：《宗教人类学导论》，宗教文化出版社2001年版，第225页。

表6-6　　　　　　　　　　　　金泽仪式分类

强化仪式	强化自然秩序、社会生活秩序和价值、强化群体与神圣密切联系（或促进天人合一）的图腾崇拜、祖先崇拜、氏族（部落）神崇拜、英雄崇拜、至上神崇拜以及年节祭祀仪式等
	强化生活、生产劳动（特别是农业生产）的安全性与满意度、刺激生产力的狩猎崇拜、动物神崇拜、植物神崇拜、春祈秋报仪式、地母崇拜、对自然神灵（山、水、风、雷、雨、电等）的崇拜、生殖（生育神）崇拜，以及占卜和预言
	强化群体和人信仰的祝福、祈祷和沉思，每周一次到教堂或寺庙的集体礼拜、在特定的时期举行坚振礼，朝圣、进香、冥思（禅定）等，以及禁忌和礼节
转换仪式	通过仪式包括出生、成年、婚姻、丧葬等仪式
	皈依的仪式包括忏悔、赎罪等仪式
	康复的仪式包含净化、治疗、禳除等仪式

一如前几章所述，盘瑶宗教的表达方式依靠的是仪式，而我在本书中已涉及盘瑶宗教仪式的分类。在第五章第一节，我以外来人的眼光，站在巫师的立场，从仪式规模、持续时间与仪式报偿的角度，将盘瑶仪式分为大、小两种类型，但这种划分没有触及仪式的本质特征。还有一种划分是基于巫师在仪式中所使用的科仪文本的划分，见于本书第四章第一节，这一划分反映的是文本在盘瑶宗教仪式中的作用，部分表达了盘瑶宗教仪式的本质特征，但没有充分考虑仪式功能方面的因素。还有一种划分在这里提出来讨论，就是基于目的、功能和状态的转化方面的分类，在这里主要讨论治疗仪式。治疗仪式是巫师针对已经发生的疾病举行的治疗仪式。本书所言的治疗仪式即引自特纳说的"帮助病人使他们能恢复健康，并且它与占卜有关"的仪式类型，亦即金泽说的"康复仪式"。由于巫师治疗的对象并非着重于病理上的"疾病"（disease），而是着重于文化层次上的"患病"（illness），因此巫师为人治病是现代医学人类学所谓的"社会文化治疗"。

1. 仪式程式

在与盘瑶巫师相处期间，我常有机会观察到他们主持的一些治疗仪式。这些治疗仪式的程式大致是相同的：（1）祭告神灵、师父、家先；（2）传作祟之鬼神；（3）驱邪祛病；（4）酬谢神明、师父、家先。可用图6-26简单表示。

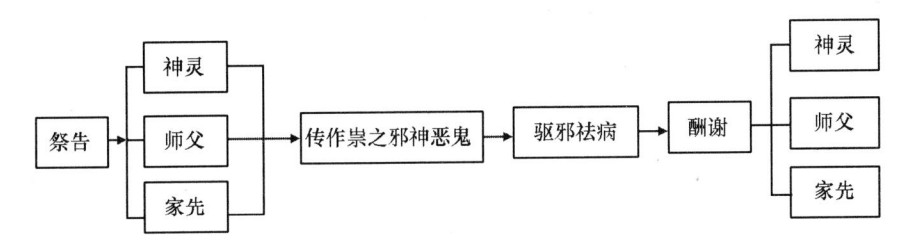

图 6-26 治疗仪式程式

2. 仪式展演

以上虽说明了治疗仪式的一般程式，但并未使人了解仪式的实际情形。因此，下面举出桂东、桂南、桂北、桂中一带盘瑶抢魂、收犯、释师父、送花皇鬼、解禁鬼、送癫鬼、释社王、赶是非鬼、送白虎太岁、赶半夜鬼、寄名、架花桥、树挡箭牌、许愿还愿等治疗仪式的实例，或许可使读者对仪式过程有个完整的了解。

（1）抢魂

大瑶山盘瑶若受着惊吓或跌倒，引起无精打采、烦躁不安、夜里不能寐，常将之归于失魂，须请巫师查看灵魂失落在何处，再设法把丢失在外的灵魂抢回来。抢魂仪式开始前，巫师在神台前摆上1壶酒、3个酒杯、1碗生米、1扎纸钱。仪式开始，巫师请师父阴架桥通到病人身上，接着差兵将查找丢失的灵魂。只见巫师把桌上的米抓在手中撒向四周，意为差兵差将寻找灵魂。找到灵魂后，巫师手持锄头、火把、柴刀满屋飞舞，砍杀阻拦灵魂返回的鬼怪，然后用白布搭桥把灵魂接回来。这时巫师躺在地上，陷入昏迷状态，众人按他吩咐查看灵魂是否已返回。如果此时在门口周围出现虫子，表示灵魂已经回来。发现虫子后，众人兴高采烈地喊道："找到了，找到了！"然后捉住虫子，用纸包好后交给巫师。巫师随即起身，旁人拿来1只公鸡，用刀把鸡冠割破，将包有虫子的纸团沾上鸡血后交给巫师，巫师用白布把纸团包好，站在神台前做出一连串动作，同时口中念道："听我吾师度过头，三魂一世不忧愁；听我吾师度过胸，三魂一世得轻松；听我吾师度过脚，三魂一世得安乐。"念毕，巫师将布包举过头顶喊道："有人领，无人领？"旁人回答道："有人领！"然后从巫师手中接过布包，交给病人放在枕头下，让病人同灵魂"日里同食，夜里同眠"，相信灵魂很快会重回病人身上。

宁明县盘瑶认为，如果人生了病，而且常做噩梦，可能是被鬼摄走了魂魄，需要请师父来卜卦。卜卦分大、小两种。小卦用竹鞭卜，神灵下降时师父手上的竹鞭会不由自主地抖动起来。卜大卦需请2位师父，带病人到师父家来抢魂，仪式中师父会跳起童来。仪式需要1只鸡、5杯酒、1个白布利市。仪式开始，一个师公坐在门口，一个师公坐在神台，念家先请他们回来把鬼摄去的魂魄收回。仪式持续2个多小时。仪式结束时，给师父每人1个红包，以示感谢。①

昭平县七姑姐相信，人的灵魂是不会灭的，人之所以会出现病难，是因为灵魂暂时离开身体，只要把丢失的灵魂抢回来，身体就会平安无事。因而在七姑姐的仪式中，出现得最多的就是抢魂。灵魂离开人体的原因很多，如小孩跌倒也会把灵魂跌离人体。无论是什么原因导致灵魂离开，找回的主要办法就是抢魂。

【个案6-33】茅坪组ZWL妻子，身骨发痛，心里惶然。她找到CXY请七姑姐，CXY与神灵沟通之后，说是伤魂跌进了死人坑，需要做抢魂仪式。CXY烧一些纸钱后，在地上画一个"□"象征死人坑，然后拿鸡笼上的竹棍在"□"做撬的动作，意为把三魂从"□"里撬出来。接着抓活虫用纸钱包住，当是收魂。虫的数量视具体情况而定，CXY说，这些虫子不用刻意去抓，做仪式的时候，会有虫子跑过来的。有一次，她帮别人做，一下跑来6只虫，那是她见到虫子最多的一次。②

(2) 赎魂

盘瑶凡遇事不顺、破财、生病，卜出是丢魂时，需请巫师举行赎魂仪式。

【个案6-34】2009年7月30日，PYF师公带我们到蒙山县夏宜瑶族乡能有村一李姓人家帮赎魂。到主家后，PYF师公询问主家请师父原因，知道是女主人身体不舒服，去医院又查不出什么病，打针吃

---

① 根据陈锦均同学2013年夏季在宁明县爱店镇琴么、丈鸡两屯做访谈的田野笔记整理而成。
② 杨芜慧同学的田野笔记。调查时间：2010年夏季；地点：昭平县仙回瑶族乡茅坪组。

药也不管用，于是请 PYF 师公来看有什么隔着。仪式开始前，主家在桌上摆 1 盘猪肉、1 碗米上插 3 支香、1 件衣服、7 个勺子、1 碗酒、1 条毛巾。师公坐在桌前，拿筶子在桌上敲两下，便开始念经。桌下有装垃圾的铁盆，桌上还有 2 叠黄白纸钱，念经途中给勺子添酒 3 次，添完拿筶在桌子击了一下。中途休息一会儿，又继续念经，把黄白纸钱揉成一团，有的放在地上，有的放在盆里，然后拿着剑做手诀。颇有戏剧性的是，这时有 1 只蜘蛛出现了，师公叫主家人把蜘蛛捉过来（师公说做这种法事一般都会有小虫之类出现，这是患者的魂魄回来了）用纸包好放进米碗里，继续打筶、默念，手里拿着包有虫的纸，一手用剑在空中画符，接着把包有虫的纸放在患者衣服里，叫男主人将衣服放到患者枕头下，然后把盆里和地上的纸钱烧光，将盆里的纸灰拿到屋外倒掉（盆里的纸钱是烧给小鬼的，地上的纸钱是烧给祖先和请来帮驱鬼的神将），仪式结束。①

【个案 6-35】HHL（8 岁）平时跟父母住昭平县城，寒暑假才回茅坪奶奶家住。奶奶见他长得瘦弱，肤色苍白，不爱吃饭，便带他找到七姑姐 CXY 帮看病。CXY 看过后说要赎魂。赎魂前，七姑姐交代赎魂时不能跟她说话。赎魂开始，七姑姐蹲在屋前，左手拿 1 个鸡蛋，右手握着 1 根红线，一边念咒一边用手指在鸡蛋上画符，并把红线缠在鸡蛋上，缠好红线后，把鸡蛋放在火边烤，直至鸡蛋爆裂。接着把红线取出，系在病人手腕，一边系红绳一边画符，然后打上结，并在打结处吹一口气，让病人握紧拳头（收住魂）。最后让病人把熟鸡蛋吃下，赎魂结束。②

(3) 招魂

宁明盘瑶人生病了一直不好，送去医院也治不好，一直处于昏迷状态，便认为是被外鬼勾走了魂魄，需要请师父前来招魂。招魂仪式要由挂过 12 盏灯的大师父来做，小师父因为资历浅做不了。仪式祭品要鸡 1 只、酒水 5 杯、香钱蜡烛若干。招魂开始时，师父先请示自己的师父、家先，

---

① 根据盘丙英同学 2009 年 7 月 29 日在蒙山县夏宜瑶族乡一户汉族人家的仪式现场记录整理而成。

② 杨芫慧同学的访谈记录。访谈时间：2010 年 8 月 9 日；地点：昭平县仙回瑶族乡茅坪组陈秀英家。

经得他们同意后开始念经，过了一段时间后就有神灵附身，之后请师父帮病人把丢失的魂魄引回来。①

（4）收犯

大瑶山盘瑶若经常受伤，卜出是无意中犯着鬼神，须请巫师来收犯。收犯分为两种：小犯和番犯。若是犯着小鬼请巫师来举行一般收犯仪式就可以了；若是犯着大鬼，如社王、禁鬼等，就要请法术高深的巫师来举行番犯仪式，所请巫师对照《番犯书》在地上踏斗步罡，敕令祟鬼放回病人魂魄。

（5）解犯

宁明县爱店镇盘瑶认为，如家里有人未婚生子，就会犯土地公，需要请师公前来解犯。解犯需请师公1位，要鸡1只、白布利是1个、水酒5杯，还要烧木香②。解犯时，师公请事主祖宗下来说明事由，祈请其保佑孩子一生平安。③

（6）释师父

金秀大瑶山盘瑶凡已挂灯、度戒者，禁食狗肉、猫肉、七星鱼、牛肉、蛇肉、乌龟肉。如有违禁，会触犯神灵，招致灾难，得用鸡、米、酒、香、纸钱供奉，请巫师来写《释罪书》上奏天庭，让犯禁者手捧纸钱跪在地上向神灵认罪。巫师念完《释罪书》后烧掉，再施法帮犯者洗净污秽。

（7）送花鬼

金秀大瑶山盘瑶人认为，小孩出生是由花婆托来的，每个小孩是一朵花，女孩是红花，男孩是白花，由花皇管理。如果小孩出生后常生病、爱哭闹、不听话、不爱吃饭，手脚发凉，父母常找仙婆问卦，卜出是花皇鬼作祟，要请师公来"送花王"。"送花王"分为"送大花王"和"送小花王"两种。"送小花王"仅需1位师公，"大花王"则需要2位师公，一位叫破胎师父负责抢小孩花魂回来，另一位负责念经喃花王跟它讲道理，说服花王走后开始抢花魂。仪式过程是：在主家门前放一盘水，把一根木

---

① 根据陈锦均同学2013年夏季在宁明县爱店镇丈鸡、琴么两屯做访谈时的田野记录整理而成。
② 木香是瑶山一种常见的木材，切片后点上会冒出浓烟，以此代表烧香。
③ 根据陈锦均同学2013年夏季在宁明县爱店镇丈鸡、琴么两屯做访谈时的田野记录整理而成。

条架在水盘上,再将一根红线放在木条上,然后做4个竹拱跨过木条插在地上,用纸来剪做花盆,男孩用白纸剪,女孩用红纸剪。花盆围在一盘米外边,把一个鸡蛋放在米上,剪一个小人像放在鸡蛋旁边。这一切准备完后,师公开始做法抢小孩魂魄。① 抢魂魄有两种:烧花胎和破花胎。两者都是用象征性的手法,将已入病人之魂的"胎"烧掉或破开,以招魂回来,使病人重获其魂,解除病痛。但两者在做法上是有差别的。烧花胎时,巫师边念咒语边用线缠鸡蛋,然后施法把蛋放进火灰里烤,喃完咒语即将蛋从火灰中取出,把绕在上面的线抽出来打成一条线,做成一个圈套在小孩的手腕上,意为灵魂已重入小孩身上。破花胎时,巫师预先扎好一个稻草人,接着把一个熟鸡蛋放进稻草人的肚子里,象征着孩子的灵魂被困在胎中,然后巫师边烧纸钱边念经咒:"敕变花枝朵,一心作起龙鳞衣,护你下连堂,一身根底不正,连堂里面再投娘。敕变花人△△△六甲,吾师拿着压在茅人里面,吾师破开茅人取出红白花三魂七魄回头转面。"巫师念完经咒,从稻草人肚子取出鸡蛋破让小孩吃,意为破开花胎收回孩子魂魄,最后施法带孩子"渡过莲堂,消灾脱难"。②

(8) 解禁鬼

大瑶山盘瑶盛传有人会"禁鬼""放鬼",以致冤家于死地。盘瑶害人的邪法有两类:一类是"禁面",即禁鬼。在祭坛前放1张桌子,摆上熟鸡1只、米盘1个,请来冤家祖宗鬼及所在村寨的社王向它们控诉冤家有罪,然后将它们送回去害冤家。另一类是"播面",即放鬼。放鬼有三种方式:一是用茅草打一个草标,施法将冤家的魂魄摄来压在草标上,然后一刀斩断草标,可致冤家于死地;二是对冤家的衣服、头发施咒,就可让冤家生病;三是杀1只鸡,对鸡施咒,然后把鸡头对准冤家房屋,就可使灾难降于他家。无论是汉族还是瑶族,都认为母鸡打鸣是凶兆。如遇母鸡打鸣,他们有不同的应对办法。汉族人将鸡头砍下来,用棍子串起鸡头插在路边,相信可把鬼怪送走。瑶族人要请师父来送,因为他们害怕有人把鸡头对准自己房屋,导致灾难降临。六雷盘瑶赵文官现借住雷村汉人房屋。有一次,有户汉族人家的母鸡打鸣,那家人将鸡头砍下插在路边,后

---

① 这里有关"送花王"仪式过程的叙述,是根据盘丙英同学2009年7月3日对石阳屯李文坤师公的采访记录整理而成。

② 这里有关烧花胎和破花胎两者的区别,是我2002年7月25日对金秀大瑶山忠良乡六雷屯赵文县的访谈而得。

来有人将鸡头对准了赵文官借住的房屋,结果他的禽畜全部死光,家里人也生了病。①

过去在瑶族山寨,邪法师随处可见,现在越来越少了。据说被邪师下禁后,肚子痛得厉害。赵文富说,他10岁那年,他们家被别人下禁,结果大哥、大妹死了,他肚子也像刀刺般疼痛。事情起因于一块菜地之争。菜地原是赵文富家的,ZCP因刚搬来,田地稀少,文富家就借菜地给他种玉米。后来ZCP搬走,文富家想把菜地收回,但ZCP坚持还要种,于是两家发生了争吵。争吵过后不久ZCP偷偷到六浪去请PYD来对文富家下禁。②

金秀大瑶山盘瑶相信,邪法既能害人,也能解除。一旦受到邪法伤害,常请师公前来"解禁"。赵有兴说,他14岁时曾目睹爷爷替人解禁。当时ZCT发癫,请他爷爷打卦得知给人下禁了,要他爷爷帮解禁。解禁需2个师公主持,仪式持续1天。解禁鬼比较危险,只有法术高深的师公才敢施行。师公在离家前,先施法把自己的魂魄压在家中香炉盘里,在解禁鬼过程中还要施变身法让禁鬼找不着。解禁要2只鸡、2—3斤猪肉、1碗生米、1碗水、纸钱若干,还要在地上铺一张席子供师公在上面翻跟斗。解禁过程中,一位师公写《奏邪师表》上奏天庭,施法破开天牢救出病人魂魄,然后施法变暗屋将禁鬼关起来,另一位师公则拿一块猪肉把禁鬼引到屋外,施反咒术将禁鬼送回去害冤家。师公返回主家屋里时,要脚踏罡步倒着走回来,行至主家门前将隔鬼路符贴在大门口迅速将门闩上,进屋后还要在病人床头贴劾鬼符。

(9) 送癫鬼

大瑶山盘瑶认为,癫鬼是凶鬼,撞着会发疯。人若患精神性疾病,通常归结为癫鬼作祟。1958年,六雷庞有坤妻子同村里人到夏宜圩挑米,在街头休息时,她突然说前面有一群牛,然后往人群中扑去。大家见她大喊大叫,四处乱跑,知道她发癫了,急忙把她送回家。回到家以后,她还疯疯癫癫,抱着兔子说是自己的小孩,引得村里的小孩常逗她。她家人请赵文品师公来卜卦,得知上山做工时撞上了癫鬼。2009年夏季,我们在石阳考察时,庞有福师公去森山帮一户黄姓人家送癫鬼,因为癫鬼十分

---

① 2002年7月30日由金秀大瑶山忠良乡六卜村六雷屯42岁的赵文官先生提供。
② 2002年8月23日由金秀大瑶山忠良乡六卜村六雷屯77岁的赵文富师父提供。

凶，师公怕我们出事，坚持不让我们跟着去。他说，十几年前有一位师公去给人送癫鬼，由于癫鬼凶而且师公法力不够高，结果去送癫鬼的师公反而疯了。送癫鬼仪式需2位师公来主持，一位负责送癫鬼，另一位负责为病人抢魂。师公带上1只鸭、1只鸡、1把雨伞，米、香、纸钱若干以及病人衣服到野外去送癫鬼。仪式结束后在野外吃饭，吃过饭后师公不能去主家，而是直接回自己的家，在回家路上还要施隔鬼路法术，以防癫鬼跟随。

（10）释社王

盘瑶过去因迁徙频繁，常立石于树下供奉。大瑶山盘瑶每年三月三、六月六、八月二，每户都出一点鱼、肉、米，煮熟后派一个人拿到社坛前供祭，并请师公主持祭祀活动，祈求生产丰收、六畜兴旺、人丁平安。虽然现在人们已不像过去那样虔诚地供奉社王，但他们与社王之间并没有割断精神上的联系：每年社节还有人把社王请到家里供奉；举凡打斋、挂灯、度戒还列有社王神位；平时不能到社坛边砍树或大小便。否则社王怪罪，将招致灾难。如得罪了社王，要向社王释罪，祈求社王"回头转面"。1997年，六雷HJY妻子生病，经医药治疗无效后，请黄金寿师公卜卦，得知她到社山砍柴，得罪了社王，家人随之让黄师公代她向社王请罪。师公在病人家里写好《释社王疏》后，带上鸡、鱼、纸马及三尺六红布来到社坛前替病人向社王赎罪，请求社王原谅，放回病人魂魄。

（11）赶是非鬼

金秀大瑶山盘瑶认为如常与别人发生口角或到处惹是生非，即为命中带是非鬼，需请巫师解开。如六雷FJC不仅常去雷村口打麻将赌钱，而且还与山外汉人打架。2002年7月21日，家人请盘志富来给他送是非鬼。盘志富先在门口放一张方桌，桌上摆有猪肉1碗、酒5杯、生米1碗、纸钱若干，接着请来师父架阴桥通到病人身上，然后派阴兵传来是非鬼，最后施法锁住是非鬼，收回病人魂魄。

（12）送白虎

金秀大瑶山盘瑶相信如常为刀所伤，或常摔伤、扭伤，即为白虎鬼作祟，需请巫师来把它送走。巫师在门口放一张桌子，摆上1只鸡、5杯酒、1杯鸡血、1壶酒、1碗生米、纸钱若干扎。法器有筶子、剑、白虎像。仪式准备完毕，巫师开始施法，先请来师父架桥通到病人身上，传来白虎鬼并把它锁住装到簸箕里，然后拿到屋外把它送走。送白虎鬼时，巫师唱道："白虎星、白虎星，人家不敢送你，吾师送你上天门。白虎郎、白虎郎，人家不敢送你，吾师送你上天堂。"唱毕，扔掉簸箕，施隔鬼路法，然后返回主家屋里。

（13）赶半夜鬼

半夜鬼属本命星鬼，被它缠住身上发生疼痛，多出现在中老年妇女身上。送半夜鬼多在傍晚进行，届时巫师在神坛前摆放5杯酒、1碗生米、1碗猪肉，纸钱、纸马若干扎，法器有牛角、筶子、剑、引棍、神爽。仪式程序是：巫师请来证见家先、阴阳师父，请他们入筵，向他们供奉酒、肉、纸钱，请求他们帮忙赶半夜鬼，接着在门口搭云台，吹牛角开天门，请玉帝下来传半夜鬼，然后将半夜关进神爽里，最后杀鸡取血祭半夜鬼，敕令让它消去病人七灾八难。

（14）解关煞

宁明县爱店镇盘瑶认为，孩子爱哭闹、骂人，不爱吃饭，是关煞在作祟，需请师父解关。解关不是一次就好，有的人一辈子要解两三次。解关分解三十六关煞和七十二关煞两种。解七十二关煞要念《解关书》，所需物品有鸡1只、肉1块、衣服1件、黄茅草3束（每束24根）、铜钱3串（每串24枚）及香钱、纸烛若干，请2位师父，一位师父在屋内，另一位师父在屋外，同时作法1小时30分。解关时，小孩站在一旁，在竹枝上挂衣服、黄茅、铜钱，待念经结束用剪刀将其剪断至盆里。解关结束后，将盆反扣在屋外，意为已送走煞神。解三十六关煞相对简单，只需要1位师父，所需物品与解七十二关煞一样，只是每束黄茅要12根，每串铜钱12枚，仪式持续1个小时。[①]

（15）解限度

宁明县爱店镇盘瑶若孩子不听话、爱哭闹、常生病、夜啼，常请巫师查看犯何方鬼神。巫师会查阅《推关书》看碰上什么关。解限度要鸡4只，还有熟猪肉、香、纸钱、香楼、纸马、船等物品，同时要请4个师公作法3个小时。

（16）改名字

宁明县爱店镇盘瑶若孩子喜欢哭闹、不爱吃饭，经过三次解关仍不见

[①] 根据陈锦均同学2013年夏季在宁明县爱店镇丈鸡屯做访谈的田野笔记整理而成。

好转，就需要改名字。改名也需要择日，之后由一名师父先在神台选好一个新名字，通过打筶问问祖先该名字能不能用，如果不能用就要继续挑选别的名字，直至能用为止，然后开始念经。当地还有一种说法是，师父是请孔子来帮忙改名字，因为孔子是一个大学问家请他来帮改名字最好了。改名字仪式在当地曾出现过，只是个案较少。仪式中所需祭品为鸡1只、肉1块以及香烛、纸钱若干。

（17）收惊

宁明县爱店镇盘瑶若孩子喜欢夜里哭闹，或常在睡梦中被惊醒，去医院治了也没有什么效果，经师父卜卦得知孩子受着惊吓时，则需请师父前来收惊。收惊仪式历时1个小时，所用祭品为鸡1只、酒5杯，香烛纸钱若干。师父在仪式中首先请祖先下来享用为他们准备的供品，之后请阴阳师父下来一起享用，然后向他们说明举行仪式缘因，祈求他们给小孩收惊。师父边念经边放纸钱，还要不时打筶杯，询问祖先和师父仪式做得对否。仪式行将结束时，师父双手拍掌，意为将祟鬼锁住，接着将一张纸钱揉捏后扔出门外，意为已将祟鬼送走了。[1]

（18）刮箭

宁明县爱店镇盘瑶若脚或腰痛用药治不好，常请师父来作法。家主先准备好三束黄茅草，每束三条，然后由师父念经作法1小时。仪式过程中，需要用筶杯卜卦，具体结果视筶杯而定。最后要用黄茅草刮疼痛的地方，每次刮三下，而且要不停念经。仪式结束时，将黄茅草扔到屋外，意为将不好的东西赶出屋外。[2]

（19）认契

认契意指给孩子找契爷（娘），现代俗称"认干亲""拜干亲""寄干亲""拜寄"等，而瑶族则称为zouh gaih 意为"捉契"[3]。认契广泛存在于各地瑶族社会。宁明县爱店镇盘瑶如果孩子不吃饭、爱哭闹或被诅咒、恶鬼缠身，父母会找给孩子认契爷（娘），以求消灾脱难。认契对象主要有人和家先两种。所认之人也有两种：命好的人或师公。盘瑶人认为师公命硬，孤魂野鬼都怕他。认契前先请师公卜卦决定认契对象，大多数

---

[1] 根据陈锦均同学2013年夏季在宁明县爱店镇丈鸡屯做访谈的田野笔记整理而成。
[2] 同上。
[3] 贺州市黄洞瑶族乡赵有福师公说，之所以叫捉契是因为以前常有人在路上捉人做契。他说以前如果看到有人背着孩子在路口肯定是想捉契了，碰上了就会被抓住不放要认做契。

人都选师公作契爷。如果卜卦没有合适的人选，就会选择列位家先中的一个。定好认契对象及时间后，家长带着孩子到师公家做仪式。认契仪式持续时间约为 1 小时，所需物品为鸡 1 只、酒 1 瓶、米 1 包、红包 1 个。红包内钱的数额要跟"十二"相关，以表示一年中的十二个月，通常是一毛二、一块二、三块六。仪式结束后，米、酒、红包送给契爷（娘），鸡肉分一半让小孩带回去，另一半留给师公，或者当场吃掉。

平乐瑶族崇拜自然物，将巨石、大树、水潭等自然物视为能保佑人丁平安，消灾避邪的神灵来崇拜，小孩有灾病要拜寄这些自然物做寄娘、寄爷，以求平安。取名以所拜寄的自然物取名如树养、树生、石姣、石凤、水保、水旺等。①

（20）打大醮

盘瑶深信社王、庙神能够保佑人丁兴旺、五谷丰登，因而对社王、庙王极为崇拜。他们喜欢在村头大树下立社建立庙，以便祭拜。祭拜有一年一次或一年两次。无论出于何种原因而中断祭拜，就会受到社王、庙王的责罚，村中就会出现一系列不祥现象，如人丁衰败、非正常死亡屡见不鲜，六畜不旺、五谷歉收，等等。请人卜卦或问仙后，确定是社王、庙王问罪和不再为社丁做主，就要请师公打大醮安龙"释罪"，以确保人丁兴旺、五谷丰收。

准备工作：①请主坛师 1 名、阴师 1 名、起耗师 1 名、赏兵师 2 名。②在社王树下搭起遮雨大棚，棚内放长桌以摆供品。③立黄白两张幡，张挂牌榜，写牒、表、疏文。④结草龙，做游船，写各户户主及家先名单。⑤借锣、鼓、钹等打击器。⑥筹集粮米做糍粑或粽子。⑦准备香纸烛炮。⑧做纸马。⑨准备 1 头猪。

仪式过程：①请圣。师公请圣二请后，做解秽。三"奏、请、禾"完毕，师公劝酒，分纸钱，化钱纸，请圣结束。②两名师公上光。一名师公上"众圣"光，另一名师公上"孤寒"光。孤寒光意在给孤寒者打斋。开坛结束后，由上"孤寒"光的师公把"孤寒"死者请回来，用簸箕把孤寒亡魂请回来。不管多少孤魂，都要请回来。为他们忏"孤寒"食，即戒食。戒食后，把孤寒者亡魂送到桃源洞寻偶并安家乐业。③开坛结束时，另一名开坛师即"复光"请师傅，进入赏兵阶段。赏兵过程与其他

---

① 2000 年平乐县民族局王运良采集，资料藏于广西瑶学学会。

赏兵法坛程序一样进行。但列圣等的话头和话尾不同，主要意思要表达出打大醮的因果。④赏兵结束，化赏兵纸后。醮坛内，主坛师叩师父"三朝门外"上云台，开天门，叫玉帝下凡为凭做主。分纸钱、纸马后，回醮坛列圣"招禾"，招禾过程与度戒法坛中一样。招禾回来后按社丁的户数，分给各户拿回家，放在谷仓内。主坛师又将事先画好的符，按每户五张小符、一张大符，敕好，杀公鸡祭符完毕。敕船，"造船"。然后，由社丁们敲锣打鼓，舞龙，抬船，由一个领队按照社丁每户的顺序，由主坛师和起耗师到每户的家里"传瘟"和"赶耗"。传瘟就是传出瘟神瘟疫；赶耗就是赶走损坏农作物的虫兽和鸟类等妖精。每为一家"传、赶"出，就将纸捏好，放在船上。"传、赶"完所有家户的瘟耗以后，社丁们将船抬到河边。这时，醮坛中的赏兵师列圣，送水灯。水灯是用若干蜡烛做的灯，先敕灯后列圣，送到河边，一盏一盏点燃放在船上。主坛师吹牛角送瘟送耗。醮坛中"阴师"请师父"起童"，抢"社丁"众人魂。众人魂是每户一个魂。同时，赏兵师装山，意为装变村民们要开山耕种农作物的山。阴师抢魂结束后，即进行开山。开山与阳师装山意思相同。赏兵师装山后，即为社王安龙。做完安龙，开坛师列圣，破醮坛，送圣。醮坛结束后，即杀猪，摆在社王位前，主坛师请三庙王。三"奏、请、禾"后，劝酒，说明意者，分纸，驻扎在案前。再请"三姓邓郎邓娘"，请"歌头"，唱《鼠干书》，唱至"分歌唱"一段时，带童男童女唱《青山根》。待《鼠干书》唱完，"撑船"，化纸，打醮结束。①

(21) 许愿还愿

许愿还愿是求神驱鬼消灾的一种方法。凡许了愿，就须还愿。广西盘瑶中常见的许愿还愿仪式见之如下诸种。

①花根愿。小孩经常生病，算命得知命带煞神，花根不稳，要请花皇父母保佑。这种愿到小孩长大结婚时用鸡还。

②十保愿。人有病医药无效，请10名保官担保病难。这种愿多在百年后的道场中由师公用鸡、黄白盖纸、米、纸马还。

③观音愿。有病请观音担保病难，病好后以鸡、米、纸钱还。春许冬还。

---

① 根据李树照同学2013年秋季在荔浦县茶城乡黄泥坝屯对冯金亮师公的访谈记录整理而成。

④社王愿。人生了病，请求社王担保病难，病好后以鸡、纸钱还。冬许春还。

⑤许太阳福。人身体虚弱，经常生病，请巫师卜出命带关煞，请太阳担保病难。巫师用鸡、米、酒、纸钱，请来太阳、证见家先、阴阳师父说明缘由，请太阳保佑病人平安，许诺病好后以鸡、米粉、木耳、黄豆还愿。许太阳福愿在百年后由请来主持打斋仪式的师公帮还。

⑥还花皇福。小孩经常生病，喜欢哭闹，卜出是花皇父母前有愿未还，请巫师用烧鸭、鱼、螃蟹、柚子、香、纸钱、蜡烛、米和酒还愿，以答谢花皇父母。

⑦三台七星愿。未挂灯、度戒者生了病，如卜得盘王要他们挂灯、度戒，就得许三台七星愿。许愿过后若病好了，必须按时还愿。2001年，龙表赵春县得了怪病，脑子不灵流口水，有时还乱抓东西吃，家人四处替他求医问药，前后花了8000多元，但是还不见好转。只好请师父卜卦，卜出是盘王要他度戒，于是请黄金寿来给他许三台七星愿。许愿时，要请1位师公到家，杀1只公鸡，摆上香、米碗、纸马，请来祖宗香火、五旗兵马，许诺定于何时还愿，用什么东西还。许愿过后要开始养猪为还愿做准备，用来还愿的猪不能随意打骂，一同养的猪在还愿前不能卖。还愿时要选最大的那头猪，否则盘王不高兴。①

⑧还盘王愿。相传十二姓瑶人乘船漂洋过海时，遇上大风浪七天七夜无法靠岸，于是众人下跪乞求盘王保佑船只能平安到达海岸。祈福过后，海面果然风平浪静，使船能平安向前行驶到达岸边。为报答盘王的再生之恩，瑶人每到一定时候都要杀猪祭祀盘王。不过，现在还盘王愿仪式通常为单家独户举行。还盘王愿通常一代人做一次，也有度戒后三五年做一次，甚至几代人都没做的也有。现在做一场还愿仪式需要很大的开支，很多人家因经济困难而无法举办。瑶族人还盘王愿的原因有：第一是家中有人生病，且久治不愈，就需许愿跳盘王。第二是家中没有人生病，也可以许愿跳盘王。第三是度戒跳盘王。还盘王愿仪式相当复杂。如广西贺州市贺街镇瑶族把还盘王愿仪式分为补寨公、补寨婆和半被寨三种，而贺州市八步区黄洞瑶族乡瑶族则把还盘王愿仪式分为广西籍和湖南籍两种。赵有福师公说，人们常把广西籍的称为补寨公，湖南籍的称为补寨婆，而有些家族

---

① 2002年10月19日由金秀大瑶山忠良乡龙表屯59岁的庞有坤师公提供。

的还盘王愿仪式一半是照湖南籍的做，另一半是照广西籍的做，所以称为半补寨。还盘王愿以广西籍的最为复杂，因为当中有大愿、小愿之分。小愿又分两种：一种需要 1 个师公、2 个厨师、1 头猪，仪式持续 1 天；另一种是需要 2 个师公、2 个厨师，仪式持续 2 天 1 夜。大愿需要 4 个师公、4 个厨师、3 个童男、3 个童女、1—2 个歌娘及师替、2 头猪，过去仪式持续 4 天 3 夜，现在 3 天 2 夜。湖南籍只有大愿，而无小愿，所需人员与广西籍之大愿相同，做法没有广西籍的复杂，但内容比较多。半补寨需 4 个师公、4 个厨师、2 头猪，不需要童男童女和歌娘，仪式持续 3 天 2 夜。还盘王愿有元盆愿、祭兵愿和歌堂愿。歌堂愿也就是盘王愿。元盆愿是祖宗愿。祭兵愿是祖先代代有人度过戒而且家里有大堂佛像的家族才有的，并不是每个家族都有，但如果他们以后度了戒而且有大堂佛像，那么他们也会有祭兵愿。兹将广西籍、湖南籍的还盘王愿仪式过程分述如下。

A. 广西籍的还盘王愿仪式过程

还愿日子到来，家主请还愿师、招兵师、赏兵师、五谷师各 1 人、正副厨官 2 人、正副厨娘 2 人、童男童女各 3 人、歌娘 1 人、师公的学徒师替 1—2 个。待所有人员来齐后先用小餐，开始做纸钱，等厨官在长桌上摆好菜，烧上一炷香，敲几声铜锣通知所有人员入席用餐。人员坐齐斟上酒，未饮前先由还愿师手拿筷子念咒，请各位神都来进餐，简单说明仪式缘由。这一阶段叫"吃落脚酒"。吃过饭未退席前，厨男厨女 2 人从厨房拿出 10 个碗装上酒交给师公和童男童女由他们放在桌上，还愿师手拿筷子念咒把还愿过程详细说明，众人把酒倒回给还愿师和招禾师，两人端起来后交给厨男厨女。这一阶段叫"合兵退席"。

厨人摆好圣席长桌，桌上摆 2 个炉香，如果有人要挂灯则摆 3 炉香，每一炉香前面摆 5 个酒杯、3 个茶杯、1 个水杯、内有小红包的红布包米 1 包。厨官端来一盆水给师公们洗手挂神像。挂神像时要敲锣打鼓。

厨官从厨房里用托盆端来 4 杯酒在圣席桌前，众人每排 6 人排成两行互相推让酒，最后交给五谷师在圣席上烧香念咒，咒语内容是把主人当初许愿的过程和来历一直念到摆好圣席开始念咒这一段过程，称为"设摆盏"。

又见 2 位师公穿服上香 5 次后就摇铃，开始唱意者歌。第一遍从主人当初许愿的经过和来历详细地唱到还愿上香这一段过程；第二遍从主人设定还愿的当年需要准备的一些事情经过至还愿上香这一段过程；第三遍从

图 6-27　贺州瑶族还愿仪式中的吃落脚酒阶段（罗宗志摄）

主人开始请师父、厨男厨女以及请所有的人员至还愿上香这一段过程。这一过程称为"伸香意者"。

唱完伸香意者开始念请神咒语。诵完咒语请神，请一遍两遍后又唱意者歌，也是从许愿唱至还愿。请神一遍两遍这一过程叫"马头意者"。

师公洒水洗秽，把仪式场地洗净，开始第三遍请神。请完神献香献酒唱意者，把许愿到还愿结束的整个过程的详细内容唱完，称为"详情意者"。唱完烧纸钱，唱请神到这一段叫作"调破神"，也就是列破神。还愿的第一个阶段完成了。

一师替穿师服上光接师父、家神、外神。桌底下放一个桶，内有糍粑。厅中摆一张桌，上面摆 5 个酒杯，把家神外神请上桌献酒、烧纸钱送神，谓之"开坛"。

接着厨人从厨房里用托盆装来 4 杯酒，按照上述 6 人以礼相接，后交给五谷师设还愿排盏。三人穿师服上光，迎接家神外神完毕，招禾师在圣席请师父到门外开天门招禾，两人在大门两侧穿师服摇铃接五谷大王，稍后包括主人在内的 7 个人在厅中间排成两行各自手拿谷串迎兵约将。招禾师回兵送兵上坛，圣桌前用簸箕摆上谷串、2 碗水、1 条带、1 张草席。两人祭兵完毕，在厅中放一个圆箕摆 10 个碗、一个圆箕摆 12 个碗，2 个酒杯摆在桌上，分别是元盆、祭兵、赏兵。圣桌底下摆 3 个桶用布盖上，内有糍粑。三人把外神、家神接至台上献酒，交零散纸钱，后交许愿钱

图6-28 贺州瑶族还愿仪式中献给盘王的猪（罗宗志摄）

马，每个神名交许愿纸马36份。定好阴阳胜三个筶，开始杀猪，烧纸钱，送纸钱归库，收起大佛像，捡完所有物品。

厨官把猪杀好铺在圣桌上，圣桌两头各摆1碗米、6个酒碗、1杯清水、1炉香，把粽粑或糍粑叠放在猪上面，把剪好的纸花插在糍粑上。

厨人用托盆装4杯酒来，6人排行以礼相接后交给五谷师排盏。排盏完，招禾师到圣台前请盘王，两边有童男相伴。随后师替上光，接师父、接修山开路神。这时，有两人在外面来叫主人开门。主人把门关上问他们是什么人，从哪里来。外面的人回答说从桃源洞来打铁，听说主人还盘王愿，要开路修桥，所以来帮他们造工具。主人开门让两人进来，两人进门后装成打铁样，把锄头、斧头打好，装砍木头、锯木板后，接扫地神来扫地，接杀猪神来杀猪。表演完，装成摆席样把酒席摆好，接红罗花帐，接盘王，接3个童男童女外加歌娘4个人从外面唱歌来到门外，对几道歌后把门关上。外面的人叫主人开门，里面的人问他们是何人，从何处来，有何贵干。外面的人答曰从连州、行平、伏灵、伏江而来，听说家主还愿前来恭贺。开门进来，双方比音乐、打长鼓。童男童女、歌娘出外排成两行，师公带师替出去围歌堂，回来解神意，打好阳筶就回童。

圣席前摆一张桌子，厨人煮好7碗菜（3碗青菜、4碗老鼠肉）摆在桌上，师公用筷子点完先请盘王受纳，师替脱下师服和师公共6人入座吃饭。吃过饭，把筷子架在菜碗上，摊开《盘王大歌》开始唱盘王歌。唱到第三段五谷师请祖宗受纳，烧纸钱后，厨人把祖宗坛底下的猪搬回厨房煮一些叫众人吃饭。这一段叫"满斋"。唱到第六段赏兵师穿师服唱偷愿歌偷愿，交给童男童女以及歌娘到外边唱游愿歌。这一段的意思是以前还愿唱到第三段，大家都累了出去休息，结果盘王坛上的东西被贼偷了，盘王很不满意，所以编一段偷愿的娱乐节目，请盘王不要怪罪主人，这是贼人所为。最后一段唱完，师公把歌书扔到地下，说歌书太难了，不要了，把它扔掉了，希望盘王以后再也不要来找主人的麻烦。

最后由还愿师穿服复请盘王交纸钱，先交零散纸钱，后交还愿纸钱，还愿纸钱每一位神名5扎。交完纸钱，就定好阴阳胜三个筶。说明盘王很高兴了，把纸钱烧了，送盘王回殿，还愿仪式顺利结束。

厨人把饭菜做好摆在桌上，烧上香，敲几声铜锣，通知众人入席。入席后，还愿师手持筷子请众神一起饮散福酒，念完用餐。未退席前，厨人又端来10碗酒摆在师公和童男童女面前，师公又把众神叫来向他们说明，主人的功德完满了，还愿的事情结束了，大家分手回各自的地方去了，以后保佑家主五谷丰登、六畜兴旺、人丁兴旺、生意兴隆，然后把2碗酒交给厨人帮主人放好。退席。

厨娘和主人娘两人各自端来1碗酒、1碗茶在大门两侧站好，等还愿师和招兵师从神台烧香点兵出来时各喝1碗茶，接过1碗酒到门外念分兵分将。完喝了酒，把碗盖在大门外两侧的地下，然后主人送客回家。①

B. 湖南籍的还盘王愿仪式过程

还愿准备：还愿当年的清明节、目莲节，先把以前许下的三个愿放下定断（选定还愿吉日），以便冬季来了好还愿答谢。冬季到了，记着春季定断的三个愿要还了，先找师公选定吉日，然后再请主持还愿的师父及其助手。还愿师、诏禾师、赏兵师都是用竹茶盐信②拜坛请，五谷师用2支

---

① 这里有关瑶族还盘王愿仪式的分类及广西籍还盘王愿仪式过程的叙述，是根据我2008年冬季在贺州市黄洞瑶族乡千金组考察时由赵有福师公用笔写成的文字材料基础上整理而成。

② 请还愿师时，主家用竹叶包一包茶叶和一包生盐带到还愿师家，把茶包、盐包放在祖宗神坛的左边；请招兵师时候把茶包、盐包放在祖宗神坛的右边；请赏兵师时，如果需要赏兵师带神像画去，则把茶包、盐包放在祖宗神坛里边靠外的位置，不背神像画去的话则放在祖宗神坛的外边。

图 6-29　贺州瑶族还愿仪式中的盘王宴席（罗宗志摄）

烟请；厨男厨女 2 人、歌男 3 人、歌娘 1 人都用烟请，歌女 3 人用竹茶盐信请。

请圣到坛：还愿日子到来，众人齐聚还愿主家。师公先做纸马、银钱，交到申酉二时，阳客也到阴客①也齐，落脚花米酒饮过了，把愿骨②交给师人念给众客听，就办起圣席台（还愿主祭台），摆起 4 个香炉③，请圣明香、四席酒盏、铜锣沙板、四角圆精（上盖白布的桶），随后开始挂大堂神像。主家和师公带来的行司官将、三清大道挂在大厅的墙上。厨人托出请圣摆盏谷花米酒交给五谷师，让他摆盅。五谷师列齐众圣，讲明以前许愿过程。意者之后，五谷师上香唱《伸香意者》经文三回，上香结束。之后是念请圣咒文，念完开始请神。请神需请三遍④，谓之"一姑

---

① 指师公们带来的神像画，神像画被看作神，故为阴客。
② 许愿时把许愿纸卷成管状，形如骨状，故称。愿骨写明何年何月何日因何原因有谁在何地许下何愿。
③ 即四个香炉，每个香炉前放五个酒杯，一个茶杯，一个水杯和一个油灯杯，并放有各种祭品食物等。
④ 之所以请三遍是因为传说瑶族先人去如来佛祖那里学法时，汉人先到把经书全部拿走了，瑶人学法无书，如来佛祖就念给瑶族先人听，念第一遍时瑶族先人说学会了吗，瑶族先人说没学会，如来佛祖再念第二遍后又问学会了吗，瑶族先人说还没学会，如来佛祖又念第三遍再问学会了吗，瑶族先人说学会了。

二请，一姑二降，过牙三请"。第一遍把神请到坛；请出马头意者后请第二遍，这时要敕变法水，扫净香坛；第三遍是请神灵下马。请齐众圣，众圣排位后，则请出献香献酒献花意者奉待，请出还愿大位长情意者，串破龙门①，请出下车下马钱焚化，请出后生耍锣耍笑神，庆贺众圣齐临，请圣结束。

还元盆愿：先出还愿摆盏交五谷师，置高台面前列众圣，讲明摆盏意者，就到赏兵师带师替上光。上光后接引光童子排位献酒，接阴阳师父排位献酒，接家神排位献酒，接外神排位献酒，大厅办高台一张，开坛接受康子盏（酒杯）5 个、元盆愿簸箕 1 个、庚子用碗 10 个，高台脚下放灯笼蒙竟（上盖白布的桶），内置古精（四脚圆精）。摆好，便请上元先锋二圣七官到坛，从上席请至下席献酒，献下车下马钱。五谷师手拿保老② 3 名，第一保元始天尊，第二保老灵宝天尊，第三保道德天尊。用保老锁过愿头愿尾，请出还愿银钱下炉交纳，定过笞头，还愿成功。请出愿骨拆散磨散压下纸堆，退下保老献酒，度化银钱，请出水位（神名）运钱收钱，赏浪兵头（感谢神灵），脱童归去，送马归坛，元盆愿齐。

祭兵愿：先出还愿摆盏谷花米酒交给五谷师，列齐众圣回头转面（下马、劝酒、献线），申明还愿摆盏意者，又上光接引光童子排位献酒，接阴阳师父排位献酒，接家神排位献酒，接外神排位献酒。之后，五谷师门外办圣席，盘席齐，请降五谷大王回头转面。门外办云台③ 1 座，大流天香④ 1 炉，招兵师求劝祖家众圣、阴阳师父，拜叩阴师、阳师。拜完师父，招兵师飞⑤上云台，四声鸣角，打开天门地府，请上圣玉皇下凡作证。请下玉皇后，招兵师开始招禾招米、招兵招将、招龙招脉。在招兵师作法时，门口 2 个童子接五谷大王育禾育米育兵育将，锁兵锁将，打兵打将，合兵合将。接下来是招五谷公五谷母，主人接谷魂归仓，招兵师又在云台请阴阳师父、玉皇大帝下凡做证，交纳银钱，焚化纸钱，送玉皇归天，关闭天门，退下云台，送兵归坛。随之办连摊（席子）一面，列齐

---

① 指把从许愿开始到还愿结束客人回家的过程都说清楚。
② 指的是三清，每一名保老用一个纸马代替。
③ 为开天门而设的一张桌子，表示天堂上界。
④ 用一根竹子插在地上，竹子上插有香，叫作天香。
⑤ 指招兵师做飞翔的动作，表示他飞到天上去。

众圣，开始祭兵。第一祭兵黄龙幡坛①，第二祭兵青蛇幡坛②，第三祭兵马儿吃禾③，每一祭兵三回，称九龙九代。祭兵结束，在大厅办高台一座，上放赏兵赏将庚子杯8个、祭兵簸箕1个、饭碗12个，高台脚下放灯笼蒙竟，内置古精（四脚圆精），请出上元先锋七官二圣到坛，用青元蘸④请下高台，请下车钱，师公手拿保老三名，锁过愿头愿尾，交纳还愿银钱，定过筶头，还愿成功。请出愿骨拆散磨灭，开始杀猪，用猪血祭堂内的纸钱，退下保老三名，赏浪兵头，焚化钱，请大尉运钱担钱担酒，送马归坛，脱童归去，还祭兵愿结束。

还歌堂愿（盘王愿）：把四脚牲头（杀好的整头生猪）⑤摆在高台，办大洲海岸太白明香1炉、河南清水1碗、酒碗6个、台头台尾官仓米粮、油麻糯糍，花36朵（用彩纸剪成的彩旗），上有3封托盆银钱，下有四扛银钱，高台左右两边各15朵彩花，墙上挂红罗花帐⑥，高台底下置大酒一尊。乐手横吹竹笛，敲长沙木鼓，还愿师引带两边出唱二郎，响铃三声，请王一遍二遍，"一姑二请，一姑二降"，请过马头意者，退下两边出唱二郎。然后是点过唱歌三男，点过唱歌三女，请下三十六段歌词、七任歌曲⑦，交把三男三女唱歌唱，庆贺三庙圣王，"过牙三清"请圣齐临。歌男歌女唱完歌曲后，由一位师父带一位师男上光，接引光童子排位献酒，接阴阳师父排位献酒，接修山造桥使者献酒，接扫家使者（神名）献酒，接铺台使者下案献酒，接杀生使者献酒，接红罗花帐献酒。接入庙歌词，连州门外歌词、斗空歌词⑧、打空歌词⑨，然后到门外游天游地⑩，穿破歌堂。复曹下降点筵，解愁神意⑪，定过丰熟筶头，脱童归案。

---

① 两个师公或者师替在席子上学龙翻滚。
② 两个师公或者师替在席子上学蛇游动。
③ 两个师公或者师替在席子上学马吃禾苗的样子。
④ 拿着上元棍一圈一圈绕着高台转，并不断地念经劝酒。
⑤ 指杀好的一整头生猪。
⑥ 用红纸剪成的一幅画，上有四个庙王，庙王旁边是金童玉女，庙王地下是金鱼。
⑦ 依次为水沙曲、逢闲曲、妹段曲、荷叶杯曲、花南曲、飞江南曲、梅花大碗酒曲。
⑧ 斗空歌词：砍木掏空，用时师公会问拥有人那个这空木头做什么。
⑨ 打空歌词：打一套动作并唱歌词。
⑩ 歌男歌女拿着许愿骨到门外唱歌，表示带着许愿骨游天地。
⑪ 解愁神意：指阴阳人有困难，需要神灵帮助，占用了神灵太多时间，请神开恩，不要降罪于阳人。

接下来是唱盘王，备办下席高台，七银盏（碗），七银筷，六位座席老人，上素下荤①，复杂盘筵（有荤有素），摆放位置如图6-29所示。请上席圣王下下席，点过七银盏、七双银筷，点过上素下荤，复杂盘筵。然后清楚三十六段歌词和七任歌曲，唱过第一红沙曲，第二逢闲曲，第三晚段曲之后，求劝祖宗众圣推进银钱，容纳四脚牲头。之后是唱第四何叶曲，第五花南曲，第六飞江南曲，请出愿骨交给三歌男三歌女到门外折破愿头愿尾，回归席头，打过令头令尾，然后唱第七梅花大碗酒曲，打开庙门送圣，添香复请，拆纸下宫（拆散纸钱），交纳还愿钱，定过三杯答头，还愿成功。请出许愿骨拆散，焚化银钱，造起花船②，送王归殿。最后办散福散席酒饮了，众客回家，还盘王愿结束。③

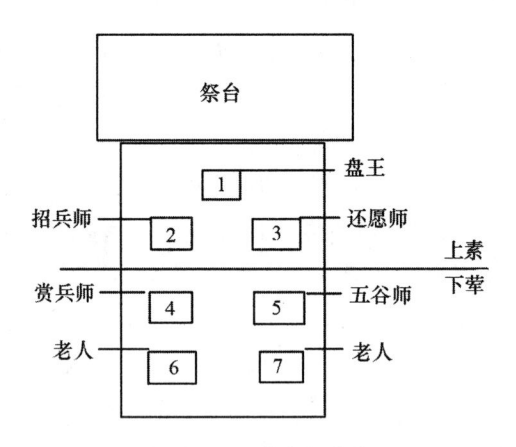

图6-30 唱盘王座席

（二）治病咒术

咒指口中诵念的带有一定节律的口诀。④ 先秦东汉时诅咒行为多用"祝"或"贶"表示，约从西汉时起始用咒代替祝。⑤ 古代巫师是沟通人神的灵媒，咒语主要由他们掌握，后来巫师在念咒时加入相应的仪式和法

---

① 七个碗摆在桌子上面，上面摆三个装肉菜，下面四个摆在下面，装素菜。
② 造花船是为了把神灵吃不完的食物和装不下的银钱带走。
③ 这里有关湖南籍的还盘王愿仪式，是根据高崧耀同学2013年冬季在贺州市黄洞瑶族乡小千金组赵有强家的还盘王愿仪式现场对李进保师公的访谈记录整理而成。
④ 盖建民：《道教医学》，宗教文化出版社2001年版，第283页。
⑤ 任宗权：《道教章表符印文化研究》，宗教文化出版社2006年版，第221页。

术，从而形成了咒术。① 咒术是盘瑶巫师的重要法术之一。咒术平时每月初一、十五才可以传授，而正月初一至十五每天均可传授。传授咒术需遵循两条原则：一是传男不传女，二是传小不传大。传授咒术时，有女人在不传，不能让女人看，因为女人学会用了，她们使用也灵验，但自己用就不灵了。徒弟比师父大，用起法术就不那么灵。盘瑶巫师的咒术相当发达，咒术多为口传心记，鲜有文字记载。咒术以诵念咒语为主的，也有配合符使用。瑶族巫师施咒术时，需要重复三次。尽管历经沧桑岁月，有些咒术至今在盘瑶社会中使用不衰。

1. 治小儿夜啼咒

家中如有小孩夜里哭闹，请巫师前来对症施治。若是小孩出生年月碰上百哭官，要哭闹一百天，巫师需画小儿夜啼符，然后焚烧放入水中给小孩服用；若是小孩外出受惊吓，夜晚睡觉做噩梦导致爱哭，用收惊的办法解除小孩的啼哭；若是小孩无故经常夜哭，用一张红纸上写上"天黄黄地黄黄，我家有个赖哭王，过路君子念一念，小孩一觉到天光"。而后将纸条贴在路边，让过往行人看到，相信赖哭小孩会因此害臊，夜啼可止。人们也认为，小孩夜啼是遭夜鬼所扰，须请巫师施法用墨在一张黄纸上写上劾鬼的符号和文字后贴在床头。②

2. 治忽然昏倒咒

盘瑶人称突然昏倒为"挨晒"，要想治好需"收晒"。"收晒"有一套固定仪式。巫师打来1碗水，一手持水碗，一手遮住病人的脸，口中念道：

一把红连在手中，千千一般同，不怕雪山高万丈，太阳雪上永无踪。③

念完口诀，用含一口水往病人身上吹，接着把手翻过来，让病人"回阳"，认为病人很快就会苏醒过来。

---

① 刘晓明：《中国符咒文化大观》，百花洲文艺出版社1995年版，第325页。
② 2012年7月19日在贺州市黄洞瑶族乡都江村考察时，由李进保师父提供。
③ 2002年10月15日于金秀大瑶山忠良乡龙表屯赵有先师公家收集。

3. 治水火烫伤咒

盘瑶人碰到水火烫伤，常请巫师施"雪山水"法。其法的要诀是：巫师先念画水符咒诀，念至某段某句时，即喝一口水向病人伤处喷去。水的咒诀如下：

第一套：奉请雪山一郎，我今请你下坛场，一更启冷路，二更启耳霜，三更落大雪，四更雪上又加霜，五更金鸡来报晓，山中树木响叮当，龙来脱衣虎来脱皮，深山百鸟脱毛衣，都脱了，万般不凉到几时。敕变敕化，吾奉太上老君令敕。①

第二套：谨请东方雪山水源童子、南方雪山水源童子、西方雪山水源童子、北方雪山水源童子、中央五方五位水源童子，一更起云雾，二更起大霜，三更起大雪，四更雪上又加霜，五更树木响叮当，六月阳阳降大雪，七月阳阳降大霜，霜雪时时降病身。准吾奉太上老君令敕。②

第三套：奉请老师盘法才，传师盘法坛，老师在前，传师在后，以我弟子今日应用，奉请七仙姐妹、十二仙姑、十二仙娘，下降化变雪山、雪水，六月阳阳起大雪，六月阳阳起大霜，九月阳阳起大雪，九月阳阳起大霜，十二仙娘、十二仙姑，化变雪山、雪水，救苦救难，解毒解凉，救火退凉，急急降来临，雪山雪水降来临，吾奉太上老君敕令。③

4. 止血咒

止血咒专治外伤出血不止。巫师先画符水，然后令人捂住伤口，口念咒诀，喷一口水即可止血。咒诀如下：

第一套：日出东方慢慢游，手提金鞭到，吃牛一口呼断长江水，无令呼达血断流。吾奉太上老君如令敕。

第二套：东方白虎来止血，南方白虎来止血，西方白虎来止血，

---

① 《雪山水法用》，抄本年代不详，2002年10月15日于金秀大瑶山忠良乡龙表屯赵有先师公家收集。
② 同上。
③ 2011年8月13日下午摘抄于盘成官老人家中，文本资料由老人提供。

北方白虎来止血，中央白虎来吃血。速变速化，吾奉太上老君令敕。①

第三套：谨请老师△△△、传师△△△，老师拥护我弟子今日应用，止血化变，长江黄河之水，塞断黄河长江之水，塞断五湖四海之水，急急不准流，急急不准流，吾奉太上老君敕令。②

5. 合皮骨咒

合皮骨咒用于接骨、合皮肉。咒诀如下：

骨断骨来接，筋断筋来合，肉断肉来接，皮断皮来合。左封右封，冷不怕，热不怕。准吾奉太上老君令敕。③

6. 治无名肿痛咒

盘瑶巫师有一种专门对付无名肿痛的咒术。其咒诀有二：

第一咒：退毒水咒。

谨请东方水源童子、南方水源童子、西方水源童子、北方水源童子、中央五方五位水源童子，化为东方退毒之水、南方退毒之水、西方退毒之水、北方退毒之水、中央五方五位退毒之水，化为伏毒之水。速变速化，吾奉太上老君敕令。

第二咒：吹毒气咒。

东方吹散恶毒之气，南方吹散恶毒之气，西方吹散恶毒之气，北方吹散恶毒之气，中央五方五位吹散恶毒之气。退化为天，退化为地，退化为年，退化为日，退化为时。速退急消急散，准吾奉太老

---

① 《白话法九水收晒收犯书全本》，抄本年代不详，2002年8月5日于金秀大瑶山忠良乡六雷屯赵文县师父家收集。
② 由高崧耀同学于2013年夏季在田林县利周瑶族乡伟好屯对李德才师公做访谈而得。
③ 《白话法九水收晒收犯书全本》，抄本年代不详，2002年8月5日于金秀大瑶山忠良乡六雷屯赵文县师父家收集。

君令敕。①

7. 退卡咒

若饮食不慎，骨鲠在喉，有时请巫师做"退卡水"。巫师先在看得见天的地方舀1碗水，接着对水碗"令敕"字样，然后令病人将符水喝下，相信骨头自然能吐出或咽下。退卡水咒诀如下：

谨请本师△△△、老师△△△、传师△△△，传下弟子今日敕变退卡之水不是非凡之水，化为深潭黄柒脱骨急吃急脱急下心。准吾奉太上老君令敕。②

退卡符咒，是符跟咒一起使用的。退卡咒称《化骨吞千》："天灵灵地灵灵，吾奉龙君祖师，药王尊人，采药童子，寻药郎君，迎请东南西北海水龙王圣主，中央老子龙孙，五方五神，咜龙神君，地脉龙君，奉请急急将来临，化骨吞千急急如律令，手挽九龙冲。"③退卡符咒，先念咒，再将符化饮，即可退卡。

8. 治肚痛咒

对付小儿肚痛，盘瑶巫师用1个杯子盖住小孩肚脐，接着用火烧杯子的底端，然后用手心不断抚摸小孩的腹部，同时口念以下咒语：

第一套：天庭地庭仙人摸肚皮，摸一道、二道、三道、四道、五六七八九十一百二十道，急摸急好，急摸急消，急摸急散。准吾奉太上老君令敕。

第二套：谨请祖师，谨请本师、传师、老师△△△，今日△△△第△男/女肚中无名痛，摸出年中无名之痛，摸出月中无名之痛，摸出日中无名之痛，摸出时中无名之痛，谨摸谨退，准吾奉太上老君

---

① 两套咒语出自《白话法九水收晒收犯书全本》，抄本年代不详，2002年8月5日于金秀大瑶山忠良乡六雷屯赵文县师父家收集。
② 2002年10月15日于金秀大瑶山忠良乡龙表屯赵有先师公家收集。
③ 《画符书》，1984年抄本，由高崧耀同学2013年夏季于田林县利周瑶族乡伟好屯采集而得。

令敕。①

9. 治水胀病咒

盘瑶人认为，肚胀病是水古鬼作祟，致使肚里长了无名肿毒，得了此病须请巫师用老鼠、虾来祭鬼。巫师祭鬼时常念如下咒语：

奉请天上一滴地下一滴，化变五个将军摸铜摸铁，摸犯阳犯阴古阳古阴，退了无名肿毒，摸消摸散摸灭。吾奉太上老君急急如令律。②

10. 治眼疾咒

盘瑶人认为，眼睛无故生痛或为异物所伤日久不愈，便是犯六甲神，需请师父来收犯。2002年11月13日晚，我在古盘屯观看了收犯仪式。赵有兴岳母上山干活时不小心被树枝刮到了眼睛，结果眼睛红肿，疼痛难忍。眼睛伤后的第二天，她到夏宜乡卫生院打针，还带药回家吃，花费了几十元钱，但眼睛还是疼得厉害，只好找赵有兴帮收犯。赵有兴端来1碗水，叫她蹲在地上，然后默念咒语：

谨请祖师△△△、本师△△△、老师△△△、传师△△△，吹左眼右眼无名之痛，一吹九良散，二吹九良星，一吹吹过九良冲，紧吹紧散。速变速化，吾奉太上老君令敕。

念完就噗水，右脚踏地。在他踏地的同时，病人往前挪一步，重复三次。

11. 止产妇流血咒

碰到产妇流血不止，盘瑶巫师有草药可止血，在用药过程中配合咒语使用。咒语如下：

请祖师△△△、本师△△△、老师△△△、传师△△△向东南西

---

① 2002年10月15日我在金秀大瑶山忠良乡龙表屯赵成寿师公家收集。
② 《白话法九水收晒收犯书全本》，抄本年代不详，2002年8月5日于金秀大瑶山忠良乡六雷屯赵文县师父家收集。

北水源童止血，退回水根不来流血，止血观音童子止血不乱流成，流血复回本身头上。①

12. 收惊咒

小孩若受惊吓丧魂失魄而致病，父母就常请巫师给小孩收惊。巫师在神台前摆上酒、米粉、纸钱，烧几炷香，把受惊小孩的衣服盖在酒杯上，然后开始念咒：

谨请祖师△△△、本师△△△、老师△△△、传师△△△，传下弟子敕变，此米不是非凡之米，米是收惊收煞之米，通到红花女子白花男子本身头上，收起天吓惊、地吓惊、山吓惊、水吓惊，收起鸡吓惊、狗吓惊、雷吓惊、六六三十六惊神。速变速化，吾奉太上老君令敕。②

念完此咒，让小孩穿上衣服，相信很快灵魂会重回小孩身上。

13. 蛇伤用咒

盘瑶人遇到毒蛇咬伤，除用草药治疗外，也用法术治疗。巫师中流传着一种治蛇伤的咒术。治疗蛇伤咒语分为三咒：

第一咒：退蛇毒咒。

咄！一来一断毒断血母，二断血父，三断血祖；一消疮，二消脓，三消血，连消连消，连散连散。一、二、三、四、五、六、七，七、六、五、四、三、二、一。

第二咒：退蛇伤咒。

谨请祖师△△△、教师△△△，作护师男敕变化为年中铁消之水，化为肿消之水，太番师子速变速化为年中铜消肿月中日时中铁钻之水，大番师子作护师男速变速化。准吾奉太上老君令敕。

---

① 2002年10月15日我于金秀大瑶山忠良乡龙表屯庞有坤师公家收集。
② 同上。

第三咒：噢水。同时口中念道：

通到△△△本身，消谨钻请年中蛇物恶毒，月中日中时中蛇物恶毒钻住，爱上不得上，爱下不得下，不得过左，不得过右，大番师子踏着师男拥护。太上老君令敕。①

14. 去痛用咒

铁锤打，铁锤敲，小锤打，小锤敲，伤痛伤轻，肉痛肉轻，骨痛骨轻，筋痛筋轻，皮痛腿痛退凉，肉痛骨痛退消，一记痛去千里，二记痛去万里，记去青山竹木石头下，一面抵挡，吾奉太上老君敕令。②

15. 解热用咒

田林盘古瑶巫师有一种解热用的符咒，谓之"滑油山"，主要用于治疗久烧不退，久治不愈的发热病人。符用黄纸画后焚化饮服，咒语如下：

天番番地番番，老君传旨意，鲁班天师赐我弟子滑油三万三，二指一山滑一山，好像后龙下九摊，不论打和动，不滑上山滑下山，吾奉旨朝下指画还原边，一动一滑滑到明天，谨请南斗六星北斗七星，吾奉太上老君急急如律令。③

（三）移灾咒

盘瑶巫师有一种极富想象力的咒术，可将病人身上的灾病用法术移至他物之上。移灾术中有一种叫"寄"的法术，可使病人身上的病痛转移到他物身上，以逃脱痛楚。我在考察中发现盘志富每次给病人点灯草后，总施法把病痛寄到屋旁的树木或石头上。我通过采访赵成寿获得用于治外

---

① 2002年10月15日我于在金秀大瑶山忠良乡龙表屯赵成寿师公家收集。
② 由高崧耀同学于2013年夏季在田林县利周瑶族乡伟好屯对李德才师公做访谈而得。
③ 《画符书》，1984年抄本，由高崧耀同学于2013年夏季在田林县利周瑶族乡伟好屯李德才师公家收集而得。

伤的"寄伤"咒。

第一咒：寄伤法酒咒。

> 谨请祖师△△△、本师△△△、传师△△△、老师△△△，今日△△△人变成落难一伤处，敕变年中退痛之酒，月中退痛之酒，日中退痛之酒，时中退痛之酒，敕变第一二三。速变速化，吾奉太上老君令敕。

念完此咒，喝一口酒往伤口上喷。接着念第二咒：退伤咒。

> 退伤师爷、退伤师父，作护师男相郑△△△人，退出年中无明之痛，退出月中无明之痛，退出时中无明之痛，骨中退出，筋中退出，皮中退出。速变速化，吾奉太上老君令敕。

念完退伤咒，最后念寄伤咒，把伤寄到他物上：

> 寄伤师爷、寄伤师父，作护师男相郑△△△人△处，寄在左右△上，寄出年中之痛，寄出月中之痛，寄出日中之痛，寄出时中之痛。速变速化，吾奉太上老君令敕。[①]

（四）治病符图

符通常指的是用朱笔或墨所画的一种图形和线条，以屈曲笔画为主，点线合用，字画相兼。[②] 符既可以单独使用，也可配合咒语连同使用。瑶族认为符具有很大的神威，可镇妖、驱邪、斩鬼、救疾、护身、保宅，"驱邪外出，引福归堂"[③]。符一般以文字或者文字与图像的结合出现。符的制作通常有固定模式：在画符过程中要做通灵仪式——请神明、见证家先、阴阳师父，念敕笔墨咒诀和用符咒诀，让符化为灵符，具有召神劾鬼的功能。画符还要有一定的章法：有神名和"敕令"及鬼字符号在上，

[①] 寄伤咒术是我于 2002 年 10 月 15 日在金秀大瑶山忠良乡龙表屯赵成寿师公家收集。
[②] 盖建民：《道教医学》，宗教文化出版社 2001 年版，第 283 页。
[③] 赵家旺：《瑶族神符》，《广西民族研究》1992 年第 4 期，第 103—106 页。

以此厌胜。盘瑶经典内常见的符有藏身符、肚痛符、头痛符、隔癫鬼符、小儿夜啼符、安龙符、吊九良星符、安祖符、分龙符、送船符、断邪路符、合家符、合婚符、退瘟符、隔瘟符、隔邪符、刘伯温符、黄幡符、镇六甲符、斩鬼符、收邪符、玉皇符、五雷符、封火符、动土符、鬼精符、安灶符、元帅符、出丧符、刀山符等，不一而足。符不会单独成册，一般收录在相应的经书里。瑶族符箓的种类繁多，可按不同标准进行分类。瑶族神符之中，用于医疗目的治病符占了很大的比例。治病符的种类相当多，如日病符、退卡符、止血符、解热符，等等。治病符书好之后，用符需根据施治的病情、对象而有所不同。治病符的用法归结起来有以下几种：一是饮法，将符放在碗里或杯内焚烧，然后把开水倒进来，待符水澄清后饮用。需要注意的是，化符时一定要从符尾点燃，由尾向头一直燃烧起来。若能将符折成令箭形，效果更佳。因为令箭的箭头为头，就不会混淆头尾了。二是洗法，把符放在浴盆或脸盆里焚烧，然后加水来洗。需要注意的是，如果是洗脸，洗完后要把符水泼出户外或倒入水沟，不能倒入马桶或卫生间，否则就对神灵不敬；如果是洗身子，那就当洗澡水来用，无须顾及符水是否流入卫生间。三是擦法，将符放在碗里或盆里焚烧，然后倒入开水，再用手指沾水来擦身子。通常用金刚指或剑指点符水来擦，而一般的擦法是先擦头部，然后再拍胸部和背部。四是喷法，施术者口含符水，将剑放在自己嘴前，让被施术者站好或坐好，有时要睡好（病重了），施术者用力喷符水使其经过剑指而达被施术者的身上。五是贴法，把符贴在患处，用手沾水轻轻地抚摸，然后把符的正面（写有字的那一面）贴在患处。六是煮法（煎灶），把符放在药壶里煮，有时是一张符用水煮，有时是将符与药物一起煮后用。七是佩法，将符纸向外折成令箭形，再用红布包好，可挂在脖子上或放在口袋里。八是化法，将符烧掉即可。[①] 下列几道金秀大瑶山、田林一带盘瑶常用于驱邪祛病之符以观大概。

1. 设癫鬼符

盘瑶人认为发癫是因为撞见了癫鬼，须请师公前来举行设癫鬼仪式。师公在设癫鬼过程中，常伴随着使用符图来隔劾癫鬼。

[①] 根据高崧耀同学2013年夏季在田林县利周瑶族乡伟好屯的田野记录整理而成。

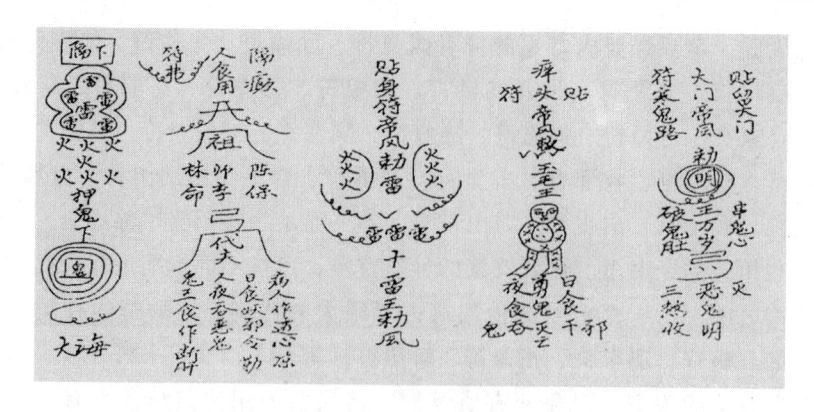

图 6-31　设癫鬼符

2. 治肚痛符

盘瑶巫师在给病人止肚痛时，除了施咒抚摸肚皮外，有时也施法画止肚痛符，把肚痛符焚化后放进水碗里让病人按时服下。

3. 治烫伤符

盘瑶人若被水火烫伤，有时也请巫师施雪山水法。所请之巫师先默念咒语画水符，然后口含符水往伤口上喷去。

4. 治头痛符

对于头疼，盘瑶人认为有鬼作祟，须请巫师画符贴在床头镇鬼。

5. 止小儿夜啼符

在盘瑶人看来，小孩夜啼是床头夜鬼作祟，须请巫师画符贴在床头劾鬼。

图 6-32　治肚痛符　　　　图 6-33　治烫伤符

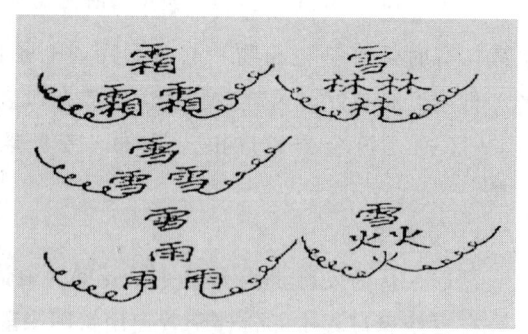

图 6-34　治头痛符　　　　图 6-35　止小儿夜啼符

6. 催生符

催生符用于治疗产妇难产。盘瑶人遇有产妇难产，认为是落伞鬼作祟，因而常请师公前来救治。落伞鬼由难产而死的妇女变成，它要找到一个产妇让她难产而死，才能使自己投胎转世。师公先在产妇门前念咒，跟祟鬼讲道理，焚烧一些纸钱给它，叫它快点走开，不要再害人。接着师公左手端水碗，右拿剑对水碗画催生符，此水称为"退生水"。"退生水"做好后，师公手持水碗，脚踏罡步，把符水送到产妇房前，请人在产房外接过让产妇喝下，然后继续喃鬼，把祟鬼送到屋外。送走祟鬼后，师公往回走，从第一步开始步数，先迈右脚，后迈左脚，右脚为生，左脚为死。如果走到产房前是右脚着地，说明没什么大碍，要是左脚着地，说明情况危急，但这时已是定数了，没有补救的办法了。①

---

① 这里有关催生符的制作和用法，是根据我的学生盘丙英 2009 年 8 月在金秀大瑶山忠良乡石阳屯对李文坤师公的访谈整理而成。

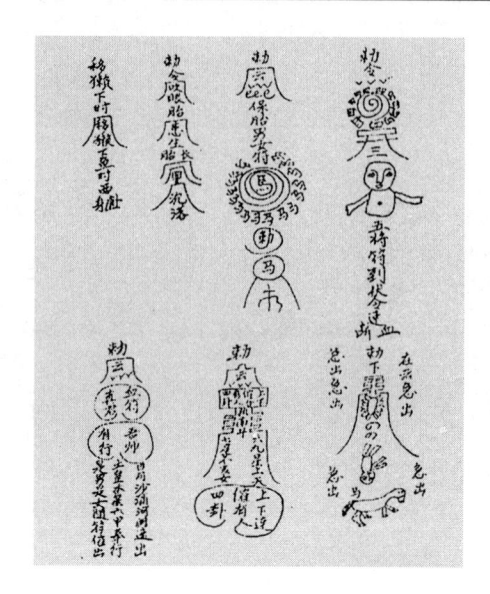

图 6-36　催生符

7. 日病符

日病符很多，一个月有几天就有几道符，要根据不同的得病方位使用不同的治病符。如初一得病，是在住宅的东南方向路上所犯的，是魂作怪而使人头痛，且伴有寒热病状，一般四肢无力、不思饮食，应用黄钱 5 张，向住宅东南方向走 40 步，将黄纸焚烧，用菜饭送之即可。再画符一道焚饮，一道贴大门顶上。

8. 退卡符

退卡符主治食物鲠喉。退卡符常配合"化骨吞千"咒一起使用。使用时先念咒，再将符焚化饮服。咒语为"天灵灵地灵灵，吾奉龙君祖师，药王尊人，采药童子，寻药郎君，迎请东南西北海水龙王圣主，中央老子龙孙，五方五神，咤龙神君，地脉龙君，奉请急急将来临，化骨吞千急急如律令，手挽九龙冲"。[①]

9. 解热符

解热符用于久烧不退、久治不愈的发热病人。解热符常与"滑油山"咒共用。符用黄纸画后焚烧服饮。所念咒语为"天番番地番番，老君传

[①]《画符书》，1984 年抄本，由高崧耀同学于 2013 年夏季在田林县利周瑶族乡伟好屯李德才师公家收集而得。

旨意，鲁班天师赐我弟子滑油三万三，二指一山滑一山，好像后龙下九摊，不论打和动，不滑上山滑下山，吾奉旨，朝下指画还原边，一动一滑滑到明天，谨请南斗六星北斗七星，吾奉太上老君急急如律令"。①

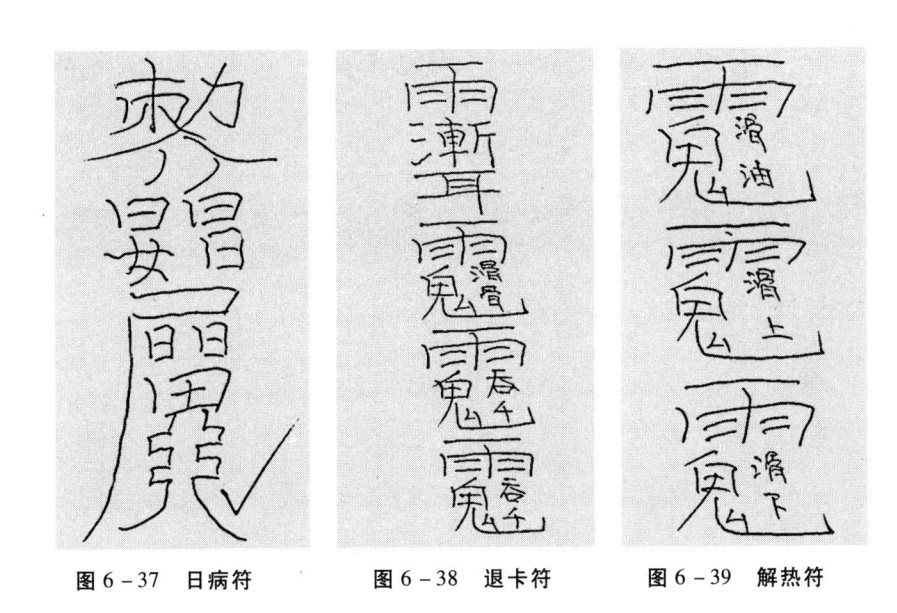

图 6-37　日病符　　　图 6-38　退卡符　　　图 6-39　解热符

10. 解退符

解退符是退热的最后一道防线。如果对病人使用了解热符仍无法退热，就需要用退热符咒（见图 6-40），所念咒语为"吾奉令尊下山，收回滑油三万三，狐狸来解退，降度师来将来临，解退滑油山，平平安安过高山，叫你不滑就不滑，两来解退，千年不逢万年不遇，急急如律令"。②

11. 止血符

止血用符与止血用咒共用。止血用符咒分为两种：一种是上血符咒，另一种是止血符咒。上血符咒的作用是把血压住，不让血流到伤口处。上血咒语为"咒语伏如，手持大金刀大红沙路不通，手持小金刀小红沙路不通，内血不出，外血不流，人见我忧鬼见我愁，大人见我九人愁，老君

---

① 《画符书》，1984 年抄本，由高崧耀同学于 2013 年夏季在田林县利周瑶族乡伟好屯李德才师公家收集而得。

② 同上。

坐洞口，有血不敢流，血公姓印血母姓周，不流不流真不流，祖师倒起流，吾奉太上老君急急如律令"。① 念完咒语将符焚烧，用灰敷于伤口处。如果还止不住血，就要用止血符咒。止血咒为"血公姓周，血母姓刘，生在云南广华州，叫你不流就不流，若还流老君坐在头。谨请南斗六星北斗七星，吾奉太上老君急急如律令"。② 念完咒，将止血符焚烧，用符灰敷在出血处即可。

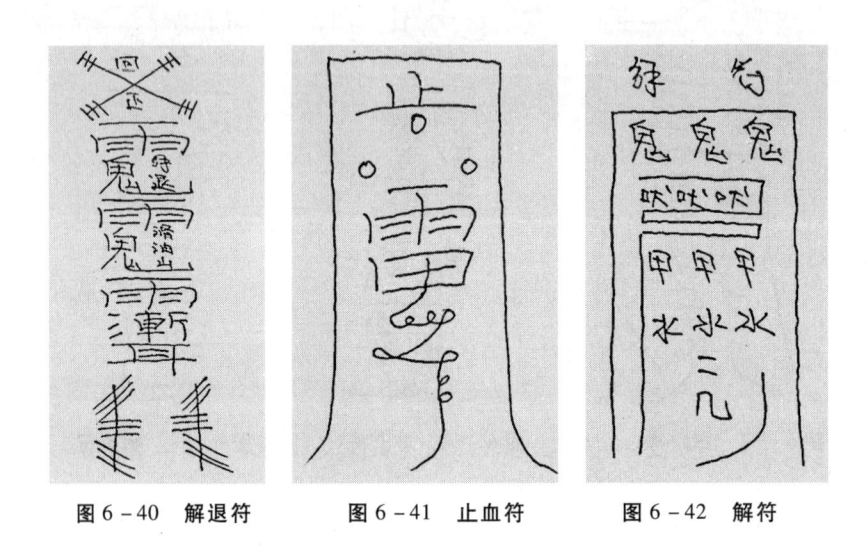

图 6-40 解退符　　　图 6-41 止血符　　　图 6-42 解符

12. 解咒符

施邪符咒是邪师害人用符咒。不过，所有害人符咒都有破解之法。兹以"生魂咒法"为例，说明邪法的实施和解除。如果想让一个孩子呕吐不止，心惊慌气喘，可对他（她）施"生魂咒法"。其法是：先用人头发一尺摆在地上，将一把刀钉在地上，然后把受害人的生辰八字写在纸上，用鸡血涂在名字处并钉在刀下，口念咒语"天是普安天，地是普安地，千千兵马万万神将，吾奉太上老君急急如律令"③，最后将头发钉于生魂符下，半小时内受害人就会发病。破解方法：用手号令，左脚踩地三下，口念"走，走"，将刀拔出，受害人马上病好。

---

① 《画符书》，1984 年抄本，由高崧耀同学于 2013 年夏季在田林县利周瑶族乡伟好屯李德才师公家收集而得。
② 同上。
③ 同上。

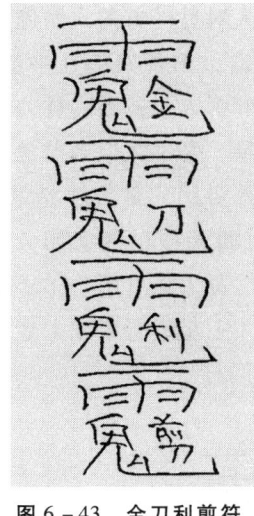

图 6-43　金刀利剪符　　图 6-44　解金刀利剪符　　图 6-45　解金剪飞刀符

如果有人被施"金刀利剪法",就会肚子痛,胸闷、胸痛,看病、吃药都不能减轻疼痛,就要用"解金刀利剪法"来破解邪法。"金刀利剪法"咒语是:"奉请冥天玉皇尊灵雷玉殿放光明,急急如律令。请金宵玉宵碧宵王母速来临,借问黄金绞剪,降落麻绳,麻绳剪得纷纷碎不留情,谨请南斗六星北斗七星,吾奉太上老君急急如律令。"① "解金刀利剪法"咒语是:"三尚调内妙中云,两条金龙颠又颠,铜头铁衣粉碎,玉石金绳缚,倘若死去未亡者,登山石透破肚肠,若有邪师来施法,天雷一响劈你身,谨请南斗六星北斗七星,吾奉太上老君急急如律令。"②"金刀利剪法"可使人身体疼痛,"金剪飞刀法"亦有相同的作用。"金剪飞刀法"的符咒在李德才师公提供的经书里没有找到相关记载,但可以找到其解法之法——"解金剪飞刀法",其咒语如下:"天灵发地灵发,鲁班赐刀随身带,若有邪师来使法,金刀三把不留情,一把断了蛇头,二把斩了蛇满身,三把斩得头皮眼睛昏,西天去请三藏,南海去请观音,急急如律令。"③ 使用"解金剪飞刀"法时,需把受害人的名字说出来,念以上咒语,焚烧解符用开水服饮即可。

---

① 《画符书》,1984 年抄本,由高崧耀同学于 2013 年夏季在田林县利周瑶族乡伟好屯李德才师公家收集而得。
② 同上。
③ 同上。

如果村寨之间闹矛盾，而且仇恨极深，一方请人对另一方的人畜施瘟疫法，经常施"九牛造法"，咒语是"天浩浩地浩浩，弟子架起九牛造，一造天地动，二造鬼神惊，三造山崩并石裂，四造邪师人头闷眼睛昏，不施千斤榨，九牛一起两边分，谨请南斗六星北斗七星，吾奉太上老君急急如律令"①。被施放了"九牛造法"会引发瘟疫，需要用"解九牛造法"予以解除，其咒语是"奉请老君，奉请老君，借有西天广臣翻大印，南无阿弥解吾身，解吾身急急降临，奉请神师，器重二贤人传度师，弟子千叫千应万叫万灵，解退牛避吾身，谨请南斗六星北斗七星，吾奉太上老君急急如律令"②。念完咒语，焚烧解九牛造法符即可。

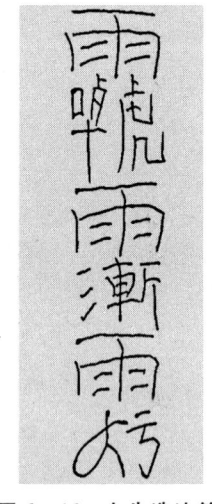

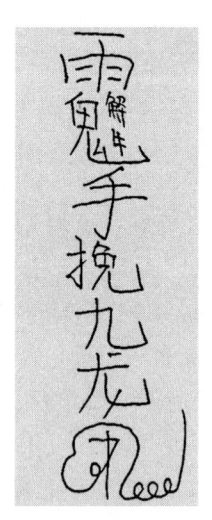

图6-46　九牛造法符　　　图6-47　解九牛造法符

施邪法除了针对人畜外，还有针对其他的事物，如破坏别人家的房屋、风水等。对别人家房子施法术，最常用的是"千斤拖山榨法"，咒语如下："奉请冥天玉皇尊，天大不如地大，地大不如我大，我打不如泰山大，一请千斤来榨，二请万斤来榨，一人榨十人，十人榨百人，百人榨千人，千人榨万人抬不起，谨请南斗六星北斗七星，吾奉太上老君急急如律令。"③ 施

---

① 《画符书》，1984年抄本，由高崧耀同学于2013年夏季在田林县利周瑶族乡伟好屯李德才师公家收集而得。

② 同上。

③ 同上。

用法时，需要在夜深人静时到别人的新屋址上烧千斤拖山榨符，新建房屋的风水就会遭到破坏，孤魂野鬼就可以在新屋址上横行无阻，不再受选址时的驱鬼法术的影响，建房之人的安全没有了保障，就容易发生伤亡事故。不过，有邪法必有解法。破"千斤拖山榨法"之法是用"解千斤拖山榨法"即可消除邪法的影响，恢复新址原来的风水。施"解千斤拖山榨法"先念咒语"奉请老君急急如律令，若是还不起金钩勾起，若还不起银钩勾起，若还不起九牛扛起，阴九牛阳九牛，叫你去钩山头，别听你三朝一夕，吾师叫你当时起就起，急急如律令"①，然后至房屋新址焚烧解符即可。

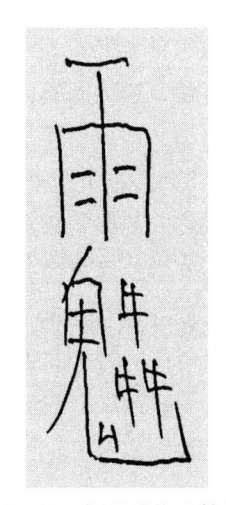

图6-48 千斤拖山榨法符　　图6-49 解千斤拖山榨法符

施邪法虽然为人们所不齿，但仇人之间有时为解一时之恨，便使用邪法整人。最常见的整人邪法是拿别人的魂魄作怪或施法于人使之出现各种不适，其中就有封魂、定魂、封眼、开口、开百口、鬼封喉、铁围城等邪术。这些邪术是师公们最看不起的，所以没有将其记录下来，而是记录了破解之法。破解之法的原理是对邪师的法咒进行破坏，使人不受到邪法的伤害。破解法中所用之符都是放在地上焚烧即可生效。以下兹逐一分析这些邪法的破解之法。封魂邪术可以把人的魂魄封在天罗地网里，让魂回不到本人身上，人就会生病。破解的法术叫"天罗地网法咒"，咒语为"冥

---

① 《画符书》，1984年抄本，由高崧耀同学于2013年夏季在田林县利周瑶族乡伟好屯李德才师公家收集而得。

天玉皇大帝玉尊,一断天瘟路,二断地瘟门,三断人有路,四断鬼无门,五瘟断路,六断被披盗,七断邪师路,八断灾瘟五庙神,九断巫邪师教路,十断吾师有路行,自从都是断过后,人来人有路,一切邪师尘鬼无门,若有青脸红面来使法,踏在天罗地网不留情,谨请南斗六星北斗七星,吾奉太上老君急急如律令"①。天罗地网法咒不仅可以将魂魄从天罗地网中解救出来,而且还可以在觉得有人把自己魂魄封起来时,使用该法咒阻止魂魄被封住。如果邪师依然还想封存魂魄,那么他(她)的魂魄反被封到天罗地网里。经书中所说的"若有青脸红面来使法,踏在天罗地网不留情",就是这个意思。定魂法可以将人的魂魄定在十八层地狱里,动弹不得,需要用"定根法"来解除,咒语为"一二三四五,金木水火土,你来不来,若有人来不清楚,这人圈圈比你大,若有生人来到此,反手装进圈不言语,叫你不动就不动,泰山压顶永无踪,谨请南斗六星北斗七星,吾奉太上老君急急如律令"②。施了定根法后,被困住的灵魂就被解救出来了。封眼法是邪师用邪法将人的眼睛封起来,使人在白天看不见光亮,眼前一片漆黑,昼夜不分,还常常看见鬼怪,需要用"金光法"解除,咒语为"天地云中万物本根,广修意湖证吾神通,三界内外唯道独尊,体有金光护在吾身,视之不见听之不闻,吾帝自迎万神朝礼,五杰腾腾金光连现,复护真文急急如律令"③。金光法有咒语,而无符图,对着被施邪法之人念咒即可。开口指人的嘴巴被邪术打开,说话口无遮拦,什么脏话、恶话都说出来,无意中伤害身边最亲近的人。对付开口邪术,需要用"净口咒",咒语是"丹朱口神,吐秽出气,知神正论,通命养神,罗干齿神,即邪卫侯真神,虎喷气补精神,母无令王通真女,神炼夜气长存"④。开百口与开口的症状相似。被施开百口邪术的人,喜欢对别人说三道四,是也说不是也说,该说的说不该说的也说,喜欢和别人争吵,比较讨人厌烦,需要用"封百口"法来解开,咒语是"天上雷公吼,地下掩百口,天上赤口,年月赤口,日时赤口,案内案外诸家百家是非赤口,掩收押在万丈深潭天宫地府,掩押收在旷野万丈深渊之中,一切白虎赶出南川,金佛寺,千年不逢万年

---

① 《画符书》,1984年抄本,由高崧耀同学于2013年夏季在田林县利周瑶族乡伟好屯李德才师公家收集而得。
② 同上。
③ 同上。
④ 同上。

不遇，谨请南斗六星北斗七星，吾奉太上老君急急如律令"①。鬼封喉是邪师搞鬼上人身，使人说不出话，需要用"开喉赐声法"来解，咒语是"神精元君，太乙授声，高声言唱，明于前程，能通未事，善救疾苦，永坠沉仓，请如九天玄女律令"②。解法时，受害人要吸东方青气一口，焚符一张于碗内吞之，即可说出话来。铁围墙是很恶毒的邪术，主要是对别人的家先施邪法，使别人的家先在家中待下去，家先不舒服就会责怪阳人，被施铁围墙的人家就遭殃。施铁围墙法，说明施法者与受法者仇恨至深，"不搞阳人，搞阴人"。破解铁围墙法，需用"铁围城"法，咒语是"天浩浩地浩浩，天灵灵地灵灵，弟子顶敬，洪州得道，鲁国先师，今日架起铁围城，四面八方不得通，铜墙铁壁万丈高，邪法师人站不拢，万法不侵其身，一根绳子八丈深，铜绳铁绳加中间，不论金刀并玉剪，金刀玉剪不沾绳。弟子加下五雷轰，邪师邪法化灰尘，谨请南斗六星北斗七星，吾奉太上老君急急如律令"③。念完咒，把符拿到受法者家的神台下烧掉即可破解。

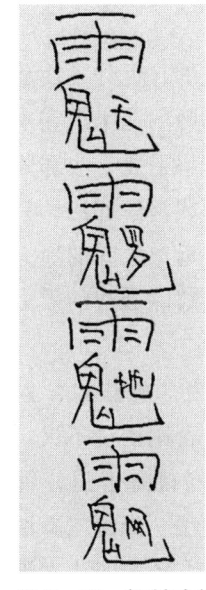

图 6-50　解封魂符　　　图 6-51　解定魂符　　　图 6-52　净口符

---

① 《画符书》，1984 年抄本，由高崧耀同学于 2013 年夏季在田林县利周瑶族乡伟好屯李德才师公家收集而得。

② 同上。

③ 同上。

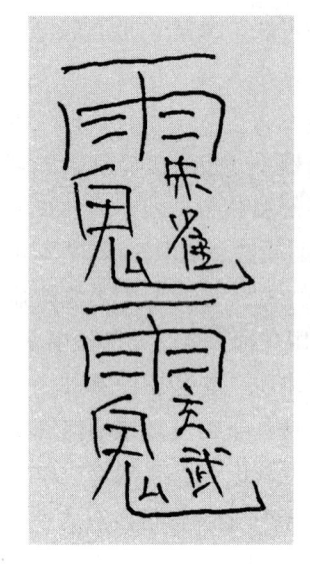

图 6-53　封百口符　　　图 6-54　解铁围城符　　　图 6-55　开喉符

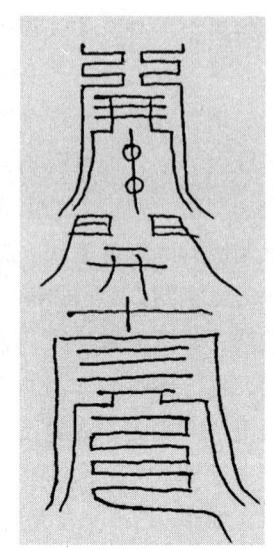

  盘瑶解咒术中，一般害人咒术与解救咒术是对应的，但为了使邪法的效用降至最低，还有一些通用的解救咒术可以消解邪师的咒术。在众多解法中，瑶族人较为推崇的是百解邪咒、解退整人咒、解退咒、收邪咒、净神咒和起九龙水咒。这些咒语配合符共同或攻击邪师或消解邪法，只要确定施邪法之人，通过施解救咒术即可将邪师魂魄关进远离人间的地方或使邪师七窍流血而死；或不用找出邪师是谁也可以直接解除邪法的效力，因为解救法术可以解除邪师对邪法的控制。

  百解邪咒能解除一切邪法，而无须找出施邪法者。施法时，先念咒语，后画符焚烧。此法须在学做师公时由师父拨法，否则用法不灵。所念咒语为"南海岸上一皮草，昼夜青青不见老，王母蟠桃来解退，百般邪法都解了，一解黄衣端公，二解南海万法，三解百艺法，四解三师法，五解铁匠法，六解花匠法，七解瓦匠法，八解石匠法，九解木匠法，十解割补法，天地解，年月解，日时解，奉请狐狸祖师，一切祖师，百解百退，谨请南斗六星北斗七星，吾奉太上老君急急如律令，手挽解退"[①]。解退

---

 ①　《画符书》，1984 年抄本，由高崧耀同学于 2013 年夏季在田林县利周瑶族乡伟好屯李德才师公家收集而得。

整人法可以解任何邪法，所念咒语为"灵霄玉殿妙中云，两条金龙颠又颠，三上祖师速速降来临，一化释迦佛，二化李老君，三化吾师传真法，四化四休西甲兵，五化五湖波浪起，六化六甲六丙丁，七化目连游地府，八化董永自赎身，九化九天并玄女，十退十化变雷神，奉请仙师祖速速降来临来解退，千年不逢万年不遇远走他方推出外界，休在此地侵害良民，谨请吾师急急如律令"①。解退整人咒也要有师父拨法，否则无效。解退咒主要针对邪师，只要邪师胆敢施法，魂魄将被押进海底，咒语是"奉请狐狸祖师来解退。一请天解师，二请地解师来解退，来人三魄七魂归，一切山精和水怪，巫师邪妖不敢来，若有请与日人来使法，反手押进海底存，急急如律令"②。解退法也要师父拨过法才有效力。收邪法咒专门对付那些背后搞小动作的小人，所念咒语是"起根看青天，传度师尊在面前，一收青衣和尚，二收赤衣端公，三收黄衣道士，四收百艺二师，吾是邪师人，冲左手挽右手后脱节，右手冲左手脱节，口中念咒，口吐鲜血，叫人也邪法师人三步一滚、五步一跌，左眼流泪，右眼流血，三魂丧命，七魂绝命，押八万丈井中，大速受死，谨请南斗六星北斗七星，吾奉太上老君急急如律令"③。净神咒所念咒语是"灵宝天尊，安慰自，弟子魂，魂吾藏亥阴队付分云，朱雀玄武侍卫我真山稷消散，首气长存"④。净神咒的作用是驱除邪神怪神，使人免受他们的侵害。起九龙水法咒也称龙神咒，请求九龙运海水洗净污秽的东西，进而达到解除邪法之目的。所念咒语为"吾奉东南西北海龙王圣主，中央龙子龙孙速海水宠陀起海水，淹屋脊柱一尺高，水淹一丈水淹天上，淹才龙真神淹住火印不容情，谨请南斗六星北斗七星，吾奉太上老君急急如律令"⑤。

---

① 《画符书》，1984年抄本，由高崧耀同学于2013年夏季在田林县利周瑶族乡伟好屯李德才师公家收集而得。
② 同上。
③ 同上。
④ 同上。
⑤ 同上。

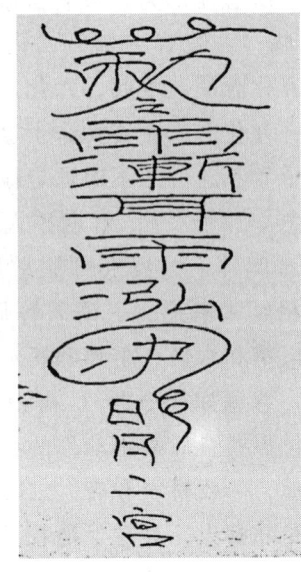

图 6-56 百解邪符　　图 6-57 解退整人符　　图 6-58 解退符

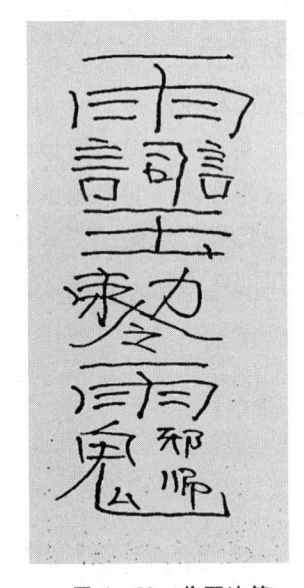

图 6-59 收邪法符　　图 6-60 净神符　　图 6-61 起九龙水符

（五）驱邪手诀

手诀是法师行法中的掌指动作。每个手诀表达特定的宗教含义，而且还有固定的名称。手诀一般不单独使用，常渗透于法术之中，连同咒语、符箓、法具等发挥综合效验，形成种种特异功能，具有感召鬼神、驱邪镇鬼、禳灾解厄之法力。①

瑶族坛场的诀法，相传由太上老君传授。瑶族巫师在诸多科仪中，如念咒、行符、差兵、诵经、祈禳等，都要行相应的诀目。瑶族手诀在仪式中的广泛行用，在科仪文书中时有记载，如广东排瑶经书《花间甲坛》之三《游兵师罡诀》记有诀法83种②，可惜缺乏手诀图解和文字说明，其法如何使用不得而知。瑶族巫师手诀的传授，向来是封闭式的口传心授，一般不对外宣扬。这种不见诸文字的传授方式，也是旁人难以全面掌握瑶族宗教信仰的障碍。瑶族手诀除经典中有零星记载外，迄今尚未发现学界有相关的介绍。我利用参与仪式表演的契机，说服盘瑶巫师让我拍摄手诀，终得以让外界窥见其奥秘之一斑。

依我对盘瑶巫师手诀的观察，他们常用之诀目有铁锤诀、架师父桥诀、立水碗诀、隔鬼路诀、锁链诀5种，基本手法有勾、屈、伸、叠、翻5种，以此组成科仪中的诸种手诀。盘瑶巫师手诀的形状，多为象形或示意的表现方式，手诀或虚拟锁链、铁锤，或虚拟架桥、骑马等。如架师父桥诀是双掌交叉，掌心向上，右掌在上，左掌在下；锤鬼诀是双手握拳，右拳在上，左拳在下，右手手心向左，左手手心朝胸等。手诀是一种宗教信息载体，具有强烈的象征意义，表示各种祈禳手段，如架师父桥诀象征迎请神灵的桥梁，铁锤诀象征击打祟鬼的锤子，锁链诀象征拷住邪鬼的锁链，砍手诀象征砍邪神恶鬼，等等。

1. 铁锤诀

诀法有二。诀一：双手握拳，右拳在上，左拳在下，右手手心向左，左手手心朝胸（见图6-62）诀二：双手握拳，左拳在上，右拳在下，左手手心向右，右手手心朝胸（见图6-63）象征意义：表示用铁锤砸烂祟鬼布下的天牢，取出病人的三魂七魄。

---

① 任宗权：《道教手印研究》，宗教文化出版社2005年版。
② 李默、房先清编：《连南八排瑶族研究资料》，广东省社会科学院1983年版，第699页。

图 6-62 铁锤诀（一）　　图 6-63 铁锤诀（二）

2. 架师父桥诀

诀法：双掌交叉，掌心向上，右掌在上，左掌在下（见图 6-64）象征意义：表示架桥迎请师父下降差兵差将捉鬼押下天牢。

3. 立水碗诀

诀法有三。诀一：双手手心向下，同时小指、无名指、中指、食指弯曲，拇指伸直置于水碗边（见图 6-65）诀二：双手中指相勾，双手背相对，拇指伸直，食指、无名指、小指弯曲，置于水碗上方（见图 6-66）诀三：双掌交叉，双手心向下，右掌在上，左掌在下，盖于水碗上（见图 6-67）。

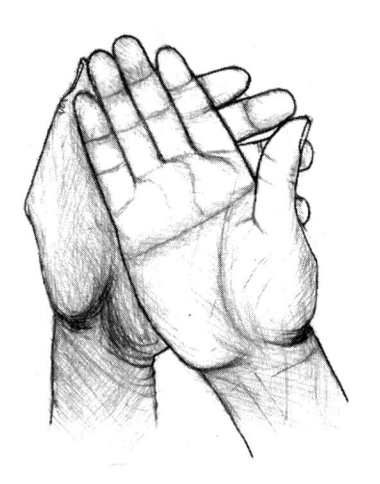

图 6-64 架师父桥诀

图 6-65 立水碗诀（一）　　图 6-66 立水碗诀（二）

图 6-67　立水碗诀（三）

4. 隔鬼路诀

诀法有二。诀一：曲身半蹲，右手前举，手心朝前，中指、无名指弯曲，拇指、食指、小指直立，左手后拉，中指、无名指弯曲，拇指、食指、小指直立（见图 6-68）诀二：曲身半蹲，左手前举，手心朝前，中指、无名指弯曲，拇指、食指、小指直立，右手后拉，中指、无名指弯曲，拇指、食指、小指直立（见图 6-69）象征意义：表示把祟鬼隔开，再也找不到病人。

图 6-68　隔鬼路诀（一）　　　图 6-69　隔鬼路诀（二）

5. 锁链诀

诀法有二。诀一：双手食指相勾，双手背相对，双手拇指伸直，食指、中指、无名指弯曲（见图6-70）诀二：双手小指相勾，双手背相对，双手拇指伸直，食指、中指、无名指弯曲（见图6-71）象征意义：表示用铜锁铜链将祟鬼锁住。

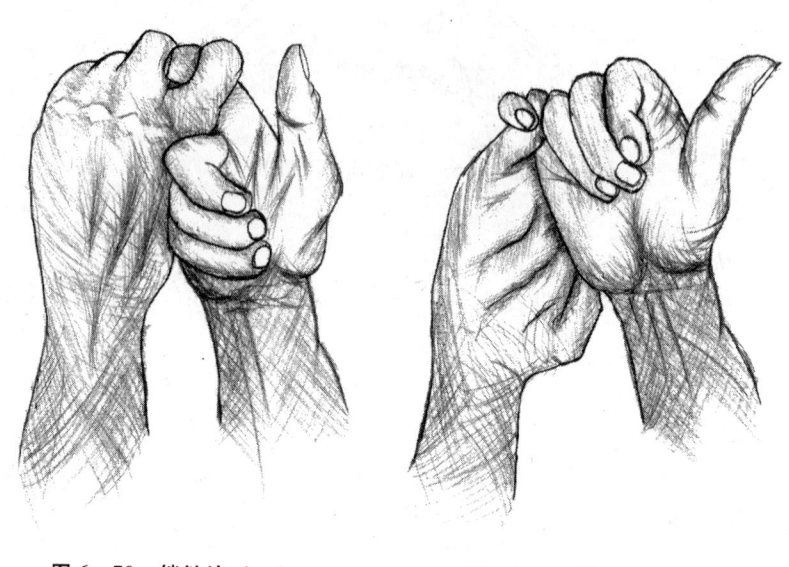

图6-70 锁链诀（一）　　　图6-71 锁链诀（二）

6. 老君诀

老君诀是手诀中的基本形式。诀法：手掌向上，中指和无名指向手心弯曲，拇指、食指和尾指顺着手掌的方向竖起，形成一个三角形状（见图6-72）。[1]

7. 关手诀

关手诀由老君诀演化而来，诀法：左右两手都做老君诀，然后左手在下，掌心向下，右手在上，掌心向左，右手无名指扣住左手无名指，左右手的中指都向手掌弯曲（见图6-73）。象征意义：关妖魔鬼怪。[2]

---

[1] 根据高崧耀同学2013年夏季在田林县利周瑶族乡伟好屯对李德才师公所做访谈记录整理而成。

[2] 同上。

图6-72 老君诀　　　图6-73 关手诀

8. 砍手诀

砍手诀也是在老君诀的基础上，通过改变手的位置而成，诀法：左右两手做老君诀样，左手在下，掌心向右，右手在上，掌心向左，在使用砍手诀的时候，左右手上下反方向移动，做砍状（见图6-74）。象征意义：砍恶鬼。①

9. 扇手诀

扇手诀或称扇诀，诀法比较简单，伸开右手手掌，掌心向左，使用时手掌左右摆动（见图6-75）。象征意义：扫净被砍诀砍杀的鬼及其残留物。②

10. 冲诀

诀法：右手在上，掌心朝左，拇指竖起，中指、无名指向掌心弯曲；左手在下，掌心朝右，拇指竖起，中指、无名指向掌心弯曲（见图6-76）。象征意义：妖魔鬼怪被砍诀砍掉以后，用冲诀将他们冲开，清理

---

① 根据高崧耀同学2013年夏季在田林县利周瑶族乡伟好屯对李德才师公所做访谈记录整理而成。

② 同上。

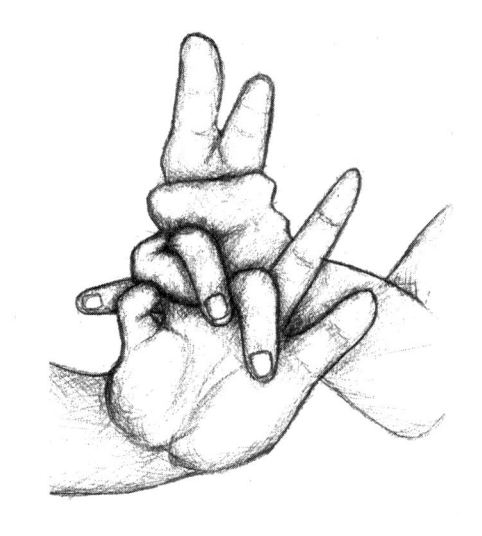

干净。①

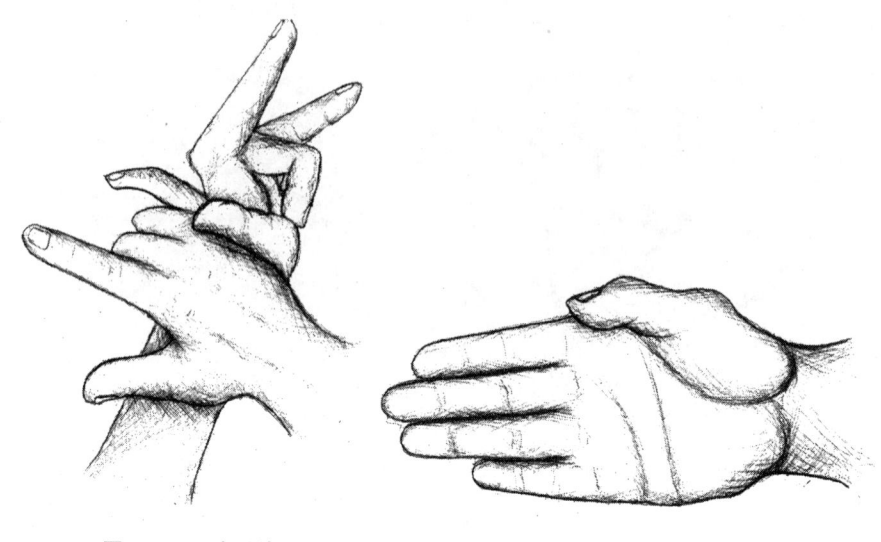

图 6-74　砍手诀　　　　　图 6-75　扇手诀

图 6-76　冲诀

（六）伏妖罡步

罡步是法师在进行各种祈祷、攘除等法事活动中的某些特定步法。②

---

① 根据高崧耀、郭程文同学 2012 年夏季在贺州市黄洞瑶族乡对赵文甫师公所做访谈记录整理而成。
② 刘昭瑞：《考古发现与早期道教研究》，文物出版社 2007 年版，第 223 页。

瑶族经典记录有坛场运用的罡步图谱，如泰国瑶族经书《超度书》中绘有炼堂罡的罡图8种①，广东排瑶经书《阎罗书》之九《亡师归空》绘有"九州罡堂"罡图。②见于金秀大瑶山盘瑶收犯用经书《番犯书》绘有20种番犯罡的罡图，可举出的罡目有祖师罡、藏头罡、七星罡、破天牢罡、老君罡、天师罡、海幡罡、天师塞鬼罡、截路罡、收席罡等。而根据对田林县利周瑶族乡李德才师公的访谈，当地盘古瑶仪式中的罡步约有10种，即三步罡、七步罡、八步罡、九步罡、十二步罡、十六步罡、三十六步罡、七十二步罡、九十九步罡和一百二十步罡。三罡步也叫三台罡步，用于拜师、挂三台灯等仪式；七罡步也叫七星罡步，用于挂七星灯；八罡步用于架阴桥；十二罡步用于中度二戒；十六罡步在加职仪式中使用；三十六罡步用于设元宵鬼和梅山草坛；七十二罡步在龙岗五海③中使用；九十九罡步用于加太仪式；一百二十罡步用于为孤魂野鬼超度的番解仪式。罡步有单脚走和双脚跳两种行罡方式，单脚走用于拜师仪式，双脚跳则用于其他仪式。④罡步配有图谱，通过图文结合来表现步罡的规则，成为巫师行法所用的罡步台本。

瑶族巫师从接触仪式伊始，就开始学罡步，对罡步十分熟练，对罡步的作用也非常清楚，但对罡步的起源却无法说清。我们曾就罡步起源问题询问过多位师公，他们的回答如出一辙——以前传下来的。我们通过查阅文献得知，罡步也称禹步，葛洪在《抱朴子》中曾如是说："夫万法，必通于禹步。"道教法术以步法为基础，步法之始，通天通人，天人合一。唐代李淳风注的《太玄金锁流珠引》一文对道教罡步做了归纳，指出道教罡步有18种，且由老君所创，而后传给禹，禹发展了罡步，故罡步也称禹步。文中还对罡步的功能作了解释："夫步罡者，是强身健神壮魄之法也。先从地纪，坚劳其身，壮健其神，神炁自然镇藏，然后通天地，感使神灵也。"⑤可见，罡步是强身健神壮魄及通神的法术。这与李德才师公的解释大致相同。李师公认为，罡步虽然步法各不相同，但它们的作用

---

① 白鸟芳郎编：《瑶人文书》，株式会社讲谈社1975年版，第83—84页。
② 李默、房先清编：《连南八排瑶族研究资料》，广东省社会科学院1983年版，第589页。
③ 宗教仪式名称，主要给被杀死的人举办的开路仪式。
④ 根据高崧耀同学2013年夏季在田林县利周瑶族乡伟好屯对李德才师公所做访谈记录整理而成。
⑤ （唐）李淳风注：《太玄金锁流珠引》，载《中华道藏》第三十三册，华夏出版社2004年版，第7页。

都是驱邪祛病、净化法坛。大瑶山盘瑶经典中对罡步的功能有着详细的描述：

> 第一行罡到村头，吾师行罡到九州。
> 天师今日行罡少，斗问小鬼取因由。
> 第二行罡到鬼乡，吾师行罡断鬼邪。
> 天师今日行罡步，小鬼休来无处藏。
> 第三行罡到铁城，吾师行罡传鬼精。
> 天师今日行罡步，小鬼无处得安身。
> 第四行罡到火城，吾师行罡灭鬼形。
> 天师今日行罡步，禁鬼伤鬼各行程。
> 第五行罡到水城，打开禁井鬼神惊。
> 人门人到长安乐，鬼门鬼到断根源。
> 第六行罡到天堂，冤家鬼神尽□忙。
> 天师今日分离鬼，禁鬼伤鬼走堂堂。
> 第七行罡到鬼边，冤家伤鬼各还天。
> 天师今日行罡步，番断千年及万年。
> 第八行罡到鬼边，冤家伤鬼泪连连。
> 吾奉截断邪鬼路，牵连伤鬼尽慌忙。
> 第九行罡诅咒离，冤家伤鬼入□陀。
> 天师今日来番断，禁神冤鬼各分离。
> 第十行罡到鬼堂，天师行法伏邪罡。
> 吾师奉截邪鬼路，牵连伤鬼尽慌忙。
> 十一行罡到鬼堂，天师作法我行罡。
> 牵连伤鬼皆绝断，天师番断九□罡。
> 十二行罡罡已全，罡罡相接步相连。
> 牵连伤鬼分离散，家冤分散万千年。
> 番断千年分离鬼，千年万岁不相连。①

---

① 《番犯全书》，1914年抄本，2007年7月23日于金秀大瑶山忠良乡六雷屯赵文县先生家收集。

巫师走罡步有严格的规定，在走罡步时出错一步都于事主不利。因此，巫师在步罡踏斗时，心中要牢记八卦方位，明确自己所处的位置，上下、左右、前后要分明不乱。在罡步表演中，巫师心中有无形的八卦图，结合巫词的八卦方位而踏之。盘瑶罡步借用八卦乾、坎、艮、震、巽、离、坤、兑八个方位，作为罡步的周旋之地，巫师一边走罡步，一边念唱步罡的口诀，使罡步更加形象化。

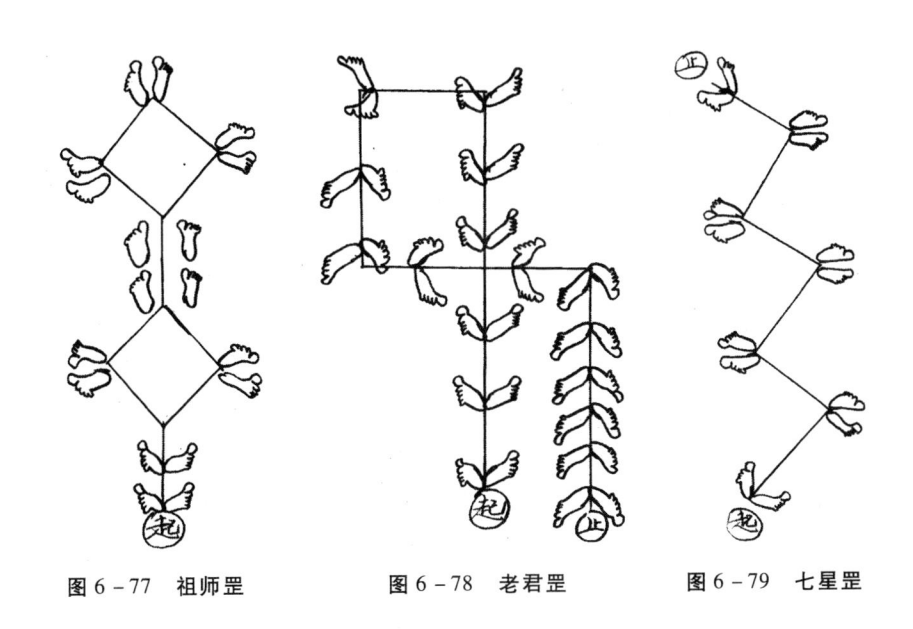

图6-77 祖师罡　　图6-78 老君罡　　图6-79 七星罡

（七）神药两解

盘瑶巫师治病的方法，除了以上的巫术医疗之外，还有具体的药物医疗方法。这是他们从历来治病的经验中取得并互相学习的结果。盘瑶巫师中的一些人通晓医药，如在2007年我所调查的金秀大瑶山忠良乡62位盘瑶巫师中，有4位懂医药知识，他们常常把巫术和医药相结合为患者治病。就我观察所见，盘瑶巫师常用的医药疗法有草药、针刺、蛋灸、火艾、点灯草、按摩等。下面试举两则盘瑶巫师用医药结合法术替人治病的实例以兹佐证。

【个案6-36】黄大妹，女，85岁，六雷屯人。多年来，感觉背痛，右手肿痛，打针吃药均不见效。2002年7月21日，家人请盘志富来给她看病。当天晚上,盘志富卜阴后认为是半夜鬼作祟。第二天晚上,马上给她做送半夜鬼仪式。第三天早上,对着她穴位点灯草。点灯草结束后,施寄伤法将病人身上的病痛寄到木头上。

【个案6-37】赵有进女儿的肚皮、胸部生白斑,当地盘瑶称为"生网"。2002年7月22日,赵有进把女儿抱到盘志富面前让他治疗。盘志富检查后认为,小孩吃了苍蝇叮过的东西,从而导致白斑从血管里长出来。为防小孩哭闹发生抖动,点不准穴位,他先用笔把小孩身上的穴位标注出来,然后拿出灯芯草对着她穴位点烧,烧完后也用寄伤法把病痛寄到树上。

上举两例说明,盘瑶社会中的医者与巫者有时并无明显区分。医与巫、医疗与巫术密切结合,药物与神灵取得自然结合,求医与求巫统一于医疗活动之中。因此,巫医结合,医巫互用,信医中有信巫成分,求药中亦有信巫术之要求,成为盘瑶传统医疗的一大特点。

三 疾病预防

盘瑶人认为生病有时是邪神恶鬼作祟所致,因而也可采取驭神制邪的法术进行预防,而举行防病仪式、佩戴避邪物、算命成为巫医预防病的三种主要方法。

(一)防病仪式

盘瑶人凡是遇到分娩、见怪、命中带煞等,都需请巫师做仪式防止病鬼、邪怪、污秽侵袭,确保家人健康、吉利、清洁。盘瑶中常见的防病仪式有认契、扫秽、送怪、解关煞、度莲塘、度暗山、封口舌、解血光、解契、还花桥、安龙等。下面仅列举送怪、封口舌、解血光、解契、安龙等仪式以兹说明。

1. 送怪

盘瑶人对于一些反常现象,如蛇相交、蛇进屋、母鸡打鸣、鸡生软蛋、鸟屎落身上、鸟进屋、树枝折断、大石滚动,或白天见白肚鼠、穿山甲、竹鼠等,都认为是神灵作怪所致,称之为"见怪"。瑶族经典中对反常现象的记载很多。如《弘农堂杨光钊志》和《杂粮书》两本书中记录了很多看怪吉凶的内容,涉及动物的反常行为,动物攻击人的反常举动,以及人五官的生理反应。以下以公鸡夜里打鸣、鸡生软蛋、狗上屋顶、蛇进屋、蜜蜂进屋、麻雀进屋、狗咬人、见虎狼、见野狐狸、鸟屎落身上、喜鹊叫等现象为例，以兹说明。

公鸡白天打鸣是一件平常事，若夜里打鸣则是一种反常行为，可能会有祸福降临，具体要根据公鸡打鸣的时辰而论。《弘农堂杨光钊志》载：

> 子时啼主大吉，丑时啼主生贵子，寅时家发富贵，酉时主损六害，戌时主防火星，亥时主防贼盗。[1]

由以上记载可知，公鸡在子时、丑时、寅时打鸣，对主人有大利，非富即贵，而若酉时、戌时、亥时打鸣虽对主非大凶，但需要防范火灾、盗贼等损害之事。

母鸡打鸣非常少见，因此被视为反常。《弘农堂杨光钊志》载：

> 子日啼主富，丑日女人生子，寅日坟不安，卯日有口舌，辰日主才吉，申日有病凶，酉日孝服到，戌日主德才，亥日失火。[2]

母鸡打鸣按日子来论，子日听到母鸡打鸣，主人会有财收入；丑日听见母鸡打鸣，主人的妻子或女儿或儿媳妇或亲戚要生孩子；寅日听见母鸡打鸣，主人的祖先灵魂不得安宁，托母鸡在寅日向主人报信，希望其能解决祖先的困扰；酉日听见母鸡打鸣，定有人前来报丧，主人可备行囊；亥日听见母鸡打鸣，主家注意防火。

鸡蛋是人们常见的农副产品，可是软皮鸡蛋就不多见了。在盘瑶人看来，母鸡生软皮蛋，将会祸多福少。《弘农堂杨光钊志》载：

> 子丑寅日主家生贵子，卯辰巳日妻子有病三日口舌，午日见田宅五十天内有口舌，未日见公事十五日见，申日见主死亡八十日见凶，酉日主家长病五十日见，戌日见主有凶三人官非，亥日见主家有灾六

---

[1] 《弘农堂杨光钊志》，1988年抄本，由高崧耀同学于2013年夏季在田林县利周瑶族乡伟好屯李德才师公家收集而得。
[2] 同上。

十日见①。

卯辰巳日看到鸡生软蛋，主人妻子三日内跟别人吵架，而后生病；午日看到鸡生软蛋，主家五十天内会因田地、屋宅同别人争吵；申日看到鸡生软蛋，主人八十天内会有难；酉日看到鸡生软蛋，主家五十日内会久病。戌日看到鸡生软蛋，主人会有官司之争，而且对主家不利。亥日看到鸡生软蛋，主家六十日内会有灾难。

瑶族人爱养狗，几乎家家可见。狗平时多在地上，很少跑到屋顶，倘若狗上屋顶，就是凶事之兆，"主百事凶"。《弘农堂杨光钊志》载：

> 子日妇人有官非七十日见，丑日家宅防火主有官非，寅日见失财主有口舌百日见，卯日百事凶二十日见，辰日父母灾病八十日见，巳日东家有疾病，午日主有血光之灾，未日防火失财，申日主百事凶，酉日见血光灾，戌亥二日主有官非灾。②

子日见狗上屋顶，主人妻子七十日内会有官司；丑日见狗上屋顶主人有官司且要防火灾；寅日见狗上屋顶，主人要丢失财物，而且百日内要跟他人争吵；卯日见狗上屋顶，二十日内百事凶；辰日见狗上屋顶，主人父母八十日内会患疾；巳日见狗上屋顶，主人要生病；午日见狗上屋顶，主人要有血光之灾；未日见狗上屋顶，主家要有火灾及火灾引发的财物损失；申日见狗上屋顶，主人百事凶；酉日见狗上屋顶，主人要有血光之灾；戌亥二日见狗上屋顶，主人要有是非之争。

狗咬人是吉凶之兆。《弘农堂杨光钊志》载：

> 子时主妇人不时争斗事，丑时主有忧心无别事，寅时主有财旺夫大吉，卯时主有喜得财大吉，辰时主有财喜大利亨通吉昌，巳时主有亲人作念有信，午时主有酒食宴会之事，未时主妻子有外心破劳凶，申时主家宅有小口之忧，酉时主有加官进禄财帛，戌时主有口舌遭殃

---

① 《弘农堂杨光钊志》，1988年抄本，由高崧耀同学于2013年夏季在田林县利周瑶族乡伟好屯李德才师公家收集而得。
② 同上。

凶事，亥时主有官非词讼之事。①

狗咬人，子时主与妻子不时有争吵；丑时主要有忧心之事，但没有坏事发生；寅时主要有财收入；卯时主要有喜有财；辰时主大吉大利；巳时主要收到远方亲人来信；午时主要有宴会之请；未时主人妻子有二心；申时主家有小吵之事；酉时主要加官晋爵；戌时主因口舌之争而遭殃；亥时主人要身陷官非之争。

虎狼皆是凶猛动物，遇见虎狼即为凶兆。《弘农堂杨光钊志》载：

> 子日见牢狱口舌刀兵，丑日见主有官非，寅日见男女死三十日见，卯日见远行官非，辰巳二日见退财三十日凶，午日见男女病八十日大利，未日见公事主失财，申日见阴人有大吉，酉日见主有凶不吉，戌日见女人官非口舌七十日见，亥日见男子有灾。②

子日见虎狼，主人会因跟人争吵或持械打架而坐牢；丑日见虎狼，主人会有官非口舌之争；寅日见虎狼，主家三十日内会有人死亡；卯日见虎狼，主人不可远行否则犯官非；辰巳二日见虎狼，主人三十日内会失财；午日见虎狼，主人家八十日内会有人生病；未日见虎狼，主人会因公事而损失财物；申日见虎狼，主人家先平安无事；酉日见虎狼，主人要有灾难不吉利；戌日见虎狼，主家女人七十天之内会跟别人有口舌之争；亥日见虎狼，主家男人要有灾难。

看到野狐狸出没，看时日定吉凶。《弘农堂杨光钊志》载：

> 子日见有才吉，丑日见家先引鬼入宅，寅日见百事凶，卯日见主得才，辰日见主得才，巳日见外人相会，午日见有感情起凶，未日见失火凶，申日见夫妻相正，酉亥日见田氏大吉。③

子日见野狐狸，主万事大吉；丑日见野狐狸，家先引鬼入宅；寅日见野狐

---

① 《弘农堂杨光钊志》，1988 年抄本，2013 年夏季由高崧耀同学在田林县利周瑶族乡伟好屯李德才师公家收集而得。
② 同上。
③ 同上。

狸，百不吉；卯、辰二日见野狐狸，百事大吉；巳日见野狐狸，在外之人会回来与主相会；午日见野狐狸，主人会因感情之事而对己不利；未日见野狐狸，会遇到火灾；申日见野狐狸，夫妻间有口舌之争；酉亥二日见野狐狸，田间劳作之事大吉。

蛇进屋是百凶而无一利之兆，可通过看日子定吉凶。《弘农堂杨光钊志》载：

> 子日家长水口死，丑日父母失财，寅日主有口舌，卯日男女主死，辰日主有官非，巳日女有口舌，午日女人难产，未日口舌官非，申日女人离别，酉日主失火殃，戌日主有口舌，亥日男女不安。①

子日蛇进屋，家长会因与水有关之事而亡；丑日蛇进屋，主人父母失财；寅日蛇进屋，主人与他人有争端；卯日蛇进屋，男女主人将双亡；辰日蛇进屋，主人有官司是非；巳日蛇进屋，女主人与他人有争端；午日蛇进屋，女人难产；未日蛇进屋，主人有口舌官非；申日蛇进屋，主人与女人离别；酉日蛇进屋，主家有火灾；戌日蛇进屋，主人与他人有争端；亥日蛇进屋，男女主人不安生。

蛇进屋除了上面的看日子定吉凶之外，还可以根据蛇进屋的日子以及蛇的颜色来判定吉凶。《弘农堂杨光钊志》载：

> 子日进屋白色吉黑色凶女人有灾，女人先见二十四日男人后见五十日有贵人来本家虎伤五道伤七面。丑日进屋黄色凶白色吉，男人先见凶女人后见小口有灾，二十日是七道伤回送吉。寅日进屋白色吉黑色凶，男人先见口舌女人后见防刀斧申酉生命忌。卯日进屋白色有灾黑色有孝，男人先见吉女人后见凶是木打伤送吉。辰日进屋青黄色吉白黑色凶，男人先见女人后见有血光之灾，主口舌是本家前代虎伤蛇伤送吉。巳日进屋白色吉黑色有灾，男人先见口舌女人后见小口有灾难送吉。午日进屋黄黑色有孝防血光是五道伤主二十一日送吉若还不送凶。未日进屋黄斑黑凶，男人先见防盗贼，女人后见家母有灾吊颈

---

① 《弘农堂杨光钊志》，1988 年抄本，2013 年夏季由高崧耀同学在田林县利周瑶族乡伟好屯李德才师公家收集而得。

伤送吉。申日进屋三人同行两头凶中间吉，二人口舌是本家伤灶神庙神送之吉。酉戌二日进屋女人撞见有灾六畜，是落水伤送吉。亥日进屋家先不安父母有灾男人见血光送吉。甲乙进屋黑色有人死，赤色家母女子病。丙丁进屋黑色主死，赤色有财二十四日见。戊己进屋青色大凶女人疾病，白色火盗。庚辛进屋黑色凶，黄色富贵，赤色火盗。壬癸进屋黑色凶，青色吉有财。①

子日白色蛇进屋吉利，黑色蛇进屋凶兆，女人有灾难，是虎伤神作祟所致，女人先见男人后见则表示有大富大贵之人将要来家里做客；丑日白色的蛇进屋吉利，黄色蛇进屋凶兆，男人先见女人后见有口舌之争，是七道伤神作祟所致，在二十日内送走大吉；寅日白色蛇进屋吉利，黑色蛇进屋凶兆，男人先见有口舌之争，女人后见需防范刀斧砍伤，在申日酉日会有生命危险；卯日白色蛇进屋有灾难，黑色蛇进屋要戴孝，男人先见女人后见都不吉，是木打伤神作祟，送之吉；辰日青黄色蛇进屋吉，白色黑色蛇进屋凶，男人先见女人后见有血光之灾，主有口舌之争，是前代虎伤神蛇伤神作怪所致，送之吉；巳日白色蛇进屋吉，黑色蛇进屋有难，男人先见女人后见有口舌之争，送之则吉；午日黄色黑色蛇进屋要戴孝，需防血光之灾，是五道伤神作怪所致，二十一日内送走吉，否则会很凶险；未日黄色斑色黑色蛇进屋凶，男人先见要防盗，女人后见家母有难，是吊颈伤神作乱所致，送之吉；申日见蛇进屋，如果三个人同行看见，走在前面和后面的人不吉利，走在中间人的吉利，两个人看见就会吵架，是本家伤灶神和庙神作怪所致，送之吉；酉戌二日女人见蛇进屋，家禽家畜有灾病，是落水伤神作乱所致，送之吉；亥日见蛇进屋，家先不安，父母有灾患，男人见蛇进屋有血光之灾，送之吉；甲乙日黑色蛇进屋有人要死，红色蛇进屋家中女人患病；丙丁日黑色蛇进屋主死亡，红色蛇进屋二十四日内有钱财入；戊己日青色蛇进屋女人患病，白色蛇进屋要防火防盗；庚辛日黑色蛇进屋凶，黄色蛇进屋富贵，红色蛇进屋需防火防盗；壬癸日黑色蛇进屋凶，青色蛇进屋有财入。

蜜蜂和雀进入房屋也可以预测吉凶。蜜蜂进屋的吉凶判断如下：

---

① 《弘农堂杨光钊志》，1988年抄本，2013年夏季由高崧耀同学在田林县利周瑶族乡伟好屯李德才师公家收集而得。

> 甲乙日主死官非，丙丁日子女有灾，戊己日主有公事，庚辛日主有横财，壬癸日母亲有灾。①

蜜蜂进屋，甲乙日主有生命危险，官非缠身；丙丁日子女有灾难；戊己日主有公事要办理；庚辛日主有意外之财入；壬癸日母亲有灾患。

> 雀入屋，子日好事到，丑日主人相见，寅日主有好事，卯日主口舌，辰日主德才，巳日主有公事，午日有口舌，未日主官事，申日大吉庆，酉日忌有事，戌日亥日大吉。②

麻雀进屋，子日有好事到；丑日主人与他人相会；寅日主有好事；卯日主有口舌之争；辰日主金榜题名；巳日主有公事办理；午日主有口舌之争；未日主有官事处理；申日大吉大利，万事皆顺；酉日诸事不宜；戌日亥日大吉大利。

鸟屎落人身上判定吉凶如下：

> 子日青色有喜黄色口舌，丑日黄色口舌失火凶黑色官非白色失财凶，寅日黑斑官非失火赤色死人白色主才，卯日赤斑官事黑斑口舌，辰日赤白人病死黑得才。巳日青色落来白色防火，午日清有喜事黑白病，未日黄青失火，申日白得才黑人病黄斑色官司，酉日赤黄色客来，戌日赤白黄黑斑主官非，亥日清白有才黄斑官非送吉。③

鸟屎落到身上，不一定是凶兆，需根据发生的日子及鸟屎的颜色来断定。同颜色的鸟屎落在身上要看日子，相同的日子鸟屎落在身上要看颜色。子日青色有喜事，黄色有口舌之争；丑日黄色有口舌之争甚至是火灾，黑色有官司，白色则失财；寅日黑斑色有官司及火灾，赤色有人

---

① 《弘农堂杨光钊志》，1988年抄本，2013年夏季由高崧耀同学在田林县利周瑶族乡伟好屯李德才师公家收集而得。
② 《杂粮书》，1985年抄本，由高崧耀同学于2013年夏季在田林县利周瑶族乡伟好屯李德才师公家收集而得。
③ 同上。

死，白色则对主有利，有钱入；卯日赤斑色有官司，黑斑色有口舌之争；辰日赤色白色有人死，黑色则对主有利；巳日青色白色需注意防火；午日青色有喜事，黑色白色有人生病；未日青色白色有火灾；申日白色主得才，黑色有人生病，黄斑色有官司；酉日赤黄色白色有客人来；戌日赤白色黄黑斑色主有官非之事；亥日青白色主有才得，黄斑色有官非，送则吉。

喜鹊叫判定吉凶之法如下：

> 子时主有远亲来大吉，丑时主有喜事来大吉，寅时争讼事小吉，卯时主有财喜酒食大吉，辰时主有远人归大吉，巳时主有喜事降临大吉，午时主有疾病求神知事，申时主有吉兆无别事吉，酉时主有坎坷不安亡，戌时主有财帛亨通大吉，亥时主有争闹口舌小吉。[①]

喜鹊叫，子时主有远亲来大吉；丑时主有喜事大吉；寅时主有口舌之争，但对主有利；卯时主有财入、有喜宴吃大吉；辰时主有远方亲人归来大吉；巳时主有喜事大吉；午时主身体患疾，求神问卦可知病因；申时主有吉兆，无事吉；酉时主有麻烦，处理不当可致死亡；戌时主名利双收，官运亨通；亥时主有小口舌之争。

盘瑶人对见怪非常笃信，认为这可能是灾难降临的预兆，见了怪得请巫师来定吉凶，以逢凶化吉。巫师择定一吉日，杀1只鸡，用红纸白包布利市1个，烧木香及纸钱若，用芭蕉树干做船，用白布包着，用钉子钉好，船内放入木炭、玉米，请人到河边把船放进水里，烧掉纸钱，代表怪已经装在船里送走了。[②]

2. 封口舌

封口舌于求助者家里举行。届时，在大厅中央摆一张桌子，上摆熟鸡1只，米酒、纸钱、香若干。准备就绪，师公开始请东起口舌，西起口舌，南起口舌，北起口舌，飞来走来口舌，年中月中日中时中口舌，人家差来口舌。请完各种口舌之后，开始请家先和师父。请口舌、家先、师父

[①] 《杂粮书》，1985年抄本，由高崧耀同学于2013年夏季在田林县利周瑶族乡伟好屯李德才师公家收集而得。

[②] 根据我的研究生陈锦均2013年夏季在宁明县爱店镇琴么、丈鸡两屯采访时的田野记录整理而成。

要请三遍，每一遍都要敬献鸡肉、酒水、纸钱和上香。接下来开始架桥，通往阴间阳间寻找口舌。架桥时，师公念"架起阴桥、天桥、地桥、飞天过海桥、龙凤金桥，架桥通过家门头上，通过大厅小屋，通过家里大人、小孩身上，通到祖先香火面前寻找口舌"。念至此，打筊杯以定是否找到口舌。找到口舌后，开始传出口舌，口中念"东南西北起口舌"，边念边把一张沾有鸡血的白纸卷成筒状，再用7根针把纸筒刺穿，放入一个竹筒中，传出口舌结束。传出口舌之后师公用法剑挑起竹筒，埋于三岔路口，将口舌封好。封了口舌就到回桥收桥，师公念"收回阴桥、地桥、天桥、飞天过海、桥龙凤金桥"，收完桥焚烧纸、献酒水、敬香送神。仪式结束。[①]

3. 解血光

解血光也叫解血光之灾。解血光所用祭品与解口舌的一样，步骤也基本一致。第一是请神，请家先和师父，各请三遍。第二是架桥，架起阴桥、地桥、天桥、飞天过海桥、龙凤金桥寻找血光之灾；第三是传出血光之灾，即传出年中月中日中时中血光灾难，传出刀伤、枪伤、摔伤、砸伤、车祸伤等；第四是解掉血光之灾，用一张带鸡血的白纸卷起放门外焚烧解血光；第五是送神，返回屋内给家先、师父分发纸钱将他们送走。解血光过程中，主家人不可碰到祭台上的香，因为香代表血光，碰到了会沾上新血光，那么主家又面临血光之灾。[②]

4. 解契

认契已如前述。有认契就会有解契。男娶女嫁时，那些认过干爹的人都要解契，意思是小孩现已健康成长，可以解除认契了。如果不解契，认契者在拜堂时会晕倒，如果认契者女的以后生孩子会有麻烦。解契约需半个小时，多数在拜堂前举行，不需要任何祭品。解契时，由师公请家先下来，向他们说明解契缘由，以及要他们作证已经解除了亲属关系。解契过后，女孩要送给契爹16斤猪肉（可以折现）、1瓶酒，男孩要送给契爹一条裤子，猪肉可给也可不给。[③]

[①] 根据高崧耀同学2013年夏季在田林县利周瑶族乡伟好屯对李德才师公做访谈时的田野笔记整理而成。

[②] 同上。

[③] 根据陈锦均同学2013年夏季在宁明县爱店镇丈鸡、琴么两个瑶寨所做的田野记录整理而成。

5. 挡箭碑

恭城瑶族自治县三江乡盘瑶家中添了人丁，满月后便请人给孩子算命，预测前程福寿，占卜人生吉凶。如果孩子命中犯煞带凶，就得作法破解。有一种煞叫"将军箭"，是小儿最常见的关煞之一。凡犯此煞者，即使不短命夭折，也得破相残疾。要化解此煞，常用的办法是树"挡箭碑"。带"将军箭"的孩子的大人会在

图 6-80 挡箭碑（梁宏章摄）

村子周边的岔路口按师公指出的方向树立"挡箭碑"，上刻"左走××村，右走××村"，或"上通××岭，下通××坪"，"弓开弦断，箭来碑挡"，"长命富贵，易养成人"等字样。具体做法是：请师公来家里，摆好三牲酒礼、香烛、油灯，先作法除凶驱邪，然后敲锣打鼓，抬着刻好的石碑，抱着孩子，来到岔路口，再由师公作法，烧香化纸，宰杀 1 只雄鸡，将血浇于碑上，抱着孩子向碑叩拜作揖。立碑后，每年大年初一早上要带三牲、香纸给碑拜年，以保岁岁平安，一生无凶无灾。

6. 安龙

盘瑶人崇敬龙神。当家里人丁不安，六畜不旺，卜出卦家神不安，招引外鬼作祸，就要重新安龙。举行安龙仪式要请 1—2 个巫师，杀 2—3 只鸡，用 1—2 斤猪肉，酒、香、纸钱若干。巫师施法赶走外鬼后，用红纸画安龙大符、动土符、鬼精符、安灶符、九良符、头痛符、肚痛符、镇六甲符、斩鬼符、玉皇符、小儿夜啼符、元帅符、出丧符、断鬼符等二十几道符贴于房屋东南西北中五个方位。

（二）避邪器物

盘瑶的辟除法非常发达，就鬼神所畏惧之物而言，有大便、小便、唾液、狗血、桃核、铜钱、刀剑、斧头、玉器、神牌、神符，等等。田林县利周瑶族乡盘古瑶在小孩还没脱离桃源洞花皇保佑时，长辈会在小孩的四肢扣上由银或铜打制成的金属圈，或者让小孩佩戴由桃做成的饰品，以驱邪祛病。在使用这类物品时，常请巫师施行法以实现祈福消灾的心理需求。兹举两例如下。

1. 天德牌

盘瑶在小孩出生 1—2 个月后，常请汉人神巫给小孩算命。假如算出小孩命带关煞，由外婆家请人打造一块银质"天德牌"（也称"长生保命牌"），牌面上刻有"长生保命"字样，经巫师作法后戴在小孩手腕上，直至牌自行脱落为止。他们相信佩戴天德牌可让祟鬼远离小孩，从而保佑他平安长大。

2. 护身符

盘瑶在生出第一个儿子后，为了保护长子平安，请师公画符保佑长子。师公择好日子，用公鸡 1 只，生米 1 碗，银圆 20 毫，纸钱若干，诵经念咒后画符，画好后贴于神台下方。六雷赵有县生第一个儿子赵进安时，曾请黄金寿师公画过符，上书"弟子三千，大圣至贤先师孔夫子之位，贤人三千，赵金养敬奉"。①

（三）算命

算命是看一个人一生的运程，如哪年发财，哪年结婚，哪年犯赤口，哪年有灾难等。田林县李德才师公替人算命，不需要事主的生辰八字，而是用名字或衣服就能算出事主本人及其家庭近期的运程。李师公算命无须祭品，但如果替人算出命带关煞，而对方又要求帮解关煞，就需要用到祭品了。请李师公算命时，来人需要备好香烛、纸钱，有时还需要鸡和酒。说明来意后，李师公便开始为算命做准备。由于李师公算命用名字，因而他家备有很多纸条，算命时让来人把名字竖写在纸条上。李师公认为名字代表人的灵魂，竖着写名字表示灵魂站着，能让他更清楚地看到来人的命相。写好名字后，李师公给神灵上香，请玉皇大帝、三清大道、张天师、李天师、上圣太阴太阳、雷神长生大帝、开天盘古和阴阳师父下降，排位献酒。之后拿名字放在香烟上翻来覆去，表示通天府地府，通阴通阳。阴阳相通后，李师公把写有名字的纸条放在额头上，双目微闭。这是他查找关煞的动作。李师公说，这样他可以看见任何作怪的凶神恶煞。找出关煞后，李师公将关煞写到有名字的那张纸上，盖上玉皇印。至此，算命基本结束。

【个案 6-38】黄某，男，36 岁，田林人。母亲久病不愈，找到

---

① 2002 年 7 月 28 日我在金秀大瑶山忠良乡六雷屯考察时，由赵进安弟弟赵强先生提供。

李师公帮算命。李师公算出黄某的母亲被家先鬼上身,需要用鸡冠血解关煞。李师公把写有鬼名的纸条用玉皇印封好后,用鸡冠血沾在写有鬼名的纸条上,表示把鬼赶到鸡身上,让鸡把鬼带走。之后把沾有鸡冠血的纸条放入纸钱堆里烧掉,赶走鬼怪。在此之后,如果黄某母亲的病好了,李师公还要择日到患者家举行送鬼仪式。①

第三节 巫师与社会动乱活动

既有研究告诉我们,巫师对社会的影响不仅表现为对民众生活行事的规范,对病人生命危机的控制,而且还表现为他们参与、组织叛乱,对既存政权的统治秩序构成严重的挑战。童恩正在谈到巫术与社会动乱时说:

> 人民在历史的漫漫长夜之中,遭受到各种社会的压迫和自然的灾害,贫苦无告,求助无门的时候,只有本乡本土的巫师,才能以低微的报酬,为他们提供精神的支持,医药的帮助。而当官府的压迫超过了人民所能忍受的极限,人民需要揭竿而起,反抗暴政时,也只有这种土著的宗教,为他们提供了合法的依据和组织的手段。我们只要翻阅一下中国历代农民运动的历史和少数民族起事的历史,就可以发现绝大多数都与所谓的"邪教"或其他迷信活动有关。而这些"邪教"或迷信活动,又往往与古老的巫术有着千丝万缕的联系。从公元前三世纪的陈胜吴广起义到十九世纪末的义和团运动,情况无不如此。②

瑶族民族意识特强,他们自称盘古之裔,"先有瑶,后有朝"为瑶族最坚固的信念。瑶族凡受到了某种压迫,都会激起他们"困兽"式的愤怒;或受到了某种的煽惑,会引动他们传奇式的憧憬,有时他们竟不顾一切,群起异动。③虽然瑶族历次叛乱都屡受沉重惩创,但抗争仍此起彼伏,民族意识之顽强,由此可见一斑。瑶族起而抗争,并非他们嗜乱,而是被逼上梁山,不得已而为之。在历代专制政体下的官厅,对瑶族住

---

① 根据高嵩耀同学2013年夏季在田林县利周瑶族乡伟好屯的田野访谈记录整理而成。
② 童恩正:《中国古代的巫》,《中国社会科学》1995年第5期,第180—197页。
③ 唐兆民:《瑶山散记》,文化供应社1948年版,第80页。

居多视同化外，而不加治理；把瑶民多视同异族，而不加道化。因此，一般人对缺乏法律保障的瑶族，便竭尽所能欺诈压迫，加之政治压迫、经济掠夺、豪强欺侮，让瑶族人不能安生，瑶乱之事，便史不绝书。虽然民国以来，压迫、掠夺与欺侮日渐趋少，但瑶族的异动，仍未能绝迹。瑶族鬼神观念浓厚，崇信巫师的法术。巫师不仅是瑶族的宗教权威、军事首领、村寨头人，还是瑶族生产生活的组织者、传统文化的传承者和民间纠纷的调解者。瑶族社会动乱当然离不开巫师的参与、组织和领导。如清代赵金龙起义、1933年桂北瑶民起义等都是瑶族受到巫师的煽惑，被弄得如痴如狂，终于纷纷聚集，揭竿而起。广西省政府民政厅1933年编的《绥靖兴全灌龙猺变始末》对巫师与瑶族社会动乱之间的关系有着相当精辟的见解：

> 原始社会之心灵，大都悉为神话所支配，猺族当然也不例外。所以每一次猺乱，必有一段神话为之因缘。远如万历间怀远蛮之叛，近如民国十二年三江韦权一之乱，均肇祸于一二妖巫，殆与今次桐木江猺如出一辙。①
>
> 猺族心情，纵极冤抑愤激，终以智识薄弱，缺乏组织能力，苟无妖巫以惑其志，汉奸之张其势，则大规模之暴动，终亦无此胆略。②

一 巫师与瑶族农民起义

瑶俗"畏鬼神，喜淫祀"③，"重言诺，畏鬼神"④，"信好巫"⑤。由于瑶族崇奉鬼神，因而巫者在群众中享有崇高威信，而巫者也正好利用瑶人"信鬼崇巫"的心理，通过宗教活动组织瑶民起义。翻开瑶族农民起义史，史书明确指出有瑶族巫者参与或领导的涉及广西盘瑶的有赵金龙反清起义和1933年桂北瑶民起义。

---

① 广西编辑组：《广西瑶族社会历史调查》（第四册），民族出版社2009年版，第98页。
② 同上。
③ （宋）祝穆：《方舆胜览》卷三十。
④ 《国朝文汇》卷二十五。
⑤ 凌锡华修，彭征朝纂：《连山县志》，1928年版。

（一）清代赵金龙起义

清代，湘南、两广北部是瑶族主要聚居区。他们为开发山区，发展林业做出了巨大贡献。但清统治者却对他们进行压迫盘剥，加之连年发生灾荒，瑶人生活苦不堪言，终引发了大规模的瑶民起义。起义首领赵金龙，湖南江华锦田塘坪盘瑶，世代"种山度日"，少年时代即有过人胆识，爱替穷人打抱不平，在瑶族群众中享有很高的威望。早在道光十年（1830），常宁县瑶民赵福才等人利用瑶民信奉巫术，每事取于巫医的心理，在祖茔前制造了"两火相荡"的奇迹和"阴兵助阵，金龙为王"的"天书"，声称赵金龙能"提剑作法，衔口变火，结火草变牛"，通过巫术活动秘密地把湖南、广东等地五六百瑶族群众组织起来，造枪制炮，同时派人到广东连州筹办铁砂、硝药、红布，进行武装起义的准备工作。[①] 时值汉族恶霸"屡强劫徭寨牛、谷"，赵金龙等人多次状告无门。于是，赵金龙命赵福才前往广东联合唐八、唐三、唐四等领导的散瑶三百六十余人，连同赵金龙领导的湖南瑶族共六七百人，"以红布裹头为号"，于道光十一年（1831）十月二十九日在两河口起义，义军后来发展至近万人。赵金龙率广东散瑶及江华锦田各寨瑶族为一股，赵福才率常宁、桂阳瑶族为一股，赵文凤率新田、宁远、蓝山瑶族为一股，每股两三千人，活跃于湖南的蓝山、新田、常远、嘉禾、常宁、桂阳、武冈、江华，广东的乳源、连南，广西的富川、贺县等地。起义爆发后，清政府调集了大量兵力对义军进行围攻，义军经过二十多天浴血奋战后全部被歼灭，赵金龙在战斗中牺牲，一场轰轰烈烈的起义失败了。[②]

（二）桂北瑶民起义

桂北兴安、全州、灌阳一带的瑶族，宋以来就生活于斯，他们潜居山区，刀耕火种，生活十分贫困。国民党新桂系承袭历代封建王朝政策，对瑶族任意歧视、盘剥，瑶族穷苦不堪无法忍受，迫切期望改变世道。瑶族自然领袖凤福山、凤福林等会聚于兴、全、灌三县交界的桐木江山区，秘密酝酿起义。这些领导人都是瑶族师公，在群众中享有崇高威望。他们利用瑶族宗教信仰的特点，以"瑶王出世""天授法宝"进行宣传鼓动，宣称"桐木江出了瑶王，瑶民要翻身了"。"出瑶王""法宝"之说，像滚

---

① 邓有铭、盘福东：《瑶族农民起义史》，漓江出版社1993年版，第258—259页。
② 奉恒高主编：《瑶族通史》，民族出版社2007年版，第373页。

雪球似的，越传范围越广。凤福山、凤福林等人决定利用瑶族宗教仪式——打醮将瑶民组织起来。1932年9月，凤福山、凤福林在全州县桐木江打"开天醮"，祭祀盘王、保人民。由于事前广泛联系，周围瑶民闻讯后纷纷集中桐木江，争先恐后地敬竭"瑶王"及他们的"法宝"。打醮结束后，各地瑶族头领留下开会，商议起义大事。时逢灌阳西山瑶与全州汉族地主任玉田等打官司。官司久拖不决。1932年秋，任玉田等人与西山民团首领姜超民勾结，声言要剿平瑶寨，杀绝瑶民。姜超民在西山横征暴敛，欺压瑶民，西山瑶对他早已深恶痛绝，希望借助各地瑶民力量，铲除此恶霸，因而派人前往桐木江求援。闻知此事后，桐木江瑶民义愤填膺。凤福山、凤福林决定再次打醮，联合各地瑶民前往支援。他们向各地瑶民发出通知，定于同年农历八月十三在灌阳县西山五龙庙集中打醮。为做好准备，他们在桐木江先打了一次醮，各地瑶民1000余人参加。由于桂北瑶区盛传桐木江已出瑶王，起义领导者便找了一位身材高大者装扮瑶王，穿龙袍，戴皇冠，盘腿坐在幕帐里，供人朝拜。瑶民信以为真，非常振奋。亲眼见到瑶王的消息再次迅速传遍桂北瑶区。打醮期间，推选了起义的领导者，然后借师公之口，在跳神时向众人宣布。由凤福山做大总统，凤福林为军师，梁云台为副总统，凤有林、凤宝山等一批骨干担任了重要职务。他们把瑶民按千长、百长、什长组成队伍。瑶民利用打醮时间，在桐木江整编伍，练兵习武，打刀制枪。1932年9月13日，凤福山率领桐木江起义军到达五龙庙，与西山以及各地的起义军汇合。当晚即打醮祭旗，以壮声势。正当起义继续酝酿之际，国民党当局获得了消息，立即布防准备镇压，宣称"三天内将瑶民杀绝灭种"。瑶民闻讯怒不可遏，遂有2000人于10月25日武装会师灌阳五龙庙，祭旗宣告起义。国民党当局大为震惊，立即采取"感化"政策，瓦解瑶民武装力量，诱骗起义领导人下山后，将首领凤福林杀害。凤福林遇害的消息传开后，瑶民们义愤填膺，立誓报仇。1933年农历正月开始，各地瑶民陆续以打醮形式发动群众。经过各地的组织，形成了全县桐木江、东山弄岩村，灌阳沙罗源、泡江，兴安漠川、华江，龙胜江底、马提等起义中心。1933年2月20日，各地瑶民同时起义，约5000瑶民参加了起义。[①] 起义历时37天

[①] 参见邓有铭、盘福东《瑶族农民起义史》，漓江出版社1993年版；广西编辑组《广西瑶族社会历史调查》（第四册），民族出版社2009年版；张有隽《瑶族历史与文化》，广西民族出版社2001年版；奉恒高主编《瑶族通史》，民族出版社2007年版。

后，最终归于失败。

二 巫师与大瑶山"发瑶疯"事件

瑶族喜淫祀导致民众聚集，而崇拜群体则极易盲从，故一旦有首领"图谋不轨"，便会引发社会动乱，一般人称"发瑶疯"。广西著名文史学者唐兆民先生曾于1934—1939年进入金秀大瑶山考察，他自称"足迹遍历全瑶山90%以上的村寨"。1948年桂林文化供应社出版了他的著作《瑶山散记》，书中对金秀大瑶山"发瑶疯"事件作了翔实而深入的叙述：

> 某年，某地忽然来了两个二十几岁的青年，说得一口流利的板瑶语，自称是广东灵山县人，因逃兵役而流亡至此，请求当地板瑶暂时把他们容留下来，情愿在村中帮做零工度日。当地瑶民因他们说的是瑶话，认作同族，而且见他们傻头傻脑，连话都不多说的，便答应了他俩的请求，任由他俩在邻近的几个村落帮忙做小工。
>
> 时间约过了半年，在两个青年常常居留的小村内，巫师赵某忽然降起神来，昏迷睡在地上，嘴里不停地说："天上已降下瑶王，瑶人应该坐天下，不耕田不种地，也有吃穿。瑶王虽有'神兵'相助，但也要阳兵配合，现在只要瑶人'练兵'起事，天下便唾手可得。"
>
> 赵某"降神"了几次后，许多瑶民渐渐地对这事感兴趣，真的给他练兵起来。所谓"练兵"，就是把每个瑶民村落划为一个单位，全村男女老少都在被练之列。每村设"大哥"一名，以村中德高众望的瑶头担任，统理村中"练兵"领队事宜；设"元帅"一名，以村中年轻貌美的女子担任，掌理使用符咒"调兵遣将"工作；设"宣道"一名，以村中能说会道的青年男子担任，掌理召集会议传达命令事宜；设"书记"一名，以村中粗通文字者担任，常理文书工作。以上各人，均由赵某指定分任。
>
> "练兵"时间都在晚上。先由"宣道"挨户通知地点及时间。届时，全村男女老少，各摆香纸一束，依时达到先将香纸焚烧在会场门外，然后入场。会场安排在瑶民较大的房屋厅内，将若干张方桌排成长方形的长案，一端接近神龛，另一端接近大门，四周环列长凳数层，备作到会者的座位。开会时，"大哥"坐在首席（近神龛的一端），村民环坐四周。案上摆熟茶三碗，冷水一碗，并置香粉、柚叶

于茶内。茶虽然由村民随意斟来，但以瓦器煎煮而无油腻者为限，香粉则由村民带来的信香上剥下少许。冷水放在"大哥"的席前。其仪式：先由"大哥"念歌一首，其意与"降神"相同；其次由"元帅"手执燃烧着的信香和纸钱，绕案三匝后跨出门外，喃些咒语祈祷"神兵"降临。事毕，"大哥"走近神龛，抽香柄一把，撒在案上。此时与会者各呷清茶一口，仍静坐。"大哥"含口冷水，喷在与会村民身上，并让他们伏案假寐。不一会儿，"大哥"再念歌一首，用手拍案大呼"走"，等大家抬起头来时，已觉全身抖颤，精神迷离，不由自主。随即又让他们闭目伏案，每人讲述自己所见。于是，与会者皆喃喃作吃语，有的说走进了山谷，有的说踏入了平原，有的说直行无阻，有的说遇阻折回，有的说遇见了神兵神将，有的说与军队厮杀……这样练了二三十分钟后，那些被练的人渐次苏醒过来，恢复常态。这种"练"法，让身受者莫名其妙，旁观者更加莫测高深，因此大家只有对此感到浓厚的兴趣，益加信仰了。

那个姓赵巫师，巡回于各瑶村之间，给"大哥"们一些特殊的指示和训练，据说凡是当"大哥"的，都练有飞檐走壁的本领，故能率领瑶兵夺取天下。因此，瑶民更坚信不疑，趋之若鹜，不到几个月，参加"降神""练兵"的瑶民，遍布在某某等五县的边境。他们差不多每日都"练兵"，只等约定的日期到，大家同时起事，故训练期间，不仅不事耕植，甚至连原有的产业都要一概抛弃。他们相信有了"神兵"相助，只要动手，便可涌出山外，占领一切，有吃有穿，坐享现成，所以不稀罕这些不足避风雨的破屋，十种九不收的山地，以及难以下咽的杂粮。

受惑而做这样"美丽憧憬"的瑶民，一天一天地多起来，不信仰者不是被胁从，便是遭毒害，故在漫长的"练兵"过程中，山外却毫无所闻。眼看预约起事的日期将近，事情终于泄露了。在政府一面严密防范，一面善为开导之下，最终没有酿成流血惨剧，总算迅速地消解了。[①]

唐兆民所述之"发瑶疯"，实是瑶族首领试图利用瑶族"信鬼崇巫"

[①] 唐兆民：《瑶山散记》，文化供应社1948年版，第80—85页。

的心态，通过瑶族民间宗教仪式——降神发动起义，以推翻大瑶山及邻近县份的官厅。不过，由于事情泄露，政府及时出面劝导，将起义之事化解了。依唐兆民先生的看法，历代专制政体下的官厅及当权者的作为，在很大程度上促成了"发瑶疯"。那么对于瑶山统治者而言，最应该做的就是采取各种措施来改善瑶族的生存条件，以消除这些"危险因素"或缓解这一危机。

三 巫师与抗缴山租运动

现居广西大瑶山的五个瑶族支系，分别于不同时期迁入大瑶山区。茶山瑶远在元末明初已定居在大瑶山上，花蓝瑶、坳瑶也约在明朝初年来到大瑶山①，而盘瑶、山子瑶直至明朝中叶才陆续来到大瑶山。② 前三个族系进山后，以氏族为单位砍树造田造地，插标为界抢占山场，成为大瑶山的山主；而后两个族系来到大瑶山时土地早已被前三个族系所占有，只得向他们租种山地，成为他们的山丁。山丁每年除向山主纳租且服役外，在他们的收获中还要分一部分给山主，加上所耕的是山地，所以生活苦不堪言。③ 山主对土地的占有及经济上对山丁的剥削、勒索，激起了山丁一次又一次的反抗斗争，规模比较大的有两次。

（一）甲申乙酉事件

> 坤林、六同等地盘瑶，租种金秀四村茶山瑶的山地，每年除交山租外，还要在秋收时无偿为山主割稻。盘瑶为生活所迫，想举行一次暴动，先夺取金秀四村，而后进攻别的山主村庄。盘瑶头人密谋在为山主割稻时，纠集壮丁去，每个山主家里住几个人，继而约定一天，趁山主夜间熟睡时，各家齐动手，把四村山主杀绝。由于少数盘瑶人不愿意这么做，故意将消息透露给平林、六竹的茶山瑶，他们念及金秀四村是同族，所以将消息告诉他们。盘瑶因而迁怒于平林、六竹的茶山瑶，决定对他们进行惩罚。

---

① 《金秀瑶族自治县概况》编写组：《金秀瑶族自治县概况》，广西民族出版社1983年版，第19页。

② 《金秀瑶族史》编纂委员会：《金秀大瑶山瑶族史》，广西民族出版社2002年版，第25页。

③ 费孝通、王同惠：《花蓝瑶社会组织》，江苏人民出版社1988年版，第60—61页。

光绪九年（1883），盘瑶头人金长、扶约以杀猪卖肉为名，招引平林、六竹山主前来买肉。山主来到后，他们佯为殷勤，用酒肉招待，趁山主喝醉，便动手打杀。当场打死1人，其余几个逃脱出去。盘瑶头人趁机集合同族，攻下平林、六竹。从此以后，盘瑶选择地形较好的村庄集中起来，一面分头向附近山主村庄进攻，一面砍伐老山进行耕种。山主也纷纷起石牌，进行抵抗。

大规模的冲突，终于在甲申（1884）、乙酉（1885）两年暴发。甲申年，盘瑶攻下古卜。乙酉年，又向立龙大举进攻。立龙人逃往滴水、土县二村避难，同时向金秀四村求援。金秀四村起石牌，调动200人来打盘瑶，一度到达坤林。但坤林盘瑶早已撤走，金秀人扑了个空。盘瑶也一度攻到金秀附近，但不敢进村，把离村约500米的社庙烧毁，把附近几亩水稻砍平后撤退。

冲突持续了两年多。后来山主采取破坏生产策略，到处派武装砍盘瑶庄稼。盘瑶受此打击，心里已经动摇，又因冲突中几个能干的领袖被打死，且青壮年的伤亡也比茶山瑶的多，因而放弃了斗争，凑钱推举头人赵才进等到永安州去告状。官司打了一年多后，永安州官判决：老山不准砍伐，茅山允许开垦，但仍须向山主缴纳十分之一收成的山租。盘瑶输了官司，力量又不强，为生活所迫，只好忍气吞声接受剥削，反抗斗争失败了。①

由于文献记载阙如，我们对"甲申乙酉事件"中盘瑶头人的巫师身份以及事件的组织方式知之甚少，因而很难断定是否有巫师参与、组织和领导。事情的真相被笼罩在时间灰尘所腾起的迷雾之中。不过，通过对盘瑶巫师的社会地位与作用以及批租土地程序的分析，也许能发现巫师在其中发挥作用的踪迹。盘瑶巫师识汉文善说辞，办事公道，经验丰富，见多识广，深受瑶民拥戴，在公共事务中起到领袖人物的作用。宗教祭祀要他们主持；村寨纠纷要他们出面调解；签订契约要他们作证；群众生命财产受到外来威胁，他们又是临时武装的组织者和指挥者。因而能组织如此大规模的抗租运动，离开巫师组织和领导是不可能的。再如批租山地，过程一般是：山丁若看上某块山地，即打听该地属何村何人所有，然后通过别

---

① 广西编辑组：《广西瑶族社会历史调查》（第一册），民族出版社2009年版，第77—79页。

人或自己亲自到山主家中商议批租事宜，一旦双方条件差不多，山丁便带上猪肉、鸡、鸭、酒等物品来到山主家中，请山主吃喝一餐。由于山丁普遍缺乏土地，所以他们喜欢集体批租山地，这不仅因为集体批租能开垦面积更宽的山地，对蝗虫、山猪、猴子等虫兽的侵害有更强的抵抗力，还可凭借集体力量抵抗山主的"打油伙"勒索。盘瑶巫师扎根于民间社会，与普通民众毗邻而居，他们对民众的需求反应十分敏感，而且他们的利益与民众一致，从而易于被接受为村社利益的代言人。因此，山丁集体批租土地办手续时，多由社主（巫师）作为"批头"直接出面与山主交涉相关租赁事宜。[①] 巫师作为租批代表，当族人受到沉重盘剥无法忍受时，组织民众起来抗租也就不足为奇了。因此，尽管文献记载阙如，如结合巫师在当地盘瑶中的社会地位与作用，还是能够给予符合实际的说明。

（二）黄元明领导抗租斗争

现居大樟乡瓦厂、洛西等地盘瑶，以前租种黄桑、下灵两村花蓝瑶的山地。这里没有青山，只有茅草荒岭，土地瘦瘠。两村山主除要收租外，还常到山丁家里敲诈勒索，稍不如意，就要打人撵人。有一次，黄桑山主胡云安到洛西收租，强迫山丁杀猪招待。山丁说家里的猪是养着还盘王愿的，胡云安不由分说，竟强迫把猪杀了。盘瑶人对盘王无比崇敬。盘王猪无论如何都不能移作别用，而现在却被山主强迫杀去，心里怀着极大的恐慌和愤怒。而邻近同族，也尽动公愤。而当地鼎鼎有名的盘瑶头人黄元明利用群众不满情绪，召开附近村庄头人会议，发动抗租运动。各头人回村后，以山主强杀盘王猪作宣传，结果有200户盘瑶愿起来打山主，抗缴山租，战事随之而起。

光绪二十三年（1897），盘瑶邀约与黄桑村有仇的抱村壮族一齐攻下黄桑。山主除被打死外，其余逃往六巷避难。别村山主见黄桑被攻下，也起石牌前来救援，但因壮族武器较好，无法近村，只好撤退。接着下灵也被盘瑶攻下，村民也搬到六巷避难。后来盘瑶又先后攻打门头和六巷。攻门头时，盘瑶死3人，花蓝瑶死7人，耕牛死10多头。盘瑶进攻六巷是邀约汉人齐去的，因六巷人固守，又有古陈人来救，未能攻入村里。汉人死48人，盘瑶也有死伤，只好撤退。

[①] 莫金山：《瑶族石牌制》，广西民族出版社2000年版，第86页。

战事持续了13年，双方各有死伤。后来盘瑶利用山主水田多、离村远的弱点，挖崩田基、水圳，使山主遭受巨大的损失。他们主动向山丁求和，声言愿将红台、洛西一带山场划给盘瑶，并约期协商立约。黄元明信以为真，带上黄金发如期赴约，与山主订立了分割山场的契约。然而在黄元明、黄金发带契约返回至一小坳时，遭到山主狙击手的枪击，黄元明当场死亡，黄金发受伤逃回，不久毙命。他们带回的契约被山主搜去。盘瑶因领袖死亡，人心动摇，不愿再打，愿交山租。一场轰轰烈烈的抗租斗争，就此结束。①

黄元明领导的抗租运动，也因文献记载不详，而无法确定领导者是否为巫师。不过值得注意的是，抗租运动的起因是花蓝瑶山主强迫杀了盘瑶准备用于还盘王愿的猪，引起盘瑶的强烈不满。黄元明等盘瑶头人于是利用群众不满情绪，召开村寨头人会议，以山主强迫杀盘王猪作宣传，鼓动200户瑶民起来打山主，抗缴山租。由此可见，盘瑶头人是利用瑶人对于盘王的崇信，而得以操纵此信仰发动瑶人通过暴力形式抗缴山租。盘瑶人对盘王无比崇敬。相传盘王是瑶人的始祖，又传盘王在瑶人渡海遇难时挽救了他们，给了瑶人再生的机会。为报答盘王的再生之恩，瑶人所到之处立盘王庙，焚香膜拜，杀猪酬谢。盘瑶凡遇人口不宁，牲畜不旺，收获不丰，视为盘王作怪，须问卜许愿，杀猪奉祭，请巫师作法②，谓之"还盘王愿"。祭祀十分隆重、严肃，主办还盘王愿的人家要宰杀一两头猪，请3—5个师公到家里主持还愿仪式。用来祭祀盘王的猪要专门饲养，以强调其专属性和神圣性。具体地说，主家在春季许愿之后，就要专门喂养一头猪崽，而且喂养时要格外精心，不得随意打骂，不得死亡，以用作冬季还盘王愿时的献牲——献给盘王的享物。盘瑶民间盛传，假如许了愿而不酬还，盘王必将降予更大的灾祸。故为还盘王愿而养的猪，无论如何都不能移作他用。盘瑶民间广泛流传着许多与还愿猪有关的灾异之事，兹任意择此类传说之一叙述如下：

---

① 广西编辑组：《广西瑶族社会历史调查》（第一册），民族出版社2009年版，第79—80页。

② 唐兆民：《瑶山散记》，文化供应社1948年版，第111页。

以前，磨刀组有户人家养了3头猪，有1头是用来还愿的。有人问家主，"这头猪是用来还愿的吗？"他说，"是的。"后来他又买来2头猪，于是将还愿猪从栏里放出来，把买来的猪放进去。没过几天，还愿猪就死了，买来的2头猪也死了。第二年，他又养了2头猪，有1头定为还愿猪。邻居看到还愿猪长得好，想用1头猪来换那头还愿猪，于是问他，"你这头猪是用来还愿的吗？"他说，"不是。"过一段时间还愿猪就死了。后来有一天，家主上山砍树时，被斧头砍伤了脚，用了很多药也不见好，伤口溃烂、发臭，后经千金组赵有福治后才好。由于生活不顺，他就请师父占卜，看家里有什么东西隔着。师父告诉他说，家里有愿未还。后来他还了愿，家里才平安。[①]

用于祭献的猪还需是全牲，但要除去内脏。屠杀猪的过程须在盘王面前，且依照一定的仪式程序进行。[②] 还盘王愿活动中还杂糅了大量的宗教内容，包括师公的诵经、神像、歌舞、道具、服装、符号，冗长而复杂的仪式表演以及经文背诵只掌握和传承在师公那里，普通民众并不了解和明白，他们充其量只是在观摩。对于渡海神话，老人们也只知道点概略，或耳闻过片段，已经说不清比较有来龙去脉的传说了。他们往往说："问某某塞翁去，我们不太懂喽。"可见，渡海神话及由此衍生而来的还盘王愿仪式已成为师公的专属性知识，只有师公有操纵盘王信仰的机会。师公们通过操纵还愿仪式唱颂盘王的丰功伟绩，让盘瑶子民崇奉它，成为他们顶礼膜拜的精神偶像，从而让盘瑶头人得以利用还愿猪被杀导致盘瑶人恐慌和愤怒的心理，令盘瑶民众奋起而反抗，参与暴力抗租而不辞。也许巫师不是这场运动的领导者，但却是促成这场运动的关键人物。

第四节　巫师与本土主义运动

文化变迁是永恒的现象。在文化变迁过程中，许多民族固有文化经常受到外来文化的影响。在某些情况下，固有文化与外来文化互相混合，形

[①] 2008年2月15日由贺州市黄洞瑶族乡黄洞村千金组赵有福师公提供。
[②] 彭兆荣：《仪式音乐叙事中的族群记忆——广西贺州地区瑶族"还盘王愿"仪式音乐分析》，曹本冶主编《中国民间仪式音乐研究》，上海音乐学院出版社2007年版，第294页。

成人类学所说的"综摄文化"。但在很多情形下，当外来文化比固有文化力强大时，固有文化因受到压制而面临灭绝危机，此时经常有一种反抗的运动出现，企图保存或延续固有的文化。这种对外来文化的反应运动，一般称为"本土主义运动"。① 本土主义运动分为四种类型：信仰复兴的巫术型、信仰复兴的理性型、永久保持的巫术型、永久保持的理性型。② 有人认为瑶族的千家峒运动，属信仰复兴的巫术型③。

凡瑶族人都向往千家峒，崇拜千家峒。千家峒传说主要在盘瑶中盛传。数百年来，散居各地的盘瑶都有一个共同的心愿，那就是找到祖先失落的家园，重返千家峒。从19世纪中叶至20世纪80年代，一代又一代的盘瑶人，前赴后继，不畏艰险，勇往直前，甚至不惜付出生命，寻找他们心中的圣地。④ 在所有的千家峒运动中，以辛巳年（1941）大瑶山及其附近修仁、榴江、荔浦等地盘瑶集体迁回千家峒事件的规模最大、巫术色彩最浓。

大瑶山盘瑶长期以来处于山丁地位，靠租种山主的山地过活，生活极为贫困。自从国民政权机构进驻瑶山后，保甲制度也随之建立起来，加重了对盘瑶的压迫和剥削。盘瑶在无以为生的时候，只有幻想回到祖先原来的居住地——千家峒，去过那吃穿不愁的美好生活。

  1941年以前，千家峒运动已在榴江县热水、冷水一带山区酝酿。经过一段时期后，在大瑶山以北的修仁县的那磨漕、六桂、南流以及荔浦县的蒲芦一带盘瑶地区逐渐扩大。由于受修仁县那磨漕的影响，千家峒运动在大瑶山各盘瑶居住区迅速展开。

  1941年二月间，盘瑶李七飞来到忠良山界村宣传组织拜神。他说："上天老了，以后要各种各收，不交租，要公平合理。土地山林不是哪一个人的，又不是哪一个做出来的。我们在千家峒种田地，不纳粮，不交租。我们为什么要受茶山瑶的气？我们要回千家峒过好日子。"当地群众不分男女老少，纷纷加入组织，设坛拜神，降童练

---

① 李亦园：《信仰与文化》，巨流图书公司1983年版，第180—181页。
② 拉尔夫·林顿：《本土主义运动》，陈志平译，载史宗主编《20世纪西方宗教人类学文选》，上海三联书店1995年版，第906页。
③ 宫哲兵：《千家峒运动与瑶族发祥地》，武汉出版社2001年版，第140页。
④ 同上书，第36页。

兵。神坛设在屋里，坛前摆方桌1张，桌上摆香炉1个，宝剑、马刀各1把，木印1颗，旗帜1张。凡加入组织的，降童时都要参加，称为"练兵"。降童之人，有时是领导人，有时为一般群众。降神前，先敲锣打鼓，焚香化纸后，降神的人会全身发抖，一会便开始代神说话。代神说话都是说，盘王叫瑶人回千家峒；鼓动瑶人参加拜神练兵，修炼成功之后，就可变作老虎，飞回老家，飞虎把恶人吃完了，天下就会太平；或是瑶人要到千家峒去了，不交租，不纳粮，个个能吃白米饭；或是劝告大家要诚心修炼，修炼的方法是限定若干个时间不得吃油吃肉；或是指示大家把蚌壳养在水缸里，修炼期满，蚌壳会发出巨大的响声，大家就可以变为飞虎；或指示某年某月某日不许做工，不许开门外出，也不许喝当天的水，饮用的水都要提前一天挑回家存着备用；或指示不要耕种生产，已经种下的庄稼也要砍去。诸如此类充满了巫术色彩的原始反抗意志，使大瑶山各地的盘瑶人组织起来，团结一致了。

李七飞在三界首倡之后，即派部下黄文寿到六音动员肖成朝。肖参加组织后，到附近各村展开宣传组织工作。忠良附近成为运动的中心地区，其他较远的村落，参加的人也很多。这个组织有一定编制，设有团长、营长、连长之类。该组织恶人不收，越穷的越容易被接收。加入组织后，凡能组织三百人的就可以当连长。

旧历二月至八月初一间，参加者虽然没有照盘王的旨意不事生产，但因常常拜神练兵，又说不久要离开瑶山回千家峒，生产的劲头就不那么积极了。有的人虽然开始参加时十分信仰，但过了两三个月，看到仍搞不出什么名堂来，也就自动不参加拜神了，不过这种人并不多。旧历七月中，各地都添置了一些武器，如大刀、三叉之类，并各备绣有民族花纹图案的符号1个，或头巾1条，作为回千家峒的凭证，领导人佩精神带1条，以资区别。

八月一日，是集体行动的日子，各地盘瑶由领导人率领着预先在一个地点集合，然后再到忠良集中，由忠良出蒙山回千家峒。预定的日子到了，可是天下大雨，河里涨了水。除部分在忠良附近的盘瑶集中在忠良外，其余的被山洪所阻。盘瑶集中出山的行动被国民党政府知道后，蒙山县府就来迎头阻拦。金秀设治局从后面追来。前后被夹的盘瑶人，只好听从国民党政府的诱骗，除几个领导人被带去蒙山被押被杀以外，其余群众都纷纷四散。在此事件中被蒙山县府杀害的有肖成朝，被押死于监牢的有李有望、冯成荣、肖志官。各地参加群众，因见政府捕杀人，大起恐惧，有的远走他乡，有的因当年生产收入不多，卖儿女维持生活。运动中组织领导者还作了一首长达两百多句的"辛巳岁立歌传"来作为宣传鼓动的武器。①

2007年8月，我来到十八家屯采访肖成朝的孙子肖兴福。他告诉我，他祖父度过戒，通晓宗教仪礼，是一名唢呐手，常参加婚丧活动，交际比较广泛，在群众中享有很高的威望。由于事件过去很久，已无人说清整个运动的来龙去脉，其领袖人物的身份更是无从说起。不过，从此事件的宣传、组织方式及口号来看，带有很强的巫术色彩，肯定有巫者参与组织领导，因为领导人通过"降童"练兵把民众组织起来，而"降童"是盘瑶比较流行的巫术仪式。而今人莫金山的调查也证实了巫者是当时运动的领导者。黄文静、黄金胜父子是六干村六桂口的师公，忠良一带爆发返回千家峒运动后，他们积极参加这场运动。黄文静被任命为连长，主持六干村法事活动。黄金胜也成为法场里的重要人物。他们设坛焚香，拜神练兵。运动被镇压之后，众多瑶民遭到捕杀，而他们却躲过官兵的围捕，平安返回家里。村里流传说这是他们修行得道，变成飞虎，来去无踪的缘故。②

---

① 广西编辑组：《广西瑶族社会历史调查》（第一册），民族出版社2009年版，第89—90页。
② 莫金山：《瑶案沉思录》，展望出版社2005年版，第132—133页。

第七章 巫师的权力再造

盘瑶巫师是一个以传统社会为依附的特殊社会群体。盘瑶传统社会的超稳定结构，为他们垒筑了一个牢固的活动舞台。从清末起，国家政治体系开始渗入广西盘瑶社会，盘瑶传统社会组织因受到压制而削弱。国家政治体系在建构过程中，出于追求政治整合之需要，委任盘瑶传统头人为基层官员，导致盘瑶地区传统政治体系与主流政治体系纠合在一起，而主宰盘瑶社会生活的仍是以民间权威为核心的瑶老统治制度。然而，国家政治权力的下沉，侵蚀了盘瑶民间权威的权力基础。盘瑶社会旧的权力基础——礼仪地位，正在日益失去重要意义而让位于新的权力基础（如受教育程度、财富等）。特别是瑶山解放以来，随着盘瑶传统社会的节节退缩，原有的社会结构和价值体系加速瓦解，盘瑶巫师逐渐从社会中心被挤向社会边缘。虽然1980年以来，国家权力在农村逐渐收缩，基层政权对社会的控制减弱，传统的权力观念与制度得以回潮，但是历经数十年的政治运动之后，盘瑶巫师对社会的控制难以回到从前。他们在村寨管理中基本失语，逐步退出村落政治舞台，回归传统的仪式。仪式场合象征一种公众承认的权威中心，给盘瑶巫师提供一种象征的权威地位。盘瑶巫师由仪式领域获得的权威，弥补了他们被从政治领域的放逐。本章试以金秀大瑶山盘瑶巫师为考察对象，讨论国家权力下沉瑶山后，瑶族巫师如何再造他们的权力。

第一节 晚清政府对瑶族头人的羁縻管制

金秀大瑶山在明代以前，基本上属于"化外之域"。虽说唐宋时期这一带曾有武郎县、思和县的建制，但这两个县究竟设在哪里，它们在瑶山能管到多宽的疆域，史乘上难以稽考。

元末明初，大瑶山周围几十里，甚至一二百里的范围内，生息着众多的瑶族。[1] 明朝统治者为加强对瑶族社会的全面控制，先后在瑶山周围各州县设立了九个千卫户所，后来又增设十多个巡检司，对瑶族地区实行军事化管理。[2] 瑶族不但没有臣服于明王朝的权威，反而在面对这一权威的控制时经常进行抵抗。最后一次大规模的斗争是发生于大瑶山附近的大藤峡，当时统治者动用了十几万军队，在百余年时间里先后三次对瑶民进行镇压。瑶民有的被屠杀消灭，幸存的被迫迁徙外逃，有的则转入深山僻岭以求自保。大瑶山的地势和位置成为容纳附近流散瑶民的安全场所。这个山区处于柳江、桂江和浔江形成的三角地区的中心，在海拔较低的平原中突起的一个山区，方圆2100多平方公里，最高山岭海拔1979米。山势陡峻，落差极大，易守难攻。只有在这一块万山丛集的山区，瑶民才能远离汉人居住的区域，逃出官府对他们的控制与镇压。瑶民对居住区域的选择，实是出于对官府的恐惧、敌视和躲避的心理而被迫、无奈地做出的。正如吉登斯所说的，这些区域正是传统国家的"次位聚落边陲"，虽然位于国家的版图之内，但中心区的政治权威仅能"波及或者只是脆弱地控制着这些地区"[3]。人寡势弱的瑶民入山后，凭着高山陡岭进行自卫。他们在与官军的周旋中，充分利用山高坡陡的优势，依山谷险要为天然屏障，有效地阻击了官军的历次征剿。明王朝出兵进行清剿，意图实现对瑶族社会进行控制的希望落空了。那些忠于明王朝的文臣武将在善后的条陈奏疏里，只好建议朝廷在大瑶山周围设置军事机构，立堡屯兵以资防守，而不言及把大瑶山腹地纳入直接统治之下。因而在相当长的一段时间内，中央政府只能默认瑶族以一种自我规管的状态而存在，成为独立于国家权力体系之外的一个"化外"民族。瑶民在既无州县土司，又无郡县保里的大瑶山里，过上了基本不受外来权力干扰的生活。这里犹如一座孤岛，四周皆是王化之区，而它却是孑然世外，"不归王化"。只有通过商贩交往这一细小的渠道，偶尔透进一丝外界的微弱影响。

清初，大瑶山被划分给沿山周围各州县管辖，并且还划定了各州县在瑶山境内的疆域。1956年在忠良乡土县村发现了一块清乾隆四十二年

---

[1] 胡起望、范宏贵：《盘村瑶族》，民族出版社1983年版，第13页。
[2] 奉恒高主编：《瑶族通史》，民族出版社2007年版，第358页。
[3] 安东尼·吉登斯：《民族—国家与暴力》，胡宗泽、赵力涛译，生活·读书·新知三联书店1998年版，第60页。

（1777）所立的石碑，上刻"永安州西至界"①，是当时"分土而治"的直接物证。但分疆划界之后，清政府并没能在这片土地上直接行使统治权力。而外受围困内则固守的瑶族，开始逐渐缓慢地同官府发生了接触。康熙二年（1663）瑶山东南部的罗香、龙坪坳瑶最先向当时平南县缴纳粮赋；乾隆年间，瑶山东北部的岭祖茶山瑶开始向当时永安州完粮纳税。但当时向清政府缴纳粮税的瑶民，人数比较少，居住地域不宽，就整个瑶山来说，只是很小的一部分。瑶山广大地区仍不列编户，不供役纳赋。是时清政府的统治力量对瑶山这片广袤的土地还是鞭长莫及。

清末，中央政府对大瑶山的统治，比较前代逐渐加强。光绪二十九年至宣统元年（1903—1909），瑶山被以郭三为首的三点会占为据点。1909年，为镇压进入瑶山开展反清活动的三点会，李国治会同莫荣新等人率领各县官兵和团练，分经平南县鹏化、马练，象县大乐、百丈，蒙山县新圩等地进山围剿。李国治坐镇罗运，唆使石牌头人发动群众放哨把卡，带路运粮，协同官军作战。平息三点会后，李国治在罗运召集全瑶山七十二个长毛瑶村石牌头人和出力人员开会庆功。为了让清廷行政力量向下延伸到瑶族基层社会，同时通过羁縻瑶族首领的办法，达成"以瑶治瑶"的间接统治目的，会上李国治同瑶族头人商定，把大瑶山分为四个团，委派瑶族头人为团总。小事各团自理，大事召集团总公决。原有石牌规定，一概照旧，不予废止。这是清政府企图把石牌纳入团的建置，把一部分比较听命的石牌头人任命为团总的措施，是历代统治者所实行的羁縻政策在新形势下的继续。刘道干、全公传、蓝扶霄、赵朝堂成为瑶山历史上第一代官任团总。由于团总协助官府剿匪有功，会后由李国治保荐，清廷授予五品军功，得花翎顶戴，赏给大批衣物、粮食、名酒、银两和枪支。这些受封者原本都是石牌头人，经官府委任后当上了团总，成为官府处理瑶山事务的代理人，在瑶族社会里扮演着团总兼石牌头人的双重角色。以后历任团总也都是从石牌头人中加封的，故在团总与石牌头人关系上，一般是合二为一。团总通常便是石牌头人，而石牌头人也任团总，一身而二任。在大瑶山石牌制度中，以长毛瑶的石牌及其头人起着主导作用，团总全由长毛瑶中最有威望的大石牌头人充任。盘瑶因处于山丁地位，未能当上大石牌头人，自然没有资格担任团总，他们的头人只能处于团总的管制之下。

---

① 广西编辑组：《广西瑶族社会历史调查》（第一册），广西民族出版社1984年版，第15页。

团总作为瑶族头人而兼任清朝基层官员，为一方最高行政首领。团总下辖石牌头，石牌头下辖社主，社主下辖族老。团总的职责是协助官府处理瑶山事务，主要是处理讼事纠纷，弭盗安民，会同官兵围剿盘踞瑶山乱党，保持与官府的通达关系。在瑶山分立四团，委派团总后，清军便退出了瑶山。清政府两年后被辛亥革命推翻，团总实际上未发挥多大作用。然而，由于瑶山以前是瑶民自己管理的地区，因而政府在此建立团总组织，委派瑶族头人为团总，是官府深入大瑶山地区，插手瑶族社会事务的开始。分立四团后，平乐知府欧阳中鹄便拨库银两千元存修仁典当铺里生息作为基金，在金秀开办了一所小学；平南县也拨款在罗香、平林两地设立私塾，招引当地瑶民子弟接受同化教育。上举两例，即是官府插手瑶山事务的证据。虽然如此，整个瑶山内除边缘一些村寨列入清朝编户供役纳赋外，大多数是"王道不及之域"。但自1909年起，有部分石牌头人兼团总身份，开始对瑶族事务施加微弱的影响，但主要依靠石牌组织进行统治。这些头人职能范围宽广、权位十分显赫，从制定石牌律，执行石牌意志，调解判案，到惩盗御匪，均由他们召集主事。在团总制度下，虽然习惯上村寨内小事仍由石牌头人解决，但是大事却要召集团总公决，不免削弱了石牌头人的权力，阻断了他们的权力集中之路。

瑶山团总虽由官府设置，但无薪俸可领，也没有什么特权，同样要参加生产活动，家庭经济也不算好。石牌头人兼任团总后，也要恪守石牌规条，不能倚仗官府而自行其是，倘若触犯了石牌规条，同样要受到石牌组织的惩罚。不过，由于他们有官府支持，又经常在外活动，懂得一些汉语，能言善辩，于是在群众中渐渐有了一定的权威，在处理瑶族事务中占据了首要位置，表现为群众中发生纠纷，往往先找他们申诉，开会审理案件时，往往首推他们讲话。团总虽非专职行政人员，不脱离生产劳动，未享有任何特权，又要照顾民众的感情，以便获得支持，但在社会上却受人尊重，对民众拥有某种程度的权威。

综上所述，明清两代中央政府采用剿抚兼施的手段，以便能够实现对瑶族社会的全面控制，但国家权力在对瑶族社会进行渗透的过程中，遇到了相当大的阻力。虽然晚清政府分立四团，委派瑶人为团总，名义上将瑶山纳入统辖范围内，但鉴于历代统治者的镇压、欺凌，瑶民不敢轻易听信官府。瑶山基本上仍是一个封闭的地区。瑶族仍以其独有的石牌组织，维持着瑶山内部的社会治安及生产、生活秩序。作为对边远山区这样一股顽强的乡村势力的妥协，中央政府不得不默认了这一未对其统治构成挑战的地方势力的存在。主宰盘瑶社会生活的，并非国家政治权力，而是以石牌权力为核心的瑶老统治。

第二节　民国政府对瑶族民间权威的改造

正如前文一直强调的，虽然明政府采取了许多措施，欲实现对瑶族社会的全面控制，但却未能取得预期的效果。清末，大瑶山无县一级的行政机构，分属周围七县管辖。而清代地方官员平均每县5名，但他们所辖县的平均人口却由明代的10万人增加到25万人①，因而仅凭几个地方官员之力，根本无法实现对所辖区域进行严密的控制。大瑶山名义上虽纳入清朝行政区划，但由于地处边陲，山峻水险，林木幽深，草莽丛生，国家权力鞭长莫及，加之历代统治者的歧视和压迫，使瑶族社会处于封闭的状态。

中华民国成立后，逐渐加大了对乡村社会的控制。民国成立初年，大瑶山仍然沿袭清制，划分为四个团，委任瑶族为团总。但因这时军阀混战连年，国民革命不断，政局动荡不安，国民政府无暇顾及大瑶山，瑶山依然我行我素。这种状况持续至民国中后期。1926年新桂系军阀确立在广西的统治之后，便把势力伸进大瑶山。国民党政治势力的深入，逐步打破了这里闭关自守的局面，使瑶山与外界产生了较为广泛的联系，瑶族社会开始了急剧的变化。

大瑶山的罗香、大樟、忠良，毗邻平南县的马练、武宣县的东乡、蒙山县的新圩。这些毗邻县份，在共产党的领导下，农民运动如火如荼。而上述与瑶山毗邻的地区，农民运动的蓬勃开展，都影响到了大瑶山。1926—1927年，罗香、忠良、大樟等地农民，在共产党的领导下，组织农民协会，"打土豪，分田地"，开展农民运动。由于农民运动危及了国民政府在瑶山的统治，很快遭到国民党军队的镇压。农民运动促使广西省府产生了对大瑶山实行更为严密控制的决心。慑于农民运动的威力，广西省府深恐农民运动波及瑶山他处，遂选择罗香作为"开化"瑶山的楔子。

---

① 罗兹曼主编：《中国的现代化》，"比较现代化"课题组译，江苏人民出版社1988年版，第81页。

1930年，广西省府派黄云焕等几个在党政训练所受训的青年进入罗香、横冲，以开办"化瑶"小学为名，窥探大瑶山社会，拉拢瑶族上层人物，为国民政府实现对大瑶山的统治奠定基础。黄云焕不久成为盘瑶头人李荣保的女婿。① 在黄云焕的筹谋下，李荣保向广西省府提出开发十八山的计划。1931年广西省府拨步枪50支、东毫1.5万元，供李荣保开化十八山之用。李荣保利用这批经费、枪支，组织起一支瑶民武装，把盘踞在十八山的土匪赶跑，随即带领几十户盘瑶进入十八山。同年冬天，李荣保率众瑶族头人赴南宁谒见广西当局领导，南宁报纸多有"瑶王李荣保"的报道。1932年，广西省府任命李荣保为十八区区长，同时把十八山和紫荆山北部的横冲、良段以及原属象县瑶区的小横冲、红台、洛西、岭桂、黄铃、六庙一带盘瑶聚居区划归李荣保管辖，并把这一带新划入瑶区的地方编为宣化、开化、归划三个乡。② 广西瑶族地区乡村编组工作由此拉开序幕。

  接下来发生的事情促使广西省府加快了在瑶族地区组建乡村的工作。1933年2月，广西北部爆发了一场由巫师领导的瑶族农民起义。广西省府出动大批军队在飞机大炮的配合下，才将起义镇压下去。③ 桂北瑶民起义使广西省府认识到，必须加强对瑶族地区的控制。而要做到这一点，就必须在瑶族地区组建由政府直接掌控的乡村政权。组建了乡村政权，委任了乡村甲长，政令就能贯彻到瑶族社会中，从而建立起政府的威慑力量，削弱瑶族传统社会组织的影响，使它不能轻易地把民众组织起来，形成一股政府难以控制的势力。1933年4月5日，广西省府发布《广西各县苗瑶民户编制通则》规定："苗瑶民户聚居达五户以上时，得编为一甲，指定其本族一人为甲长。""苗瑶民户聚居达五甲以上时，得编为一村，指定其本族二人为正副村长。""苗瑶民户聚居达五村以上时，得编为一乡，指定其本族二人为正副乡长。"政令发布后，广西省府训令周围七县所辖瑶山地区建立乡村政权机构。罗香、平竹、六竹、六巷、古陈、门头、长峒等地建立了乡公所，委任了乡村甲长。是时，瑶族内部的纠纷由乡村长解决，大案由周围七县政府出面审理。石牌头人的权力被逐渐削弱了。不

---

  ① 1932年，上海艺联公司在大瑶山拍成电影《瑶山艳史》，记录了他们的故事。
  ② 广西区政协文史资料委员会编：《广西文史资料选辑》（第32辑），广西区政协文史资料室1991年版，第202—203页。
  ③ 奉恒高主编：《瑶族通史》，民族出版社2007年版，第534—544页。

过，这时瑶山大部分地区仍不缴税纳粮，不征收夫役，乡村保甲制度尚未全面建立。[1]

到了1939年，大瑶山边缘地区都先后编组了乡村，算是"开化"了。唯有大瑶山中心的金秀及其以西地区尚未"开化"。广西省府便派从广西特种教育师资训练所[2]毕业的瑶民子弟前往宣导，鼓吹"开化"带来的好处，为"化瑶"作舆论上的准备。1940年，为进一步把统治势力插入瑶山的心脏，广西省府设立了金秀警备区署[3]，因金秀等村瑶民反对而无法进山，只得把该署寄设修仁县，同时派人进山与石牌头人谈判。石牌头人陶进达等召开全瑶山石牌大会，一致决议：不让警备区署进驻瑶山。会后各地瑶民纷纷购置枪支，准备进行武装抵抗。[4] 获悉瑶民拒绝进山后，署长潘耀武于同年8月17日带领军队兵分两路偷袭金秀，于次日攻下金秀四村，迫使陶进达等头人同意警备区署迁进金秀。为巩固国民党的乡村政权，1942年1月警备区署以永宁乡为试点，开始对村甲长进行集中训练。[5] 1942年7月，金秀警备区署改名为金秀设治局。设治局为广西省府派出的相当于县一级的行政机构，拥有行政、民政、财政、建设、教育、治安等方面的管理权，司法权归周围七县。同年，设治局对原有诸乡进行部分调整，把瑶山划分为永宁、崇义、岭祖、古卜、东北、东南、木山、贵山、三合、翁祥、罗香、罗运、平竹等13乡[6]，委任瑶族为乡村甲长。乡长还配有助理，以协助执行公务。通过以上行政设置与基层官员任命，瑶族社会被纳入国民政府的全面监管之下，形成了一个由甲长控制户主，村长控制甲长，乡长控制一乡内的所有事务，又受设治局与原属各县双重管制的景象，从而在瑶山内形成了一个严密的控制网络。

瑶族乡长由地方当局直接委派，村甲长由寨内群众推举，报乡村公所核备即可。在对基层官员的遴选上，常出现瑶族选举头人和官方委任官员

---

[1] 莫金山：《瑶族石牌制》，广西民族出版社2000年版，第31页。
[2] 1935年在南宁成立，1936年迁至桂林，1942年改名为桂岭民族师范学校，学习期限为一年半。
[3] 后改名为金秀设治局、金秀警察局、金秀警察中队。
[4] 《金秀瑶族自治县志》编委会：《金秀瑶族自治县志》，中央民族学院出版社1992年版，第432页。
[5] 胡起望、范宏贵：《盘村瑶族》，民族出版社1983年版，第130页。
[6] 《金秀瑶族自治县志》编委会：《金秀瑶族自治县志》，中央民族学院出版社1992年版，第378—379页。

不是同一个人。瑶族头人选择依习俗是那些度过戒有正神护持、具备沟通鬼神能力、通晓传统仪礼的瑶老。官方则希望委任那些识汉文善说辞,与外界有联系的青年。面对这一问题,地方当局采用两种办法:一种是任命在地方上没有威望,但在特种教育师资训练所受过训,掌握一定的政治、文化知识,同权力机构保持联系,愿意替他们处理官方事务的青年,如庞有德;另一种是利用在当地威望较高的头人担任基层官员,如赵文品。但是官方委任的基层官员,又须获得瑶族群众的信任,否则就难以胜任。为减少因语言、文化等隔阂而导致的正面冲突,以便更有效地控制瑶族社会,地方当局以委封乡村长甲为诱饵,尽量笼络瑶族头人出任基层官员。在地方当局游说下,有些瑶族头人接受委任,充当国民党的乡村甲长,于是某些族老、社主、石牌头人兼巫师者,又成为国民党政权在地方上的代表。他们集巫师、传统头人、乡村甲长于一身,成为地方知识与官方力量的结合体,正是他们的双重身份使国家政权与瑶族基层社会得以联结起来。大瑶山盘瑶巫师兼任传统头人、乡村甲长者可举出的很多,兹举4例略叙如次。冯成文,十八家盘瑶,原是师公兼石牌头人,广西省府编组修仁县崇义乡永和村,被村中群众推选为甲长。[1] 赵如广,郎傍盘瑶,原是师公兼社主、石牌头人,广西省府编组崇义乡甲江村,充当国民党甲长。[2] 赵文品,六雷盘瑶,原为师公兼社主,广西省府编组古卜乡六强村,被委任为村长。[3] 赵明品,坤林盘瑶,原是师公兼石牌头人,广西省府编组古卜乡,被委任为乡长。[4]

乡村甲长负责协助地方当局管理民户,维持治安,征兵丁夫役,催粮纳税。瑶山乡村保甲的机构设置由简而繁。20世纪30年代的保甲机构,既无固定的办公场所,又无分文办公经费,职事人员也为义务职,需要与民众并耕而食,办事也要以民意为依归,不可任意施行。[5] 但他们对民众却拥有很大权力,如有人作奸犯科,乡长可视犯罪之轻重自行惩罚,给予罚款或实行枪决[6],而村长可役使村中民户每年农忙时每户出一个劳动力

---

[1] 2007年8月8日由原忠良乡武装部部长冯春寿先生提供。冯成文是冯春寿的父亲。
[2] 胡起望、范宏贵:《盘村瑶族》,民族出版社1983年版,第109、130、244—245页。
[3] 2007年10月13日由六雷屯74岁的赵文县先生提供。
[4] 2009年1月9日由龙表屯81岁的赵成寿先生提供。
[5] 1932年4月《广西省政府公报》。
[6] 同上。

替他做工一天。① 但1942年以后，乡村保甲机构在建制上呈现了官治化的趋势，乡村甲长的责权也进一步增强。1942年，设治局背信弃义，开始收粮税。盘瑶与其他民族一样，划分为甲、乙、丙、丁、戊五个等级户，甲户每月须缴纳白米10斤、现金10元，以下诸等级递减1斤、1元。② 粮税全靠村甲长催收，甲长按户收齐，集中存放村长家，由村长统一交乡公所。设治局每月还要强征瑶民当伕役，到几十公里以外的桐木或修仁挑粮食，供设治局职员食用。③ 瑶族乡村甲长的身份角色也发生了变化。时任乡村长者，领有一定薪俸。1943年，乡长每月可支取薪俸80元（时币），副乡长75元，村长35元。④ 甲长虽不支薪俸，但政府通过其他方式提升他们的地位。如规定甲长在任期内免除力役、粮税，以及一切临时摊款。同时，盘瑶地区保甲机构的官治化，使一些传统头人发生了变质。盘瑶过去没有土地，处于山丁地位，加以生产力落后，不易累积大量财富。所以传统上盘瑶应是阶序社会，领袖制度的特点是重视声望和权威，而非财富的积聚。以石牌头人为例，除在调解争端中得到一笔调解费外，再无其他经济特权，如行为不当还有可能被罢免或被除掉。而乡村保甲制的设立，加上外界所带来的影响，逐渐改变盘瑶原有的社会形态，形成阶级分化。1942年以后，地方当局委任的乡村甲长有些即为原来的族老、社主、石牌头人，他们取得了经济上的一些特权，领取官禄银饷，收入比一般人多，加之与外界联系频繁，懂得一些汉语，因而影响力日益增大。在民众心目中，乡村甲长渐渐成为有能力、有权势之人。他们中的某些人除替设治局向瑶民征收粮税外，也利用职权对瑶民进行敲诈勒索，侵吞集体成果，使自己变得富裕起来，成为有钱有势的地主、富农。

【个案7-1】李荣保当上木山乡乡长后，利用职权从瑶民水田中挑选最好的4公顷据为己有，又侵占乡公所作为自己的私人住宅。新中国成立前夕，他有大小房屋11间，牛14头，竹木山5座，年收入

---

① 2007年10月14日由六雷屯76岁的赵春福先生提供。
② 胡起望、范宏贵：《盘村瑶族》，民族出版社1983年版，第99页。
③ 同上书，第38页。
④ 《金秀瑶族自治县志》编委会：《金秀瑶族自治县志》，中央民族学院出版社1992年版，第350页。

稻谷12担，雇有长工2人，土改时被划为地主。①

【个案7-2】赵如广当上甲长后，为了发财致富，不择手段。有一天夜里，他的小舅盘正府用灯照明不慎烧到他的棕树皮。他便指责说，既触犯了他风水，又使他做蓑衣的原料受损，要盘正府赔偿12块东毫。又有一次，他家的竹子压到盘正府屋顶，盘未经他同意便把竹子砍掉。他借故说竹笋收获没了，要盘赔偿干笋每年12斤，连赔2年半。赵如广对亲戚尚且如此，对一般群众就更为毒辣了。给他打短工的人，挑担要过秤，以免短工偷懒。短工一天的报酬只得1斤盐或1斤米。新中国成立前夕，他有水田8亩，黄牛5头，雇有长工2人，土改时被划为富农。②

乡村保甲制的推行，国家权力的下沉，侵蚀了瑶族传统民间权威的权力基础。因为国家政治体系在瑶族地区建构的过程中，试图在瑶族文化之外建立新的政治体系。在此偏见影响之下，国家政权企图按照汉人社会的价值标准来改造瑶族的风俗文化。因而与乡村保甲制推行相伴的是，视瑶族文化为"陋俗"的"取缔"和"改良"的政策。1942年设治局强迫瑶民改装易发，还下令拆除所有庙宇，禁止进行宗教活动。③ 瑶族传统民间权威本是凭借掌握本民族历史、文化的诠释而产生权威的，如今本土文化受到了"取缔""改良"，他们的权威自然也就受到了压制和冲击。但是，瑶族传统民间权威并没有完全消灭，因为瑶老制无害于国民政府的统治而得以存在，人们万物有灵的观念没有改变，所以族老、社主、石牌头人、巫师的权威依然有它滋生的社会土壤。而地方当局为了便于同瑶族打交道，扶植了一批瑶族头人担任基层官员。以上原因的存在，导致瑶老制与保甲制纠合在一起。虽然表面上看来，主宰盘瑶社会生活的民间权威，或处于乡村甲长的权威之下，或摇身一变成为乡村甲长，但由于历史传统的影响，瑶老制在瑶民心目中更具神圣性和权威性，所以乡村甲长及乡村保甲制都只不过是一个外壳，内核仍然是以传统民间权威为核心的瑶老统治。瑶族传统民间权威仍然是村寨权力的核心执掌者。

---

① 莫金山：《瑶族石牌制》，广西民族出版社2000年版，第71页。
② 胡起望、范宏贵：《盘村瑶族》，民族出版社1983年版，第99—100页。
③ 《金秀瑶族自治县志》编委会：《金秀瑶族自治县志》，中央民族学院出版社1992年版，第379页。

无论是基层官员还是瑶族头人，都面临着如何处理官方事务和瑶族内部事务的问题。本来按照分工，两者在职能上是有区别的。前者依国家法理管理民户，维持治安，征收粮赋。后者按习惯法领导生产，调解纠纷，主持祭祀，惩盗御匪。但是国家权力的向下延伸，势必削弱瑶老的权力，增加群众负担，破坏原有社会秩序，引发社会骚乱。1941年忠良盘瑶集体返回千峒即是一例。因此，国家统治者及其地方代理人在力求权力深入的同时，迫于民情，不得不有所收敛。无论是基层官员还是瑶老，在行使自己的职责时，都必须尊重对方的职权。对一身而二任者而言，只需在两者间权衡轻重，做出抉择即可。而对于分任者而言，就必须向瑶老妥协。如果倚仗权势，胡作非为，必然招致民愤，轻者权力旁落，重者招来捕杀。所以面对利益冲突，基层官员如履薄冰。他们犹如行走在绷紧的钢丝绳上，谨慎地做出平衡动作以保全自己，稍有不慎，就可能摔得粉身碎骨。事实上，基层官员在处理官方事务时，一般都与瑶老商议，不干涉村寨事务，做到双方相安无事。但是二者之间并非伯仲不分。基层官员主要完成上级指派任务而不管理村寨事务，而瑶老负责处理生产生活以及宗教事务，在瑶族群众中权威更大。

由以上分析可知，1911—1949年国民政府统治期间，大瑶山政局发生了变化，政治体制发生了变更，国家政治统治较清末进一步加强。随着国家权力的渗透，盘瑶传统社会组织受到压制和削弱。但盘瑶传统社会组织并未全面解构，而是与主流政治体系并存，形成主流政治体系与盘瑶地区政治体系二重组合的状态。在盘瑶社会的二重政治结构中，其乡村领袖人物多一身而二任，既是盘瑶传统组织头人，又兼任国民政权的基层官员，扮演着二重政治领袖的角色。简言之，新（正式）旧（非正式）权力在大瑶山盘瑶社会中共存，并共同发生作用，但以非正式权力起主导作用。

第三节　人民民主政权遮蔽下的巫师权力

大瑶山人民政府成立后，通过乡村建制、政治运动、思想改造等方式，对瑶族乡村社会的各个领域进行渗透与控制。这些措施不仅使国家权力渗入瑶族社会的每个角落，而且也对他们的传统习俗造成了很大影响。人民政府发动的历次政治运动，之所以没有遇到盘瑶大规模的强烈抵抗，主要归功于它在平定匪乱、发展生产和土地革命中所赢得的坚强的民意基础。

1949年12月1日，大瑶山解放。在解放军的打击下，国民党正规军、特务，以及桂中、桂东、桂北的地方军、散匪3万余人，逃进大瑶山为匪。他们依仗精良武器装备，以国民党正规军为骨干，以惯匪为先锋，以封建地主、坏瑶头为靠山，在瑶山遥控指挥桂中、桂东、桂北的残匪发动暴乱，袭击基层人民政府，残杀干部和群众，奸淫掳掠，破坏交通，无恶不作。1950年10月，中共中南局会议确定以大瑶山为全广西剿匪中心，开展瑶山会剿，重点剿灭大瑶山土匪，摧毁广西土匪指挥中心。1951年1月8日，解放军14个半团挺进大瑶山，开始了瑶山会剿。剿匪大军进山前，土匪大肆造谣惑众，并威胁瑶民说："谁跟共产党走，就杀他九族！"瑶民被迫逃进深山老林，不敢与剿匪部队接近。剿匪部队进山后，严守纪律，冒着严寒露宿村外旷野，帮助瑶民修理房子，喂养猪鸡牛羊，并派人放牧，避免庄稼受牲畜糟蹋。同时派战士上山喊话，宣传剿匪政策和民族政策，动员群众下山。群众分清了是非，大胆回到村里。剿匪部队复以食盐、衣物、日常用品给予奖励。瑶民深受感动，给剿匪部队带路、送信、放哨、守卡、搜山、侦察匪情、捕捉散匪。如忠良乡六雷屯赵文品师公、文二屯黄金胜师公曾给剿匪部队带路进六卜、六干剿匪；长垌乡赵金保师公以作法为名给象县武工队侦察匪情。经过军民密切配合，1951年2月底瑶山会剿胜利结束，共歼俘土匪37778名。①

新中国成立初期，瑶族虽然在政治上获得解放，但由于自然条件的限制，生产十分落后，生活极为贫穷，加之历史上形成的生产关系，瑶族各支系之间继续存在事实上的不平等，严重影响了生产发展及民族间的团结。因此，加强民族团结，发展生产，便成为各族群众切身利益的一致要求。为此，分管瑶区的各县政府派出大批工作人员深入瑶寨，进一步宣传共产党的民族平等政策，解决瑶族内部和各族之间的矛盾。经过各族代表协商，运用瑶族传统的石牌形式，解决了瑶族内部及各族之间的矛盾。1951年8月25—29日，在金秀召开各民族和各瑶族支系代表大会，订立《大瑶山团结公约》。大会以石牌形式把《团结公约》条文刻在石碑上，

---

① 《金秀瑶族自治县志》编委会：《金秀瑶族自治县志》，中央民族学院出版社1992年版，第528页。

各族代表在石碑前共饮鸡血酒，表示遵守不逾。《团结公约》的贯彻执行，改善了瑶族内部及族系间的关系，促进了生产的发展。人民政府还为改善瑶民贫困的生活状况，积极筹集资金给他们发放赈济粮食、衣物[①]、生产贷款、生产补助和无偿供应农具、耕牛。截至1952年5月，瑶民收到政府拨来农业贷款50680元，锄3762把、刮子4514把、镰刀1814把、柴刀2388把、犁耙207架、耕牛274头。[②] 类似的事件还有减免农业税、送医送药、帮群众开展换工互助、推广先进生产技术等。所有这些事情为共产党政权在瑶族社会能够顺利开展工作赢得了情感上的支持与心理上的认同，由此确立了它在进行统治所需要的合法性权威。

1954年2月，大瑶山开始土改。开始之前，区委会对3个典型乡进行了社会经济调查。鉴于瑶山地主、富农少而小[③]，区委会决定采取"慎重的、温和的、有区别的、曲折的"土改运动。土改全面铺开前，区委会集中全区大部分干部进行土改培训。2月10日，组织受训干部搞土改试点。3月22日，土改工作队在全区铺开土改工作。工作队进村后，先召开瑶族上层人物座谈会，宣传政府的土改政策，争取他们支持土改。由于在土改中，工作队认真贯彻中央民族政策，尊重瑶族的宗教信仰。这就给瑶族传统的民间权威提供了相当充裕的生存空间，各种民间仪式仍在他们的主持下进行，而他们的权威也在这些仪式中得到了充分展现。

新中国成立后，中央政府对全国行政区作了重新划分。大瑶山的行政建制，始自瑶山剿匪结束之时。大瑶山剿匪结束后，瑶山中心及边缘地区相继成立区乡人民政府。因当时刚解放，局势还不稳定，群众觉悟不高，因而仍然保留保甲制，利用乡村甲长推行政令。1952年5月，分属各县的地区合并成大瑶山瑶族自治区，辖6个区40个乡。1955年8月，自治区改为自治县，县境辖7个区44个乡。忠良盘瑶聚居区经历了几次行政隶属上的变迁：1951年2月为岭祖区一部分；1955年8月从岭祖区分出成立忠良区；1958年8月改建为忠良人民公社。[④] 共产党通过对行政区域

[①] 2008年12月24日小德屯75岁的黄元香先生告诉我，当时他们村里收到了政府的救济粮、油、盐、衣服、被子，有的民户分到被子1—2套、衣服10—20套、粮食200斤。

[②] 《金秀瑶族自治县志》编委会：《金秀瑶族自治县志》，中央民族学院出版社1992年版，第153页。

[③] 广西编辑组：《广西瑶族社会历史调查》（第一册），广西民族出版社1984年版，第22页。

[④] 《金秀瑶族自治县志》编委会：《金秀瑶族自治县志》，中央民族学院出版社1992年版，第24—25页。

的重新设计、规划和调整，更有效地把这些区域纳入便于自己管治的行政网络内，从而加强了对村落社会的控驭。同全国各地一样，经过行政区域的数次组合和调整，忠良盘瑶社会最终被纳入严密的一体化控制体系范围之内。共产党完成了历代政府一直想做却始终未能做到之事，将瑶族村落纳入官制领域，实现了国家权力对瑶族村落社会的垂直延伸。

共产党领导的政府倾注了极大的精力来遴选基层政权执掌者。与历代政府所采借的资源与措施不同，现政府不再依靠原有乡村社会的权威体系，而是在各区乡村培养骨干分子，再由这些骨干分子组成的各级党组织及其成员来执掌所在区域的政权，从而实现对乡村社会的控驭。在对乡村政权执掌者进行遴选时，现政府遇到了很大的困难。它倾向于挑选那些对新政权有着强烈认同感，而又是自己能够驾驭之人，但又不得不考虑乡村社会的实际，尤其是对于有着强烈民族认同感的瑶族来说，更是如此。由于瑶族上层人物在群众中享有威信，他们中情况很不一样，故瑶区政权建设采取了不同于汉区的做法，对瑶族上层人物始终坚持团结、教育、改造的方针。瑶族中原有乡村甲长除成为匪首必须逮捕外（如李荣保），有些还可利用他们为人民民主政权工作。盘瑶中有些石牌头人、乡村甲长兼巫师者，因拥护共产党的方针政策，得以选拔为民族干部，参与到民主政权中来。如庞有德，忠良新村师公，从小拜师学法，习读经典，粗识文字。20世纪40年代被举荐到桂岭民族师范学校学习，回山后被国民党金秀当局委任为新村村长。大瑶山获得解放后，庞有德因识文字善说辞，在群众中威信高，当选为忠良区区长。还有一些不在旧政权任职的盘瑶巫师因粗通文墨，办事公道，能说会道，在群众中享有威信，又在平定匪乱、土地改革中经受考验而被选拔为民族干部。如黄元经，三角区甲江村师公。1942—1943年就读于国民基础教育甲江小学，能断文识字，算数记账。剿匪结束后，共产党在瑶山建立乡村政权，黄元经因有文化，办事麻利，当选为甲江村副村长。1951年6月当选三角区柘山乡文书。1955年9月任三角区委副书记，同年11月升任区委书记。[①] 又如赵成寿，龙表屯师公，自小从父学法，粗识文字。1955年被选送到少数民族干部培训班学习。1957年当选为六干乡副乡长。[②] 再如黄金胜，六桂口屯师公。少年就

[①] 莫金山：《瑶族石牌制》，广西民族出版社2000年版，第189—191页。
[②] 2002年10月14日由金秀大瑶山忠良乡龙表屯74岁的赵成寿先生提供。

读于村里私塾，稍长从师学法，习读经书。剿匪开始后，他为解放军带路打土匪。1951年瑶山剿匪结束，共产党在瑶山建立乡村政权，黄金胜因精明能干，又有文化，在群众中也有较高威望，当选为六干村村长。不过，能在国家权力机构中任职的盘瑶巫师，都经过了漫长而复杂的思想改造，而且加入了中国共产党。这种基层权威人物的选拔、任用机制，从组织形态方面解构了盘瑶原有的权威体系与认同方式，以瑶老为核心的长老集团不能再对村寨事务进行干预，共产党领导的政府通过自己培养的基层干部，将国家权力伸入盘瑶社会组织的内部。

第四节　宗教复兴背景下的巫师权力重塑

共产党的十一届三中全会后，随着宗教信仰自由政策的落实，农村联产承包责任制的推行，以及人民公社制度的瓦解，国家权力在农村逐渐收缩，基层政权对社会的控制减弱。正是由于行政权力控制及与之相伴的意识形态控制的松弛，给乡土社会传统文化的复兴提供了一个"自由空间"[①]。人们在急于恢复生产的同时，开始恢复他们深深眷恋着的传统文化。学者们把这种传统文化的复兴称为"传统的再造"。

1980年以来，与中国农村的许多地区一样，大瑶山盘瑶村寨出现了传统文化复兴的局面。在1979年以前，传统的节庆等大多局限在家内祭祀，村寨祭祀于1958年以后即被禁止。1958年以前，盘瑶比较隆重的传统节日主要有：社节、清明节、七月半、分龙节、盘王节。由于社节、分龙节、盘王节带有浓郁的宗教色彩，于1958年以后被取消，但在1980年以后均已复兴。盘瑶各姓氏的《宗支簿》也于1980年以后修复。同时，瑶族民歌又再次响彻山野。在复兴的庆典中，比较典型的是盘王节的兴起。1985年11月28日，县政府举办了首届盘王节活动。[②] 活动期间，以乡镇为单位组织民间文化表演队举行民族风情文艺演出。师公是民族文化的传承者，自然成为舞台上的主角。他们有的身穿师公服，手持法器，唱

[①] 王铭铭：《村落视野中的文化与权力》，生活·读书·新知三联书店1997年版，第63页。

[②] 《金秀瑶族自治县志》编委会：《金秀瑶族自治县志》，中央民族学院出版社1992年版，第474页。

歌跳舞①，有的表演吞筷条、踩炽犁、过火炼、上刀山。忠良盘瑶师公中，应邀参加过表演的有赵成寿、庞有坤、赵有先、黄金寿、赵德官。1989年4月14日，金秀瑶族自治县第九届人民代表大会第三次会议通过的《金秀瑶族自治县自治条例》第59条规定，"自治县的自治机关保障各民族都有使用自己语言文字和宗教信仰的自由，都有保持或改革自己的风俗习惯的自由，尊重各民族优良的传统节日。每年的农历十月十六日为瑶族盘王节"。这一政策的贯彻实行，客观上推动了盘瑶更加迅速地回归传统。1993年，县旅游部门在莲花山建造了一座盘王庙，庙内正堂塑有盘王神像，神像前设石座香鼎，供盘瑶群众祭供。

宗教融合于传统文化之中，自然随着传统文化的复兴而回潮。与此同时，巫师们又开始活跃起来。人们热衷于各种祭祀活动，在各种礼教活动中请巫师作法，把原来的社主请出组织祭社。过去遭禁止的求子、求财、打斋、保生、延命、度戒、祭祖活动又恢复了。既有宗教活动，就需要有经书。如前文所言，瑶族经书多数在"破四旧"运动中被抄没焚毁，只有少数因部分群众和巫师秘藏而得以存留。这些尘封已久的经书被翻出来，出于实际需要而传抄。有的巫师因长期作法，很多经书都能背出来，所以根本不怕烧书，烧了也能抄出来。他们把旧经书翻出来抄，或自己一边背诵，弟子一边抄写。巫师作法所需的经书又一本一本地抄了出来。我在7个盘瑶村寨收集了151部经书，有115部记有抄写时间，其中有67部是1980年以后的抄本。我在考察中收集了大量有关传统礼俗复兴的资料，在此无法把这些资料全拿出来对传统礼俗的回潮作详细的描述。虽然如此，上文的叙述已足以说明一个事实，即1980年以后盘瑶的传统民俗生活正以惊人的速度在恢复，他们的社会生活又回归传统的村落生活中。

1984年10月，金秀县撤销公社体制建立乡村体制。忠良公社改为忠良乡，原来的生产大队改为村公所（后改为村民委员会），原有生产队改为村委会（后改为村民小组）。村公所是一套新的权威体系，由村支书和村委主任组成。他们的职责是运用政府赋予的政治权力，实行政府政令的同时对村寨进行组织控制。在他们之外，还有包括族老、社主、巫师在内

---

① 跳盘王舞蹈，其步法以"步罡踏斗"，以"锁链罡""三台罡""七星罡"为主，舞蹈有"上香舞""开坛上光舞""接师傅舞""接众圣舞""还愿舞""长鼓舞""捉龟舞""盘古兵舞"。参见《金秀瑶族自治县志》编委会《金秀瑶族自治县志》，中央民族学院出版社1990年版，第473—474页。

的民间权威。然而，以村干部为核心的行政权威在盘瑶村寨中起主导作用。他们在民事调解、利益分配方面拥有较大的裁决权。而民间权威虽在生产生活中的影响有所恢复，但却今非昔比。现在人们对家族的依赖程度和思想观念有所改变，他们更关心个人、家庭的现实利益，导致家族领袖的地位日益下降。而由于外出人员的增多，知识来源的多元化，人们文化程度有了提高，不怎么相信社神的力量，对祭社活动兴趣不大，社神祭祀缺乏了群众基础，社主在村寨中的影响被削弱了。① 再有经过1958年以来历次政治动的洗礼之后，巫师对政治多少有些敬而远之，不愿主动过问村寨事务。以上原因的存在，导致族老、社主、巫师难以成为村寨政治生活的权威，尤其是社主、巫师只是纯粹的宗教生活方面的代表——他们不能给民众带来精神世界以外的任何实惠，这就进一步削弱了他们在村寨中的影响力。在日常的生产生活中，遇有什么矛盾和纠纷，村民更倾向于找正式权力的代理人——村干部解决。

【个案7-3】1985年瑶山杉木价格比较贵。大德村民HJB看到杉木能卖大钱，便趁夜盗伐同村HFC家1棵直径约25厘米的杉木。HFC在第二天发现杉木被盗后，经过多方调查发现是HJB所为，随即将他告到村公所。村公所对HJB处所盗杉木价值3—10倍的罚款，同时勒令他把所偷杉木归还给HFC。②

像这类盗窃案，若在过去都是找头人按习惯法解决。解决的办法是除对HJB处于加倍罚款外，还要他备办酒、肉、米请全村户主吃"惩戒酒"。可如今，村民们认为解决此类事情是村委会的职责。瑶山村寨早在20世纪80年代初已有村规民约，但因村委会工作无力，村规民约无法实行。

【个案7-4】古盘村民XJX在砌墙时，砌过界占了LLQ家的土地，双方为此发生争吵，村干部按村规民约处理不下，只好请族老PFQ来调解。PFQ听了双方陈述后，把无理一方XJX狠狠训斥了一

---

① 高其才：《瑶族习惯法》，清华大学出版社2008年版，第464—465页。
② 2007年7月31日由金秀大瑶山忠良乡原德香村党支部书记梁立喜先生提供。

番，XJX只好乖乖服从族老的处理。①

出现这种情况的原因，村民认为是"村干部比较后生，没有什么威望，难以让人信服"。由于以瑶老制为核心的传统权威消失殆尽，而村委会作为代表新权威的机构又不能树立其权威，以至于村寨自我社会控制系统不足以维护社会秩序，导致社会越轨现象剧增，盗窃、赌博、酗酒、斗殴等事时有发生。在这种状况下，村民们希望借鉴旧石牌的成功经验，订立新的石牌，以维护社会治安。1983年，长垌乡六架盘瑶召开全村户主大会，商讨恢复过去的石牌组织，最后推举村中德高望重的赵有信师公为石牌头人，生产队长庞某为副石牌头人。六架盘瑶订立石牌的事传开后，县政府觉得这是一个治理社会治安、实现村民自治的好办法，于是把它作为典范在全县范围内推广，同时建议将村规民约与石牌合二为一，并从各级政府部门抽调干部下村屯指导工作②，新石牌如雨后春笋般地在各地瑶族村寨中涌现。我于2002年10月18日在龙表屯收集到1块1992年订立的石牌，其规条如下：

一、严禁通奸，凡违者，罚男女双方各200元。

二、严禁赌博，凡参赌，每赌一回各罚150元，提供赌场者罚100元，并由石牌执行小组没收所得赌资、赌物及赌具。

三、严禁偷盗：

1. 偷杉木（杉条检尺径）1尺长4厘米以上的，每根罚50元；1尺长4厘米以下的，每根罚40元；偷杉木20厘米以上的，每根罚40元；20厘米以下的，每根罚25元；杉木苗每枚罚10元。

2. 偷毛竹，每条罚15元；楠竹每条罚16元；毛竹笋每个罚10元；楠竹笋每个罚5元。

3. 偷香草每斤罚40元，绞股蓝草每斤罚15元。

4. 偷棕衣每斤罚10元，棕衣苗每枚罚1元；山苍子每斤罚10元。

---

① 2007年7月31日由金秀大瑶山忠良乡古盘屯盘姓族老盘福清先生提供。

② 郭维利、陆进强、潘怿晗、向开、何文钜：《盘村变迁》，民族出版社2007年版，第24—25页。

5. 偷鸡、鸭、鹅每只罚 50 元；狗每只罚 100 元；铁钾每架不管大小罚 100 元；兰花草每枝罚 200 元。

6. 偷蜜蜂每窝罚 30 元。

7. 偷香菇每斤生罚 25 元；木耳每斤罚 15 元；瓜菜每斤罚 3 元。

8. 偷八角每斤罚 10 元；偷黄檗每斤罚 10 元，黄檗苗 2 元。

9. 偷钱除要全部赔退外，另按被偷钱数加倍罚；偷衣物每件（个）按原价加倍罚。

10. 偷粮食（包括主粮、杂粮）每斤罚 5 元。

11. 偷杂果每个罚 1 元；柴火每捆罚 5 元。

四、严禁打架斗殴，凡挑事端引起打架斗殴者，罚 50 元；打伤他人的肇事者要负责伤者的医药费（凭乡以上卫生部门的发票）误工费和营养费。

五、严禁毁林开荒，凡毁林开荒的，毁林每亩罚 200 元，中成林每亩罚 300 元，毁竹林每亩罚 100 元，所毁林木毁林者负责按面积造回林木，并护理 3 年，然后归集体。

六、严禁炸、毒、电鱼，凡炸、毒鱼的每次罚 100 元，电鱼每次罚 50 元。

七、严禁放野牲畜，为确保村巷卫生，各户饲养的牲畜一律关养，不准放野，违者每次罚 2 元；如牲畜糟蹋他人作物的，家主负责赔偿。

八、严禁醉酒用事或半夜放枪，违者每次罚 50 元。

九、凡外地人在我村犯事的，一律按本石牌处理。

十、毁坏本石牌者，除负责另建造或修补所用经费外，另加罚 500 元。

十一、10 岁以上小孩犯石牌，由家长承担责任。

十二、凡违犯本石牌的，违者除被罚款外，另出酒、菜、猪肉 36 斤置办酒席，请我村每户 1 人集中吃 1 餐，以示告。

十三、凡被罚款者，自处理之日起，十天内要全部交清罚款，如无现金的则以实物折价顶抵，如超期一天则按罚款数的 5% 加罚。

十四、凡是报案者，经查实，则按所罚违犯者款数的 20% 给予奖励。

十五、为执行到位，本石牌由正、付石牌头三人组成石牌执行小组，执行小组在村民委的领导下具体负责对违犯本石牌的行为处理工作，每届石牌头人任期三年半。

十六、罚款的使用规定，属于罚偷盗这部分的，被偷者的实物仍实物归还失主，如实物不在的，则按罚款的50%归还失主，扣50%归石牌，除此以外，各条罚款全部归石牌，归石牌管的罚款除付给石牌执行小组人员办案的误工费（每人每天10元）外，其余款全部用于本村福利事业开支。

十七、罚款的管理办法，实行账钱分开管理，由石牌执行小组两位副石牌头人各管一项，石牌头把关负责，群众监督，如有私分或贪污罚款的，由村民委员按所分或贪污款的总数加倍处罚。

十八、凡行贿受贿者，各按行贿受贿的款加倍处罚。

十九、凡是人吃水或田用水的水源芭蕉每条罚款7元，路边护林两边二丈远以内不得乱砍，如乱砍每条罚款7元。

二十、本条约自一九九二年正月二十六日起生效。

皇上壬申年正月初四日吉立石牌大吉

第一届石牌头人：冯文宝

新成立的石牌设有石牌执行小组，负责石牌规条的执行，成员一般由村民推举有威望、有能力者担任。依我在忠良乡8个盘瑶村寨的调查，正副石牌头人全由村民小组正副组长担任。如上举龙表石牌，虽然屯内有赵成寿、庞有坤、赵有先3位师公，但石牌执行小组里却没有他们的位置。又如六雷石牌，虽然屯内有赵文富、赵文县、冯文县3位执仪者，但石牌执行小组里同样没有他们的位置。由是观之，传统民间权威已从村寨政治领域中被放逐。

时至今日，虽然村民们仍对宗教怀有不同程度的信仰，[①] 但他们的宗教生活中不再有政治意味较浓的村落仪式，他们信仰宗教更多的是对个人或个体家庭幸福的祈祷。由此可见，经过数十年的政治洗礼，盘瑶巫师对村落社会的控制难以回到从前。如今他们只是纯粹的宗教生活方面的代表。换言之，巫师的权威只局限于宗教仪式上。仪式在日常生活之外建立

[①] 这种信仰表现为村民们在婚丧嫁娶中请他们主持仪式，遇到灾病、生活不顺也请他们占卜吉凶、祈福禳灾，对此的论述已见诸第六章第一、二节。

了一种特殊的、暂时的、有目的、带有宗教信仰等的形式,而这一形式需要由一个人或一群人来主持。由于这一个人或一群人借助传统价值、宗教体系或法律制度等所赋予的特殊权利和权力从事主持活动,他(们)也就自然成为那一个仪式的中心和核心,成为所谓的"当权者"和"执事"。[1]盘瑶巫师在仪式中即是这样的角色。他们在日常生活中,没有超越他人的特权,同普通村民一样,需要上山砍柴、下田种地,也无固定的经济来源。只有到了仪式场合,巫师才被视为沟通鬼神的媒介,成为仪式的核心主持人和指挥者。这一观点,可以通过如下两个层面加以考察。

(1)仪式主持造成了教化权力。主持仪式的巫师是仪式的主角,深受事主们的尊重。事主通常按职位高低、资历深浅、道行高低来选择仪式主持人。他们主持仪式的权力是属于同意的结果。仪式主持人的权威与韦伯所讲的科层化权威有很大区别,因为他们的权威并非来自官方的任命,而是来自当地瑶族的认可和评价,是一种族群性、乡土性价值。换言之,瑶族传统文化赋予了他们仪式的权威。而仪式主持人的工作,表现出教化的权力。他们通过操纵仪式,树立了一种"为族人服务"的形象,赋予自身一定的威信,从而达成教化效果。仪式场域的感召力是十分巨大的。我曾看到有些参加挂灯仪式的年轻人在仪式外很不听父母的话,但在仪式中他们穿起厚重的民族服装,左手持牙简,右手铜铃在前,跟在众师父后面随他们念经跳神。在挂灯时,他又一一牢记师父宣布的族规和人格要求。

(2)仪式过程强调等级次序。如上所述,升度二戒由主醮师、开教师、引戒师、保重师、证明师、保举师、纸禄师、坐坛师、香老师9位师父主持。主持仪式的师父的资历、能力、神职决定了他们在仪式中的位置。正醮师是当道行比较高的师公,是仪式的协调者、总指挥以及仪式中主要过程的主持人,在仪式中被冠以"大师父"[2]的称号。在各种职能性师公中,他的作用最重要。主醮师是家主选的,就像在日常生活中那样,他们的阶序是按年龄、道行来划分的。其余师父是按能力,以及通过主醮师推荐出来的。仪式职能安排不仅是一条指挥链,而且还是一组荣誉职

---

[1] 彭兆荣:《仪式音乐叙事中的族群记忆——广西贺州地区瑶族"还盘王愿"仪式音乐分析》,曹本冶主编《中国民间仪式音乐研究》,上海音乐学院出版社2007年版,第250页。

[2] 在目前的叙述语境中,它指代仪式活动的领导者。

位。师公们在日常生活中互称姓名，而在仪式中则互称职务名称。他们的阶序——见之于座位安排、侍酒次序——与他们的仪式地位相符。如度戒仪式的一部分——吃裤带酒——仅限于度过戒之人饮用。在吃裤带酒时，师男手拿酒杯，逐一地给师父敬酒，上侍次序是最先给主醮师，然后依次是开教师、引戒师、保重师、证明师、保举师、纸禄师、坐坛师、香老师。以此观之，这是个内容很丰富的暗喻——通过侍酒次序对师父进行阶序划分。当众人饮裤带酒时，酒先端给阶序最高者，依次达最低者。最先饮酒的师父位置最高，在仪式中的权力也最大。

权力等级制度还表现于座位安排之中。座位安排中个人所占据的位置基本依其阶序、地位而定的。2007年10月，我参与观察的一场葬礼所见之师公座位安排提供了一个有说服力的实例。

【个案7-5】2007年10月20日晚，六音盘进金老人病逝。当晚死者家人便打电话找师父前来主持打斋仪式。主醮师是六门赵成德，赏兵师是新村郑有禄，忏粮师是六努盘进元，同时还请鼓乐手3名、纸禄师3名作为师公们的助手。打斋仪式于21日早上开始，将持续3天3夜。仪式期间，神坛前摆放1张方桌，这是主持仪式的师公们及其助手的专用桌子，供他们在这里工作、休息、吃饭，别人是不允许随便入座的。吃饭入座时，要按仪式中担任角色的主次来排位的。在各种职能性师公中，主醮师作用最重要，接下来依次是赏兵师、忏粮师。所以入座时，主醮师坐正中央，背对着神坛，两边是赏兵师和忏粮师，鼓乐手则靠墙边而坐。由于我是远道而来的客人，所以被师公们邀请同桌吃饭。有一次吃饭时，村里有位年轻人看到这张桌子有空位，就在我身边坐下。管事的人看到后，立即拍着那位年轻人的肩膀说："这里是你能坐的吗？我都不敢坐，你还敢坐了。"那位年轻人听说后，立即起身找别的桌子入座。[①]

综上所述，随着政治现代性的成长，仪式权威逐渐被削弱。巫师正逐步退出村落政治舞台，回归传统的仪式中，从而在现代社会中占有一席之地。前文描述的盘瑶宗教变迁，正好说明这种可能性。仪式场合象征一种

[①] 2007年10月24日田野笔记，地点：金秀大瑶山忠良乡六音屯。

公众承认的权威中心,给仪式主持人提供一种象征性的政治地位。"之所以说它是'象征性的',原因在于这种地位与权威仅在仪式中有效,不是现实政治中的'官位'。之所以说它是'政治地位',原因在于它代表一种权力等级。"[1] 巫师从仪式领域获得的权威,弥补了他们从政治领域的放逐。从这个意义上说,在现代化背景下仪式已成为建构和突出巫师权力的重要媒介。

---

[1] 王铭铭:《村落视野中的文化与权力——闽台三村五论》,生活·读书·新知三联书店1997年版,第73页。

第八章 结论

　　本书以广西盘瑶巫师群体为考察对象，尝试在复杂的日常社会生活实践中对他们如何获取权力、行使权力、保持权力、权力如何得以体现，以及巫师权力与国家权力之间如何纠结交错进行深层次的探讨。

　　广西盘瑶社会是一个与自然为伍，以神灵为伴的社会。神灵观念的存在，"为巫术的生长提供了滋生的社会土壤"。神灵要操纵人间的吉凶福祸，于是靠联系人神交流的特殊媒介——巫师便随之而生。盘瑶巫师的主要职能是代表人们的意愿沟通神灵。他们运用一套巫术、方技替人祈福解祸，满足了瑶族群众的信仰需求。盘瑶巫师过去在社会中享有很高的威望，在生产、择吉、建屋、狩猎、生育、婚丧、节庆、修坟、安龙、治病、征战等活动中产生较大的影响，因为这些活动都是离不开巫术的。巫师之所以能广泛而深入地干预当地盘瑶的生产生活，这是因为他们在养成训练中，熟读汉文经典，熟悉本族历史，通晓神话传说，了解天文地理，掌握巫术、方技，成为本土民族文化的诠释者与代言人。他们因对地方性知识与民间智慧有较为丰富的了解而为寨内居民所敬重，他们也因为拥有本土民族文化资源而掌握本土知识权力，而得以将自己的知识与诠释推广，使之成为社会公认的传统。巫师也因掌握大量此种文化资源，得以借此建立自己的权威，以及他们对本土事务的诠释权，因此成为地方上的权威人物。由以上分析可知，巫师权力的获取具有个人策略运用和群体动力选择的两面性。他们以一种适用于群体需要的信仰来构建自己的权威地位，因而他们的权力一方面可看作个人努力的结果，另一方面是社会传统观念及面临困扰的表现。由此不难看出，盘瑶巫师的权威并非来自官方的委任，而是来自当地瑶族认可和评价，是一种族群性、乡土性价值。

　　权力是一些符合文化规则的行为表现。权力要获得民众的支持与认可，就必须取得合法性，而合法性主要源于社会群体的政治文化以及人们对权力本质的理解和对获取权力途径的期待。[①] 从本书对盘瑶巫师权力获取过程的考察中，度戒无疑赋予了巫师仪式权力的合法性。正如上文所言，由于盘瑶巫师权力并不依附在固定的职位上，而是建立在社会群体对巫师个人的特征或能力的认可基础之上，所以权力无法依靠继承的方式获取。他们之所以获得这种地位，是基于群体对他们的品格和能力的认可。随着巫师本人的离世，他的权力也消失了。由于权力是建立在个人的品质、特征或能力的基础之上的，因而每一位盘瑶男子获得权力的机会是均等的。如果一位盘瑶男子想成为一名巫师，只要送一定的礼物给未来师父，便可以拜师学法。徒弟经过巫师养成训练后，对仪式的程序有一定的熟悉，而且会做一些法事，这并不代表他就可以出去替人作法。要想替别人做仪式，须先取得主持仪式的资格，也就是要先得成为一名社会认可的巫师。只有经过度戒，经师父授以经符，支给兵将后，委以宗教官职，发给阴阳据，赐予法印、法衣等物品，同时还要奏青词，吃老君饭，取得老君认同，才能取得做巫师的资格。由此可见，对学做巫者而言，挂灯、度戒是他得以成为巫师的必然途径，并从此具有独立主持仪式的能力，获得进入神圣世界的资格。仪式结束后，师男便被认可为交通鬼神的灵媒，能够替人作法消灾。因此，瑶族的度戒实际上有巫师出师礼的意义。在讨论度戒仪式时，不难发现整个仪式相当于传授宗教知识的课程。通过提供一个值得记忆的场景，度戒仪式能够促进宗教知识的学习，从而有助于宗教文化的持久延续。而当弟子们的学习进行实质性的宗教仪礼时，他们又通过一连串的神职授任仪式获得巫师的神职，从而取得主持仪式权力的合法性。

从某种程度上说，度戒赋予巫师仪式权力合法性的同时，也造成了巫师权力配置的不平等。盘瑶的地位提升仪式以"挂三台灯→度戒→加职"为一个完整的过程。随着一个人经历的仪式从低级到最高级，他的法事能力、宗教地位和权力也达到最高级，而每一级都有相应的称号、兵马、仪式主持权及葬礼规模等作为阶序标识。要举办较高级别的仪式，必须从低级别的仪式办起。每升高一级，仪式规模变大，仪式时间变长，法事节目增多，仪式花费更大，仪式接受者所获得的权能也随之增强，他在世俗社

[①] 参见特德·C.卢埃林《政治人类学导论》，朱伦译，中央民族大学出版社2009年版，第112页；庄孔韶主编《人类学概论》，中国人民大学出版社2006年版，第326页。

会以及神灵世界中的地位也自动升高。处于不同阶序的巫师,活动在各自的信仰层次上,行使与之相适应的仪式权力。

在盘瑶巫师权力获取过程中,政治权力的获取无疑是一个重要构成部分。盘瑶社会生产力水平低下,科学知识相当贫乏,巫术渗入社会生活的方方面面,神圣合法性构成了社会权力的基础。盘瑶巫师自称可以往返于圣俗两界。他们能感知吉凶祸福,甚至可以呼风唤雨。盘瑶巫师通常都具有比较丰富的知识,成为社会中举足轻重的人物。由于他们植根于民间社会,与民众比邻而居,洞察民间疾苦,因而对民众的欲求反应十分敏锐。他们中的某些人凭借这种特殊的社会身份,把自己的聪明才智以及经验知识,转向为公众利益服务,使自己上升到一种更有声望的地位,从而容易取得政治首领的身份和权势。巫师是在民间需要表述一定的公众意见的状态下被推上村寨政治舞台的。由于瑶族人对宗教有共同的信仰,所以原本在宗教领域已经享有崇高地位的巫师一旦成为传统社会组织的头人,便能顺利地获得社会成员的支持,他们不但是宗教生活的权威,也是村寨政治生活的权威,给予瑶族社会重大的影响。巫师除给族人施法禳灾祈福外,村寨发生纠纷要请他们出面调解;习惯法要他们推行、维护;农事安排要他们定酌;婚丧嫁娶要他们主持;签订契约如土地买卖、借贷、过继、婚嫁等要请他们作证;村寨群众的生命财产受到外来威胁如土匪打劫时,他们又是临时自卫武装的组织者和指挥者。由仪式权威发展成政治首领后,他们在宗教上是巫师,在宗族上是族老,在政治上是社主、石牌头人,成为集神权、族权、政权于一身的社会上层人物——世俗的政治权力和神圣的仪式权威都集结于他们身上。

通过对盘瑶巫师权力获取的梳理可以看出,巫师的权力是建立在传统信仰和个人能力的基础之上的。巫师握有仪式权力,是因为他能够与神灵相通,而他握有政治权力,是因为取得了世俗力量的支持,又具备了神圣的合法性。前者取决于巫师个人训练获得的能力,后者取决于他担任领袖是否符合传统文化规则的认定。而要获得合法性,他就必须借助仪式把自己同神灵信仰联系起来。因此,要想在村寨内获得并保持他的权力或威望,就必须懂得如何操纵对神灵的信仰。只有通过这种文化认可的手段,他才能成功地获得或保持权力。

盘瑶巫师如何运用权力,是本书关注的一个焦点。巫师的政治社会地位,在国家权力持续排挤之下,呈现日渐式微的发展态势,但他们在社会中的影响却不曾消失。因为他们拥有沟通鬼神的绝对权威,对于疾病、灾异、生育之事等都能以一套巫术替人祈福解祸,满足了社会却祸纳福的信仰需求,而社会中的多数成员都笃信巫术的功效。他们认为,在现实世界之外还存在一个鬼神世界,而鬼神又能主宰人间的吉凶福祸。同时,他们也认为巫师能利用巫术控制鬼神。因此,虽然有部分地方官员对巫师抱着一种鄙视的态度,甚至不惜动用政治权力禁止他们活动,但是因为巫师的巫技满足了民众祈福禳灾的愿望,而世俗观念又相信巫术的效能,所以他们仍保持着对瑶族社会某种程度的影响,具体表现为对于民众生活行事的规范、对生命危机的控制以及蛊惑民众从事叛乱活动。

盘瑶传统社会是瑶老和巫师共治的社会,而且不同权力的施予者都是同一个群体。而在现代盘瑶社会,三种支配类型在同一时空中出现,并且权力的施予者仍是同一个群体。当然,不同的支配类型随着社会文化条件的变化,在盘瑶社会中的地位和作用也发生相应的改变。随着社会文化环境的变化,不同文化资本之间的折算率也发生变化。正是基于这种变化,导致盘瑶巫师的权力不断发生着变化。大瑶山盘瑶巫师的例子充分地说明了这一论点。

清代初年,大瑶山地区被分给沿山周围各州县管辖,并且还划定各州县在瑶山境内的疆域。但分疆划界之后,清政府并没有能在这片土地上直接行使统治权力。是时清政府的统治力量对瑶山这片广袤的土地还是鞭长莫及。清代末年,中央政府对大瑶山的统治,比较前代逐渐加强。宣统元年(1909),李国治在带兵进入瑶山镇压三点会后,将大瑶山划为四个团,委派瑶人为团总。在瑶山分立四团,委派团总之后,清军便退出了瑶山,团总实际上没有发挥多大作用。然而,由于瑶山以前是瑶民自己管理的地区,因而政府在此建立团总组织,委派瑶族头人为团总,是为官府深入大瑶山地区,插手瑶族社会事务的开始。从此,有部分石牌头人兼团总双重身份,但主要依靠石牌制度进行统治。主宰盘瑶社会生活的,并非国家政治权力,而是以石牌权力为核心的瑶老统治。

1911—1949年,大瑶山政局发生了变化,政治体制发生了变更,国家政治统治较清末进一步加强,盘瑶传统社会组织受到压制和削弱。但盘瑶传统民间权威并没有完全消失,因为瑶老制无害于政府的统治而得以存在,而人们万物有灵的观念也没有改变,所以瑶老、巫师的权威依然有它滋生的社会土壤。而地方当局为了便于同瑶族打交道,扶植了一批瑶族传统头人担任基层官员。以上原因的存在，导致瑶老制与保甲制纠合在一起。虽然表面上看来，主宰盘瑶社会生活的民间权威，或处于乡长、村长、甲长的权威之下，或摇身一变成为乡村甲长，但是由于历史传统的影响，瑶老制在瑶民心目中更具神圣性和权威性，所以乡村甲长及乡村保甲制都只不过是一个外壳，内核仍然是以传统民间权威为核心的瑶老统治。瑶族传统民间权威仍然是村寨权力的核心执掌者。

  1949 年 12 月 1 日，大瑶山获得解放。新中国成立初期，政府认真贯彻民族政策，尊重瑶族的宗教信仰。这就给瑶族民间权威提供了相当充裕的生存空间，巫师们依然能找到属于自己的舞台空间，他们的权威在民间仪式中得到展现。政府做了大量工作对基层政权加以强化，在瑶族村落中嵌入政府的行政权力，结果是官方权威和民间权威在村落中并存。在对乡村政权的执掌者进行遴选时，现政府倾向于挑选那些对新政权有着强烈认同感，而又是自己能够容易驾驭之人，但又不得不考虑乡村社会的实际。由于瑶族上层人物在群众中享有威信，他们中情况很不一样，故瑶区政权建设采取了不同于汉区的做法，对瑶族上层人物始终坚持团结、教育、改造的方针。瑶族中原有乡村甲长除成为匪首必须逮捕外，有些还可利用他们为人民民主政权工作。于是盘瑶中有些石牌头人、乡长、村长、甲长兼巫师者，因拥护共产党的方针政策，得以选拔为民族干部，参与到新生的民主政权中来。还有一些不在旧政权任职的盘瑶巫师因品行端正，粗通文墨，办事公道，能说会道，在群众中享有威信，又在平定匪乱、土地改革中经受考验而被选拔为民族干部。在国家权力机构任职的盘瑶巫师，都是经过了漫长而复杂的思想改造，而且加入了中国共产党，成为全心全意为民主政权服务的人，而且他们在担任公职后因受政策的限制，不得不在一些场合拉开他们与作为宗教传播者的巫师身份的距离。这种基层权威人物的选拔、任用机制，从组织形态方面解构了盘瑶原有的权威体系与认同方式，以瑶老为核心的长老集团不能再对村寨事务进行干预，共产党领导的政府通过自己培养的基层干部，将国家权力伸入盘瑶社会组织的内部。20 世纪 50 年代末起，乡村政权执掌者被赋予相当大的权力，几乎取代了传统民间权威的地位。

  党的十一届三中全会后，随着宗教信仰自由政策的落实，农村联产承包责任制的推行，以及人民公社制度的瓦解，国家权力在农村逐渐收缩，基层政权对社会的控制减弱。正是由于行政权力控制及与之相伴的意识形态控制的松弛，给乡土社会传统文化的复兴提供了一个自由空间。人们在急于恢复生产的同时，开始恢复他们深深眷恋着的传统文化。由于巫术融合于传统文化之中，自然随着传统文化的复兴而得以回潮。与此同时，巫师们又开始活跃起来。人们热衷于各种祭祀活动，在各种礼教活动中请巫师作法，把原来的社主请出组织祭社。过去遭禁止的民间仪式活动又恢复了。但经过数十年的政治洗礼后，盘瑶巫师对村落社会的控制难以回到从前。时至今日，村民们仍对宗教怀有不同程度的信仰，但他们的宗教生活中不再有集体性的仪式，他们信仰宗教是为个人或家族祈福禳灾。巫师在村寨管理中也基本失语，没有成为社会组织的力量。他们在村寨政治的角逐中是缺席的，已从村寨政治领域中放逐。如今他们只是纯粹的宗教生活方面的代表，换言之，巫师的权威只局限于宗教仪式舞台之上。仪式在日常生活之外建立了一种特殊的、暂时的、带有宗教信仰的形式，而这一形式需要由一个人或一群人来主持。由于这一个人或一群人借助传统价值、宗教体系所赋予的特殊权力从事主持活动，他（们）也就自然成为那一个仪式的核心主持人和指挥者。盘瑶巫师在宗教仪式中即扮演这样的角色。他们在日常生活中，没有超越他人的特权。可是到了宗教仪式场合，他们却拥有沟通鬼神的绝对权威——通过仪式中的教化权力，以及见之于座位安排、侍酒次序的权力等级隐喻中表现出来。尽管巫师不承担村寨行政责任，但由于他们具有比较丰富的宗教知识，所以在择吉、建屋、生育、婚丧、祭祖、治病等活动中，还能产生较大的影响。巫师正逐步退出村落政治舞台，而回归传统的巫术活动中，从而在现代社会中占有一席之地。前文描述的宗教变迁，正好说明这种可能性。仪式场合象征一种公众承认的权威中心，给仪式主持人——巫师提供一种象征性的权威地位。巫师由仪式领域获得的权威，弥补了他们从政治领域的放逐。从这个意义上说，在现代化背景下仪式成为构建和突出盘瑶巫师权力最为重要的媒介。

附录 盘瑶经书调查表[①]

编号	经书名称	用途	收藏者	抄写人	抄写时间	采集地点
1	《开神光法在内子孙应用东请西迎》	开光	黄金寿	黄元胜		六桂尾
2	《新抄法书上船乙本在内》	设鬼	黄金寿	潭河清	民国三十二年	同上
3	《挂三台灯七星灯书》	挂灯	黄金寿	黄文秀	民国二十五年	同上
4	《依古抄造打醮、开山法、表榜状疏、吊九良星、符鬼名、送桃源、法歌、送颠鬼、名歌原本》	各种法术	黄金寿	黄文秀		同上
5	《杂粮书》	占卜	黄金寿	黄金寿	戊辰年（1988）	同上
6	《白话法九龙水收晒收犯书本》	法术	黄金寿	黄文秀	民国二十五年	同上
7	《合婚书上本》	占卜	黄金寿	梁厨星	光绪十九年	同上
8	《火堂书一本在内十方灵》	法术	黄金寿	黄金寿	丁卯年（1987）	同上
9	《忏犯解结》	打斋	黄金寿	覃永礼	1986年	同上
10	《送亡法一本》	打斋	黄金寿	潭河清	民国五年	同上
11	《送亡榜表牌疏一本》	打斋	黄金寿	潭河清	民国三年	同上
12	《送亡法书全本》	打斋	黄金寿	黄春贵		同上
13	《新录大经天堂科共书乙本上卷》		黄金寿	潭河清	民国九年	同上
14	《新抄送乐梅山引书科乙本全内》	打斋	黄金寿	潭河清	民国十年	同上

---

① 此表所列经书是我 2002—2007 年在忠良乡的六桂尾、六雷、古盘、龙表、六音等地盘瑶村寨调查时所收集。这些经书对我们理解盘瑶的宗教信仰有很大的启发意义。

续表

编号	经书名称	用途	收藏者	抄写人	抄写时间	采集地点
15	《师歌书全本在内》	做盘王	黄金寿	黄春贵	乙未年（1955）	同上
16	《新抄孤寒忏食书、吊桥、送孤鬼癫鬼、开山保星在内》	法术杂书	黄金寿	谭河清	民国十年	同上
17	《送终疏表、开山法、吊九良星》	打斋法术	赵有兴	不详	民国二十一年	古盘
18	《送鬼杂书》	设鬼	赵有兴	谭河清	民国五年	同上
19	《送亡忏粮书》	打斋	赵有兴	赵有兴	1983年	同上
20	《送下桃源用》	打斋	赵有兴	赵文昌	1980年	同上
21	《杂书变席、剑、签梳、变桃符、变屋法、变天牢、变扇、请天神、拆解小番、安社符释社疏、安社王庙符、治病符杂书一本》	法术	赵有兴	谭河清	民国五年	同上
22	《求花科法疏意全本》	设鬼	赵有兴	谭河清	民国二十一年	同上
23	《度师书》	挂灯	赵有兴	郑志富		同上
24	《番犯书》	设鬼	赵有兴	不详	民国二十五年	同上
25	《杂粮书》	占卜	赵春保	莫国清	1990年	六雷
26	《送花皇书、设祖墓神 拜师父、上光、招禾魂、立圣、送表、送黄表、雪山在内》	各种法术	赵春保	谭河清	民国五年	同上
27	《收犯书一本》	设鬼	赵春保	不详		同上
28	《求签灵神卦书》	占卜	赵春保	不详		同上
29	《造挂三台七星灯》	挂灯	赵春福	赵法林	民国二十一年	同上
30	《盘皇头夜书科一本》	做盘王	赵春福	谭河清		同上
31	《番犯书》	收犯	赵春福	赵法林	民国二十一年	同上
32	《家枝簿》		赵春福	不详		同上
33	《法术书》		赵春福	不详		同上
34	《安龙谢土飞符》	打斋	赵文县	赵法案	宣统己酉年	同上
35	《大经书全本》		赵文县	赵进连	庚子年（1960）	同上
36	《新录送鬼白话书科乙本全在内》		赵文县	谭河清	民国癸亥年	同上

续表

编号	经书名称	用途	收藏者	抄写人	抄写时间	采集地点
37	《断签书全本、番犯书全卷》		赵文县	谭河清	民国三年	同上
38	《开山、吊桥保星用、送孤鬼在内、送癫鬼在内》		赵文县	赵文兴	民国三年	同上
39	《挂三台七星灯疏贰本》		赵文县	赟廷	光绪三十四年	同上
40	《新抄开光佛像书科乙本》		赵文县	谭河清	民国癸亥年	同上
41	《设鬼书》		赵文县	不详		同上
42	《座席请圣书全卷》		赵文县	不详		同上
43	《忏饭书全卷》		赵文县	不详	民国壬申年	同上
44	《流落歌》	做盘王	赵文县	不详	丙辰年（1976）	同上
45	《架桥长生桥一卷在内》		赵文县	不详	癸丑年（1973）	同上
46	《小师接鬼书一本》		赵文县	不详	光绪十五年	同上
47	《忏饭书》		赵文县	不详		同上
48	《盘王书》		赵文县	不详		同上
49	《接鬼书》		赵文县	不详	光绪辛卯年	同上
50	《灶鬼疏经书一本》		赵文县	不详		同上
51	《设鬼书》		赵文县	不详	民国甲寅年	同上
52	《开光书》		赵文县	不详	光绪癸丑年	同上
53	《疏表书》		赵文县	不详	民国二十年	同上
54	《解神意书》	做盘王	赵文富	胡永福	民国二十四年	同上
55	《杂良书》	占卜	赵有先	赵有先	丙寅年（1986）	龙表
56	《师公歌》	做盘王	赵有先	赵有先	1989年	同上
57	《造船招禾、收红赛共内》	法术	赵有先	赵进凤	丁卯年（1987）	同上
58	《架桥招粮魂、奏星供内》	架桥	赵有先	赵进凤	丙寅年（1986）	同上
59	《元奏请神名书》	设鬼	赵有先	赵进凤	丁卯年（1987）	同上
60	《造桥招魂用》	架桥	赵有先	赵进凤		同上
61	《招禾魂立位用》	招禾魂	赵有先	赵进凤		同上
62	《杂法书》	法术	赵有先	赵进凤	癸未年（1943）	同上
63	《家先书》	祭祖	赵有先	赵进凤	乙丑年（1985）	同上
64	《投师问卦》	占卜	赵有先	赵进凤	乙丑年（1985）	同上
65	《叫帝书》	法术	赵有先	赵进凤	丙寅年（1986）	同上

续表

编号	经书名称	用途	收藏者	抄写人	抄写时间	采集地点
66	《力鬼为师父在内》	设鬼	赵有先	赵进凤		同上
67	《解关斩煞》	设鬼	赵有先	赵有先	甲戌年（1994）	同上
68	《说花鬼解关煞》	设鬼	赵有先	赵有先	辛巳年（2001）	同上
69	《忏饭书》	打斋	赵有先	赵有先		同上
70	《挂灯书》	挂灯	赵有先	赵进凤	丙寅年（1986）	同上
71	《送人度老君上船用》	挂灯	赵有先	赵进凤	癸亥年（1983）	同上
72	《八仙洞歌古言用》	歌本	赵有先	赵进凤	癸亥年（1983）	同上
73	《送梅山拾捌洞》	打斋	赵有先	赵进凤	癸亥年（1983）	同上
74	《打醮开山用》	打醮	赵有先	赵进凤	民国三十三年	同上
75	《打醮榜》	打醮	赵有先	赵进凤	壬寅年（1962）	同上
76	《杂白话设小释罪用》	设鬼	赵有先	赵进凤	丁卯年（1987）	同上
77	《寄房疏一本》	拜寄	赵有先	赵进凤	戊辰年（1988）	同上
78	《送颠书》	设鬼	赵有先	赵有先	辛巳年（2001）	同上
79	《小法物一卷》	法术	赵有先	赵进凤	丙寅年（1986）	同上
80	《送亡法》	打斋	赵有先	赵进凤	民国元年	同上
81	《大堂火炼城法》	法术	赵有先	赵进凤	1949年	同上
82	《安龙设花杂书》	打斋	赵有先	赵进凤	民国三十三年	同上
83	《求雨神目书》	求雨	赵有先	赵进凤	甲寅年（1974）	同上
84	《雪山水法用》	法术	赵有先	赵进凤		同上
85	《送亡疏表》	打斋	赵有先	不详		同上
86	《还愿歌书》	做盘王	赵有先	赵有先	辛巳年（2001）	同上
87	《合婚书共甲子歌》	占卜歌本	赵有先	赵进凤	1981年	同上
88	《红事话根》	婚姻	赵成秀	赵成秀	1994年	同上
89	《三庙王书》	设鬼	赵成秀	赵成秀	1986年	同上
90	《初戒疏表牒、中戒疏表》	挂灯	赵成秀	赵成秀	1988年	同上
91	《明隔传度书、书表师用》	挂灯	赵成秀	赵成秀	1989年	同上
92	《新人入门吹堂》	婚姻	赵成秀	赵成秀		同上
93	《开光点像》	开光	赵成秀	赵成秀	1987年	同上
94	《度戒书》	挂灯	赵成秀	赵成秀		同上
95	《开坛执圣玉帝意者》	挂灯	赵成秀	赵进凤	1993年	同上
96	《盘皇小歌词一本》	做盘王	赵成秀		民国二十二年	同上

续表

编号	经书名称	用途	收藏者	抄写人	抄写时间	采集地点
97	《家先书》	祭祖	赵成秀	赵成秀	1996年	同上
98	《架十保桥长生桥桥头桥尾疏表全齐在内》	架桥	赵成秀	赵成秀	1995年	同上
99	《盘王座席唱》	做盘王	赵成秀	李正元		同上
100	《人王书》		赵成秀	赵成秀	民国三十年	同上
101	《求签书》	占卜	赵成秀	龙善荣	民国二十七年	同上
102	《打醮放水、灯孤寒宝忏书一本共用》	打醮 打斋	赵成秀	赵成秀	1987年	同上
103	《打醮书》	打醮	赵成秀	赵成秀	民国三十年	同上
104	《疏古书一本》		赵成秀	赵成秀	1991年	同上
105	《送亡书》	打斋	赵成秀	赵成秀	1990年	同上
106	《火炼书》	法术	赵成秀	赵成秀		同上
107	《忏饭书下忏用》	打斋	赵成秀	赵成秀	民国三十年	同上
108	《送终过梅山书、送终过梅山科文》	打斋	赵成秀	赵成秀	1987年	同上
109	《大经书全本》		赵成秀	赵成秀	1987年	同上
110	《架十保桥、桥头桥尾共本》	架桥	赵成秀	赵成秀	1999年	同上
111	《杂粮书》	占卜	赵成秀	赵成秀	1986年	同上
112	《法书》	法术	庞有坤	庞有坤	1962年	同上
113	《打醮书》	打醮	庞有坤	不详	民国二十九年	同上
114	《东西宅论》	占卜	庞有坤	不详	民国三年	同上
115	《请筵白话书》	打斋	庞有坤	庞有坤	1992年	同上
116	《请筵书一本人筵红白三内》	打斋 婚姻	庞有坤	庞有坤	1999年	同上
117	《杂粮书》	占卜	庞有坤	庞有坤	2001年	同上
118	《送梅山》	打斋	庞有坤	庞文荣		同上
119	《咒食书乙本》	打斋	庞有坤	庞有坤	1991年	同上
120	《送亡疏表书》	打斋	庞有坤	庞有坤		同上
121	《火炼书》	法术	庞有坤	庞有坤		同上
122	《送乐梅山》	打斋	庞有坤	庞有坤	1999年	同上

续表

编号	经书名称	用途	收藏者	抄写人	抄写时间	采集地点
123	《解关书、遇房疏在内》	设鬼拜寄	庞有坤	不详	1997年	同上
124	《送亡桥咒食》	打斋	庞有坤	庞有坤		同上
125	《杂良书》	占卜	庞有坤	庞有坤	1998年	同上
126	《疏表书》	各种书表	庞有坤	庞有坤	1986年	同上
127	《设诸大神疏表牒阴阳祖先在内》	请神	庞有坤	庞有坤	1996年	同上
128	《度暗山传红堂赛打百贰天醮安太山》	法术	庞有坤	庞有坤	1962年	同上
129	《度师力圣书、上云台书》	挂灯	庞有坤	庞有坤		同上
130	《合婚书》	婚姻	不详	不详		同上
131	《架桥》	架桥	庞有坤	庞有坤		同上
132	《法书乙本》	法术	庞有坤	庞有坤		同上
133	《架三台灯、七星桥、招禾、解关煞、过暗山、送颠在内》	度戒设鬼法术	庞有坤	庞有坤	1987年	同上
134	《法书一卷》	法术	庞有坤	庞有坤	1986年	同上
135	《杂书》	法术	庞有坤	庞有坤	1965年	同上
136	《造船招禾》	招禾魂	庞有坤	庞有坤		同上
137	《请神目》	请神	庞有坤	庞有坤		同上
138	《过火炼、送亡咒食灵牌、引魂幡共一本》	法术打斋	庞有坤	庞有坤		同上
139	《设投师问卦》	占卜	庞有坤	庞有坤	1985年	同上
140	《设家先用在根道尾》	祭祖	庞有坤	庞有坤	1985年	同上
141	《挂三台七星灯书》	挂灯	庞有坤	庞有坤	1985年	同上
142	《庞家祖宗根源》		庞有坤	庞有坤		同上
143	《造船书》	法术	庞有坤	庞有坤		同上
144	《番犯专书》	设鬼	庞有坤	庞有坤		同上
145	《杂书》	法术	庞有坤	庞有坤		同上
146	《盘皇书》	做盘王	庞有坤	庞有坤	1997年	同上
147	《挂灯书用》	挂灯	庞成富	庞成富	1990年	六音
148	《装槽上船用》	度戒	庞成富	庞成富	1990年	同上

续表

编号	经书名称	用途	收藏者	抄写人	抄写时间	采集地点
149	《杂流表引牒书一卷》	书表	庞成富	庞成富	2000年	同上
150	《庞姓宗枝流水簿》		庞成富	庞成富	2000年	同上
151	《玉帝书》	请神	庞有福	不详		石阳
152	《六合书》	合婚	庞有福	不详		同上
153	《师歌书乙本》	还愿	庞有福	不详		同上
154	《请神杂甲》	设鬼	庞有福	不详		同上
155	《送入桃源洞书》	打斋	庞有福	不详		同上
156	《挂灯书部》	度戒	庞有福	不详		同上
157	《请鬼书乙本共七样鬼用》	设鬼	庞有福	不详		同上
158	《百杂书》	杂法术	庞有福	不详		同上
159	《架桥书》	架桥	庞有福	不详		同上
160	《送亡法书》	打斋	庞有福	不详		同上
161	《流落歌》	还愿	庞有福	不详		同上
162	《送乐梅山十八峒》	打斋	庞有福	不详		同上
163	《送颠神诸目》	设鬼	庞有福	不详		同上
164	《三世相》		庞有福	不详		同上
165	《引师男行罡差将用》	度戒	庞有福	不详		同上
166	《送兵招兵》		庞有福	不详		同上
167	《元法书画》		庞有福	不详		同上
168	《疏表用》		庞有福	不详		同上
169	《过火炼用》		庞有福	不详		同上
170	《保□内部用》		庞有福	不详		同上
171	《开天门用》		庞有福	不详		同上
172	《引魂共一本咒食灵牌位送往书一本》		庞有福	不详		同上
173	《订破地狱用》		庞有福	不详		同上
174	《开光点象书》		庞有福	不详		同上
175	《金闌表五谷疏》		庞有福	不详		同上
176	《师公书》	做盘王	赵如昌	不详		永福县下洞碑屯
177	《戒民书》	挂灯	赵如昌	不详	壬午年（2002）	同上

续表

编号	经书名称	用途	收藏者	抄写人	抄写时间	采集地点
178	《打醮书》	打醮	赵如昌	不详	己卯（1999）	同上
179	《还盘皇第二夜用》	做盘王	赵如昌	不详	辛巳年（2001）	同上
180	《杂粮书》	占卜	赵如昌	不详	癸未年（2003）	同上
181	《打醮安龙》	打醮	赵如昌	不详		同上
182	《各种用途书》		赵如昌	不详	甲子年（1984）	同上
183	《设各种用途内有安坟、设星鬼、花皇鬼》	设鬼	赵如昌	不详	壬午年（2002）	同上
184	《送终疏表行程牒修路牒十王总表在内》	打斋	赵进龙	不详		永福县百竹支屯
185	《解食忏饭书一本》	打斋	赵进龙	不详	壬申年（1992）	同上
186	《超度大经书一部》	挂灯	赵进龙	不详	1993年	同上
187	《盘皇目录》	做盘王	赵进龙	不详	丙寅年（1986）	同上
188	《香火三朝 设灶鬼 三样疏在内 赦罪香火三朝圣皇黄表在内》	法术	赵进龙	不详	壬申年（1992）	同上
189	《设花鬼》	设鬼	赵进龙	不详	同治甲子年	同上
190	《挂灯传度书一本》	挂灯	赵进龙	不详		同上
191	《架桥书》	架桥	赵进龙	不详	乙丑年（1985）	同上
192	《戒民书》	度戒	赵进龙	不详	壬申年（1992）	同上
193	《请三朝王书用》		赵进龙	不详		同上
194	《开坛书一本》	打斋	赵进龙	不详	壬午年（2002）	同上
195	《合婚》	婚姻	赵进龙	不详	1988年	同上
196	《请禁鬼名书一本》		赵进龙	不详		同上
197	《架桥、设花鬼、葬坟、设坟、安坟在内》	杂法	赵进龙	不详	戊寅年（1998）	同上
198	《还盘皇第二夜用》	做盘王	赵如昌	不详	辛巳年（2001）	同上
199	《杂粮书》	占卜	赵如昌	不详	癸未年（2003）	同上
200	《打醮安龙》	打醮	赵如昌	不详		同上
201	《各种用途书》		赵如昌	不详	甲子年（1984）	同上
202	《解食忏饭书一本》	打斋	赵进龙	不详	壬申年（1992）	同上

续表

编号	经书名称	用途	收藏者	抄写人	抄写时间	采集地点
203	《设各种用途内有安坟、设星鬼、花皇鬼》	设鬼	赵如昌	不详	壬午年（2002）	同上
204	《送终疏表行程牒修路牒十王总表在内》	打斋	赵进龙	不详		永福县百竹支屯
205	《超度大经书一部》	挂灯	赵进龙	不详	1993年	同上
206	《盘皇目录》	做盘王	赵进龙	不详	丙寅年（1986）	同上
207	《香火三朝 设灶鬼 三样疏在内 赦罪香火三朝圣皇黄表在内》	法术	赵进龙	不详	壬申年（1992）	同上
208	《设花鬼》	设鬼	赵进龙	不详	同治甲子年	同上
209	《挂灯传度书一本》	挂灯	赵进龙	不详		同上
210	《架桥书》	架桥	赵进龙	不详	乙丑年（1985）	同上
211	《戒民书》	度戒	赵进龙	不详	壬申年（1992）	同上
212	《请三朝王书用》		赵进龙	不详		同上
213	《开坛书一本》	打斋	赵进龙	不详	壬午年（2002）	同上
214	《合婚》	婚姻	赵进龙	不详	1988年	同上
215	《请禁鬼名书一本》		赵进龙	不详		同上
216	《架桥、设花鬼、葬坟、设坟、安坟在内》	杂法	赵进龙	不详	戊寅年（1998）	同上
217	《第二夜流落、三庙皇书一本》	做盘王	黄元定	不详	壬申年（1992）	同上
218	《闲时忏饭书》	打斋	黄元定	不详	己未年（1979）	同上
219	《意者书招禾在内》	招禾魂	黄元定	不详	辛未年（1991）	同上
220	《法书全本》	法术	黄元定	不详	光绪三十三年	同上
221	《送亡书一本 闲时暗屋在内》	打斋	黄元定	不详	1947年	同上
222	《送鬼扎鬼书 保老结筵在内》	设鬼	黄元定	不详	己丑年（1949）	同上
223	《送亡书全本》	打斋	黄元定	不详	癸巳年（1953）	同上
224	《终书意一卷、超度一卷、送桃源洞一卷在内》	打斋	黄元定	不详	光绪三十一年	同上

续表

编号	经书名称	用途	收藏者	抄写人	抄写时间	采集地点
225	《歌堂使者太平敬词书》	做盘王	黄元定	不详	光绪三十一年	同上
226	《传度疏文阴阳牒》	挂灯	黄元定	不详		同上
227	《表文书》	疏表	黄元定	不详	民国二十年	同上
228	《香火三庙释罪疏表、五谷表在内》	疏表	黄元定	不详	甲戌年（1994）	同上
229	《打醮在内、度戒变醮坛、设花鬼番犯引师征罡》	设鬼	黄元定	不详	己卯年（1999）	同上
230	《释罪天地父母礼社疏表在内》	设鬼	黄元定	不详	光绪二十二年	同上
231	《释罪师父疏表奏怪疏表》	设鬼	黄元定	不详	己卯年（1999）	同上
232	《隔猪瘟、保胎符、开山法在内》	法术	不详	黄法贵	庚辰年（2000）	同上
233	《打醮法在内、番犯书、送火星鬼、设花鬼在内》	设鬼	黄元定	不详	乙丑年（1985）	同上
234	《杂法书退卡、退沙、收晒、雪山法》	法术	黄元定	不详		同上
235	《送亡超度 架桥 移社 安龙目录在内》	打斋、架桥、设鬼	黄元定	不详	民国三十年	同上
236	《家枝部》		黄元定	不详	庚辰年（2000）	同上
237	《初夜歌书一本》	做盘王	黄元定	不详		同上
238	《送十程》	打斋	黄元定	不详	光绪三十年	同上
239	《合婚书》	占卜	黄元定	不详	光绪十年	同上
240	《挂灯传度书》	挂灯	黄元定	不详	光绪三十二年	同上
241	《打犯、退卡、雪山法》	法术	黄元定	不详	同治八年	同上
242	《请三庙王用》	请神	黄元定	不详	戊寅年（1998）	同上
243	《开山疏表书一本》	疏表	黄元定	不详	庚辰年（2000）	同上
244	《超度大经书一部》	打斋	黄元定	不详		同上
245	《安龙》	打醮	黄元定	不详		同上
246	《孤魂忏饭书一部》	打斋	黄元定	不详		同上

续表

编号	经书名称	用途	收藏者	抄写人	抄写时间	采集地点
247	《送终十殿表文超度青词在内》	打斋	黄元定	不详	甲戌年（1994）	同上
248	《安龙地里共在内》	打醮	黄元定	不详	光绪十一年	同上
249	《盘古大歌词二卷》	还愿	赵有福	不详	光绪二十四年	贺州黄洞乡千金组
250	《拜师父上光》	上光	赵有福	不详	光绪二十四年	同上
251	《拜祖师》	上光	赵有福	不详	光绪二十四年	同上
252	《请圣咒经》	还愿	赵有福	不详		同上
253	《下本还愿歌》	还愿	赵有福	不详		同上
254	《上本请圣歌》	还愿	赵有福	赵有福	1988年	同上
255	《下本还愿歌》	还愿	赵有福	不详		同上
256	《中本接圣还愿歌书》	还愿	赵有福	不详		同上
257	《还愿下席歌词》	还愿	赵有福	不详	己卯年（1999）	同上
258	《开坛完盆执圣用本》	还愿	赵有福	不详	1987年	同上
259	《还愿诏禾开天门全书》	还愿	赵有福	不详	1996年	同上
260	《安龙奠土表疏符在内》	安龙	赵有福	不详		同上
261	《下本流落解神意》	还愿	赵有福	不详	2006年	同上
262	《送终表疏在内》	打斋	赵有福	赵富鸿	1962年	同上
263	《挂七星灯写表书一卷》	挂灯	赵有福	赵有福	1989年	同上
264	《白话书一本》	打斋还愿	赵有福	赵有福	1987年	同上
265	《白筵通用》	打斋	赵有福	赵有福	1987年	同上
266	《开天门请圣共合一本》	请神	赵有福	不详		同上
267	《还愿歌堂愿请歌点席》	还愿	赵有福	不详		同上
268	《天师妙诀》	看风水	赵有福	邓元东	1997年	同上
269	《集良书》	看日子	赵有福	不详	1997年	同上
270	《杂法书》	法术	赵有福	曾祖父		同上

续表

编号	经书名称	用途	收藏者	抄写人	抄写时间	采集地点
271	《请圣科戒度文二本合订本》	度戒请圣	赵有福	赵有福	1986年	同上
272	《二戒表疏书一卷》	度戒表	赵有福	不详	1988年	同上
273	《请圣科戒度文二本合订本》	度戒请圣	赵有福	赵有福	1986年	同上
274	《二戒表疏书一卷》	度戒表	赵有福	不详	1988年	同上
275	《敷舒黄道一卷》	度戒	赵有福	不详	1988年	同上
276	《仰帅上船挂大罗灯书一本》	度戒	赵有福	不详	1986年	同上
277	《传度二戒书表写表疏用》	度戒	赵有福	赵有福	1996年	同上
278	《正度三戒法书一卷在内》	度戒	赵有福	周兆熊		同上
279	《加职书》	加职	赵有福	不详		同上
280	《杂良陈子性同论》	看风水	赵有福	周兆熊	1984年	同上
281	《传度三戒过筵总书一卷》	度戒	赵有福	周兆熊	1986	同上
282	《三戒证盟法书》	度戒	赵有福	周兆熊		同上
283	《贺星拜斗书一本》	度戒	赵有福	赵有福		同上
284	《起游书一卷》	度戒	赵有福	不详		同上
285	《传度下大堂禁用三戒传度上卷》	度戒	赵有福	赵有福	1988年	同上
286	《白筵用法书》	打斋	赵有福	不详		同上
287	《三十六通天大醮四府状表疏钱关青词疏》	打醮	赵有福	赵有福	己卯年（1999）	同上
288	《三戒引度法书一卷》	度戒	赵有福	不详		同上
289	《七星二戒度筵三十六通天大醮》	打醮	赵有福	赵有福	己卯年（1999）	同上
290	《建三十六通天大醮榜挂幡亟状总在内》	打醮	赵有福	赵有福	己卯年（1999）	同上
291	《许小位安龙清醮过筵疏表引符对联一本》	打醮	赵有福	不详	1983年	同上
292	《建醮朝供三朝科一本》	打醮	赵有福	不详		同上

续表

编号	经书名称	用途	收藏者	抄写人	抄写时间	采集地点
293	《二戒中度打三十六通天大醮过筵》	打醮	赵有福	不详		同上
294	《建醮施孤敕蒙山角运》	打醮	赵有福	不详	1993年	同上
295	《建醮施孤用》	打醮	赵有福	不详	1993年	同上
296	《三十六通天大醮表疏引在内》	打醮	赵有福	赵有福	己卯年（1999）	同上
297	《释香火三朝拆解表疏在内》		赵有福	赵有福	1987年	同上
298	《流乐解神意》	还愿	赵有福		1983年	同上
299	《送神百合》	送神	赵有福	赵有福	乙巳年（1965）	同上
300	《还愿伸香意者参考用书》	还愿	赵有福	赵有福		同上
301	《送终疏表引牒榜共一本》	打斋	赵有福	赵有福	1982年	同上
302	《送神大元宵歌共内》	送鬼	赵有福	赵有福		同上
303	《小拆解过筵（联东古本许愿与目录黄幡大折解办做不同）》	冤家鬼	赵有福	赵有福		同上
304	《祈雨意水状谢土疏谢坟疏意》	求雨	赵有福	盘万福	1999年	同上
305	《小拆解过筵（联东古本许愿与目录黄幡大折解办做不同）》		赵有福	不详		同上
306	《祈雨疏意、水状谢土、谢坟疏、亡师阳据失漏》	疏表	赵有福	不详		同上
307	《开山疏表引一本》	打醮	赵有福	赵有福	1994年	同上
308	《天水弟子承接流传》	杂法	赵有福	不详		同上
309	《龙灯点谢》	还愿	赵有福	不详		同上
310	《妥谢龙神通用》		赵有福	毛世生		同上
311	《开大堂光用》	开光贺像	赵有福	赵有福	1968年	同上
312	《盘王郎香烟额路筵愿一应在》	半补寨愿	赵有福	赵有福	1987年	同上
313	《杂看百物等项》	看怪	赵有福	赵有福	1996年	同上

续表

编号	经书名称	用途	收藏者	抄写人	抄写时间	采集地点
314	《合婚书》	合婚	赵有福	赵有福	1984 年	同上
315	《上本流落共上光在内》	还愿	赵有福	赵有福	1997 年	同上
316	《陈子性全书》	风水	赵有福	不详		同上
317	《赵姓额筵流水簿》	还愿	赵有福	不详	1993 年	同上
318	《家先书一本》	祭祖	李贵县	赵成县	1983 年	昭平县林场屯
319	《架桥书》	架桥	盘成庆	赵成县	2008 年	同上
320	《还愿送神日书一部》	还愿		赵成县		同上
321	《圣皇王书1卷》	还愿	庞有明	李文官	1987 年	昭平县甲对屯
322	《送亡书壹本孤魂供饭在内》	打斋	李文官	李文官	1991 年	同上
323	《送桥书1本》	架桥		李文官	1993 年	同上
324	《送亡书壹本沙城经》	打斋		李文官	1988 年	同上
325	《解关书壹本》	设鬼		李文官		同上
326	《经疏表书1本》	疏表	李文官	李文官	1996 年	同上
327	《忏饭戒食科》	打斋	李文官	李文官	1988 年	同上
328	《杂良书1本》	看日子		李文官	1988 年	同上
329	《请翁》	还愿	盘知龙	盘成府		昭平县小林香屯
330	《杂良书》	看日子	盘知龙	盘成府		同上
331	《第二夜大歌书》	还愿	盘有德	盘成府		同上
332	《流落书全卷》	还愿	盘有德	盘成府		同上
333	《杂用还愿上光话语全卷》	还愿	盘法应	盘成府		同上
334	《疏表书一本》	疏表	盘成府	盘成府		同上
335	《中度二戒》	度戒		盘成府	2003 年	同上
336	《中度二戒》	度戒		盘成府	2003 年	同上
337	《挂灯书一本》	挂灯		盘成府		同上
338	《结新婚斩杀》	婚姻		盘成府	1986 年	同上
339	《拾殿科文一部》	打斋	盘法敕	盘成府	1992 年	同上
340	《送丧书》	打斋		盘成府	2007 年	同上

续表

编号	经书名称	用途	收藏者	抄写人	抄写时间	采集地点
341	《挂灯书》	挂灯	盘成庆	盘成庆		昭平县茅坪屯
342	《中度二戒书》	度戒	盘成庆	盘成庆		同上
343	《师公书》	度戒	赵有林	黄福财		宁明县琴么屯
344	《贺圣诗》	度身	赵德胜	不祥	丙辰年（1976）	同上
345	《贺盘王气歌书》	贺盘王	赵德情	赵德情	辛未年（1991）	同上
346	《师歌书》	度戒	蕉生定	黄福财		同上
347	《家先书》	念家先	蕉生定	黄福财		同上
348	《家先书》	请神	赵德田	陆禄		宁明县丈鸡屯
349	《大小意者书》	度戒	赵德田	陆禄	丁卯年（1987）	同上
350	《盘王话语一本》	请愿	赵德田	陆禄	丁酉年（1957）	同上
351	《历神书》	请神	赵德田	陆禄	丙寅年（1986）	同上
352	《师歌书》	度戒	赵德田	陆禄	丙寅年（1986）	同上
353	《解关送怪书》		赵德田	赵德田	庚辰年（2000）	同上
354	《杂粮书》		赵德田	陆禄	己未年（1979）	
355	《小大意者书》	度戒 盘王	赵德成	陆禄	丁卯年（1987）	
356	《盘王话语一本》		赵富荣	思陵智隆	龙飞 泰岁次丁酉年	
357	《历神书》	请神	赵德成	陆禄	丙寅年（1986）	
358	《师歌书》		赵德成	陆禄	丙寅年（1986）	
359	《杂粮书》		赵德成	陆禄	丙寅年（1986）	
360	《家先书》	念家先	蕉生进	不详	癸未年（2003）	同上
361	《招禾招兵书》	请神	蕉生进	不详	辛巳年（2001）	同上
362	《还愿书》	还愿	蕉生进	黄福财	辛巳年（2001）	同上
363	《请神书》	请神	蕉生进	不详		同上
364	《盘王大歌》	还愿	蕉生进	黄福财	壬午年（2002）	同上
365	《请圣书》	请神	蕉生进	黄福财	壬午年（2002）	同上

续表

编号	经书名称	用途	收藏者	抄写人	抄写时间	采集地点
366	《请庙分敬在内》	请盘王	李德才	不详	乙丑年（1985）	田林县伟好屯
367	《盘王祖宗还愿下席扶为书》	请盘王、祖下席	李德才	不详		同上
368	《小盘广合书》	还愿	李德才	不详		同上
369	《还祖宗愿雪家计何物折愿歌》	拆愿骨	李德才	李广龙	辛酉年（1981）	同上
370	《盘王祖宗功曹献学家计书》	敬神酒	李德才	不详	乙丑年（1985）	同上
371	《祖宗还愿中宵家计何物折愿书》	给功曹、灶王、社王敬酒	李德才	不详		同上
372	《盘王祖宗还愿下席》	排神位	李德才	不详	甲戌年（1994）	同上
373	《还愿盘王歌堂愿三庙下席书》	还歌堂愿唱歌	李德才	不详	丁亥年（2007）	同上
374	《还请醮愿初夜开坛经一卷》	开坛	李德才	不详		同上
375	《还请醮愿中宵翻香伏请二卷》	招禾	李德才	不详		同上
376	《还请醮良愿书行里面》	挂神像	李德才	不详		同上
377	《还请醮愿疏表四府收皮》	写疏表	李德才	不详		同上
378	《请醮愿花牌宫门对幡》	写花牌	李德才	不详		同上
379	《挂三台灯一本全》	挂灯	李德才	不详		同上
380	《还请醮愿钱关表牒五谷疏关引 开斋封斋疏表榜在内》	写度牒	李德才	不详		同上
381	《还请醮愿许清醮愿疏牒请词默表三十九帝之帝收》	写还愿牒文用	李德才	不详		同上
382	《还请醮愿大筵奏表科 运钱送钱 罗送宫门 关天庭何物折愿歌》	关天门折愿骨	李德才	不详		同上
383	《还请醮愿孤魂寒林下本》	送鬼用	李德才	不详		同上

续表

编号	经书名称	用途	收藏者	抄写人	抄写时间	采集地点
384	《红文还醮孤魂全本在于内完》	打斋	李德才	不详	戊辰年（1988）	同上
385	《送亡救善经面龙华会大经书一卷》	打斋	李德才	不详		同上
386	《设斋送终洗育沽饭解吉经一卷》	打斋	李德才	不详		同上
387	《设斋送终到场渡桥大经一卷》	打斋	李德才	不详		同上
388	《设斋送终关天庭幡语宫门封全》	打斋	李德才	不详		同上
389	《挂三台灯疏敕灯退灯 教师男歌》	挂灯	李德才	不详		同上
390	《开光书一本》	给神像开光用	李德才	不详		同上
391	《上刀山敕刀梯用》	敕变刀梯用	李德才	不详		同上
392	《挂大罗灯退灯含香分兵》	挂大罗灯用	李德才	不详		同上
393	《三戒敬明黄道修斋用据表》	度戒写疏表用	李德才	不详		同上
394	《传度奏表挂大罗灯退大罗灯退梯 师父上梯 师男上梯 抛印结答》	度三戒挂灯退灯等用	李德才	不详		同上
395	《而散戒加职敬明黄道奏表共计用于传度中度中奏出所有疏表》	加职写疏表用	李德才	不详		同上
396	《男人先过度后娶妻添名押字女人阳据 男人先过度后娶妻添名押字表 过度的据完火烧完或烂阳据失落表》	度戒添法名用	李德才	不详		同上
397	《传度中度花排书一卷》	度戒写花牌用	李德才	不详		同上
398	《装曹藏曹变曹度曹科 收兵》	度曹用	李德才	不详		同上

续表

编号	经书名称	用途	收藏者	抄写人	抄写时间	采集地点
399	《建醮传度牒沄钱送幡》	化钱化度牒用	李德才	不详	戊辰年（1988）	同上
400	《传度二三戒抛印抛兵 放师男下曹收醒师男 敕灯敕犁头火砖 敕变雪山水法 拿犁头火砖》	度戒过火炼用	李德才	不详		同上
401	《传中度奏珠词表阴据科百幡黄幡抛印引师男上文台》	度戒写疏表带领师男开天门	李德才	不详		同上
402	《传度中度关天庭请功曹送功曹 初夜请圣发角变水曹变盏变坛变沙板》	装坛	李德才	不详		同上
403	《圆灯中度引教师男歌 挂大罗灯 造船变曹 引度上船曹》	中度二戒挂灯	李德才	不详	戊辰年（1988）	同上
404	《传中度意者 奏阴据科全在内》	度戒奏表用	李德才	不详		同上
405	《传中度意者书一卷》	度戒说意者	李德才	不详		同上
406	《传度中度疏表文榜花牌》	度戒写疏表	李德才	不详		同上
407	《传度中度把坛咒语请仙歌 变雪霜水盆》	度戒符咒及过火炼敕变法水	李德才	不详	戊辰年（1988）	同上
408	《传度中度疏表文》	度戒写疏表	李德才	不详	戊辰年（1988）	同上
409	《传度中度贺星戒度敬星请牒》	写贺七星牒	李德才	不详		同上
410	《传度中度烧渝榜贴红花敬十三九帝功德牒送瘟疏表》	送瘟神写疏表	李德才	不详		同上
411	《传中度造船度曹敬迎黄道》	造船运钱	李德才	不详	戊辰年（1988）	同上
412	《传中度初夜请圣发角游仙歌唱》	歌娘唱歌	李德才	不详	戊辰年（1988）	同上
413	《传中度迷魂退童变梯变刀变全身护身上梯》	敕变刀梯给师男护身	李德才	不详		同上

续表

编号	经书名称	用途	收藏者	抄写人	抄写时间	采集地点
414	《看花皇看关煞集全一本》	解小孩关煞	李德才	不详		同上
415	《请花皇 关神解小关度花度暗山一本》	还花神	李德才	不详		同上
416	《解大小限经文一卷》	解限	李德才	不详		同上
417	《列神甲书一本全》	排神位	李德才	不详		同上
418	《奏表科》	奏表	李德才	不详		同上
419	《杂粮书》	算日子	李德才	不详	1988年	同上
420	《五音五郡分姓分生分旺年月日》	算日子	李德才	不详		同上
421	《书敬经一部》	请神	李德才	不详		同上
422	《画符书》	画符	李德才	不详	1985年	同上
423	《斋坛专用书》	打斋	冯金亮	冯金亮	2011年	荔浦县黄泥坝
424	《宫音堂·戒食、游十殿、收尸入殓、破地狱诵经》	打斋	冯金亮	冯万兴	2001年	同上
425	《宫音堂——送亡书》	打斋	冯金亮	冯万兴	2001年	同上
426	《疏表应用文》	打斋	冯金亮	李法寿	不详	同上
427	《送桥科用》	打斋	冯金亮	赵通林	2008年	同上
428	《送三元阳州》	打斋	冯金亮	冯德贤		同上
429	《冯法向语明意者》	打斋度戒	冯金亮	冯金亮	2008年	同上
430	《请圣书一本》	打斋	冯金亮	冯万兴	1995年	
431	《开坛书全本》	打斋	冯金亮	冯万兴	1995年	
432	《送亡师入梅山十八洞书（度过戒者亡者用）》	打斋	冯金亮	赵通林	2004年	
433	《沐浴解结科》	打斋	冯金亮	冯万兴	1989年	
434	《游十殿赦罪专用书》	打斋	冯金亮	冯金亮	2011年	
435	《送天桥、游十殿书》	打斋	冯金亮	冯万兴	1997年	
436	《汉道戒食歌一本》	打斋	冯金亮	冯金亮	2004年	
437	《送亡过十程》	打斋	冯金亮	冯万兴		
438	《戒食科》	打斋	冯金亮	冯万兴	1994年	

续表

编号	经书名称	用途	收藏者	抄写人	抄写时间	采集地点
439	《推亡限丧用》	打斋	冯金亮	赵通林	2004 年	
440	《斋坛超度亡师花牌吊掛、请圣黄白榜倒幡话在内（度过戒者用）》	打斋	冯金亮	赵通林	2012 年	
441	《戒食十月怀胎经文（女用）》	打斋	冯金亮	冯金亮	2005 年	
442	《戒食经文第三卷（男用）》	打斋	冯金亮	赵通林	2010 年	
443	《沐浴解结用书》	打斋	冯金亮	冯金亮	2011 年	
444	《送终缴印与血湖疏晓榜地契·二卷（度过戒者用）》	打斋	冯金亮	李金印	光绪二十五年	
445	《送终疏脱服装孝疏表在内》	打斋	冯金亮	李金朝		
446	《沐浴书》	打斋	冯金亮	李儒林	光绪二十年	
447	《天堂忏赦罪卷之上》	打斋	冯金亮	李儒林	光绪二十年	
448	《无量度人经》	打斋	冯金亮	李儒林	光绪二十年	
449	《目莲报恩经》	打斋	冯金亮	李儒林	光绪二十年	
450	《经书（咒起头、三官经、三元水忏、十王经完化表、度人经、天堂忏了化救苦表）》	打斋	冯金亮	不详		
451	《送亡书》	打斋	冯金亮	冯元香		
452	《桃源歌书》	打斋	冯金亮	莫子才	光绪三十二年	
453	《宫音堂·盘王书一卷》	度戒	冯金亮	冯万兴	1996 年	
454	《流落歌书全部》	度戒	冯金亮	李有明		
455	《盘王歌书（冯氏家传）》	度戒	冯金亮			
456	《盘王歌书（赵氏）》	度戒	冯金亮	钟明财	民国三十二年	
457	《正传度二戒白榜、阴阳二牒、情状吊掛杂榜钱关》	度戒	冯金亮	冯法香	1933 年	
458	《列职位书全本》	度戒	冯金亮	冯法香	1933 年	
459	《二戒疏榜》	度戒	冯金亮	冯元品	民国十八年	

续表

编号	经书名称	用途	收藏者	抄写人	抄写时间	采集地点
460	《传度疏表》	度戒	冯金亮	兰贞雅堂	嘉庆二十三年	
461	《二戒七星大疏文意》	度戒	冯金亮	兰贞雅堂	嘉庆二十三年	
462	《传度二戒列鬼杂录小册》	度戒	冯金亮	赵通林	2011年	
463	《传度、陞度列职位书》	度戒	冯金亮	冯金亮		
464	《证度拜官差将金轮进、抛印在尾》	度戒	冯金亮	赵通林	2005年	
465	《拜旗差将招禾招兵用》	度戒	冯金亮	赵通林		
466	《开大光学堂点像专用》	度戒	冯金亮	冯金亮	2013年	
467	《挂三台、七星灯书全本》	度戒	冯金亮	冯万兴	1983年	
468	《挂三台、七星灯书一本》	度戒	冯金亮	冯万兴	1995年	
469	《传度二戒疏表书全本》	度戒	冯金亮	冯万兴	1989年	
470	《挂灯疏表、奏表语、关天庭、变水槽、变法差将、拜师父勅坛、化钱咒》	度戒	冯金亮	冯法香	民国癸酉年	
471	《引师男上光挂七星灯、金轮表、倒幡、戒民、结印、送幡、退幡话在尾》	度戒	冯金亮	冯法香	民国癸酉年	
472	《搭戒民敷迎黄道共二本》	度戒	冯金亮	冯元香	民国十二年	
473	《造船歌杂览便用在内》	度戒	冯金亮	冯法灵	1954年	
474	《杂意疏表》	度戒	冯金亮	黄通官	光绪十一年	
475	《出身语明意者》	度戒	冯金亮	赵通林		
476	《（章）上情意者》	度戒	冯金亮	冯法全	1986	
477	《请三庙起头白话》	度戒	冯金亮	钟明才	民国二十六年	
478	《三庙圣王歌全本（还愿引三姓郎、娘庆贺）》	度戒	冯金亮	冯金亮	2013年	
479	《许愿书》	度戒	冯金亮	冯金亮	2013年	
480	《青山根（打大醮用）》	度戒	冯金亮	冯金亮	2013年	
481	《堂筵上班边光、解神意等杂意共本》	度戒	冯金亮	冯金亮	2012年	
482	《还愿请三庙圣王用》	度戒	冯金亮	赵通林		
483	《三庙歌》	度戒	冯金亮	冯德贤	1954年	

续表

编号	经书名称	用途	收藏者	抄写人	抄写时间	采集地点
484	《请三庙王书》	度戒	冯金亮	缺		
485	《庞福香至小盘皇男女歌唱》	度戒	冯金亮	庞福香	光绪十五年	
486	《添名押字》	度戒	冯金亮	李法进	同治九年	
487	《请三庙王宰猪用》	度戒	冯金亮			
488	《开禁书一卷》	度戒	冯金亮	冯元香	己未年（1979）	
489	《目路头书一本》	度戒	冯金亮	冯法灵	1949年	
490	《挂三台、七星灯用》	度戒	冯金亮	冯金亮	2000年	
491	《三官经（三官经、观音菩萨救苦经、血盆经、目连救母经）》	打斋	冯金亮	冯万兴		
492	《戒食科》	打斋	冯金亮			
493	《梅山经》	打斋	冯金亮	李儒林	光绪二十年	
494	《择日通书要览（包括杂粮书和董公择日）》		冯金亮	冯金亮	2010年	
495	《杂粮书》		冯金亮	练瑞廷		
496	《杂粮书一本》		冯金亮	油印	1991年	
497	《宫音堂·选择各种吉日书（杂粮书）》		冯金亮	冯万兴	1996年	
498	《六合书》		冯金亮			
499	《收赛水变目》	架桥	冯金亮	冯法香		
500	《番邪变水》	架桥	冯金亮			
501	《杂便应用书》	架桥	冯金亮	冯万兴	辛丑年（1961）	
502	《化符书一卷》	架桥	冯金亮	冯法香		
503	《杂览便用》	架桥	冯金亮	冯法全	1980年	
504	《架十保桥书—桥尾用》	架桥	冯金亮	冯法灵		
505	《庞文乡抄开天门话书一本》		冯金亮	庞福乡	光绪十七年	
506	《宗祠流水部》	架桥	冯金亮	冯元香	1953年	
507	《云台书语明意者》	架桥	冯金亮	冯法香		
508	《番犯应用书一本》	架桥	冯金亮	冯金亮	2013年	

续表

编号	经书名称	用途	收藏者	抄写人	抄写时间	采集地点
509	《架十保桥请上下星抛粮抛命用》	架桥	冯金亮	赵通林		
510	《架十保桥请桥头鬼、代小神奏鬼殿共订》	架桥	冯金亮	赵通林		
511	《送瘟、白筵话等合订》	架桥	冯金亮	冯金亮	1997年	
512	《解三十六关煞书一本》	架桥	冯金亮	冯金亮	2005年	
513	《设花鬼度连塘破天罗地网共本》	架桥	冯金亮	冯金亮	2011年	
514	《断鬼收犯等合本》	架桥	冯金亮	冯金亮	1997年	
515	《安龙书一本》	架桥	冯金亮	冯金亮	2011年	
516	《番邪神用》	架桥	冯金亮	赵通林		
517	《做修设马头意者起祖请神名》	架桥	冯金亮	赵通林	丁丑年（1997）	
518	《做修设马头意者讲》	架桥	冯金亮	赵通林		
519	《度暗山结关煞书》	架桥	冯金亮	不详		
520	《杂览便用》	架桥	冯金亮	冯法香		
521	《度暗山限桥》	架桥	冯金亮	冯法灵		
522	《设杂鬼法语画杂符共本》	架桥	冯金亮	冯法香		
523	《打大醮，安龙（安整个社庙的龙）》	架桥	冯金亮	兰贞雅堂	嘉庆十四年	
524	《求、保、禁、催、说、话》	架桥、打斋、度戒、堪舆	冯金亮	冯金亮	1998年	
525	《传度二戒串筵云梯歌共一本》		冯金亮	冯金亮	丁丑年（1997）	
526	《合婚法、斋坛变物法共本》	架桥 打斋	冯金亮	邓法禄	咸丰八年	
527	《超度疏表、十二赦发奏功曹拆辞符书应用》	打斋	冯金亮	冯章府	光绪二十年	
528	《盘王书（师歌书）》	度戒	冯金亮	练瑞廷		

续表

编号	经书名称	用途	收藏者	抄写人	抄写时间	采集地点
529	《正传度二戒疏谕榜伸名表（关帅、庄槽、上船、戒民）》	度戒	冯金亮	冯法香	民国癸酉年	
530	《招禾招兵书全本》	度戒	冯金亮	冯法全	1983年	
531	《缺（度戒用疏表等）》	打斋	冯金亮	赵德清	民国戊寅年	
532	《缺（还愿用）》	度戒	冯金亮	不详		
533	《缺（送终大疏等）》	打斋	冯万斌	不详		
534	《华戒书一本全文在内》	度戒	冯万斌	练瑞廷		
535	《盘王书（师歌书）》	度戒	冯万乾	不详	光绪二十四年	
536	《还三庙王愿，做流落书部分》	度戒	冯万乾	黄金官		
537	《盘王歌书》	度戒	冯万乾	不详		
538	《鸣扬传度疏表意》	度戒	冯万乾	冯万乾	光绪三十一年	
539	《度戒疏表用》	度戒	冯万乾	庞福惠	同治二年	
540	《度戒疏表》	度戒	冯万乾	潘盛隆	宣统元年	
541	《餐食书、洗沐浴用（戒食、沐浴解结）》	打斋	冯万乾	不详		
542	《送梅山洞书》	打斋	冯万乾	黄道寿	民国乙卯年	
543	《设鬼杂用》	架桥	冯万乾	不详		
544	《设禁鬼专用》	架桥	冯万乾	黄金官	民国二十五年	
545	《设鬼杂览》	架桥	冯万乾	黄金官		

参考文献

一　中文部分

（一）古代典籍

《方舆胜览》卷三十。

《国朝文汇》卷二十五。

《岭外代答》卷十。

《天下郡国利病书·广东下》。

（二）民间文献

《白话法九水收晒收犯书全本》，抄本年代不详。

《度师书乙本》，抄本年代不详。

《大经书全本》，抄本年代不详。

《法术书》，1916年抄本。

《还愿书一本》，抄本年代不详。

《画符书》，1984年抄本。

《合婚法书》，2000年抄本。

《弘农堂杨光钊志》，1988年抄本。

《解神意书》，1935年抄本。

《盘王一本》，1995年抄本。

《盘皇头夜书科一本》，抄本年代不详。

《请神书》，抄本年代不详。

《送神百合》，1932年抄本。

《疏表书》，1931年抄本。

《送下桃源用》，1980年抄本。

《送亡法书一本》，1916 年抄本。

《下禁书》，抄本年代不详。

《雪山水法用》，抄本年代不详。

《造挂三台七星灯》，1932 年抄本。

《杂粮书》，1990 年抄本。

《杂粮书》，1985 年抄本。

（三）地方史志

冯文科编著：《荔浦瑶族史》，荔浦县民族局，2004 年 11 月内部出版。

广西区政协文史资料委员会编：《广西文史资料选辑》（第 32 辑），广西区政协文史资料室，1991 年印。

广西地方志编纂委员会编：《广西通志·民俗志》，广西人民出版社 1994 年版。

《广西大百科全书》编纂委员会编：《广西大百科全书·民族》，中国大百科全书出版社 2008 年版。

何天瑞修，桂玷纂：《西宁县志》（第三十四卷），1937 年版。

《金秀瑶族自治县概况》编写组编：《金秀瑶族自治县概况》，广西民族出版社 1983 年版。

《金秀瑶族自治县志》编委会编：《金秀瑶族自治县志》，中央民族学院出版社 1992 年版。

《金秀瑶族史》编纂委员会：《金秀大瑶山瑶族史》，广西民族出版社 2002 年版。

凌锡华修，彭征朝纂：《连山县志》（第十六卷），1928 年版。

刘远锋修，陈宗瀛纂：《乐昌县志》（第二十三卷），1934 年版。

中共金秀瑶族自治县委员会、金秀瑶族自治县人民政府编：《盘瑶》，德宏民族出版社 2012 年版。

昭平县民族局：《昭平县富罗乡志·民族卷》，内部印刷。

昭平县民族局：《昭平县民情风俗》，内部印刷。

（四）学术论著

1. 学术著作

埃德蒙·利奇：《文化与交流》，卢德平译，华夏出版社 1991 年版。

埃文思—普里查德：《阿赞德人的巫术、神谕和魔法》，覃俐俐译，商务印书馆 2006 年版。

安东尼·吉登斯:《民族—国家与暴力》,胡宗泽、赵力涛译,生活·读书·新知三联书店1998年版。

安东尼·吉登斯:《社会的构成》,李康、李猛译,生活·读书·新知三联书店1998年版。

白鸟芳郎编著:《东南亚山地民族志》,黄来钧译,云南省历史研究所东南亚研究室1980年版。

差博·卡差·阿南达:《泰国瑶人——过去、现在和未来》,谢兆崇、罗宗志译,民族出版社2006年版。

蔡佩如:《穿梭天人之际的女人》,唐山出版社2001年版。

陈耀庭:《道教礼仪》,宗教文化出版社2003年版。

陈玫妏:《从命名谈广西田林盘古瑶人的构成与生命的来源》,唐山出版社2003年版。

达尔:《现代政治分析》,王沪宁、陈峰译,上海译文出版社1987年版。

丹尼斯·朗:《权力论》,陆震纶、郑明哲译,中国社会科学出版社2001年版。

渡边欣雄:《汉族的民俗宗教——社会人类学的研究》,周星译,台湾地景企业股份有限公司2000年版。

邓有铭、盘福东:《瑶族农民起义史》,漓江出版社1993年版。

邓启耀:《中国巫蛊考察》,上海文艺出版社1999年版。

董增龄:《国语正义》(下册),巴蜀书社1985年版。

董建辉:《政治人类学》,厦门大学出版社1999年版。

杜继文主编《佛教史》,江苏人民出版社2006年版。

菲奥纳·鲍伊:《宗教人类学导论》,金泽、何其敏译,中国人民大学出版社2004年版。

弗雷泽:《金枝》,徐育新、汪培基、张泽石译,新世界出版社2006年版。

费孝通、王同惠:《花蓝瑶社会组织》,江苏人民出版社1988年版。

费孝通:《乡土中国·生育制度》,北京大学出版社2005年版。

格尔兹:《文化的解释》,纳日碧力戈、郭于华、李彬、罗红光、田青等译,上海人民出版社1999年版。

奉恒高主编:《瑶族通史》,民族出版社2007年版。

格里弋连科:《形形色色的巫术》,吴兴勇译,上海人民出版社1992年版。

高宣扬：《卢曼社会系统理论与现代性》，中国人民大学出版社2005年版。

高其才：《瑶族习惯法》，清华大学出版社2008年版。

宫哲兵：《千家峒运动与瑶族发祥地》，武汉出版社2001年版。

顾有识等编：《中国民族志》，黑龙江人民出版社2003年版。

广西编辑组：《广西瑶族社会历史调查》（第一册至第九册），广西民族出版社1984年版。

广西民族学院赴泰国瑶族考察组：《泰国瑶族考察》，广西人民出版社1992年版。

广东编辑组：《连南瑶族自治县瑶族社会调查》，广东人民出版社1987年版。

《过山榜》编辑组：《瑶族过山榜选编》，湖南人民出版社1984年版。

郭大烈、黄贵权、李清毅编：《瑶文化研究》，云南民族出版社1994年版。

郭维利、陆进强、潘怿晗、向开、何文钜：《盘村变迁》，民族出版社2007年版。

盖建民：《道教医学》，宗教文化出版社2001年版。

哈维兰：《文化人类学》，瞿铁鹏、张钰译，上海社会科学院出版社2006年版。

赫兹菲尔德：《什么是人类常识——社会和文化领域中的人类学理论实践》，刘珩、石毅、李昌银等译，华夏出版社2006年版。

黑格尔：《美学》（第一卷），朱光潜译，商务印书馆1997年版。

何国强：《围屋里的宗族社会——广东客家族群生计模式研究》，广西民族出版社2002年版。

胡起望、范宏贵：《盘村瑶族》，民族出版社1983年版。

胡新生：《中国古代巫术》，山东人民出版社2005年版。

黄钰、黄方平：《国际瑶族概述》，广西民族出版社1993年版。

吉尔伯特·罗兹曼主编：《中国的现代化》，国家社会科学基金"比较现代化"课题组译，江苏人民出版社1988年版。

吉田祯吾：《宗教人类学》，王子今、周苏平译，陕西人民出版社1991年版。

基思·托马斯：《巫术的兴衰》，芮传明译，上海人民出版社1992年版。

金泽：《宗教人类学导论》，宗教文化出版社2001年版。

凯特·纳什、阿兰·斯科特主编：《布莱克维尔政治社会学指南》，李雪、吴玉鑫、赵蔚译，浙江人民出版社2007年版。

凯伦·法林顿：《巫怪的传说》，黄凰、何莎、李芳、杨蓉译，希望出版社2007年版。

柯克·约翰逊：《电视与乡村社会变迁——对印度两村庄的民族志调查》，展明辉、张金玺译，中国人民大学出版社2005年版。

孔飞力：《叫魂——1768年中国妖术大恐慌》，陈兼、刘昶译，生活·读书·新知三联书店2002年版。

拉尔夫·林顿：《本土主义运动》，陈志平译，载史宗主编《20世纪西方宗教人类学文选》，上海三联书店1995年版。

拉德克利夫—布朗：《原始社会的结构与功能》，潘蛟、王贤海、刘文远、知寒译，中央民族大学出版社2002年版。

拉德克利夫—布朗：《安达曼岛人》，梁粤译，广西师范大学出版社2005年版。

雷蒙德·弗思：《人文类型》，费孝通译，华夏出版社2002年版。

列维—斯特劳斯：《结构人类学》（1），张祖建译，中国人民大学出版社2006年版。

卢曼：《权力》，瞿铁鹏译，上海世纪出版集团2005年版。

卢克斯：《权力：一种激进的观点》，彭斌译，江苏人民出版社2008年版。

蓝怀昌、李荣贞：《瑶族歌堂诗述论》，广西人民出版社1988年版。

李安宅：《巫术的分析》，四川人民出版社1931年版。

李亦园：《信仰与文化》，巨流图书公司1983年版。

李亦园：《人类的视野》，上海文艺出版社1993年版。

李亦园：《李亦园自选集》，上海教育出版社2002年版。

李亦园：《宗教与神话》，广西师范大学出版社2004年版。

来章撰，黄志辉校注：《连阳八排风土记》，中山大学出版社1990年版。

李富强、李土玉、纳日碧力戈：《南昆八村——南昆铁路建设与沿线村落社会文化变迁（广西卷）》，民族出版社2001年版。

李淳风注：《太玄金锁流珠引》，载《中华道藏第三十三册》，华夏出版社2004年版。

李默：《韶州瑶人——粤北瑶族社会发展跟踪调查》，中山大学出版社

2004年版。

李默、房先清编：《连南八排瑶族研究资料》，广东省社会科学院1983年版。

练铭志、马建钊、李筱文：《排瑶历史与文化》，广东人民出版社1992年版。

梁钊韬：《中国古代巫术》，中山大学出版社1999年版。

林富士：《汉代的巫者》，稻乡出版社2004年版。

刘晓明：《中国符咒文化大观》，百花洲文艺出版社1995年版。

刘小幸：《彝族医疗保健——一个观察巫术与科学的窗口》，云南人民出版社2007年版。

刘昭瑞：《考古发现与早期道教研究》，文物出版社2007年版。

卢少华、徐万珉：《权力社会学》，黑龙江人民出版社1989年版。

吕大吉主编：《中国各民族原始宗教资料汇编（土家族、瑶族、壮族、黎族卷）》，中国社会科学出版社1998年版。

罗宗志：《信仰治疗——广西盘瑶巫医研究》，中国社会科学出版社2012年版。

莫利斯：《宗教人类学》，周国黎译，今日中国出版社1992年版。

《马克思恩格斯选集》（第1卷），人民出版社1972年版。

马凌诺斯基：《巫术科学宗教与神话》，李安宅译，中国民间文艺出版社1986年版。

马凌诺斯基：《文化论》，费孝通译，华夏出版社2002年版。

马林诺夫斯基：《原始的性爱》，王启龙、邓小咏译，中国社会出版社2000年版。

马尔科姆·沃特斯：《现代社会学理论》，杨善华译，华夏出版社2000年版。

马塞尔·莫斯、于贝尔：《巫术的一般理论献祭的性质与功能》，杨渝东、梁永佳、赵丙祥等译，广西师范大学出版社2007年版。

马克斯·韦伯：《经济与历史支配的类型》，康乐、吴乃德、简惠美、张炎宪、胡昌智译，广西师范大学出版社2004年版。

马克斯·韦伯：《社会学的基本概念》，顾忠华译，广西师范大学出版社2005年版。

马克斯·韦伯：《学术与政治》，冯克利译，生活·读书·新知三联书店

2005年版。

马尔图切利：《现代性社会学》，姜志辉译，译林出版社2007年版。

马雷特：《心理学与民俗学》，张颖凡、汪宁红译，山东人民出版社1988年版。

米尔斯：《权力精英》，王崑、许荣译，南京大学出版社2005年版。

米歇尔·福柯：《必须保卫社会》，钱翰译，上海人民出版社1999年版。

米歇尔·福柯：《规训与惩罚》，刘北成、杨远婴译，生活·读书·新知三联书店2007年版。

摩尔根：《古代社会》，杨东莼、马雍、马巨译，中央编译出版社2007年版。

麻国庆：《家与中国社会结构》，文物出版社1999年版。

麻国庆：《走进他者的世界》，学苑出版社2001年版。

马书田：《中国道教诸神》，团结出版社2006年版。

毛宗武、蒙朝吉、郑宗泽：《瑶族语言简志》，民族出版社1982年版。

孟慧英：《中国北方民族萨满教》，社会科学文献出版社2000年版。

孟慧英：《彝族毕摩文化研究》，民族出版社2003年版。

莫金山：《瑶族石牌制》，广西民族出版社2000年版。

莫金山：《瑶案沉思录》，展望出版社2005年版。

南达：《文化人类学》，刘燕鸣、韩养民编译，陕西人民教育出版社1987年版。

蒲朝军、过竹主编：《中国瑶族风土志》，北京大学出版社1992年版。

普洛格、D.G.贝茨：《文化演进与人类行为》，吴爱明、邓勇译，辽宁人民出版社1988年版。

庞新民：《两广瑶山调查》，中华书局1935年版。

彭兆荣：《摆贝——一个西南边地的苗族村寨》，生活·读书·新知三联书店2004年版。

乔治·福斯特、芭芭拉·加勒廷·安德森等：《医学人类学》，陈华、黄新美译，桂冠图书股份有限公司1992年版。

乔健编著：《印第安人的诵歌》，张叔宁译，广西师范大学出版社2004年版。

秋道智弥、市川光雄、大塚柳太郎：《生态人类学》，范广融、尹绍亭译，云南大学出版社2006年版。

乔健：《漂泊中的永恒——人类学田野调查笔记》，山东画报出版社1999年版。

覃光广编：《中国少数民族宗教概览》，中央民族学院科研处1982年版。

覃迅云、李彤主编：《中国瑶医学》，民族出版社2001年版。

卿希泰、唐大潮：《道教史》，江苏人民出版社2006年版。

任国荣：《广西瑶山两月观察记》，国立中山大学历史语言研究所1928年版。

任宗权：《道教手印研究》，宗教文化出版社2005年版。

斯沃茨：《文化与权力：布尔迪厄的社会学》，陶东风译，上海译文出版社2006年版。

宋兆麟：《巫觋——人与鬼神之间》，学苑出版社2001年版。

苏胜兴：《瑶族故事研究》，辽宁民族出版社1998年版。

特德·C.卢埃林：《政治人类学导论》，朱伦译，中央民族大学出版社2009年版。

涂尔干：《宗教生活的基本形式》，渠东、汲喆译，上海人民出版社1999年版。

童恩正：《人类与文化》，重庆出版社2004年版。

唐兆民：《瑶山散记》，文化供应社1948年版。

维克多·特纳、伊迪丝·特纳：《宗教庆典仪式》，维克多·特纳编《庆典》，方永德等译，上海文艺出版社1993年版。

维克多·特纳：《象征之林——恩登布人仪式散论》，赵玉燕、欧阳敏、徐洪峰等译，商务印书馆2006年版。

维克多·特纳：《仪式过程：结构与反结构》，黄剑波、柳博赟译，中国人民大学出版2006年版。

沃林斯基：《健康社会学》，孙牧虹、冯韵文等译，社会科学文献出版社2002年版。

王铭铭：《村落视野中的文化与权力》，生活·读书·新知三联书店1997年版。

王铭铭：《想象的异邦：社会与文化人类学散论》，上海人民出版社1998年版。

王铭铭主编：《西方人类学名著提要》，江西人民出版社2004年版。

王玉德：《长江流域的巫文化》，湖北教育出版社2005年版。

王章伟：《在国家与社会之间——宋代巫觋信仰研究》，中华书局 2005 年版。

王建新、刘昭瑞编：《地域社会与信仰习俗——立足田野的人类学研究》，中山大学出版社 2007 年版。

王明珂：《羌在汉藏之间：川西羌族的历史人类学研究》，中华书局 2008 年版。

文镛盛：《中国古代社会的巫觋》，华文出版社 2000 年版。

乌丙安：《中国民间信仰》，上海人民出版社 1996 年版。

吴永章：《瑶族史》，四川人民出版社 1993 年版。

吴叡人：《启蒙教授的解放之路》，《权力：基进观点》，商周出版社 2006 年版。

吴国富：《穷则思变——粤北必背瑶寨变迁记》，广东人民出版社 2010 年版。

夏之乾：《神判》，上海三联书店 1990 年版。

谢剑：《连南排瑶的社会组织》，香港中文大学出版社 1993 年版。

徐祖祥：《瑶族的宗教与社会——瑶族道教及其与云南瑶族关系研究》，云南人民出版社 2006 年版。

杨鹤书、李安民、陈淑濂：《八排文化》，中山大学出版社 1990 年版。

杨伯峻：《论语译注》，中华书局 2000 年版。

姚舜安：《瑶族民俗》，吉林教育出版社 1991 年版。

《瑶族简史》编写组：《瑶族简史》，广西民族出版社 1983 年版。

游乾桂：《心灵医师——中国的宽心术》，中国友谊出版公司 1999 年版。

玉时阶：《瑶族传统文化》，广西民族出版社 2000 年版。

袁同凯：《走进竹篱教室——土瑶学校教育的民族志研究》，天津人民出版社 2004 年版。

云南省编委会：《云南金平屏边苗族瑶族社会调查》，云南民族出版社 1982 年版。

竹村卓二：《瑶族的历史和文化》，金少萍、朱桂昌译，民族出版社 2003 年版。

周蔚、徐克谦译著：《人类文化启示录》，学林出版社 1999 年版。

周大鸣主编：《文化人类学概论》，中山大学出版社 2009 年版。

张有隽：《瑶族宗教论集》，广西瑶族研究学会印 1986 年版。

张有隽:《瑶族历史与文化》,广西民族出版社 2001 年版。

张有隽:《人类学与瑶族》,广西民族出版社 2002 年版。

张有隽:《瑶族传统文化变迁论》,广西民族出版社 1992 年版。

张紫晨:《中国巫术》,上海三联书店 1990 年版。

庄孔韶主编:《人类学概论》,中国人民大学出版社 2004 年版。

贾艳红:《汉代民间信仰与地方政治研究》,山东大学出版社 2011 年版。

郑宇:《箐口村哈尼族社会生活中的仪式与交换》,云南出版集团·云南人民出版社 2009 年版。

庄孔韶主编《人类学概论》,中国人民大学出版社 2006 年版。

2. 发表论文

阿伦特:《权力与暴力》,洪溪译,贺照田主编《西方现代性的曲折与展开:学术思想评论》(第 6 辑),吉林人民出版社 2002 年版。

安东浚:《韩国瑶族文化研究现状与课题》,崔元萍译,玉时阶主编《中越跨境瑶族经济与文化交流国际学术研究讨会论文集》,民族出版社 2011 年版。

白鸟芳郎:《〈瑶人文书〉及其宗教仪式》,肖迎译,《云南档案》1995 年第 3—4 期。

巴莫阿依:《论凉山彝族毕摩阶层的特征》,苑利主编《二十世纪中国民俗学经典·信仰民俗卷》,社会科学文献出版社 2002 年版。

陈斌:《瑶族神判法述论》,《云南教育学院学报》1993 年第 2 期。

陈炳辉:《福柯的权力观》,《厦门大学学报》2002 年第 4 期。

崔浩:《布尔迪厄的权力场域理论及其对政治学研究的启示》,《杭州电子科技大学学报》2006 年第 2 期。

费孝通:《盘村瑶族》,民族出版社 1983 年版。

傅安辉、余达忠:《九寨侗族的巫师、屋山头与款组织》,《黔东南民族师专学报》2000 年第 5 期。

高发元、朱和:《中国西南少数民族巫蛊文化中的性爱主题》,《民族研究》2005 年第 2 期。

胡起望、华祖根:《瑶族研究概述》,胡起望、华祖根编《瑶族研究论文集》,中南民族学院民族研究所 1985 年版。

何红一:《美国国会图书馆馆藏瑶族手抄文献新发现及其价值》,《中南民族大学学报》2009 年第 3 期。

何红一、王平：《美国国会图书馆馆藏瑶族写本俗字的研究价值》，《广西民族大学学报》2012年第6期。

贺东劢撰：《瑶族文书与仪式》，宋馨译，《新疆师范大学学报》2008年第1期。

黄钰：《〈盘王书〉初探》，《广西民族研究》1987年第3期。

黄应贵：《"政治"与文化：东埔社布农人的例子》，《台湾政治学刊》1998年第3期。

黄河新：《架梯屯盘瑶婚姻家庭调查报告》，李远龙主编《传统与变迁——大瑶山瑶族历史人类学考察》，广西民族出版社2011年版。

卢西娅·奥芘、宋馨：《瑶族之宗教文献：概述巴伐利亚州立图书馆之馆藏瑶族手本》，詹春媚译，《民俗曲艺》2005年第12期。

江应樑：《广东瑶人之宗教信仰及其经咒》，刘耀荃、李默编：《乳源瑶族调查资料》，广东省社会科学院1986年版。

雷金流：《广西茶山瑶的石牌政制》，《民俗》第二卷第三、第四期合刊，国立中山大学出版社1943年版。

雷泽光：《广西北部盘古瑶还愿法事》，刘耀荃、李默编《乳源瑶族调查资料》，广东省社会科学院1986年版。

李沛良：《全球化、现代化与文化多元性：分析香港中西医药体系互动》，载马戎、周星主编《21世纪：文化自觉与跨文化对话》（一），北京大学出版社2001年版。

李水林：《认识权力——社会科学的一个基本概念》，《理论月刊》2002年第12期。

梁钊韬：《粤北乳源瑶民的宗教信仰》，载刘耀荃、李默编《乳源瑶族调查资料》，广东省社会科学院1986年版。

刘耀荃、胡起望：《1949—1984年我国瑶族研究综述》，载乔健、谢剑编《瑶族研究论文集》，民族出版社1988年版。

刘昭瑞：《数术三论》，载王建新、刘昭瑞编《地域社会与信仰习俗——立足田野的人类学研究》，中山大学出版社2007年版。

罗宗志：《百年来西方人类学巫术研究综述》，《广西民族研究》2006年第3期。

罗宗志：《百年来人类学巫医研究的综述与反思》，《百色学院学报》2007年第4期。

罗宗志：《权力理论的知识谱系——基于意向性视角的解读》，《理论月刊》2010年第5期。

罗宗志：《瑶族度戒新野：权力的视角——立足于广西金秀瑶族自治县忠良乡盘瑶的考察》，载玉时阶主编《跨境瑶族研究——中越跨境瑶族经济与文化交流国际学术研讨会论文集》，民族出版社2011年版。

罗宗志、刘志艳：《神圣与世俗——广西一个山地瑶族师公的信仰和生活》，《宗教学研究》2012年第1期。

廖明君：《瑶族非物质文化遗产保护现状与对策》，载张有隽等主编《瑶学研究》（第6辑），香港展望出版社2008年版。

马新：《论两汉民间的巫与巫术》，《文史哲》2001年第3期。

蒙启尤：《六巷乡盘瑶度戒仪式》，载李远龙编《传统与变迁——大瑶山瑶族历史人类学考察》，广西民族出版社2001年版。

彭兆荣：《仪式音乐叙事中的族群记忆——广西贺州地区瑶族"还盘王愿"仪式音乐分析》，载曹本冶主编《中国民间仪式音乐研究》，上海音乐学院出版社2007年版。

苏德富、刘玉莲：《大瑶山石牌制度析》，载广西瑶学会编《瑶族研究论文集》，广西民族出版社1987年版。

宋恩常：《瑶族道教的特点》，载广西瑶学会编《瑶学研究》（第3辑），广西民族出版社1993年版。

童恩正：《中国古代的巫》，《中国社会科学》1995年第5期。

沃尔特·B.坎农：《"巫蛊"死亡论》，李培茱译，载史宗主编《20世纪西方宗教人类学文选》，上海三联书店1995年版。

王启梁：《少数民族农村法治秩序建构的路径选择》，方慧主编《少数民族地区习俗与法律的调适——以云南省金平苗族瑶族傣族自治县为中心的案例研究》，中国社会科学出版社2006年版。

韦森：《习俗的本质与发生机制探源》，《中国社会科学》2000年第5期。

徐鲁亚：《维克多·特纳与恩丹布的神秘仪式》，载庄孔韶《人类学经典导读》，中国人民大学出版社2008年版。

雅克·勒穆瓦纳：《论瑶族文化及有关问题》，载乔健、谢健、胡起望编《瑶族研究论文集》，民族出版社1988年版。

雅克·勒穆瓦纳：《瑶族挂灯度戒仪式中的龟象征》，载广西民族研究所编《瑶族研究论文集》，广西人民出版社1992年版。

雅克·勒穆瓦纳：《勉瑶的历史与宗教初探》，《广西民族研究》1994年第4期。

雅克·勒穆瓦纳：《瑶族宗教：道教》，冯利、覃光广译，《宗教学研究》1987年第6期。

杨成志：《广东北江瑶人的文化现象与体质型》，载刘昭瑞编《杨成志文集》，中山大学出版社2004年版。

杨民康、吴宁华：《瑶族"还盘王愿"、"度戒"仪式音乐及其与梅山教文化的关系》，载曹本冶主编《中国民间仪式音乐研究（华南卷）》，上海音乐学院出版社2007年版。

袁同凯：《老挝Lanten人的度戒仪式》，《云南民族大学学报》2011年第5期。

张劲松：《瑶族度戒调查及其傩戏初探》，《长沙水电师专学报》1990年第2期。

张冠梓：《近代瑶族社会控制研究》，《广西民族研究》1994年第2期。

张得水：《新石器时代典型巫师墓葬剖析》，《中原文物》1998年第4期。

张有隽：《中国瑶人文书及其研究》，《广西民族学院学报》1990年第3期。

张泽洪：《瑶族宗教与道教关系的再考察——以瑶族度戒为例》，载张有隽等主编《瑶学研究——非物质文化遗产保护与传承》（第6辑），香港展望出版社2008年版。

张泽洪：《道教传入瑶族地区的时代新考》，《思想战线》2002年第4期。

詹鄞鑫：《巫医治疗"有效性"析论》，《华东师范大学学报》1999年第6期。

赵家旺：《瑶族度戒与道教斋戒》，《广东民族学院学报》1990年第3期。

赵家旺：《瑶族神符》，《广西民族研究》1992年第4期。

周大鸣：《传统的断裂与复兴——凤凰村信仰与仪式的个案研究》，载郭于华主编《仪式与社会变迁》，社会科学文献出版社2000年版。

周生来：《瑶族师公的历史探究及其在现代社会中的调适》，《湖南科技学院学报》2012年第10期。

（五）学位论文

李小红：《巫觋与宋代社会》，浙江大学博士学位论文，2004年。

罗宗志：《生命经验底下的信仰疗法——广西一个盘瑶村落的巫医研究》，

广西民族学院硕士学位论文，2003 年。

米莉：《村落视野中的国家权力与地方传统——清末以来的花瑶社会生存状况考察》，中国政法大学硕士学位论文，2005 年。

肖文朴：《仪式与音乐：神话、地域、信仰和审美共构的双重文化标识》，广西艺术学院硕士学位论文，2006 年。

张晶晶：《社会群体与信仰习俗——恭城东部瑶民的人类学研究》，中山大学博士学位论文，2014 年。

（六）报刊文章

杨成志：《释瑶》，《广西日报》1957 年 3 月 9 日第 3 版。

（七）调查报告

刘昭瑞：《一个瑶族师公和他的信仰世界》，2008 年 11 月，未刊发。

盘丙英：《巫术影响下的当代盘瑶女性——立足于金秀石阳屯妇女生育、疾病的考察》，2009 年 6 月，未刊发。

（八）网络文章

张泽洪：《中国西南少数民族宗教中的道教法术探析》，http：//www.hanminzu. com/bbs/dispbbs. asp？boardid = 136&id = 210755，2008 年 4 月 24 日下载。

二　外文部分

（一）日文

白鸟芳郎编：《瑶人文书》，株式会社讲谈社 1975 年版。

木村明史：《宋代の民间医疗と巫觋观——地方官によゐ巫觋取缔の一个侧面》，《东方学》2001 年第 101 辑。

中村治兵卫：《中国シヤーマニズムの研究》，刀水书房 1992 年版。

（二）英文

Bell Catherine, *Ritual Theory, Ritual Practice*, New York & Oxford：Oxford University Press, 1992.

C. K. Yang, *Religion in Chinese Society*, University of California Press, 1961.

Dahl, R., *The Concept of Power*, Behavioural Science, 1957, 2.

Darling, F. F. and R. F. Dasmann, *The Ecosystem View of Human Society*, *The Ecology of Man：An Ecosystem Approach*, edited by R. L. Smith, New York：Harper & Row, 1972.

Fortes, Meyer and E. E. Evans-Pritchard, *African Political Systems*, Oxford University Press, 1940.

Frazer, J. G., *The Golden Bough*, Third Edition, Vol. 1, London: Macmillan, 1980.

Georges Balandier, *Political Anthropology*, New York: Random House, 1970.

K. C. Chang., *Art, Myth, and Ritual: The Path to Political Authority in Anc*, 1983.

Lessa, W. A., and Vogt, E. Z. eds., *Reader in Comparative Religion*, Evanston: Row, Peterson and Co., 1958.

Malinowski, B., *Argonauts of the Western Pacific*, London: Routledge and Kegan Paul, 1922.

Malefijt, Annemarie, Religion Culture, New York: The Macmillcim Co., 1968.

Mills, C., *The Cause of World War Three*, London: Secker & Warburg, 1959.

Nicholas Thomas & Caroline Humphrey (eds.), *Wizardsism, History, and the State*, Ann Arbor: The University of Michigan Press, 1996.

Parsons, T., "Power and the Social System", in S. Lukes (ed.), *Power*, Oxford: Blackwell, 1986.

Peter Kunstader, "Autonomy and Integration of Social System: The Yao Mountai Population and Their Neighbors", in Peter Kunstader ed., *Southeast Tribes, Minorities, and Nationals Priceton*, N. J.: Priceton University Press, 1967, 2.

Schwartz, Howard and Jerry Jacobs, *Qualitative Sociology: A Method to the Madness*, New York: Free Press, 1983.

Singer, *Creating Histories: Oral Narratives and the Politics of History-making*, Delhi: Oxford University Press, 1997.

Spencer H., *Principle of Sociology*, Vol. 1, Abridgement, London: Macmilan, 1969.

Tylor, E. B., *Anthropoloy*, Ann Arbor: Michigan University Press, 1960.

Turner, "Religious Specialists", in Lehmann, A. C. and Myers, E. Magic,

Witchcraft, and Religion: An Anthropological Study of the Supernatural, California: Mayfield Publishing Company, 1985.

Van Gennep, Arnold, *The Rites of Passage*, London: Routledge and Kegan Paul, 1960.

后　记

本书是2012年度教育部人文社会科学研究规划基金项目"信仰之手——广西盘瑶巫师群体权力研究"的结项成果。有关本书主题——盘瑶巫师群体权力——的研究，是我在中山大学师从刘昭瑞教授攻读博士学位时起步的。刘先生因为长期浸润于道教文化研究，对宗教研究动态非常熟悉，从而为我的研究提供了十分有益的指导。2009年，在刘先生的悉心指导下，我以大瑶山盘瑶巫师群体权力为主题获得博士学位。本书是在原来博士论文的基础上，申请了教育部人文社会科学研究规划基金项目，又经过了两年多的修订而写成的。我增补了一些写作中未能及时收集的新资料，对原来不太成熟的观点做了大幅度的修正。全书凝聚着许多人的期望、关爱与心血。

感谢我的博士生导师刘昭瑞教授的悉心培养。2005年9月，我考上中山大学人类学博士生，有幸忝列宗教学专家刘先生门墙，跟随先生攻读宗教人类学。读博期间，先生无论是在学业上，还是在做人方面，都给予我悉心的教诲。每次聆听先生的谈话，都会受益匪浅。先生渊博的学识，严谨的治学精神，宽厚仁和的待人之道，都令人景仰，并将成为我人生的楷模。师恩终生难忘！

感谢中山大学人类学系周大鸣教授、麻国庆教授、王建新教授（现已调至兰州大学）、何国强教授、邓启耀教授、张应强教授、郭立新教授、吴国富副教授（现已调至广西民族大学）、朱爱东副教授在百忙之中参加了我的博士论文开题和预答辩会，并提出了许多富有建设性的修改意见。老师们用集体智慧帮我完成学位论文，对他们我深怀感激和敬意。

感谢香港中文大学文化及宗教研究系主任黎志添教授、北京大学社会人类学研究所高丙中教授、广东省民族宗教研究院院长马建钊研究员在论文评阅、论文答辩等环节上以不同的形式有所赐教。感谢四川大学张泽洪教授、广西大学罗树杰教授、广西民族大学容志毅研究员、广西师范学院黄桂秋研究员的细心审稿。他们的中肯意见对本书的修改提高帮助很大。对诸位先生的热心指导和帮助，在此致以衷心的感谢！

感谢我的硕士生导师广西民族大学张有隽教授，是他引导我走上了学术研究之路，本书从田野选点至写作无不得益于先生的指点迷津，然而遗憾的是本书尚未付梓，先生却已驾鹤西去。

感谢广西民族大学民族学与社会学学院原院长周建新教授在我读博期间予以的支持和鼓励！感谢广西民族大学民族学与社会学学院院长王柏中教授、书记唐国军教授、副院长李强珍、副院长郑维宽教授、副院长唐晓涛教授，以及科研处、人事处对本项目科研工作的大力支持！

感谢挚友广州大学广州发展研究院姚华松博士、中南民族大学民族学博物馆陈桂先生对我的关心驱散了我游学穗城及田野调查中的孤寂。

感谢学长吕俊彪、龙开义、文永辉、何向、吴云霞，同班同学林香、王越平、马文钧、张艳梅、范涛、姚俊英、杨建银、罗红、易红霞、许韶明、陈杰、高一飞，师弟高朋、张振伟、张峻，师妹张晶晶、郭丹等人，在论文写作中，他们或为我提供信息、复印资料，或给予我精神上的鼓励，各位的深情厚谊，令人难忘。特别要感谢高朋师弟对我书中有关权力理论的知识谱系部分的梳理提出了许多宝贵的修改意见，在此表示诚挚的谢意！

感谢六雷、六桂尾、龙表、古盘、大德、小德、石阳、六努、六音、六门、柑子冲、山界、十八家、丈鸡、琴么、伟好、千金、洗脚岭、黄泥坝等村寨的父老乡亲。感谢他们接受我们这些远道而来的外族人，进入村子没完没了地打听他们的家长里短。特别感谢赵德宝、黄金寿、赵有兴、李成意、冯文县、冯金明、盘志富、庞福贵、赵龙兴、赵有先、冯春寿、黄通贵、梁立喜、盘成坤、黄福财、蕉生定、赵有才、赵有福、冯金亮、李德才、冯玉财等先生及其家人在生活起居上的关心和照顾，让我们在瑶族山寨度过了一段终生难忘的日子。感谢赵文县、赵文富、盘福清、黄金宝、庞有福、李文坤、庞有坤、赵成寿、盘进元、庞成富、赵成德、郑有禄、郑成荣、赵德福、黄金信、蕉生旺、蕉如香、赵有福、盘成府、蕉生旺、赵有福、赵贵府、李进保、冯金亮、冯玉财、李德才、冯少英、黄秀珍、李桂英等人，慷慨地接纳我们分享他们的地方性知识。

感谢2006级民族学专业本科生盘丙英、刘志艳两位同学为我提供了金秀大瑶山忠良乡双合村石阳屯的田野调查资料；2007级民族学专业本科生杨芫慧、梁月凤、林荣秀三位同学为我提供了昭平县仙回瑶族乡茅坪村的田野调查资料；2008级民族学专业本科生黄奕强、林宇乾两位为我提供了昭平县仙回瑶族乡茅坪村的田野调查资料；研究生潘用学、陈锦均、高崧耀、李树照、张可欣为我提供了贺州、昭平、宁明、田林、荔浦等地盘瑶的田野调查资料；黄奕强同学帮我画手诀、罡步图。

感谢我的家人这些年来对我一如既往的关爱。漫长的求学生涯，让我们聚少离多。这本书中凝聚着他们的情感，浸透着他们的牵挂。谨以此书献给我天真可爱的宝贝儿子。儿子的天资聪颖一直是我最大的欣慰。

最后，我想说明的是，本书对于瑶族巫师权力的研究，还只是初步的和阶段性的成果。师友们的许多意见和建议，我未能完全理解和领会，故未能在本书中充分体现出来，只能寄望于日后更为踏实而深入的研究。

罗宗志　谨识

2016年9月6日